최적화 개념부터 텐서플로를 활용한 딥러닝까지

선형대수와 통계학으로 배우는

머신러닝

with 파이썬

최적화 개념부터 텐서플로를 활용한 딥러닝까지

선형대수와 통계학으로 배우는

머신러닝

with 파이썬

장철원 지음

scikit-learn

Tensorflow   **Python**

Numpy

Pandas

BJ

새로운 분야를 만나는 것은 새로운 세상을 만나는 것처럼 즐겁습니다. 그러나 한편으로는 익숙하지 않은 분야라 초기에는 고통스럽기도 합니다. 필자는 머신러닝을 공부하는 여러분의 고통이 즐거움을 압도하지 않도록, 고통을 줄여 드리고자 이 책을 집필했습니다. 여러분이 이 책을 읽고 머신러닝을 쉽게 이해하고 활용할 수 있기를 진심으로 바랍니다.

머신러닝을 이해하는 데는 머신러닝을 근본적으로 떠받치고 있는 기본적인 개념에서 출발하는 것이 가장 좋다고 생각합니다. 따라서 이 책 초반에는 머신러닝의 기반 지식이 되는 선형대수와 통계학 그리고 최적화를 다루었고, 이때 수학적 수식 표현을 사용했습니다. '수식을 쓰면 수학에 익숙한 사람에게만 좋은 것 아닌가?'라고 생각할 수 있지만, 머신러닝을 공부하는 사람에게 수학은 피할 수 없는 부분이며 언젠가는 마주해야 하는 필연적인 것입니다. 때문에 여러분이 수식에 대한 어려움을 극복할 수 있도록 도움을 드리고 싶었습니다. 이를 위해 수식에 익숙하지 않은 독자들도 충분히 이해할 수 있도록 수식을 최대한 비약 없이 설명했고, 증명과 계산 과정에서 가능한 한 중간 과정을 생략하지 않고 전체 과정을 그대로 나타낼 수 있도록 표현했습니다. 따라서 벡터, 행렬과 같은 내용을 시작하는 본 도서의 앞부분에서 수학 관련 내용이 다소 지루하게 느껴질 수 있습니다. 하지만 일단 수학적 표현에 익숙해진다면 이후에 배우는 머신러닝 파트에서는 이제는 수학으로 고생하지 않고 머신러닝 알고리즘 자체에만 집중할 수 있을 것입니다.

실습은 파이썬으로 진행합니다. 크게 두 가지 파이썬 라이브러리를 사용하는데, 머신러닝 파트에서는 '사이킷런 라이브러리'를, 딥러닝 파트에서는 '텐서플로 라이브러리'를 사용합니다. 그리고 파이썬 프로그래밍에 익숙하지 않은 독자를 위해 각각의 코드 라인별로 설명했습니다. 따라서 해당 코드 라인이 전체 코드에서 어떤 역할을 하는지 쉽게 파악할 수 있습니다. 한편 실습을 위해 사용한 코드는 가능하면 불필요한 옵션은 사용하지 않고 간결한 코드를 작성하려고 노력했습니다. 그리고 각 단원 마지막 부분에는 전체 코드를 보여 줌으로써 코드의 전체 흐름을 파악할 수 있습니다.

실습 코드를 나타내는 방식은 '＞＞＞'의 사용 여부에 따라 두 가지 스타일로 나눌 수 있습니다. 코드 라인별로 출력값을 확인할 경우에는 '＞＞＞'를 사용했으며, 이를 사용하는 방식은 다음과 같습니다. 다음은 1+1의 결과를 'sol'이라는 변수에 담고 출력하는 코드입니다. 한편, '＞＞＞'를 사용하지 않을 때는 출력값을 따로 나타내지 않습니다.

• '>>>'를 사용하는 코드: 코드 라인별로 출력값 확인

```
>>> sol = 1+1
>>> sol
2
```

• '>>>'를 사용하지 않는 코드: 출력값을 나타내지 않음

```
sol = 1+1
```

머신러닝을 독학하는 독자를 생각하며 이 책을 집필했습니다. 그래서 책의 전체적인 흐름을 구성할 때도 연속성을 잃지 않고, 별도의 다른 책을 찾아보지 않고도 이해할 수 있도록 하는 데 중점을 두었습니다. 이전에 머신러닝을 배우기 위해 몇 번 시도했지만 금방 포기한 독자 혹은 간단한 개념은 알고 있지만 실제로 적용하기에는 어려움을 느낀 독자, 원리를 모르고 사용해 응용이 어려운 독자분들이 머신러닝을 이해할 수 있도록 돕고 싶습니다.

이 책을 읽는 방법

• 머신러닝을 처음 접하는 독자

초반 이론적인 부분을 생략하고 1단원 이후 바로 8단원으로 넘어가는 것을 권장합니다. 머신러닝에 대한 기본 개념 없이 이론을 접하면 쉽게 지루함을 느끼기 때문입니다. 8단원부터는 기본적인 머신러닝 알고리즘 개념 파악에 중점을 두고, 수학적 증명은 생략하고 곧바로 실습하는 것을 추천합니다. 이는 머신러닝의 전체적인 흐름에 대한 이해 없이 수학에 매달리면 쉽게 지칠 수 있기 때문입니다. 따라서 머신러닝이 어떤 것인지 대략 파악한 이후 이론적인 부분을 보충해도 늦지 않습니다.

• 머신러닝 학습 경험이 어느 정도 있는 독자

처음부터 순서대로 읽는 것을 추천합니다.

이 책은 두 번 이상 보는 것을 추천합니다. 처음 읽을 때는 머신러닝의 대략적인 흐름을 파악하는 것이 목적입니다. 만약 수학에 약한 분이라면 처음 읽을 때는 수식 부분은 건너뛰고 보아도 무방합니다. 일독할 때부터 모든 것을 이해하려고 한다면 지칠 수 있기 때문입니다. 처음에는 가벼운 마음으로 읽었다면 두 번째부터는 이론을 포함한 내용을 자세히 읽기 시작하는데, 전체적인 흐름을 이해한 후라면 해당 내용이 전체에서 어떤 역할을 하는지 감을 잡을 수 있을 것입니다.

이 책의 구성

chapter *1* 개발 환경 설정: 머신러닝 실습을 위한 개발 환경 설정

파이썬 설치부터 가상 환경 설정까지 실습을 위해 필요한 환경을 구축해 봅니다.

chapter *2* 머신러닝의 기본적인 개념 학습

인공지능, 머신러닝, 딥러닝과 같은 용어의 차이 이해 및 머신러닝의 종류에 대해 배웁니다.

chapter *3* 선형대수: 머신러닝에 사용되는 기본적인 선형대수 개념 학습

행렬의 기본, 랭크, 차원, 고윳값, 고유 벡터 등과 같이 머신러닝에 사용되는 기본적인 선형대수의 개념에 대해 배웁니다. 수식 계산에 집중하기보다는 개념 이해를 위한 설명 위주로 배웁니다.

chapter *4* 통계학: 머신러닝을 위해 필요한 기본적인 통계학 개념 학습

확률 변수, 확률 분포, 추정과 같이 머신러닝에 필요한 통계 개념을 다룹니다.

chapter *5* 최적화: 머신러닝 알고리즘이 최적값을 찾기 위한 최적화 이론 학습

컨벡스 셋, 라그랑주 프리멀, 듀얼 함수와 같은 최적화 관련 개념을 배우고 그래디언트 디센트를 통해 머신러닝 학습 과정을 배웁니다.

감사의 말

이 책을 쓰는 과정은 지금까지 제가 걸어온 인생을 돌아볼 수 있는 소중한 시간이었습니다. 항상 든든한 버팀목이 되어 준 가족에게 감사합니다. 내가 알고 있는 것이 '정말 알고 있는 것이 맞는가?'에 대해 의심할 수 있도록 저에게 끊임없이 질문해 준 친구들에게도 감사합니다. 또한 한 걸음씩 나아가는 데 도움을 주셨던 선생님들께 감사의 말씀을 드립니다. 그리고 시간과 공간을 초월해 선대의 지식을 후대에 전달하고 자신만의 관점으로 책을 남김으로써 인류 지식을 보존하여 저를 포함한 후대 사람들에게 영감을 주고 사고의 지평을 넓힐 수 있도록 도와준 철학, 수학, 물리학, 통계학, 컴퓨터공학 등 다양한 분야의 저자님들께 감사합니다. 끝으로 제가 책을 집필하는 데 기회를 주시고 집필하는 데 집중할 수 있도록 아낌없이 지원해 주신 김수민 편집자님께 감사의 말씀을 드립니다.

• 예제 소스 코드 및 첨부 파일

본 교재에 사용하는 예제 소스 코드 및 첨부 파일은 아래 주소를 참고하기 바랍니다.
https://github.com/bjpublic/MachineLearning

공부한 내용을 기록하고 나누는 것을 좋아하는 프리랜서

충북대학교에서 통계학을 전공하고 고려대학교에서 통계학 석사를 졸업했다. 이후 플로리다 주립 대학교(Florida State University) 통계학 박사 과정 중 휴학 후 취업 전선에 뛰어들었다. 어렸을 때부터 게임을 좋아해 크래프톤(구 블루홀) 데이터 분석실에서 일했다. 주로 머신러닝을 이용한 이탈률 예측과 고객 분류 업무를 수행했다. 배틀그라운드 핵 관련 업무를 계기로 IT 보안에 흥미를 느껴, 이후 NHN IT보안실에서 일하며 머신러닝을 이용한 매크로 자동 탐지 시스템을 개발하고 특허를 출원했다. 현재는 머신러닝 관련 책을 쓰고 강의를 하는 프리랜서다. 공부한 내용을 공유하는 데 보람을 느껴 블로그와 카페를 운영하고 있다. 관심 분야는 인공지능, 머신러닝, 통계학, 선형대수, 커널, 임베디드, IT보안, 사물인터넷, 물리학, 철학이다.

- 프리랜서
- 한국정보통신기술협회 외부교수
- 패스트캠퍼스 강사
- 前) NHN IT 보안실
- 前) 크래프톤(구 블루홀) 데이터 분석실

- 이메일_ stoicheolwon@gmail.com
- 블로그_ https://losskatsu.github.io
- 네이버 카페_ https://cafe.naver.com/aifromstat

내가 공부할 때도 이런 책이 있었으면 그렇게 헤매지 않았을 텐데!

데이터(data)라는 말이 이제는 많은 사람에게 익숙해질 만큼 꽤 시간이 흘렀고, 시중에 나와 있는 입문서들도 이제 큰 편차 없이 어느 정도의 내용을 담고 있습니다. 그러나 그 내용만 가지고 기존에 있던 무언가를 바꾸거나 발전시켜 보려고 하면 스스로가 생각보다 아는 게 없다는 사실을 깨닫게 됩니다.

어떤 사실에 대해 정말로 알고 있다면 뜻을 더 분명히 전달하기 위해 적어도 3번은 바꿔 이야기할 수 있어야 한다는 말이 있습니다. 이 책에서 어떤 확률 분포의 파라미터를 추정하는 것, 어떤 매니폴드 x에서 다른 매니폴드 y로 매핑하는 것, 특정 집합 위에서 정의된 어떤 값의 극값을 찾는 것이 사실은 다 같은 이야기를 하기 위함인 것도 어쩌면 같은 맥락의 일환이 아닐까 생각합니다. 이 책은 데이터 과학이라는 이름 아래에 모인 여러 학문에서 나온 지식의 연관성을 구체적으로 드러내고, 수식과 개념에 대해 머신러닝에 필요한 수준의 설명을 깔끔하게 정리해 이야기해 줍니다.

많은 것을 바꾸고 싶다면 많은 것을 받아들여야 합니다. 이 책에는 저뿐만 아니라 다른 독자들을 바꾸기에도 충분히 많은 것이 깃들어 있다고 생각합니다. 머신러닝에 대해 잘 몰랐던 분도, 이미 알고 있었던 분도 다시 한 번 머신러닝을 깊이 이해하는 계기가 되기를 기원합니다.

_ 김민성 (PUBG ML Service팀 데이터 분석가)

이 책은 머신러닝에서부터 딥러닝까지 꼭 알아야 하는 필수적인 내용을 담고 있습니다.

앞부분에는 통계학과 선형대수에 대한 설명이 있으며, 뒷부분에는 여러 알고리즘과 신경망에 대한 상세한 코드와 그에 대한 설명이 있습니다. 머신러닝에 관해 공부하고 싶었지만 수학적 기초 때문에 망설였던 분들이나 알고리즘에 사용되는 상세한 내용이 궁금한 분들에게 큰 도움이 되리라 생각합니다.

_ 류회성 (고려대학교 인공지능학과 박사과정)

책을 읽으면서 5년만 젊었으면 좋겠다는 생각이 들었습니다. 박사학위 과정 동안 구글은 저의 스승이었고 오로지 영어로만 지식을 조금씩 알려 주었습니다. 그것도 검색을 잘해야 했죠. 5년간의 박사과정에서 필요했던 지식이 이 책에 모두 담겨 있습니다. 선형대수학과 통계학 등 적당한 수준의 이론이 담겨 있는 이 책은, 컴퓨터 과학 전공이 아닌 사람들이 데이터 분석 업무를 시작할 때 훌륭한 조언자가 되어 줄 것입니다. 어색한 번역 투의 글이 아닌 한국어로 적힌 책이 나온 건 생명정보학 전공자로서 매우 기쁜 일입니다.

_ 오세진 (암 시스템 생물학, 연세대학교 의과학과 박사과정)

비전 인식 프로젝트가 계획되어서 급하게 스터디 그룹을 만들어 세미나도 진행하고, 한계가 있다고 판단하여 오랜 시간을 들여 인공지능 심화 교육까지 이수했었습니다. 그러나 중급 이상의 전문성을 갖추고 있다고 말하기엔 주저함이 있고, 여전히 입문 레벨을 벗어나지 못했다고 생각합니다. 그 이유는 알고리즘의 원리를 이해하려면 수학과 통계학이 기본이 되어야 했으나 많은 부분이 API 호출로 대신하고 그 분야에 얕은 지식으로 멈춘 상태이다 보니 진도를 나가도 나아간 것이 아니었습니다. 같은 이유로 스터디를 하던 팀원 중에서도 포기한 이들이 하나둘 생겨나기도 했습니다.

〈선형대수와 통계학으로 배우는 머신러닝 with 파이썬〉을 읽으면서 인공지능의 기본이 되는 수학과 통계학에 무지한 상태로 학습을 이어 갔었다는 자기반성을 하게 되었습니다. 이 책은 미적분학과 선형대수, 확률학과 기초통계학에 대한 수학적인 기초 지식을 배워 텐서플로 코드의 이해를 도와줍니다. 코드보다 수학적인 지식을 전진 배치함으로써 머신러닝 알고리즘마다 원리를 이해하는 것을 우선하도록 서술하고 있습니다. 그래서 수학적인 원리 이해에 어려움을 겪고 있는 많은 분에게 필요한 책입니다. 데이터 과학으로 업무를 확장하기 위해서, 인공지능 입문에서 중급 레벨로 넘어가기 위해 통계와 수학의 어려움을 느끼는 모든 분에게 추천합니다.

_ 이진 (임베디드 SW 개발자)

코로나19로 인해 의료를 비롯한 다양한 분야에서 머신러닝을 포함한 인공지능 기술에 대한 관심이 뜨겁습니다. 머신러닝을 이용한 연구를 하다 보면, 미적분과 선형대수 등 기초수학부터 통계학까지 다시 정리하고 싶은 순간이 옵니다.

<선형대수와 통계학으로 배우는 머신러닝 with 파이썬>은 바로 그 순간에 책상 위에 두어야 할 책입니다. 혹은 선형대수나 통계학에 대한 지식이 아직 부족한 입문자들이 머신러닝의 수학적 원리를 이해하며 기초를 탄탄히 쌓기에도 훌륭한 책입니다.

파이썬 라이브러리를 이용하면 코드 몇 줄로 머신러닝 최적화, 차원 축소 등을 쉽게 구현해 볼 수는 있습니다. 하지만 기본적인 원리를 이해하지 않고서는 실제 데이터 분석에서 충분히 활용할 수가 없습니다.

이 책은 자신의 전문 분야에 대한 연구 또는 업무 능력을 한 단계 높여 줄 것입니다. 또한 이 책을 통해 통계학이 조금 부족한 사람은 머신러닝을 통해 통계학의 중요성을 다시금 깨닫고, 머신러닝이 익숙하지 않은 사람은 통계학을 통해 머신러닝을 더욱 잘 이해하는 계기가 되었으면 합니다.

_ 이현훈 (한의사 전문의, 경희대학교 임상한의학과 박사과정)

x	스칼라 x
$\mathbf{x}$	벡터 $\mathbf{x}$
$\boldsymbol{X}$	행렬 $\boldsymbol{X}$
$\boldsymbol{A}^{T}$	행렬 $\boldsymbol{A}$의 전치 행렬(transposed matrix)
$\boldsymbol{A}^{-1}$	행렬 $\boldsymbol{A}$의 역행렬(inverse matrix)
$A \rightarrow B$	A이면 B이다.
$\boldsymbol{A} \odot \boldsymbol{B}$	행렬 $\boldsymbol{A}$와 행렬 $\boldsymbol{B}$의 원소곱
$\mathbf{u} \cdot \mathbf{v}$	벡터 $\mathbf{u}$와 $\mathbf{v}$의 내적(inner product)
$\|\mathbf{u}\|$	벡터 $\mathbf{u}$의 길이
$\mathbb{R}^{n}$	n차원 실수 공간
$P(A)$	사건 A가 발생할 확률
$p_{X}(x)$	확률 변수 X의 확률 질량 함수
$f_{X}(x)$	확률 변수 X의 확률 밀도 함수
$P_{X,Y}(x,y)$	확률 변수 X와 Y의 결합 확률 밀도 함수
$P(A|B)$	사건 B가 발생했을 때 사건 A가 발생할 확률
$\pi(\mathbf{x})$	$P(y=1|X=\mathbf{x})$, X가 $\mathbf{x}$로 주어졌을 때 y가 1일 확률
$\bar{X}$	확률 변수 X의 평균
μ	모평균, 모집단의 평균
σ^{2}	모분산, 모집단의 분산
σ	모표준편차, 모집단의 표준편차
$E(X)$	확률 변수 X의 평균

$Var(X)$	확률 변수 X의 분산
$Cov(X,Y)$	확률 변수 X와 Y의 공분산
Σ	공분산 행렬
$\log x$	밑이 자연 상수 e인 자연 로그
$\max A$	A의 최댓값
$\min A$	A의 최솟값
$\underset{x}{\operatorname{argmax}} f(x)$	함수 $f(x)$를 최대화시키는 x
$x \in C$	x는 집합 C의 원소
$\sum_{i=1}^{n} x_i$	$x_1 + x_2 + \cdots + x_n$
$\prod_{i=1}^{n} x_i$	$x_1 \times x_2 \times \cdots \times x_n$
$A_1 \cup A_2$	A_1과 A_2의 합집합
$A_1 \cap A_2$	A_1과 A_2의 교집합
$\bigcup_{i=1}^{n} A_i$	$A_1 \cup A_2 \cup \cdots \cup A_n$
$\bigcap_{i=1}^{n} A_i$	$A_1 \cap A_2 \cap \cdots \cap A_n$
$\frac{\partial f(x)}{\partial x}$	함수 $f(x)$의 x에 대한 편미분
∇f	함수 $f(x)$의 그래디언트
$\leftrightarrow, \Leftrightarrow$	동치(if and only if)
$\propto$	비례한다
Δ	변화량
$\hat{\theta}$	θ의 추정량
∞	무한대

차례

chapter *1* 환경 설정

chapter *2* 머신러닝 개요

chapter *8* 지도 학습

chapter *11* 비지도 학습

chapter *12* 딥러닝

chapter **1**

환경 설정

1.1 윈도우에서 환경 설정하기

이번 단원에서는 윈도우 환경에서 실습에 필요한 환경 설정을 해 봅니다. 윈도우 환경 설정은 아나콘다라는 파이썬 통합 패키지를 통해 진행합니다. 아나콘다를 사용하면 가상 환경 관리에 용이하며 초보자분들이 파이썬을 사용하기 좋습니다. 아나콘다에는 기본적인 라이브러리가 설치되어 있어 편리합니다.

■ 아나콘다 설치

먼저 웹 브라우저를 실행하고 아래 웹 사이트에 접속하면 [그림 1-1]과 같은 화면을 볼 수 있습니다.
https://www.anaconda.com/products/individual

Individual Edition

Your data science toolkit

With over 20 million users worldwide, the open-source Individual Edition (Distribution) is the easiest way to perform Python/R data science and machine learning on a single machine. Developed for solo practitioners, it is the toolkit that equips you to work with thousands of open-source packages and libraries.

그림 1-1 웹사이트 접속 화면

웹사이트에 접속 후 [그림 1-1]과 같이 Download를 클릭합니다.

그림 1-2 운영 체제 확인 후 다운로드

[그림 1-2]에서 자신의 운영 체제에 해당하는 버전을 다운로드받습니다. 필자는 64비트 윈도우 운영 체제이므로 해당하는 설치 파일을 다운로드받았습니다.

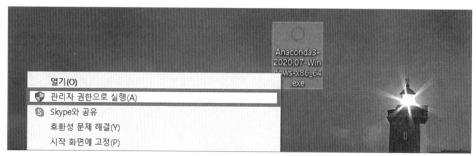

그림 1-3 다운로드받은 파일 실행

설치 파일을 다운로드받았다면 다운로드 경로에 [그림 1-3]과 같이 설치 파일이 존재합니다. 설치 파일을 우클릭한 후 관리자 권한으로 실행합니다.

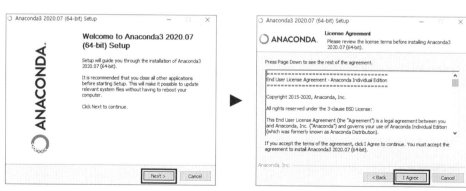

그림 1-4 아나콘다 설치 과정 (1)

설치 파일을 실행하면 [그림 1-4]와 같이 설치 창이 뜹니다. 왼쪽 화면에서 Next를 클릭하면 오른쪽 화면처럼 라이센스 사용 동의 창이 나타나는데 "I Agree"를 클릭합니다.

그림 1-5 아나콘다 설치 과정 (2)

다음 화면은 [그림 1-5]의 왼쪽 화면이 나타나는데 Next를 클릭합니다. 오른쪽 화면과 같이 설치 경로를 설정하는 창이 나옵니다. 설치하기를 원하는 경로를 선택하고 Next를 선택합니다.

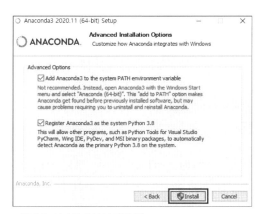

그림 1-6 아나콘다 설치 과정 (3)

[그림 1-6]에서 체크박스를 할 수 있는 칸이 두 개 보입니다. 체크박스 둘 다 체크한 후 Install 버튼을 클릭하면 설치가 시작됩니다.

■ 아나콘다 실행

설치가 완료된 후 아나콘다가 제대로 설치되었는지 확인해 봅니다. 윈도우 키를 누르면 [그림 1-7]과 같이 검색할 수 있는 창이 뜹니다.

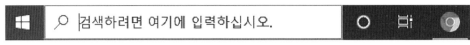

그림 1-7 윈도우 키 입력

[그림 1-7]에서 "검색하려면 여기에 입력하십시오."라는 글씨가 보입니다. 해당 창에 "jupyter notebook"이라고 검색합니다.

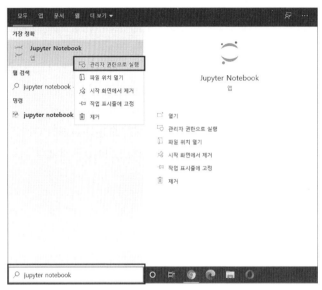

그림 1-8 jupyter notebook 실행

jupyter notebook이라고 검색하면 [그림 1-8]과 같이 jupyter notebook이라는 프로그램을 실행할 수 있습니다. 해당 프로그램으로 마우스 커서를 옮긴 후 우클릭한 다음 관리자 권한으로 실행하면 주피터 노트북을 실행할 수 있습니다.

그림 1-9 jupyter notebook 실행 완료

[그림 1-9]와 같은 창이 나타난다면 jupyter notebook이 실행된 것입니다.

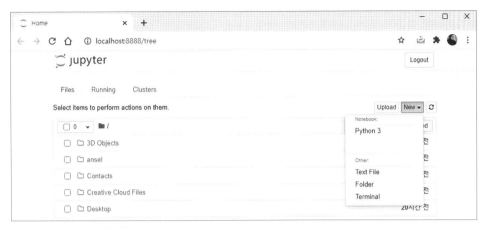

그림 1-10 파이썬 노트북 생성

[그림 1-10]과 같이 New를 클릭한 후 notebook에서 자신이 원하는 파이썬 버전을 선택하면 해당 파이썬 노트북을 생성할 수 있습니다.

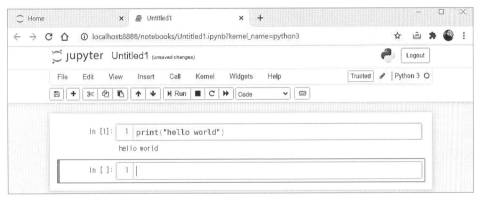

그림 1-11 파이썬 코드 실행 테스트

[그림 1-11]은 주피터 노트북을 이용해 만든 파이썬 노트북입니다. 파이썬이 정상적으로 설치 되었는지 확인해 보기 위해 빈칸에 print("hello world")를 입력하고 Shift+Enter를 입력해 정상 적으로 실행되는지 확인해 봅니다. [그림 1-11]과 같이 hello world라는 문장이 출력되면 파이 썬이 제대로 설치된 것입니다.

■ 아나콘다 환경 설정

아나콘다를 이용해 파이썬 환경 설정을 해 봅니다.

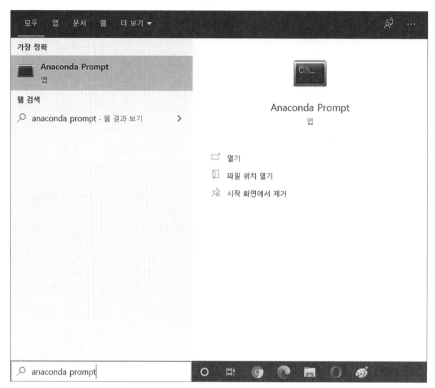

그림 1-12 anaconda prompt 실행

[그림 1-12]와 같이 윈도우 키를 누르고 anaconda prompt라고 검색한 후 실행합니다.

그림 1-13 anaconda prompt 실행 완료

[그림 1-13]과 같은 창이 나타난다면 anaconda prompt가 제대로 실행된 것입니다. 다음 코드를 입력해 anaconda prompt 창에서 본격적으로 파이썬 환경 설정을 합니다.

■ 아나콘다 가상 환경 확인

```
(base)> conda info --envs
# conda environments:
#
base                     C:\ProgramData\Anaconda3
```

conda info --envs를 입력하면 현재 설치된 가상 환경을 확인할 수 있습니다. 아나콘다 설치 직후에는 오직 base만 설치된 것을 알 수 있습니다. 지금부터 가상 환경을 추가해 봅니다.

■ 설치 가능한 파이썬 버전 확인

```
(base)>conda search python
Loading channels: done
# Name                  Version           Build  Channel
python                  2.7.13       h1b6d89f_16  pkgs/main
python                  2.7.13       h9912b81_15  pkgs/main
python                  2.7.13       hb034564_12  pkgs/main
...[중략]
```

conda search python을 입력하면 현재 설치 가능한 파이썬 버전을 확인할 수 있습니다.

■ 파이썬 3.7.6 가상 환경 추가

```
(base)> conda create --name py3_7_6 python=3.7.6
```

우리는 위와 같은 코드를 입력해 파이썬 3.7.6 버전을 설치합니다. 해당 가상 환경 이름을 py3_7_6이라고 이름 짓습니다.

■ 추가된 가상 환경 확인

```
(base)> conda info --envs
# conda environments:
#
base                     C:\ProgramData\Anaconda3
py3_7_6                  C:\Users\Cheolwon\.conda\envs\py3_7_6
```

가상 환경 설치 후 다시 한 번 conda info –envs를 입력하면 py3_7_6이 추가된 것을 볼 수 있습니다.

■ 가상 환경 py3_7_6으로 변경

```
(base) > conda activate py3_7_6
(py3_7_6) > conda info --envs
# conda environments:
#
base                     C:\ProgramData\Anaconda3
py3_7_6                  C:\Users\Cheolwon\.conda\envs\py3_7_6
```

conda activate py3_7_6을 실행하면 최근 설치한 가상 환경 py3_7_6으로 변경할 수 있습니다.

■ 가상 환경 해제

```
(py3_7_6) > conda deactivate
(base) >
```

만약 가상 환경을 해제하고 싶다면 conda deactivate를 입력합니다.

■ 가상 환경에 필요한 라이브러리 추가

```
(base) >conda activate py3_7_6
(py3_7_6) >pip install numpy
(py3_7_6) >pip install pandas
(py3_7_6) >pip install matplotlib
(py3_7_6) >pip install seaborn
(py3_7_6) >pip install sklearn
(py3_7_6) >pip install tensorflow==2.0.0
(py3_7_6) >pip install keras
(py3_7_6) >pip install jupyter
```

가상 환경 py3_7_6을 실행한 후 머신러닝을 위해 위와 같이 필요한 라이브러리를 설치합니다. numpy(넘파이)는 수학 관련 연산을 수행하는 라이브러리이며, pandas(판다스)는 데이터 프레임을 생성, 조작할 수 있는 라이브러리입니다.

그리고 matplotlib와 seaborn은 시각화와 관련된 라이브러리이며, sklearn, tensorflow, keras는 머신러닝과 딥러닝을 활용하기 위한 라이브러리입니다. 참고로 만약 본인의 파이썬 버전이 3.8 이상이라면 위 코드에서 텐서플로(tensorflow) 버전을 2.2.0 이상으로 설치해야 합니다.

■ 주피터 노트북에 가상 환경 추가

```
(base) > conda activate py3_7_6
(py3_7_6) > pip install ipykernel
(py3_7_6) >python -m ipykernel install --user --name py3_7_6 --display-
name "python3_7_6"
```

여기까지 진행했으면 주피터 노트북을 실행합니다.

```
(py3_7_6) >jupyter notebook
```

아래 코드를 입력해서 잘 설치되었는지 확인해 봅니다.

```
import numpy as np
import pandas as pd
import matplotlib.pyplot as plt
import sklearn
import tensorflow as tf
```

추가로 텐서플로 버전도 확인해 봅니다.

```
tf.__version__
'2.0.0'
```

만약 가상 환경을 삭제하고 싶다면 아래와 같이 입력합니다. 물론 현재는 가상 환경을 삭제할 일이 없지만 추후 가상 환경을 삭제하고 싶은 경우 사용하길 바랍니다.

```
(base) > conda remove --name py3_7_6 --all
```

1.2 맥북에서 환경 설정하기

아나콘다를 사용한 윈도우와는 달리 맥북에서는 pyenv라는 프로그램을 사용해 파이썬 버전 관리를 합니다. 먼저 필요한 프로그램을 설치해 줍니다.

```
$ brew install pyenv
$ brew install pyenv-virtualenv
```

설치했으면 설치가 잘되었는지 확인해 봅니다.

```
$ pyenv --version
pyenv 1.2.18
```

다음으로는 설치 가능한 파이썬 버전을 확인해 봅니다.

```
$ pyenv install --list
Available versions:
  2.1.3
  2.2.3
  2.3.7
  2.4.0
  ...
```

실습을 위해 파이썬 3.7.6 버전을 설치합니다.

```
$ pyenv install 3.7.6
```

설치가 잘되었는지 확인해 봅니다.

```
$ pyenv versions
* system (set by /Users/cheolwon/.pyenv/version)
  3.7.6
```

파이썬 3.7.6을 사용하는 가상 환경을 추가합니다. 필자는 py3_7_6이라고 이름 짓습니다.

```
$ pyenv virtualenv 3.7.6 py3_7_6
```

가상 환경이 잘 설치되었는지 확인해 봅니다.

```
$ pyenv versions
* system (set by /Users/cheolwon/.pyenv/version)
  3.7.6
  3.7.6/envs/py3_7_6
  py3_7_6
```

가상 환경을 실행해 봅니다.

```
$ pyenv activate py3_7_6
Failed to activate virtualenv.

Perhaps pyenv-virtualenv has not been loaded into your shell properly.
Please restart current shell and try again.
```

만약에 위와 같은 오류가 난다면 오류의 원인은 bash가 아닌 zsh를 사용하기 때문입니다. .zshrc에 아래 두 문장을 추가합니다.

```
$ vim .zshrc
'eval "$(pyenv init -)"'
'eval "$(pyenv virtualenv-init -)"'
```

다시 가상 환경을 실행해 봅니다.

```
$ pyenv activate py3_7_6
```

만약 가상 환경에서 빠져나오고 싶다면 아래 코드를 입력합니다.

```
$ source deactivate
```

다음으로 필요한 라이브러리를 설치해 봅니다.

```
(py3_7_6)$ pip install numpy
(py3_7_6)$ pip install pandas
(py3_7_6)$ pip install matplotlib
(py3_7_6)$ pip install seaborn
(py3_7_6)$ pip install sklearn
(py3_7_6)$ pip install tensorflow==2.0.0
(py3_7_6)$ pip install keras
(py3_7_6)$ pip install Jupyter
```

라이브러리가 잘 설치되었는지 확인해 봅니다. 먼저 주피터 노트북을 실행합니다.

```
(py3_7_6)$ jupyter notebook
```

아래 코드를 입력해서 잘 설치되었는지 확인해 봅니다.

```
mport numpy as np
import pandas as pd
import matplotlib.pyplot as plt
import sklearn
import tensorflow as tf
```

추가로 텐서플로 버전도 확인해 봅니다.

```
tf.__version__
'2.0.0'
```

만약 가상 환경이나 파이썬을 삭제하고 싶다면 아래와 같이 입력합니다.

```
$ pyenv uninstall py3_7_6
$ pyenv uninstall 3.7.6
```

1.3 리눅스에서 환경 설정하기

리눅스에는 여러 배포판이 존재합니다. 본 절에서는 가장 많이 사용되는 배포판인 우분투(ubuntu)를 기준으로 합니다. 리눅스에서도 맥북과 마찬가지로 pyenv라는 프로그램을 사용해 버전 관리를 합니다.

사전에 필요한 프로그램을 설치합니다.

```
$ sudo apt-get install -y make build-essential libssl-dev zlib1g-dev lib-
bz2-dev \
libreadline-dev libsqlite3-dev wget curl llvm libncurses5-dev libncurs-
esw5-dev \
xz-utils tk-dev libffi-dev liblzma-dev python-openssl git
```

아래 코드를 입력합니다.

```
$ curl https://pyenv.run | bash
```

설치 후 아래와 같은 메시지가 뜰 수도 있습니다. 다음 메시지의 뜻은 ~/.bash_rc 파일에 마지막 세 줄을 추가하라는 뜻입니다.

```
# Load pyenv automatically by adding
# the following to ~/.bash_rc:

export PATH="/home/cheolwon/.pyenv/bin:$PATH"
eval "$(pyenv init -)"
eval "$(pyenv virtualenv-init -)"
```

pyenv가 잘 설치되었는지 확인해 봅니다.

```
$ pyenv --version
```

설치 가능한 파이썬 버전을 확인해 봅니다.

```
$ pyenv install --list
Available versions:
  2.1.3
  2.2.3
  2.3.7
  2.4.0
  ...
```

필자는 파이썬 3.7.6 버전을 설치합니다.

```
$ pyenv install 3.7.6
```

설치가 잘되었는지 확인해 봅니다.

```
$ pyenv versions
* system (set by/Users/cheolwon/.pyenv/version)
  3.7.6
```

파이썬 3.7.6을 사용하는 가상 환경을 추가합니다. 필자는 py3_7_6이라고 이름 짓습니다.

```
$ pyenv virtualenv 3.7.6 py3_7_6
```

가상 환경이 잘 설치되었는지 확인해 봅니다.

```
$ pyenv versions
* system (set by /Users/cheolwon/.pyenv/version)
  3.7.6
  3.7.6/envs/py3_7_6
  py3_7_6
```

가상 환경을 실행해 봅니다.

```
$ pyenv activate py3_7_6
```

만약 가상 환경에서 빠져나오고 싶다면 아래 코드를 입력합니다.

```
$ source deactivate
```

필요한 라이브러리를 설치해 봅니다.

```
(py3_7_6)$ pip install numpy
(py3_7_6)$ pip install pandas
(py3_7_6)$ pip install matplotlib
(py3_7_6)$ pip install seaborn
(py3_7_6)$ pip install sklearn
(py3_7_6)$ pip install tensorflow==2.0.0
(py3_7_6)$ pip install keras
(py3_7_6)$ pip install Jupyter
```

라이브러리가 잘 설치되었는지 확인해 봅니다. 먼저 주피터 노트북을 실행합니다.

```
(py3_7_6)$ jupyter notebook
```

아래 코드를 입력해서 잘 설치되었는지 확인합니다.

```
import numpy as np
import pandas as pd
import matplotlib.pyplot as plt
import sklearn
import tensorflow as tf
```

텐서플로 버전도 확인해 봅니다.

```
tf.__version__
'2.0.0'
```

만약 가상 환경이나 파이썬을 삭제하고 싶다면 아래와 같이 입력합니다.

```
$ pyenv uninstall py3_7_6
$ pyenv uninstall 3.7.6
```

이로써 머신러닝을 위한 환경 세팅이 완료됩니다.

chapter **2**

머신러닝 개요

2.1 머신러닝이란

인공지능(Artificial Intelligence, AI)은 우리 주변에 음성 인식, 상품 추천, 위치 기반 서비스 등 널리 자리 잡고 있습니다. 인공지능이라는 단어가 처음 등장한 것은 1956년인데, 초기에는 프로그래밍 코드대로만 일을 수행하는 형태였습니다. 개발자는 자신이 원하는 작업을 수행하는 코드를 직접 하드 코딩하고 컴퓨터가 수행하는 작업은 개발자의 지식에 기반한 프로그램이었습니다. 이를 지식 기반(knowledge base) 프로그래밍 혹은 규칙 기반(rule base) 인공지능이라고 부릅니다. 지식 기반 프로그래밍은 예전부터 사용되었으며 주로 반복적인 업무를 수행하는 사무 자동화에 많이 쓰입니다.

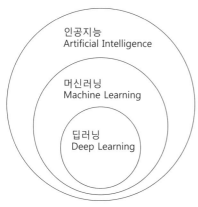

그림 2-1 인공지능, 머신러닝, 딥러닝 관계도

머신러닝(Machine Learning, ML)은 인공지능의 한 분야입니다. 정해진 코드대로 업무를 수행하는 기본적인 인공지능과는 달리 머신러닝은 주어진 데이터를 기반으로 패턴을 파악하여

학습합니다. 학습된 모형을 이용해 예측하거나 분류하는 역할을 수행합니다. 머신러닝의 대표적인 방법으로는 로지스틱 회귀 분석(logistic regression), 나이브 베이즈(naïve bayes), 서포트 벡터 머신(support vector machine) 등이 있습니다. 머신러닝은 주어진 데이터를 바탕으로 학습하므로 데이터에 없는 정보는 활용할 수 없으며, 데이터를 기반으로 결론을 내리므로 데이터의 역할이 매우 중요합니다. 만약 질 좋은 데이터가 주어진다면 머신러닝의 예측, 분류 성능이 좋을 것이고, 주어진 데이터의 질이 낮다면 모형 성능 또한 기대하기 어려울 것입니다. **딥러닝(Deep Learning, DL)**은 머신러닝에서 한 단계 더 발전한 형태입니다. 딥러닝은 머신러닝의 한 분야라고 할 수 있습니다. 딥러닝도 머신러닝과 마찬가지로 예측, 분류의 역할을 수행하는데, 딥러닝은 신경망(Neural Network)이라는 구조를 기반으로 학습하는 방법입니다. 본 교재는 인공지능 중에서도 머신러닝과 딥러닝을 중점적으로 다룹니다.

2.2 지도 학습 vs 비지도 학습

머신러닝은 크게 지도 학습(Supervised Learning), 비지도 학습(Unsupervised Learning)으로 나눌 수 있습니다. 지도 학습은 정답을 알고 있는 데이터를 기반으로 학습하는 방법이고, 비지도 학습은 정답을 모르는 데이터를 기반으로 학습하는 방법입니다.

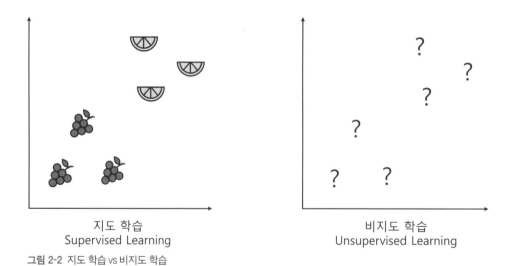

그림 2-2 지도 학습 vs 비지도 학습

[그림 2-2]는 지도 학습과 비지도 학습의 차이를 나타냅니다. 과일을 분류하는 학습을 가정합니다. 이 경우, 주어진 데이터는 과일의 특성과 관련된 데이터입니다. 지도 학습의 경우 주어

진 데이터가 어떤 과일에 해당하는 데이터인지 알 수 있지만, 비지도 학습은 주어진 데이터가 어떤 과일에 대한 데이터인지 알 수 없습니다.

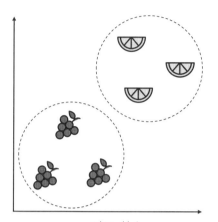

맛	모양	과일이름
3	1	포도
5	4	레몬
1	1	포도
2	2	포도
4	6	레몬
5	5	레몬

지도 학습
Supervised Learning

그림 2-3 지도 학습

[그림 2-3]은 지도 학습을 좀 더 자세히 나타낸 그림입니다. 지도 학습의 데이터에는 데이터 특성(feature)뿐만 아니라 과일 이름에 대한 정보까지 주어져 있습니다. 주어진 특성 데이터를 기반으로 타깃(target)을 학습할 수 있습니다. 지금부터는 특성 데이터를 원문 그대로 **피처 데이터**라고 부르고, 피처에 대한 타깃을 **타깃 데이터**라고 부릅니다. [그림 2-3]에서 피처 데이터는 '맛', '모양'에 해당하고, 타깃 데이터는 '과일 이름'입니다. 주어진 피처 데이터와 타깃 데이터를 기반으로 나누는 것을 **분류(classification)**라고 부릅니다.

맛	모양
3	1
5	4
1	1
2	2
4	6
5	5

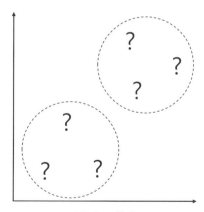

비지도 학습
Unsupervised Learning

그림 2-4 비지도 학습

지도 학습에서는 타깃 데이터의 정보가 주어져 있는 것과는 반대로, 비지도 학습은 타깃 데이터의 정보가 주어져 있지 않습니다. [그림 2-4]와 같이 주어진 데이터에 해당하는 과일 이름 정보 즉, 타깃 데이터가 주어져 있지 않음을 볼 수 있습니다. 비지도 학습의 경우, 시각화를 해도 어떤 과일인지 알 수 없으며, 데이터 분포의 형태를 통해 추측만 가능합니다. 이렇듯, 타깃 데이터 없이 피처 데이터만으로 비지도 학습을 통해 데이터를 나누는 것을 **군집(clustering)**이라고 부릅니다. 지금부터는 군집은 원문 그대로 **클러스터링**이라고 부릅니다.

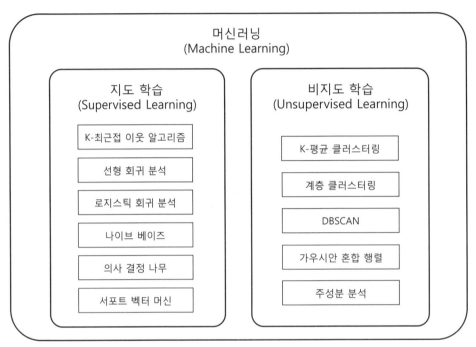

그림 2-5 머신러닝의 종류

2.3 머신러닝의 전반적인 과정

본격적인 머신러닝을 배우기에 앞서, 머신러닝의 전반적인 과정과 사전에 필요한 배경지식, 용어를 알아봅니다. 앞서 언급한 머신러닝은 데이터로부터 피처 데이터와 타깃 데이터의 관계, 패턴을 학습해서 분류 혹은 예측하는 것이 목표입니다. 학습을 통해 판단하는 알고리즘을 모형(model)이라고 합니다.

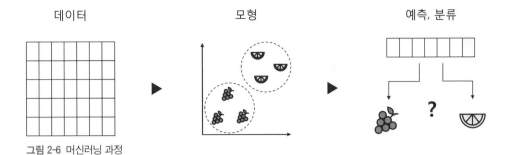

그림 2-6 머신러닝 과정

머신러닝 모형의 특징을 나타내는 요소에는 파라미터(parameter)와 하이퍼파라미터(hyper
parameter)라는 개념이 쓰입니다. 파라미터의 경우, 데이터에 기반한 값으로 머신러닝 모형
의 특징을 나타냅니다. 데이터로부터 구한 파라미터는 새로운 데이터를 예측, 분류하는 데 영
향을 미치게 됩니다. 예를 들어, 흔히 사용하는 정규 분포의 파라미터는 평균과 분산입니다.
주어진 데이터로부터 구한 평균과 분산이 얼마냐에 따라 정규 분포의 형태가 달라집니다.

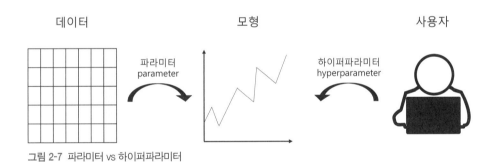

그림 2-7 파라미터 vs 하이퍼파라미터

반면에, 하이퍼파라미터(hyperparameter)는 주어진 데이터로부터 구하는 것이 아니라, 외부
의 사용자가 직접 입력해야 하는 값입니다. 예를 들어, k-평균 알고리즘의 경우, 모형 생성
시, 사용자가 직접 k 값을 입력해야 합니다. 이때, 입력하는 k 값은 데이터로부터 구하는 값
이 아닙니다. 머신러닝의 목적은 예측이나 분류 성능이 높은 모형을 만드는 것입니다. 이를 위
해 데이터로부터 최적의 파라미터를 구하고 하이퍼파라미터 튜닝을 통해 모형 성능을 높일 수
있습니다. 머신러닝에는 여러 가지 모형을 사용합니다. 각 머신러닝 모형을 제대로 이해하기
위해서는 프로그래밍 능력뿐만 아니라 다소 이론적인 선형대수, 통계학적인 개념이 선행되어
야 합니다. 다음 단원에서는 머신러닝에 필요한 이론 중, 선형대수부터 알아봅니다.

## chapter 3

머신러닝을 위한 선형대수

3.1 선형대수와 머신러닝의 관계

데이터는 머신러닝의 필수 요소입니다. 데이터를 잘 다룰 수 있다면 여러 가지 머신러닝 모형을 사용하기 유리해집니다. 그렇다면 어떻게 하면 데이터를 잘 다룰 수 있을까요? 그러기 위해선 우선 행렬에 대한 이해가 필요하며, 이는 곧 선형대수와 연관 지을 수 있습니다. 즉, 선형대수를 학습하면 행렬 연산에 익숙해지고, 이는 곧 데이터를 잘 다룰 수 있는 능력과 이어집니다. 물론 파이썬에서 제공하는 머신러닝 라이브러리를 이용하면 수많은 알고리즘을 손쉽게 사용할 수 있습니다. 하지만 각 알고리즘에서 데이터 행렬을 어떻게 다루는지는 모른 채 사용하기만 한다면 자신의 상황에 맞게 응용하기는 어렵습니다. 이번 챕터에서는 머신러닝 데이터를 잘 다루기 위한 필수 조건인 선형대수의 여러 개념에 대해 알아봅니다. 선형대수 분야 전체는 다루는 범위가 매우 넓으므로, 머신러닝을 이해하는 데 필수적인 개념 위주로 알아봅니다.

3.2 행렬의 기초

▌3.2.1 행렬이란

머신러닝에서 다루는 데이터는 [표 3-1]과 같이 데이터 테이블 형태로 표현합니다. 이를 행렬(matrix)의 형태로 표현할 수 있습니다. 행렬은 이름 그대로 행(row)과 열(column)로 구성되어 있습니다. 이때, 가로 방향을 행(row), 세로 방향을 열(column)이라고 부릅니다.

피처 1	피처 2
1	5
3	4
5	2

표 3-1 데이터 테이블

행렬은 스칼라(scalar) 혹은 벡터(vector)로 구성되어 있습니다. 스칼라(scalar)는 행렬을 구성하는 요소인 각 숫자를 의미하며, 이는 행렬의 구성 요소 중 최소 단위에 해당합니다.

$$a = 3$$

[표 3-1]에서 행렬을 구성하는 숫자 1, 3, 5, 5, 4, 2는 스칼라값에 해당합니다. 즉, 행렬 속에는 여러 가지 스칼라값이 존재합니다. 앞으로 스칼라는 '영문 소문자'로 표기합니다.

$$\mathbf{a} = \begin{pmatrix} 1 & 5 \end{pmatrix}$$

$$\mathbf{b} = \begin{pmatrix} 1 \\ 3 \\ 5 \end{pmatrix}$$

벡터(vector)는 스칼라의 집합입니다. 앞선 스칼라는 크기만을 가지는 반면, 벡터는 크기와 방향을 모두 가집니다. 지금부터 벡터는 '영문 소문자 볼드체'로 표기합니다. 벡터는 크게 행벡터, 열벡터 두 가지 종류로 나뉩니다. 아래에서 $\mathbf{a}$와 같이 원소를 행 방향으로 나열하면 행벡터(row vector), $\mathbf{b}$와 같이 열 방향으로 나타낸 벡터는 열벡터(column vector)라고 합니다. 앞으로 특별한 언급이 없으면 벡터 표기는 열벡터를 의미합니다.

$$A = \begin{pmatrix} 1 & 5 \\ 3 & 4 \\ 5 & 2 \end{pmatrix}$$

행렬은 벡터의 집합입니다. 즉, 행렬은 행벡터의 집합이라고 볼 수도 있고 열벡터의 집합이라고 볼 수도 있습니다. 만약 행렬 A가 (1 5), (3 4), (5 2)의 행벡터의 결합 형태라고 생각한다면 2차원 평면에 3개의 벡터가 존재한다고 생각할 수 있고, 이를 시각화하면 [그림 3-1]과 같습니다.

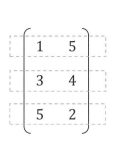

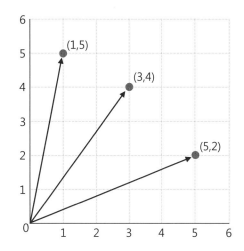

그림 3-1 행벡터 표현

반대로 행렬 A가 열벡터의 결합 형태라고 생각해 봅니다. 즉, 행렬 A가 $\begin{pmatrix} 1 \\ 3 \\ 5 \end{pmatrix}$, $\begin{pmatrix} 5 \\ 4 \\ 2 \end{pmatrix}$와 같이 열벡터의 결합 형태입니다. 이 경우, 3차원 공간의 2개의 벡터라고 생각할 수 있으며, 아래 [그림 3-2]처럼 시각화할 수 있습니다.

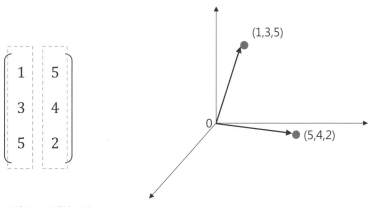

그림 3-2 열벡터 표현

행벡터를 표현한 [그림 3-1]이 2차원 평면상의 직선 3개로 표현되는 반면에, 열벡터를 기준으로 표현한 [그림 3-2]는 3차원 공간상의 직선 2개로 표현되는 것을 알 수 있습니다. 이처럼 같은 행렬이라고 할지라도 어떤 관점에서 보느냐에 따라 다르게 표현할 수 있습니다.

행렬을 구성하는 각 스칼라값을 행렬 원소(element)라고 합니다. 행렬을 구성하는 원소는 행 번호와 열 번호를 사용해서 표기합니다. [그림 3-3]과 같이 원소 a를 스칼라 형태로 쓰고, 오른쪽 아래에 행 번호, 열 번호를 순서대로 표기합니다.

$$a_{ij}$$

i: 행 번호

j: 열 번호

그림 3-3 행렬 원소 표기

[그림 3-3] 표기법을 따라 행렬을 표기하면 [그림 3-4]와 같습니다. 행렬의 크기는 행렬의 행 수와 열 수로 나타냅니다. [그림 3-4] 행렬의 경우, 3개의 행과 2개의 열로 구성되므로 행렬의 크기는 3×2라고 표기합니다.

$$\begin{pmatrix} a_{11} & a_{12} \\ a_{21} & a_{22} \\ a_{31} & a_{32} \end{pmatrix} \quad \text{열(column)}$$

행(row)

그림 3-4 행렬 원소

지금까지는 행과 열로 구성되는 기본적인 2차원 행렬에 대해 알아보았습니다. 그렇다면 이를 일반화한 n차원 행렬은 어떨까요? 행과 열, 2차원으로 구성된 행렬이 아닌 n차원으로 일반화한 행렬을 **텐서(Tensor)**라고 부릅니다. 텐서는 머신러닝 라이브러리인 '텐서플로'의 유래가 되는 이름이기도 합니다. 즉, 텐서플로는 텐서의 흐름을 다루는 라이브러리입니다.

스칼라 (scalar)	벡터 (vector)	행렬 (matrix)	텐서 (tensor)
1	$\begin{pmatrix} 1 \\ 3 \end{pmatrix}$	$\begin{pmatrix} 1 & 2 \\ 3 & 4 \end{pmatrix}$	$\begin{pmatrix} \begin{pmatrix} 1 & 2 \\ 3 & 4 \end{pmatrix} & \begin{pmatrix} 5 & 6 \\ 7 & 8 \end{pmatrix} \\ \begin{pmatrix} 2 & 3 \\ 5 & 7 \end{pmatrix} & \begin{pmatrix} 4 & 1 \\ 2 & 3 \end{pmatrix} \end{pmatrix}$

그림 3-5 스칼라, 벡터, 행렬, 텐서

▎3.2.2 대각 행렬

대각 행렬(diagonal matrix)이란 행렬의 대각 원소 이외의 모든 성분이 0인 행렬을 의미하며, **단위 행렬(identity matrix)**이란 행 번호와 열 번호가 동일한 주 대각선의 원소가 모두 1이며 나머지 원소는 모두 0인 **정사각 행렬(square matrix)**을 의미합니다. 정사각 행렬은 행과 열의 크기가 같은 행렬을 의미합니다.

$$D = \begin{pmatrix} 2 & 0 & 0 \\ 0 & 3 & 0 \\ 0 & 0 & 7 \end{pmatrix}, \qquad I = \begin{pmatrix} 1 & 0 & 0 \\ 0 & 1 & 0 \\ 0 & 0 & 1 \end{pmatrix}$$

위 수식에서 왼쪽 D 행렬은 대각 행렬, 오른쪽은 행렬 I는 단위 행렬을 의미합니다. 대각 행렬, 단위 행렬은 선형대수에서 중요한 개념입니다. 행렬을 이용해 계산할 때, 연산량이 많아질 수 있는데, 이때 주어진 행렬을 대각 행렬이나 단위 행렬로 변환한다면 연산량이 훨씬 줄어들게 됩니다. 적절한 행렬 변환을 통해 학습 시간을 줄이고 시스템 자원을 아낄 수 있습니다. 본 교재에서는 대각 행렬은 D, 단위 행렬은 I로 표기합니다.

▌3.2.3 전치 행렬

전치 행렬(transposed matrix)은 기존 행렬의 행과 열을 바꾸는 행렬을 의미합니다. 즉, 행이 열이 되고, 열이 행이 됩니다. 이를 수식으로 표현하면 아래와 같습니다.

$$a_{ij} \rightarrow a_{ji}$$

예를 들어, 3×2 행렬을 전치시키면 2×3 행렬이 됩니다. 그리고 행렬의 각 원소의 행 번호와 열 번호가 서로 바뀌게 됩니다. 실제 예를 들어 전치 행렬을 구해 보면 아래와 같습니다. 전치 행렬은 영어 대문자 T로 표기합니다.

$$A = \begin{pmatrix} 1 & 5 \\ 3 & 4 \\ 5 & 2 \end{pmatrix}$$

$$A^T = \begin{pmatrix} 1 & 3 & 5 \\ 5 & 4 & 2 \end{pmatrix}$$

위 예를 보면, 전치 행렬을 쉽게 이해할 수 있습니다. 만약 1행 1열 혹은 2행 2열과 같이 행 번호와 열 번호가 같은 경우에는 전치 행렬을 해도 행 번호와 열 번호가 동일한 것을 볼 수 있습니다. 전치 행렬을 원소 기호로 표기하면 아래와 같습니다.

$$\begin{pmatrix} a_{11} & a_{12} \\ a_{21} & a_{22} \\ a_{31} & a_{32} \end{pmatrix} \rightarrow \begin{pmatrix} a_{11} & a_{21} & a_{31} \\ a_{12} & a_{22} & a_{32} \end{pmatrix}$$

원래 행렬과 전치 행렬의 행렬 원소의 행 번호와 열 번호를 보면 서로 바뀌어 있는 것을 확인할 수 있습니다.

▌3.2.4 행렬의 덧셈, 뺄셈

스칼라와 벡터에 대해서 덧셈을 할 수 있듯이, 행렬 간에도 덧셈, 뺄셈이 가능합니다. 각 행렬에 대응되는 원소를 더하거나 빼면 됩니다. 아래 예를 보면 쉽게 이해할 수 있습니다.

$$\begin{pmatrix} 1 & 5 \\ 3 & 4 \\ 5 & 2 \end{pmatrix} + \begin{pmatrix} 0 & 1 \\ 2 & 1 \\ -1 & 0 \end{pmatrix} = \begin{pmatrix} 1+0 & 5+1 \\ 3+2 & 4+1 \\ 5-1 & 2+0 \end{pmatrix} = \begin{pmatrix} 1 & 6 \\ 5 & 5 \\ 4 & 2 \end{pmatrix}$$

$$\begin{pmatrix} 1 & 5 \\ 3 & 4 \\ 5 & 2 \end{pmatrix} - \begin{pmatrix} 0 & 1 \\ 2 & 1 \\ -1 & 0 \end{pmatrix} = \begin{pmatrix} 1-0 & 5-1 \\ 3-2 & 4-1 \\ 5-(-1) & 2-0 \end{pmatrix} = \begin{pmatrix} 1 & 4 \\ 1 & 3 \\ 6 & 2 \end{pmatrix}$$

즉, 행렬의 덧셈, 뺄셈은 연산 대상이 되는 행렬의 행 번호와 열 번호가 일치하는 원소끼리 계산합니다. 단, 행렬의 덧셈, 뺄셈에서 주의해야 할 점은 더하거나 빼려는 행렬의 크기가 같아야 한다는 뜻입니다. 만약 행렬의 크기가 서로 다르다면 행렬의 덧셈과 뺄셈이 불가능합니다.

▌3.2.5 행렬의 스칼라곱

행렬의 곱셈에는 여러 종류가 있는데, 이번 단원에서는 '스칼라×행렬'에 대해 알아봅니다. 행렬의 스칼라곱은 모든 행렬 원소에 곱하려는 스칼라를 곱하면 결과를 구할 수 있습니다.

$$2A = 2\begin{pmatrix} 1 & 5 \\ 3 & 4 \\ 5 & 2 \end{pmatrix} = \begin{pmatrix} 2\cdot1 & 2\cdot5 \\ 2\cdot3 & 2\cdot4 \\ 2\cdot5 & 2\cdot2 \end{pmatrix} = \begin{pmatrix} 2 & 10 \\ 6 & 8 \\ 10 & 4 \end{pmatrix}$$

위 예를 보면, 구하려는 행렬에 2를 곱한 결과입니다. 행렬의 모든 원소에 대해 2를 곱한 결과 최종 결과 행렬이 되는 것을 볼 수 있습니다.

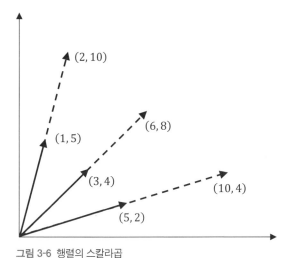

그림 3-6 행렬의 스칼라곱

[그림 3-6]은 위 식을 그림으로 나타낸 것입니다. 행렬에 스칼라 2를 곱한다는 것은 행렬을 구성하는 모든 원소가 두 배 커지는 것을 의미하며, 이는 행렬을 구성하는 벡터들의 길이가 두 배로 길어진다는 것을 의미합니다.

3.2.6 행렬곱

행렬곱(matrix multiplication)은 행렬 간 서로 곱하는 것을 의미합니다. 일반적인 곱셈과 다르게 행렬곱은 항상 할 수 있는 것이 아니라 특정 조건을 만족해야 연산이 가능합니다. 행렬곱은 앞 행렬의 열 크기와 뒷 행렬의 행 크기가 일치해야 계산 가능합니다. 행렬곱은 [그림 3-7]과 같이 표현합니다.

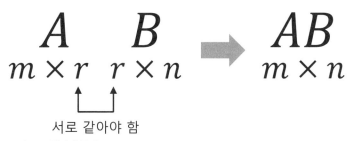

그림 3-7 행렬의 곱셈

[그림 3-7]과 같이 행렬 A와 행렬 B의 행렬곱이 가능하려면 행렬 A의 열 크기와 행렬 B의 행 크기가 같아야 합니다. 만약 행렬 A의 크기가 3×2이고, 행렬 B의 크기가 4×3이라면 행렬곱은 불가능합니다. 왜냐하면 행렬 A의 열 크기는 2인 반면에, 행렬 B의 행 크기는 4로 서로

일치하지 않기 때문입니다.

$$AB = \begin{pmatrix} a_{11} & a_{12} & \cdots & a_{1r} \\ a_{21} & a_{22} & \cdots & a_{2r} \\ \vdots & \vdots & \ddots & \vdots \\ a_{m1} & a_{m2} & \cdots & a_{mr} \end{pmatrix} \begin{pmatrix} b_{11} & b_{12} & \cdots & b_{1n} \\ b_{21} & b_{22} & \cdots & b_{2n} \\ \vdots & \vdots & \ddots & \vdots \\ b_{r1} & b_{r2} & \cdots & b_{rn} \end{pmatrix}$$

$$(AB)_{ij} = a_{i1}b_{1j} + a_{i2}b_{2j} + \cdots + a_{ir}b_{rj}$$

행렬곱의 연산 방법은 위 식과 같습니다. 행렬곱은 특별한 연산자를 이용해 표기하지 않고 스칼라의 곱셈과 같이 두 행렬을 나열함으로써 나타냅니다. 만약 두 행렬 사이에 연산자가 없다면 행렬곱이라고 생각하면 됩니다. 행렬곱은 실제로 간단히 계산해 보면 금방 이해할 수 있습니다.

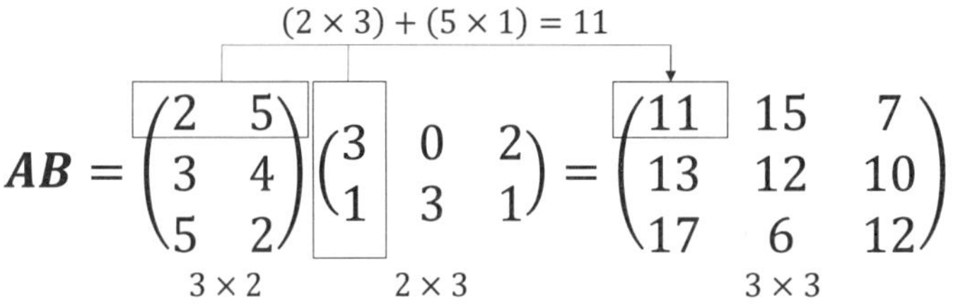

그림 3-8 행렬곱 과정

[그림 3-8]과 같이 행렬곱은 두 행렬을 곱할 때 앞에 위치하는 행렬의 행과 뒤에 위치하는 열의 원소를 각각 곱한 후 더하는 것과 같습니다. 위 [그림 3-8]을 계산하면 아래와 같습니다.

$$AB = \begin{pmatrix} 2 & 5 \\ 3 & 4 \\ 5 & 2 \end{pmatrix} \begin{pmatrix} 3 & 0 & 2 \\ 1 & 3 & 1 \end{pmatrix}$$

$$= \begin{pmatrix} 2 \cdot 3 + 5 \cdot 1 & 1 \cdot 0 + 5 \cdot 3 & 1 \cdot 2 + 5 \cdot 1 \\ 3 \cdot 3 + 4 \cdot 1 & 3 \cdot 0 + 4 \cdot 3 & 3 \cdot 2 + 4 \cdot 1 \\ 5 \cdot 3 + 2 \cdot 1 & 5 \cdot 0 + 2 \cdot 3 & 5 \cdot 2 + 2 \cdot 1 \end{pmatrix}$$

$$= \begin{pmatrix} 11 & 15 & 7 \\ 13 & 12 & 10 \\ 17 & 6 & 12 \end{pmatrix}$$

행렬곱은 행렬을 이용한 연산 중 가장 기본적인 연산 방법이므로 꼭 이해하고 넘어가길 바랍니다.

▌ 3.2.7 행렬의 원소곱

두 행렬을 곱하는 연산은 앞서 배운 행렬곱(matrix multiplication) 이외에도 행렬 원소곱을 하는 방법도 존재합니다. 행렬 원소곱(matrix element multiplication)은 차원이 동일한 두 행렬의 동일 위치 원소를 서로 곱하는 방법입니다.

$$A \odot B = \begin{pmatrix} a_{11} & a_{12} & \cdots & a_{1n} \\ a_{21} & a_{22} & \cdots & a_{2n} \\ \vdots & \vdots & \ddots & \vdots \\ a_{m1} & a_{m2} & \cdots & a_{mn} \end{pmatrix} \odot \begin{pmatrix} b_{11} & b_{12} & \cdots & b_{1n} \\ b_{21} & b_{22} & \cdots & b_{2n} \\ \vdots & \vdots & \ddots & \vdots \\ b_{m1} & b_{m2} & \cdots & b_{mn} \end{pmatrix}$$

$$(A \odot B)_{ij} = a_{ij} b_{ij}$$

행렬의 원소곱은 예를 통해 직접 계산해 보면 쉽게 이해할 수 있습니다.

$$A = \begin{pmatrix} 1 & 5 \\ 3 & 4 \\ 5 & 2 \end{pmatrix}, \qquad B = \begin{pmatrix} 2 & 1 \\ 3 & 2 \\ 1 & 4 \end{pmatrix}$$

$$A \odot B = \begin{pmatrix} 1 & 5 \\ 3 & 4 \\ 5 & 2 \end{pmatrix} \odot \begin{pmatrix} 2 & 1 \\ 3 & 2 \\ 1 & 4 \end{pmatrix} = \begin{pmatrix} 1 \times 2 & 5 \times 1 \\ 3 \times 3 & 4 \times 2 \\ 5 \times 1 & 2 \times 4 \end{pmatrix} = \begin{pmatrix} 2 & 5 \\ 9 & 8 \\ 5 & 8 \end{pmatrix}$$

행렬의 원소곱은 딥러닝 최적화 관련 알고리즘에 자주 사용됩니다. 이때, 최적화란 기존의 모형을 더욱 효율적인 모형으로 만드는 과정을 의미하며 최적화에 대해서는 5단원에서 자세히 알아보겠습니다.

▌ 3.2.8 행렬식

행렬식(determinant)은 행렬의 특성을 하나의 숫자로 표현하는 방법의 하나입니다. 여기서는 행렬식을 구하는 방법을 설명하기보다 행렬식의 의미에 대해 알아봅니다. 행렬식의 절댓값은 해당 행렬이 단위 공간을 얼마나 늘렸는지 혹은 줄였는지를 나타냅니다. 만약 행렬식이 1이라면 해당 행렬이 단위 공간의 부피와 같다는 것을 의미하고, 행렬식이 0이라면 해당 행렬이 나타내는 부피가 0이라는 뜻입니다. 반대로 행렬식의 크기가 10이라면 해당 행렬이 단위 공간 부피의 10배에 해당한다는 뜻입니다.

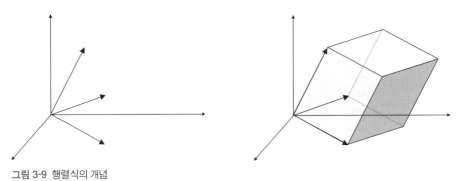

그림 3-9 행렬식의 개념

[그림 3-9]는 행렬식의 개념을 나타낸 그림입니다. 만약 행렬이 3차원 공간의 3개 벡터로 구성되어 있다고 가정하면 왼쪽 그림처럼 시각화할 수 있습니다. 해당 행렬의 행렬식을 구한다는 것은 오른쪽 그림처럼 행렬을 구성하고 있는 벡터로 만들 수 있는 도형의 부피를 계산한다는 의미와 같습니다.

▌3.2.9 역행렬

역행렬(inverse matrix)이란 역수와 비슷한 개념으로 행렬 A에 대해서 $AB=I$를 만족하는 행렬 B가 존재한다는 뜻입니다. 즉, 행렬 A에 행렬 B를 곱한 결과는 단위 행렬 I입니다. 이때, 행렬 B를 행렬 A의 역행렬이라고 부릅니다. 역행렬을 표기할 때는 일반적으로 A의 역행렬은 A^{-1}로 표기합니다.

$$AA^{-1}=A^{-1}A=I$$

역행렬은 항상 존재하는 것은 아닙니다. 역행렬은 존재하지 않을 수도 있는데, 역행렬을 구하려는 행렬의 행렬식이 0이라면 역행렬은 존재하지 않습니다. 즉, 역행렬이 존재하기 위한 조건은 해당 행렬의 행렬식이 0이 되면 안 됩니다. 역행렬이 존재하는 행렬을 가역 행렬(invertible matrix)이라고 부릅니다.

3.3 내적

우리가 일상생활에 가장 자주 사용하는 연산은 사칙 연산입니다. 이번 단원에서 알아볼 **내적**(inner product)도 다른 연산처럼 하나의 연산입니다. 내적이 아닌 다른 연산의 경우, 벡터+벡터=벡터, 스칼라+스칼라=스칼라와 같은 형태처럼 인풋과 아웃풋의 형태가 같은 반면에, 내적은 특이하게도 벡터와 벡터의 연산 결괏값이 스칼라가 나옵니다. 예를 들어 보면, 아래 식은 기본적인 사칙 연산 중 하나인 '덧셈'입니다. 스칼라와 스칼라를 더해 봅니다.

$$1 + 5 = 6$$

위 식을 보면 스칼라 1과 스칼라 5를 더했더니 스칼라 6이 나왔습니다. 스칼라와 스칼라를 더해서 결괏값이 스칼라인 경우입니다. 다음은 벡터와 벡터의 덧셈 연산 결과입니다.

$$\begin{pmatrix} 1 \\ 3 \end{pmatrix} + \begin{pmatrix} 2 \\ 1 \end{pmatrix} = \begin{pmatrix} 3 \\ 4 \end{pmatrix}$$

벡터와 벡터를 더했더니 새로운 벡터가 결괏값으로 출력됩니다. 스칼라 간 덧셈과 벡터 간 덧셈 모두 인풋과 아웃풋의 형태가 동일합니다.

내적은 아래와 같은 방법으로 계산합니다. 내적은 인풋과 아웃풋의 결과가 같은 다른 연산들과는 다르게 벡터와 벡터를 내적한 결괏값은 스칼라입니다. 내적의 표기는 아래와 같이 꺾쇠(〈 〉) 혹은 도트곱(·)으로 표현합니다. 본 교재에서는 내적을 도트곱으로 표현합니다.

$$\langle \mathbf{u}, \mathbf{v} \rangle = \mathbf{u} \cdot \mathbf{v} = u_1 v_1 + u_2 v_2 + \cdots + u_n v_n$$

내적을 하는 방법은 내적을 구하려는 각 벡터의 요소(element)를 서로 곱한 후 더하는 것으로 내적값을 구할 수 있습니다. 위 식을 벡터 형태로 표기하면 아래와 같습니다.

$$\mathbf{u} = \begin{pmatrix} u_1 \\ u_2 \\ u_3 \end{pmatrix}, \mathbf{v} = \begin{pmatrix} v_1 \\ v_2 \\ v_3 \end{pmatrix}$$

$$\mathbf{u} \cdot \mathbf{v} = \mathbf{u}^T \mathbf{v}$$

앞선 식과 같이, 두 열벡터의 내적을 구하려고 할 경우 두 열벡터 중 하나의 벡터를 전치(transpose)시켜 행벡터로 변환한 후 나머지 벡터와 벡터곱을 시키면 내적값을 구할 수 있습니다. 아래 예를 통해 실제로 내적 결과를 구해 봅니다.

$$\mathbf{u} = \begin{pmatrix} 1 \\ 2 \\ 3 \end{pmatrix}, \mathbf{v} = \begin{pmatrix} 3 \\ 2 \\ 3 \end{pmatrix}$$

$$\mathbf{u} \cdot \mathbf{v} = \mathbf{u}^T \mathbf{v}$$

$$= 1 \times 3 + 2 \times 2 + 3 \times 3$$

$$= 3 + 4 + 9$$

$$= 16$$

내적은 매우 유용하고 중요한 연산입니다. 내적을 사용하면 벡터의 길이(norm)를 구하거나 벡터 사이의 관계를 파악할 수 있습니다. 예를 들어, [그림 3-10]과 같이 내적의 성질을 이용하면 두 벡터의 합의 길이는 각각의 길이의 합보다 작거나 같음을 알 수 있습니다. 이는 잠시 후에 벡터의 길이를 배우면 이해할 수 있습니다.

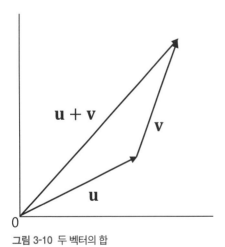

그림 3-10 두 벡터의 합

내적을 이용하면 두 벡터 사이의 각도도 추정할 수 있습니다. 즉, 내적을 이용하면 다음과 같은 관계를 알 수 있습니다.

(1) 내적>0이면, 두 벡터 사이의 각도<90

(2) 내적<0이면, 두 벡터 사이의 각도>90

(3) 내적=0이면, 두 벡터 사이의 각도=90

즉, 두 벡터의 내적값의 부호만 알아도 두 벡터 사이의 각도를 알 수 있습니다. 위 관계에서
특히 마지막 세 번째 관계를 이용하면 내적 연산만으로도 두 벡터 간의 수직 여부를 판단할
수 있습니다. [그림 3-11]의 왼쪽 그림은 두 벡터 간 내적이 0보다 큰 것을 알 수 있고, 오른쪽
그림은 두 벡터가 서로 수직이므로 내적값이 0이라는 것을 알 수 있습니다.

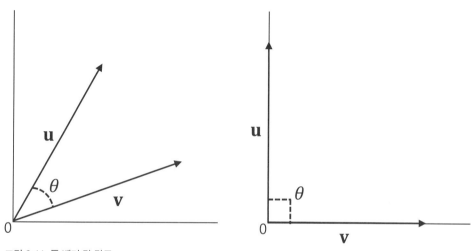

그림 3-11 두 벡터 간 각도

내적을 이용하면 벡터의 길이를 구할 수 있습니다. 벡터의 길이(length)는 norm이라고도 합
니다. 벡터 $\mathbf{u}$의 길이는 다음과 같이 내적값의 제곱근을 구함으로써 구할 수 있습니다. 벡터 $\mathbf{u}$
의 길이는 $\|\mathbf{u}\|$로 표기합니다.

$$\mathbf{u} = (u_1, u_2, \dots, u_n)$$

$$\|\mathbf{u}\| = \sqrt{u_1^2 + u_2^2 + \cdots + u_n^2}$$

예를 들어, 벡터 $\mathbf{u}=(u_1, u_2)$라고 하면, 벡터의 길이는 $\|\mathbf{u}\| = \sqrt{u_1^2 + u_2^2}$ 이고 이를 그림으로
나타내면 [그림 3-12]와 같습니다. 이는 우리가 잘 알고 있는 피타고라스의 정리를 일반화한
것입니다.

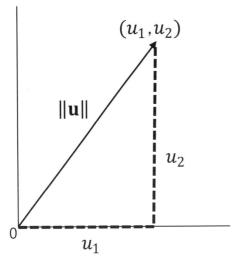

그림 3-12 벡터의 길이

만약 벡터의 길이와 x축과의 각도를 알 수 있다면, 벡터의 구성 요소를 [그림 3-13]과 같이 표현할 수 있습니다.

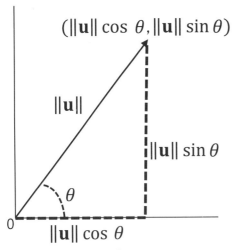

그림 3-13 좌표의 다른 표현

벡터의 성분을 표시할 때, 벡터 $\mathbf{u}$의 좌표는 길이 $\|\mathbf{u}\|$와 두 벡터 사이의 각도 θ을 사용해 표현할 수 있습니다. 위 그림처럼 x 좌표는 코사인(cosine)을 사용하고, y 좌표는 사인(sine)을 이용해서 표시합니다. 다른 방법으로 두 벡터의 길이와 각도 θ을 안다면 내적값을 구할 수 있습니다.

$$\mathbf{u} \cdot \mathbf{v} = \|\mathbf{u}\|\|\mathbf{v}\| \cos \theta$$

$$\cos \theta = \frac{\mathbf{u} \cdot \mathbf{v}}{\|\mathbf{u}\|\|\mathbf{v}\|}$$

이는 정사영과도 연관 지어 생각할 수 있습니다. **정사영(projection)**이란 한 벡터가 다른 벡터에 수직으로 투영하는 것을 말하는데, 내적은 정사영한 벡터의 길이와 연관되어 있습니다.

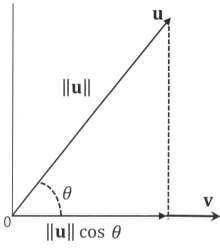

그림 3-14 정사영

정사영은 [그림 3-14]와 같이 표현할 수 있습니다. [그림 3-14]는 벡터 **u**를 벡터 **v**에 정사영한 벡터의 길이가 $\|\mathbf{u}\|\cos\theta$이 됨을 의미합니다.

내적은 좌표계의 선택과 무관합니다. 즉, 특정 좌표계에서만 내적을 할 수 있는 것이 아니라, 좌표계의 종류와 상관없이 내적값을 항상 구할 수 있다는 의미입니다. 내적 결과는 두 벡터의 순서와 상관없이 모두 동일하지만 내적하는 과정은 조금 차이가 있습니다. 내적하는 두 벡터의 순서에 따른 관점의 차이를 생각해 보면 이해할 수 있습니다. 내적은 좌표계의 선택과 무관하므로 한 가지 방법은 [그림 3-15] 왼쪽 그림처럼 벡터 **v**를 x축이라고 생각하고 **u**를 **v**에 정사영시키는 것입니다. 이를 **u**·**v**라고 표기합니다. 다른 방법은 [그림 3-15] 오른쪽 그림과 같이 벡터 **u**를 x축이라고 생각하고 **v**를 **u**에 정사영시키는 것입니다. 이를 **v**·**u**라고 표기합니다.

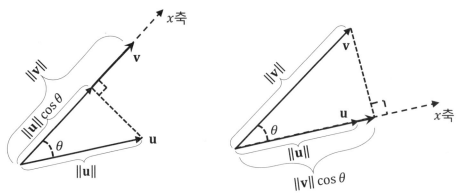

그림 3-15 내적의 개념

[그림 3-15]에서 알 수 있듯이 벡터 **u**를 벡터 **v**에 정사영시킨 벡터의 길이는 $\|\mathbf{u}\| \, |cos\theta|$임을 알 수 있습니다. 길이는 음수가 될 수 없으므로 코사인에 절댓값을 취합니다. 벡터 **u**를 벡터 **v**에 정사영시킨 벡터를 $proj_\mathbf{v}\mathbf{u}$로 표기했을 때 해당 벡터의 길이는 다음과 같습니다.

$$\|proj_\mathbf{v}\mathbf{u}\| = \|\mathbf{u}\| \, |cos\theta|$$

정사영 개념을 이용해 내적 개념을 다시 쓰면 이렇습니다. 벡터 **u**와 벡터 **v**의 내적이란 벡터 **u**를 벡터 **v**에 정사영시킨 벡터의 길이, 즉 $\|\mathbf{u}\|cos\theta$과 기존 벡터 **v**의 길이인 $\|\mathbf{v}\|$의 곱과 같습니다.

$$\mathbf{u} \cdot \mathbf{v} = \|\mathbf{u}\|\|\mathbf{v}\| \cos\theta$$

$$= (\|\mathbf{v}\|) \times (\|\mathbf{u}\| \cos\theta)$$

만약 내적 결과가 음수라면 $proj_\mathbf{v}\mathbf{u}$는 벡터 **v**와 반대 방향인 것을 알 수 있습니다. 지금까지 내적이라는 연산을 알아보았습니다. 내적을 이용하면 머신러닝 수식을 이해할 때 유용합니다. 특히 지도 학습에서 서포트 벡터 머신(support vector machine) 개념을 이해할 때 내적은 필수 연산입니다.

3.4 선형 변환

선형 변환(linear transformation)은 두 벡터 공간 사이의 함수입니다. 이를테면, 좌표 평면에 벡터 하나가 있다고 가정할 때, 그 벡터를 확대하거나 축소하거나 회전시키거나 반사하는 것은 모두 변환이라고 생각할 수 있습니다. 예를 들어, 행렬과 벡터의 곱 $A\mathbf{x}$는 벡터 $\mathbf{x}$에 선형 변환 A를 취한 것을 의미합니다. 즉, 벡터 $\mathbf{x}$를 늘리거나 줄이거나 하는 등 '변환'을 취한 것입니다. 단순히 기존 행렬의 변형이라고 생각할 뿐만 아니라 기존 행렬을 다른 좌표 공간으로 이동시킨다고 생각할 수도 있습니다.

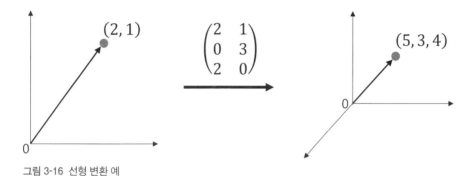

그림 3-16 선형 변환 예

[그림 3-16]은 선형 변환의 예입니다. 2차원 공간의 (2 1) 벡터에 선형 변환 A를 적용한 결과 3차원 공간의 벡터(5 3 4)가 되는 것을 시각화한 것입니다. 이를 수식으로 나타내면 아래와 같습니다.

$$A\mathbf{x} = \begin{pmatrix} 2 & 1 \\ 0 & 3 \\ 2 & 0 \end{pmatrix} \begin{pmatrix} 2 \\ 1 \end{pmatrix} = \begin{pmatrix} 5 \\ 3 \\ 4 \end{pmatrix}$$

이처럼 우리가 흔히 사용하는 행렬은 선형 변환의 의미가 있다는 것을 알 수 있습니다.

3.5 랭크, 차원

3.5.1 벡터 공간, 기저

랭크(rank)와 차원(dimension)을 알기 위해서는 우선 벡터 공간과 기저를 알아야 합니다. **벡터 공간(vector space)**이란 벡터 집합이 존재할 때, 해당 벡터들로 구성할 수 있는 공간입니다. 또한 **기저(basis)**는 이러한 벡터 공간을 생성하는 선형 독립인 벡터들입니다. 즉, 기저의 조합으로 공간을 생성할 수 있습니다. 또한 벡터 공간의 일부분을 **부분 공간(subspace)**이라고 합니다. 집합에서 전체 집합과 부분 집합의 관계라고 생각하면 됩니다. 예를 들어, 전체 공간을 3차원 공간이라고 했을 때 전체 공간의 일부인 선(line)이나 면(plane)은 3차원 공간의 부분 공간이라고 할 수 있습니다. 이런 관계를 설명하는 데 사용되는 **스팬(span)**이라는 개념이 있습니다. 예를 들어 전체 벡터 공간 V가 3차원이고 2개의 기저 벡터 집합을 S라고 합니다. 이때 집합 S에 속하는 기저 벡터들로 구성되는 2차원 부분 공간을 W라고 했을 때, S는 부분 공간 W를 $span$ 한다고 말하고, $W=span(S)$라고 표현합니다. 이를 [그림 3-17]을 통해 예를 들어 봅니다.

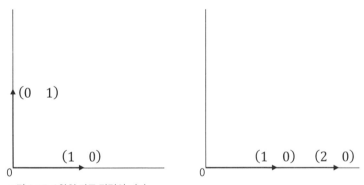

그림 3-17 2차원 좌표 평면의 기저

[그림 3-17]에서 왼쪽 그림에는 (1 0), (0 1) 두 벡터가 존재합니다. 이 두 가지 벡터는 2차원 공간의 기저가 될 수 있습니다. 즉, 2차원에 존재하는 모든 점은 두 기저 벡터 (1 0), (0 1)로 표현할 수 있습니다.

$$(2 \quad 1) = 2(1 \quad 0) + 1(0 \quad 1)$$

예를 들어, (2 1)이라는 좌표는 두 기저 벡터의 선형 조합으로 표현할 수 있습니다. 그리고 두 기저 벡터로 $span$할 수 있는 벡터 공간은 2차원 평면입니다. 반면에 [그림 3-17]의 오른쪽 그림에 존재하는 두 벡터 $(1 \quad 0)$, $(2 \quad 0)$은 2차원 평면의 기저가 될 수 없습니다. 왜냐하면 벡터는 2개지만 서로 선형 독립이 아니기 때문입니다. 이때, 선형 독립(linear independent)이란 하나의 벡터로 다른 벡터를 표현할 수 없다는 뜻입니다. 다른 말로 하면, 하나의 벡터를 다른 벡터의 선형 결합 형태로 표현할 수 없다고 말합니다. 따라서 선형 독립이 아니라는 말은 벡터 사이에 선형 관계가 존재하며, 이는 서로가 의존적이라 자기 자신을 다른 벡터를 이용해 표현할 수 있다는 뜻입니다. 즉, 벡터 $(2 \quad 0)$은 $2(1 \quad 0)$으로 표현할 수 있습니다. 벡터는 2개지만 두 벡터가 $span$할 수 있는 공간은 1차원 직선에 불과합니다.

기저는 유일할까요? 2차원 평면을 구성하는 기저는 오직 $(1 \quad 0)$, $(0 \quad 1)$일까요? 아닙니다. $(2 \quad 0)$, $(0 \quad 1)$도 기저 벡터가 될 수 있고, $(10 \quad 0)$, $(0 \quad 20)$도 기저 벡터가 될 수 있습니다. 즉, $(x \quad 0)$, $(0 \quad y)$ 형태라면 모두 2차원 공간의 기저 벡터가 될 수 있습니다. 다만 계산상의 편의성 때문에 $(1 \quad 0)$, $(0 \quad 1)$의 형태를 자주 사용합니다.

▌3.5.2 랭크와 차원

앞서 행렬을 행 기준으로 표현했을 때는 행렬의 행벡터(row vector)라고 부르고, 열 기준으로 표현했을 때는 열벡터(column vector)라고 부른다고 했습니다.

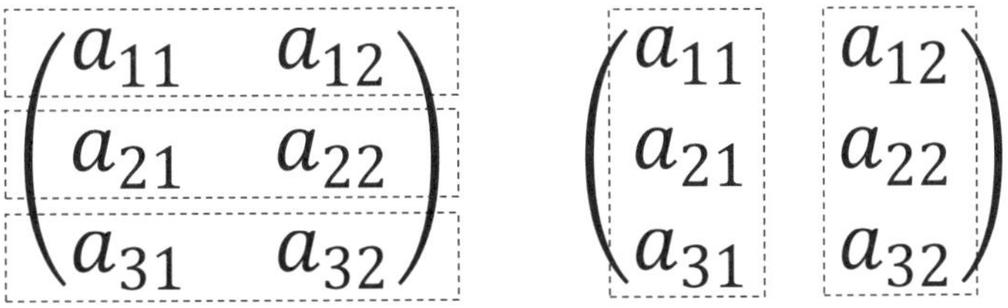

$$\begin{pmatrix} a_{11} & a_{12} \\ a_{21} & a_{22} \\ a_{31} & a_{32} \end{pmatrix} \qquad \begin{pmatrix} a_{11} & a_{12} \\ a_{21} & a_{22} \\ a_{31} & a_{32} \end{pmatrix}$$

그림 3-18 행벡터(왼쪽)와 열벡터(오른쪽)

이와 마찬가지로 주어진 벡터들로 행렬을 구성하는 방식에도 두 가지가 있습니다. 벡터 공간의 정의를 응용하면 행벡터로 $span$할 수 있는 공간을 행공간(row spaces)이라고 부르고, 열벡터로 $span$할 수 있는 공간을 열공간(column spaces)이라고 부릅니다. 다른 말로는 어떤 행렬의 행(열)벡터들이 나타낼 수 있는 선형 결합의 집합이라고 할 수 있습니다.

$$A = \begin{pmatrix} 1 & 5 \\ 3 & 4 \\ 5 & 2 \end{pmatrix}$$

위 행렬을 행벡터, 열벡터 기준으로 시각화해 봅니다.

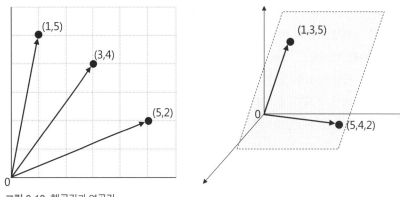

그림 3-19 행공간과 열공간

위 [그림 3-19]를 보면 왼쪽과 같이 행벡터, 열벡터 기준과 상관없이 생성되는 벡터 공간은 모두 평면인 것을 알 수 있습니다. 왼쪽의 경우 벡터는 3개지만 3개의 벡터 모두 2차원 평면에 그려지므로 3개의 벡터가 생성하는 공간은 2차원입니다. 또한 오른쪽 그림의 경우 각 좌표는 3개의 구성 원소로 이루어져 있지만, 벡터 2개로 표현할 수 있는 공간은 2차원이라는 것을 알 수 있습니다.

차원(dimension)이란 기저 벡터의 개수를 의미합니다. 즉, 벡터 공간을 구성하는 데 필요한 최소한의 벡터 개수가 차원(dimension)입니다. 예를 들어, 3차원 공간을 나타내는 데 필요한 벡터 개수는 3개입니다. 또한 행공간의 차원과 열공간의 차원은 같습니다. 그리고 랭크(Rank)란 열벡터에 의해 span된 벡터 공간의 차원입니다. 행렬 A의 **영공간(null space)**이란 행렬 A가 주어질 때 $A\mathbf{x}=0$을 만족하는 모든 벡터 $\mathbf{x}$의 집합이라고 할 수 있습니다.

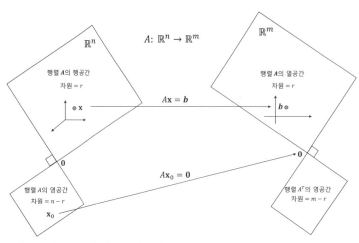

그림 3-20 행공간, 열공간, 영공간 전체

[그림 3-20]은 행공간, 열공간, 영공간의 관계를 그림으로 나타낸 것입니다. 행렬 A의 n차원 행공간을 $\mathbb{R}^n$이라고 표현하고, m 차원 열공간을 $\mathbb{R}^m$이라고 합니다. 그리고 행공간의 차원과 열공간의 차원은 동일하게 r이라고 합니다. 그렇다면 행렬 A의 의미는 행공간에 존재하는 벡터 $\mathbf{x}$를 행렬 A의 열공간에 있는 벡터 $\mathbf{b}$로 선형 변환하는 것입니다. 이 경우, 행렬 A의 영공간의 차원은 $n-r$이고, 행렬 A^T의 영공간의 차원은 $m-r$이 됩니다.

3.5.3 직교 행렬

직교 행렬(orthogonal matrix)이란 어떤 행렬의 행벡터(row vector)와 열벡터(column vector)가 유클리드 공간의 정규 직교 기저를 이루는 행렬을 의미합니다. 여기서 '정규'란 벡터의 길이가 1인 벡터를 의미합니다. 그리고 '직교'라는 단어의 뜻은 벡터 간 사이 각도가 90도임을 의미합니다. 사이 각도가 90도라는 말은 두 벡터의 내적값이 0이라는 뜻입니다. 직교 행렬이란 행렬을 구성하는 각 행벡터 혹은 열벡터의 길이가 1이며 서로 수직인 벡터로 이루어진 행렬을 의미합니다. 이를 수식으로 나타내면 아래와 같습니다.

$$AA^T = A^T A = I$$

위 식의 의미는 직교 행렬 A의 역행렬은 자기 자신의 전치 행렬(transposed matrix)임을 의미하며 이는 $A^T = A^{-1}$이라고 쓸 수 있습니다. 이러한 성질을 이용한다면 특정 행렬이 직교 행렬일 때 역행렬을 구하기 쉬워집니다. 일반적인 행렬의 역행렬을 계산하는 방법은 복잡하지만, 직교 행렬일 경우는 전치 행렬이 곧 역행렬이므로 더욱 쉽게 역행렬을 구할 수 있습니다. 다음은 직교 행렬의 성질입니다.

(1) 직교 행렬의 전치 행렬은 직교 행렬입니다.
(2) 직교 행렬의 역행렬은 직교 행렬입니다.
(3) 직교 행렬끼리의 곱의 결과는 직교 행렬입니다.
(4) 직교 행렬의 행렬식은 1 또는 -1입니다.

직교 행렬을 예를 들어 살펴봅니다.

$$A = \begin{pmatrix} \dfrac{1}{\sqrt{2}} & -\dfrac{1}{\sqrt{2}} \\ \dfrac{1}{\sqrt{2}} & \dfrac{1}{\sqrt{2}} \end{pmatrix}$$

$$A^T A = \begin{pmatrix} \dfrac{1}{\sqrt{2}} & \dfrac{1}{\sqrt{2}} \\ -\dfrac{1}{\sqrt{2}} & \dfrac{1}{\sqrt{2}} \end{pmatrix} \begin{pmatrix} \dfrac{1}{\sqrt{2}} & -\dfrac{1}{\sqrt{2}} \\ \dfrac{1}{\sqrt{2}} & \dfrac{1}{\sqrt{2}} \end{pmatrix}$$

$$= \begin{pmatrix} \dfrac{1}{\sqrt{2}} \cdot \dfrac{1}{\sqrt{2}} + \dfrac{1}{\sqrt{2}} \cdot \dfrac{1}{\sqrt{2}} & -\dfrac{1}{\sqrt{2}} \cdot \dfrac{1}{\sqrt{2}} + \dfrac{1}{\sqrt{2}} \cdot \dfrac{1}{\sqrt{2}} \\ -\dfrac{1}{\sqrt{2}} \cdot \dfrac{1}{\sqrt{2}} + \dfrac{1}{\sqrt{2}} \cdot \dfrac{1}{\sqrt{2}} & \dfrac{1}{\sqrt{2}} \cdot \dfrac{1}{\sqrt{2}} + \dfrac{1}{\sqrt{2}} \cdot \dfrac{1}{\sqrt{2}} \end{pmatrix}$$

$$= \begin{pmatrix} \dfrac{1}{2} + \dfrac{1}{2} & -\dfrac{1}{2} + \dfrac{1}{2} \\ -\dfrac{1}{2} + \dfrac{1}{2} & \dfrac{1}{2} + \dfrac{1}{2} \end{pmatrix}$$

$$= \begin{pmatrix} 1 & 0 \\ 0 & 1 \end{pmatrix} = I$$

3.6 고윳값, 고유 벡터

이번 단원에서는 고윳값과 고유 벡터에 대해 알아봅니다. 고윳값(eigenvalue)에 쓰이는 단어 eigen은 특성(characteristics)이라는 뜻입니다. 즉, 고윳값, 고유 벡터는 특성값, 특성 벡터라고 생각할 수 있고, 이들은 행렬의 특성을 나타내는 것들입니다. 벡터는 방향(direction)과 크기(magnitude)로 구성되는데, 여기서 특성이란 방향은 변하지 않고 크기만 변하는 특성을 말합니다. 즉, 고유 벡터(eigenvector)란 벡터에 선형 변환을 취했을 때, 방향은 변하지 않고 크기만 변하는 벡터를 의미합니다. 그리고 선형 변환 이후 변한 크기가 고윳값을 의미합니다.

$$A\mathbf{x} = \lambda\mathbf{x}$$

위 식의 의미는 벡터 **x**에 선형 변환 **A**를 취했는데, 그 결과는 기존 벡터의 방향은 변하지 않고 길이가 λ만큼 변했다는 것을 의미합니다.

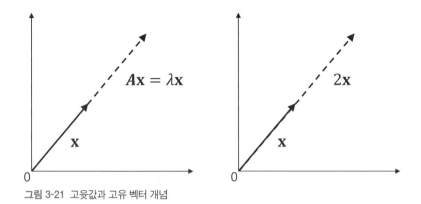

그림 3-21 고윳값과 고유 벡터 개념

[그림 3-21]을 보면 고윳값, 고유 벡터의 개념을 알 수 있습니다. 만약 고윳값이 2($\lambda=2$)라면, 기존 벡터 **x**의 길이가 2배 길어졌다는 것을 알 수 있습니다. 반면에 고윳값이 1/3이라면 기존 벡터의 1/3만큼 줄어든 것을 뜻합니다. 정리하면 고유 벡터란 어떤 벡터에 선형 변환을 취했을 때, 방향은 변하지 않고, 크기만 바뀌는 벡터를 의미하고, 고윳값이란 고유 벡터가 변환되는 '크기'의 정도를 의미합니다.

3.7 특이값 분해

▌3.7.1 닮음

우리가 일상에서 쓰는 '닮았다'라는 말은 두 대상이 동일하지는 않지만 '비슷하다'는 느낌이 들 때 사용하는 표현입니다. 이처럼 행렬 간에도 닮음이라는 표현을 사용하는데, 행렬 간 닮음(similar)은 $P^{-1}AP=B$를 만족하는 가역 행렬(invertible matrix) P가 존재할 때, 정사각 행렬 A, B는 서로 닮음이라고 합니다. 이때, 행렬 A, B는 정사각 행렬이어야 하므로 행 크기와 열 크기가 같습니다. 그리고 '가역 행렬'이라는 말은 역행렬이 존재한다는 뜻입니다. 또한 $B=P^{-1}AP$를 만족하는 직교 행렬(orthogonal matrix) P가 존재할 때 B는 A에 직교 닮음(orthogonally similar)이라고 합니다.

▌3.7.2 직교 대각화

이번에는 직교 대각화(orthogonal diagonalization)에 대해 알아봅니다. 앞서 언급한 직교 닮음에서 정사각 행렬 B가 대각 행렬 D라면 어떨까요? 즉, $P^{-1}AP=D$를 만족하는 직교 행렬 P가 존재하는 경우입니다. 이 경우, 직교 행렬 P는 A를 '직교 대각화'한다고 말하며, A는 '직교 대각화 가능(orthogonally diagonalizable)'하다고 말합니다. 이는 행렬 A에 선형 변환을 취한 결과, 대각 원소만 남는 대각 행렬이 된다고 생각하면 됩니다. 이러한 직교 대각화가 가능하려면 조건이 필요한데, 만약 행렬 A가 직교 대각화가 가능하려면 A는 반드시 대칭 행렬이어야 합니다. 대칭 행렬은 $A^T=A$를 만족하는, 즉, 자기 자신과 전치 행렬이 같은 행렬을 의미합니다. 우리가 아는 대칭 행렬 중 아주 유명한 대칭 행렬이 있습니다. 그것은 바로 공분산 행렬입니다. 공분산 행렬은 아래와 같이 표현합니다.

$$\begin{pmatrix} \sigma_{11} & \sigma_{12} & \cdots & \sigma_{1p} \\ \sigma_{21} & \sigma_{22} & \cdots & \sigma_{2p} \\ \vdots & \vdots & \ddots & \vdots \\ \sigma_{p1} & \sigma_{p2} & \cdots & \sigma_{pp} \end{pmatrix}$$

대칭 행렬에 관해 적용할 수 있는 여러 가지 방법은 공분산 행렬을 다룰 때 큰 도움이 됩니다. 공분산 행렬에 대해서는 4단원에서 좀 더 자세히 알아봅니다.

▌3.7.3 고윳값 분해

고윳값 분해(eigenvalue decomposition)는 직교 대각화의 한 종류입니다. 직교 대각화를 이해했다면 고윳값 분해도 쉽게 이해할 수 있습니다. 직교 대각화에서 쓰이는 직교 벡터 P를 고윳값 분해에서는 고유 벡터를 이용해 만들고 대각 행렬의 원소에 해당하는 것이 고윳값이라고 생각하면 됩니다. 쉽게 말해, 대칭 행렬 A의 고윳값과 고유 벡터가 존재할 때 A의 고윳값 분해는 아래와 같습니다. 고윳값 분해는 행렬을 고유 벡터, 고윳값의 곱으로 분해하는 것을 의미합니다.

$$\begin{pmatrix} \sigma_{11} & \sigma_{12} & \sigma_{13} \\ \sigma_{21} & \sigma_{22} & \sigma_{23} \\ \sigma_{31} & \sigma_{32} & \sigma_{33} \end{pmatrix} = (\mathbf{u}_1 \quad \mathbf{u}_2 \quad \mathbf{u}_3) \begin{pmatrix} \lambda_1 & 0 & 0 \\ 0 & \lambda_2 & 0 \\ 0 & 0 & \lambda_3 \end{pmatrix} \begin{pmatrix} \mathbf{u}_1^T \\ \mathbf{u}_2^T \\ \mathbf{u}_3^T \end{pmatrix}$$

$$= PDP^T$$

위 식에서 λ_1, λ_2, λ_3은 고윳값이고, $\mathbf{u}_1$, $\mathbf{u}_2$, $\mathbf{u}_3$은 고유 벡터입니다. 위 분해를 잘 보면 벡터의

방향을 알 수 있습니다. $\mathbf{u}_i$는 열벡터이고, $\mathbf{u}_i^T$는 행벡터입니다. 앞선 예는 3×3 대칭 행렬의 경우를 예로 들었지만, 이는 n 차원으로 일반화할 수 있습니다.

▎3.7.4 특이값 분해

특이값 분해(Singular Value Decomposition)란 정사각 행렬을 대상으로 하는 고윳값 분해와는 달리 대상 행렬을 $m \times n$ 행렬로 일반화시킨 것을 의미합니다. 특이값 분해는 행렬을 분해하는 방법 가운데 하나입니다. 우리가 중학교 때 배운 인수 분해를 생각해 보면, 인수 분해는 이차 방정식의 해를 구하기 위한 도구로 쓰입니다. 이렇듯 인수 분해가 이차 방정식의 해를 구하기 위한 도구로 쓰이는 것처럼 특이값 분해도 행렬의 차원 축소를 위한 도구로 쓰입니다. 실제로 주성분 분석(principal component analysis)과 같은 차원 축소 분야에서 특이값 분해가 많이 쓰입니다.

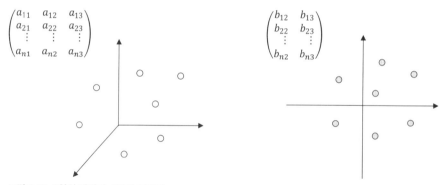

그림 3-22 3차원 데이터, 2차원 데이터

이를 좀 더 구체적으로 알아봅니다. 데이터를 나타내는 행렬 A가 존재한다고 해 봅니다. 차원 축소는 말 그대로 차원을 축소하는 것인데, 데이터 전체 공간의 차원보다 낮은 차원으로 적합시킬 수 있는 기존 행렬의 차원보다 낮은 차원의 공간을 찾는 것입니다. 만약 A가 p 차원이라고 했을 때, A를 d 차원($p > d$)으로 축소한 행렬을 B라고 하면, 결국 특이값 분해는 차원 축소 행렬 B를 찾는 데 사용됩니다. 이때 d는 직접 정할 수 있습니다. 만약 $d=1$이라면 1차원, $d=2$라면 2차원으로 줄일 수 있습니다.

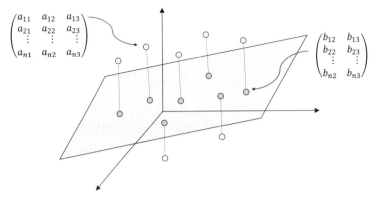

그림 3-23 3차원 데이터를 2차원 데이터로 축소

행렬 A의 크기가 $n \times p$라는 말은 p 차원에 n개의 점이 존재한다고 생각할 수 있습니다. 행렬 A에 대한 차원 축소란 n개의 점을 표현할 수 있는 기존 p보다 작은 차원인 d 차원인 부분 공간(subspace)을 찾는 문제라고 볼 수 있습니다. 그렇다면 해당 부분 공간은 어떻게 구할 수 있을까요? 그것은 데이터와 부분 공간으로부터의 수직 거리를 최소화하는 것이라고 볼 수 있습니다. 이때, 직선거리의 최소화는 제곱합(sum of square)을 최소화하는 것입니다. 제곱합은 $A^T A, AA^T$를 사용하는 것이고, 특이값 분해는 원본 행렬 A 자체를 다루기보다는 $A^T A, AA^T$를 다루는 것입니다.

특이값 분해에서 말하는 특이값은 $n \times p$ 행렬 A에 대해 $A^T A$의 고윳값을 $\lambda_1, ..., \lambda_p$라고 할 때, $\sigma_1 = \sqrt{\lambda_1}, \sigma_2 = \sqrt{\lambda_2}, ..., \sigma_p = \sqrt{\lambda_p}$를 행렬 A의 특이값(singular value)이라고 합니다. 쉽게 말해, 행렬 A의 특이값은 행렬 A를 제곱한 행렬의 고윳값에 루트를 씌운 값으로 생각할 수 있습니다.

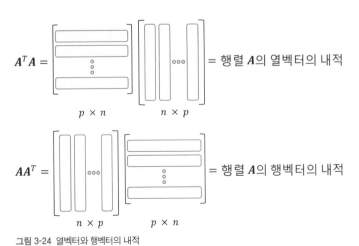

그림 3-24 열벡터와 행벡터의 내적

고윳값 분해는 $\boldsymbol{A}=\boldsymbol{P}\boldsymbol{D}\boldsymbol{P}^T$의 형태로 나타냈지만, 특이값 분해는 $\boldsymbol{A}=\boldsymbol{U}\boldsymbol{\Sigma}\boldsymbol{V}^T$로 나타냅니다. 이 때 행렬 $\boldsymbol{U}$의 열벡터는 $\boldsymbol{A}\boldsymbol{A}^T$의 고유 벡터로 구성되고 이를 left singular vector라고 부릅니다. 또한 행렬 $\boldsymbol{V}$의 열벡터는 $\boldsymbol{A}^T\boldsymbol{A}$의 고유 벡터로 구성되고 이를 right singular vector라고 부릅니다. 마지막으로 $\boldsymbol{\Sigma}$의 대각 원소는 행렬 $\boldsymbol{A}$의 특이값입니다. 행렬 $\boldsymbol{A}$의 랭크가 d라고 했을 때 특이값 분해는 다음과 같이 나타낼 수 있습니다.

$$\boldsymbol{A} = \boldsymbol{U}\boldsymbol{\Sigma}\boldsymbol{V}^T$$

$$= (\mathbf{u}_1 \quad \mathbf{u}_2 \quad \cdots \quad \mathbf{u}_d \mid \mathbf{u}_{d+1} \quad \cdots \quad \mathbf{u}_n) \begin{pmatrix} \sigma_1 & 0 & \cdots & 0 & 0 & 0 & \cdots & 0 \\ 0 & \sigma_2 & \cdots & 0 & 0 & 0 & \cdots & 0 \\ \vdots & \vdots & \ddots & \vdots & \vdots & \vdots & \ddots & \vdots \\ 0 & 0 & \cdots & \sigma_d & 0 & 0 & \cdots & 0_{d\times(p-d)} \\ 0 & 0 & \cdots & 0 & 0 & 0 & \cdots & 0 \\ 0 & 0 & \cdots & 0 & 0 & 0 & \cdots & 0 \\ \vdots & \vdots & \ddots & \vdots & \vdots & \vdots & \ddots & \vdots \\ 0 & 0 & \cdots & 0_{(n-d)\times d} & 0 & 0 & \cdots & 0_{(n-d)\times(p-d)} \end{pmatrix} \begin{pmatrix} \mathbf{v}_1^T \\ \mathbf{v}_2^T \\ \vdots \\ \mathbf{v}_d^T \\ - \\ \mathbf{v}_{d+1}^T \\ \vdots \\ \mathbf{v}_p^T \end{pmatrix}$$

특이값 분해를 수식으로 나타내면 위 수식과 같습니다. 특이값 분해는 차원 축소 분야에서 자주 쓰이는 방법이므로 확실히 이해하길 바랍니다.

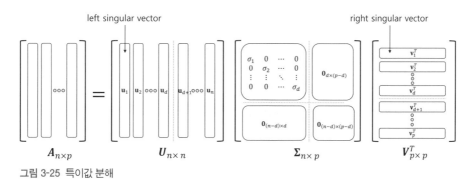

그림 3-25 특이값 분해

특이값 분해 수식을 그림으로 표현하면 [그림 3-25]와 같습니다.

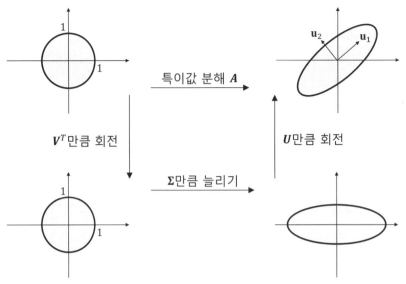

그림 3-26 특이값 분해 시각화

[그림 3-26]은 특이값 분해를 시각화한 그림입니다. 특이값 분해의 식은 $A=U\Sigma V^T$입니다. 이 식의 의미는 선형 변환 A는 U, Σ, V^T로 총 3단계의 변환을 거치는데, 각 단계를 시각화한 것이 [그림 3-26]입니다. U와 V^T는 고유 벡터로 기존의 행렬을 회전하는 것을 의미하며 Σ의 대각 원소는 고윳값에 해당하므로 해당 영역을 늘리거나 줄이는 데 사용합니다.

3.8 이차식 표현

▌3.8.1 이차식 개념

이차식 표현(quadratic form)은 다항식을 벡터 형태로 나타낼 때 사용하는 유용한 방법입니다. 머신러닝에서와 같이 수많은 벡터와 행렬을 다룰 때, 이차식 표현은 유용하게 사용됩니다. 먼저 다항식 표현에 대해 알아봅니다. 앞서 내적을 공부할 때 우리는

$$w_1 x_1 + w_2 x_2 + \cdots + w_p x_p$$

라는 식을

$$(w_1 \quad w_2 \quad \cdots \quad w_p) \begin{pmatrix} x_1 \\ x_2 \\ \vdots \\ x_p \end{pmatrix} = \mathbf{w}^T \mathbf{x}$$

라는 방식으로 표현했습니다. 그렇다면 최고차항이 이차 항일 때는 어떻게 표현할까요? 예를 들어 아래와 같은 식입니다.

$$w_1 x_1^2 + w_2 x_2^2 + \cdots + w_p x_p^2$$

위 식에서 $w_k x_i x_j$는 모든 가능한 조합이며 이를 cross product term이라고 합니다. 아주 간단한 형태의 이차 항 식을 쓰면 아래와 같습니다.

$$w_1 x_1^2 + w_2 x_2^2 + 2w_3 x_1 x_2$$

위와 같은 식을 행렬 형태로 표현하면 아래와 같습니다.

$$(x_1 \quad x_2) \begin{pmatrix} w_1 & w_3 \\ w_3 & w_2 \end{pmatrix} \begin{pmatrix} x_1 \\ x_2 \end{pmatrix} = \mathbf{x}^T \boldsymbol{W} \mathbf{x}$$

벡터 $\mathbf{x}$의 원소가 3개인 경우를 봅니다.

$$w_1 x_1^2 + w_2 x_2^2 + w_3 x_3^2 + 2w_4 x_1 x_2 + 2w_5 x_1 x_3 + 2w_6 x_2 x_3$$

위 식을 이차식 형태로 표현하면 아래와 같습니다.

$$(x_1 \quad x_2 \quad x_3) \begin{pmatrix} w_1 & w_4 & w_5 \\ w_4 & w_2 & w_6 \\ w_5 & w_6 & w_3 \end{pmatrix} \begin{pmatrix} x_1 \\ x_2 \\ x_3 \end{pmatrix} = \mathbf{x}^T \boldsymbol{W} \mathbf{x}$$

위에서 행렬 $\boldsymbol{W}$는 대칭 행렬이라는 것을 알 수 있습니다. $\boldsymbol{W}$의 대각 원소는 최고차항이 2인, 제곱 항을 의미합니다. 대각 원소가 아닌 원소는 cross product term의 절반 값입니다. 위와 같이 $\mathbf{x}^T \boldsymbol{W} \mathbf{x}$ 형태로 표현한 식을 $\boldsymbol{W}$에 대한 이차식(quadratic form)이라고 합니다. 만약 모든 cross product form 값이 0이라면 다음과 같이 표현 가능합니다.

$$\mathbf{x}^{\mathrm{T}}\boldsymbol{W}\mathbf{x} = \begin{pmatrix} x_1 & x_2 & \cdots & x_p \end{pmatrix} \begin{pmatrix} w_1 & 0 & \cdots & 0 \\ 0 & w_2 & \cdots & 0 \\ \vdots & \vdots & \ddots & 0 \\ 0 & 0 & \cdots & w_p \end{pmatrix} \begin{pmatrix} x_1 \\ x_2 \\ \vdots \\ x_p \end{pmatrix}$$

$$= w_1 x_1^2 + w_2 x_2^2 + \cdots + w_p x_p^2$$

▌3.8.2 양정치 행렬

양정치(positive definite)의 개념은 앞서 배운 이차식에서 이어집니다. 아래와 같이 이차식은 조건에 따라 달리 부를 수 있습니다. 먼저 아래 조건은 양정치를 나타냅니다.

$$\text{양정치}(positive\ definite): \qquad \mathbf{x}^{\mathrm{T}}\boldsymbol{W}\mathbf{x} > 0, \qquad \text{for all} \quad \mathbf{x} \neq 0$$

이차식이 양정치일 때 행렬 $\boldsymbol{W}$를 양정치 행렬(positive definite matrix)이라고 부릅니다. 행렬 $\boldsymbol{W}$가 양정치 행렬이라는 말은 행렬 $\boldsymbol{W}$의 고윳값이 모두 0보다 크다는 말과 같습니다. 만약 위 조건에서 $\mathbf{x}^{\mathrm{T}}\boldsymbol{W}\mathbf{x} \geq 0$이라면 준양정치(positive semi definite)라고 부르고 준양정치를 만족하는 이차식의 $\boldsymbol{W}$ 행렬을 준양정치 행렬(positive semi definite matrix)이라고 부릅니다. 양정치와 다르게 음정치(negative definite)의 개념도 있습니다.

$$\text{음정치}(negative\ definite): \qquad \mathbf{x}^{\mathrm{T}}\boldsymbol{W}\mathbf{x} < 0, \qquad \text{for all} \quad \mathbf{x} \neq 0$$

이차식이 위 조건을 만족할 때 음정치(negative definite)라고 부르고, 이때의 $\boldsymbol{W}$ 행렬을 음정치 행렬(negative semi definite matrix)이라고 부릅니다. 행렬 $\boldsymbol{W}$가 음정치 행렬이라는 말은 행렬 $\boldsymbol{W}$의 고윳값이 모두 0보다 작다는 말과 같습니다. $\mathbf{x}^{\mathrm{T}}\boldsymbol{W}\mathbf{x} \leq 0$ 조건일 경우의 이차식을 준음정치(negative semi definite)라고 부르며, $\boldsymbol{W}$ 행렬을 준음정치 행렬(negative semi definite matrix)이라고 부릅니다.

3.9 벡터의 미분

벡터의 미분에 대해 알아봅니다. 타깃 데이터 y를 가중치 벡터 $\mathbf{x}=(x_1, x_2, \cdots, x_{-p})^T$로 미분한다고 하면 아래와 같이 표현합니다.

$$\frac{\partial y}{\partial \mathbf{x}} = \begin{pmatrix} \dfrac{\partial y}{\partial x_1} \\ \dfrac{\partial y}{\partial x_2} \\ \vdots \\ \dfrac{\partial y}{\partial x_p} \end{pmatrix}$$

머신러닝에서 우리의 관심 대상은 피처 데이터 벡터 $\mathbf{x}$에 가중치를 곱한 $\mathbf{w}^T\mathbf{x}$와 $\mathbf{x}^T A \mathbf{x}$입니다. 이때 A는 대칭 행렬(symmetric matrix)입니다. 만약 타깃 $y=\mathbf{w}^T\mathbf{x}=\mathbf{x}^T\mathbf{w}$를 데이터 벡터 $\mathbf{x}$에 대해 미분한다고 하면 아래와 같은 결과가 나옵니다.

$$\frac{\partial y}{\partial \mathbf{x}} = \frac{\partial (\mathbf{w}^T \mathbf{x})}{\partial \mathbf{x}} = \frac{\partial (\mathbf{x}^T \mathbf{w})}{\partial \mathbf{x}} = \mathbf{w}$$

위 식을 좀 더 풀어쓰면 다음과 같습니다.

$$\frac{\partial y}{\partial x_i} = \frac{\partial (w_1 x_1 + w_2 x_2 + \cdots + w_p x_p)}{\partial x_i} = w_i$$

위 식을 정리하면 아래와 같습니다.

$$\frac{\partial y}{\partial \mathbf{x}} = \begin{pmatrix} w_1 \\ w_2 \\ \vdots \\ w_p \end{pmatrix} = \mathbf{w}$$

대칭 행렬(symmetric matrix) $\boldsymbol{A}$에 대해 $\mathbf{x}^T\boldsymbol{A}\mathbf{x}$를 미분한다고 해 봅니다.

$$\frac{\partial(\mathbf{x}^T\boldsymbol{A}\mathbf{x})}{\partial\mathbf{x}} = 2\boldsymbol{A}\mathbf{x}$$

이것을 이후 지도 학습 단원에서 배우게 될 회귀 분석에 적용해 보겠습니다. 회귀 분석에서는 $\boldsymbol{X}^T\boldsymbol{X}$라는 대칭 행렬을 사용하게 되는데, $\mathbf{w}^T\boldsymbol{X}^T\boldsymbol{X}\mathbf{w}$를 $\mathbf{w}$에 대해 미분한 결과는 다음과 같습니다.

$$\frac{\partial(\mathbf{w}^T\boldsymbol{X}^T\boldsymbol{X}\mathbf{w})}{\partial\mathbf{w}} = 2\boldsymbol{X}^T\boldsymbol{X}\mathbf{w}$$

이와 관련된 자세한 내용은 회귀 분석 단원에서 알아보도록 하겠습니다.

## chapter 4

머신러닝을 위한 통계학

4.1 통계학과 머신러닝의 관계

머신러닝의 이론적인 배경은 통계학에 기반한 경우가 많습니다. 통계학적인 개념에 익숙하다면 머신러닝의 다양한 알고리즘 개념과 수식을 쉽게 이해할 수 있으며, 반대로 확률, 통계학적인 개념이 부족한 채로 머신러닝을 접하면 어렵게 느껴질 수 있습니다. 이처럼 통계학과 머신러닝은 밀접한 관계이며, 머신러닝 알고리즘을 제대로 이해하기 위해서는 통계학적인 개념 이해가 선행되어야 합니다. 뿌리가 튼튼해야 나무가 크게 성장할 수 있듯, 여러 가지 머신러닝 알고리즘을 이해하고 응용하기 위해 기본적인 통계 개념이 필요합니다. 이번 단원에서는 머신러닝에 자주 쓰이는 통계학 개념에 대해서 알아봅니다.

4.2 확률 변수와 확률 분포

▌ 4.2.1 확률 변수

확률(probability)이란 어떤 사건(event)이 일어날 가능성을 수치화시킨 것을 의미합니다. 예를 들어, 동전을 던졌을 때 앞면이 나올 확률은 1/2입니다. 그 이유는 동전을 던졌을 때 나올 수 있는 경우의 수는 '앞면' 혹은 뒷면으로 총 2가지이고, 일어날 수 있는 두 가지 경우 중 한 가지 경우가 발생하기 때문입니다. 확률은 다음과 같은 기본적인 성질을 만족합니다.

(1) $0 \leq P(A) \leq 1$

(2) $P(S) = 1$

(3) 만약 $A_1, A_2, \ldots$ 가 상호 배반 사건이면, $P(\cup_{i=1}^{\infty} A_i) = \sum_{i=1}^{\infty} P(A_i)$

첫 번째 성질은 모든 확률이 0과 1 사이에 있다는 뜻입니다. 이 말은, 확률은 0보다 작거나 1보다 큰 값이 나올 수 없다는 뜻이기도 합니다. 두 번째 성질은 발생 가능한 모든 사건의 확률을 더하면 1이 됩니다. 동전을 던지는 예에서 동전을 던졌을 때 나올 수 있는 경우는 앞면 혹은 뒷면입니다. 이때 발생할 수 있는 모든 경우 즉, (앞면, 뒷면)을 **표본 공간(sample space)**이라고 부르고 S라고 표현합니다. 이때, 앞면/뒷면이 나올 확률 즉, 각 사건이 발생할 확률은 동일하게 1/2입니다. 발생 가능한 모든 확률을 더하면 1입니다. 세 번째 성질은 동시에 발생할 수 없는 사건들에 대해 각 사건의 합의 확률은 개별 확률이 일어날 확률의 합과 같다는 의미입니다.

동전 던지기에서 발생 가능한 모든 확률의 합 = 앞면이 나올 확률 + 뒷면이 나올 확률

$$= \frac{1}{2} + \frac{1}{2}$$

$$= 1$$

확률 변수(random variable)란, 결괏값이 확률적으로 정해지는 변수를 의미합니다. 예를 들어, 동전을 한 번 던졌을 때 앞면이 나오는 횟수를 확률 변수 X라고 합니다. 이때, 확률 변수 X가 취할 수 있는 값은 무엇일까요? 답은 0 또는 1입니다. 당연하게도 한 번 던졌을 때 앞면이 나오면 앞면이 나오는 횟수는 1이므로 확률 변수 X는 1이 되고, 반대로 뒷면이 나오면 확률 변수 X는 0이 됩니다. 이때 중요한 것은 확률 변수 X는 고정된 값이 아니라, 상황에 따라 0이 될 수도 있고 1이 될 수도 있다는 것입니다. 이처럼 확률 변수 X는 확률적 상황에 따라 달라질 수 있는 변수입니다. 실제로 동전을 던져서 앞면인지 뒷면인지 확인하기 전까지는 앞면이 나올 확률, 뒷면이 나올 확률이 존재할 뿐입니다.

변수와 반대되는 개념은 **상수(constant)**입니다. 상수는 변수와는 다르게 항상 값이 고정된 수입니다. 예를 들어, $\pi = 3.14$라고 하면 π는 어떤 상황이든 관계없이 항상 3.14입니다. 이는 변하지 않습니다.

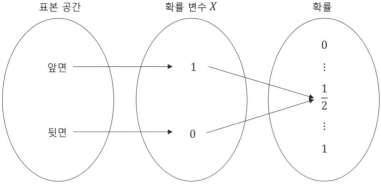

그림 4-1 확률 변수의 개념

앞서 확률 변수는 변수라고 했지만 다른 관점으로 보면 함수라고 볼 수도 있습니다. **함수 (function)**란 한 집합의 임의의 한 원소를 다른 집합의 한 원소에 대응시키는 관계입니다. 즉, 확률 변수가 취할 수 있는 값이 다수 존재할 때, 확률 변수는 사건을 확률에 대응시키는 함수 라고 볼 수 있습니다. [그림 4-1]은 동전을 던져서 앞면이 나오는 횟수를 확률 변수 X라고 했을 때, 확률 변수의 개념을 나타냅니다. 확률 변수 X는, 앞면이나 뒷면이 나오는 각 사건을 확률로 대응시키는 것을 알 수 있습니다.

우리는 앞으로 머신러닝을 배우며 다양한 수식을 보게 됩니다. 수식을 볼 때 주의점은 변수와 상수를 명확히 구분하는 것입니다. 본 교재에서는 확률 변수는 대문자 X로 표기하고 확률 변수의 실제 관측값은 소문자 x로 표기합니다.

▌ 4.2.2 확률 분포

확률 분포(probability distribution)는 확률 변수가 특정값을 가질 확률의 함수를 의미합니다. 즉, 확률 변수의 값은 확률 분포에 기반해서 얻어집니다. 확률 분포는 함수이며, 함수란 mapping을 의미합니다. 즉, 화살표를 보내는 쪽과 받는 쪽으로 이루어져 있습니다. 즉, 확률 분포란 확률 변수가 특정값을 가질 확률이 얼마나 되느냐를 나타내는 것입니다. 이번 단원에 서는 확률 분포와 관련된 개념을 알아봅니다.

■ 이산 확률 분포와 확률 질량 함수

이산 확률 변수(discrete random variable)는 확률 변수가 가질 수 있는 값을 '셀 수 있다'는 의 미입니다. 예를 들어, 주사위를 던져서 나오는 눈의 개수를 확률 변수 X라고 하면, X가 가질 수 있는 값은 1, 2, 3, 4, 5, 6 여섯 가지 경우입니다. 이때, 확률 변수가 가질 수 있는 값은 총 6개로 '셀 수 있는' 경우이므로 이산 확률 변수에 해당합니다. 그리고 **이산 확률 분포**(discrete probability distribution)는 이산 확률 변수의 확률 분포를 의미합니다.

확률 질량 함수(probability mass function, pmf)는 이산 확률 변수에서 특정값에 대한 확률을 나타내는 함수입니다. 즉, 확률 질량 함수란 이산 확률 변수가 특정값을 가질 확률을 의미합니다. 확률 질량 함수는 $p_X(x)$라고 표기합니다.

$$p_X(x) = P(X = x)$$

예를 들어, 주사위를 던졌을 때 나오는 수를 X라고 하면 X가 1일 확률, 즉 주사위를 던져 1이 나올 확률은 1/6이 되는 것을 쉽게 알 수 있습니다. 이를 수식으로 나타내면 아래와 같습니다.

$$p_X(1) = P(X = 1) = \frac{1}{6}$$

이를 그림으로 나타내면 [그림 4-2]와 같습니다.

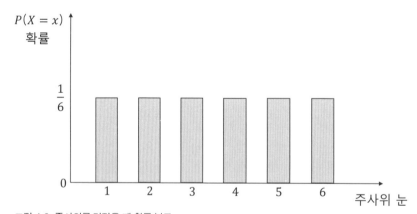

그림 4-2 주사위를 던졌을 때 확률 분포

[그림 4-2]를 보면 가로축은 주사위의 눈에 해당하므로 1부터 6까지 존재하는 것을 볼 수 있고, 세로축은 각 주사위 눈이 나올 확률을 의미합니다. 각 주사위 눈이 나올 확률은 1/6로 동일합니다.

■ 연속 확률 분포와 확률 밀도 함수

연속 확률 변수(continuous random variable)는 확률 변수가 가질 수 있는 값의 개수를 '셀 수 없다'는 의미입니다. **연속 확률 분포**(continuous probability distribution)는 연속 확률 변수의 확률 분포를 의미합니다. 예를 들어, 확률 변수 X를 중학교 1학년 학생의 평균 키라고 했을 때, X는 키(height)이므로 실숫값을 가지며 이는 '셀 수 없는' 경우에 해당합니다. 이 경우, 확률 변수 X는 연속 확률 변수에 해당한다고 할 수 있습니다.

확률 밀도 함수(probability density function, pdf)는 연속 확률 변수의 분포를 나타내는 함수입니다. 확률 밀도 함수는 이산 확률 분포에서의 확률 질량 함수에 대응된다고 할 수 있습니다. 다만, 확률 밀도 함수는 연속 확률 변수에 대응되기 때문에 특정값을 가질 확률은 0이 되므로 특정값을 가질 확률은 확률 밀도 함수의 특정 구간에 포함된다고 표현합니다.

$$P(a \leq X \leq b) = \int_a^b f_X(x)dx$$

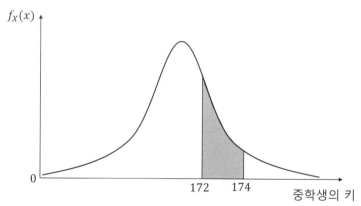

그림 4-3 중학생 키 확률 분포

위 [그림 4-3]에서 중학생의 키가 172 이상 174 이하일 확률은 회색 영역과 같습니다. [그림 4-2]의 이산형 확률 분포와는 다르게 확률 변수가 연속형이므로 모든 점이 이어져 있는 형태를 띠는 것을 볼 수 있습니다.

■ 누적 분포 함수

누적 분포 함수(cumulative distribution function, cdf)는 주어진 확률 변수가 특정값보다 작거나 같은 확률을 나타내는 함수입니다. 즉, 누적 분포 함수를 수식으로 나타내면 아래와 같습니다.

$$F_X(x) = P(X \in (-\infty, x))$$

누적 분포 함수는 확률을 적용하는 구간이 누적되는 개념이라고 볼 수 있습니다. 누적 분포 함수를 그림으로 나타내면 [그림 4-4]와 같습니다.

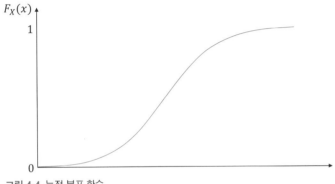

그림 4-4 누적 분포 함수

[그림 4-4]는 누적 분포 함수의 개념을 그림으로 나타낸 것입니다. 누적 분포 함수는 x축의 값이 증가할수록 확률을 적용하는 구간이 계속 누적되는 개념이므로 x값이 증가할수록 그래프가 우상향하는 형태를 보입니다.

■ 결합 확률 밀도 함수

결합 확률 밀도 함수(joint probability density function)는 확률 변수 여러 개를 함께 고려하는 확률 분포입니다.

$$P_{X,Y}(x, y) = P(X = x \ and \ Y = y) = P(X = x, Y = y)$$

앞선 수식은 확률 변수 X가 x일 사건과 확률 변수 Y가 y일 사건이 동시에 발생하는 상황을 고려하는 것입니다. 예를 들어 주사위를 던지는 예에서 확률 변수 X를 처음 주사위를 던졌을 때 결과, Y를 두 번째 던졌을 때의 결과라고 합니다. 이때, 첫 번째 던졌을 때 1이 나오고 두 번째 던졌을 때 5가 나올 확률은 아래와 같이 표현 가능합니다.

$$P_{X,Y}(1,5) = P(X = 1, Y = 5)$$

연속 확률 변수일 경우에는 아래와 같이 계산할 수 있습니다.

$$P(a < X < b, c < Y < d) = \int_a^b \int_c^d f_{X,Y}(x,y)\, dy dx$$

확률 변수가 독립이라면 아래와 같이 표현 가능합니다.

$$P_{X,Y}(x,y) = P(X = x, Y = y) = P(X = x)P(Y = y)$$

$$f_{X,Y}(x,y) = f_X(x)f_Y(y)$$

즉, 확률 변수가 독립인 경우, 해당 사건이 동시에 일어날 확률은 각각의 확률 변수의 확률 밀도 함수를 곱하는 것과 같습니다.

■ 독립 항등 분포

독립 항등 분포(iid, independent and identically distributed)는 두 개 이상의 확률 변수를 고려할 때, 각 확률 변수가 통계적으로 독립(independent)이고, 동일한 확률 분포(identically distributed)를 따르는 것을 의미합니다. 이를 줄여서 iid라고 부릅니다.

4.3 모집단과 표본

모집단(population)은 관심이 있는 대상 전체를 의미하고, 표본(sample)은 모집단에서 일부를 추출한 것을 의미합니다. 이때, 모집단의 특성을 나타내는 대푯값을 **모수(population parameter)**라 하고, 표본의 대푯값을 **표본 통계량(sample statistic)**이라고 합니다. 모집단과 표본의 개념은 간단해 보이지만 실제 데이터 분석을 할 때는 혼동하는 경우가 많습니다.

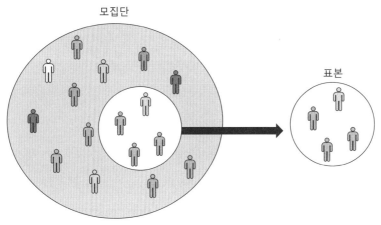

그림 4-5 모집단과 표본

예를 들어, 데이터베이스에 저장된 데이터를 읽어 들였을 때 수집된 데이터는 모집단 데이터일까요, 아니면 표본 데이터일까요? 흔히 데이터베이스에 존재하는 모든 데이터를 불러들였으니 모집단이라고 생각하고 모수가 작다/크다와 같은 말을 하곤 하는데, 이는 잘못된 표현인 경우가 많습니다. 예를 들어, 우리가 관심 있는 대상 전체가 1,000명이라고 했을 때, 우리가 데이터베이스에 수집한 데이터는 999명이라면 이는 모집단에 가까운 숫자지만 표본입니다. 또한 1,000명의 데이터를 모두 수집한다고 하더라도 모든 데이터를 정확하게 얻는 것은 불가능에 가깝습니다. 데이터를 수집 과정에서 네트워크, 데이터베이스, 측정, 관측 문제 등여러 기술적인 문제가 생겨 정확한 데이터가 수집되지 않을 수도 있기 때문입니다. 모집단데이터 전체를 정확하게 확보하는 것과 모집단의 대푯값인 모수를 구하는 것은 어렵습니다. 따라서 모집단의 일부인 표본을 이용해 모수를 추정하는 것입니다. 본 교재에서는 모수, 표본이라는 단어를 사용하는 대신 영문 그대로 파라미터(parameter), 샘플(sample)이라고 표기합니다.

4.4 평균과 분산

▌ 4.4.1 평균

평균에는 산술 평균, 기하 평균, 조화 평균 등 여러 종류가 있는데, 이 중 우리가 흔히 사용하는 평균은 산술 평균입니다. 산술 평균은 단순히 모든 데이터값을 덧셈한 후 데이터 개수로 나누는 것을 의미합니다. 지금부터 별다른 언급이 없다면 평균은 산술 평균을 가리킵니다. 평균을 수식으로 표현하면 아래와 같습니다. 아래를 모평균이라고 부릅니다.

$$E(X) = \mu$$

모평균(population mean)은 모집단의 평균을 의미합니다. 즉, 우리가 관심 있는 데이터 전체의 평균을 의미합니다. 아래는 모평균의 추정량인 표본 평균(sample mean)입니다.

$$\bar{X} = \frac{1}{n} \sum_{i=1}^{n} x_i$$

평균은 데이터값을 모두 더한 후 개수로 나누는 것이라고 했습니다. 위 식에서 모두 더한다는 말은 Σ로 표현되고, 개수로 나눈다는 말은 $1/n$로 표현됩니다. 이처럼 특정 개념의 수식에는 그 정의가 잘 표현되어 있습니다. 확률에 대한 기댓값을 구하면 다음과 같이 정의합니다.

$$\textit{이산형:} \qquad E(X) = \sum_{x} xp(x),$$

$$\textit{연속형:} \qquad E(X) = \int_{-\infty}^{\infty} xf(x)dx$$

평균이 의미하는 것은 무엇일까요? 평균은 자료 분포의 위치를 설명합니다. 예를 들어, 한 중학교의 중간고사 시험에서 문제가 어렵게 출제되어 평균 30점이 나왔습니다. 기말고사에는 시험 난이도를 낮추었더니 시험 점수 평균이 70점이 나왔다고 가정합니다.

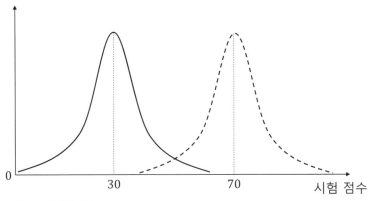

그림 4-6 평균의 개념

[그림 4-6]은 평균의 개념을 그림으로 나타낸 것입니다. 중간고사, 기말고사 모두 시험 점수 분포의 형태는 같습니다. 두 분포의 차이는 오직 평균 점수인데, [그림 4-6]과 같이 평균이 변한다는 것은 그래프의 위치가 변한다는 의미입니다. 이처럼 평균과 같이 그래프의 위치를 결정하는 파라미터를 로케이션 파라미터(location parameter, 위치 모수)라고 합니다.

4.4.2 분산

분산(variance)은 데이터가 얼마나 퍼져 있는지를 수치화한 것이며, 평균에 대한 편차 제곱의 평균으로 계산합니다. 평균과 마찬가지로 분산도 모분산과 표본 분산으로 나뉩니다. 먼저 모집단의 분산인 **모분산(population variance)**을 수식으로 나타내면 아래와 같습니다.

$$Var(X) = E[(X - \mu)^2]$$

$$= \sigma^2$$

위 식을 정리하면 다음과 같은 방법으로도 분산을 구할 수 있습니다.

$$Var(X) = E[(X - \mu)^2]$$

$$= E[X^2 - 2\mu X + \mu^2]$$

$$= E(X^2) - 2\mu E(X) + \mu^2$$

$$= E(X^2) - \mu^2$$

확률일 경우에는 다음과 같이 구합니다.

$$이산형: \quad Var(X) = \sum_x (x - \mu)^2 p(x)$$

$$연속형: \quad Var(X) = \int_{-\infty}^{\infty} (x - \mu)^2 f(x)dx$$

표본 분산(sample variance)은 아래와 같이 구합니다.

$$\hat{\sigma}^2 = s^2 = \frac{1}{n-1} \sum_{i=1}^{n} (x_i - \bar{x})^2$$

분산의 정의에서 평균에 대한 편차라는 부분은 $x_i - \bar{x}$에 해당합니다. 분산을 구할 때는 편차 제곱의 합을 n으로 나누는 것이 아닌 $n-1$로 나누는데, 이는 자유도(degree of freedom)와 관련되어 있습니다. 자유도는 쉽게 말해 변수가 얼마나 자유로운지를 나타내는 것입니다. 분산을 구할 때 표본 평균이 포함되어 있다는 것을 볼 수 있는데, 이는 분산을 구하기 전에 표본 평균을 미리 알고 있어야 한다는 뜻이고, 이는 분산을 구하는 시점에 이미 표본 평균은 정해져 있다는 것입니다. 따라서 분산을 구하는 시점에서 데이터가 n개 있다고 가정했을 때 자유롭게 정할 수 있는 데이터는 $n-1$개뿐입니다. 왜냐하면 표본 평균은 정해져 있기 때문입니다. 예를 들어, 3개의 데이터에 대한 분산을 구할 때 표본 평균이 10이라고 합니다. 데이터가 8, 10, A라고 주어질 때 A는 얼마일까요? 답은 12입니다. 왜냐하면 사전에 표본 평균이 10이라는 정보가 주어졌으니까 A는 나머지 두 값에 따라 자동으로 결정됩니다. 데이터는 3개이지만 표본 평균이 정해져 있는 경우 자유롭게 정할 수 있는 값은 2개뿐입니다. 이것이 자유도의 개념이고 분산을 구할 때 n이 아닌 $n-1$로 나누는 이유입니다.

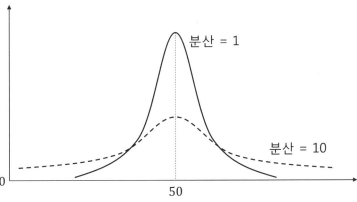

그림 4-7 분산의 개념

분산은 자료가 흩어져 있는 정도를 나타낸다고 했습니다. [그림 4-7]은 분산의 개념을 나타낸 그림입니다. [그림 4-7]의 두 그래프는 평균은 50으로 동일하고 분산은 다릅니다. 평균이 그래프의 위치를 결정했다면, 분산은 데이터의 흩어짐을 결정하는데, 분산이 작은 경우에는 데이터가 좀 더 밀집된 영역에 분포하는 것을 알 수 있고, 분산이 큰 경우에는 데이터가 넓은 영역에 퍼져 있음을 알 수 있습니다. 분산과 같이 데이터의 흩어짐 정도를 결정하는 파라미터를 스케일 파라미터(scale parameter, 척도 모수)라고 부릅니다.

분산과 비슷한 개념으로 표준 편차(standard deviation)라는 개념이 존재합니다. 표준 편차는 분산의 양의 제곱근으로 정의됩니다. 표준 편차를 구하는 공식은 아래와 같습니다.

$$\sigma = \sqrt{\frac{1}{n-1} \sum_{i=1}^{n} (x_i - \bar{x})^2}$$

분산이 있는데 표준 편차는 왜 필요한 것일까요? 분산을 구하는 과정에서 편차를 제곱하는 과정을 거치므로 구한 분산 값 자체의 의미 파악이 어려운 경향이 있습니다. 예를 들어, 시험 점수 데이터라고 했을 때, 편차가 3인 경우, 우리는 숫자 3의 의미가 '3점'이라는 것을 알고 있습니다. 그러나 3을 제곱한 9라는 숫자의 의미는 알기 어렵습니다. 반면 분산 9에 양의 제곱근을 취하면 3이 되고 이는 '3점'의 의미를 가집니다. 이처럼 표준 편차는 분산을 구하는 과정에서 제곱함으로써 커진 결과를 다시 원래 단위로 조정하는 과정입니다.

머신러닝을 할 때, 평균과 분산을 아는 경우에는 분포를 그려 보지 않아도 추측하기 쉬워집니다. 평균은 데이터의 중심을 나타내는 데 사용되고, 분산은 데이터의 흩어짐 정도를 나타내는 데 사용됩니다. 평균과 분산을 구할 수 있다면 데이터가 어떤 위치에서 얼마나 흩어져 있는지를 알게 되는 셈입니다.

▎4.4.3 평균과 분산의 성질

평균과 분산의 성질은 다음과 같습니다. 먼저 서로 독립인 확률 변수의 합에 대한 기댓값입니다.

$$E\left(\sum_{i=1}^{n} X_i\right) = n\mu_X$$

앞선 성질을 증명하면 다음과 같습니다.

$$E\left(\sum_{i=1}^{n} X_i\right) = E(X_1 + X_2 + \cdots + X_n)$$

$$= E(X_1) + E(X_2) + \cdots + E(X_n)$$

$$= \mu_X + \mu_X + \cdots + \mu_X$$

$$= n\mu_X$$

기댓값에는 아래와 같은 성질도 있습니다. 아래 성질에서 a, c는 상수입니다.

$$E(aX + c) = aE(X) + c$$

이번에는 분산에 대한 성질입니다. 아래는 서로 독립인 확률 변수의 합에 대한 분산입니다.

$$Var\left(\sum_{i=1}^{n} X_i\right) = n\sigma^2$$

위 성질을 증명해 봅니다.

$$Var\left(\sum_{i=1}^{n} X_i\right) = Var(X_1 + X_2 + \cdots + X_n)$$

$$= Var(X_1) + Var(X_2) + \cdots + Var(X_n)$$

$$= n\sigma^2$$

분산에는 아래와 같은 성질도 있습니다. 아래 성질에서 a, c는 상수입니다.

$$Var(aX + c) = a^2\sigma^2$$

4.5 상관관계

▌4.5.1 공분산

공분산(covariance)은 두 확률 변수의 상관관계를 나타내는 값입니다. 만약 두 개의 확률 변수 중 하나의 값이 증가할 때 다른 값도 증가하는 경향이 있다면 공분산은 양수가 됩니다. 반대로 하나의 값이 증가할 때, 다른 값은 감소한다면 공분산은 음수가 됩니다. 공분산은 아래와 같이 정의합니다.

$$Cov(X, Y) = E[(X - \mu_X)(Y - \mu_Y)]$$

위 식에서 볼 수 있듯이 공분산은 변수 X의 편차와 변수 Y의 편차를 곱한 값의 평균입니다. 위 식의 의미를 생각해 보면, 변수 X의 편차가 양수고, 변수 Y의 편차도 양수라면 양수 곱하기 양수 꼴이라 공분산도 양수가 됩니다. 즉, 변수 X와 변수 Y의 편차의 부호가 같으면 공분산은 양수가 되고 만약 부호가 다르다면 공분산은 음수가 됩니다. 이를 정리하면 아래와 같습니다.

(1) 만약 $Cov(X,Y) > 0$ 이라면 X와 Y는 양의 상관관계(positively correlated)
(2) 만약 $Cov(X,Y) < 0$ 이라면 X와 Y는 음의 상관관계(negatively correlated)
(3) 만약 $Cov(X,Y) = 0$ 이라면 X와 Y는 상관관계가 없음(uncorrelated)

위 관계를 그림으로 표현하면 [그림 4-8]과 같습니다.

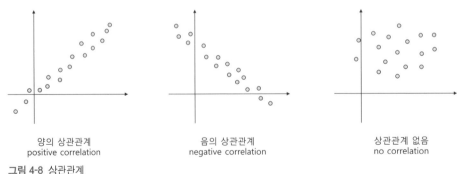

양의 상관관계
positive correlation

음의 상관관계
negative correlation

상관관계 없음
no correlation

그림 4-8 상관관계

공분산은 아래와 같은 식으로 구할 수도 있습니다.

$$Cov(X, Y) = E(XY) - E(X)E(Y)$$

확률 변수 X와 Y가 서로 독립일 때, 둘은 상관관계가 존재하지 않습니다. 즉, 공분산은 0입니다.

$$Cov(X, X) = Var(X)$$

$$Cov(X, X) = E[(X - \mu_X)(X - \mu_X)]$$

$$= E[(X - \mu_X)^2]$$

$$= Var(X)$$

위와 같이 변수 X끼리의 공분산은 변수 X의 분산과 같습니다.

$$Cov(X, Y) = Cov(Y, X)$$

$$Cov(X, Y) = E[(X - \mu_X)(Y - \mu_Y)]$$

$$= E[(Y - \mu_Y)(X - \mu_X)]$$

$$= Cov(Y, X)$$

위 성질은 공분산은 변수 순서와 상관없이 같은 값을 가진다는 의미입니다.

$$Cov(aX, bY) = abCov(X, Y)$$

$$Cov(aX, bY) = E[(aX - a\mu_X)(bY - b\mu_Y)]$$

$$= E[a(X - \mu_X)b(Y - \mu_Y)]$$

$$= abE[(X - \mu_X)(Y - \mu_Y)]$$

$$= abCov(X, Y)$$

위 성질은 확률 변수에 상수 a, b를 곱했을 경우 공분산이 가지는 성질입니다.

$$Cov(X + Y, Z) = Cov(X, Z) + Cov(Y, Z)$$

$$Cov(X + Y, Z) = E[(X + Y)Z] - E(X + Y)E(Z)$$

$$= E(XZ + YZ) - [E(X) + E(Y)]E(Z)$$

$$= E(XZ) + E(YZ) - E(X)E(Z) - E(Y)E(Z)$$

$$= [E(XZ) - E(X)E(Z)] + [E(YZ) - E(Y)E(Z)]$$

$$= Cov(X, Z) + Cov(Y, Z)$$

위 정리를 일반화시키면 아래와 같이 됩니다.

$$Cov\left(\sum_{i=1}^{n} a_i X_i, \sum_{j=1}^{m} b_j Y_j\right) = \sum_{i=1}^{n}\sum_{j=1}^{m} a_i b_j Cov(X_i, Y_j)$$

$$Var\left(\sum_{i=1}^{n} X_i\right) = \sum_{i=1}^{n} Var(X_i) + 2\sum_{i<j} Cov(X_i, X_j)$$

두 번째 식을 증명하면 다음과 같습니다.

$$Var\left(\sum_{i=1}^{n} X_i\right) = Cov\left(\sum_{i=1}^{n} X_i, \sum_{j=1}^{n} X_j\right)$$

$$= \sum_{i=1}^{n} \sum_{j=1}^{n} Cov\left(X_i, X_j\right)$$

$$= \sum_{i=j}^{n} Cov\left(X_i, X_j\right) + \sum_{i \neq j} Cov\left(X_i, X_j\right)$$

$$= \sum_{i=j}^{n} Cov\left(X_i, X_j\right) + 2 \sum_{i<j} Cov\left(X_i, X_j\right)$$

$$= \sum_{i=1}^{n} Var(X_i) + 2 \sum_{i<j} Cov\left(X_i, X_j\right)$$

앞서 확률 변수가 서로 독립이면 공분산이 0이라고 했습니다. 확률 변수 X가 서로 독립이라면 아래와 같은 식을 만족합니다.

$$Var\left(\sum_{i=1}^{n} X_i\right) = \sum_{i=1}^{n} Var(X_i)$$

공분산 행렬(covariance matrix)에 대해 알아봅니다. 공분산 행렬은 확률 변수 간 분산, 공분산을 행렬로 표현한 것입니다. 공분산 행렬은 머신러닝에서 자주 쓰이며 특히 차원 축소할 때 자주 사용됩니다. 예를 들어, 피처 데이터 셋을 아래와 같다고 해 봅니다. 총 p개의 피처를 가진 n개의 데이터 포인트를 가집니다.

$$X = \begin{bmatrix} x_{11} & x_{12} & \cdots & x_{1p} \\ x_{21} & x_{22} & \cdots & x_{2p} \\ \vdots & \vdots & \ddots & \vdots \\ x_{n1} & x_{n2} & \cdots & x_{np} \end{bmatrix}$$

i번째 피처의 평균을 $\bar{x}_i$라고 하고, 평균 행렬과 편차 행렬을 구하면 다음과 같습니다.

$$\bar{X} = \begin{bmatrix} \bar{x}_1 & \bar{x}_2 & \cdots & \bar{x}_p \\ \bar{x}_1 & \bar{x}_2 & \cdots & \bar{x}_p \\ \vdots & \vdots & \ddots & \vdots \\ \bar{x}_1 & \bar{x}_2 & \cdots & \bar{x}_p \end{bmatrix}$$

$$X - \bar{X} = \begin{bmatrix} (x_{11} - \bar{x}_1) & (x_{12} - \bar{x}_2) & \cdots & (x_{1p} - \bar{x}_p) \\ (x_{21} - \bar{x}_1) & (x_{21} - \bar{x}_2) & \cdots & (x_{21} - \bar{x}_p) \\ \vdots & \vdots & \ddots & \vdots \\ (x_{n1} - \bar{x}_1) & (x_{n2} - \bar{x}_2) & \cdots & (x_{np} - \bar{x}_p) \end{bmatrix}$$

위 식에서 편차 행렬의 제곱을 구하면 다음과 같습니다.

$$E[(X - \bar{X})^T (X - \bar{X})]$$

$$= E\begin{bmatrix} (x_{11} - \bar{x}_1) & (x_{21} - \bar{x}_1) & \cdots & (x_{n1} - \bar{x}_1) \\ (x_{12} - \bar{x}_2) & (x_{21} - \bar{x}_2) & \cdots & (x_{n2} - \bar{x}_2) \\ \vdots & \vdots & \ddots & \vdots \\ (x_{1p} - \bar{x}_p) & (x_{21} - \bar{x}_p) & \cdots & (x_{np} - \bar{x}_p) \end{bmatrix} \begin{bmatrix} (x_{11} - \bar{x}_1) & (x_{12} - \bar{x}_2) & \cdots & (x_{1p} - \bar{x}_p) \\ (x_{21} - \bar{x}_1) & (x_{21} - \bar{x}_2) & \cdots & (x_{21} - \bar{x}_p) \\ \vdots & \vdots & \ddots & \vdots \\ (x_{n1} - \bar{x}_1) & (x_{n2} - \bar{x}_2) & \cdots & (x_{np} - \bar{x}_p) \end{bmatrix}$$

$$= \begin{bmatrix} Var(X_1) & Cov(X_1, X_2) & \cdots & Cov(X_1, X_p) \\ Cov(X_2, X_1) & Var(X_2) & \cdots & Cov(X_2, X_p) \\ \vdots & \vdots & \ddots & \vdots \\ Cov(X_p, X_1) & Cov(X_p, X_2) & \cdots & Var(X_p) \end{bmatrix}$$

$$\Sigma_{\mathbf{x}} = \begin{bmatrix} Var(X_1) & Cov(X_1, X_2) & \cdots & Cov(X_1, X_p) \\ Cov(X_2, X_1) & Var(X_2) & \cdots & Cov(X_2, X_p) \\ \vdots & \vdots & \ddots & \vdots \\ Cov(X_p, X_1) & Cov(X_p, X_2) & \cdots & Var(X_p) \end{bmatrix}$$

위와 같이 공분산 행렬은 주로 Σ라고 표기합니다.

▌4.5.2 상관 계수

앞서 배운 공분산을 이용하면 변수 간 상관관계를 알 수 있지만 변수 간 단위가 서로 다른 경우에는 비교가 어렵다는 단점이 있습니다. 이를 보완한 개념이 상관 계수입니다. 다음 식은 모집단 상관 계수(population coefficient of correlation)를 의미합니다. 상관 계수는 공분산을 각 변수의 표준 편차로 나눔으로써 쉽게 구할 수 있습니다. 상관 계수는 -1에서 1 사이의 값을 가집니다.

$$Corr(X, Y) = \frac{Cov(X, Y)}{\sqrt{Var(X)}\sqrt{Var(Y)}}$$

$$= \frac{Cov(X, Y)}{\sigma_X \sigma_Y}$$

표본 상관 계수(sample coefficient of correlation)는 아래와 같습니다.

$$r_{xy} = \frac{\sum (x_i - \bar{x})(y_i - \bar{y})}{\sqrt{\sum (x_i - \bar{x})^2 \sum (y_i - \bar{y})^2}}$$

표본 상관 계수는 위와 같은 식으로 구할 수 있지만 직접 계산을 통해 구할 때는 위 식을 그대로 사용하기 어려운 경우가 많습니다. 표본 상관 계수는 아래와 같이 계산하기 편한 식으로 구할 수도 있습니다.

$$\sum (x_i - \bar{x})^2 = \sum x_i^2 - \frac{1}{n}\left(\sum x_i\right)^2$$

$$\sum (x_i - \bar{x})(y_i - \bar{y}) = \sum x_i y_i - \frac{1}{n}\left(\sum x_i\right)\left(\sum y_i\right)$$

첫 번째 식을 증명해 봅니다.

$$\sum (x_i - \bar{x})^2 = \sum \left(x_i^2 - 2x_i\bar{x} + \bar{x}^2\right)$$

$$= \sum x_i^2 - 2\bar{x}\sum x_i + n\bar{x}^2$$

$$= \sum x_i^2 - 2\bar{x}(n\bar{x}) + n\bar{x}^2$$

$$= \sum x_i^2 - 2n\bar{x}^2 + n\bar{x}^2$$

$$= \sum x_i^2 - n\bar{x}^2$$

$$= \sum x_i^2 - n\left(\frac{1}{n}\sum x_i\right)^2$$

$$= \sum x_i^2 - \frac{1}{n}\left(\sum x_i\right)^2$$

두 번째 식의 증명입니다.

$$\sum(x_i - \bar{x})(y_i - \bar{y}) = \sum(x_i y_i - \bar{y}x_i - \bar{x}y_i + \bar{x}\bar{y})$$

$$= \sum x_i y_i - \bar{y}\sum x_i - \bar{x}\sum y_i + n\bar{x}\bar{y}$$

$$= \sum x_i y_i - \left(\frac{1}{n}\sum y_i\right)\sum x_i - \left(\frac{1}{n}\sum x_i\right)\sum y_i + n\left(\frac{1}{n}\sum x_i\right)\left(\frac{1}{n}\sum y_i\right)$$

$$= \sum x_i y_i - \frac{1}{n}(\sum x_i)(\sum y_i) - \frac{1}{n}(\sum x_i)(\sum y_i) + \frac{1}{n}(\sum x_i)(\sum y_i)$$

$$= \sum x_i y_i - \frac{1}{n}(\sum x_i)(\sum y_i)$$

4.6 균일 분포

균일 분포(uniform distribution)는 특정 범위 내에서 확률 분포가 균일한 분포를 의미합니다. 일반적으로 확률 분포는 이산형 혹은 연속형 분포 중 하나를 따르는데, 균일 분포의 경우 이산형 분포가 될 수도 있고 연속형 분포가 될 수도 있습니다. 즉, 이산형 균일 분포라면 모든 확률 변수의 확률값이 동일하다는 것을 의미합니다. 앞서 주사위를 던져 나오는 눈의 개수가 이산형 균일 분포를 따른다고 볼 수 있습니다. 이산형 균일 분포의 확률 밀도 함수와 평균, 분산은 아래와 같습니다. 아래 식에서 $X \sim U(1, N)$는 확률 변수 X는 1부터 N까지 범위에서 균일 분포를 따른다는 뜻입니다.

$$X \sim U(1, N)$$

$$f_X(x) = \frac{1}{N}, \qquad x = 1, \ldots, N$$

$$E(X) = \frac{N+1}{2}, \qquad Var(X) = \frac{(N+1)(N-1)}{12}$$

연속형 균일 분포에 대해 알아봅니다. 연속형 균일 분포는 이산형 균일 분포와는 다르게 확률 변수의 범위가 연속형입니다. 연속형 균일 분포의 확률 밀도 함수(probability density function), 평균, 분산은 아래와 같습니다.

$$X \sim U(a, b)$$

$$f_X(x) = \frac{1}{b-a}, \qquad a \leq x \leq b$$

$$E(X) = \frac{b+a}{2}, \qquad Var(X) = \frac{(b-a)^2}{12}$$

이산형 균일 분포와 연속형 균일 분포의 차이는 확률 변수의 범위를 보면 알 수 있습니다.

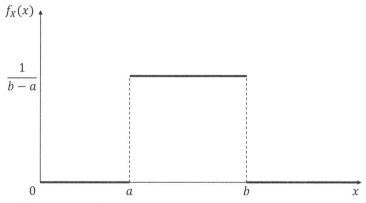

그림 4-9 균일 분포의 확률 밀도 함수

[그림 4-9]는 균일 분포의 확률 밀도 함수를 나타냅니다. 확률 변수의 범위에 해당하는 확률은 모두 동일한 것을 볼 수 있습니다. 균일 분포는 머신러닝에서 베이지안 방법론을 사용할 때 사전 정보가 없는 경우 초기 분포로 많이 사용됩니다.

4.7 정규 분포

정규 분포(normal distribution)는 가장 기본적이면서 중요한 분포입니다. 정규 분포는 다른 말로 가우시안 분포(Gaussian distribution), 종 모양 분포라고도 불립니다. 다음 식은 평균이 μ이고 분산이 σ^2인 정규 분포를 따릅니다.

$$f_X(x) = \frac{1}{\sqrt{2\pi}\sigma} e^{-\frac{1}{2}\left(\frac{x-\mu}{\sigma}\right)^2} \quad , -\infty < x < \infty$$

$$E(X) = \mu, \qquad Var(X) = \sigma^2$$

정규 분포의 확률 밀도 함수를 그림으로 나타내면 [그림 4-10]과 같습니다. [그림 4-10]과 같이 정규 분포는 평균을 중심으로 대칭 형태를 띠는 종 모양 분포라는 것을 확인할 수 있습니다.

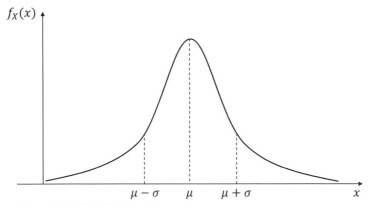

그림 4-10 정규 분포의 확률 밀도 함수

위 정규 분포 확률 밀도 함수의 우변에서 주목해야 할 부분은 $\frac{x-\mu}{\sigma}$ 부분입니다. 이 부분은 머신러닝에서 쓰이는 데이터 표준화(standardization)와 일치합니다. 표준화란 원래 데이터에서 평균을 빼고 표준 편차로 나누는 것을 의미합니다. 데이터 표준화 단계를 거친 후 데이터는 평균이 0이고 분산이 1인 분포를 따르게 됩니다.

표준 정규 분포(standard normal distribution)란 평균이 0, 분산이 1인 정규 분포를 의미합니다. 표준 정규 분포의 확률 밀도 함수는 정규 분포의 확률 밀도 함수에서 $\mu=0$, $\sigma^2=1$을 대입하면 구할 수 있습니다. 표준 정규 분포의 확률 밀도 함수는 아래와 같습니다.

$$f_X(x) = \frac{1}{\sqrt{2\pi}} e^{-\frac{1}{2}x^2} \quad , -\infty < x < \infty$$

$$E(X) = 0, \qquad Var(X) = 1$$

확률 분포에는 여러 종류가 있는데, 수많은 확률 분포 중 정규 분포가 가장 기본적이며, 다른 분포가 정규 분포로부터 파생된 분포가 많습니다. 정규 분포의 특성을 잘 파악하면 다른 분포를 이해하는 데 도움이 됩니다.

4.8 이항 분포

▌4.8.1 베르누이 분포

이번 단원에서는 이항 분포에 대해서 알아봅니다. 이항 분포를 다루기에 앞서 베르누이 분포(Bernoulli distribution)에 대해 먼저 알아봅니다. 베르누이 분포는 베르누이 시행이라고도 부릅니다. 이항 분포는 베르누이 시행(Bernoulli's trials)을 일반화한 분포입니다. 베르누이 시행은 한 가지 실험에서 결과가 오직 2개인 시행을 의미합니다. 예를 들어, 동전 던지기의 결과는 앞면 혹은 뒷면, 결과가 두 개뿐이므로 베르누이 시행에 해당합니다. p를 성공 확률이라고 하면 베르누이 확률 변수 X는 아래와 같이 표현할 수 있습니다.

$$X = \begin{cases} 1, & \text{성공 확률 } p \\ 0, & \text{실패 확률 } 1-p \end{cases}$$

베르누이 분포의 확률 밀도 함수, 평균과 분산은 아래와 같이 나타냅니다.

$$p_X(x|\ p) = p^x(1-p)^{1-x}, \qquad x = 0,1$$

$$E(X) = p, \qquad Var(X) = p(1-p)$$

위 식에서 확률 변수 x는 오직 0 또는 1의 값을 가지며 확률 변수 x가 0이라면 $1-p$ 값을 가지며, 확률 변수 x가 1이라면 p 값을 가집니다. 앞서 언급했듯, 베르누이 시행을 이해해야 이항 분포 및 다항 분포의 이해가 쉬워집니다.

▌4.8.2 이항 분포

이항 분포(binomial distribution)는 성공 확률이 p인 독립적인 베르누이 시행을 n회 했을 때, 성공 횟수 X가 따르는 이산형 확률 분포입니다. 즉, 이항 분포는 베르누이 시행을 n번 했다고 생각하면 이해하기 쉽습니다.

$$f_X(x|n, p) = \binom{n}{x} p^x (1-p)^{n-x}, \qquad x = 0, 1, \dots, n$$

$$E(X) = np, \qquad Var(X) = np(1-p)$$

위 식에서 알 수 있듯, 이항 분포의 파라미터(parameter)는 시행 횟수 n과 성공 확률 p입니다. 위 수식에서 쓰인 $\binom{n}{x}$는 조합(combination)을 의미하는데, 이는 n개 중 x개를 순서 상관없이 뽑을 수 있는 경우의 수를 의미합니다. 조합을 수식으로 나타내면 아래와 같습니다.

$$\binom{n}{x} = \frac{n!}{x! \, (n-x)!}$$

▌4.8.3 다항 분포

다항 분포(multinomial distribution)는 이항 분포를 일반화한 분포입니다. 이항 분포에서는 한 번의 시행에서 나올 수 있는 결과가 (성공, 실패)로 오직 2개였습니다. 이를 확장한 다항 분포에서는 각 시행에서 나올 수 있는 결과가 m개로 확장됩니다. 결괏값으로 m개가 나올 수 있는 시행을 n번 했을 때 확률 변수 X를 다항 분포를 따른다고 하며, 각 m개의 결괏값이 나올 확률은 각각 $p_1, p_2, \dots, p_m$입니다. 다항 분포의 확률 밀도 함수는 아래와 같습니다.

$$f(x|n, p) = \frac{n!}{x_1! \, x_2! \cdots x_m!} p_1^{x_1} p_2^{x_2} \cdots p_m^{x_m} = n! \prod_{i=1}^{m} \frac{p_i^{x_i}}{x_i!}$$

위 수식에서 Π는 모든 항목을 곱하라는 의미를 가집니다.

4.9 최대 가능도 추정

최대 가능도 추정을 좀 더 쉬운 말로 표현하면 "가장 그럴듯한 추정"이라고 할 수 있습니다. 여기서 그럴듯하다는 표현이 나오는데 과연 무엇이 그럴듯할까요? 확률 분포에서 파라미터 (parameter)가 고정되어(fixed) 있을 때, 샘플을 얻을 수 있는 확률을 "가능도" 혹은 "우도"라고 부르고 영어로는 likelihood라고 표기합니다. 생각해 보면, 특정 확률 분포가 주어져 있을 때 표본은 여러 번 수집이 가능합니다. 그리고 매번 수집된 데이터는 같을 수도 있고 다를 수도 있습니다. 예를 들어, 100개의 샘플을 수집한다고 했을 때, 수집할 때마다 매번 100개의 데이터가 동일하기는 어려울 것입니다. 즉, **가능도(likelihood)**란 파라미터가 주어질 때 해당 표본이 수집될 확률을 의미합니다. 가능도가 높다는 말은 파라미터가 주어질 때 해당 표본이 수집될 확률이 높다는 뜻이며, 이는 해당 파라미터가 실젯값일 확률이 높다는, 그럴듯하다는 뜻입니다. 이때, 가능도를 나타내는 함수를 **가능도 함수(likelihood function)**라고 하고 likelihood의 약자인 L로 표기합니다.

확률 변수 $X = (X_1, X_2, ..., X_n)$의 확률 밀도 함수를 표현해 봅니다.

$$g(x_1, x_2, ..., x_n) = f(x_1|\theta)f(x_2|\theta) ... f(x_n|\theta)$$

$$= \prod_{i=1}^{n} f(x_i|\theta)$$

위 식은 결합 확률 밀도 함수입니다. 결합 확률 밀도 함수는 확률 변수 X의 함수입니다. 이번에는 시점을 한번 바꿔 봅니다. 위 함수를 확률 변수 X의 함수로 보는 것이 아니라 시점을 달리해 파라미터 θ의 함수라고 보는 것입니다. 이를 가능도 함수(likelihood function)라고 합니다. 가능도 함수는 아래와 같이 표기합니다.

$$L(\theta|x) = \prod_{i=1}^{n} f(x_i|\theta)$$

$$\hat{\theta} = \underset{\theta}{\operatorname{argmax}}\, L(\theta|x) = \underset{\theta}{\operatorname{argmax}} \prod_{i=1}^{n} f(x_i|\theta)$$

앞선 식에서 argmax 부분은 식을 최대화 시키는 θ값이라는 의미입니다. 가능도 함수는 결합 확률 밀도 함수와 동일한 형태를 띠지만 함수를 바라보는 시점을 확률 변수가 아닌 파라미터로 변경한 함수입니다. 가능도 함수에 로그를 취한 함수를 로그 가능도 함수(log-likelihood function)라고 부릅니다.

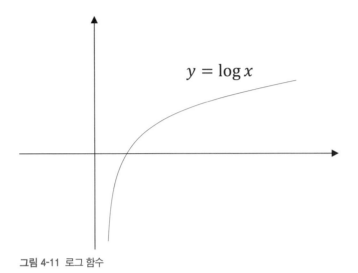

$$y = \log x$$

그림 4-11 로그 함수

가능도 함수에 로그를 취할 수 있는 이유는 [그림 4-11]과 같이 로그 함수가 1대1 함수이기 때문입니다. 가능도 함수에 로그를 취해도 로그 함수는 1대1 함수이므로 성질은 변하지 않습니다. 그렇다면 가능도 함수에 왜 로그를 취하는 것일까요? 가능도 함수에서는 다수의 확률을 곱하는 형태를 띱니다. 확률은 0과 1 사이의 값이므로 많은 수를 곱할 경우 0에 가까워집니다. 이를 빅데이터에 적용하면 가능도는 0에 수렴하므로 계산상의 오류가 발생할 가능성이 있습니다. 이러한 문제를 해결하기 위해 가능도 함수에 로그를 취하는 것입니다. 로그 가능도 함수는 아래와 같이 표현합니다.

$$l(\theta|x) = \log L(\theta|x) = \log \left(\prod_{i=1}^{n} f(x_i|\theta) \right) = \sum_{i=1}^{n} \log f(x_i|\theta)$$

파라미터를 추정하는 데 가능도 함수가 사용됩니다. 가능도 함수를 사용해 가장 그럴듯한 추정값을 파라미터로 추정하는 것입니다. [그림 4-12]와 같이 파라미터별 가능도를 구해 가장 높은 가능도를 파라미터 추정값으로 사용합니다. 이를 **최대 가능도 추정량(Maximum Likelihood Estimator)**이라고 하고 줄여서 MLE라고 부릅니다.

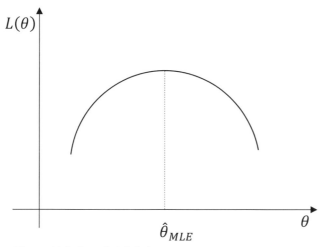

그림 4-12 최대 가능도 추정량 개념

최대 가능도 추정량의 개념을 이해하기 위해 예제를 풀어 봅니다. 서로 독립인 표본 x_1, x_2를 평균 $\mu = \theta$, 분산 $\sigma^2 = 1$인 정규 분포에서 얻은 표본이라고 합니다. 그러면 x_1과 x_2 모두 얻을 확률은 사건이 동시에 발생한 것이고, 서로 독립이므로 아래 식을 이용할 수 있습니다.

$$P(A \cap B) = P(A)P(B)$$

이때, $P(A)$, $P(B)$는 각각 사건 A와 사건 B가 발생할 확률이므로, 이 문제에서는 표본 x_1과 x_2가 얻어질 확률을 의미하고 이는 정규 분포의 확률 밀도 함수와 같습니다. 즉, 아래 식과 같습니다.

$$f_X(x_1|\theta) = \frac{1}{\sqrt{2\pi \times 1}} e^{-\frac{1}{2}\left(\frac{x_1 - \theta}{1}\right)^2}$$

$$f_X(x_2|\theta) = \frac{1}{\sqrt{2\pi \times 1}} e^{-\frac{1}{2}\left(\frac{x_2 - \theta}{1}\right)^2}$$

가능도 함수는 해당 표본이 얻어질 확률 즉, 표본 x_1과 x_2가 얻어질 확률이고, 이는 $P(x_1)$ $P(x_2)$이므로 가능도 함수 L은 아래와 같습니다.

$$L = f_X(x_1|\theta) \times f_X(x_2|\theta)$$

$$= \frac{1}{\sqrt{2\pi}} e^{-\frac{1}{2}\left(\frac{x_1 - \theta}{1}\right)^2} \times \frac{1}{\sqrt{2\pi}} e^{-\frac{1}{2}\left(\frac{x_2 - \theta}{1}\right)^2}$$

앞에서 구한 가능도 함수를 통해 어떻게 파라미터를 추정할 수 있을까요? 파라미터 추정 방법은 가능도 함수를 최대화하는 값을 파라미터로 추정합니다. 가능도 함수의 최대화 지점은 미분 개념을 사용하면 알 수 있습니다. 가능도 함수를 그래프로 그렸을 때 기울기가 0인 지점을 파라미터로 추정하고 이를 최대 가능도 추정량(maximum likelihood estimator)이라고 부릅니다. 그렇다면 위 식을 이용해 실제로 최대 가능도 추정량을 구해 봅니다.

수학적 계산의 편의를 위해 가능도 함수에 로그를 취한 로그 가능도 함수(log-likelihood)를 구해 봅니다. 아래 식에서 로그는 밑이 자연 상수 e인 자연로그(ln)입니다.

$$\log L = \log\left(\frac{1}{\sqrt{2\pi}}e^{-\frac{1}{2}\left(\frac{x_1-\theta}{1}\right)^2} \times \frac{1}{\sqrt{2\pi}}e^{-\frac{1}{2}\left(\frac{x_2-\theta}{1}\right)^2}\right)$$

$$= 2\log\left(\frac{1}{2\pi}\right) - \frac{1}{2}(x_1-\theta)^2 - \frac{1}{2}(x_2-\theta)^2$$

위에서 구한 로그 가능도 함수를 이용해 최대 가능도 추정량(MLE)을 구해 봅니다. 우리가 관심 있는 파라미터는 θ입니다. 로그 가능도 함수를 관심 있는 파라미터로 미분한 값이 0이 되는 지점을 찾아봅니다.

$$\frac{\partial \log L}{\partial \theta} \equiv 0$$

$$\frac{\partial \log L}{\partial \theta} = (x_1-\theta) + (x_2-\theta) \equiv 0$$

$$\leftrightarrow \hat{\theta} = \frac{x_1+x_2}{2}$$

위 식처럼 로그 가능도 함수를 θ로 미분한 결과가 0이 되어야 하므로 아래와 같이 θ의 추정량 $\hat{\theta}$을 구할 수 있습니다.

$$\hat{\theta} = \frac{x_1+x_2}{2}$$

위 식을 잘 보니 우리가 이미 알고 있던 표본 평균을 구하는 공식입니다. 데이터가 두 개가 아닌 n개인 경우는 다음과 같이 확장해서 표기할 수 있습니다.

$$\hat{\theta} = \frac{1}{n}\sum_{i=1}^{n} x_i$$

마지막 확인 작업으로 앞서 미분해서 0인 값이 최댓값이려면 두 번 미분했을 때 0보다 작아야 합니다.

$$\frac{\partial^2 \log L}{\partial^2 \theta} < 0$$

즉, 위 식을 만족해야 최대 가능도 추정량이 됩니다.

$$\frac{\partial \log L}{\partial \theta} = (x_1 - \theta) + (x_2 - \theta)$$

$$= x_1 + x_2 - 2\theta$$

로그 가능도 함수를 한 번 미분한 값은 위와 같고, 이를 한 번 더 미분하면 아래 식을 만족합니다.

$$\frac{\partial^2 \log L}{\partial^2 \theta} = -2 < 0$$

위와 같이 두 번 미분한 값이 0보다 작으므로 θ의 추정량 $(x_1+x_2)/2$는 최대 가능도 추정량이라는 것을 알 수 있습니다.

4.10 최대 사후 추정

4.10.1 조건부 확률

조건부 확률(conditional probability)은 조건이 주어질 때의 확률입니다. 예를 들어, 사건 B가 발생한 조건 아래서, 사건 A의 발생 확률을 $P(A|B)$라고 표기하고 아래와 같이 정의합니다.

$$P(A|B) = \frac{P(A \cap B)}{P(B)}$$

위 식에서 $P(A \cap B)$는 사건 A와 사건 B가 동시에 발생할 확률을 의미합니다. 위 식을 응용하면 아래와 같은 식으로 나타낼 수 있습니다.

$$P(A \cap B) = P(A|B)P(B)$$

교집합 형태의 확률이 주어질 경우 조건부 확률 형식으로 자유자재로 변형할 수 있습니다. 만약 사건 A와 사건 B가 독립이라면 아래와 같은 식이 성립됩니다.

$$P(A \cap B) = P(A)P(B)$$

위 식의 의미는 만약 두 사건이 독립이라면, 두 사건이 동시에 발생할 확률은 각 사건이 일어날 확률의 곱과 같다는 뜻입니다.

4.10.2 베이즈 추정

확률 분포의 파라미터를 상수로 보는 일반적인 빈도주의(Frequentist)와는 달리 베이지안(Bayesian)은 파라미터를 확률 변수로 보는 방법입니다. 베이즈 추정에서는 파라미터 θ가 확률 변수이므로 θ의 확률 $P(\theta)$를 구할 수 있습니다. 이때, 사건이 발생하기 전 파라미터 θ의 확률인 $P(\theta)$를 **사전 확률 밀도 함수(prior probability density function)**라고 합니다. 그리고 파라미터 θ가 주어질 때 표본 x가 얻어질 확률을 $P(x|\theta)$라고 표기할 수 있습니다. 파라미터 θ와 표본 x가 동시에 얻어질 확률을 다음과 같이 구할 수 있습니다.

$$P(\theta, x) = P(x|\theta)P(\theta)$$

앞서 파라미터 θ가 주어질 때 표본 x가 얻어질 확률을 $P(x|\theta)$라고 했습니다. 그렇다면 반대로 표본 x가 주어질 때 파라미터 θ가 얻어질 확률은 어떻게 구할까요?

$$P(\theta|x) = \frac{P(\theta, x)}{P(x)}$$

$$= \frac{P(x|\theta)P(\theta)}{P(x)}$$

$$= \frac{P(x|\theta)P(\theta)}{\sum_\theta P(x|\theta)P(\theta)}$$

위 식에서 $P(\theta|x)$를 **사후 확률 밀도 함수**(posterior probability density function)라고 부릅니다. 위 식에서 분포 $P(x)$는 베이즈 정리에 의해 $\sum_\theta P(x|\theta)P(\theta)$이므로 정리하면 위와 같이 쓸 수 있습니다. 위 식에서 $P(x)$는 파라미터 θ에 영향을 받지 않습니다. 즉, $P(x)$는 파라미터 θ와 무관하므로, $P(x)$는 상수 취급할 수 있습니다. 그러므로 위에서 구한 사후 확률 밀도 함수 $P(\theta|x)$는 아래와 같이 정리할 수 있습니다.

$$P(\theta|x) \propto P(x|\theta)P(\theta)$$

연산자 $\propto$는 '비례한다'라는 의미입니다. 즉, 사후 밀도 함수 $P(\theta|x)$는 상수인 $p(x)$와는 무관하며 오직 $P(x|\theta)P(\theta)$ 값에만 영향을 받는다는 뜻입니다. 위와 같은 간단한 식이 베이즈 추정의 중요한 개념을 담고 있습니다.

▌4.10.3 최대 사후 추정

최대 사후 추정(maximum a posteriori estimation, MAP)은 사후 확률 밀도 함수 $f(\theta|x)$를 최대화하는 파라미터 θ를 추정값으로 구하며 아래와 같이 나타낼 수 있습니다.

$$\hat{\theta} = \underset{\theta}{\mathrm{argmax}} \frac{f(x|\theta)f(\theta)}{\int f(x|\theta)f(\theta)}$$

$$\propto \underset{\theta}{\mathrm{argmax}} \, f(x|\theta)f(\theta)$$

최대 가능도 추정량(MLE)과 달리 최대 사후 추정(MAP)에는 최대화해야 하는 식에 사전 확률이 추가되어 있는 것을 볼 수 있습니다.

## chapter 5

최적화

5.1 컨벡스 셋

▌5.1.1 직선과 선분

머신러닝의 궁극적인 목표는 최적화라고 할 수 있습니다. 이번 단원에서는 최적화(optimization)에 대해서 알아봅니다. 처음으로 배울 개념은 컨벡스 셋인데 이를 다루기 전에 먼저 알아야할 직선과 선분에 대해서 먼저 알아봅니다. 직선과 선분은 비슷해 보이지만 직선(line)은 시작과 끝 지점이 존재하지 않는 반면에, 선분(line segment)은 시작과 끝 지점이 존재하는 것을 의미합니다. 직선과 선분은 컨벡스(convex)를 설명할 때 중요한 역할을 합니다. 공간 $\mathbb{R}^n$에서의 두 점 x_1, x_2를 잇는 선 사이에 있는 점 x_1, x_2를 아래와 같이 표현해 봅니다.

$$y = wx_1 + \ (1 - w)x_2$$

위 식에서 만약 $w=0$이면 $y=x_2$가 되고, $w=1$이면 $y=x_1$이 됩니다. 만약 $0 \leq w \leq 1$이면 x_1, x_2 간의 **선분(line segment)**이라고 합니다. 그리고 $w \in \mathbb{R}$이라면, 즉, w 값의 범위 제한이 없으면 **직선(line)**이라고 합니다.

그림 5-1 직선과 선분

[그림 5-1]은 직선과 선분의 개념을 나타냅니다. 두 점 x_1, x_2를 잇는 굵은 선은 선분을 나타냅니다. w 값이 1에 가까워질수록 x_1에 가까워지고, w 값이 0에 가까워질수록 x_2에 가까워집

니다. 이처럼 w는 가중치라고 생각할 수 있습니다. [그림 5-1]의 선분과 외부 점을 모두 연결한 선 전체를 직선이라고 합니다. 직선에는 w 값의 제한이 없으므로 0보다 작은 음수 값을 가질 수도 있고 1보다 큰 값을 가질 수도 있습니다.

▍5.1.2 아핀 셋

2차원 공간을 생각해 봅니다. 집합 C 내부의 두 점을 잇는 직선이 있다고 했을 때, $wx_1+(1-w)x_2 \in C$이면 집합 C는 **아핀 셋(affine set)**입니다. 이는 두 점 x_1, x_2를 잇는 직선은 집합 C에 포함되어야 한다는 뜻입니다. 여기서 주목해야 할 점은 w 값의 제한이 없으므로 선분이 아닌 직선에 해당하는 것을 알 수 있습니다.

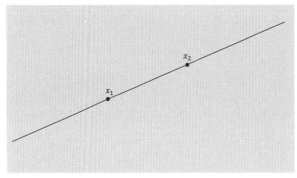

그림 5-2 아핀 셋

[그림 5-2]에서 회색 영역은 아핀 셋을 나타낸 그림입니다. 아핀 셋은 시작과 끝 범위 제한이 없는 직선을 포함하므로 아핀 셋 또한 범위 제한이 없다는 것을 알 수 있습니다. 아핀 셋을 설명하기 위해 앞서 2차원을 예로 들었는데, 이를 n 차원으로 확장하면 $w_1x_1+\cdots+w_nx_n$으로 쓸 수 있고, 이때 $w_1+\cdots+w_n=1$을 만족합니다. 이를 포인트 $x_1...x_n$에 대한 **아핀 조합(affine combination)**이라고 합니다. 즉, 아핀 셋(affine set)은 내부에 존재하는 점들에 대한 모든 아핀 조합을 포함합니다.

아핀 조합은 곧 집합 C에 속하는 점들의 선형 결합(linear combination)과 같습니다. 그리고 선형 결합 계수 w들의 합은 1을 만족합니다. 예를 들어 집합 C가 아핀 셋이라고 했을 때, 포인트 $x_1,...,x_n$이 집합 C에 속하고 $w_1+\cdots+w_n=1$을 만족할 때, 아핀 조합 $w_1x_1+\cdots+w_nx_n$ 또한 집합 C에 속합니다.

▌5.1.3 아핀 함수 vs 선형 함수

이번 단원에서는 아핀 함수와 선형 함수의 차이를 알아봅니다. 함수 $f: \mathbb{R}^n \rightarrow \mathbb{R}^m$이 존재한다고 할 때, 함수 f는 n 차원에서 m 차원으로 변환하는 함수입니다.

$$f: \ \mathbb{R}^n \rightarrow \mathbb{R}^m$$

위와 같은 함수가 존재할 때, 함수 f의 정의역(domain)을 $dom\ f$라고 합니다. 위 함수 f의 의미는 n 차원 공간 $\mathbb{R}^n$에 속하는 벡터를 m 차원 공간 $\mathbb{R}^m$에 속하는 벡터로 변환한다는 뜻입니다.

함수 f가 선형 변환이라면 $n \times m$ 행렬로 나타낼 수 있으며 이 행렬을 $\boldsymbol{W}$라고 표현합니다.

$$linear\ function: \qquad f(\mathbf{x}) = \boldsymbol{W}\mathbf{x}$$

데이터 포인트 $\mathbf{x}$를 선형 변환(linear transformation)하는 선형 함수(linear function)는 위와 같은 식으로 나타낼 수 있습니다. 한편, 아핀 함수가 선형 함수와 다른 점은 상수항 $\mathbf{b}$가 추가된다는 것입니다.

$$affine\ function: \qquad f(\mathbf{x}) = \boldsymbol{W}\mathbf{x} + \mathbf{b}$$

데이터 포인트 $\mathbf{x}$를 아핀 변환(affine transformation)하는 아핀 함수(affine function)를 식으로 나타내면 위와 같습니다. 이를 그림으로 나타내면 어떤 차이가 있을까요?

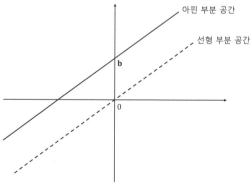

그림 5-3 선형 vs 아핀

[그림 5-3]은 선형 변환과 아핀 변환을 통해 만들어진 부분 공간의 차이를 나타낸 그림입니다. 선형 변환을 통해 만들어진 선형 부분 공간은 원점을 지나는 것을 볼 수 있습니다. 반면에 아핀 부분 공간의 경우 상수 **b**에 의해 y 절편이 존재하는 것을 볼 수 있습니다.

▎5.1.4 컨벡스 셋

만약 집합 C 내부의 두 점 사이의 선분이 집합 C에 속한다면 집합 C는 컨벡스(convex)합니다. 즉, 두 점 $x_1, x_2 \in C$에 대해 $0 \leq w \leq 1$을 만족하는 w에 대해 아래 조건을 만족하면 집합 C를 **컨벡스 셋**(convex set)이라고 합니다.

$$wx_1 + (1-w)x_2 \in C$$

컨벡스 셋의 개념은 아핀 셋과 비슷하지만, 두 점을 잇는 직선을 포함하는 아핀 셋과는 달리 컨벡스 셋은 두 점 사이의 선분을 포함한다는 것입니다. 컨벡스 셋의 정의에서 아핀과는 다르게 가중치 w 값의 범위 제한이 있습니다($0 \leq w \leq 1$). 즉, 컨벡스 셋 내의 모든 두 점을 서로 이었을 때, 해당 선분이 집합 내에 속해야 한다는 뜻입니다. 컨벡스 셋은 볼록 집합이라고 번역하나 본 교재에서는 영문 그대로 컨벡스 셋이라고 표기합니다.

 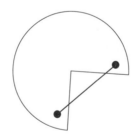

그림 5-4 컨벡스 셋의 개념

[그림 5-4]에서 왼쪽 그림은 컨벡스 셋이지만, 오른쪽 그림은 컨벡스 셋이 아닙니다. 왼쪽 그림에서는 두 점 사이의 선분이 모두 원 내부에 속하지만, 오른쪽 그림은 두 점 사이의 선분 내부의 점들이 모두 도형에 속하지는 않습니다. 그렇다면 앞서 배운 아핀 셋은 컨벡스 셋이라고 말할 수 있을까요? 앞서 아핀 셋에는 경계선이 없었지만, [그림 5-4]에서 컨벡스 셋에는 집합의 경계가 존재하는 것을 볼 수 있습니다. 따라서 아핀 셋이면 컨벡스 셋이라고 말할 수 있습니다. 아핀 셋은 두 지점 사이의 모든 선을 포함하므로 자연스럽게 두 점 사이의 모든 선분 또한 포함하기 때문입니다.

아핀 조합과 비슷한 개념으로 컨벡스 조합(convex combination)이라는 개념도 존재합니다. 데이터 포인트 $w_1 x_1 + \cdots + w_n x_n$이 존재할 때, 이를 $x_1 \ldots x_n$의 **컨벡스 조합**(convex combination)이라고 합니다. 이때, $w_1 + \cdots + w_n = 1$이며, $w_1, \ldots, w_n > 0$을 만족해야 합니다.

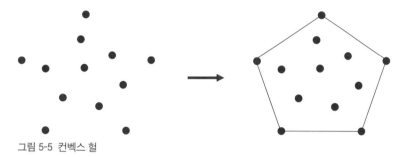

그림 5-5 컨벡스 헐

[그림 5-5]는 컨벡스 헐(convex hull)을 나타낸 것입니다. 컨벡스 셋은 집합 내부의 두 점 사이의 선분을 통해 컨벡스 여부를 알아보았다면, 반대로 컨벡스 헐은 주어진 점들을 포함하는 컨벡스 셋을 의미합니다.

▌5.1.5 초평면과 반공간

초평면은 머신러닝에서 서포트 벡터 머신 알고리즘에 핵심적인 개념입니다. 초평면(hyperplane)은 아래와 같은 집합을 말합니다.

$$\{\mathbf{x} | \mathbf{w}^T \mathbf{x} = b\}$$

초평면이란 $\mathbf{w}^T \mathbf{x} = b$를 만족하는 데이터 포인트 $\mathbf{x}$의 집합을 의미합니다. 이때, $\mathbf{w}$는 n 차원 가중치 벡터, 즉 $\mathbf{w} \in \mathbb{R}^n$이고, $\mathbf{w} \neq 0$이며, b는 1차원 스칼라값, 즉, $b \in \mathbb{R}$입니다. 이때, $\mathbf{w}^T \mathbf{x} = b$는 벡터 $\mathbf{w}$와 벡터 $\mathbf{x}$를 내적한 값이 b라는 것을 의미합니다. 여기서 내적값이 b가 아니라 0이라면 계산하기 편할 것 같습니다. 초평면의 형태를 아래와 같이 바꿔 봅니다.

$$\{\mathbf{x} | \mathbf{w}^T (\mathbf{x} - \mathbf{x}_0) = 0\}$$

이때, x_0은 초평면 내의 어떤 점도 가능합니다. 이를 그림으로 그리면 [그림 5-6]과 같습니다.

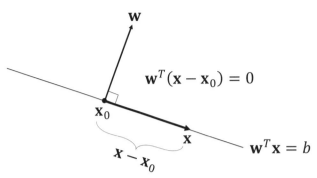

그림 5-6 초평면의 개념

앞서 선형대수 단원에서 내적값이 0이면 두 벡터는 서로 수직이라고 배웠습니다. 위 [그림 5-6]을 보면 벡터 $\mathbf{w}$는 벡터 $\mathbf{x}-\mathbf{x}_0$과 수직이므로 두 벡터를 내적했을 때 0이라는 것을 알 수 있습니다.

전체 공간은 **초평면(hyperplane)**에 의해 두 개의 **반공간(halfspace)**으로 나뉩니다. 초평면이 두 공간을 나누는 경계라고 생각하면, 반공간은 초평면으로 나뉜 공간의 일부분을 나타낸다고 볼 수 있습니다. 즉, 반공간은 아래와 같은 형태로 표현합니다.

$$\{\mathbf{w}^T\mathbf{x} \leq b\}$$

반공간을 그림으로 표현하면 [그림 5-7]과 같습니다. 초평면에 의해 나뉜 반공간은 컨벡스 셋이지만 아핀 셋은 아닙니다. 왜냐하면 아핀 셋이 되려면 공간의 제한이 없어야 하는데, 반공간에는 경계가 존재하기 때문입니다.

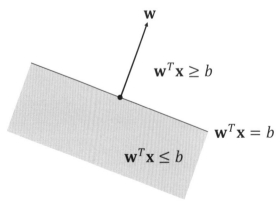

그림 5-7 반공간

[그림 5-7]은 반공간을 나타냅니다. 앞서 살펴본 초평면과 반공간은 서로 연관되어 있으며 머신러닝에서 분류, 회귀 문제를 풀 때 핵심적인 개념입니다. 여러 머신러닝의 목적은 전체 공간을 효과적으로 나눌 수 있는 초평면을 찾는 문제라고 할 수 있습니다.

5.2 컨벡스 함수

▌5.2.1 컨벡스 함수의 개념

이번 단원에서는 컨벡스 함수(convex function)에 대해서 알아봅니다. 만약 함수 f의 정의역이 컨벡스 셋(convex set)이고, 모든 데이터 포인트 $\mathbf{x}_1$, $\mathbf{x}_2$, $0 \leq w \leq 1$에 대해

$$f(w\mathbf{x}_1 + (1-w)\mathbf{x}_2) \leq wf(\mathbf{x}_1) + (1-w)f(\mathbf{x}_2)$$

를 만족하는 함수 $f: \mathbb{R}^n \rightarrow \mathbb{R}$을 컨벡스(convex)하다고 말합니다. 위 부등식의 의미는 두 점 $(\mathbf{x}_1, f(\mathbf{x}_1)), (\mathbf{x}_2, f(\mathbf{x}_2))$ 사이의 선분이 함수 f의 그래프보다 위에 있어야 한다는 뜻입니다. 위 부등식을 그림으로 표현하면 [그림 5-8]과 같습니다.

그림 5-8 컨벡스 함수

만약 위 부등호에서 아래 식과 같이 등호가 없고 $0 \leq w \leq 1$이면 strictly 컨벡스하다고 말합니다. strictly convex를 해석하면 '순볼록'이라고도 하나, 본 교재에서는 원문 그대로 사용합니다.

$$f(w\mathbf{x}_1 + (1-w)\mathbf{x}_2) < wf(\mathbf{x}_1) + (1-w)f(\mathbf{x}_2)$$

컨벡스에 반대되는 개념으로 콘케이브가 있습니다. 컨벡스, 콘케이브는 어렸을 때 배웠던 2차 함수에서 볼록함수, 오목함수를 생각하면 이해하기 쉽습니다. 만약 $-f$가 컨벡스하다면 f는 콘케이브(concave)하다고 말합니다. 마찬가지로 $-f$가 strictly concave하다면 f는 strictly convex하다고 말합니다. 참고로 아핀 함수는 컨벡스 조건 부등식을 만족하므로 아핀 함수는

컨벅스임과 동시에 콘케이브합니다. 또한 어떤 함수가 컨벅스하면서 콘케이브하다면 해당 함수는 아핀 함수입니다.

5.2.2 컨벅스 함수의 예

컨벅스 함수에는 실제로 어떤 함수들이 존재할까요? 다음은 우리가 자주 사용하는 컨벅스 함수의 종류입니다.

- 지수 함수(exponential function) $f(x) = e^{ax}$는 모든 실수에 대해 a 값에 관계없이 컨벅스합니다.
- 절댓값 함수(absolute value function) $f(x) = |x|$는 컨벅스합니다.
- 멱함수(power function) $f(x) = x^a$는 $a \geq 1$ 또는 $a \leq 0$이고, $x \geq 0$일 때 컨벅스합니다.
- 멱함수(power function) $f(x) = x^a$는 $0 \leq a < 1$이고, $x \geq 0$일 때 콘케이브합니다.
- 로그 함수(logarithmic function) $f(x) = \log x$는 콘케이브합니다.
- Lp-Norm $\|x\|_p$는 컨벅스합니다. 이때 Lp-norm은 아래 식을 의미합니다.

$$\|x\|_p = \left(\sum_{i=1}^{n} |x_i|^p \right)^{\frac{1}{p}}$$

- 지시 함수(indicator function) $I_C(x)$에서 C가 컨벅스하다면 다음과 같은 지시 함수 또한 컨벅스합니다.

$$I_C(x) = \begin{cases} 0, & x \in C \\ \infty, & x \notin C \end{cases}$$

- 최대 함수(max function)는 컨벅스합니다.

$$f(x) = \max\{x_1, \dots, x_n\}$$

5.2.3 1차, 2차 미분 조건

1차 미분 조건(first-order conditions)은 최적값을 찾는 데 중요한 역할을 합니다. 먼저 미분 가능하다는 말의 뜻을 알아봅니다. 함수 f가 미분 가능하다는 말은 함수 f의 정의역 내 모든 점에 대해, 해당 점의 미분값 즉, **그래디언트(gradient)** ∇f가 존재한다는 뜻입니다.

$$f(\mathbf{x}_2) \geq f(\mathbf{x}_1) + \nabla f(\mathbf{x}_1)^T(\mathbf{x}_2 - \mathbf{x}_1)$$

f가 미분 가능하다고 할 때, 함수 f가 컨벡스하다는 말은 곧 함수 f의 정의역이 컨벡스하며 위와 같은 부등식이 모든 점 $\mathbf{x}_1, \mathbf{x}_2$에 대해 만족하다는 말과 같습니다. 1차 미분 조건을 그림으로 표현하면 [그림 5-9]와 같습니다.

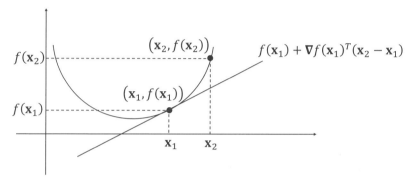

그림 5-9 1차 미분 조건

위 부등식이 의미하는 것은 컨벡스 함수에 대해 지역 정보(local information)를 알려 주며, 이로부터 전역 정보(global information)를 유도할 수 있습니다.

$$\nabla f(\mathbf{x}) = 0$$

예를 들어, 위와 같이 그래디언트 값이 0일 때, 모든 $\mathbf{x}_2 \in dom\ f$에 대해 $f(\mathbf{x}_2) \geq f(\mathbf{x}_1)$이라면, $\mathbf{x}_1$은 함수 f에 대한 전역 최솟값(global minimizer)입니다. 왜냐하면 모든 지역에서 $f(\mathbf{x}_2)$는 $f(\mathbf{x}_1)$보다 크거나 같기 때문입니다.

다음은 2차 미분 조건(second-order condition)에 대해 알아봅니다. 만약 함수 f가 두 번 미분 가능해서 $\nabla^2 f$가 존재할 때, 함수 f의 정의역에 존재하는 모든 $\mathbf{x}$에 대해

$$\nabla^2 f(\mathbf{x}) \geq 0$$

이면 함수 f는 컨벡스합니다. 이는 $\nabla^2 f$의 헤시안 행렬이 준양정치행렬(positive semidefinite)

이라는 말과 같습니다. **헤시안 행렬(hessian matrix)**이란 아래와 같이 함수 f의 2차 미분계수를 이용해 만든 행렬을 의미합니다.

$$Hessian\ Matrix = \begin{bmatrix} \dfrac{\partial^2 f}{\partial x_1^2} & \dfrac{\partial f}{\partial x_1 \partial x_2} & \cdots & \dfrac{\partial f}{\partial x_1 \partial x_n} \\ \dfrac{\partial f}{\partial x_2 \partial x_1} & \dfrac{\partial^2 f}{\partial x_2^2} & \cdots & \dfrac{\partial f}{\partial x_2 \partial x_n} \\ \vdots & \vdots & \ddots & \vdots \\ \dfrac{\partial f}{\partial x_n \partial x_1} & \dfrac{\partial f}{\partial x_n \partial x_2} & \cdots & \dfrac{\partial^2 f}{\partial x_n^2} \end{bmatrix}$$

$$\nabla^2 f(\mathbf{x})_{ij} = \frac{\partial f(\mathbf{x})}{\partial x_i \partial x_j}$$

5.2.4 얀센의 부등식

앞서 배웠던 부등식을 얀센의 부등식(Jansen's inequality)이라고도 부릅니다.

$$f(w\mathbf{x}_1 + (1-w)\mathbf{x}_2) \leq wf(\mathbf{x}_1) + (1-w)f(\mathbf{x}_2)$$

이를 좀 더 일반화시켜 나타내면 아래와 같습니다.

$$f(w_1\mathbf{x}_1 + \cdots + w_k\mathbf{x}_k) \leq w_1 f(\mathbf{x}_1) + \cdots + w_k f(\mathbf{x}_k)$$

이때, $\mathbf{x}_1, ..., \mathbf{x}_k \in dom\ f$이며, $w_1, ..., w_k \geq 0$이고 $w_1 + \cdots + w_k = 1$입니다. 얀센의 부등식을 응용해 흔히 사용되는 부등식 중 하나는 아래와 같습니다. 아래 부등식에서 $\mathbf{E}$는 기댓값(expectation)을 의미합니다.

$$f(E(\mathbf{x})) \leq E(f(\mathbf{x}))$$

또한 얀센의 부등식을 응용하면 다음과 같은 간단한 부등식도 쓸 수 있습니다.

$$f\left(\frac{\mathbf{x}_1 + \mathbf{x}_2}{2}\right) \le \frac{f(\mathbf{x}_2) + f(\mathbf{x}_2)}{2}$$

▎5.2.5 컨벡스 성질 보존 조건

컨벡스 성질이 보존되는 경우에 대해 알아봅니다. 먼저 비음수 가중합(nonnegative weighted sums)을 적용할 때 컨벡스 성질이 보존됩니다. 예를 들어, f가 컨벡스 함수이고, $\alpha \ge 0$이면 αf는 컨벡스합니다. 만약 f_1, f_2가 모두 컨벡스일 때, 두 함수의 합 $f_1 + f_2$ 또한 컨벡스합니다. 이를 정리하면 아래 조건을 만족하는 함수 f는 컨벡스합니다.

$$f = w_1 f_1 + \cdots + w_m f_m$$

아핀 변환을 했을 경우에도 컨벡스 성질이 보존됩니다. 만약 함수 f가 컨벡스하다면 아래 조건을 만족하는 g 또한 컨벡스합니다.

$$g(\mathbf{x}) = f(\boldsymbol{W}\mathbf{x} + \mathbf{b})$$

또한 여러 컨벡스 함수의 최댓값을 구하는 함수가 존재할 때, 최댓값 함수 또한 컨벡스 함수입니다. 예를 들어 f_1과 f_2 모두 컨벡스 함수이고 두 함수의 최댓값 함수를 f라고 했을 때, f역시 컨벡스 함수입니다. 이를 일반화해서 m개의 함수에 적용하면 아래 식의 f는 컨벡스 함수입니다.

$$f = \max\{f_1(x), \dots, f_m(x)\}$$

f가 컨벡스 함수일 때, f의 합성 함수 또한 컨벡스 함수입니다. 아래는 간단한 예시입니다.

- f가 컨벡스 함수이면, $\exp(f)$ 또한 컨벡스 함수입니다.
- f가 항상 양수이고, 콘케이브하다면 $\log f$ 또한 콘케이브합니다.
- f가 항상 양수이고, 콘케이브하다면 $1/f$은 컨벡스합니다.
- f가 비음수이고 컨벡스하다면, $p \ge 1$일 때, f^p 또한 컨벡스합니다.

5.3 라그랑주 프리멀 함수

5.3.1 일반적인 최적화 문제

앞서 컨벡스 셋, 컨벡스 함수에 대한 개념을 다루었으므로 이제부터는 본격적인 최적화에 대해 알아봅니다. **라그랑주 승수법(Lagrange Multiplier Method)**은 제약식(constraint)이 있는 최적화 문제를 푸는 방법입니다. 최적화를 하려는 값에 라그랑주 승수(Lagrange Multiplier) 항을 더해 제약이 있는 문제를 제약이 없는 문제로 바꿈으로써 해결할 수 있습니다. 최적화를 한다는 말은 극값을 구한다는 뜻이며, 극값을 구한다는 말은 최댓값이나 최솟값을 구하는 것을 의미합니다. 이와 관련해서 앞서 배웠던 1차 미분 조건과 2차 미분 조건을 떠올리면 좋습니다.

$$\min f(\mathbf{x})$$

$$subject \; to \; \begin{cases} g_i(\mathbf{x}) \leq 0, & i = 1, \dots, m \\ h_i(\mathbf{x}) = 0, & i = 1, \dots, p \end{cases}$$

위 식은 최적화 문제를 표준화된 형태로 나타낸 것입니다. 이때, 최적화시키려는 **목적 함수 (objective function)**는 $f(\mathbf{x})$입니다. 자주 사용되는 목적 함수에는 MSE(Mean Squared Error) 와 같은 함수가 존재합니다. 이때, $\mathbf{x}$는 최적화 변수이고, n 차원 실수 공간에 속합니다. 이를 간단히 표현하면 $\mathbf{x} \in \mathbb{R}^n$으로 나타냅니다. 구하려는 최적값을 p^*라고 합니다. 위 식에서 $g_i(\mathbf{x})$, $h_i(\mathbf{x})$는 제약식을 나타냅니다. $g_i(\mathbf{x}) \leq 0$은 부등호를 포함하는데 이를 **부등식 제약 함수(inequality constraint function)**라고 합니다. $h_i(\mathbf{x}) = 0$과 같이 등호를 포함하는 제약 함수는 **등식 제약 함수(equality constraint function)**라고 합니다.

5.3.2 컨벡스 최적화 문제

위에서는 일반적인 최적화 문제의 형태를 알아보았습니다. 이번에는 컨벡스 최적화 문제의 형태를 알아봅니다.

$$\min f(\mathbf{x})$$

$$subject \; to \; \begin{cases} g_i(\mathbf{x}) \leq 0, & i = 1, \dots, m \\ \mathbf{w}_i^T \mathbf{x} = b_i, & i = 1, \dots, p \end{cases}$$

일반적인 최적화 형태와 컨벡스 최적화는 어떤 점이 다를까요? 컨벡스 최적화 문제에서는 몇 가지 조건이 추가됩니다. 우선 $f(\mathbf{x})$, $g_i(\mathbf{x})$는 모두 컨벡스 함수이어야 한다는 조건이 붙습니다. 즉, 목적 함수와 부등식 제약 함수 모두 컨벡스 함수여야 한다는 뜻입니다. 등식 제약 조건 함수 $h_i(\mathbf{x})=\mathbf{w}_i^T\mathbf{x}-b_i$는 아핀 함수여야 합니다.

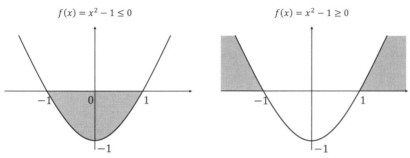

그림 5-10 제약 조건의 부호에 따른 컨벡스 여부

최적화 문제에서 주목해야 하는 부분은 부등식 $g_i(\mathbf{x})\leq0$의 부호입니다. 왜 함수 $g_i(\mathbf{x})$는 0보다 작아야 할까요? 그 이유는 $g_i(\mathbf{x})\leq0$을 만족해야 컨벡스하기 때문입니다. 만약 $g_i(\mathbf{x})>0$이라면 컨벡스하지 않습니다. 예를 들어 $f(x)=x^2-1$이라는 함수가 존재하고, 제약 조건은 $f(x)\leq0$이라고 합니다. 이 경우, $x^2-1\leq0$이면 이를 만족하는 변수 x의 해는 $-1\leq x\leq1$입니다. [그림 5-10] 왼쪽을 보면 $-1\leq x\leq1$ 영역에 있는 변수 x는 연속이므로 제약 조건 $x^2-1\leq0$은 컨벡스합니다. 반면에 오른쪽 그림은 제약 조건이 $f(x)\geq0$일 때 $x^2-1\geq0$을 만족하는 해는 $x\geq1$ 또는 $x\leq-1$입니다. 이 경우, 변수 x는 불연속적입니다. 제약 조건 $x^2-1\geq0$은 컨벡스하지 않습니다.

▌5.3.3 라그랑주 프리멀 함수

최적화 문제를 아래처럼 표현한 것을 **라그랑지안**(Lagrangian)이라고 하며, 다른 말로는 **라그랑주 프리멀 함수**(Lagrange primal function)라고 합니다. 라그랑주 프리멀 함수 L_p는 아래와 같습니다.

$$L_P(\mathbf{x},\boldsymbol{\lambda},\mathbf{v}) = f(\mathbf{x}) + \sum_{i=1}^{m}\lambda_i g_i(\mathbf{x}) + \sum_{i=1}^{p}v_i h_i(\mathbf{x})$$

위에서 쓰이는 λ_i를 제약식 $g_i(\mathbf{x})\leq0$에 대한 라그랑주 승수(Lagrange multiplier)라고 하며, v_i를 제약식 $h_i(\mathbf{x})=0$에 대한 라그랑주 승수라고 합니다. $\boldsymbol{\lambda}=(\lambda_1,\lambda_2,...,\lambda_m)$, $\mathbf{v}=(v_1,v_2,...,v_p)$

를 듀얼 변수(dual variable) 또는 라그랑주 승수 벡터(Lagrange multiplier vector)라고 부릅니다.

라그랑주 프리멀 함수를 이용한 간단한 예제를 풀어 봅니다. 최적화하고 싶은 목적 함수를 $f(x_1, x_2) = x_1^2 + x_2^2$라 하고, 등식 제약 조건을 $h(x, y) = x_1 + x_2 = 2$라고 하겠습니다. 이때, 극값을 구하기 위한 라그랑주 프리멀 함수 $L_p(x, y)$는 아래와 같습니다.

$$L_P(x_1, x_2, \lambda) = f(x_1, x_2) + \lambda h(x_1, x_2)$$

$$= x_1^2 + x_2^2 + \lambda(2 - x_1 - x_2)$$

위 문제를 풀기 위해 함수 $L(x_1, x_2)$를 x_1, x_2, λ에 대해 편미분 결과가 0이 되는 지점을 찾습니다.

$$\frac{\partial L_P}{\partial x_1} = 2x_1 - \lambda \equiv 0$$

$$\leftrightarrow 2x_1 = \lambda$$

$$\frac{\partial L}{\partial x_2} = 2x_2 - \lambda \equiv 0$$

$$\leftrightarrow 2x_2 = \lambda$$

$$\frac{\partial L}{\partial \lambda} = 2 - x_1 - x_2 \equiv 0$$

$$\leftrightarrow x_1 + x_2 = 2$$

위 식을 정리해 찾은 극값은 다음과 같습니다.

$$\therefore x_1 = 1, \quad x_2 = 1, \quad \lambda = 2$$

5.4 라그랑주 듀얼 함수

라그랑주 듀얼 함수(Lagrange dual function) L_D는 라그랑주 프리멀 함수(Lagrange primal function)의 하한(lower bound)을 나타냅니다.

$$L_D(\boldsymbol{\lambda}, \mathbf{v}) = \inf L(\mathbf{x}, \boldsymbol{\lambda}, \mathbf{v}) = \inf \left(f(\mathbf{x}) + \sum_{i=1}^{m} \lambda_i g_i(\mathbf{x}) + \sum_{i=1}^{p} v_i h_i(\mathbf{x}) \right)$$

만약 라그랑주 프리멀 함수의 하한(lower bound)이 없는 경우에 라그랑주 듀얼 함수는 마이너스 무한대($-\infty$) 값을 가집니다. 라그랑주 듀얼 함수는 $\boldsymbol{\lambda} \geq 0$에 대해 최적값 p^*의 하한 (lower bound)을 나타냅니다. 이를 식으로 나타내면 다음과 같습니다.

$$L_D(\boldsymbol{\lambda}, \mathbf{v}) \leq p^*$$

만약 라그랑주 듀얼 함수의 최적값을 d^*라고 하면 아래와 같은 부등식이 성립합니다. 즉, 프리멀 문제의 최적값을 구하는 것은 듀얼 함수를 최대화하는 것과 동일합니다.

$$d^* \leq p^*$$

위와 같은 성질을 weak duality라고 합니다. 즉, 라그랑주 듀얼 함수의 최적값 d^*는 라그랑주 프리멀 함수의 최적값 p^*보다 작거나 같습니다. 이때 두 최적값의 차이 $p^* - d^*$를 듀얼리티 갭 (duality gap)이라고 부릅니다. 듀얼리티 갭은 0보다 크거나 같습니다. 다시 말해, nonnegative 합니다.

$$d^* = p^*$$

만약 위와 같이 라그랑주 듀얼 함수의 최적값과 라그랑주 프리멀 함수의 최적값이 동일한 경우, 즉, 듀얼리티 갭이 0인 경우를 strong duality라고 부릅니다.

5.5 Karush-Kuhn-Tucker(KKT) 조건

프리멀 문제(primal problem)가 컨벡스할 때, **KKT 조건(Karush-Kuhn-Tucker)**을 이용하면 프리멀 최적값임과 동시에 듀얼 최적값임을 보일 수 있습니다. 이를 프리멀 듀얼 최적화(primal dual optimal)라고 합니다. 즉, f_i, g_i가 컨벡스 함수이고, h_i가 아핀 함수일 때, 특정 지점 x^*, λ^*, v^*에 대해 아래와 같은 KKT 조건을 만족한다면, $\mathbf{x}^*, (\boldsymbol{\lambda}^*, \mathbf{v}^*)$는 프리멀 문제와 듀얼 문제에서의 최적값이며, 듀얼리티 갭이 0입니다.

■ **Primal feasibility**

$$g_i(\mathbf{x}^*) \leq 0, \qquad i = 1, \ldots, m$$

$$h_i(\mathbf{x}^*) = 0, \qquad i = 1, \ldots, p$$

■ **Dual feasibility**

$$\lambda_i^* \geq 0, \qquad i = 1, \ldots, m$$

■ **Complementary slackness**

$$\lambda_i^* g_i(\mathbf{x}^*) = 0, \qquad i = 1, \ldots, m$$

■ **Stationarity**

$$\nabla f(\mathbf{x}^*) + \sum_{i=1}^{m} \lambda_i^* \nabla g_i(\mathbf{x}^*) + \sum_{i=1}^{p} v_i^* \nabla h_i(\mathbf{x}^*) = 0$$

처음 두 가지 조건은 x^*가 프리멀 함수에서의 제약 조건을 만족한다는 것을 보여 줍니다. 세 번째 조건은 라그랑주 듀얼 함수를 생각하면 $\lambda_i^* \geq 0$을 만족한다는 사실을 알 수 있습니다. KKT 조건에서 마지막 조건이 의미하는 바는, $\mathbf{x}$에 대한 그래디언트는 $\mathbf{x}=\mathbf{x}^*$에서 0이 됩니다. x^*는 라그랑주 프리멀 함수 $L_p(\mathbf{x}, \boldsymbol{\lambda}^*, \mathbf{v}^*)$를 최소화한다는 뜻입니다. 실제 검증이 필요한 네

번째 조건을 제외하면 나머지 조건은 자동으로 만족되는 것을 볼 수 있습니다. 이로부터 아래와 같은 결과를 도출할 수 있습니다.

$$L_D(\boldsymbol{\lambda}^*, \mathbf{v}^*) = L_P(\mathbf{x}, \boldsymbol{\lambda}^*, \mathbf{v}^*)$$

$$= f(\mathbf{x}^*) + \sum_{i=1}^{m} \lambda_i^* g_i(\mathbf{x}^*) + \sum_{i=1}^{p} v_i^* h_i(\mathbf{x}^*)$$

$$= f(\mathbf{x}^*)$$

위 식의 마지막 부분에서는 $h_i(\mathbf{x}^*){=}0$과 $\lambda_i^* g_i(\mathbf{x}^*){=}0$이라는 조건을 사용했습니다. 이는 프리멀 문제 최적값 $\mathbf{x}^*$와 듀얼 문제의 최적값 $(\boldsymbol{\lambda}^*, \mathbf{v}^*)$는 제로 듀얼리티 갭이라는 것을 보여 주므로 프리멀 듀얼 최적값임을 알 수 있습니다. 정리하면, 컨벡스 최적화 문제에서 목적 함수와 제약 함수가 미분 가능할 때, KKT 조건을 만족하는 지점은 제로 듀얼리티 갭(zero duality gap)을 가지며 이는 프리멀 듀얼 최적값이라는 것을 의미합니다.

5.6 머신러닝에서의 최적화 문제

▌5.6.1 최소 제곱법

지금까지 배운 최적화 문제는 머신러닝에서 두루 쓰입니다. 예를 들어, 최소 제곱법은 머신러닝 알고리즘 중 기본적인 방법인 회귀 분석에서 사용됩니다. 최소 제곱법은 아래와 같은 최적화 문제를 푸는 것과 동일합니다.

$$\min \sum_{i=1}^{n} (y_i - \mathbf{w}^T \mathbf{x}_i)^2$$

회귀 분석에서 구하려는 가중치 벡터 $\mathbf{w}$는 위 목적 함수를 최소화하는 값으로 정합니다. 위 식을 행렬 형태로 쓰면 아래와 같습니다.

$$\min(\mathbf{y} - X\mathbf{w})^T(\mathbf{y} - X\mathbf{w})$$

앞선 식의 목적 함수는 다음과 같이 정리할 수 있습니다.

$$(\mathbf{y} - X\mathbf{w})^T(\mathbf{y} - X\mathbf{w}) = (\mathbf{y}^T - \mathbf{w}^T X^T)(\mathbf{y} - X\mathbf{w})$$

$$= \mathbf{y}^T\mathbf{y} - \mathbf{y}^T X\mathbf{w} - \mathbf{w}^T X^T\mathbf{y} - \mathbf{w}^T X^T X\mathbf{w}$$

목적 함수를 최소화하는 지점을 찾기 위해 목적 함수를 미분해서 0이 되는 지점을 찾으면 다음과 같습니다.

$$\frac{\partial(\mathbf{y} - X\mathbf{w})^T(\mathbf{y} - X\mathbf{w})}{\partial \mathbf{w}} = 2X^T X\mathbf{w} - X^T\mathbf{y} - X^T\mathbf{y} \equiv 0$$

$$\Leftrightarrow 2X^T X\mathbf{w} = 2X^T\mathbf{y}$$

$$\Leftrightarrow \hat{\mathbf{w}} = (X^T X)^{-1} X^T\mathbf{y}$$

목적 함수를 최소화하는 가중치 벡터는 $(X^T X)^{-1} X^T\mathbf{y}$로 추정할 수 있습니다.

▌5.6.2 제약식이 포함된 최소 제곱법

앞서 다룬 최소 제곱법은 제약식이 포함되지 않은 형태였습니다. 이번 챕터에서는 최소 제곱법에 제약식을 포함하는 형태를 추가해 봅니다. 제약식이 포함된 최소 제곱법은 다음과 같이 표현합니다.

$$\min \sum_{i=1}^{n}(y_i - \mathbf{w}^T\mathbf{x}_i)^2, \qquad s.t. \sum_{i=1}^{p} w_i^2 \leq t$$

제약식에는 여러 가지 종류가 있는데, 위 제약식은 L2 제약식을 나타냅니다. 위 식을 행렬 형태로 나타내면 다음과 같이 표현할 수 있습니다.

$$\min(\mathbf{y} - X\mathbf{w})^T(\mathbf{y} - X\mathbf{w}), \qquad s.t. \|w\|_2^2 \leq t$$

제약식이 포함된 최소 제곱법은 지도 학습 단원에서 회귀 분석을 다룰 때 좀 더 자세히 배워봅니다.

5.7 뉴턴-랩슨 메소드

우리는 여러 가지 방정식의 해를 구하기 위해 노력하지만, 이론적으로 해를 구하기 어려운 경우가 많습니다. 해를 구하기 어려울 때는 해의 근삿값을 구합니다. 뉴턴-랩슨 메소드(Newton-Raphson method)는 함수의 해의 근삿값을 구할 때 사용하는 방법입니다. 뉴턴-랩슨 메소드는 초깃값을 기준으로 아래와 같은 식을 반복하여 해를 구합니다. 뉴턴-랩슨 메소드는 다른 말로 뉴턴 메소드(Newton's method)라고도 합니다.

$$x_{n+1} = x_n - \frac{f(x_n)}{f'(x_n)}$$

위 식은 아주 간단한 형태의 뉴턴-랩슨 메소드를 나타낸 것입니다. 모형을 단순화하기 위해 x_n을 벡터가 아닌 스칼라로 설정했습니다. 뉴턴-랩슨 메소드를 그림으로 나타내면 아래와 같습니다.

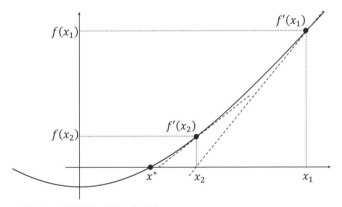

그림 5-11 뉴턴-랩슨 메소드의 개념

[그림 5-11]에서 구하려는 최적값을 $p^*=x^*$라고 할 때, 초깃값을 x_1이라고 합니다. 그러면 초깃값에 대한 함숫값 $f(x_1)$를 구할 수 있으며, 해당 점에서의 기울기 즉, 1차 미분한 $f'(x_1)$를 구할 수 있습니다. 그리고 해당 접선과 x축이 만나는 지점을 x_2라고 합니다. 이와 같은 과정을 반복하면 최적해의 근삿값을 구할 수 있습니다.

5.8 그래디언트 디센트 옵티마이저

5.8.1 그래디언트 디센트 소개

앞서 최적화의 개념을 이론적으로 알아보았습니다. 그렇다면 실제로 머신러닝 알고리즘을 사용할 때 컴퓨터를 이용해 어떻게 최적해를 구할 수 있을까요? **옵티마이저(optimizer)**는 최적화 목적 함수인 손실 함수를 기반으로 매 학습 때 어떻게 업데이트할지를 정하는데, 그래디언트 디센트, 모멘텀, 네스테로프 가속 경사, Adadelta 등 여러 방법이 존재합니다. 이번 장에서 알아볼 **그래디언트 디센트(gradient descent)**는 우리말로 경사 하강법이라고 불리는 옵티마이저 방법의 하나입니다. 이 방법은 딥러닝 분야에서 많이 쓰이는 방법입니다. 여러 딥러닝 알고리즘들은 그래디언트 디센트 알고리즘을 기반으로 최적화 함수를 사용합니다.

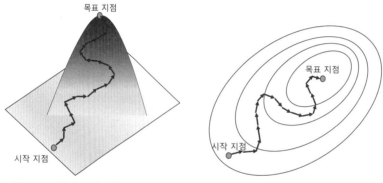

그림 5-12 언덕 오르기 기법

[그림 5-12]는 최적값을 찾는 과정을 나타낸 것인데, 왼쪽 그림을 2차원 평면으로 나타낸 것이 오른쪽 그림입니다. 이와 같은 방법을 언덕 오르기 기법이라고 합니다. [그림 5-12]에서 목표 지점을 최적값이라 하면, 시작 지점에서 시작해 최적값을 찾는 과정은 마치 언덕을 오르는 과정과 비슷합니다. 그렇다면 최적값을 구하기 위한 언덕을 오르는 과정이 중요한데, 이는 어떻게 정할 수 있을까요?

그래디언트 디센트는 비용 함수의 미분값을 이용하는 방법입니다. 미분은 기울기 혹은 순간 변화율을 의미합니다. 앞서 1차 미분 조건에서 언급했듯, 미분해서 기울기가 0이 되는 지점은 최적값의 조건이 됩니다. 미분해서 0이 되는 지점을 찾기 위해 그래디언트 디센트는 최초에 구한 미분값의 반대 방향으로 이동시킨 후, 이동한 지점에서 다시 미분을 합니다. 그래디언트 디센트는 이러한 과정을 반복해서 최적값에 가까워집니다. 우리가 구하려는 모형의 파라미터(parameter, 모수)를 $\boldsymbol{\theta}$라고 하고, 목적 함수를 $J(\boldsymbol{\theta})$라고 하면 그래디언트 디센트는 아래와 같은 과정을 거칩니다.

■ **그래디언트 디센트**

(1) 초기 파라미터 $\boldsymbol{\theta}_1$에 해당하는 $J(\boldsymbol{\theta}_1)$의 미분값을 구합니다.

(2) 1에서 구한 미분값의 반대 방향으로 $\boldsymbol{\theta}_1$을 $\nabla J(\boldsymbol{\theta}_1)$만큼 이동시킵니다. 이동 후 지점을 $\boldsymbol{\theta}_2$라고 합니다.

(3) 1, 2단계를 반복합니다.

위 그래디언트 디센트 과정 2단계를 수식으로 나타내면 아래와 같습니다.

$$\boldsymbol{\theta}_{t+1} = \boldsymbol{\theta}_t + \Delta\boldsymbol{\theta}_t$$

$$\Delta\boldsymbol{\theta}_t = -\eta\nabla J(\boldsymbol{\theta}_t)$$

위 식에서 파라미터 $\boldsymbol{\theta}_t$는 t 단계에서의 $\boldsymbol{\theta}$를 의미하며, $\nabla J(\boldsymbol{\theta}_t)$는 목적 함수 $J(\boldsymbol{\theta}_t)$의 미분값 즉, 변화율을 의미합니다. η는 학습률을 의미합니다. 위 두 번째 식에서 미분값의 반대 방향으로 이동시키므로 앞에 마이너스 부호가 붙습니다. 이때 학습률이라는 개념을 사용합니다. **학습률(learning rate)**이란 한 스텝으로 얼마나 움직일지 정합니다. 만약 학습률을 너무 높게 설정하면 한 번에 이동하는 값이 너무 커져서 최적값을 구하지 못할 수도 있습니다. 반대로 학습률을 너무 낮게 설정하면 최적값을 구하는 데 많은 시간이 소요됩니다. 따라서 적절한 학습률 설정이 중요합니다.

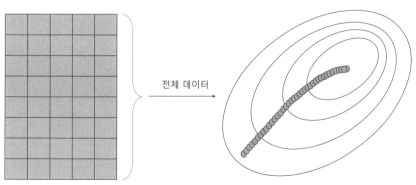

전체 데이터

그림 5-13 그래디언트 디센트 개념

[그림 5-13]은 그래디언트 디센트의 개념을 나타낸 것입니다. 그래디언트 디센트는 전체 데이터를 이용해 파라미터가 최적값으로 수렴하게끔 학습시킵니다.

5.8.2 확률적 그래디언트 디센트

트레이닝 데이터 전체에 대해 그래디언트 디센트를 수행하는 것을 **배치 그래디언트 디센트 (batch gradient descent)**라고 합니다. 이때, 데이터의 크기가 큰 경우, 최적해를 찾는 시간이 길어지고, 시스템 리소스를 과도하게 차지하게 됩니다. 이러한 단점을 보강하기 위해 나온 방법이 확률적 그래디언트 디센트입니다. **확률적 그래디언트 디센트(Stochastic Gradient Descent, SGD)** 혹은 **확률적 경사 하강법**이라고도 부르는 이 방법은 모형 학습을 빠르게 시키기 위해 고안된 방법으로 전체 데이터에 대해 수행하는 것이 아닌 전체 데이터에서 추출한 샘플 트레이닝 데이터를 사용해 최적값을 찾습니다. 쉽게 말해, 확률적 그래디언트 디센트는 그래디언트 디센트의 샘플링 버전이라고 생각하면 됩니다.

$$\boldsymbol{\theta}_{t+1} = \boldsymbol{\theta}_t + \Delta\boldsymbol{\theta}_t$$
$$\Delta\boldsymbol{\theta}_t = -\eta\nabla J(\boldsymbol{\theta}_t; \mathbf{x}^{(i)}, \mathbf{y}^{(i)})$$

SGD를 그림으로 나타내면 [그림 5-14]와 같습니다.

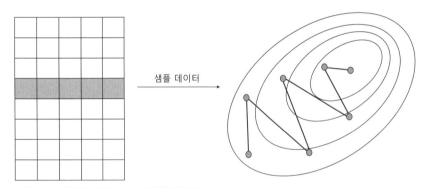

그림 5-14 확률적 그래디언트 디센트(SGD) 개념

SGD는 전체 트레이닝 데이터가 아닌 일부를 이용하므로 배치 그래디언트 디센트보다 속도가 빠르며, 시스템 리소스도 적게 요구합니다. 그러나 안정적으로 최적해에 수렴하는 그래디언트 디센트와 비교해 SGD는 수렴 속도가 빠른 만큼 잘못하면 최적해를 벗어나는 경우도 있습니다. 이를 방지하기 위해 적절한 학습률을 정하는 것이 중요한데, 만약 SGD 과정에서 최적해를 벗어나는 경우, 학습률을 낮추면 최적해에 수렴하는 것을 볼 수 있습니다.

이처럼 SGD는 학습률을 정하기 어렵다는 단점이 존재하며 전역 최솟값(global minima)이 아닌 지역 최솟값(local minima)에 빠질 위험이 있습니다. $\boldsymbol{\theta}_t$의 그래디언트가 작을 경우 매우 조금씩 갱신되어 학습이 오래 걸린다는 단점이 있습니다.

배치 그래디언트 디센트는 최적해를 구하는 데 시간이 오래 걸리고, SGD는 학습률 설정이 잘못될 경우, 최적해를 지나칠 경우가 있어, 이 둘을 조합한 방법으로 **미니 배치 그래디언트 디센트(mini-batch gradient descent)**라는 방법이 있습니다.

$$\boldsymbol{\theta}_{t+1} = \boldsymbol{\theta}_t + \Delta\boldsymbol{\theta}_t$$
$$\Delta\boldsymbol{\theta}_t = -\eta\nabla J(\boldsymbol{\theta}_t; \mathbf{x}^{(i:i+n)}, \mathbf{y}^{(i+n)})$$

미니 배치란 이름 그대로 사이즈가 작은 배치를 의미합니다. 위 식은 미니 배치 그래디언트 디센트를 나타내는데 $\mathbf{x}^{(i:i+n)}$은 i번째 데이터 포인트부터 $i+n$ 데이터 포인트를 포함한다는 의미입니다. 미니 배치 그래디언트 디센트의 경우, SGD보다 분산을 낮추고 최적해에 좀 더 안정적으로 수렴합니다. 미니 배치의 비용은 전체 그래디언트 비용의 추정치라고 생각할 수 있습니다. 그리고 배치 사이즈가 커질수록 정확도가 높아집니다. 미니 배치 경사 하강법은 현재 가장 흔히 쓰이는 그래디언트 디센트 방법입니다. 일반적으로 말하는 SGD는 미니 배치 그래디언트 디센트를 의미합니다. 미니 배치 그래디언트 디센트를 그림으로 나타내면 [그림 5-15]와 같습니다.

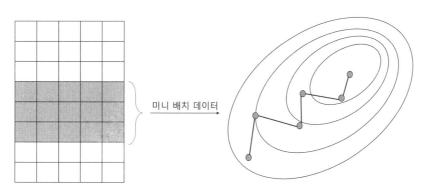

미니 배치 데이터

그림 5-15 미니 배치 그래디언트 디센트

5.8.3 모멘텀

앞서 학습 속도를 향상하기 위해 SGD를 사용하지만, SGD를 사용하더라도 그래디언트 값이 너무 작으면 학습 속도는 여전히 느립니다. 따라서 학습 속도를 가속화하는 방법으로 **모멘텀 (momentum)**이라는 방법이 등장합니다. 모멘텀은 아래와 같은 수식을 따릅니다.

$$\mathbf{v}_t = \gamma \mathbf{v}_{t-1} + \eta \nabla J(\boldsymbol{\theta}_t)$$

$$\boldsymbol{\theta}_{t+1} = \boldsymbol{\theta}_t - \mathbf{v}_t$$

위 식에서 모멘텀 하이퍼파라미터 γ는 모멘텀을 얼마나 줄지 결정하는 값으로 일반적으로 0.9 근방의 값으로 설정됩니다. 위 두 식을 하나의 식으로 표현하면 아래와 같이 나타낼 수 있습니다.

$$\boldsymbol{\theta}_{t+1} = \boldsymbol{\theta}_t - \gamma \mathbf{v}_{t-1} - \eta \nabla J(\boldsymbol{\theta}_t)$$

모멘텀은 기존 SGD보다 학습 속도가 $\gamma \mathbf{v}_{t-1}$만큼 가속하다는 것을 알 수 있습니다. 이때 $\mathbf{v}_t$는 이동 벡터로 아래와 같이 구할 수 있습니다.

$$\mathbf{v}_t = \eta \nabla J(\boldsymbol{\theta}_t) + \gamma \eta \nabla J(\boldsymbol{\theta}_{t-1}) + \gamma^2 \eta \nabla J(\boldsymbol{\theta}_{t-2}) + \cdots$$

모멘텀 개념을 그림으로 나타내면 [그림 5-16]과 같습니다.

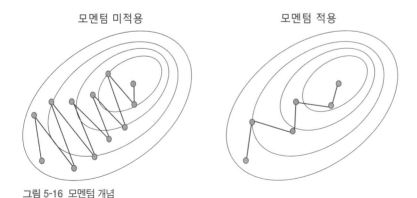

그림 5-16 모멘텀 개념

[그림 5-16]과 같이 모멘텀을 사용할 경우 SGD보다 한 스텝, 한 스텝이 커진다고 볼 수 있습니다. 마치 등산할 때 한 걸음 한 걸음을 크게 하는 것과 같습니다.

▌5.8.4 네스테로프 가속 경사(Nesterov Accelerated Gradient)

네스테로프 가속 경사는 모멘텀을 기반으로 하는 방법입니다. 앞서 모멘텀에서는 파라미터 $\boldsymbol{\theta}_t$가 $\gamma \mathbf{v}_{t-1}$만큼 이동하는 것을 알 수 있습니다. $\boldsymbol{\theta}_t - \gamma \mathbf{v}_{t-1}$을 구하면 대략적인 다음 시점의 파라미터 위치를 추정할 수 있습니다. 이를 이용한 방법이 **네스테로프 가속 경사**(Nesterov Accelerated Gradient, NAG)입니다.

$$\mathbf{v}_t = \gamma \mathbf{v}_{t-1} + \eta \nabla J(\boldsymbol{\theta}_t - \gamma \mathbf{v}_{t-1})$$

$$\boldsymbol{\theta}_{t+1} = \boldsymbol{\theta}_t - \mathbf{v}_t$$

네스테로프 가속 경사는 위와 같이 파라미터를 업데이트하는 방법입니다. 위 식을 보면 목적 함수에 쓰이는 파라미터 값이 현재 파라미터 값이 아닌, 다음 시점의 파라미터 값임을 알 수 있습니다.

▌5.8.5 Adagrad

Adagrad는 최적값을 구하려는 각 파라미터의 중요도에 따라 각기 다르게 학습률을 적용하는 방법입니다. 이전에는 모든 파라미터 $\boldsymbol{\theta}$에 대해 각각의 파라미터 θ_i에 모두 동일한 학습률 η가 적용된 반면에, Adagrad는 매 시점의 개별 파라미터 θ에 대해 서로 다른 학습률을 적용합니다.

$$g_{t,i} = \nabla J(\theta_{t,i})$$

$g_{t,i}$는 시점 t에서 i번째 파라미터 θ_i에 대해 적용할 그래디언트를 의미하는데, 파라미터 θ에 대해 아래와 같이 업데이트합니다.

$$\theta_{t+1\ ,i} = \theta_{t,i} - \eta g_{t,i}$$

모든 타임 스텝 t에 대해 θ_i를 업데이트하면 아래와 같습니다.

$$\theta_{t+1\ ,i} = \theta_{t,i} - \frac{\eta}{\sqrt{G_{t,ii} + \epsilon}} \cdot g_{t,i}$$

앞의 식에서 ϵ는 분포가 0이 되는 것을 방지하기 위한 값입니다. G_t는 대각 행렬로 각 대각 원소 $G_{t,ii}$는 θ_i의 과거 그래디언트의 제곱합입니다. G_t는 아래와 같은 방법으로 구할 수 있습니다.

$$G_t = \sum_{i=1}^{t} \mathbf{g}_i \mathbf{g}_i^T$$

위 식은 개별적인 파라미터에 대한 식이며, 이를 전체 파라미터에 관한 식으로 표현하면 아래와 같습니다.

$$\boldsymbol{\theta}_{t+1} = \boldsymbol{\theta}_t - \frac{\eta}{\sqrt{G_t + \epsilon}} \mathbf{g}_t$$

위 식을 이해하기 쉽게 행렬 형태로 나타내면 다음과 같습니다.

$$
\begin{bmatrix} \theta_{t+1,1} \\ \theta_{t+1,2} \\ \vdots \\ \theta_{t+1,m} \end{bmatrix} = \begin{bmatrix} \theta_{t,1} \\ \theta_{t,2} \\ \vdots \\ \theta_{t,m} \end{bmatrix} - \eta \left(\begin{bmatrix} \epsilon & 0 & \cdots & 0 \\ 0 & \epsilon & \cdots & 0 \\ \vdots & \vdots & \ddots & \vdots \\ 0 & 0 & \cdots & \epsilon \end{bmatrix} + \begin{bmatrix} G_{t,11} & 0 & \cdots & 0 \\ 0 & G_{t,22} & \cdots & 0 \\ \vdots & \vdots & \ddots & \vdots \\ 0 & 0 & \cdots & G_{t,22} \end{bmatrix} \right)^{-\frac{1}{2}} \begin{bmatrix} g_{t,1} \\ g_{t,2} \\ \vdots \\ g_{t,m} \end{bmatrix}
$$

$$
= \begin{bmatrix} \theta_{t,1} \\ \theta_{t,2} \\ \vdots \\ \theta_{t,m} \end{bmatrix} - \begin{bmatrix} \dfrac{\eta}{\sqrt{G_{t,11}+\epsilon}} g_{t,1} \\ \dfrac{\eta}{\sqrt{G_{t,22}+\epsilon}} g_{t,2} \\ \vdots \\ \dfrac{\eta}{\sqrt{G_{t,11}+\epsilon}} g_{t,m} \end{bmatrix} = \begin{bmatrix} \theta_{t,1} - \dfrac{\eta}{\sqrt{G_{t,11}+\epsilon}} g_{t,1} \\ \theta_{t,2} - \dfrac{\eta}{\sqrt{G_{t,22}+\epsilon}} g_{t,2} \\ \vdots \\ \theta_{t,m} - \dfrac{\eta}{\sqrt{G_{t,11}+\epsilon}} g_{t,m} \end{bmatrix}
$$

5.8.6 Adadelta

Adadelta는 Adagrad의 확장된 개념이라고 볼 수 있습니다. Adagrad에서는 과거 모든 시점의 그래디언트 제곱합을 더했는데, Adadelta에서는 과거 모든 시점의 그래디언트 제곱합을 더하는 대신, 과거 그래디언트를 더하는 시점을 고정합니다. 시점을 고정했으므로 그래디언트 제곱합을 무한히 더하지 않으며, 최근 시점의 그래디언트를 이용해 파라미터 값을 추정(local estimate)하는 방법입니다. 이 방법의 장점은 학습 횟수가 많이 반복되어도 계속해서 개선 여지가 있다는 장점이 있습니다.

Adadelta를 사용할 때는 특정 과거 시점만큼의 그래디언트 제곱을 저장해야 하는데, 이는 비효율적이므로 이를 대신해 그래디언트 제곱의 지수적 감소 평균(exponentially decaying average of the squared gradient)을 사용합니다. t 시점에서의 해당 값은 $E(\mathbf{g}^2)_t$라고 표현하는데, 이 값은 아래와 같이 구할 수 있습니다.

$$E(\mathbf{g}^2)_t = \gamma E(\mathbf{g}^2)_{t-1} + (1 - \gamma)\mathbf{g}_t^2$$

위 공식에서 γ는 모멘텀에서의 γ에 해당하며, 약 0.9 근방의 값이라고 생각하면 됩니다.

$$\Delta\boldsymbol{\theta}_t = -\eta \cdot g_{t,i}$$

$$\boldsymbol{\theta}_{t+1} = \boldsymbol{\theta}_t + \Delta\boldsymbol{\theta}_t$$

파라미터 업데이트는 Adagrad에서 사용했던 term과 비슷합니다. 아래 식이 Adagrad에서 사용했던 부분입니다.

$$\Delta\boldsymbol{\theta}_t = -\frac{\eta}{\sqrt{G_t + \epsilon}} \cdot \mathbf{g}_t$$

Adadelta는 위 공식에서 대각 행렬 G_t를 과거 그래디언트 제곱의 감소 평균인 $E(g^2)_t$로 변경합니다. 이를 적용하면 아래 식을 만족합니다.

$$\Delta\boldsymbol{\theta}_t = -\frac{\eta}{\sqrt{E(\mathbf{g}^2)_t + \epsilon}}\mathbf{g}_t$$

위 식에서 분모를 보면 이는 RMSE(Root Mean Squared Error)라는 것을 알 수 있습니다. RMSE는 MSE의 제곱근을 의미합니다. 위 식은 다시 아래와 같이 바꿔 쓸 수 있습니다.

$$\Delta\boldsymbol{\theta}_t = -\frac{\eta}{\text{RMSE}[\mathbf{g}]_t}\mathbf{g}_t$$

위 식에서 $E(\mathbf{g}^2)_t$를 구한 식을 이용해 $E(\Delta\boldsymbol{\theta}^2)_t$를 구하면 아래와 같이 구할 수 있습니다.

$$E(\Delta\boldsymbol{\theta}^2)_t = \gamma E(\Delta\boldsymbol{\theta}^2)_{t-1} + (1 - \gamma)\Delta\boldsymbol{\theta}_t^2$$

RMSE 업데이트는 아래와 같습니다.

$$\mathrm{RMSE}[\Delta \boldsymbol{\theta}]_t = \sqrt{E(\Delta \boldsymbol{\theta}^2)_t + \boldsymbol{\epsilon}}$$

이때, $\mathrm{RMSE}[\Delta \boldsymbol{\theta}^2]_t$가 알려져 있지 않기 때문에, 근삿값을 통해 값을 업데이트시킵니다. 학습률 η를 $\mathrm{RMSE}[\Delta \boldsymbol{\theta}]_{t-1}$로 업데이트하면 아래와 같은 최종 형태가 됩니다.

$$\Delta \boldsymbol{\theta}_t = -\frac{\mathrm{RMSE}[\Delta \boldsymbol{\theta}]_{t-1}}{\mathrm{RMSE}[\mathbf{g}]_t} \mathbf{g}_t$$

$$\boldsymbol{\theta}_{t+1} = \boldsymbol{\theta}_t + \Delta \boldsymbol{\theta}_t$$

Adadelta에서는 파라미터 업데이트 시 학습률을 사용하지 않으므로, 초기에 학습률을 정할 필요가 없습니다.

▌5.8.7 RMSprop

RMSprop은 Adadelta와 비슷합니다. RMSprop과 Adadelta의 차이점은 학습률의 사용 여부입니다. Adadelta에서는 학습률을 사용하지 않았지만, RMSprop에서는 학습률을 사용합니다. RMSprop은 아래와 같은 식을 사용합니다.

$$E(\mathbf{g}^2)_t = 0.9E(\mathbf{g}^2)_{t-1} + 0.1\mathbf{g}_t^2$$

$$\boldsymbol{\theta}_{t+1} = \boldsymbol{\theta}_t - \frac{\eta}{\sqrt{E(\mathbf{g}^2)_t + \boldsymbol{\epsilon}}} \mathbf{g}_t$$

▌5.8.8 Adam

Adam은 Adaptive Moment Estimation의 줄임말입니다. Adam 또한 각 파라미터에 대해 서로 다른 학습률을 업데이트합니다. Adam에서는 Adadelta와 RMSprop과 같이 과거 그래디언트 제곱의 지수 감소 평균 $\mathbf{v}_t$도 적용하고, 추가로 과거 그래디언트의 지수 감소 평균 (exponentially decaying average of past gradients) $\mathbf{m}_t$도 적용합니다. Adam은 RMSprop과 모멘텀을 조합한 방법으로 볼 수 있습니다.

$$\mathbf{m}_t = \beta_1 \mathbf{m}_{t-1} + (1 - \beta_1)\mathbf{g}_t$$

$$\mathbf{v}_t = \beta_2 \mathbf{v}_{t-1} + (1 - \beta_2)\mathbf{g}_t^2$$

$\mathbf{m}_t$는 1차 모멘트인 평균을 추정하고, $\mathbf{v}_t$는 2차 모멘트인 분산을 추정합니다. 편향을 제거하기 위해 아래와 같은 식을 사용합니다.

$$\hat{\mathbf{m}}_t = \frac{\mathbf{m}_t}{1 - \beta_1^t}$$

$$\hat{\mathbf{v}}_t = \frac{\mathbf{v}_t}{1 - \beta_2^t}$$

Adam에서 파라미터 업데이트는 아래와 같이 합니다.

$$\boldsymbol{\theta}_{t+1} = \boldsymbol{\theta}_t - \frac{\eta}{\sqrt{\hat{\mathbf{v}}_t} + \boldsymbol{\epsilon}} \hat{\mathbf{m}}_t$$

Adam에서 초깃값을 설정할 때, β_1의 초깃값은 0.9, β_2의 초깃값은 0.999, ϵ의 초깃값은 10^{-8}로 설정하기를 권장합니다.

5.8.9 AdaMax

AdaMax는 아래와 같이 Adam을 변형한 식을 사용합니다. 아래 식은 L2 norm을 이용한 식입니다.

$$\mathbf{v}_t = \beta_2 \mathbf{v}_{t-1} + (1 - \beta_2)|\mathbf{g}_t|^2$$

위 식을 Lp norm으로 일반화하면 아래와 같습니다.

$$\mathbf{v}_t = \beta_2^p \mathbf{v}_{t-1} + (1 - \beta_2^p)|\mathbf{g}_t|^p$$

위 식은 p 값이 커질수록 불안정하게 되는 경향이 있는데, p가 무한대일 경우에는 안정적인 모습을 보여 줍니다. AdaMax는 L-무한대 제약식을 적용한 방법입니다.

$$\mathbf{u}_t = \beta_2^\infty \mathbf{v}_{t-1} + (1 - \beta_2^\infty)|\mathbf{g}_t|^\infty$$

$$= \max(\beta_2 \cdot \mathbf{v}_{t-1}, |\mathbf{g}_t|)$$

$$\boldsymbol{\theta}_{t+1} = \boldsymbol{\theta}_t - \frac{\eta}{\mathbf{u}_t}\mathbf{m}_t$$

AdaMax에서 업데이트 룰은 Adam과 유사합니다. 하이퍼파라미터의 적절한 값은 $\eta=0.002$, $\beta_1=0.9$, $\beta_1=0.999$입니다.

▌ 5.8.10 Nadam

Nadam(Nesterov-accelerated Adaptive Moment Estimation)은 Adam과 네스테로프 가속 경사를 합친 방법이라고 할 수 있습니다.

$$\mathbf{g}_t = \nabla_{\boldsymbol{\theta}_t}J(\boldsymbol{\theta}_t)$$
$$\mathbf{m}_t = \gamma\mathbf{m}_{t-1} + \eta\mathbf{g}_t$$
$$\boldsymbol{\theta}_{t+1} = \boldsymbol{\theta}_t - \mathbf{m}_t$$

위 식에서 J는 목적 함수, γ는 모멘트 파라미터를 의미하고, η는 학습률을 의미합니다. 위 식을 다시 쓰면 아래와 같습니다.

$$\boldsymbol{\theta}_{t+1} = \boldsymbol{\theta}_t - (\gamma\mathbf{m}_{t-1} + \eta\mathbf{g}_t)$$

모멘텀 방법으로 한 스텝의 사이즈와 다음 스텝으로의 방향을 알 수 있습니다. 여기에 네스테로프 가속 경사 개념을 추가하면 더욱 정확한 스텝을 구할 수 있습니다.

$$\mathbf{g}_t = \nabla_{\boldsymbol{\theta}_t}J(\boldsymbol{\theta}_t - \gamma\mathbf{m}_{t-1})$$
$$\mathbf{m}_t = \gamma\mathbf{m}_{t-1} + \eta\mathbf{g}_t$$
$$\boldsymbol{\theta}_{t+1} = \boldsymbol{\theta}_t - \mathbf{m}_t$$

Timothy Dozat는 네스테로프 가속 경사를 변경하는 방법을 제안했습니다. 기존에는 모멘텀을 업데이트할 때, 그래디언트 $\mathbf{g}_t$를 업데이트할 때 한 번, 파라미터 $\boldsymbol{\theta}_{t+1}$로 업데이트할 때 한

번, 총 두 번 적용했지만, 다음과 같이 t 시점의 파라미터를 업데이트하기 위한 모멘텀 벡터를 미리 적용합니다.

$$\mathbf{g}_t = \nabla_{\boldsymbol{\theta}_t} J(\boldsymbol{\theta}_t)$$

$$\mathbf{m}_t = \gamma \mathbf{m}_{t-1} + \eta \mathbf{g}_t$$

$$\boldsymbol{\theta}_{t+1} = \boldsymbol{\theta}_t - (\gamma \mathbf{m}_t + \eta \mathbf{g}_t)$$

즉, $\boldsymbol{\theta}_{t+1} = \boldsymbol{\theta}_t - (\gamma \mathbf{m}_{t-1} + \eta \mathbf{g}_t)$와 같이 과거 시점 $\mathbf{m}_{t-1}$을 사용하는 것이 아닌 현재 시점 $\mathbf{m}_t$를 사용합니다. 즉, Adam에 네스테로프 모멘텀을 추가하기 위해 이전 시점의 모멘텀을 사용하는 대신 현재 시점의 모멘텀을 사용한다는 뜻입니다. Adam 업데이트 방식을 복습하면 아래와 같습니다.

$$\mathbf{m}_t = \beta_1 \mathbf{m}_{t-1} + (1 - \beta_1)\mathbf{g}_t$$

$$\widehat{\mathbf{m}}_t = \frac{\mathbf{m}_t}{1 - \beta_1^t}$$

$$\boldsymbol{\theta}_{t+1} = \boldsymbol{\theta}_t - \frac{\eta}{\sqrt{\widehat{\mathbf{v}}_t} + \boldsymbol{\epsilon}} \widehat{\mathbf{m}}_t$$

위 식을 변형하면 아래와 같습니다.

$$\boldsymbol{\theta}_{t+1} = \boldsymbol{\theta}_t - \frac{\eta}{\sqrt{\widehat{\mathbf{v}}_t} + \boldsymbol{\epsilon}} \left(\frac{\beta_1 \mathbf{m}_{t-1}}{1 - \beta_1^t} + \frac{(1 - \beta_1)\mathbf{g}_t}{1 - \beta_1^t} \right)$$

위 식에서 $\mathbf{m}_{t-1}/1 - \beta_1^t$을 $\widehat{\mathbf{m}}_{t-1}$로 치환하면 아래와 같이 나타낼 수 있습니다.

$$\boldsymbol{\theta}_{t+1} = \boldsymbol{\theta}_t - \frac{\eta}{\sqrt{\widehat{\mathbf{v}}_t} + \boldsymbol{\epsilon}} \left(\beta_1 \widehat{\mathbf{m}}_{t-1} + \frac{(1 - \beta_1)\mathbf{g}_t}{1 - \beta_1^t} \right)$$

그리고 마지막으로 $\widehat{\mathbf{m}}_{t-1}$을 $\widehat{\mathbf{m}}_t$로 치환하면 최종적인 Nadam의 형태는 아래와 같습니다.

$$\boldsymbol{\theta}_{t+1} = \boldsymbol{\theta}_t - \frac{\eta}{\sqrt{\widehat{\mathbf{v}}_t} + \boldsymbol{\epsilon}} \left(\beta_1 \widehat{\mathbf{m}}_t + \frac{(1 - \beta_1)\mathbf{g}_t}{1 - \beta_1^t} \right)$$

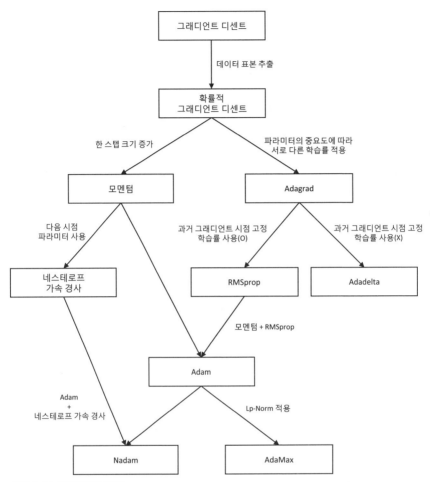

그림 5-17 옵티마이저 요약

## chapter 6

머신러닝 데이터 살펴보기

6.1 머신러닝에 사용할 데이터 소개

지금까지 머신러닝에 필요한 이론을 다루었다면 이번 단원부터는 본격적으로 머신러닝에 대해 알아봅니다. 앞으로 여러 가지 머신러닝 알고리즘을 소개하면서 직접 데이터에 적용해 보는 실습을 진행할 것입니다. 본격적인 머신러닝 알고리즘 소개에 앞서 이번 단원에서는 실습에 사용할 데이터를 소개합니다. 머신러닝에서 자주 쓰이는 라이브러리인 사이킷런이나 텐서플로 라이브러리는 다양한 데이터를 제공합니다.

```
import numpy as np                    ❶
import pandas as pd                   ❷
import seaborn as sns                 ❸
import matplotlib.pyplot as plt       ❹
from sklearn import datasets          ❺
```

❶ 넘파이(numpy) 라이브러리를 불러오는 코드입니다. 넘파이는 수학적인 계산 관련 편리한 함수를 제공하는 라이브러리입니다. as np는 넘파이 라이브러리를 사용할 때 np를 입력해서 사용한다는 뜻입니다. as를 이용하면 이름이 긴 라이브러리를 줄여서 부를 수 있으므로 유용하게 사용됩니다. ❷ 다음은 판다스(pandas) 라이브러리인데, 데이터를 다룰 때 필수적인 라이브러리입니다. 주어진 데이터를 데이터 프레임 형식으로 다루기에 유용한 라이브러리입니다. ❸, ❹ 시각화에 사용하는 라이브러리입니다. seaborn이 matplotlib보다 좀 더 화려한 시각화가 가능합니다. 어떤 시각화 라이브러리를 사용할지는 상황에 맞추어 선택 가능합니다. ❺ 사이킷런(scikit-learn) 라이브러리에서 제공하는 데이터 셋입니다. 해당 코드를 입력하면 사이킷런에서 제공하는 다양한 데이터를 이용할 수 있습니다. 그럼 지금부터 실습에 사용

할 데이터를 하나씩 소개합니다.

▌ 6.1.1 집값 예측하기

가장 먼저 소개할 데이터는 보스턴 집값에 대한 데이터입니다. 해당 데이터 셋은 13가지 피처를 이용해 보스턴 집값을 예측할 때 사용하는 데이터입니다.

```
raw_boston = datasets.load_boston()              ❶
X_boston = pd.DataFrame(raw_boston.data)         ❷
y_boston = pd.DataFrame(raw_boston.target)       ❸
df_boston = pd.concat([X_boston,y_boston], axis=1)  ❹
```

❶ 사이킷런 라이브러리에서 보스턴 데이터를 불러옵니다. 사이킷런에서 제공하는 데이터는 data와 target으로 구성되어 있습니다. data는 피처를 의미하며, target은 타깃을 의미합니다. ❷ 보스턴 데이터에서 data 부분, 즉, 피처 부분을 따로 추출해 X_boston이라는 이름으로 데이터 프레임을 생성합니다. ❸ 보스턴 데이터에서 타깃 부분을 따로 추출해 y_boston이라는 이름으로 데이터 프레임을 생성합니다. ❹ 위 두 단계에서 만든 피처 데이터와 타깃 데이터를 결합하여 피처+타깃 형태의 전체 데이터 프레임 df_boston을 생성합니다. 데이터 프레임을 합치는 경우, 판다스 라이브러리의 concat 함수를 쓰게 되는데, 옵션의 axis는 결합 방향을 의미합니다. 만약 'axis=0'으로 설정하면 주어진 데이터를 위+아래 형태로 합치고, 'axis=1'로 설정하면 좌+우 형태로 합칩니다. [그림 6-1]과 같이 이번 실습에서는 피처 데이터와 타깃 데이터를 좌+우 형태로 합칠 것이므로 'axis=1'로 설정합니다.

그림 6-1 피처+타깃=전체 데이터

```
>>> len(df_boston)                               ❶
506
```

❶ len 함수는 길이(length)를 의미하며 len 함수를 이용하면 데이터 프레임의 전체 행(row)

수를 구할 수 있습니다. 코드 실행 결과 보스턴 집값 데이터는 총 506개의 데이터로 구성되어 있다는 것을 알 수 있습니다.

```
>>> df_boston.head()                          ❶
```

	0	1	2	3	4	5	6	7	8	9	10	11	12	0
0	0.00632	18.0	2.31	0.0	0.538	6.575	65.2	4.0900	1.0	296.0	15.3	396.90	4.98	24.0
1	0.02731	0.0	7.07	0.0	0.469	6.421	78.9	4.9671	2.0	242.0	17.8	396.90	9.14	21.6
2	0.02729	0.0	7.07	0.0	0.469	7.185	61.1	4.9671	2.0	242.0	17.8	392.83	4.03	34.7
3	0.03237	0.0	2.18	0.0	0.458	6.998	45.8	6.0622	3.0	222.0	18.7	394.63	2.94	33.4
4	0.06905	0.0	2.18	0.0	0.458	7.147	54.2	6.0622	3.0	222.0	18.7	396.90	5.33	36.2

그림 6-2 열 이름 설정 이전 전체 보스턴 데이터

❶ head( )를 이용하면 데이터 프레임의 첫 5행을 볼 수 있습니다. 데이터의 크기가 클 경우 전체 데이터를 한 번에 출력하면 부담스러운 반면에, head( ) 메소드를 사용하면 첫 5행만 출력해서 확인할 수 있습니다. 또한 head(3)과 같이 괄호 속에 숫자를 넣으면 해당 숫자만큼의 데이터 행을 보여 줍니다. [그림 6-2]와 같이 데이터를 살펴본 결과 피처 및 타깃 이름이 없는 것이 보이므로 지정해 줍니다.

```
>>> feature_boston = raw_boston.feature_names      ❶
>>> print(feature_boston)                          ❷
['CRIM' 'ZN' 'INDUS' 'CHAS' 'NOX' 'RM' 'AGE' 'DIS' 'RAD' 'TAX' 'PTRATIO' 'B'
 'LSTAT']
```

feature_names를 이용하면 보스턴 데이터의 피처 이름을 확인할 수 있습니다. 피처 이름 출력 결과 13개의 피처로 구성되어 있습니다.

```
>>> col_boston=np.append(feature_boston, ['target'])   ❶
>>> df_boston.columns = col_boston                     ❷
>>> df_boston.head()                                   ❸
```

	CRIM	ZN	INDUS	CHAS	NOX	RM	AGE	DIS	RAD	TAX	PTRATIO	B	LSTAT	target
0	0.00632	18.0	2.31	0.0	0.538	6.575	65.2	4.0900	1.0	296.0	15.3	396.90	4.98	24.0
1	0.02731	0.0	7.07	0.0	0.469	6.421	78.9	4.9671	2.0	242.0	17.8	396.90	9.14	21.6
2	0.02729	0.0	7.07	0.0	0.469	7.185	61.1	4.9671	2.0	242.0	17.8	392.83	4.03	34.7
3	0.03237	0.0	2.18	0.0	0.458	6.998	45.8	6.0622	3.0	222.0	18.7	394.63	2.94	33.4
4	0.06905	0.0	2.18	0.0	0.458	7.147	54.2	6.0622	3.0	222.0	18.7	396.90	5.33	36.2

그림 6-3 열 이름 설정 후 전체 보스턴 데이터

❶ 우리가 하려는 것은 [피처 이름, 타깃 이름] 형태로 이름을 정하는 것입니다. 넘파이 라이브러리의 append 함수를 이용해 피처 이름과 타깃 이름을 합쳐 줍니다. 피처 이름은 feature_names를 이용해 알 수 있으며, 타깃 이름은 'target'으로 지정하여 합칩니다. ❷ 앞서 지정한 피처 및 타깃 이름을 데이터 프레임에 적용합니다. ❸ 코드 실행 결과 피처 이름과 타깃 이름이 잘 적용된 것을 볼 수 있습니다.

▌6.1.2 꽃 구분하기

아이리스라는 꽃에 관련된 데이터입니다. 우리말로는 붓꽃이라고 부릅니다. 아이리스의 피처 특성에 따라 꽃의 종류를 분류하는 머신러닝 알고리즘을 만들 수 있습니다.

```
raw_iris = datasets.load_iris()                          ❶
X_iris = pd.DataFrame(raw_iris.data)                     ❷
y_iris = pd.DataFrame(raw_iris.target)                   ❸
df_iris = pd.concat([X_iris,y_iris], axis=1)             ❹
```

❶ load_iris( )로 아이리스 데이터를 불러옵니다. ❷ 전체 데이터 중 피처 데이터와 타깃 데이터를 각각 데이터 프레임으로 만든 후 피처+타깃 형태의 전체 데이터 프레임을 생성합니다. data를 이용해 피처 데이터를 불러오고 pd.DataFrame을 이용해 데이터 프레임으로 만듭니다. ❸ 같은 방법으로 타깃 데이터를 이용한 데이터 프레임을 생성합니다. ❹ concat을 이용해 앞선 두 데이터 프레임을 합칩니다.

```
>>> feature_iris = raw_iris.feature_names
>>> print(feature_iris)
 ['sepal length (cm)', 'sepal width (cm)', 'petal length (cm)', 'petal width (cm)']
```

feature_names를 이용해 피처 이름을 출력하면 아이리스 데이터의 피처는 총 4개로 구성되어 있다는 것을 알 수 있습니다.

```
>>> col_iris=np.append(feature_iris, ['target'])         ❶
>>> df_iris.columns = col_iris                           ❷
>>> df_iris.head()                                       ❸
```

	sepal length (cm)	sepal width (cm)	petal length (cm)	petal width (cm)	target
0	5.1	3.5	1.4	0.2	0
1	4.9	3.0	1.4	0.2	0
2	4.7	3.2	1.3	0.2	0
3	4.6	3.1	1.5	0.2	0
4	5.0	3.6	1.4	0.2	0

그림 6-4 아이리스 데이터

피처와 타깃의 이름을 지정해 봅니다. ❶ 피처 이름은 위에서 확인한 것처럼 feature_iris라고 정하고, 타깃 변수 이름은 target으로 설정한 후 np.append를 이용해 합칩니다. ❷ 아이리스 전체 데이터의 열 이름을 설정합니다. ❸ 데이터 프레임의 열 이름을 확인해 봅니다.

▌6.1.3 와인 구분하기

와인과 관련된 데이터입니다. 다양한 종류의 와인과 피처 데이터를 포함하는 데이터입니다.

```
raw_wine = datasets.load_wine()                              ❶
X_wine = pd.DataFrame(raw_wine.data)                         ❷
y_wine = pd.DataFrame(raw_wine.target)                       ❸
df_wine = pd.concat([X_wine,y_wine], axis=1)                 ❹
```

❶ load_wine( )을 이용해 와인 데이터를 불러옵니다. ❷ 다음은 피처 데이터와 타깃 데이터를 이용해 데이터 프레임을 생성하고, 두 데이터 프레임을 합쳐 봅니다. 먼저 raw_wine.data를 입력해 피처 데이터를 불러온 후 pd.DataFrame을 이용해 피처 데이터를 이용한 데이터 프레임을 생성합니다. ❸ 비슷한 방법으로 raw_wine.target을 입력해 타깃 데이터를 불러온 후 pd.DataFrame을 이용해 데이터 프레임을 생성합니다. ❹ 앞서 만든 두 데이터 프레임을 합칩니다.

```
>>> feature_wine = raw_wine.feature_names                    ❶
>>> print(feature_wine)                                      ❷
['alcohol', 'malic_acid', 'ash', 'alcalinity_of_ash', 'magnesium', 'total_
phenols', 'flavanoids', 'nonflavanoid_phenols', 'proanthocyanins', 'color_
intensity', 'hue', 'od280/od315_of_diluted_wines', 'proline']
```

❶ 피처 이름을 확인해 봅니다. feature_names를 이용해 피처 이름을 확인할 수 있습니다.

```
col_wine=np.append(feature_wine, ['target'])          ❶
df_wine.columns = col_wine                            ❷
df_wine.head()                                        ❸
```

	alcohol	malic_acid	ash	alcalinity_of_ash	magnesium	total_phenols	flavanoids	nonflavanoid_phenols	proanthocyanins	color_intensity	hue	od280/od315_of_diluted_wines	proline	target
0	14.23	1.71	2.43	15.6	127.0	2.80	3.06	0.28	2.29	5.64	1.04	3.92	1065.0	0
1	13.20	1.78	2.14	11.2	100.0	2.65	2.76	0.26	1.28	4.38	1.05	3.40	1050.0	0
2	13.16	2.36	2.67	18.6	101.0	2.80	3.24	0.30	2.81	5.68	1.03	3.17	1185.0	0
3	14.37	1.95	2.50	16.8	113.0	3.85	3.49	0.24	2.18	7.80	0.86	3.45	1480.0	0
4	13.24	2.59	2.87	21.0	118.0	2.80	2.69	0.39	1.82	4.32	1.04	2.93	735.0	0

그림 6-5 와인 데이터

피처 데이터와 타깃 데이터를 합친 전체 데이터 셋의 열 이름을 설정해 봅니다. ❶ 피처 이름 인 raw_wine.feature_names, 타깃 이름을 target이라고 설정한 후 np.append를 이용해 둘을 합칩니다. ❷ 데이터 프레임의 열 이름을 ❶에서 정한 이름으로 설정합니다. ❸ head()를 이 용해 와인 데이터를 확인해 봅니다.

▌6.1.4 당뇨병 예측하기

당뇨병에 관한 데이터입니다. 당뇨병 데이터의 타깃 데이터는 당뇨병의 진행도를 나타냅니 다. 다양한 피처를 이용해 당뇨병 진행도를 예측할 수 있습니다.

```
raw_diab = datasets.load_diabetes()
X_diab = pd.DataFrame(raw_diab.data)
y_diab = pd.DataFrame(raw_diab.target)
df_diab = pd.concat([X_diab,y_diab], axis=1)
```

load_diabetes( )를 이용해 당뇨병 데이터를 불러올 수 있습니다. 앞선 데이터들과 마찬가지 로 피처 데이터와 타깃 데이터를 데이터 프레임으로 만든 후 둘을 합치는 코드입니다.

```
>>> feature_diab = raw_diab.feature_names
>>> print(feature_diab)
['age', 'sex', 'bmi', 'bp', 's1', 's2', 's3', 's4', 's5', 's6']
```

feature_names를 이용해 당뇨병 데이터의 피처명을 확인할 수 있습니다.

```
>>> col_diab=np.append(feature_diab, ['target'])
>>> df_diab.columns = col_diab
>>> df_diab.head()
```

	age	sex	bmi	bp	s1	s2	s3	s4	s5	s6	target
0	0.038076	0.050680	0.061696	0.021872	-0.044223	-0.034821	-0.043401	-0.002592	0.019908	-0.017646	151.0
1	-0.001882	-0.044642	-0.051474	-0.026328	-0.008449	-0.019163	0.074412	-0.039493	-0.068330	-0.092204	75.0
2	0.085299	0.050680	0.044451	-0.005671	-0.045599	-0.034194	-0.032356	-0.002592	0.002864	-0.025930	141.0
3	-0.089063	-0.044642	-0.011595	-0.036656	0.012191	0.024991	-0.036038	0.034309	0.022692	-0.009362	206.0
4	0.005383	-0.044642	-0.036385	0.021872	0.003935	0.015596	0.008142	-0.002592	-0.031991	-0.046641	135.0

그림 6-6 당뇨병 데이터

❶ 앞서 확인한 피처 이름과 타깃 데이터의 열 이름을 target이라고 정한 후 np.append로 둘을 합칩니다. ❷ 합친 전체 데이터 셋의 열 이름을 설정합니다. ❸ 데이터를 확인해 봅니다.

▌6.1.5 유방암 예측하기

유방암과 관련된 데이터입니다.

```
raw_bc = datasets.load_breast_cancer()          ❶
X_bc = pd.DataFrame(raw_bc.data)                ❷
y_bc = pd.DataFrame(raw_bc.target)              ❸
df_bc = pd.concat([X_bc,y_bc], axis=1)          ❹
```

❶ load_breast_cancer()를 이용해 사이킷런 라이브러리에서 유방암 데이터를 불러옵니다. ❷ data를 이용해 피처 데이터를 불러옵니다. ❸ target을 이용해 타깃 데이터를 불러옵니다. ❹ 둘을 합쳐 전체 데이터 프레임을 생성합니다.

```
>>> feature_bc = raw_bc.feature_names            ❶
>>> print(feature_bc)                            ❷
 ['mean radius' 'mean texture' 'mean perimeter' 'mean area'
  'mean smoothness' 'mean compactness' 'mean concavity'
  'mean concave points' 'mean symmetry' 'mean fractal dimension'
  'radius error' 'texture error' 'perimeter error' 'area error'
  'smoothness error' 'compactness error' 'concavity error'
  'concave points error' 'symmetry error' 'fractal dimension error'
  'worst radius' 'worst texture' 'worst perimeter' 'worst area'
```

```
'worst smoothness' 'worst compactness' 'worst concavity'
'worst concave points' 'worst symmetry' 'worst fractal dimension']
```

feature_names를 이용해 유방암 데이터의 피처 이름을 확인해 봅니다.

```
>>> col_bc = np.append(feature_bc, ['target'])        ❶
>>> df_bc.columns = col_bc                             ❷
>>> df_bc.head()                                       ❸
```

	mean radius	mean texture	mean perimeter	mean area	mean smoothness	mean compactness	mean concavity	mean concave points	mean symmetry	mean fractal dimension	...	worst texture	worst perimeter	worst area	worst smoothness
0	17.99	10.38	122.80	1001.0	0.11840	0.27760	0.3001	0.14710	0.2419	0.07871	...	17.33	184.60	2019.0	0.1622
1	20.57	17.77	132.90	1326.0	0.08474	0.07864	0.0869	0.07017	0.1812	0.05667	...	23.41	158.80	1956.0	0.1238
2	19.69	21.25	130.00	1203.0	0.10960	0.15990	0.1974	0.12790	0.2069	0.05999	...	25.53	152.50	1709.0	0.1444
3	11.42	20.38	77.58	386.1	0.14250	0.28390	0.2414	0.10520	0.2597	0.09744	...	26.50	98.87	567.7	0.2098
4	20.29	14.34	135.10	1297.0	0.10030	0.13280	0.1980	0.10430	0.1809	0.05883	...	16.67	152.20	1575.0	0.1374

그림 6-7 유방암 데이터

❶ 앞서 확인한 피처 이름과 타깃 이름을 target으로 설정한 후 np.append를 이용해 둘을 합칩니다. ❷ 전체 데이터의 열 이름을 정합니다. ❸ 유방암 데이터는 피처 개수가 많아 한 화면에 표시하기 힘들어 위 [그림 6-7]은 전체 데이터의 일부이며 직접 확인해 보는 것을 추천합니다.

지금까지 머신러닝에 사용할 데이터를 간략히 알아보았습니다. 데이터를 살펴보면서 파이썬에서의 기본적인 라이브러리 사용 방법이나 데이터 프레임 조작에 익숙해졌기를 바랍니다. 본 교재에서는 지금까지 소개한 데이터 이외에도 단원이 진행될수록 사람 얼굴 이미지 데이터, 손글씨 데이터, 영화 리뷰 데이터 등이 사용됩니다. 더 다양한 데이터는 알고리즘을 소개하면서 차차 알아봅니다.

6.2 데이터 전처리

우리가 실제로 접하게 되는 데이터는 사이킷런에서 제공하는 데이터와는 다르게 머신러닝을 적용하기 전에 데이터를 가공해야 하는 경우가 많습니다. 이를 데이터 전처리, 피처 엔지니어링 등으로 부릅니다. 이번 단원에서는 데이터 전처리 과정으로 결측치 처리, 클래스 라벨 설정, 원-핫 인코딩, 데이터 스케일링을 알아봅니다.

▍6.2.1 결측치 처리

주어진 데이터 셋에 데이터가 존재하지 않는다면 어떻게 해야 할까요? 데이터 셋의 일부에 데이터가 존재하지 않는 경우 해당 데이터를 결측치(missing value)라고 부르며, 머신러닝 알고리즘을 적용하기 전에 미리 결측치 처리를 하는 것이 중요합니다. 이번 챕터에서는 결측치 처리 방법에 대해 알아봅니다. 우선 실습을 위해 결측치를 포함하는 데이터 프레임을 생성해 봅니다.

```
import numpy as np                                    ❶
import pandas as pd                                   ❷
```

❶ 데이터 프레임 생성을 위해 라이브러리를 불러옵니다. 넘파이(numpy)는 수학 연산을 위한 라이브러리입니다. ❷ 판다스(pandas)는 데이터 프레임을 생성, 다루기 위한 라이브러리입니다.

```
df = pd.DataFrame([                                   ❶
    [42, 'male', 12,'reading', 'class2'],
    [35, 'unknown', 3,'cooking', 'class1'],
    [1000, 'female', 7,'cycling', 'class3'],
    [1000, 'unknown', 21,'unknown', 'unknown']
])
df.columns=['age',                                    ❷
            'gender',
            'month_birth',
            'hobby','target']
```

❶ pd.DataFrame을 통해 직접 데이터 프레임을 생성할 수 있습니다. DataFrame 함수 내부의 각 리스트는 데이터 프레임의 행에 해당합니다. 위 데이터 프레임은 4개의 행으로 구성된 데이터 셋입니다. 생성한 데이터 프레임을 df라고 합니다. ❷ df.columns를 이용해 열 이름을 정할 수 있습니다. 데이터 프레임의 각 열 이름은 아래 표와 같습니다.

피처명	설명
age	나이
gender	성별
month_birth	태어난 달
hobby	취미
target	타깃

표 6-1 데이터 프레임 설명

앞에서 생성한 데이터 프레임을 출력한 결과는 [그림 6-8]과 같습니다.

```
>>> df
```

	age	gender	month_birth	hobby	target
0	42	male	12	reading	class2
1	35	unknown	3	cooking	class1
2	1000	female	7	cycling	class3
3	1000	unknown	21	unknown	unknown

그림 6-8 예제 데이터 프레임

앞서 결측치는 데이터가 존재하지 않는 것이라고 했습니다. 하지만 위 데이터 프레임을 보면 데이터값이 모두 존재합니다. 하지만 자세히 보면 부적절한 값들이 존재합니다. 예를 들어, 피처 age는 나이를 의미하는데 1000이라는 값이 존재합니다. 인간의 수명을 고려했을 때, age가 1000이라는 값은 부적절합니다. 또한 나머지 피처에서도 unknown이라는 값으로 입력된 경우가 존재하는데, 이처럼 부적절한 값은 결측치로 처리하는 것이 좋습니다. 그렇다면 데이터 셋에 존재하는 부적절한 값을 결측치로 변경해 봅니다.

```
>>> df['age'].unique()                                    ❶
array([  42,   35, 1000])
```

결측치 변경에 앞서 각 열(column)에 어떤 값이 존재하는지 파악해야 합니다. 데이터 셋이 작을 경우에는 한눈에 볼 수 있지만, 일반적으로 데이터 셋은 크기가 커서 한 번에 파악하기 어려우므로 다음과 같이 각 열의 유니크 값을 확인해 봅니다. ❶ 각 열의 유니크 값을 확인하기 위해서 unique() 메소드를 이용합니다. 그 결과 나이는 42, 35, 1000으로 구성되어 있다는 것을 알 수 있습니다. 이 값 중 부적절한 값은 1000이므로 이를 결측치로 바꿉니다.

```
>>> df['gender'].unique()                                 ❶
array(['male', 'unknown', 'female'], dtype=object)
>>> df['month_birth'].unique()                            ❷
array([12,  3,  7, 21])
>>> df['hobby'].unique()                                  ❸
array(['reading', 'cooking', 'cycling', 'unknown'], dtype=object)
>>> df['target'].unique()                                 ❹
array(['class2', 'class1', 'class3', 'unknown'], dtype=object)
```

나이와 마찬가지로 나머지 열의 값을 확인하여 부적절한 값이 있는지 확인해 봅니다. ❶ 성별(gender) 열의 유니크 값을 확인해 봅니다. male, female을 제외한 unknown이라는 부적절한 값이 보입니다. ❷ 다음은 태어난 달(month_birth)의 유니크 값을 확인해 봅니다. 1년은 1월부터 12월까지 존재하므로 21은 부적절한 값입니다. ❸ 다음은 취미(hobby)의 유니크 값입니다. unknown이라는 부적절한 값이 보입니다. ❹ 타깃 변수인 target에서도 마찬가지로 unknown이라는 부적절한 값이 보입니다. 이렇게 피처별로 부적절한 값을 확인했으므로 이들을 결측치로 바꿉니다.

```
df.loc[df['age']>150, ['age']] = np.nan            ❶
df.loc[df['gender']=='unknown', ['gender']] = np.nan    ❷
df.loc[df['month_birth']>12, ['month_birth']] = np.nan  ❸
df.loc[df['hobby']=='unknown', ['hobby']] = np.nan      ❹
df.loc[df['target']=='unknown', ['target']] = np.nan    ❺
```

부적절한 데이터값을 결측치로 바꾸기 위해서는 np.nan을 사용합니다. nan은 결측치를 의미합니다. ❶ 나이의 경우 150보다 크면 결측치로 처리합니다. ❸ 태어난 달의 경우 달력은 12월까지 있으므로 12보다 크면 결측치로 처리합니다. ❷, ❹, ❺ 나머지 열의 경우 unknown인 경우 결측치로 처리합니다. 결측치로 바꾸는 조건은 상황별, 데이터 특성별로 달라질 수 있습니다. 부적절한 값을 결측치로 처리한 데이터 셋은 [그림 6-9]와 같습니다.

```
>>> df
```

	age	gender	month_birth	hobby	target
0	42.0	male	12.0	reading	class2
1	35.0	NaN	3.0	cooking	class1
2	NaN	female	7.0	cycling	class3
3	NaN	NaN	NaN	NaN	NaN

그림 6-9 결측치 처리된 데이터

[그림 6-9]와 같이 결측치 처리의 첫 단계로 부적절한 값을 결측치로 변환하였습니다. 결측치를 포함하는 데이터는 머신러닝 모형에 적합하지 않은 경우가 많습니다. 데이터 셋을 처음 접했을 때 해야 하는 것은 각 열에 결측치가 존재하는지 확인하는 것입니다.

```
>>> df.isnull().sum()
age            2
gender         2
month_birth    1
hobby          1
target         1
dtype: int64
```

데이터 셋의 각 열의 결측치 개수는 df.isnull( ).sum( )으로 확인 가능합니다. 위 결과를 보면 모든 열에 결측치가 존재하는 것을 볼 수 있습니다. 결측치를 처리하는 데 주로 쓰이는 방법은 결측치를 삭제하거나 다른 값으로 변경합니다. 우선 결측치를 포함한 데이터를 삭제하는 방법을 알아봅니다.

```
# 결측치를 포함한 행(row) 삭제
>>> df2 = df.dropna(axis=0)
>>> df2
```

	age	gender	month_birth	hobby	target
0	42.0	male	12.0	reading	class2
1	35.0	NaN	3.0	cooking	class1
2	NaN	female	7.0	cycling	class3
3	NaN	NaN	NaN	NaN	NaN

	age	gender	month_birth	hobby	target
0	42.0	male	12.0	reading	class2

그림 6-10 결측치 포함 행 삭제

결측치 삭제는 dropna( ) 메소드를 사용합니다. 먼저 결측치를 포함한 행을 삭제시켜 봅니다. dropna에 axis=0 옵션을 사용하면 [그림 6-10]처럼 결측치를 하나라도 포함한 행을 삭제합니다.

```
# 결측치를 포함한 열(column) 삭제
>>> df3 = df.dropna(axis=1)
>>> df3
```

	age	gender	month_birth	hobby	target
0	42.0	male	12.0	reading	class2
1	35.0	NaN	3.0	cooking	class1
2	NaN	female	7.0	cycling	class3
3	NaN	NaN	NaN	NaN	NaN

0
1
2
3

그림 6-11 결측치 포함 열 삭제

130

결측치를 포함한 열을 삭제하는 방법입니다. 결측치 포함 행 삭제와 마찬가지로 dropna를 사용합니다. axis=1 옵션을 적용하면 결측치를 포함한 열을 삭제합니다. [그림 6-11]과 같이 해당 데이터 셋의 모든 열에 결측치가 존재하므로 출력 결과가 나오지 않음을 볼 수 있습니다.

```
# 모든 값이 결측치인 행 삭제
>> df4 = df.dropna(how='all')
>> df4
```

	age	gender	month_birth	hobby	target
0	42.0	male	12.0	reading	class2
1	35.0	NaN	3.0	cooking	class1
2	NaN	female	7.0	cycling	class3
3	NaN	NaN	NaN	NaN	NaN

▶

	age	gender	month_birth	hobby	target
0	42.0	male	12.0	reading	class2
1	35.0	NaN	3.0	cooking	class1
2	NaN	female	7.0	cycling	class3

그림 6-12 모든 값이 결측치인 행 삭제

모든 행 데이터 전체가 결측치인 행을 삭제하는 방법입니다. Dropna 함수에서 how='all' 옵션을 적용하면 해당 행의 값이 모두 결측치인 경우에만 행을 삭제합니다. df 데이터 셋의 경우 마지막 행의 모든 값이 결측치이므로 삭제됩니다.

```
# 값이 2개 미만인 행 삭제
>>> df5 = df.dropna(thresh=2)
>>> df5
```

	age	gender	month_birth	hobby	target
0	42.0	male	12.0	reading	class2
1	35.0	NaN	3.0	cooking	class1
2	NaN	female	7.0	cycling	class3
3	NaN	NaN	NaN	NaN	NaN

▶

	age	gender	month_birth	hobby	target
0	42.0	male	12.0	reading	class2
1	35.0	NaN	3.0	cooking	class1
2	NaN	female	7.0	cycling	class3

그림 6-13 값이 2개 미만인 행 삭제

Dropna 함수에서는 결측치 관련 행, 열 삭제 시 기준을 설정할 수 있는 옵션을 제공합니다. thresh=n 옵션은 각 행에 결측치를 제외한 값이 n개보다 작을 경우, 해당 행을 삭제합니다. [그림 6-13]의 결과는 결측치 제외 후 데이터값이 2개 미만인 경우에만 삭제됩니다.

```
# 특정 열에 결측치가 있는 경우 행 삭제
>>> df6 = df.dropna(subset=['gender'])
>>> df6
```

	age	gender	month_birth	hobby	target
0	42.0	male	12.0	reading	class2
1	35.0	NaN	3.0	cooking	class1
2	NaN	female	7.0	cycling	class3
3	NaN	NaN	NaN	NaN	NaN

▶

	age	gender	month_birth	hobby	target
0	42.0	male	12.0	reading	class2
2	NaN	female	7.0	cycling	class3

그림 6-14 특정 열에 결측치 존재 시 행 삭제

[그림 6-14]는 특정 열에 결측치가 존재할 때만 행 삭제를 한 결과입니다. gender 피처에 결측치 존재 시 행을 삭제했습니다.

```
# 결측치 대체하기
alter_values = 'age': 0,                      ❶
               'gender': 'U',
               'month_birth': 0,
               'hobby': 'U',
               'target': 'class4'
df7 = df.fillna(value = alter_values)         ❷
```

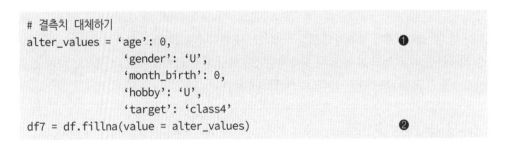

	age	gender	month_birth	hobby	target
0	42.0	male	12.0	reading	class2
1	35.0	NaN	3.0	cooking	class1
2	NaN	female	7.0	cycling	class3
3	NaN	NaN	NaN	NaN	NaN

▶

	age	gender	month_birth	hobby	target
0	42.0	male	12.0	reading	class2
1	35.0	U	3.0	cooking	class1
2	0.0	female	7.0	cycling	class3
3	0.0	U	0.0	U	class4

그림 6-15 결측치를 다른 값으로 변경

결측치를 다른 값으로 변경해 봅니다. 해당 열의 결측치를 바꾸고 싶은 값으로 alter_values를 설정하고 설정한 값으로 변환합니다. 필자는 age, month_birth는 0, 나머지 열은 U로 변환하였습니다. 필자처럼 결측치에 특정값을 넣는 경우도 있고, 해당 열의 평균값을 넣는 방법 등 여러 가지 결측치 변경 방법이 존재합니다.

▌6.2.2 클래스 라벨 설정

클래스 라벨 설정에 대해 알아봅니다. 여기서 라벨(label)이란 이름표라고 생각하면 됩니다.

라벨을 붙이는 것 즉, 이름표를 붙이는 것을 라벨링(labeling)이라고 합니다. 이는 해당 피처 데이터가 나타내는 게 무엇인지를 뜻합니다. [그림 6-16]과 같은 데이터 셋이 존재할 때 첫 번째 행은 타깃값이 class2이고 이를 class2로 라벨링되었다고 말합니다.

	age	gender	month_birth	hobby	target
0	42.0	male	12.0	reading	class2
1	35.0	U	3.0	cooking	class1
2	0.0	female	7.0	cycling	class3
3	0.0	U	0.0	U	class4

그림 6-16 클래스 라벨링 전 데이터

[그림 6-16]의 target 열을 보면 문자열(string) 형태인데, 데이터 전처리 과정에서 문자열(string)을 정수(int)로 바꿔야 하는 경우가 있습니다. 아래 표와 같이 target 값을 바꿔 봅니다.

변경 전	변경 후
class1	0
class2	1
class3	2
class4	3

```
>>> from sklearn.preprocessing import LabelEncoder        ❶
>>> df8 = df7                                              ❷
>>> class_label = LabelEncoder()                           ❸
>>> data_value = df8['target'].values                     ❹
>>> y_new = class_label.fit_transform(data_value)          ❺
>>> y_new                                                   ❻
array([1, 0, 2, 3])
```

❶ 클래스 라벨링을 위해 사이킷런의 preprocessing 패키지의 LabelEncoder 함수를 사용합니다. ❷ 실습에 활용할 데이터를 df8이라고 합니다. ❸ LabelEncoder( )를 이용해 라벨링 모형을 설정합니다. ❹ 타깃 변수의 값을 불러옵니다. ❺ 라벨링 모형에 데이터값을 넣고 변환합니다. ❻ 클래스 라벨링된 결과를 확인해 봅니다. 문자였던 라벨이 숫자로 바뀐 것을 볼 수 있습니다.

```
>>> df8['target'] = y_new                                  ❶
>>> df8                                                    ❷
```

	age	gender	month_birth	hobby	target
0	42.0	male	12.0	reading	class2
1	35.0	U	3.0	cooking	class1
2	0.0	female	7.0	cycling	class3
3	0.0	U	0.0	U	class4

	age	gender	month_birth	hobby	target
0	42.0	male	12.0	reading	1
1	35.0	U	3.0	cooking	0
2	0.0	female	7.0	cycling	2
3	0.0	U	0.0	U	3

그림 6-17 클래스 라벨링 전후 데이터

❶ 새롭게 클래스 라벨링한 데이터를 기존의 target 열에 덮어씌웁니다. [그림 6-17]을 통해 라벨링 전후 데이터를 비교할 수 있습니다.

```
>>> y_ori = class_label.inverse_transform(y_new)          ❶
>>> y_ori                                                  ❷
array(['class2', 'class1', 'class3', 'class4'], dtype=object)
>>> df8['target'] = y_ori                                  ❸
>>> df8                                                    ❹
```

	age	gender	month_birth	hobby	target
0	42.0	male	12.0	reading	1
1	35.0	U	3.0	cooking	0
2	0.0	female	7.0	cycling	2
3	0.0	U	0.0	U	3

	age	gender	month_birth	hobby	target
0	42.0	male	12.0	reading	class2
1	35.0	U	3.0	cooking	class1
2	0.0	female	7.0	cycling	class3
3	0.0	U	0.0	U	class4

그림 6-18 클래스 라벨링 복구

만약 클래스 라벨링을 한 이후 다시 원래대로 돌아가고 싶으면 어떻게 해야 할까요? ❶ 클래스 라벨링한 데이터를 원래대로 돌리고 싶다면 inverse_transform 메소드를 사용합니다. ❷ 결과를 확인하면 다시 문자 형태의 클래스 라벨을 확인할 수 있습니다. ❸ 기존 target 열에 덮어씌웁니다. ❹ 타깃 클래스가 원래대로 변경된 데이터 셋을 확인할 수 있습니다.

지금까지 사이킷런 라이브러리를 활용한 클래스 라벨링(class labeling)에 대해 알아보았습니다. 이번에는 사이킷런을 사용하지 않고 직접 클래스 라벨링하는 방법을 알아봅니다.

```
# 클래스 라벨링
>>> y_arr = df8['target'].values                           ❶
>>> y_arr.sort()                                           ❷
>>> y_arr                                                  ❸
array(['class1', 'class2', 'class3', 'class4'], dtype=object)
```

❶ 실습에 필요한 타깃 데이터값을 불러옵니다. ❷ target 열의 값을 확인해 봅니다. sort( )는 오름차순으로 정렬하는 함수입니다. ❸ 클래스 이름이 오름차순으로 정렬된 결과를 볼 수 있습니다.

```
num_y = 0                                              ❶
dic_y = {}                                             ❷
for ith_y in y_arr:                                    ❸
    dic_y[ith_y] = num_y                               ❹
    num_y += 1                                         ❺
```

위 코드는 파이썬의 딕셔너리를 이용해 각 데이터값을 변경 값으로 맵핑(mapping)하는 과정입니다. 딕셔너리(dictionary)는 파이썬에서 제공하는 기본적인 자료 구조형입니다. ❶ 숫자형 타깃 이름을 설정합니다. 가장 첫 타깃 클래스 이름을 0으로 설정합니다. 이는 각자 원하는 숫자로 설정합니다. ❷ 다음은 타깃 클래스 라벨과 숫자형 라벨을 맵핑하는 딕셔너리를 설정합니다. ❸ 반복문을 이용해 클래스 라벨과 숫자형 라벨을 정합니다. ❹ 해당 반복문은 타깃 변수의 유니크 개수만큼 반복됩니다. ❺ 클래스 라벨, 숫자형 라벨 딕셔너리의 키(key), 값(value)을 설정합니다. 다음 숫자 클래스 이름을 설정합니다.

```
>>> dic_y                                              ❶
'class1': 0, 'class2': 1, 'class3': 2, 'class4': 3
>>> df8['target'] = df8['target'].replace(dic_y)       ❷
>>> df8
```

	age	gender	month_birth	hobby	target
0	42.0	male	12.0	reading	class2
1	35.0	U	3.0	cooking	class1
2	0.0	female	7.0	cycling	class3
3	0.0	U	0.0	U	class4

▶

	age	gender	month_birth	hobby	target
0	42.0	male	12.0	reading	1
1	35.0	U	3.0	cooking	0
2	0.0	female	7.0	cycling	2
3	0.0	U	0.0	U	3

그림 6-19 클래스 라벨링 전후 데이터

❶ 이렇게 만든 타깃 클래스 딕셔너리를 확인해 봅니다. class1은 0, class2는 1, class3은 2, class4는 3으로 맵핑된 것을 볼 수 있습니다. ❷ replace를 이용해 클래스 라벨링한 결과는 [그림 6-19]와 같습니다.

▌6.2.3 원-핫 인코딩

원-핫 인코딩(one-hot encoding)은 클래스 라벨링의 또 다른 방법입니다. 원-핫 인코딩은 오직 0과 1만 사용한 벡터를 이용해 데이터값을 나타내는 것입니다. 원-핫 인코딩은 다른 말로 더미 변수(dummy variable)라고도 부릅니다.

```
>>> df9 = df8                                          ❶
>>> df9['target'] = df9['target'].astype(str)          ❷
>>> df10 = pd.get_dummies(df9['target'])               ❸
>>> print(df10)                                         ❹
   0  1  2  3
0  1  0  0  0
1  0  1  0  0
2  0  0  1  0
3  0  0  0  1
```

판다스 라이브러리를 이용해 원-핫 인코딩을 해 봅니다. ❶ 데이터 프레임을 설정합니다. ❷ astype(str)을 이용해 타깃 데이터값을 문자열로 바꿉니다. ❸ 판다스 라이브러리에서 제공하는 get_dummies에 타깃 변수를 넣고 원-핫 인코딩을 합니다. ❹ 결과를 확인해 봅니다. 타깃 0은 벡터 (1, 0, 0, 0)으로 표현되고, 타깃 1은 (0, 1, 0, 0)과 같이 표현됩니다.

```
>>> df9['target'] = df9['target'].astype(str)              ❶
>>> df11 = pd.get_dummies(df9['target'], drop_first=True)  ❷
>>> print(df11)                                             ❸
   1  2  3
0  0  0  0
1  1  0  0
2  0  1  0
3  0  0  1
```

앞선 방법에서는 길이가 4인 벡터를 이용해 클래스를 구분했습니다. 이번에는 벡터의 길이를 하나 줄인 벡터를 이용해 원-핫 인코딩을 해 봅니다. ❶ 타깃 변숫값을 문자형으로 바꿉니다. ❷ get_dummies를 사용할 때 drop_first=True 옵션을 사용합니다. ❸ 3개의 0과 1 조합만으로 4개의 클래스를 구분하는 것을 볼 수 있습니다. 앞선 길이가 4인 벡터로 표현했을 때는 타깃 0이 (1, 0, 0, 0)으로 표현되었지만, 길이가 3인 벡터로 표현하면 (0, 0, 0)으로 표현되는 것을 볼 수 있습니다.

```
df12 = df8
df13 = pd.get_dummies(df12)
df13
```

	age	target	gender_U	gender_female	gender_male		hobby_U	hobby_cooking	hobby_cycling	hobby_reading
0	42.0	0	0	0	1	● ● ●	0	0	0	1
1	35.0	1	1	0	0		0	1	0	0
2	0.0	2	0	1	0		0	0	1	0
3	0.0	3	1	0	0		1	0	0	0

그림 6-20 데이터 프레임 원-핫 인코딩

특정 열이 아닌 데이터 프레임에 존재하는 모든 열을 원핫 인코딩해 봅니다. get_dummies 함수에 데이터 프레임 전체를 넣으면 모든 열을 원-핫 인코딩 변환을 할 수 있습니다. 결과는 [그림 6-20]과 같습니다.

(1) 사이킷런 라이브러리를 이용한 원-핫 인코딩

위에서는 원-핫 인코딩 결과를 데이터 프레임 형식으로 출력했습니다. 반면에 데이터 프레임이 아닌 array 형식으로 출력하는 방식도 있습니다. 이 방식에는 사이킷런 라이브러리의 OneHotEncoder를 사용합니다. 간단한 예시로 '태어난 달' 열의 데이터값을 원-핫 인코딩해 봅니다.

```
>>> from sklearn.preprocessing import OneHotEncoder        ❶
>>> hot_encoder = OneHotEncoder()                          ❷
>>> y = df7[['target']]                                    ❸
>>> y_hot = hot_encoder.fit_transform(y)                   ❹
>>> print(y_hot.toarray())                                 ❺
[[1. 0. 0. 0.]
 [0. 1. 0. 0.]
 [0. 0. 1. 0.]
 [0. 0. 0. 1.]]
```

❶ 사이킷런(scikit-learn) 라이브러리에서 OneHotEncoder를 불러옵니다. ❷ 원-핫 인코더를 설정합니다. ❸ 원-핫 인코딩할 변수를 설정합니다. ❹ fit_transform을 이용해 주어진 데이터를 원-핫 인코딩합니다. ❺ 결과를 확인해 봅니다.

(2) 텐서플로 라이브러리를 이용한 원-핫 인코딩

```
>>> from tensorflow.keras.utils import to_categorical    ❶
>>> y_hotec = to_categorical(y)                          ❷
>>> print(y_hotec)                                       ❸
[[1. 0. 0. 0.]
 [0. 1. 0. 0.]
 [0. 0. 1. 0.]
 [0. 0. 0. 1.]]
```

텐서플로 라이브러리를 이용한 원-핫 인코딩을 해 봅니다. ❶ 텐서플로 라이브러리에서 to_categorical 함수를 불러옵니다. ❷ to_categorical 함수에 변환하고 싶은 값을 넣습니다. ❸ 결과를 확인해 봅니다. 이처럼 원-핫 인코딩은 판다스, 사이킷런, 텐서플로 등 여러 가지 방법으로 가능하므로 상황에 맞는 적절한 방법을 사용하길 바랍니다.

▌6.2.4 데이터 스케일링

피처는 제각기 다른 단위를 가집니다. 이로 인해 숫자 자체의 크기 차이가 발생합니다. 예를 들어, 키에서 1cm와 몸무게에서 1kg은 동일하게 1이라는 숫자를 사용하지만 그 의미는 완전히 다르며, 1cm와 1kg은 비교가 어렵습니다. **데이터 스케일링**(data scaling)은 데이터값이 단위에 영향을 받지 않도록 변형하는 것을 의미합니다.

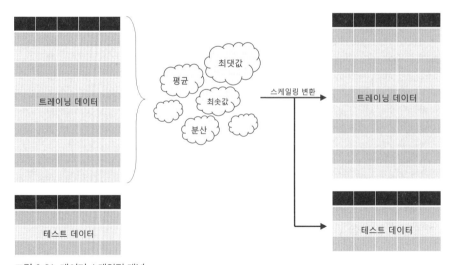

그림 6-21 데이터 스케일링 개념

[그림 6-21]은 기본적인 데이터 스케일링의 개념을 나타낸 그림입니다. 데이터 스케일링을 위해 평균, 분산, 최댓값, 최솟값 등을 구하게 되는데, 어떤 값을 구할지는 어떤 스케일러를 사용하느냐에 따라 결정됩니다. 이때 구한 값들이 스케일링의 기준이 된다고 볼 수 있습니다. [그림 6-21]에서 전체 데이터를 트레이닝 데이터와 테스트 데이터로 나누고 스케일링 기준이 되는 값을 구할 때는 트레이닝 데이터만으로 구합니다. 이때, 트레이닝 데이터는 모형을 학습할 때 사용하는 데이터이며, 테스트 데이터는 학습된 모형을 평가할 때 사용하는 새로운 데이터입니다. 트레이닝, 테스트 데이터에 관해서는 다음 단원에서 자세히 다룹니다.

평균, 분산과 같은 스케일링 기준값을 구했다면 해당 값을 기준으로 트레이닝 데이터와 테스트 데이터를 스케일링 적용하여 변환합니다. 스케일링에는 여러 가지 방법이 존재하는데, 어떤 스케일링 방법을 선택하느냐에 따라 어떤 값으로 변환될지 결정됩니다.

	age	gender	month_birth	hobby	target
0	42.0	male	12.0	reading	1
1	35.0	U	3.0	cooking	0
2	0.0	female	7.0	cycling	2
3	0.0	U	0.0	U	3

그림 6-22 스케일링 전 데이터

앞서 사용했던 df8 데이터 프레임을 통해 데이터 스케일링에 대해 실습해 봅니다. df8 데이터 프레임은 [그림 6-22]와 같습니다.

(1) 표준화 스케일링

표준화 스케일링(standard scaling)은 대표적인 데이터 스케일링 방법으로 데이터가 평균 0, 표준 편차 1이 되도록 변경하는 방법입니다. 표준화 스케일링은 아래와 같은 식을 따릅니다.

$$\frac{x_i - \bar{x}}{\sigma}$$

위 식의 의미는 기존 데이터값에서 평균을 뺀 후 표준 편차로 나눈 값으로 바꾼다는 의미입니다. 예를 들어, 앞서 사용했던 df8 데이터 셋의 month_birth 열을 표준화하면 다음과 같습니다.

```
# 표준화 스케일링
from sklearn.preprocessing import StandardScaler        ❶

std = StandardScaler()                                  ❷
std.fit(df8[['month_birth']])                           ❸
x_std = std.transform(df8[['month_birth']])             ❹
```

❶ 표준화 스케일링을 위한 StandardScaler 함수를 불러옵니다. ❷ 표준화 스케일러를 std라는 이름으로 정합니다. ❸ 표준화 스케일러에 month_birth 열을 적합시킵니다. ❹ 적합된 표준화 스케일러를 기준으로 month_birth 열 데이터값을 변형시킵니다. ❸, ❹의 fit와 transform이 포함된 코드 두 줄을 아래와 같이 코드 한 줄로 간략히 씁니다.

```
>>> x_std2 = std.fit_transform(df8[['month_birth']])   ❶
>>> x_std2                                              ❷
array([[ 1.44444444],
       [-0.55555556],
       [ 0.33333333],
       [-1.22222222]])
```

표준화는 위와 같은 단계를 거치며 표준화 이후 month_birth 열은 위 결과와 같이 변경됩니다. 앞서 표준화 스케일링은 데이터의 평균을 0, 표준 편차를 1로 변경한다고 언급했습니다. 그럼 실제로 표준화 스케일링 이후 데이터가 평균 0, 표준 편차 1인지 확인해 봅니다.

```
>>> np.mean(x_std)                                      ❶
0.0
>>> np.std(x_std)                                       ❷
1.0
```

넘파이(numpy) 라이브러리를 이용하면 표준화된 값의 평균과 표준 편차를 확인할 수 있습니다. ❶ np.mean을 이용해 평균값을 구합니다. ❷ np.std를 통해 표준 편차 값을 구합니다. 확인 결과, 표준화 스케일링 적용·이후 데이터의 평균은 0, 표준 편차는 1이라는 것을 알 수 있습니다.

(2) 로버스트 스케일링

로버스트 스케일링(robust scaling)은 표준화 스케일을 변형한 방법으로 중앙값(median)과

사분위수(quantile)를 사용하는데, 이에 따라 극단값의 영향을 거의 받지 않는다는 장점이 있습니다.

$$\frac{x_i - q_2}{q_3 - q_1}$$

위 식에서 q_1은 1사분위수, q_2는 중위수(median), q_3는 3사분위수를 의미합니다. month_birth 열의 로버스트 스케일링 결과는 아래와 같습니다.

```
# 로버스트 스케일링
>>> from sklearn.preprocessing import RobustScaler          ❶

>>> robust= RobustScaler()                                  ❷
>>> robust.fit(df8[['month_birth']])                        ❸
>>> x_robust = robust.transform(df8[['month_birth']])       ❹
>>> x_robust
array([[ 1.16666667],
       [-0.33333333],
       [ 0.33333333],
       [-0.83333333]])
```

❶ 로버스트 스케일링은 RobustScaler 함수를 사용합니다. ❷ 로버스트 스케일러를 설정합니다. ❸ 스케일링하려는 데이터 프레임의 열을 이용해 적합합니다. ❹ 적합된 로버스트 스케일러를 기반으로 데이터값을 변환하고 결과를 확인해 봅니다.

(3) 최소-최대 스케일링

최소-최대 스케일링(min-max scaling) 방법은 데이터값의 최댓값이 1, 최솟값 0으로 데이터값이 가질 수 있는 범위를 제한합니다. 최소-최대 스케일링은 다음과 같은 식을 사용합니다.

$$\frac{x_i - \min(x)}{\max(x) - \min(x)}$$

앞서 언급한 다른 스케일링과 마찬가지로 month_birth 열의 표준화 스케일링을 해 봅니다.

```
# 최소-최대 스케일링
>>> from sklearn.preprocessing import MinMaxScaler          ❶

>>> minmax = MinMaxScaler()                                 ❷
>>> minmax.fit(df8[['month_birth']])                        ❸
>>> x_minmax = minmax.transform(df8[['month_birth']])       ❹
>>> x_minmax                                                ❺
array([[1.        ],
       [0.25      ],
       [0.58333333],
       [0.        ]])
```

❶ 최소-최대 스케일링은 MinMaxScaler 함수를 사용합니다. ❷ 최소-최대 스케일러를 설정합니다. ❸ 스케일링할 대상을 적합시킵니다. ❹ 적합된 스케일링을 이용해 변경하려는 데이터를 넣습니다. ❺ 결과를 확인해 봅니다.

(4) 노멀 스케일링

노멀 스케일링(normalizer)은 벡터의 유클리디안 길이가 1이 되도록 데이터값을 변경합니다. 노멀 스케일은 주로 벡터 길이는 상관없고, 방향(각도)만 고려할 때 사용합니다. 앞서 언급된 세 가지 스케일러는 열 기준인 것과 달리 노멀 스케일은 행(row) 기준입니다. 노멀 스케일링은 normalization이라고도 합니다.

$$new(x_i) = \frac{x_i}{\sqrt{x_i^2 + y_i^2 + z_i^2}}$$

노멀 스케일링은 앞선 세 가지 스케일링과는 다르게 행 기준이므로 age, month_birth 두 가지 값을 이용해 스케일링해 봅니다.

```
# 노멀 스케일링
>>> from sklearn.preprocessing import Normalizer                        ❶

>>> normal = Normalizer()                                              ❷
>>> normal.fit(df8[['age','month_birth']])                            ❸
>>> x_normal = normal.transform(df8[['age','month_birth']])           ❹
>>> x_normal                                                          ❺
```

```
array([[0.96152395, 0.27472113],
       [0.99634665, 0.08540114],
       [0.        , 1.        ],
       [0.        , 0.        ]])
```

❶ 노멀 스케일링은 Normalizer 함수를 사용합니다. ❷ 노멀 스케일러를 설정합니다. ❸ 스케일링할 피처를 정하고 적합시킵니다. ❹ 적합된 스케일러를 대상으로 데이터를 변경합니다. ❺ 노멀 스케일링된 데이터를 확인해 봅니다.

```
# 표준화 스케일링
from sklearn.preprocessing import StandardScaler          ❶

stand_scale = StandardScaler()                            ❷
x_train_std = stand_scale.fit_transform(x_train)          ❸
x_test_std = stand_scale.transform(x_test)                ❹
```

데이터 스케일링 과정에서 fit( ) 메소드는 트레이닝 데이터 셋에 대해서만 사용하며, 테스트 데이터 셋에는 fit( )를 하지 않고 transform( )만 사용합니다. 그 이유는 데이터 스케일러는 트레이닝 데이터를 기반으로 만들기 때문입니다. 예를 들면 다음과 같습니다. 가상의 트레이닝 데이터 셋을 x_train이라고 하고, 가상의 테스트 데이터 셋을 x_test라고 가정합니다. ❶, ❷ 표준화 스케일링을 한다고 가정했을 때, 평균, 표준 편차 등을 구하게 됩니다. ❸ fit_transform 메소드를 트레이닝 데이터에 적용하면 트레이닝 데이터 기반 표준화 스케일러를 이용해 트레이닝 데이터를 변경하게 됩니다. ❹ 반면에 테스트 데이터에서는 fit를 하지 않고 transform만 사용하는데, 이는 트레이닝 데이터 스케일링에 사용했던 평균, 표준 편차 등을 테스트 데이터에도 동일하게 사용하겠다는 의미입니다. 즉, 테스트 데이터에 적용할 스케일러에 적합된 데이터는 여전히 트레이닝 데이터를 기반으로 만들어졌던 것입니다. 만약 ❹에서 stand_scale.transform이 아닌 stand_scale.fit_transform을 입력하면 테스트 데이터의 평균, 표준 편차를 이용해 스케일링을 적용하므로 앞서 트레이닝 데이터를 이용해 생성했던 스케일링 범위 및 파라미터가 달라집니다. 이처럼 데이터 스케일링 과정에서 어떤 데이터에 적합시키는지 정하는 과정은 매우 중요합니다.

chapter **7**

모형 평가

7.1 오버피팅과 언더피팅

머신러닝 모형을 만들었을 때 모형의 성능은 어떻게 평가할 수 있을까요? 이번 단원에서는 머신러닝 모형 평가와 관련된 내용을 알아봅니다. 먼저 머신러닝 모형이 실제 모형에 얼마나 잘 적합했는지와 관련 있는 오버피팅과 언더피팅에 대해 알아봅니다. **오버피팅(overfitting)**은 특정 데이터 셋에 과도하게 적합된 것을 의미합니다. 오버피팅이 발생하는 경우, 얼핏 정확도가 높아 보이지만 특정 데이터 셋에만 적합되어 알려지지 않은 데이터에 대한 예측력은 낮아지게 됩니다. 이와는 반대로 **언더피팅(underfitting)**은 데이터 셋에 적합이 잘되지 않은, 즉, 과소 적합된 것을 의미합니다. 머신러닝을 통해 모형을 학습하는 이유는 데이터의 종류와 상관없이 일반화할 수 있는 모형을 생성하는 것입니다. 주어진 데이터 셋에 대해 오버피팅이나 언더피팅이 발생한다면 새로운 데이터에 적용할 수 있는 좋은 모형이라고 말하기 어렵습니다.

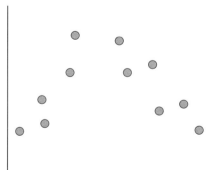

그림 7-1 데이터 분포와 적절한 모형 학습

[그림 7-1]의 왼쪽 그림과 같은 데이터 셋이 존재할 때, 데이터의 패턴을 학습시켜 모형을 만

든다면 오른쪽과 같은 형태가 나올 것입니다. 이렇게 만든 머신러닝 모형은 주어진 데이터 셋의 패턴을 잘 설명한다고 볼 수 있습니다.

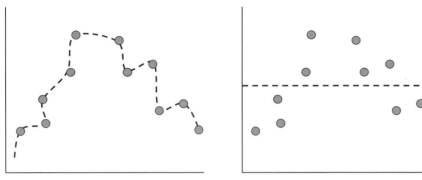

그림 7-2 오버피팅(왼쪽), 언더피팅(오른쪽)

[그림 7-2]를 보면, 왼쪽은 오버피팅된 경우이고, 오른쪽은 언더피팅되었다고 말합니다. 오버피팅은 실제 모형보다 과도하게 적합된 모형을 의미합니다. 오버피팅된 경우, 주어진 데이터 셋에 대해서는 오차가 없으므로 높은 성능을 보이는 것처럼 착각할 수 있습니다. 하지만 오버피팅된 모형을 새로운 데이터 셋에 적용한다면 학습 데이터 셋과는 달리 큰 오차를 보입니다. 트레이닝 데이터에 과도하게 적합되어 새로운 데이터 셋에 적용하기 어려운 것입니다. 반대로 언더피팅은 실제 모형보다 과소 적합된 모형을 의미합니다. 트레이닝 데이터를 이용해 적합시킨 모형이 언더피팅된 경우 데이터의 특성을 잘 나타내지 못합니다. 이 경우, 트레이닝 데이터 셋과 테스트 데이터 셋 모두 큰 오차를 보입니다.

오버피팅과 언더피팅의 개념을 수식을 통해 알아봅니다. 실제 모형이 n 차원식이라고 했을 때, 만약 추정한 모형이 n보다 큰 차원의 식으로 표현된다면 오버피팅(overfitting)된 것이며, n보다 작은 차원의 식으로 적합되었다면 언더피팅(underfitting)되었다고 합니다.

$$y_i = w_n x^n + w_{n-1} x^{n-1} + \cdots + w_2 x^2 + w_1 x + w_0$$

위 식과 같이 실제 모형이 n 차원식이라고 합니다. 이 경우, 우리가 적합시킨 모형이 오버피팅된다면 아래와 같이 표현할 수 있습니다. 아래 식에서 m은 0보다 큰 임의의 양수라고 가정하겠습니다($m>0$).

$$y_i = w_{n+m} x^{n+m} + \cdots + w_n x^n + w_{n-1} x^{n-1} + \cdots + w_2 x^2 + w_1 x + w_0$$

앞선 식과 같이 실제 모형보다 큰 차원으로 적합된다면 오버피팅되었다고 표현합니다. 이번엔 반대로 언더피팅되었을 때를 알아봅니다. 아래와 같이 실제 모형보다 작은 차원으로 적합된 경우 언더피팅되었다고 표현합니다.

$$y_i = w_{n-m}x^{n-m} + \cdots + w_2 x^2 + w_1 x + w_0$$

이와 관련된 개념 중 하나로 편향-분산 트레이드오프(bias-variance tradeoff)라는 개념이 있습니다. 이상적으로 연구자는 편향과 분산 모두 작은 것을 원합니다. 하지만 편향성과 분산은 두 가지 모두를 동시에 충족시키기는 어렵습니다. 편향-분산 트레이드오프란, 편향이 낮을수록 분산은 커지고, 반대로 편향이 높을수록 분산이 작아지는 경향이 있다는 것을 의미합니다. 여기서 분산이 높은 현상은 주로 복잡한 모형에 나타납니다. 모형이 복잡하다는 말은 오버피팅이 발생할 가능성이 높다는 뜻입니다. 복잡한 모형일수록 오버피팅이 발생할 가능성이 높으며, 이는 분산이 커진다는 것을 의미합니다. 반대로 편향이 큰 현상은 주로 간단한 모형일 때 나타납니다. 모형이 간단하다는 말은 언더피팅이 발생할 가능성이 높다는 뜻입니다. 간단한 모형일수록 언더피팅이 발생할 가능성이 높으며, 이에 따라 편향이 커질 수 있습니다.

7.2 크로스-밸리데이션

앞서 오버피팅과 언더피팅에 대해 알아보았습니다. 그렇다면 오버피팅과 언더피팅을 방지하고 적합한 모형을 추정하기 위해서는 어떻게 해야 할까요? 이번 단원에서는 이 문제를 해결할 교차 검증(cross validation)에 대해서 알아봅니다.

Data

그림 7-3 전체 데이터

[그림 7-3]과 같은 데이터 셋이 주어졌다고 가정합니다. 우리는 이 데이터를 이용해 모형을 만들려고 합니다. 그런데 전체 데이터 셋을 모형 생성을 위한 학습에 사용하면 문제가 발생합니다. 왜냐하면 모형을 생성한 후 실제 데이터에 적용해 보고 성능을 평가해야 하는데, 데이터 셋 전체를 학습하는 데 사용하면 새롭게 적용할 데이터가 없기 때문입니다. 이 문제를 해결하기 위해

[그림 7-4]와 같이 전체 데이터를 트레이닝 데이터와 테스트 데이터로 분할해서 사용합니다.

Train	Test

그림 7-4 트레이닝 데이터, 테스트 데이터 분할

[그림 7-4]는 전체 데이터 셋을 트레이닝(Training)과 테스트(Test) 데이터로 나눈 것입니다. 트레이닝 데이터는 학습하는 데 사용되고, 테스트 데이터는 학습 시에는 사용하지 않고 모형의 성능을 평가할 때 사용합니다. 하지만 이 경우에도 문제점이 존재합니다. 머신러닝 알고리즘을 적용할 때 다양한 하이퍼파라미터에 대해 여러 가지 모형 후보군을 생성하고 평가한 후 최종 모형을 선택하게 됩니다. 이때, **파라미터(parameter)**는 모형 내부에서 데이터에 의해 추정되는 값이고, **하이퍼파라미터(hyperparameter)**는 모형 생성에 쓰이는 데이터로부터 나온 값이 아니고, 사용자가 직접 정하는 값입니다. 예를 들어, k-최근접 이웃 알고리즘에서 k 값을 직접 정하는데, 이때 k가 하이퍼파라미터 값입니다. 하이퍼파라미터를 결정하는 과정에서 트레이닝 데이터와 테스트 데이터만 존재한다면, 테스트 데이터에 의해 최종 모형의 하이퍼파라미터가 결정됩니다. 즉, 모형의 하이퍼파라미터가 테스트 데이터에 의존한다는 뜻입니다.

Train	Validation	Test

그림 7-5 밸리데이션 데이터

이 문제를 해결하기 위해 [그림 7-5]처럼 트레이닝 데이터의 일부를 밸리데이션(validation) 데이터로 사용합니다. 밸리데이션 데이터는 하이퍼파라미터 설정을 위해 사용합니다. 즉, 트레이닝 데이터는 파라미터를 구하는 데 사용하고, 밸리데이션 데이터는 하이퍼파라미터를 정하는 데 사용합니다.

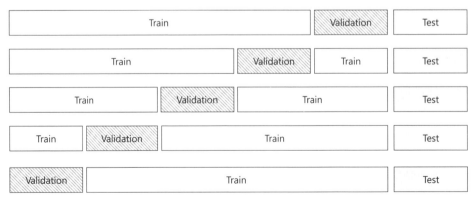

그림 7-6 k-fold cross validation

[그림 7-6]과 같이 주어진 데이터 셋에 대해서 트레이닝 데이터, 밸리데이션 데이터, 테스트 데이터로 분할할 수 있는 다양한 조합 방법이 존재합니다. 이처럼 다양한 조합을 통해 모형의 성능을 검증하는 것을 **크로스-밸리데이션(cross-validation, 교차 검증)**이라고 합니다. [그림 7-6]은 전체 데이터를 k개로 분할한 후 트레이닝, 밸리데이션 데이터 조합을 바꾸는 방법이며 이를 K-fold cross-validation이라고 부릅니다. [그림 7-6]에서는 데이터 조합을 5개로 설정했으므로 5-fold cross-validation이라고 부릅니다.

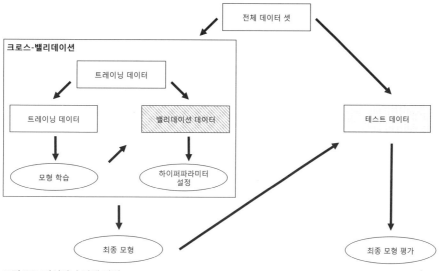

그림 7-7 머신러닝 전체 과정

머신러닝 전체 과정을 요약하면 [그림 7-7]처럼 나타낼 수 있습니다. 전체 과정을 보면 위처럼 됩니다. 전체 데이터 셋을 크게 트레이닝 데이터와 테스트 데이터로 분할합니다. 테스트 데이터는 최종 모형을 테스트하는 데만 사용합니다. 그리고 트레이닝 데이터의 일부를 밸리데이션 데이터로 분할한 후 트레이닝 데이터를 통해 학습시켜 만든 모형을 밸리데이션 데이터를 이용해 하이퍼파라미터를 결정합니다. 끝으로 하이퍼파라미터까지 설정한 모형을 테스트 데이터를 이용해 성능을 평가합니다.

7.3 파이프라인

파이썬을 활용한 머신러닝 실습 과정에서 파이프라인을 사용하면 데이터 전처리와 학습 모형을 연결해 코드를 간결화할 수 있습니다. 예를 들어, 간단한 회귀 모형을 만든다고 가정합니다. 우선 파이프라인을 적용하기 전 학습 과정은 아래와 같습니다.

```python
# 표준화 스케일링
std_scale = StandardScaler()                        ❶
X_tn_std = std_scale.fit_transform(X_tn)            ❷
X_te_std  = std_scale.transform(X_te)               ❸


# 학습
clf_linear =  LinearRegression()                    ❹
clf_linear.fit(X_tn_std, y_tn)                      ❺
```

파이프라인 적용 전 코드는 위와 같이 표준화 단계와 학습 단계가 나뉘어 있으며 각자 따로 실행합니다. ❶ 표준화 스케일러를 설정합니다. ❷ 트레이닝 데이터를 표준화합니다. ❸ 테스트 데이터를 표준화합니다. ❹ 선형 회귀 모형을 설정합니다. ❺ 트레이닝 데이터를 이용해 선형 회귀 모형을 적합시킵니다.

반면에 파이프라인을 사용한 코드는 아래와 같습니다.

```python
from sklearn.pipeline import Pipeline               ❶
# 파이프라인
linear_pipline = Pipeline([                         ❷
    ('scaler',StandardScaler()),
    ('linear_regression', LinearRegression())
])


# 학습
linear_pipline.fit(X_tn, y_tn)                      ❸
```

❶ 사이킷런은 파이프라인을 사용할 수 있는 Pipeline이라는 함수를 제공합니다. ❷ 파이프라인을 설정하는데, 데이터 표준화 이후 선형 모형을 실행하는 순서로 구성된 파이프라인을 만들어 봅니다. 해당 파이프라인을 linear_pipline이라고 이름 짓고, 해당 파이프라인을 실행합니다. ❸ 파이프라인에 사용할 트레이닝 데이터 X_tn, y_tn만 넣으면 자동으로 데이터를 표준화하고, 선형 회귀 모형을 실행합니다.

> 파이프라인 사용 전 전체 코드

```python
from sklearn import datasets
from sklearn.pipeline import Pipeline
from sklearn.preprocessing import StandardScaler
from sklearn.linear_model import LinearRegression
from sklearn.model_selection import train_test_split
from sklearn.metrics import mean_squared_error

raw_boston = datasets.load_boston()

X = raw_boston.data
y = raw_boston.target

# 트레이닝 / 테스트 데이터 분할
X_tn, X_te, y_tn, y_te = train_test_split(X,y,random_state=7)

# 표준화 스케일링
std_scale = StandardScaler()
X_tn_std = std_scale.fit_transform(X_tn)
X_te_std  = std_scale.transform(X_te)

# 학습
clf_linear =  LinearRegression()
clf_linear.fit(X_tn_std, y_tn)

# 예측
pred_linear = clf_linear.predict(X_te_std)

# 평가
mean_squared_error(y_te, pred_linear)
```

> 파이프라인 사용 후 전체 코드

```python
# 트레이닝/테스트 데이터 분할
X_tn, X_te, y_tn, y_te = train_test_split(X,y,random_state=7)

# 파이프라인
linear_pipline = Pipeline([
    ('scaler',StandardScaler()),
    ('linear_regression', LinearRegression())
```

```
])

# 학습
linear_pipline.fit(X_tn, y_tn)

# 예측
pred_linear = linear_pipline.predict(X_te)

# 평가
mean_squared_error(y_te, pred_linear)
```

7.4 그리드 서치

그리드 서치(grid search)는 머신러닝 과정에서 관심 있는 매개 변수들을 대상으로 학습 가능하도록 만드는 방식을 의미합니다. 예를 들어, k-최근접 이웃 알고리즘을 사용한다고 가정해 봅니다. k-최근접 이웃 알고리즘에 사용할 수 있는 k 값에는 여러 후보가 존재하는데, 어떤 하이퍼파라미터 k가 가장 높은 성능을 보일지는 직접 학습하기 전에는 알 수 없습니다. 학습시키기 전에 관심 있는 k의 후보군을 정해 놓고 학습시킨 후 모형 성능을 비교한 후 최적의 k를 선정할 수 있습니다. 다음 코드는 k-최근접 이웃 알고리즘을 적용할 때 1부터 10까지의 k 값 후보 중 가장 높은 성능을 보이는 k 값을 정하는 과정입니다.

```
best_accuracy = 0                                        ❶
for k in [1,2,3,4,5,6,7,8,9,10]:                         ❷
    clf_knn =  KNeighborsClassifier(n_neighbors=k)       ❸
    clf_knn.fit(X_tn_std, y_tn)                          ❹
    knn_pred = clf_knn.predict(X_te_std)                 ❺
    accuracy = accuracy_score(y_te, knn_pred)            ❻
    if accuracy > best_accuracy:                         ❼
        best_accuracy = accuracy                         ❽
        final_k = {'k': k}                               ❾
```

❶ 가장 높은 정확도를 나타내는 best_accuracy라는 변수를 초기화합니다. ❷ 관심 있는 하이퍼파라미터 k의 범위를 정해 반복문을 수행합니다. ❸ 해당 k 값을 적용한 k-최근접 이웃 알고리즘을 실행합니다. ❹ 학습 데이터를 이용해 모형을 적합시킵니다. ❺ 예측값을 구합니다. ❻ 정확도를 구합니다. ❼ 정확도가 best_accuracy보다 높습니다. ❽ best_accuracy를 갱

신합니다. ❾ 해당 k 값을 저장합니다.

> 그리드 서치 전체 코드

```
from sklearn import datasets
from sklearn.preprocessing import StandardScaler
from sklearn.neighbors import KNeighborsClassifier
from sklearn.model_selection import train_test_split

from sklearn.metrics import accuracy_score
from sklearn.metrics import confusion_matrix
from sklearn.metrics import classification_report

# 꽃 데이터 불러오기
raw_iris = datasets.load_iris()

# 피처/타깃
X = raw_iris.data
y = raw_iris.target

# 트레이닝/테스트 데이터 분할
X_tn, X_te, y_tn, y_te=train_test_split(X,y,random_state=0)

# 표준화 스케일
std_scale = StandardScaler()
std_scale.fit(X_tn)
X_tn_std = std_scale.transform(X_tn)
X_te_std  = std_scale.transform(X_te)

best_accuracy = 0

for k in [1,2,3,4,5,6,7,8,9,10]:
    clf_knn = KNeighborsClassifier(n_neighbors=k)
    clf_knn.fit(X_tn_std, y_tn)
    knn_pred = clf_knn.predict(X_te_std)
    accuracy = accuracy_score(y_te, knn_pred)
    if accuracy > best_accuracy:
        best_accuracy = accuracy
        final_k = {'k': k}

print(final_k)
print(accuracy)
```

7.5 손실 함수와 비용 함수

7.5.1 손실 함수와 비용 함수의 개념

손실 함수(loss function)는 머신러닝을 통해 생성한 모형이 실젯값과 얼마나 차이가 나는지 즉, 손실 정도를 수치로 나타내는 함수입니다. 모형의 손실은 예측값과 실젯값의 차이를 이용해 측정합니다. 그리고 손실 함수와 비슷하게 **비용 함수(cost function)**라는 개념도 존재합니다.

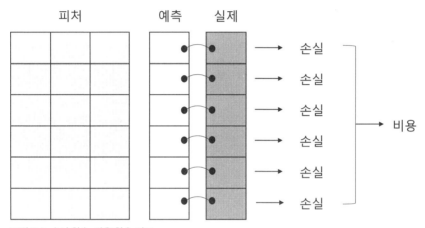

그림 7-8 손실 함수, 비용 함수 비교

손실 함수와 비용 함수의 차이는 [그림 7-8]과 같이 손실 함수는 각 데이터 포인트에 대해 예측값과 실젯값의 차이를 나타내지만, 비용 함수는 데이터 셋 전체를 대상으로 하는 손실을 의미합니다. 손실 함수와 비용 함수는 엄밀하게 말하면 서로 다르다고 할 수도 있으나 실제로는 손실 함수와 비용 함수를 구분 없이 사용하기도 합니다.

7.5.2 L1 손실 함수

손실 함수에는 크게 L1 손실(L1 Loss)과 L2 손실(L2 Loss)이 존재합니다. L1 손실은 다른 말로 L1 비용(L1 Cost)이라고도 부르며, 아래와 같이 표현합니다.

$$L1 \; Loss = \sum |y_{true} - y_{predict}|$$

위 수식에서 y_{true}는 실젯값을 의미하고, $y_{predict}$는 학습 모형을 이용해 예측한 값을 의미합니다. 즉, L1 손실은 실젯값과 예측값의 차이에 기댓값을 취한 것입니다. 실젯값과 예측값의 차이를 줄이는 것이 학습 목적입니다. L1 손실과 관련된 비용 함수로 MAE(Mean Absolute Error)가 있습니다.

$$MAE = \frac{1}{n}\sum_{i=1}^{n}|y_i - \hat{y}_i|$$

MAE는 데이터 셋의 L1 Loss의 평균을 나타내는 비용 함수입니다. 위 수식에서 y_i는 i번째 실 젯값을 의미하고 $\hat{y}_i$는 i번째 예측값을 의미합니다.

▌7.5.3 L2 손실 함수

L2 손실(L2 Loss)은 아래와 같습니다. L2 손실은 실젯값과 예측값의 차이에 제곱을 취함으로 써 구할 수 있습니다.

$$L2\ Loss = \sum\left(y_{true} - y_{predict}\right)^2$$

L2 손실을 이용한 비용 함수에는 MSE(Mean Squared Error), RMSE(Root Mean Squared Error) 가 존재합니다. MSE와 RMSE는 다음과 같이 표현합니다.

$$MSE = \frac{1}{n}\sum_{i=1}^{n}(y_i - \hat{y}_i)^2$$

$$RMSE = \sqrt{MSE}$$

MSE는 흔히 사용하는 비용 함수로 실젯값과 예측값의 차이의 제곱의 평균을 의미합니다. RMSE는 MSE에 제곱근을 취한 형태입니다. MSE를 구하는 과정에서 실젯값과 예측값을 제곱 하므로 MSE는 이상치(outlier)의 변화에 민감합니다. 반면에 MAE나 RMSE는 이상치와 상관 없이 안정된 값을 보여 줍니다. 머신러닝 모형의 이상치에 중점을 두고 싶다면 MSE를 사용하 고, 그렇지 않으면 MAE나 RMSE를 사용할 수 있습니다.

▍7.5.4 엔트로피

엔트로피(entropy)는 정보 이론에서 사용하는 개념으로 확률 변수의 불확실성 정도를 측정하기 위해 사용합니다. 확률 변수 X의 엔트로피는 아래와 같이 정의합니다.

■ 엔트로피

$$Entropy(P) = -\sum P(x)\log P(x) = -E(\log P(x))$$

위 엔트로피 식은 $Entropy(P)$로 표기했지만 $H(P)$ 혹은 $H(X)$라고 쓰기도 합니다. 엔트로피는 의사 결정 나무에서 주로 사용되는데 자세한 내용은 의사 결정 나무 단원에서 다루겠습니다.

■ 크로스 엔트로피

$$CrossEntropy(P, Q) = -\sum P(x)\log Q(x) = -E_P(\log Q(x))$$

위 식은 **크로스-엔트로피**(cross-entropy)라고 하는데, 엔트로피는 하나의 분포를 대상으로 하는 반면, 크로스-엔트로피는 두 분포 $P(x)$, $Q(x)$를 대상으로 엔트로피를 측정해 두 분포 간의 차이를 계산합니다. 머신러닝에서 크로스-엔트로피를 사용할 때는 $P(x)$를 실제 모형의 분포, $Q(x)$를 추정 모형의 분포라고 설정합니다.

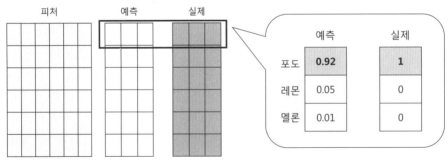

그림 7-9 크로스-엔트로피 예제

$$CrossEntropy(P, Q) = - \sum P(x) \log Q(x)$$

$$= -(1 \times \log 0.92 + 0 \times \log 0.05 + 0 \times \log 0.01)$$

$$= 0.08$$

이번에는 간단한 예를 들어 크로스-엔트로피를 구해 보겠습니다. 과일을 분류하는 문제에서 예측 확률 분포와 실제 확률 분포가 [그림 7-9]와 같을 때, 크로스 엔트로피를 계산하면 위 식과 같습니다.

■ Kullback-Leibler Divergence

$$D_{KL}(P \parallel Q) = \sum P(x) \log \frac{P(x)}{Q(x)}$$

$$= - \sum P(x) \log Q(x) + \sum P(x) \log P(x)$$

$$= -E_P \left(\log \frac{P(x)}{Q(x)} \right)$$

위 식은 Kullback-Leibler Divergence(KLD)라는 개념입니다. 크로스-엔트로피와 KLD는 머신러닝에서 자주 사용되는 손실 함수입니다. KLD는 다른 말로 상대적 엔트로피(relative entropy)라고도 부릅니다.

7.5.5 Negative Log Likelihood(NLL)

손실 함수로 또 다른 유명한 것은 Negative Log Likelihood(NLL)가 있습니다. NLL은 아래와 같이 씁니다.

$$Negative \ log \ likelihood = - \log f(x_i | \theta)$$

그렇다면 NLL을 어떻게 손실 함수로 사용할 수 있을까요? 앞서 배운 최대 가능도 추정량을 쉽게 구하기 위한 로그 가능도 함수는 다음과 같이 표현할 수 있습니다.

$$\hat{\theta}_{MLE} = \underset{\theta}{\text{argmax}} \sum_{i=1}^{n} \log f(x_i|\theta)$$

위 식을 조금 변형하면 아래와 같이 쓸 수도 있습니다.

$$\hat{\theta}_{MLE} = \underset{\theta}{\text{argmax}} \frac{1}{n} \sum_{i=1}^{n} \log f(x_i|\theta)$$

$$= \underset{\theta}{\text{argmax}} \, E[\log f(x_i|\theta)]$$

다시 한 번 손실 함수의 정의를 생각해 보면, 손실 함수는 실젯값과 추정값의 차이입니다. 실제 모형을 $f_{true}(x_i|\theta)$라고 하고, 각 데이터 포인트별 손실을 아래와 같이 정의합니다.

$$손실\ 함수 = 실제\ 모형 - 추정\ 모형$$

$$= \log f_{true}(x_i|\theta) - \log f(x_i|\theta)$$

위 손실 함수를 바탕으로 비용 함수(cost function)를 구해 봅니다.

$$비용\ 함수 = E[\log f_{true}(x|\theta) - \log f(x|\theta)]$$

$$= \log f_{true}(x|\theta) - E[\log f(x|\theta)]$$

$$\approx -E[\log f(x|\theta)]$$

위 식에서 마지막 부분인 $-E[\log f(x|\theta)]$는 크로스-엔트로피(cross-entropy)에 해당합니다. 따라서 이를 종합하면 로그 가능도 함수를 최대화하는 것은 크로스-엔트로피를 최소화하는 것과 같습니다.

$$\underset{\theta}{\text{argmax}} \, E[\log f(x_i|\theta)] = \underset{\theta}{\text{argmin}} \left[-E[\log f(x|\theta)] \right]$$

이를 수식으로 나타내면 위와 같습니다. 따라서 로그 가능도 함수를 최대화하는 파라미터를 찾는 문제는 크로스-엔트로피를 최소화하는 파라미터를 찾는 문제와 동일하므로 NLL을 손실 함수로 사용할 수 있습니다.

7.6 모형 성능 평가

▍7.6.1 모형 성능 평가에 필요한 개념

모형의 성능을 평가하는 방법에는 여러 가지가 존재합니다. 어떤 평가 방법을 기준으로 놓고 보느냐에 따라 모형 성능이 좋아 보이기도 하고 나빠 보이기도 합니다. 사이킷런에서 사용하는 성능 평가 변수의 네이밍 방법에는 암묵적인 규칙이 존재하는데, 규칙에 따르면 네이밍 방법만 봐도 숫자의 높고 낮음에 따른 성능 해석 방법을 유추할 수 있습니다. 만약 메소드가 '_score'로 끝난다면 이는 결괏값이 클수록 모형 성능이 좋다는 것을 의미합니다. 반대로 '_error'나 '_loss'로 끝난다면 숫자가 작을수록 좋은 성능을 나타냅니다. 이 절에서는 머신러닝 모형 평가에 쓰이는 여러 가지 개념을 알아봅니다.

		예측	
		양성	음성
실제	양성	정답	정답
	음성	오답	오답

표 7-1 이진 분류표

[표 7-1]은 이진 분류 문제에서 데이터를 예측값과 실젯값에 따라 분류한 표입니다. [표 7-1]에서 예측과 실제 결과가 모두 양성이거나 모두 음성이면 올바르게 예측했으므로 정답으로 분류할 수 있고, 예측값과 실제 결과가 일치하지 않은 경우는 오답으로 분류할 수 있습니다.

		예측	
		양성	음성
실제	양성	True Positive(TP)	False Negative(FN) Type II Error
	음성	False Positive(FP) Type I Error	True Negative(TN)

표 7-2 이진 분류 케이스

각 예측과 실제 결과 케이스별 세부적인 명칭은 [표 7-2]와 같습니다. 먼저 정답으로 분류되는 경우를 봅니다. 주어진 데이터를 양성(Positive)으로 예측했을 때, 실젯값도 양성일 때는 정답(True)으로 분류하고, 이 경우를 True Positive(줄여서 TP)라고 합니다. 반대로 예측했을 때 음성(Negative)이고 실제로도 음성으로 나타난다면 이 또한 정답(True)으로 분류되지만 음성 예측값에 대한 정답이므로 True Negative(줄여서 TN)라고 부릅니다.

다음으로는 오답으로 분류되는 상황입니다. 양성으로 예측했는데 실제 결괏값은 음성으로 나타날 때 이는 오답으로 분류되고, 이런 경우를 False Positive(줄여서 FP)라고 부릅니다. 다른 말로는 Type I Error(제1종 오류)라고도 부릅니다. 반대로 음성으로 예측했는데 실제로는 양성으로 나타나는 경우 이 또한 오답으로 분류되고, 이런 경우를 False Negative(줄여서 FN) 또는 Type II Error(제2종 오류)라고 부릅니다.

[표 7-2]는 클래스 2개를 구분하는 이진 분류 문제였습니다. 이번에는 클래스 3개를 분류하는 문제로 확장시켜 봅니다.

		예측		
		클래스 1	클래스 2	클래스 3
실제	클래스 1	정답	오답	오답
	클래스 2	오답	정답	오답
	클래스 3	오답	오답	정답

표 7-3 클래스 3개 분류표

구분해야 할 클래스가 3개 이상인 경우, 각 클래스 기준별로 TP, TN, FP, FN을 구해야 합니다. 먼저 클래스 1을 기준으로 구분한 결과는 [표 7-4]와 같습니다.

		예측		
		클래스 1	클래스 2	클래스 3
실제	클래스 1	True Positive (TP)	False Negative (FN)	
	클래스 2	False Positive (FP)	True Negative (TN)	
	클래스 3			

표 7-4 클래스 3개 분류 케이스

클래스 1의 입장에서는 클래스 2로 예측하는 경우와 클래스 3으로 예측하는 경우 모두 오답으로 인식합니다. 클래스 1의 입장에서는 [표 7-4]와 같이 나타낼 수 있습니다. 이와 같은 방법으로 클래스 2와 3에 대해서도 TP, TN, FP, FN을 구할 수 있습니다.

▪ 정밀도(Precision)

앞서 언급한 분류표를 기반으로 다양한 성능 평가 기준을 만들 수 있습니다. 그중 정확도 (precision)는 양성으로 예측했을 때, 실제로 양성으로 나타나는 비율을 의미합니다.

$$precision = \frac{TP}{TP + FP}$$

▪ 리콜(Recall), 민감도(Sensitivity)

리콜(recall) 혹은 민감도(sensitivity)는 실제로 양성에 해당하는 사람이 양성으로 예측되는 비율을 의미하며, 아래와 같은 식으로 나타낼 수 있습니다.

$$recall = \frac{TP}{TP + FN}$$

정밀도와 리콜은 비슷하지만 반대되는 개념으로 종종 함께 사용됩니다. 정밀도와 리콜 모두 분자에 TP가 포함되는 부분은 같지만, 분모를 살펴보면 정밀도는 양성을 예측했을 때 (TP+FP)가 기준이지만, 리콜은 실제로 양성인 경우(TP+FN)가 기준이 됩니다.

▪ 특이도(Specificity)

특이도(specificity)는 실제로 음성에 해당하는 사람이 음성으로 예측되는 경우의 비율을 의미합니다.

$$specificity = \frac{TN}{FP + TN}$$

▪ False Positive Rate(FPR)

FPR(False Positive Rate)은 실제로 음성에 해당하는 사람이 양성으로 예측되는 경우의 비율을 의미합니다.

$$FPR = 1 - specificity = \frac{FP}{FP + TN}$$

■ 정확도(Accuracy)

정확도(accuracy)는 전체 데이터 중 정답으로 분류되는 비율을 의미합니다.

$$정확도 = \frac{TP + TN}{TP + FP + FN + TN}$$

■ 에러율(Error Rate)

에러율(error rate)은 전체 데이터 중 오답으로 분류되는 비율을 의미합니다.

$$에러율 = \frac{FP + FN}{TP + FP + FN + TN}$$

■ ROC 커브(Receiver Operating Characteristic)

ROC 커브는 우리말로 '수신자 조작 특성'이라고 해석하는데, 실제로는 ROC 커브라고 많이 부릅니다. ROC 커브는 X축에 FPR(False Positive Rate)을 놓고 Y축에는 민감도(Sensitivity)의 값을 비교하는 것입니다.

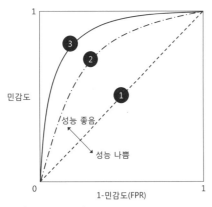

그림 7-10 ROC 커브

ROC 커브는 [그림 7-10]처럼 나타낼 수 있는데, 곡선 아래의 면적이 높을수록 높은 성능을 의미합니다. 즉, [그림 7-10]에서의 모형 평가 순위는 3>2>1 순으로 좋은 모형이라고 할 수 있습니다.

▌7.6.2 분류 문제에서의 성능 평가

머신러닝에서 우리가 풀어야 할 문제 종류에 따라 성능 평가 방법이 달라지기도 합니다. 이번 단원에서는 분류(classification) 문제에서의 모형 성능 평가에 대해 알아봅니다.

■ 정확도(accuracy)

정확도란 아래와 같은 식을 의미합니다.

$$accuracy = \frac{1}{n} \sum_{i=1}^{n} I(\hat{y}_i = y_i)$$

위 식에서 I는 **지시 함수(indicator function)**를 의미합니다. 지시 함수는 $\hat{y}_i$과 y_i의 값이 동일하다면 1, 서로 다른 값을 가지면 0을 가진다는 것을 의미합니다.

```
>>> from sklearn.metrics import accuracy_score          ❶
>>> y_pred = [0, 2, 1, 3]                                ❷
>>> y_true = [0, 1, 2, 3]                                ❸
>>> print(accuracy_score(y_true, y_pred))                ❹
0.5
>>> print(accuracy_score(y_true, y_pred, normalize=False))  ❺
2
```

❶ 정확도를 측정하기 위해서 accuracy_score 함수를 사용합니다. 기본적으로 디폴트 옵션은 normalize=True가 적용되어 있어 정확도가 0부터 1 사잇값으로 나타납니다. 1에 가까울수록 정확도가 높습니다. ❷, ❸ 위 예에서는 4개의 예측값과 실젯값을 비교했을 때 두 개만 일치합니다. ❹ 정확도는 2/4=0.5로 나타납니다. ❺ 만약 normalize=False 옵션을 사용하면 0부터 1 사잇값이 아닌 예측값과 실젯값이 일치하는 빈도수가 출력됩니다. ❷, ❸에서 2개의 값이 일치하니 2가 출력됩니다.

■ F1 score

F1 score는 precision과 recall의 조화 평균값이라고 생각할 수 있습니다. F1 score 또한 0부터 1까지 값을 가지며 이는 1에 가까울수록 높은 성능을 나타냅니다. F1 score를 구하는 공식은

아래와 같습니다.

$$F1\ score = 2 \times \frac{precision \times recall}{precision + recall}$$

■ Confusion Matrix

```
>>> from sklearn.metrics import confusion_matrix          ❶
>>> y_true = [2, 0, 2, 2, 0, 1]                            ❷
>>> y_pred = [0, 0, 2, 2, 0, 2]                            ❸
>>> confusion_matrix(y_true, y_pred)                       ❹
array([[2, 0, 0],
       [0, 0, 1],
       [1, 0, 2]])
```

confusion_matrix를 확인하면 예측값과 실젯값의 빈도를 행렬 형태로 확인할 수 있습니다. ❶ 사이킷런에서 confusion_matrix 함수를 불러옵니다. ❷, ❸ 예측값과 실젯값을 확인해 봅니다. 본 예제에서는 총 세 가지(0, 1, 2) 클래스로 구분하는 것을 알 수 있습니다. ❹ confusion_matrix의 결과를 확인하면 위에서부터 차례대로 클래스 0, 1, 2를 의미하고 행렬의 행은 실젯값을 의미하고 열은 예측값을 의미합니다. 즉, 대각 원소는 예측값과 실젯값이 일치하는 경우를 의미하며, 대각 원소가 아닌 원소들은 예측값과 실젯값이 차이가 나는 경우입니다.

■ classification report

```
>>> from sklearn.metrics import classification_report                    ❶
>>> y_true = [0, 1, 2, 2, 0]                                             ❷
>>> y_pred = [0, 0, 2, 1, 0]                                             ❸
>>> target_names = ['class 0', 'class 1', 'class 2']                     ❹
>>> print(classification_report(y_true, y_pred, target_names=target_
names)) ❺
```

	precision	recall	f1-score	support
class 0	0.67	1.00	0.80	2
class 1	0.00	0.00	0.00	1
class 2	1.00	0.50	0.67	2
accuracy			0.60	5
macro avg	0.56	0.50	0.49	5
weighted avg	0.67	0.60	0.59	5

그림 7-11 classification report

사이킷런에서 제공하는 분류 리포트를 사용하면 여러 가지 성능 점수를 한눈에 확인할 수 있습니다. ❶ 사이킷런에서 classification_report 함수를 불러옵니다. ❷, ❸ 예측값과 실젯값을 확인해 봅니다. 세 가지 클래스(0, 1, 2)로 분류되는 것을 알 수 있습니다. ❹ 클래스 이름을 따로 지정합니다. 0은 'class 0', 1은 'class 1', 2는 'class 2'로 정했습니다. ❺ classification_report 결과를 확인해 봅니다. accuracy는 전체 정확도를 의미합니다. macro avg는 라벨별 가중치를 부여하지 않은 평균값을 의미합니다. weighted avg는 support-weighted된 평균값을 의미합니다. support는 실젯값(y_true)의 클래스별 데이터 개수를 의미합니다.

▌ 7.6.3 회귀 문제에서의 성능 평가

이번 단원에서는 회귀(regression) 모형의 성능 평가 방법을 알아봅니다.

■ Mean Absolute Error

Mean Absolute Error(MAE)는 아래와 같은 식으로 표현됩니다.

$$MAE = \frac{1}{n} \sum_{i=1}^{n} |y_i - \hat{y}_i|$$

MAE는 예측값과 실젯값의 차이의 절댓값의 평균을 구합니다.

```
>>> from sklearn.metrics import mean_absolute_error        ❶
>>> y_true = [3, -0.5, 2, 7]                               ❷
>>> y_pred = [2.5, 0.0, 2, 8]                              ❸
>>> print(mean_absolute_error(y_true, y_pred))            ❹
0.5
```

MAE는 파이썬에서 위와 같이 사용할 수 있습니다. ❶ 사이킷런에서 mean_absolute_error 함수를 불러옵니다. ❷ 실젯값을 이용합니다. ❸ 예측값을 이용합니다. ❹ 결과를 확인해 봅니다.

■ Mean Squared Error(MSE)

MSE는 오차 제곱합이라고도 부릅니다. 이름 그대로 오차의 제곱합의 평균을 의미합니다.

$$MSE = \frac{1}{n}\sum_{i=1}^{n}(y_i - \hat{y}_i)^2$$

파이썬에서 사용하면 아래와 같습니다. 사용 방법은 앞선 방법들과 비슷합니다.

```
>>> from sklearn.metrics import mean_squared_error
>>> y_true = [3, -0.5, 2, 7]
>>> y_pred = [2.5, 0.0, 2, 8]
>>> print(mean_squared_error(y_true, y_pred))
0.375
```

■ r2 score

r2 score는 흔히 R 제곱값이라고 많이 부릅니다. 전체 모형에서 설명 가능한 분산의 비율을 나타냅니다. R 제곱값은 0에서 1 사잇값을 가지며 1에 가까울수록 높은 성능을 의미합니다.

$$R^2 = 1 - \frac{\sum_1^n(y_i - \hat{y}_i)^2}{\sum_1^n(y_i - \bar{y}_i)^2}$$

r2 score의 개념을 파이썬으로 실습해 봅니다.

```
>>> from sklearn.metrics import r2_score          ❶
>>> y_true = [3, -0.5, 2, 7]                       ❷
>>> y_pred = [2.5, 0.0, 2, 8]                      ❸
>>> print(r2_score(y_true, y_pred))               ❹
0.9486
```

r2 score의 실습은 앞선 MSE 실습과 유사합니다. ❶ r2_score 함수를 불러옵니다. ❷ 실젯값을 넣고 실행합니다. ❸ 예측값을 넣고 실행합니다. ❹ r2_score를 확인해 봅니다.

▌7.6.4 군집 문제에서의 성능 평가

이번 단원에서는 군집(clustering) 모형의 성능 평가에 대해 알아봅니다. 군집 모형은 비지도 학습을 이용해 생성한 모형을 의미합니다.

■ 실루엣 스코어(silhouette score)

실루엣 스코어는 서로 다른 군집이 얼마나 잘 분리되는지를 나타내는 지표입니다. 이는 같은 군집의 데이터는 가까운 거리에 뭉쳐 있고, 다른 군집의 데이터끼리는 멀리 떨어져 있을수록 높은 점수를 나타냅니다.

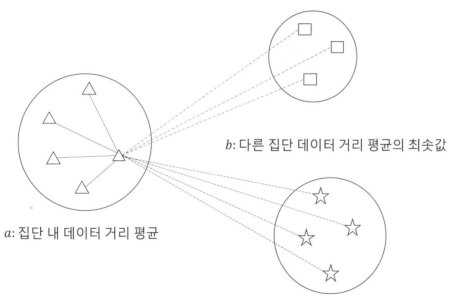

b: 다른 집단 데이터 거리 평균의 최솟값

a: 집단 내 데이터 거리 평균

그림 7-12 실루엣 스코어의 개념

실루엣 스코어(silhouette score)는 아래와 같은 식으로 표현합니다. 실루엣 스코어는 -1부터 1 사이의 값을 가지며 스코어가 높을수록 좋은 성능을 의미합니다.

$$s = \frac{b - a}{\max(a, b)}$$

위 식에서 a는 같은 클래스 내에서의 특정 데이터 포인트와 나머지 클래스 내 다른 데이터 포인트 간의 평균 거리를 의미합니다. b는 특정 데이터 포인트와 두 번째로 가까운 집단 내 포인트 간의 평균 거리를 의미합니다.

```
>>> from sklearn.metrics import silhouette_score          ❶
>>> X = [[1, 2], [4, 5], [2, 1], [6, 7], [2, 3]]          ❷
>>> labels = [0, 1, 0, 1, 0]                               ❸
>>> sil_score = silhouette_score(X, labels)               ❹
>>> print(sil_score)                                       ❺
0.5789497702625118
```

간단한 데이터를 이용해 실루엣 스코어 실습을 해 봅니다. ❶ silhouette_score 함수를 불러옵니다. ❷ 피처 데이터는 2개의 피처로 구성된 데이터 5개로 이루어져 있습니다. ❸ 해당 피처의 클래스를 설정합니다. ❹ 실루엣 스코어를 구합니다. ❺ 결과를 확인할 수 있습니다.

chapter 8

지도 학습

8.1 지도 학습 개요

머신러닝의 학습 방법은 크게 지도 학습(supervised learning)과 비지도 학습(unsupervised learning)으로 나눌 수 있습니다. 지도 학습이란 라벨링이 된 데이터를 학습시키는 것을 의미하며, 비지도 학습은 라벨링이 되지 않은 데이터를 학습시키는 것입니다. 이때, 라벨링이란 트레이닝 데이터(training data)에 정답이 표시된 것을 의미하며, 정답 부분을 타깃 데이터라고 합니다.

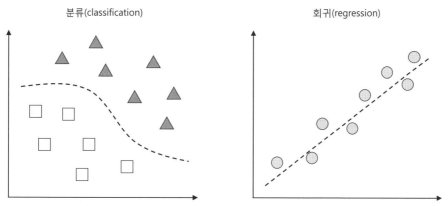

그림 8-1 분류 문제(왼쪽), 회귀 문제(오른쪽)

타깃의 형태에 따라 지도 학습은 세부적으로 두 가지 종류로 나눌 수 있습니다. 타깃이 범주형인 경우에는 분류(classification) 문제라고 하고, 연속형 숫자인 경우에는 회귀(regression) 문제라고 합니다. 타깃이 범주형이라는 말은 해당 데이터를 클래스(class)별로 구분하는 것을 의미합니다. 예를 들어, 과일을 분류할 때 사과, 배, 오렌지 등과 같이 분류하는 것을 의미합니다. 반면에, 타깃이 연속형 숫자라는 말은 타깃을 특정 종류로 구분하는 것이 아닌 연속형 숫자로 예측하는 것을 의미합니다. 예를 들어, 중학생의 키를 예측한다고 했을 때, 키는 연속형 숫자이며, 과일과 같이 구분 지어 분류할 수 없습니다. 타깃이 숫자일 경우에는 타깃 숫자 자체를 예측하는 회귀 문제에 해당합니다. 본격적인 학습 이전에 타깃 데이터의 형태를 파악하고 본인이 풀려는 문제가 분류 문제인지 회귀 문제인지 파악하는 것이 중요합니다.

8.2 사이킷런 소개

데이터를 활용해 머신러닝을 통한 학습 이후 분류, 예측까지 하기 위해서는 데이터 전처리, 모델링, 성능 평가 등 다양한 과정을 거치게 됩니다. 복잡한 머신러닝 과정에서 만약 필요한 메소드를 모두 직접 구현해서 사용해야만 한다면 시간이 오래 걸리므로 생산성이 떨어질 것입니다. 따라서 사용자의 편의성과 생산성을 향상시키기 위해 파이썬에서는 머신러닝 과정을 쉽게 도와주는 사이킷런(scikit-learn) 라이브러리를 제공합니다. 사이킷런은 편리한 머신러닝 모형을 개발하기 위한 다양한 함수를 제공합니다. 예를 들어, 사이킷런에는 다양한 머신러닝 알고리즘이 구현되어 있어 사용자가 쉽게 사용할 수 있으며, fit( ) 메소드를 이용해 주어진 데이터를 모형에 쉽게 적합시킬 수 있습니다. 또한 predict( ) 메소드를 사용하면 적합시킨 모형을 이용한 예측도 가능합니다. 이 밖에도 다양한 메소드를 제공하므로 사이킷런 라이브러리에 익숙해진다면 머신러닝을 쉽게 사용할 수 있습니다. 앞으로 배우게 될 다양한 머신러닝을 실습할 때 사이킷런 라이브러리를 사용합니다.

8.3 k-최근접 이웃 알고리즘

▌8.3.1 k-최근접 이웃 알고리즘의 개념

k-최근접 이웃(k-Nearest Neighbor, kNN) 알고리즘은 이해하기 쉽고, 자주 사용되는 방법입니다. k-최근접 이웃 알고리즘은 그 이름에서 알 수 있듯, 비교 대상이 되는 데이터 포인트 주변에 가장 가까이 존재하는 k개의 데이터와 비교해 가장 가까운 데이터 종류로 판별합니다.

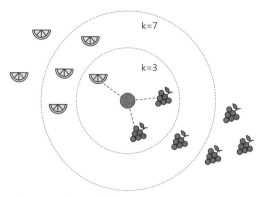

그림 8-2 k-최근접 이웃 원리

예를 들어, 과일 데이터를 구분할 때, 특정 데이터 포인트 주변의 3개의 값을 비교한다고 해 봅니다. [그림 8-2]는 레몬과 포도 데이터를 시각화한 것입니다. 테스트 데이터 주변 반경을 원(circle)으로 표시하고 원 내부의 데이터와 비교해 레몬 또는 포도로 분류하는 것이 목적입니다. 데이터를 분류하는 데 k-최근접 이웃 알고리즘을 사용할 때, k=3이라고 설정한다면 새로운 데이터 포인트에서 가장 가까운 데이터 3개와 비교한 후 테스트 데이터를 판별하게 됩니다. [그림 8-2]와 같이 테스트 데이터 주변의 가장 가까운 데이터 3개가 포도 2개, 레몬 1개로 구성되어 있다면 이는 테스트 데이터 주변에 포도 데이터가 가장 많이 존재하는 것을 의미하므로, 테스트 데이터를 포도라고 분류하는 것입니다. k-최근접 이웃 알고리즘의 판별 결과는 k 값에 따라 달라집니다. [그림 8-2]에서 k=3이라고 설정했을 때는 포도라고 판별하지만, k=7이라고 설정한 경우에는 테스트 데이터 주변에 레몬 데이터가 가장 많이 존재하므로 레몬이라고 판별합니다. 그렇다면 타깃이 연속형 숫자라면 kNN을 어떻게 적용할 수 있을까요? 타깃이 연속형 숫자라면 주변 k개의 데이터의 평균값으로 예측하는 방법을 사용함으로써 kNN을 사용할 수 있습니다. 예를 들어, 타깃 변수가 과일 당도이고 주변 3개의 데이터 값이 8, 10, 12라면 kNN을 이용한 예측값은 3개의 데이터 평균값인 (8+10+12)/3 = 10 입니다.

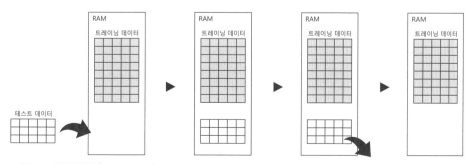

그림 8-3 게으른 학습(lazy learning) 개념

k-최근접 이웃 알고리즘은 학습 과정에서 게으른 학습(lazy learning) 방법을 사용합니다. 게으른 학습은 [그림 8-3]과 같이 트레이닝 데이터 전체를 메모리상에 보관하면서 테스트 데이터가 새로 들어왔을 때 바로 학습하는 것을 의미합니다. 게으른 학습은 트레이닝 데이터 전체를 메모리에 보관하므로 추가적인 학습 시간 없이, 곧바로 학습 결과를 얻을 수 있다는 장점이 있습니다. 그러나 예측 시 메모리상에 학습용 데이터를 항상 보관하고 있어야 하므로 메모리 용량보다 데이터가 지나치게 커서 메모리에 보관할 수 없을 경우에는 사용할 수 없다는 단점이 있습니다.

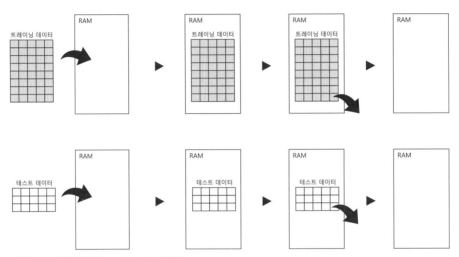

그림 8-4 열정적 학습(eager learning) 개념

게으른 학습의 반대말은 열정적 학습(eager learning)이라고 하는데, 이는 우리가 흔히 알고 있는 학습 과정으로, 트레이닝 데이터로 일정 기간 학습시킨 후 학습시킨 모형을 기반으로 테스트 데이터를 적용하는 방법입니다. [그림 8-4]는 열정적 학습의 개념을 나타내는 그림입니다. 트레이닝 데이터는 학습 시에만 메모리에 보관되며 학습 이후에 테스트 데이터를 분류, 예측할 때 트레이닝 데이터를 메모리에 보관할 필요가 없습니다. 게으른 학습과 열정적 학습의 차이점은 학습 시간의 필요 유무에 따라 나뉩니다. 열정적 학습은 게으른 학습보다 메모리를 효율적으로 사용할 수 있다는 장점이 있지만, 게으른 학습보다 학습 시간이 오래 걸린다는 것이 단점입니다.

8.3.2 k-최근접 이웃 실습

k-최근접 이웃 알고리즘을 이용해 실제로 분류 문제를 풀어 봅니다. 실습에는 꽃 데이터를 사용합니다. 이번 실습의 목적은 주어진 데이터에 k-최근접 이웃 알고리즘을 이용해 꽃의 종류를 구분하는 모형을 학습, 생성하는 것입니다. 가장 먼저 데이터를 불러옵니다.

> 데이터 불러오기

```
from sklearn import datasets                    ❶
raw_iris = datasets.load_iris()                 ❷
```

❶ 데이터를 불러오기 위해 필요한 datasets 함수를 불러옵니다. ❷ 사이킷런에서 제공하는 데이터 셋 중에서 꽃 데이터를 이용하기 위해 load_iris( )를 입력합니다. 이렇게 불러온 데이터 셋의 이름을 raw_iris라고 합니다.

> 피처, 타깃 데이터 지정

```
X = raw_iris.data                               ❶
y = raw_iris.target                             ❷
```

사이킷런에서 제공하는 데이터는 피처 데이터에 해당하는 data와 타깃 데이터에 해당하는 target으로 구성되어 있습니다. ❶ 전체 raw_iris 데이터 중 피처 데이터에 해당하는 부분을 따로 떼어 대문자 X라고 지정합니다. ❷ 타깃 데이터를 소문자 y라고 지정합니다.

> 트레이닝/테스트 데이터 분할

```
from sklearn.model_selection import train_test_split                    ❶
X_tn, X_te, y_tn, y_te=train_test_split(X,y,random_state=0)             ❷
```

전체 데이터 셋을 트레이닝/테스트 데이터로 나누는 과정입니다. ❶ 트레이닝-테스트 분할을 위해 필요한 train_test_split 함수를 불러옵니다. ❷ train_test_split 함수에 분할하고 싶은 데이터의 피처와 타깃을 넣어 줍니다. 앞서 지정한 X, y를 넣습니다. 또한 매번 머신러닝을 수행할 때마다 결과가 달라지지 않도록 random_state 옵션으로 랜덤 시드(random seed)를 정합니다. 필자는 0으로 설정했는데, 다른 숫자를 넣어도 상관없습니다.

> 데이터 표준화

```
from sklearn.preprocessing import StandardScaler          ❶
std_scale = StandardScaler()                              ❷
std_scale.fit(X_tn)                                       ❸
X_tn_std = std_scale.transform(X_tn)                      ❹
X_te_std = std_scale.transform(X_te)                      ❺
```

데이터 표준화 단계입니다. ❶ 데이터 표준화를 위해 StandardScaler 함수를 불러옵니다. ❷ 적용할 표준화 스케일러를 지정합니다. ❸ 지정한 표준화 방법에 트레이닝 피처 데이터를 적합시킵니다. 데이터 표준화는 트레이닝 피처 데이터는 X_tn을 기반으로 진행합니다. ❹ 적합된 표준화 방법에 트레이닝 피처 데이터인 X_tn 데이터를 적용하여 실제로 표준화시킵니다. 표준화된 트레이닝 피처 데이터는 X_tn_std 데이터라고 합니다. ❺ 같은 방법으로 테스트 피처 데이터를 표준화시키고 이를 X_te_std라고 합니다.

> 데이터 학습

```
from sklearn.neighbors import KNeighborsClassifier        ❶
clf_knn = KNeighborsClassifier(n_neighbors=2)             ❷
clf_knn.fit(X_tn_std, y_tn)                               ❸
```

표준화된 데이터를 바탕으로 k-최근접 이웃 알고리즘을 적용해 데이터를 학습시켜 봅니다. ❶ k-최근접 이웃 알고리즘을 이용하기 위해 필요한 함수를 불러옵니다. ❷ KNeighborsClassifier 함수를 이용해 사용할 모형을 지정합니다. 필자는 가장 근접한 데이터 2개를 이용할 것이므로 옵션에서 n_neighbors=2로 지정하였습니다. 실습 과정에서 다양한 값을 넣어 정확도 비교를 해 보는 것을 추천합니다. 참고로 만약 해결해야 할 문제가 회귀 문제일 경우 회귀 모형을 만들어야 하므로 이 경우에는 from sklearn.neighbors import KNeighborsRegressor 함수를 불러옵니다. ❸ 표준화된 트레이닝 피처 데이터 X_tn_std, 트레이닝 타깃 데이터 y_tn을 적용해 학습시킵니다. 이렇게 적합된 모형을 knn_fit라고 지정합니다.

> 데이터 예측

```
>>> knn_pred = clf_knn.predict(X_te_std)                                      ❶
>>> print(knn_pred)                                                           ❷
[2 1 0 2 0 2 0 1 1 1 1 1 1 1 0 1 1 0 0 2 1 0 0 2 0 0 1 1 0 2 1 0 2 2 1 0 2]
```

적합한 모형을 바탕으로 예측해 봅니다. ❶ predict 메소드를 이용해 예측하고, 표준화된 테스트 피처 데이터인 X_te_std를 적용합니다. ❷ 예측값을 출력해 결과를 확인해 봅니다.

> 정확도 평가

```
>>> from sklearn.metrics import accuracy_score          ❶
>>> accuracy = accuracy_score(y_te, knn_pred)           ❷
>>> print(accuracy)                                     ❸
0.9473684210526315
```

앞서 만든 모형의 정확도(accuracy)를 평가해 봅니다. ❶ 정확도 평가에 필요한 함수를 불러옵니다. ❷ accuracy_score 함수에 실제 타깃값인 y_te와 예측 타깃값인 knn_pred를 넣어 줍니다. ❸ 정확도를 출력하면 정확도는 94.73%라는 것을 확인할 수 있습니다.

> confusion matrix 확인

```
>>> from sklearn.metrics import confusion_matrix        ❶
>>> conf_matrix = confusion_matrix(y_te, knn_pred)      ❷
>>> print(conf_matrix)                                  ❸
[[13  0  0]
 [ 0 15  1]
 [ 0  1  8]]
```

confusion matrix를 통해 클래스별 예측값과 실젯값의 일치 정도를 확인할 수 있습니다. ❶ confusion matrix를 사용하기 위해 필요한 함수를 불러옵니다. ❷ confusion_matrix 함수에 실제 테스트 타깃값과 예측값을 넣어 줍니다. ❸ 출력 행렬을 확인해 실제 타깃 클래스(행)와 예측 타깃 클래스(열)를 확인해 봅니다.

> 분류 리포트 확인

```
from sklearn.metrics import classification_report       ❶
class_report = classification_report(y_te, knn_pred)    ❷
print(class_report)                                     ❸
```

```
                precision    recall  f1-score   support

            0       1.00      1.00      1.00        13
            1       0.94      0.94      0.94        16
            2       0.89      0.89      0.89         9

     accuracy                           0.95        38
    macro avg       0.94      0.94      0.94        38
 weighted avg       0.95      0.95      0.95        38
```

그림 8-5 knn 분류 리포트

분류 리포트를 출력해 봅니다. ❶ 분류 리포트 출력에 필요한 라이브러리를 불러옵니다. ❷ classification_report 메소드에 실제 타깃값과 예측값을 넣어 줍니다. ❸ print 함수를 이용해 결과를 확인해 봅니다.

> 전체 코드

```python
from sklearn import datasets
from sklearn.preprocessing import StandardScaler
from sklearn.neighbors import KNeighborsClassifier
from sklearn.model_selection import train_test_split

from sklearn.metrics import accuracy_score
from sklearn.metrics import confusion_matrix
from sklearn.metrics import classification_report

# 꽃 데이터 불러오기
raw_iris = datasets.load_iris()

# 피처/타깃
X = raw_iris.data
y = raw_iris.target

# 트레이닝/테스트 데이터 분할
X_tn, X_te, y_tn, y_te=train_test_split(X,y,random_state=0)

# 표준화 스케일
std_scale = StandardScaler()
std_scale.fit(X_tn)
X_tn_std = std_scale.transform(X_tn)
X_te_std  = std_scale.transform(X_te)
```

```
#학습
clf_knn =  KNeighborsClassifier(n_neighbors=2)
clf_knn.fit(X_tn_std, y_tn)

# 예측
knn_pred = clf_knn.predict(X_te_std)
print(knn_pred)

# 정확도
accuracy = accuracy_score(y_te, knn_pred)
print(accuracy)

# confusion matrix 확인
conf_matrix = confusion_matrix(y_te, knn_pred)
print(conf_matrix)

# 분류 리포트 확인
class_report = classification_report(y_te, knn_pred)
print(class_report)
```

8.4 선형 회귀 분석

▎8.4.1 선형 회귀 분석의 개념

회귀 분석은 기본적인 머신러닝 방법이며, 여러 분야에서 사용됩니다. 회귀 분석은 여러 종류로 나눌 수 있는데, 그중 가장 간단한 방법인 선형 회귀 분석(linear regression)부터 알아봅니다. 선형 회귀 분석은 피처 데이터와 타깃 데이터 간의 선형 관계를 파악하는 알고리즘입니다. 선형 회귀 분석을 설명하기 위해 오직 1개의 피처만 존재하는 데이터 셋을 가정하고 해당 피처를 x라고 가정합니다. 또한 예측하려는 타깃 데이터를 y라고 합니다. 만약 피처 데이터 x와 타깃 데이터 y 사이에 선형 관계가 존재할 때, 이를 수식화하면 다음과 같습니다.

$$y = wx + b$$

위와 같은 선형 관계는 직선의 방정식을 생각하면 이해하기 쉽습니다. 즉, 데이터 x가 주어질 때, 데이터 x에 가중치 w를 곱하고 y 절편 b를 더하면 타깃 데이터값을 예측할 수 있습니다.

이때 가중치 w는 직선의 방정식에서 기울기라고 생각하고, b를 y 절편이라고 생각한 후 이를 그림으로 나타내면 [그림 8-6]과 같습니다.

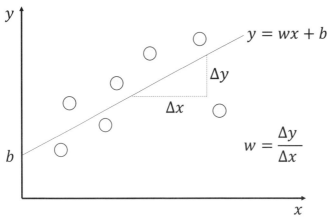

그림 8-6 선형 회귀 모형의 기본 개념

주어진 데이터에 대한 선형 회귀 모형을 [그림 8-6]과 같이 표현할 수 있습니다. 위와 같은 선형 회귀 모형에서 해야 할 일은 피처 데이터 x와 타깃 데이터 y를 이용해 가중치 w를 구하는 것입니다. 참고로 본 교재에서는 선형 회귀 모형을 수식으로 나타낼 때 가중치를 w로 나타냈는데, 분야에 따라 베타(β)를 사용하기도 합니다. 어떤 기호를 사용하는지와 관계없이 모두 같은 의미를 가집니다.

위에서는 피처 개수가 1개라고 가정했는데, 이를 일반화시켜 p개의 피처를 가진 데이터라고 가정합니다. 즉, 데이터 셋을 구성하는 각 데이터 포인트는 p개의 피처로 구성되므로 $\mathbf{x}=(x_1, x_2, ..., x_p)^T$라고 표현할 수 있습니다. 이때, $\mathbf{x}_i$는 i번째 데이터 행(row)을 열벡터 형태로 표현한 것입니다. 그리고 선형 회귀 모형(linear regression model)은 아래와 같이 표현합니다.

$$f(\mathbf{x}_i) = \hat{y}_i = w_1 x_1 + w_2 x_2 + \cdots + w_p x_p + b$$

위 공식에서 $f(\mathbf{x}_i)$는 데이터 $\mathbf{x}_i$를 이용해 추정한 함숫값을 의미하며 y_i에 대한 추정값입니다. 위 식을 벡터 형태로 표현하면 아래와 같습니다.

$$f(\mathbf{x}_i) = \hat{y}_i = \mathbf{w}^T \mathbf{x}_i + b$$

이때, $\mathbf{w} = (w_1, w_2, \cdots, w_p)^T$를 가중치(weight)라고 부릅니다. 각 가중치 요소 하나하나가 우리가 구하려는 파라미터(parameter)이며, 파라미터 값은 예측값에 영향을 미칩니다. 즉, 파라미터 값에 따라 예측값이 달라집니다. 가중치는 트레이닝 데이터로부터 최소 제곱법(least squares estimator)을 사용해 구할 수 있습니다. 이때, 최소 제곱법은 오차의 제곱합이 최소가 되는 추정량을 구하는 방법입니다. 최소 제곱법을 이용하기 전에 전체 식에서 오차를 구하면 아래와 같습니다.

$$y_i = f(\mathbf{x}_i) + e_i, \qquad i = 1, 2, \dots, n$$

위 식의 의미를 살펴보면, 실제 타깃 데이터값 y_i는 학습을 통해 구한 모형 $f(\mathbf{x}_i)$에 오차 e_i를 더한 값이라는 의미입니다. 이때, $f(\mathbf{x}_i)$는 $\mathbf{x}_i$의 함수이고, 오차 e_i에 대해서는 $E(e_i) = 0$을 만족합니다. 오차 제곱합을 수식으로 표현하면 다음과 같습니다.

$$
\begin{aligned}
\text{오차 제곱합} &= \sum_{i=1}^{n} e_i^2 \\
&= \sum_{i=1}^{n} [y_i - f(\mathbf{x}_i)]^2 \\
&= \sum_{i=1}^{n} (y_i - \mathbf{w}^T \mathbf{x}_i)^2
\end{aligned}
$$

그리고 최소 제곱법을 사용해 구한 가중치를 최소 제곱 추정량(least squares estimator)이라고 합니다. 이를 행렬로 확장하면 아래와 같습니다.

$$
X = \begin{pmatrix} x_{11} & x_{12} & \cdots & x_{1p} & 1 \\ x_{21} & x_{22} & \cdots & x_{2p} & 1 \\ \vdots & \vdots & \ddots & \vdots & \vdots \\ x_{n1} & x_{n2} & \cdots & x_{np} & 1 \end{pmatrix} = \begin{pmatrix} \mathbf{x}_1^T & 1 \\ \mathbf{x}_2^T & 1 \\ \vdots & \vdots \\ \mathbf{x}_n^T & 1 \end{pmatrix}
$$

$$
\mathbf{y} = \begin{pmatrix} y_1 \\ y_2 \\ \vdots \\ y_n \end{pmatrix}, \qquad \mathbf{w} = \begin{pmatrix} w_1 \\ w_2 \\ \vdots \\ w_p \\ b \end{pmatrix}
$$

앞의 식에서 행렬 X는 데이터 x와 b를 합친 형태이며, 가중치 벡터 $\mathbf{w}$도 기존 가중치와 b를 합친 형태입니다. 행렬의 차원 크기를 생각하면 행렬 X는 $n \times (p+1)$ 차원이며, 타깃 벡터 $\mathbf{y}$는 $n \times 1$ 차원이며, 가중치 벡터 $\mathbf{w}$는 $(p+1) \times 1$ 차원입니다. 이를 다시 수식으로 나타내면 아래와 같습니다.

$$\mathbf{y} = X\mathbf{w}$$

위 식을 최적화해 구한 가중치의 추정량 $\hat{\mathbf{w}}$는 아래와 같습니다.

$$\hat{\mathbf{w}} = \underset{\mathbf{w}}{\operatorname{argmin}}(\mathbf{y} - X\mathbf{w})^T(\mathbf{y} - X\mathbf{w})$$

위 식을 풀면 다음과 같은 과정을 거칩니다.

$$\mathbf{e} = (\mathbf{y} - X\mathbf{w})^T(\mathbf{y} - X\mathbf{w})$$
$$= (\mathbf{y}^T - \mathbf{w}^T X^T)(\mathbf{y} - X\mathbf{w})$$
$$= \mathbf{y}^T\mathbf{y} - \mathbf{y}^T X\mathbf{w} - \mathbf{w}^T X^T\mathbf{y} + \mathbf{w}^T X^T X\mathbf{w}$$
$$= \mathbf{y}^T\mathbf{y} - 2\mathbf{w}^T X^T\mathbf{y} + \mathbf{w}^T X^T X\mathbf{w}$$

위 식에서 참고로 $\mathbf{y}^T X\mathbf{w}$, $\mathbf{w}^T X^T\mathbf{y}$ 차원은 1×1인 스칼라값으로 동일한 값을 가집니다. 서로가 서로를 전치한 행렬이라 스칼라값이 동일하므로 둘은 동일합니다. 최적의 가중치를 구하려면 위 식을 가중치로 미분한 값이 0이 되어야 합니다.

$$\frac{\partial \mathbf{e}}{\partial \mathbf{w}} = \frac{\partial}{\partial \mathbf{w}}(\mathbf{y}^T\mathbf{y} - 2\mathbf{w}^T X^T\mathbf{y} + \mathbf{w}^T X^T X\mathbf{w})$$
$$= -2X^T\mathbf{y} + 2X^T X\mathbf{w}$$

위 식에서 벡터의 미분은 3.9절을 참고하길 바랍니다. 위 식이 0이 되게 하면 아래와 같습니다. 최종적인 가중치의 추정량은 아래와 같습니다.

$$\hat{\mathbf{w}} = (X^T X)^{-1} X^T\mathbf{y}$$

8.4.2 릿지 회귀 분석(L2 제약식)

기본적인 회귀 분석에는 제약식이 포함될 수 있습니다. 제약이 없으면 우리가 추정하려는 가중치 w가 폭발적으로 커질 수 있으며, 이로 인해 분산이 커지는 문제가 발생할 수 있습니다. 이러한 현상을 방지하기 위해 제약식을 사용하게 되는데, 이번 단원에서는 L2 제약식(constraint)을 사용한 **릿지 회귀 분석(ridge regression)**에 대해 알아봅니다.

$$\min \sum_{i=1}^{n}(y_i - \mathbf{w}^T \mathbf{x}_i)^2, \qquad s.t. \sum_{i=1}^{p} w_i^2 \leq t$$

목적 함수와 제약식을 표현하면 위 식과 같습니다. 기본적인 회귀 분석 최적화 모형에서 가중치 요소 제곱합이 t보다 작다는 제약식이 추가된 형태입니다. 피처 데이터 행렬 X는 표준화되어 평균이 0이고 분산은 1이며 y는 평균을 0으로 조정한 값이라고 가정합니다. 이는 동일하게 아래와 같이 표현할 수도 있습니다.

$$\min(\mathbf{y} - X\mathbf{w})^T(\mathbf{y} - X\mathbf{w}), \qquad s.t. \|w\|_2^2 \leq t$$

위 식에서 L2 제약식을 그림으로 나타내면 [그림 8-7]과 같습니다.

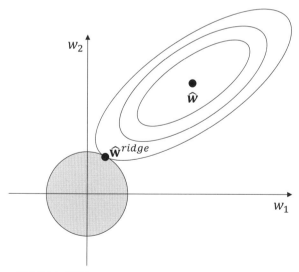

그림 8-7 L2 제약식

[그림 8-7]에서 회색 영역이 L2 제약식 영역입니다. 제약식이 제곱의 형태이므로 시각화했

181

을 때 원의 형태를 띠는 것을 볼 수 있습니다. 제약식을 적용하지 않았을 때의 추정량을 $\hat{\mathbf{w}}$라고 합니다. 그러나 $\hat{\mathbf{w}}$는 L2 제약식 영역 외부에 존재하므로 최종적인 추정량이 될 수 없습니다. L2 제약식이 적용되는 영역에서의 추정량을 구하면 $\hat{\mathbf{w}}^{ridge}$라는 것을 알 수 있습니다. 그렇다면 $\hat{\mathbf{w}}^{ridge}$는 어떻게 구할 수 있을까요? 위 문제를 풀기 위해 최적화 문제를 라그랑주 형식(Lagrangian form)으로 나타내 봅니다. 아래 식에서 L_p는 라그랑주 프리멀 함수(Lagrange primal function)입니다.

$$L_p = (\mathbf{y} - X\mathbf{w})^{\mathrm{T}}(\mathbf{y} - X\mathbf{w}) + \lambda(\|\mathbf{w}\|_2^2 - t)$$

위 함수를 최소화하는 $\mathbf{w}$가 구하려는 해가 되고 이를 수식으로 표현하면 아래와 같이 쓸 수 있습니다.

$$\hat{\mathbf{w}}^{ridge} = \underset{\mathbf{w}}{\mathrm{argmin}}\{(\mathbf{y} - X\mathbf{w})^{\mathrm{T}}(\mathbf{y} - X\mathbf{w}) + \lambda(\|\mathbf{w}\|_2^2 - t)\}$$

위 식을 이용해 최적의 해를 구해 봅니다.

$$\frac{\partial L_p}{\partial \mathbf{w}} = -2X^T(\mathbf{y} - X\mathbf{w}) + 2\lambda\mathbf{w} = 0$$

$$\Leftrightarrow -2X^T\mathbf{y} + 2X^TX\mathbf{w} + 2\lambda\mathbf{w} = 0$$

$$\Leftrightarrow (X^TX + \lambda I_P)\mathbf{w} = X^T\mathbf{y}$$

$$\hat{\mathbf{w}}^{ridge} = (X^TX + \lambda I_P)^{-1}X^T\mathbf{y}$$

이때, λ의 값에 따라 릿지 회귀 분석의 최적값이 달라지는데, λ를 shrinkage parameter라고 부르며 다음과 같은 역할을 합니다.

- λ는 계수(coefficient)의 사이즈를 조절합니다.
- λ는 정규식의 크기(amount)를 조절합니다.
- λ가 0에 가까워질수록, 최소 제곱 추정량(least squared estimator)에 가까워집니다.
- λ가 무한대에 가까워질수록 릿지 해는 0에 가까워집니다. 즉, 상수항(intercept)만 남은 모형에 가까워집니다.

■ 릿지 추정량의 편향성

릿지 회귀 분석의 성질 중 하나는 편향이 존재(biased)한다는 것입니다. 즉, 릿지 추정량의 기댓값은 실제 파라미터(parameter)와 동일하지 않습니다. 아래에서 이를 증명해 봅니다.

$$\widehat{\mathbf{w}}^{ridge} = (X^T X + \lambda I_P)^{-1} X^T \mathbf{y}$$

$$
\begin{aligned}
E\left(\widehat{\mathbf{w}}^{ridge}\right) &= E[(X^T X + \lambda I_P)^{-1} X^T \mathbf{y}] \\
&= (X^T X + \lambda I_P)^{-1} X^T E(\mathbf{y}) \\
&= (X^T X + \lambda I_P)^{-1} X^T X \mathbf{w} \\
&\neq \mathbf{w}
\end{aligned}
$$

위와 같이, λ가 0일 때만 편향성이 사라지므로, 릿지 추정량은 편향성이 존재한다는 것을 알 수 있습니다.

8.4.3 라쏘 회귀 분석(L1 제약식)

기본적인 회귀 분석식에 L1 제약식을 적용한 회귀 분석 방법을 라쏘 회귀 분석(Lasso regression)이라고 합니다. 라쏘 회귀 분석의 목적 함수와 제약식을 나타내면 아래와 같습니다.

$$\min \sum_{i=1}^{n} (y_i - \boldsymbol{w}^T \mathbf{x}_i)^2, \qquad s.t. \sum_{i=1}^{d} |w_i| \leq t$$

또는 아래와 같이 행렬을 사용해서 나타낼 수도 있습니다.

$$\min (\boldsymbol{y} - X\mathbf{w})^T (y - X\mathbf{w}), \qquad s.t. |\mathbf{w}| \leq t$$

라쏘 회귀 분석의 제약식을 그림으로 나타내면 [그림 8-8]과 같습니다.

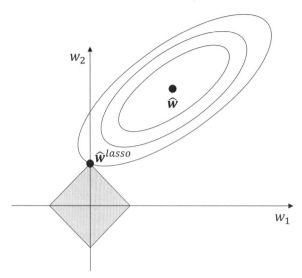

그림 8-8 L1 제약식

[그림 8-8]에서 회색 영역은 L1 제약 공간입니다. 그리고 $\hat{\mathbf{w}}$는 제약식이 존재하지 않을 경우의 추정량입니다. 그러나 $\hat{\mathbf{w}}$는 L1 제약 공간 외부에 존재하므로 최종 추정량으로 정할 수 없고, L1 제약 공간 하에서의 추정량은 $\hat{\mathbf{w}}^{lasso}$입니다. [그림 8-8]에서 주목해야 할 점은 라쏘 추정량은 $w_1 = 0$인 부분이라는 점입니다. 따라서 라쏘 추정량은 다른 관점으로 생각해 보면 변수 선택(variable selection)에 사용된다고 볼 수도 있습니다.

라쏘 회귀 분석을 라그랑주 프리멀 함수 형태로 나타내면 아래와 같습니다.

$$L_P = (\mathbf{y} - X\mathbf{w})^{\mathrm{T}}(\mathbf{y} - X\mathbf{w}) + \lambda(|\mathbf{w}| - t)$$

위 함수를 최적화하는 라쏘 추정량은 아래와 같습니다.

$$\hat{\mathbf{w}}^{lasso} = \underset{\mathbf{w}}{\mathrm{argmin}}\{(\mathbf{y} - X\mathbf{w})^{\mathrm{T}}(\mathbf{y} - X\mathbf{w}) + \lambda(|\mathbf{w}| - t)\}$$

릿지 회귀 분석(ridge regressison)과는 달리 라쏘 추정량은 확실한 형태가 존재하지 않습니다. 이처럼 구하려는 최적값의 형태를 구체적으로 제시할 수 없는 것을 'closed form solution이 존재하지 않는다'고 표현합니다.

■ 제약식의 일반화 표현

지금까지 릿지, 라쏘 추정에 대해 알아보았는데, 아래와 같이 릿지, 라쏘를 일반화해서 표현할 수 있습니다.

$$\min \sum_{i=1}^{n} (y_i - \mathbf{w}^T \mathbf{x}_i)^2, \qquad s.t. \sum_{i=1}^{d} |\mathbf{w}_i|^q \leq t$$

일반화된 형태의 추정량은 아래와 같습니다.

$$\widetilde{\mathbf{w}} = \underset{\mathbf{w}}{\arg\min}\{(\mathbf{y} - \mathbf{Xw})^{\mathrm{T}}(\mathbf{y} - \mathbf{Xw}) + \lambda(|\mathbf{w}|^q - t)\}$$

위 식에서 $q=1$이면 라쏘가 되고 $q=2$이면 릿지가 됩니다. 이 밖에도 다양한 q 값을 대입할 수 있습니다. q 값에 따른 제약식 모양은 [그림 8-9]와 같습니다.

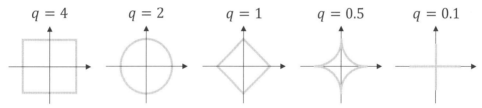

그림 8-9 다양한 형태의 제약식

[그림 8-9]와 같이 머신러닝 알고리즘에는 다양한 형태의 제약식을 적용할 수 있습니다. 같은 머신러닝 알고리즘이라도 어떤 제약식을 적용하느냐에 따라 최종 모형이 달라집니다.

8.4.4 엘라스틱 넷

엘라스틱 넷(Elastic net)은 릿지 회귀 분석과 라쏘 회귀 분석을 합쳐 놓은 형태입니다. 엘라스틱 넷은 L1 제약식과 L2 제약식을 동시에 적용한 것으로 아래와 같이 표현합니다.

$$\min \sum_{i=1}^{n} (y_i - \mathbf{w}^T \mathbf{x}_i)^2, \qquad s.t. \sum_{i=1}^{d} \left(\alpha|\mathbf{w}_i| + (1-\alpha)w_i^2\right) \leq t$$

위 식에서 α를 통해 릿지 제약식과 라쏘 제약식의 비율을 조절할 수 있습니다. 위 식을 행렬 형태로 나타내면 아래와 같습니다.

$$\min(\mathbf{y} - \boldsymbol{X}\mathbf{w})^{\mathrm{T}}(\mathbf{y} - \boldsymbol{X}\mathbf{w}), \qquad s.t.\,(\alpha|\mathbf{w}| + \ (1-\alpha)\|\mathbf{w}\|_2^2) \le t$$

위 식을 라그랑주 형태로 나타내 봅니다.

$$L_p = (\mathbf{y} - \boldsymbol{X}\mathbf{w})^{\mathrm{T}}(\mathbf{y} - \boldsymbol{X}\mathbf{w}) + \lambda(\alpha|\mathbf{w}| + \ (1-\alpha)\|\mathbf{w}\|_2^2 - t)$$

위 함수를 최적화하는 엘라스틱 넷 추정량은 아래와 같습니다.

$$\widehat{\mathbf{w}}^{elasticnet} = \underset{w}{\mathrm{argmin}}\{(\mathbf{y} - \boldsymbol{X}\mathbf{w})^{\mathrm{T}}(\mathbf{y} - \boldsymbol{X}\mathbf{w}) + \lambda(\alpha|\mathbf{w}| + \ (1-\alpha)\|\mathbf{w}\|_2^2 - t)\}$$

엘라스틱 넷 추정량은 위 식을 만족시키는 추정량입니다.

▋ 8.4.5 선형 회귀 분석 실습

앞서 배운 선형 회귀 분석을 이용해 보스턴 집값 데이터를 예측하는 모형을 만들어 봅니다.
또한 선형 회귀 분석뿐만 아니라 릿지 회귀 분석, 라쏘 회귀 분석, 엘라스틱 넷을 사용한 결과
를 비교해 봅니다.

> 데이터 불러오기

```
from sklearn import datasets          ❶
raw_boston = datasets.load_boston()   ❷
```

❶ 보스턴 집값 데이터를 사용하기 위한 datasets 함수를 불러옵니다. ❷ load_boston 메소드
를 통해 불러온 보스턴 집값 데이터를 raw_boston이라고 지정합니다.

> 피처, 타깃 데이터 지정

```
X = raw_boston.data      ❶
y = raw_boston.target    ❷
```

❶ 보스턴 데이터의 피처 데이터를 대문자 X라고 지정합니다. ❷ 타깃 데이터를 소문자 y라고 지정합니다.

> ### 트레이닝/테스트 데이터 분할

```
from sklearn.model_selection import train_test_split          ❶
X_tn, X_te, y_tn, y_te=train_test_split(X,y,random_state=1)    ❷
```

트레이닝 데이터와 테스트 데이터로 분할하는 단계입니다. ❶ 트레이닝/테스트 분할을 위해 필요한 함수를 불러옵니다. ❷ 불러온 train_test_split 함수를 이용해 트레이닝 데이터와 테스트 데이터로 분할합니다. random_state 함수로 랜덤 시드(random seed)를 지정합니다.

> ### 데이터 표준화

```
from sklearn.preprocessing import StandardScaler    ❶
std_scale = StandardScaler()                         ❷
std_scale.fit(X_tn)                                  ❸
X_tn_std = std_scale.transform(X_tn)                 ❹
X_te_std  = std_scale.transform(X_te)                ❺
```

데이터 표준화 단계입니다. ❶ 데이터 표준화에 사용할 함수를 불러옵니다. ❷ 표준화 스케일러를 std_scale이라는 이름으로 지정합니다. ❸ 트레이닝 피처 데이터 X_tn을 표준화 모형에 적합시킵니다. ❹ X_tn 데이터를 표준화시킵니다. ❺ 마지막으로 테스트 피처 데이터인 X_te 또한 표준화시킵니다.

> ### 데이터 학습(선형 회귀 분석)

```
from sklearn.linear_model import LinearRegression    ❶
clf_lr =  LinearRegression()                          ❷
clf_lr.fit(X_tn_std, y_tn)                            ❸
```

주어진 데이터를 기본적인 선형 회귀 분석을 적합시켜 봅니다. ❶ 선형 회귀 분석에 필요한 LinearRegression 함수를 불러옵니다. ❷ 사용할 선형 회귀 모형을 clf_lr이라는 이름으로 지정합니다. ❸ 설정한 모형에 표준화된 트레이닝 피처 데이터 X_tn_std와 트레이닝 타깃 데이터 y_tn을 넣어 적합시킵니다.

> 선형 회귀 분석 계수, 상수항 확인

```
>>> print(clf_lr.coef_)                                              ❶
[-1.07145146  1.34036243  0.26298069  0.66554537 -2.49842551  1.97524314
  0.19516605 -3.14274974  2.66736136 -1.80685572 -2.13034748  0.56172933
 -4.03223518]
>>> print(clf_lr.intercept_)                                         ❷
22.344591029023768
```

❶ 모형 적합 후 coef_ 메소드를 이용해 추정된 회귀 계수를 확인해 봅니다. ❷ intercept_ 메소드를 사용해 추정된 상수항을 확인해 봅니다. 이때, 상수항은 선형 회귀 그래프에서 y절편을 의미합니다.

> 데이터 학습(L2 제약식 적용, 릿지 회귀 분석)

```
from sklearn.linear_model import Ridge                              ❶
clf_ridge = Ridge(alpha=1)                                         ❷
clf_ridge.fit(X_tn_std, y_tn)                                      ❸
```

기본적인 선형 회귀 분석에 L2 제약식을 적용한 릿지 회귀 분석을 적합시켜 봅니다. ❶ 릿지 회귀 분석을 사용하기 위해 필요한 Ridge 함수를 불러옵니다. ❷ Ridge 함수를 사용해 clf_ridge라는 이름으로 모형을 설정합니다. Ridge 함수에서는 옵션으로 alpha 값을 조정할 수 있는데, 기본값은 1로 설정되어 있습니다. alpha 값은 반드시 양수(positive)여야 하며, 값이 클수록 강한 제약식을 의미합니다. ❸ 지정한 릿지 모형에 표준화된 트레이닝 피처 데이터 X_tn_std와 트레이닝 타깃 데이터 y_tn을 넣어 적합시킵니다.

> 릿지 회귀 분석 계수, 상수항 확인

```
>>> print(clf_ridge.coef_)                                          ❶
[-1.05933451  1.31050717  0.23022789  0.66955241 -2.45607567  1.99086611
  0.18119169 -3.09919804  2.56480813 -1.71116799 -2.12002592  0.56264409
 -4.00942448]
>>> print(clf_ridge.intercept_)                                     ❷
22.344591029023768
```

릿지 회귀 분석을 통해 추정된 계수와 상수항을 확인해 봅니다. ❶ 기본적인 선형 회귀 분석과 마찬가지로 coef_ 메소드를 이용해 추정 계수를 확인해 봅니다. ❷ intercept_ 메소드를 사용해 추정 상수항을 출력합니다.

> 데이터 학습(L1 제약식 적용, 라쏘 회귀 분석)

```
from sklearn.linear_model import Lasso          ❶
clf_lasso = Lasso(alpha=0.01)                    ❷
clf_lasso.fit(X_tn_std, y_tn)                    ❸
```

라쏘 회귀 분석을 이용해 데이터를 적합시켜 봅니다. ❶ 라쏘 회귀 분석에 필요한 Lasso 함수를 불러옵니다. ❷ 라쏘 모형을 clf_lasso라고 설정합니다. 릿지 회귀 분석과 마찬가지로 alpha 값은 제약의 정도를 나타내며 1을 디폴트 값으로 가집니다. ❸ 표준화된 트레이닝 피처 데이터 X_train_std와 트레이닝 타깃 데이터 y_train을 넣어 적합시킵니다.

> 라쏘 회귀 분석 계수, 상수항 확인

```
>>> print(clf_lasso.coef_)                                                  ❶
[-1.04326518  1.27752711  0.1674367   0.66758228 -2.41559964  1.99244179
  0.14733958 -3.09473711  2.46431135 -1.60552274 -2.11046422  0.55200229
 -4.00809905]
>>> print(clf_lasso.intercept_)                                             ❷
22.344591029023768
```

❶ 라쏘 회귀 분석을 통해 얻어진 계수와 상수항을 확인해 봅니다. coef_ 메소드를 이용해 라쏘 추정 계수를 확인해 봅니다. ❷ 메소드 intercept_를 사용하면 상수항을 확인할 수 있습니다.

> 데이터 학습(엘라스틱 넷)

```
from sklearn.linear_model import ElasticNet                ❶
clf_elastic = ElasticNet(alpha=0.01, l1_ratio=0.01)        ❷
clf_elastic.fit(X_tn_std, y_tn)                            ❸
```

❶ 엘라스틱 넷을 사용하기 위해 필요한 ElasticNet 함수를 불러옵니다. ❷ 엘라스틱 넷 모형을 설정해 줍니다. 이때 옵션값으로 쓰이는 alpha 값은 L1 제약식의 크기와 L2 제약식의 크기의 합을 의미합니다. 즉, alpha 값은 L1 제약식의 크기와 L2 제약식의 크기를 합한 전체 제약식의 크기를 의미합니다. 이때, l1_ratio 값은 전체 제약의 크기인 alpha 값에서 L1 제약이 차

지하는 비율을 의미합니다. l1_ratio는 비율이므로 0과 1 사잇값을 가지며, 만약 l1_ratio=0이라면 L1 제약이 적용되지 않고 L2 제약만 적용되는 릿지 회귀 분석을 의미합니다. 반대로 l1_ratio=1이라면 L1 제약만 적용되고 L2 제약은 적용되지 않으므로 이는 라쏘 회귀 분석이 됨을 의미합니다. ❸ 표준화된 트레이닝 피처 데이터 X_train_std와 트레이닝 타깃 데이터 y_train 값을 넣어 엘라스틱 넷 모형을 적합시킵니다.

> 엘라스틱 넷 계수, 상수항 확인

```
>>> print(clf_elastic.coef_)                              ❶
[-1.02916603  1.23681955  0.15236504  0.67859622 -2.34646781  2.02965524
  0.14575132 -2.98592423  2.32013379 -1.48829485 -2.09271972  0.56506801
 -3.9495281 ]
>>> print(clf_elastic.intercept_)                         ❷
22.344591029023768
```

엘라스틱 넷 모형의 추정 계수와 상수항을 확인해 봅니다. ❶ 메소드 coef_를 통해 추정 계수를 확인해 봅니다. ❷ intercept_ 메소드를 이용해 상수항을 확인해 봅니다.

> 데이터 예측

```
pred_lr = clf_lr.predict(X_te_std)                        ❶
pred_ridge = clf_ridge.predict(X_te_std)                  ❷
pred_lasso = clf_lasso.predict(X_te_std)                  ❸
pred_elastic = clf_elastic.predict(X_te_std)              ❹
```

지금까지 선형 회귀, 릿지, 라쏘, 엘라스틱 넷을 활용해 만든 모형으로 예측해 보았습니다. ❶ 가장 먼저 pred_lr은 기본적인 회귀 분석 모형의 테스트 데이터 예측 결과입니다. 차례로 ❷ pred_ridge는 릿지 회귀 분석, ❸ pred_lasso는 라쏘 회귀 분석, ❹ pred_elastic은 엘라스틱 넷의 예측값입니다.

> 모형 평가-R 제곱값

```
>>> from sklearn.metrics import r2_score                  ❶
>>> print(r2_score(y_te, pred_lr))                        ❷
0.7789410172622859
```

```
>>> print(r2_score(y_te, pred_ridge))                        ③
0.7789704562726603
>>> print(r2_score(y_te, pred_lasso))                        ④
0.7787621490259895
>>> print(r2_score(y_te, pred_elastic))                      ⑤
0.7787876079239252
```

R 제곱값을 이용해 모형 평가를 해 봅니다. ❶ 필요한 함수를 불러온 뒤 실제 타깃 데이터와 모형별 예측값을 넣습니다. 차례로 ❷ 선형 회귀 분석, ❸ 릿지 회귀 분석, ❹ 라쏘 회귀 분석, ❺ 엘라스틱 넷의 R 제곱값을 확인할 수 있습니다. R 제곱값은 0과 1 사잇값을 가지며 높을수록 좋은 성능을 의미합니다.

> 모형 평가-MSE

```
>>> from sklearn.metrics import mean_squared_error           ❶
>>> print(mean_squared_error(y_te, pred_lr))                 ❷
21.897765396049483
>>> print(mean_squared_error(y_te, pred_ridge))             ❸
21.894849212618773
>>> print(mean_squared_error(y_te, pred_lasso))             ❹
21.915483810504824
>>> print(mean_squared_error(y_te, pred_elastic))           ❺
21.91296189093687
```

MSE를 사용해 모형 평가를 해 봅니다. ❶ MSE를 사용하기 위해 필요한 라이브러리를 불러옵니다. 실제 타깃 데이터와 모형별 예측값을 넣습니다. 차례로 ❷ 선형 회귀 분석, ❸ 릿지 회귀 분석, ❹ 라쏘 회귀 분석, ❺ 엘라스틱 넷의 MSE 값을 확인할 수 있습니다. MSE는 작을수록 좋은 성능을 의미합니다.

> 전체 코드

```
from sklearn import datasets
from sklearn.preprocessing import StandardScaler
from sklearn.model_selection import train_test_split

from sklearn.linear_model import Ridge
from sklearn.linear_model import Lasso
```

```python
from sklearn.linear_model import ElasticNet
from sklearn.linear_model import LinearRegression

from sklearn.metrics import r2_score
from sklearn.metrics import mean_squared_error


# 데이터 불러오기
raw_boston = datasets.load_boston()

# 피처, 타깃 데이터 지정
X = raw_boston.data
y = raw_boston.target

# 트레이닝/테스트 데이터 분할
X_tn, X_te, y_tn, y_te = train_test_split(X,y,random_state=1)


# 데이터 표준화
std_scale = StandardScaler()
std_scale.fit(X_tn)
X_tn_std = std_scale.transform(X_tn)
X_te_std  = std_scale.transform(X_te)

# 선형 회귀 분석 학습
clf_lr =  LinearRegression()
clf_lr.fit(X_tn_std, y_tn)

# 선형 회귀 분석 모형 추정 계수 확인
print(clf_lr.coef_)
print(clf_lr.intercept_)

# 릿지 회귀 분석(L2 제약식 적용)
clf_ridge = Ridge(alpha=1)
clf_ridge.fit(X_tn_std, y_tn)

# 릿지 회귀 분석 모형 추정 계수 확인
print(clf_ridge.coef_)
print(clf_ridge.intercept_)

# 라쏘 회귀 분석(L1 제약식 적용)
clf_lasso = Lasso(alpha=0.01)
```

```
clf_lasso.fit(X_tn_std, y_tn)

# 라쏘 회귀 분석 모형 추정 계수 확인
print(clf_lasso.coef_)
print(clf_lasso.intercept_)

# 엘라스틱 넷
clf_elastic = ElasticNet(alpha=0.01, l1_ratio=0.01)
clf_elastic.fit(X_tn_std, y_tn)

# 엘라스틱 넷 모형 추정 계수 확인
print(clf_elastic.coef_)
print(clf_elastic.intercept_)

# 예측
pred_lr = clf_lr.predict(X_te_std)
pred_ridge = clf_ridge.predict(X_te_std)
pred_lasso = clf_lasso.predict(X_te_std)
pred_elastic = clf_elastic.predict(X_te_std)

# 모형 평가-R 제곱값
print(r2_score(y_te, pred_lr))
print(r2_score(y_te, pred_ridge))
print(r2_score(y_te, pred_lasso))
print(r2_score(y_te, pred_elastic))

# 모형 평가-MSE
print(mean_squared_error(y_te, pred_lr))
print(mean_squared_error(y_te, pred_ridge))
print(mean_squared_error(y_te, pred_lasso))
print(mean_squared_error(y_te, pred_elastic))
```

8.5 로지스틱 회귀 분석

8.5.1 로지스틱 회귀 분석의 개념

일반적인 선형 회귀 분석은 예측 문제를 풀기에는 적합하지만 분류 문제를 풀기에는 적합하지 않습니다. 그 이유는 선형 회귀 분석의 타깃 데이터의 값의 범위에는 제한이 없습니다. 제한이 없다는 것은 말 그대로 $-\infty$부터 $+\infty$까지 어떤 값이든 가질 수 있다는 뜻입니다. 그렇다면 이것이 왜 문제가 될 수 있을까요? 0과 1로 분류해야 하는 상황을 가정해 봅니다. 이 경우, 회귀 모형의 결괏값은 0 또는 1로 제한됩니다. 이런 상황에서 결괏값으로 2가 나오면 어떨까요? 결괏값으로 2가 나오면 0으로 분류해야 할까요? 아니면 1로 분류해야 할까요? 이처럼 결괏값이 제한되는 상황에서 회귀 모형의 결괏값에 제한이 없다면 분류 문제를 풀기 어려워집니다. 0과 1로 분류해야 하는 문제에서 모형의 결괏값은 오직 0과 1 사이의 값으로 나와야 할 것입니다. 이러한 문제점을 해결하기 위해 사용하는 방법이 **로지스틱 회귀 분석(logistic regression)**입니다.

$$z = \mathbf{w}^T\mathbf{x} + b$$

위 식은 선형 회귀 분석 모형입니다. [그림 8-10]은 선형 회귀 직선을 나타낸 그림입니다.

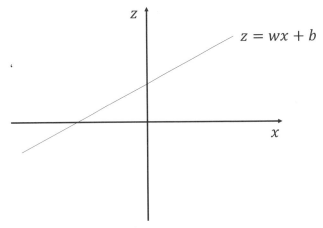

그림 8-10 선형 회귀 분석 모형

[그림 8-10]을 보면 z 값에는 제한이 없으므로 어떠한 값도 가질 수 있으므로 위 식을 이용해 분류 문제를 푸는 것은 어렵다는 것을 알 수 있습니다. 기존의 선형 회귀 모형 식을 분류 문제

를 풀 수 있도록 변형시키는 과정이 필요합니다. 이를 위해 결괏값이 제한된 범위의 값을 가지도록 변형시켜 봅니다.

$$y = \frac{1}{1 + e^{-z}}$$

$$= \frac{1}{1 + e^{-(\mathbf{w}^T\mathbf{x}+b)}}$$

z에 대한 선형 회귀 식을 위와 같이 변형시키면 새로운 아웃풋 y는 0과 1 사이의 값만 가지게 됩니다. 위 함수를 **시그모이드 함수(sigmoid function)**라고 부릅니다. 시그모이드 함수는 딥 러닝에서도 자주 나오는 함수입니다. 위 식의 우변이 w^Tx+b 형태가 되도록 변형시키면 아래와 같이 표현할 수 있습니다.

$$\log\left(\frac{y}{1-y}\right) = \mathbf{w}^T\mathbf{x} + b$$

위 식을 보면 우변이 w^Tx+b와 같이 선형 형태로 나타납니다. 위 식에서 좌변의 $y/(1-y)$를 오즈비라고 부릅니다. 분자에 해당하는 y가 사건이 발생할 확률(혹은 성공 확률)이라고 했을 때 분모인 $1-y$ 값은 사건이 발생하지 않을 확률(혹은 실패 확률)에 해당합니다. 실패 확률과 성공 확률의 비를 **오즈 비(odds ratio)**라고 부릅니다. 또한 오즈 비에 로그(log)를 취한 값을 **로짓(logit)**이라고 부릅니다. 이제 로지스틱 회귀 분석의 최종 형태를 배울 준비가 끝났습니다. 위 식에서 y에 $P(y=1|X=\mathbf{x})=\pi(\mathbf{x})$를 삽입하면 아래와 같은 최종 형태가 나옵니다.

$$\log\left(\frac{y}{1-y}\right) = \log\left(\frac{P(y=1|X=\mathbf{x})}{P(y=0|X=\mathbf{x})}\right) = \log\left(\frac{\pi(\mathbf{x})}{1-\pi(\mathbf{x})}\right)$$

$$\log\left(\frac{\pi(\mathbf{x})}{1-\pi(\mathbf{x})}\right) = \mathbf{w}^T\mathbf{x} + b$$

위 식이 바로 로지스틱 회귀 분석의 형태입니다. 위 식에 등장하는 $\pi(\mathbf{x})$는 피처 데이터 $\mathbf{x}$가 주어질 때 y가 1일 확률을 의미합니다. 즉 $\pi(\mathbf{x})=P(y=1|X=\mathbf{x})$입니다.

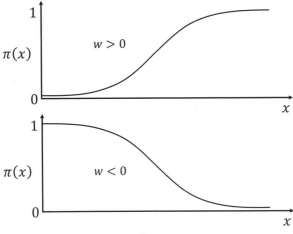

그림 8-11 로지스틱 회귀 분석 모형

[그림 8-11]을 보면 로지스틱 회귀 분석 모형은 y축 값이 0과 1로 제한되어 있음을 알 수 있습니다. 가중치의 부호에 따라 로지스틱 회귀 모형의 형태가 달라지는 것을 알 수 있습니다.

▌8.5.2 로지스틱 회귀 분석 실습

로지스틱 회귀 분석 알고리즘을 이용해 유방암을 예측하는 모형을 만들어 봅니다.

> 데이터 불러오기

```
from sklearn import datasets                    ❶
raw_cancer = datasets.load_breast_cancer()      ❷
```

❶ 사용할 데이터를 불러옵니다. 사이킷런에서 제공하는 datasets 함수를 불러옵니다. ❷ 분석 대상이 될 유방암 데이터를 불러옵니다.

> 피처, 타깃 데이터 지정

```
X = raw_cancer.data      ❶
y = raw_cancer.target    ❷
```

❶ 피처 데이터를 대문자 X로 지정합니다. ❷ 타깃 데이터를 소문자 y로 지정합니다.

> 트레이닝/테스트 데이터 분할

```
from sklearn.model_selection import train_test_split            ❶
X_tn, X_te, y_tn, y_te=train_test_split(X,y,random_state=0)      ❷
```

❶ 데이터를 트레이닝 데이터와 테스트 데이터로 분할하기 위해 필요한 함수를 불러옵니다. ❷ train_test_split 함수에 피처 데이터 X, 타깃 데이터 y를 넣고 random_state를 이용해 임의의 랜덤 시드값을 지정해 트레이닝, 테스트 데이터로 분할합니다.

> 데이터 표준화

```
from sklearn.preprocessing import StandardScaler     ❶
std_scale = StandardScaler()                         ❷
std_scale.fit(X_tn)                                  ❸
X_tn_std = std_scale.transform(X_tn)                 ❹
X_te_std = std_scale.transform(X_te)                 ❺
```

데이터 표준화 단계입니다. ❶ 데이터 표준화에 필요한 함수를 불러옵니다. ❷ 표준화 스케일러를 지정합니다. ❸ 트레이닝 피처 데이터를 표준화에 적합시킵니다. ❹ 트레이닝 피처 데이터 X_tn을 표준화시킨 후 X_tn_std라고 저장합니다. ❺ 테스트 피처 데이터 X_te 데이터를 표준화시켜 X_te_std라고 이름 짓습니다.

> 데이터 학습

```
from sklearn.linear_model import LogisticRegression     ❶
clf_logi_l2 =  LogisticRegression(penalty='l2')         ❷
clf_logi_l2.fit(X_tn_std, y_tn)                          ❸
```

로지스틱 회귀 모형을 이용해 데이터를 적합시킵니다. ❶ 로지스틱 모형을 사용하기 위한 LogisticRegression 함수를 불러옵니다. ❷ LogisticRegerssion 함수를 이용해 모형을 설정하는데, 선형 회귀 분석과 마찬가지로 제약식을 적용할 수 있습니다. penalty 옵션을 사용해 제약식 종류를 정할 수 있습니다. L1 제약식을 적용하고 싶다면 penalty='l1', L2 제약식을 적용하고 싶다면 penalty='l2', 엘라스틱 넷을 적용하고 싶다면 penalty='elasticnet', 제약식을 적용하고 싶지 않으면, penalty='none'이라고 입력합니다. ❸ 표준화된 트레이닝 피처 데이터 X_tn_std, 트레이닝 타깃 데이터 y_tn을 넣어 모형을 적합시킵니다.

> 로지스틱 회귀 분석 추정 계수

```
>>> print(clf_logi_l2.coef_)                                              ❶
[[-0.29792942 -0.58056355 -0.3109406  -0.377129    -0.11984232  0.42855478
  -0.71131106 -0.85371164 -0.46688191  0.11762548 -1.38262136  0.0899184
  -0.94778563 -0.94686238  0.18575731  0.99305313  0.11090349 -0.3458275
   0.20290919  0.80470317 -0.91626377 -0.91726667 -0.8159834  -0.86539197
  -0.45539191  0.10347391 -0.83009341 -0.98445173 -0.5920036  -0.61086989]]
>>> print(clf_logi_l2.intercept_)                                        ❷
[0.02713751]
```

데이터를 적합시킨 로지스틱 회귀 모형의 추정 계수를 확인해 봅니다. ❶ 메소드 coef_를 사용해 모형 추정 계수를 확인해 봅니다. ❷ 메소드 intercept_를 사용해 상수항을 확인해 봅니다.

> 데이터 예측

```
pred_logistic = clf_logi_l2.predict(X_te_std)                            ❶
print(pred_logistic)                                                     ❷
[0 1 1 1 1 1 1 1 1 1 1 1 0 1 0 1 0 0 0 0 0 1 1 0 1 1 0 1 0 1 0 1 0 1 0 1
 0 1 0 0 1 0 1 1 0 1 1 1 0 0 0 0 1 1 1 1 1 1 0 0 0 1 1 0 1 0 0 0 1 1 0 1 0
 0 1 1 1 1 0 0 0 1 0 1 1 1 0 0 1 0 0 0 1 1 0 1 1 1 1 1 1 1 0 1 0 1 1 1 1
 0 0 1 1 1 1 1 1 1 1 1 0 1 1 1 1 0 1 1 1 1 1 0 0 0 1 1 1 0]
```

❶ 테스트 데이터를 이용해 예측하는 단계입니다. predict 메소드에 표준화된 테스트 피처 데이터 X_te_std를 넣습니다. ❷ 예측값을 확인할 수 있습니다.

> 클래스 확률로 예측

```
>>> pred_proba = clf_logi_l2.predict_proba(X_te_std)                     ❶
>>> print(pred_proba)                                                    ❷
[[9.98638613e-01 1.36138656e-03]
 [3.95544804e-02 9.60445520e-01]
 [1.30896362e-03 9.98691036e-01]
 [1.24473354e-02 9.87552665e-01]
 [2.44132101e-04 9.99755868e-01]
 …중략
```

위에서는 클래스로 예측했는데, ❶ 메소드 predict_proba를 이용해 해당 클래스에 속할 확률을 출력합니다. ❷ 유방암 데이터는 두 가지 클래스로 예측되므로 결괏값이 두 개의 열로 이루어진 것을 알 수 있습니다.

> 정밀도 평가

```
>>> from sklearn.metrics import precision_score          ❶
>>> precision = precision_score(y_te, pred_logistic)      ❷
>>> print(precision)                                      ❸
0.9666666666666667
```

앞서 만든 모형의 정밀도(precision)를 확인해 봅니다. ❶ 정밀도 측정에 필요한 함수를 불러옵니다. ❷ 실제 타깃 테스트 데이터 y_te와 생성된 모형으로 예측한 데이터 pred_logistic을 넣어 정밀도를 출력합니다. ❸ 모형 정밀도는 96.6%로 나타납니다.

> confusion matrix 확인

```
>>> from sklearn.metrics import confusion_matrix         ❶
>>> conf_matrix = confusion_matrix(y_te, pred_logistic)  ❷
>>> print(conf_matrix)                                    ❸
[[50  3]
 [ 3 87]]
```

테스트 데이터를 이용한 예측 결과를 confusion matrix 형태로 확인해 봅니다. ❶ confusion matrix를 사용하기 위해 필요한 함수를 불러옵니다. ❷ 실제 테스트 타깃 데이터 y_te와 로지스틱 모형을 이용해 구한 예측값 pred_logistic을 confusion_matrix 함수에 넣고 실행합니다. ❸ confusion matrix를 통해 분류 예측 결과를 확인해 봅니다.

> 분류 리포트 확인

```
from sklearn.metrics import classification_report        ❶
class_report = classification_report(y_te, pred_logistic) ❷
print(class_report)                                       ❸
```

	precision	recall	f1-score	support
0	0.94	0.94	0.94	53
1	0.97	0.97	0.97	90
accuracy			0.96	143
macro avg	0.96	0.96	0.96	143
weighted avg	0.96	0.96	0.96	143

그림 8-12 로지스틱 분류 리포트

분류 리포트를 확인해 봅니다. ❶ 분류 리포트를 보기 위해 필요한 함수를 불러옵니다. ❷ 실제 테스트 타깃 데이터 y_te와 로지스틱 모형을 이용해 구한 예측값 logi_l2_pred를 classification_report 함수에 넣고 실행합니다. ❸ 로지스틱 분류 리포트를 확인해 봅니다.

> 전체 코드

```
from sklearn import datasets
from sklearn.preprocessing import StandardScaler
from sklearn.model_selection import train_test_split

from sklearn.linear_model import LogisticRegression

from sklearn.metrics import precision_score
from sklearn.metrics import confusion_matrix
from sklearn.metrics import classification_report


# 데이터 불러오기
raw_cancer = datasets.load_breast_cancer()

# 피처, 타깃 데이터 지정
X = raw_cancer.data
y = raw_cancer.target

# 트레이닝/테스트 데이터 분할
X_tn, X_te, y_tn, y_te=train_test_split(X,y,random_state=0)

# 데이터 표준화
std_scale = StandardScaler()
std_scale.fit(X_tn)
```

```
X_tn_std = std_scale.transform(X_tn)
X_te_std  = std_scale.transform(X_te)

# 로지스틱 회귀 분석(L2 제약식 적용)
clf_logi_l2 =  LogisticRegression(penalty='l2')
clf_logi_l2.fit(X_tn_std, y_tn)

# 로지스틱 회귀 분석 모형(L2 제약식 적용) 추정 계수
print(clf_logi_l2.coef_)
print(clf_logi_l2.intercept_)

# 예측
pred_logistic = clf_logi_l2.predict(X_te_std)
print(pred_logistic)

# 확률값으로 예측
pred_proba = clf_logi_l2.predict_proba(X_te_std)
print(pred_proba)

# 정밀도
precision = precision_score(y_te, pred_logistic)
print(precision)

# confusion matrix 확인
conf_matrix = confusion_matrix(y_te, pred_logistic)
print(conf_matrix)

# 분류 리포트 확인
class_report = classification_report(y_te, pred_logistic)
print(class_report)
```

8.6 나이브 베이즈

8.6.1 나이브 베이즈의 개념

나이브 베이즈(naïve bayes)는 서로 조건부 독립(conditional independence)인 피처를 가정하고, 베이즈 이론을 기반으로 하는 머신러닝 알고리즘입니다. 확률 변수 Y가 주어졌을 때, 확률 변수 X_1과 X_2가 **조건부 독립(conditional independence)**이면 아래 식을 만족합니다.

$$P(X_1, X_2 \mid Y) = P(X_1 \mid Y)P(X_2 \mid Y)$$

이번 단원의 핵심 개념인 조건부 확률, 베이즈 정리에 대한 내용은 4.10 단원을 참고하길 바랍니다. 나이브 베이즈 개념을 설명하기 위해 먼저 [표 8-1]과 같은 데이터를 가정해 봅니다. 이를 이용해 배드민턴 플레이 여부를 예측하는 모형을 만들어 봅니다.

날씨	바람	온도	습도	배드민턴
맑음	강함	낮음	보통	아니오
흐림	강함	높음	보통	아니오
맑음	약함	높음	보통	네
비	약함	보통	높음	네
맑음	약함	보통	낮음	네
흐림	약함	낮음	높음	아니오
흐림	약함	보통	높음	아니오
맑음	강함	높음	낮음	아니오

표 8-1 배드민턴 플레이 여부

[표 8-1]의 데이터는 날씨, 바람, 온도, 습도라는 4가지 피처를 이용해 타깃 변수인 배드민턴 플레이 여부를 예측합니다. 나이브 베이즈 개념을 좀 더 쉽게 배우기 위해 우선 날씨 피처 하나만 고려합니다. 날씨에 따른 배드민턴 플레이 확률은 [표 8-2]와 같이 나타낼 수 있습니다.

		배드민턴		합계
		네	아니오	
날씨	맑음	P(배드민턴=네|날씨=맑음)	P(배드민턴=아니오|날씨=맑음)	P(날씨=맑음)
	흐림	P(배드민턴=네|날씨=흐림)	P(배드민턴=아니오|날씨=흐림)	P(날씨=흐림)
	비	P(배드민턴=네|날씨=비)	P(배드민턴=아니오|날씨=비)	P(날씨=비)
	합계	P(배드민턴=네)	P(배드민턴=아니오)	1

표 8-2 날씨에 따른 배드민턴 플레이 확률

[표 8-2]는 날씨에 따른 배드민턴 플레이 확률을 나타냅니다. 날씨는 '맑음', '흐림', '비'와 같이 3가지 값을 가지며, 해당 날씨에 따른 배드민턴 플레이 확률은 조건부 확률 형태로 나타낼 수 있습니다. 조건부 확률이므로 어떤 조건이 주어지는지에 따라 확률이 달라집니다. 이는 배드민턴을 플레이할 확률을 생각할 때, 날씨의 상태에 따라 확률이 바뀔 수 있다는 것을 의미합니다.

$$P(\text{배드민턴} = \text{네}) = P(\text{배드민턴} = \text{네} \mid \text{날씨} = \text{맑음})$$
$$+P(\text{배드민턴} = \text{네} \mid \text{날씨} = \text{흐림})$$
$$+P(\text{배드민턴} = \text{네} \mid \text{날씨} = \text{비})$$

만약 날씨 조건에 상관없이 배드민턴을 플레이하는 '배드민턴=네'일 확률을 구하고 싶다면 위 식과 같이 모든 날씨 상태에 따른 조건부 확률을 모두 더하면 됩니다.

		배드민턴		
		네	아니오	합계
날씨	맑음	2	2	4
	흐림	0	3	3
	비	1	0	1
	합계	3	5	8

표 8-3 날씨에 따른 배드민턴 플레이 빈도

[표 8-3]은 오리지널 데이터 셋을 바탕으로 날씨에 따른 배드민턴 플레이 여부의 빈도수 데이터를 채워 넣은 것입니다. 위 [표 8-3]의 빈도수를 기반으로 각 조건에 대한 배드민턴 플레이 확률은 [표 8-4]와 같습니다.

		배드민턴		
		네	아니오	합계
날씨	맑음	2/8	2/8	4/8
	흐림	0/8	3/8	3/8
	비	1/8	0/8	1/8
	합계	3/8	5/8	8/8

		배드민턴		
		네	아니오	합계
날씨	맑음	0.25	0.25	0.5
	흐림	0	0.375	0.375
	비	0.125	0	0.125
	합계	0.375	0.625	1

표 8-4 날씨에 따른 배드민턴 플레이 확률

지금까지는 '날씨' 피처에 대해 배드민턴 플레이 확률을 계산했습니다. 동일한 방법으로 나머지 피처 '바람', '온도', '습도'에 대한 빈도수는 [표 8-5]와 같이 구할 수 있습니다.

		배드민턴		합계
		네	아니오	
날씨	맑음	2	2	4
	흐림	0	3	3
	비	1	0	1
바람	강함	0	3	3
	약함	3	2	5
온도	높음	1	2	3
	보통	2	1	3
	낮음	0	2	2
습도	높음	1	2	3
	보통	1	2	3
	낮음	1	1	2
합계		3	5	8

표 8-5 조건에 따른 배드민턴 플레이 빈도

[표 8-5]를 이용하면 각 피처에 대해 배드민턴 플레이 여부의 빈도수를 확인할 수 있습니다. 위에서 구한 빈도수를 바탕으로 확률을 구하면 [표 8-6]과 같은 결과를 얻을 수 있습니다.

		배드민턴		합계
		네	아니오	
날씨	맑음	2/8	2/8	4/8
	흐림	0/8	3/8	3/8
	비	1/8	0/8	1/8
바람	강함	0/8	3/8	3/8
	약함	3/8	2/8	5/8
온도	높음	1/8	2/8	3/8
	보통	2/8	1/8	3/8
	낮음	0/8	2/8	2/8
습도	높음	1/8	2/8	3/8
	보통	1/8	2/8	3/8
	낮음	1/8	1/8	2/8
합계		3/8	5/8	8/8

		배드민턴		합계
		네	아니오	
날씨	맑음	0.25	0.25	0.5
	흐림	0	0.375	0.375
	비	0.125	0	0.125
바람	강함	0	0.375	0.375
	약함	0.375	0.25	0.625
온도	높음	0.125	0.25	0.375
	보통	0.25	0.125	0.375
	낮음	0	0.25	0.25
습도	높음	0.125	0.25	0.375
	보통	0.125	0.25	0.375
	낮음	0.125	0.125	0.25
합계		0.375	0.625	1

표 8-6 조건에 따른 배드민턴 플레이 확률

나이브 베이즈를 이용하면 조건이 주어질 때의 배드민턴 플레이 여부를 예측할 수 있습니다. 즉, 주어진 데이터를 이용해 배드민턴 플레이 확률 모형을 생성하고, 다음 표와 같이 새로운 데이터가 주어질 때, 배드민턴 플레이 확률을 예측합니다.

날씨	바람	온도	습도	배드민턴
맑음	약함	보통	보통	?

위와 같은 조건에서 배드민턴 플레이 여부를 예측하는 것은 배드민턴을 플레이할 확률과 하지 않을 확률 중 더 높은 확률을 선택하는 것과 같습니다. 즉, 아래 표처럼 주어진 피처 데이터를 조건부 확률에서의 조건이라고 가정하고, 플레이 확률을 추정하는 것입니다. 조건이 주어질 때의 배드민턴 플레이 확률과 조건이 주어질 때의 배드민턴을 플레이하지 않을 확률 중 높은 쪽으로 예측합니다. 즉, 아래 표처럼 두 가지 확률을 계산하면 됩니다.

배드민턴	확률
네	$P($배드민턴=네$|$날씨=맑음, 바람=약함, 온도=보통, 습도=보통$)$
아니오	$P($배드민턴=아니오$|$날씨=맑음, 바람=약함, 온도=보통, 습도=보통 $)$

지금부터 두 확률을 계산해 봅니다. 먼저 조건이 주어질 때 배드민턴을 플레이할 확률부터 구한 결과는 아래와 같습니다. 베이즈 정리를 이용해 식을 정리하면 최종적으로 여러 가지 조건을 가정한 조건부 확률은 조건이 하나인 작고 여러 개인 조건부 확률로 나눌 수 있다는 것을 볼 수 있습니다. 즉, 위에서 구하려는 확률을 곧바로 구하기는 어렵지만 식을 변형하면 쉽게 값을 구할 수 있습니다.

$$P\left(\text{배드민턴} = \text{네}\middle|\text{날씨} = \text{맑음}, \text{바람} = \text{약함}, \text{온도} = \text{보통}, \text{습도} = \text{보통}\right)$$

$$= \frac{P(\text{배드민턴} = \text{네}, \text{날씨} = \text{맑음}, \text{바람} = \text{약함}, \text{온도} = \text{보통}, \text{습도} = \text{보통})}{P(\text{날씨} = \text{맑음}, \text{바람} = \text{약함}, \text{온도} = \text{보통}, \text{습도} = \text{보통})}$$

$$= \frac{P(\text{날씨} = \text{맑음}, \text{바람} = \text{약함}, \text{온도} = \text{보통}, \text{습도} = \text{보통}|\text{네})P(\text{네})}{P(\text{날씨} = \text{맑음}, \text{바람} = \text{약함}, \text{온도} = \text{보통}, \text{습도} = \text{보통})}$$

$$= \frac{P\left(\text{날씨} = \text{맑음}\middle|\text{네}\right)P\left(\text{바람} = \text{약함}\middle|\text{네}\right)P\left(\text{온도} = \text{보통}\middle|\text{네}\right)P(\text{습도} = \text{보통}|\text{네})P(\text{네})}{P(\text{날씨} = \text{맑음}, \text{바람} = \text{약함}, \text{온도} = \text{보통}, \text{습도} = \text{보통})}$$

$$\propto P\left(\text{날씨} = \text{맑음}\middle|\text{네}\right)P\left(\text{바람} = \text{약함}\middle|\text{네}\right)P\left(\text{온도} = \text{보통}\middle|\text{네}\right)P(\text{습도} = \text{보통}|\text{네})P(\text{네})$$

비슷한 방법으로 배드민턴을 치지 않을 확률도 구해 봅니다. 결과는 다음과 같습니다.

$$P\left(\text{배드민턴 = 아니오}\middle|\text{날씨 = 맑음, 바람 = 약함, 온도 = 보통, 습도 = 보통}\right)$$

$$= \frac{P\left(\text{배드민턴 = 아니오, 날씨 = 맑음, 바람 = 약함, 온도 = 보통, 습도 = 보통}\right)}{P\left(\text{날씨 = 맑음, 바람 = 약함, 온도 = 보통, 습도 = 보통}\right)}$$

$$= \frac{P\left(\text{날씨 = 맑음, 바람 = 약함, 온도 = 보통, 습도 = 보통}\middle|\text{아니오}\right)P\left(\text{아니오}\right)}{P\left(\text{날씨 = 맑음, 바람 = 약함, 온도 = 보통, 습도 = 보통}\right)}$$

$$= \frac{P\left(\text{날씨 = 맑음}\middle|\text{아니오}\right)P\left(\text{바람 = 약함}\middle|\text{아니오}\right)P\left(\text{온도 = 보통}\middle|\text{아니오}\right)P\left(\text{습도 = 보통}\middle|\text{아니오}\right)P\left(\text{아니오}\right)}{P\left(\text{날씨 = 맑음, 바람 = 약함, 온도 = 보통, 습도 = 보통}\right)}$$

$$\propto P\left(\text{날씨 = 맑음}\middle|\text{아니오}\right)P\left(\text{바람 = 약함}\middle|\text{아니오}\right)P\left(\text{온도 = 보통}\middle|\text{아니오}\right)P\left(\text{습도 = 보통}\middle|\text{아니오}\right)P\left(\text{아니오}\right)$$

배드민턴을 치지 않을 확률도 칠 확률과 마찬가지로 작고 여러 개의 조건부 확률로 나눌 수 있습니다. 즉, 구하려는 확률은 아래와 같이 다시 바꿔 쓸 수 있습니다.

배드민턴	확률
네	$P(\text{날씨 =맑음}|\text{네})P(\text{바람 =약함}|\text{네})P(\text{온도 =보통}|\text{네})P(\text{습도 =보통}|\text{네})P(\text{네})$
아니오	$P(\text{날씨 =맑음}|\text{아니오})P(\text{바람 =약함}|\text{아니오})P(\text{온도 =보통}|\text{아니오})P(\text{습도 =보통}|\text{아니오})P(\text{아니오})$

위 확률을 계산하면 다음과 같습니다.

$$P\left(\text{날씨 = 맑음}\middle|\text{네}\right)P\left(\text{바람 = 약함}\middle|\text{네}\right)P\left(\text{온도 = 보통}\middle|\text{네}\right)P\left(\text{습도 = 보통}\middle|\text{네}\right)P\left(\text{네}\right)$$

$$= 0.667 \times 1 \times 0.667 \times 0.333 \times 0.375 = 0.056$$

$$P\left(\text{날씨 = 맑음}\middle|\text{아니오}\right)P\left(\text{바람 = 약함}\middle|\text{아니오}\right)P\left(\text{온도 = 보통}\middle|\text{아니오}\right)P\left(\text{습도 = 보통}\middle|\text{아니오}\right)P\left(\text{아니오}\right)$$

$$= 0.4 \times 0.4 \times 0.2 \times 0.4 \times 0.625 = 0.008$$

날씨='맑음', 바람='약함', 온도='보통', 습도='보통'이라는 조건이 주어질 때 배드민턴을 플레이할 확률이 플레이하지 않을 확률보다 높으므로 최종적으로 배드민턴을 플레이하리라 예측할 수 있습니다.

8.6.2 나이브 베이즈 실습

나이브 베이즈 알고리즘을 활용해 와인 종류를 구분하는 실습을 해 봅니다.

> 데이터 불러오기

```
from sklearn import datasets                    ❶
raw_wine = datasets.load_wine()                 ❷
```

나이브 베이즈를 적용할 데이터를 불러옵니다. ❶ 사이킷런에서 제공하는 데이터 셋을 불러오기 위해 필요한 함수를 불러옵니다. ❷ load_wine()을 이용해 와인 데이터를 불러와 raw_wine으로 저장합니다.

> 피처, 타깃 데이터 지정

```
X = raw_wine.data                              ❶
y = raw_wine.target                            ❷
```

❶ 와인 데이터의 피처 부분을 대문자 X라고 합니다. ❷ 타깃 부분을 소문자 y라고 저장합니다.

> 트레이닝/테스트 데이터 분할

```
from sklearn.model_selection import train_test_split           ❶
X_tn, X_te, y_tn, y_te=train_test_split(X,y,random_state=0)     ❷
```

전체 데이터를 트레이닝 데이터와 테스트 데이터로 분할합니다. ❶ 트레이닝/테스트 분할을 위해 필요한 함수를 불러옵니다. ❷ train_test_split 함수를 실행해 트레이닝/테스트 데이터로 분할합니다. 코드를 여러 번 실행했을 때 랜덤으로 뽑히는 숫자가 변하지 않도록 임의의 random_state 값을 지정해 줍니다.

> 데이터 표준화

```
from sklearn.preprocessing import StandardScaler      ❶
std_scale = StandardScaler()                          ❷
std_scale.fit(X_tn)                                   ❸
X_tn_std = std_scale.transform(X_tn)                  ❹
X_te_std  = std_scale.transform(X_te)                 ❺
```

데이터 표준화 단계입니다. ❶ 표준화를 위해 필요한 함수를 불러옵니다. ❷ 표준화 스케일러를 지정합니다. ❸ 트레이닝 피처 데이터를 적합시킵니다. ❹ 트레이닝 피처 데이터 X_tn을 표준화시킨 후 X_tn_std라는 이름으로 저장합니다. ❺ 마지막으로 테스트 피처 데이터 X_te를 표준화시킨 후 X_te_std라고 저장합니다.

> 데이터 학습

```
from sklearn.naive_bayes import GaussianNB          ❶
clf_gnb = GaussianNB()                              ❷
clf_gnb.fit(X_tn_std, y_tn)                         ❸
```

나이브 베이즈를 이용해 데이터를 학습하는 단계입니다. ❶ 나이브 베이즈를 사용하기 위해 필요한 GaussianNB 함수를 불러옵니다. ❷ GaussianNB 함수를 이용해 나이브 베이즈 모형을 설정합니다. ❸ 표준화된 트레이닝 피처 데이터 X_train_std와 트레이닝 타깃 데이터 y를 적합시킵니다.

> 데이터 예측

```
>>> pred_gnb = clf_gnb.predict(X_te_std)            ❶
>>> print(pred_gnb)                                 ❷
[0 2 1 0 1 1 0 2 1 1 2 2 0 0 2 1 0 0 2 0 0 0 0 1 1 1 1 1 2 0 0 1 0 0 0 2
 1 1 2 0 0 1 1 1]
```

적합시킨 나이브 베이즈 모형을 바탕으로 테스트 데이터를 이용해 예측해 봅니다. ❶ predict를 이용해 표준화된 테스트 피처 데이터를 넣어 실행합니다. ❷ 테스트 데이터에 대한 예측값을 확인해 봅니다.

> 리콜 평가

```
>>> from sklearn.metrics import recall_score                    ❶
>>> recall = recall_score(y_te, pred_gnb, average='macro')      ❷
>>> print(recall)                                               ❸
0.9523809523809524
```

모형 평가 단계입니다. ❶ 리콜(recall) 측정을 위해 필요한 recall_score 함수를 불러옵니다.

❷ 실제 테스트 타깃 데이터 y_test와 나이브 베이즈 모형을 통해 예측한 값 gnb_pred를 넣고 실행하면, 리콜을 확인할 수 있습니다. ❸ 나이브 베이즈 모형 리콜은 95.2%입니다.

> confusion matrix 확인

```
>>> from sklearn.metrics import confusion_matrix          ❶
>>> conf_matrix = confusion_matrix(y_te, pred_gnb)        ❷
>>> print(conf_matrix)                                    ❸
[[16  0  0]
 [ 2 18  1]
 [ 0  0  8]]
```

confusion matrix를 확인해 봅니다. ❶ confusion matrix를 사용하기 위해 필요한 함수를 불러옵니다. ❷ 실제 테스트 타깃 데이터 y_te와 나이브 베이즈 모형을 통해 예측한 값 gnb_pred를 넣고 confusion_matrix를 실행합니다. ❸ confusion matrix를 확인해 봅니다.

> 분류 리포트 확인

```
from sklearn.metrics import classification_report          ❶
class_report = classification_report(y_te, pred_gnb)       ❷
print(class_report)                                        ❸
```

	precision	recall	f1-score	support
0	0.89	1.00	0.94	16
1	1.00	0.86	0.92	21
2	0.89	1.00	0.94	8
accuracy			0.93	45
macro avg	0.93	0.95	0.94	45
weighted avg	0.94	0.93	0.93	45

그림 8-13 나이브 베이즈 분류 리포트

분류 리포트를 확인해 봅니다. ❶ 분류 리포트를 확인하기 위해 필요한 함수를 불러옵니다. ❷ classification_report 함수에 실젯값에 해당하는 테스트 타깃 데이터 y_te와 나이브 베이즈 모형으로 예측한 gnb_pred 값을 넣고 실행합니다. ❸ 분류 리포트를 확인해 봅니다.

> **전체 코드**

```python
from sklearn import datasets
from sklearn.preprocessing import StandardScaler
from sklearn.model_selection import train_test_split

from sklearn.naive_bayes import GaussianNB

from sklearn.metrics import recall_score
from sklearn.metrics import confusion_matrix
from sklearn.metrics import classification_report


# 데이터 불러오기
raw_wine = datasets.load_wine()

# 피처, 타깃 데이터 지정
X = raw_wine.data
y = raw_wine.target

# 트레이닝/테스트 데이터 분할
X_tn, X_te, y_tn, y_te=train_test_split(X,y,random_state=0)

# 데이터 표준화
std_scale = StandardScaler()
std_scale.fit(X_tn)
X_tn_std = std_scale.transform(X_tn)
X_te_std  = std_scale.transform(X_te)

# 나이브 베이즈 학습
clf_gnb = GaussianNB()
clf_gnb.fit(X_tn_std, y_tn)

# 예측
pred_gnb = clf_gnb.predict(X_te_std)
print(pred_gnb)

# 리콜
recall = recall_score(y_te, pred_gnb)
print(recall)

# confusion matrix 확인
```

```
conf_matrix = confusion_matrix(y_te, pred_gnb)
print(conf_matrix)

# 분류 리포트 확인
class_report = classification_report(y_te, pred_gnb)
print(class_report)
```

8.7 의사 결정 나무

▌8.7.1 의사 결정 나무의 개념

이번 단원에서는 의사 결정 나무(decision tree)에 대해서 알아봅니다. 먼저 의사 결정 나무의 개념을 설명하기 위해 앞서 나이브 베이즈 단원에서 다루었던 동일한 데이터 셋을 사용한다고 가정합니다.

날씨	바람	온도	습도	배드민턴
맑음	강함	낮음	보통	아니오
흐림	강함	높음	보통	아니오
맑음	약함	높음	보통	네
비	약함	보통	높음	네
맑음	약함	보통	낮음	네
흐림	약함	낮음	높음	아니오
흐림	약함	보통	높음	아니오
맑음	강함	높음	낮음	아니오

표 8-7 의사 결정 나무 데이터

[표 8-7]은 날씨, 바람, 온도, 습도에 따라 배드민턴 플레이 여부에 대한 데이터입니다. 의사 결정 나무는 이름처럼 의사 결정을 하는 데 나무(tree)를 사용한다는 뜻입니다. 각 나무는 [그림 8-14]와 같이 생겼습니다.

211

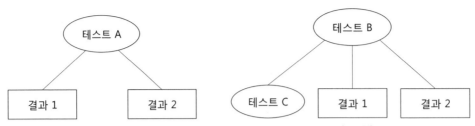

그림 8-14 간단한 형태의 의사 결정 나무(왼쪽), 여러 번 테스트하는 의사 결정 나무(오른쪽)

[그림 8-14]의 왼쪽같이 의사 결정 나무에서는 테스트를 위쪽에 놓고 해당 테스트로 발생 가능한 결과를 아래쪽에 놓습니다. 오른쪽 그림과 같이 의사 결정 나무의 결과는 또 다른 테스트가 될 수 있습니다. 즉, 테스트 B로 판별하지 못한 데이터는 또 다른 테스트인 테스트 C를 사용해 데이터 분류가 가능합니다.

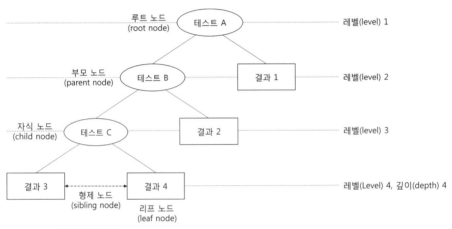

그림 8-15 의사 결정 나무 구조

[그림 8-15]는 의사 결정 나무를 일반화한 그림입니다. 용어별 뜻은 [표 8-8]을 참고하길 바랍니다.

용어	설명
루트 노드(root node)	– 트리에서 부모가 없는 최상위 노드, 트리의 시작점 – 테스트 A
리프 노드(leaf node)	– 자식이 없는 노드, 트리의 가장 말단에 위치 – 결과 1, 결과 2, 결과 3, 결과 4
조상 노드(ancestor node)	– 특정 노드에서 루트에 이르는 경로상 모든 노드 – 테스트 C의 조상 노드는 테스트 B, 테스트 A

부모 노드(parent node)	- 특정 노드에 연결된 이전 레벨의 노드 - 결과 3의 부모 노드는 테스트 C
자식 노드(child node)	- 특정 노드에 연결된 다음 레벨의 노드 - 테스트 C의 결과 노드는 결과 3, 결과 4
형제 노드(sibling node)	- 같은 부모를 가진 노드 - 결과 3과 결과 4는 형제 노드
레벨(level)	- 루트 노드를 기준으로 특정 노드까지의 경로 길이
깊이(depth)	- 트리의 최대 레벨 - 트리의 깊이는 4
차수(degree)	- 특정 노드에 연결된 자식 노드의 수 - 테스트 C의 차수는 2

표 8-8 의사 결정 나무 용어

▍8.7.2 엔트로피

동일한 데이터에 대해 여러 가지 형태의 의사 결정 나무를 생성할 수 있습니다. 의사 결정 나무는 어떤 테스트를 선택하는지에 따라 달라집니다. [표 8-7]에서 사용하는 데이터에는 날씨, 바람, 온도, 습도와 같은 네 가지 피처가 존재하므로 테스트 후보는 총 네 가지입니다. 네 가지 테스트 후보 중 첫 번째 테스트를 선정하는 기준은 성능입니다. 그럼 개별 날씨, 바람, 온도, 습도 테스트의 성능을 측정해 봅니다.

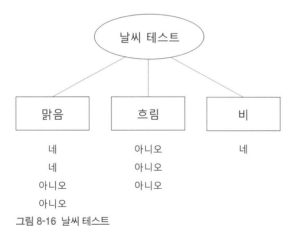

그림 8-16 날씨 테스트

가장 먼저 날씨 테스트를 수행해 봅니다. [그림 8-16]은 날씨 테스트 결과입니다. 날씨 테스트의 결과는 맑음, 흐림, 비로 이루어져 있으므로 각 결과에 해당하는 타깃을 결과 노드에 포함합니다. [그림 8-16]과 같이 날씨 테스트를 사용했을 때, 성능은 어떻게 평가할까요? 테스트 성능 평가를 위해 엔트로피(Entropy)라는 개념을 사용합니다. 엔트로피는 불순도(impurity)

정도를 측정하며, 낮을수록 좋습니다. 이때, 불순도란 노드에 서로 다른 데이터가 얼마나 섞여 있는지를 의미합니다. 불순도가 낮을수록 데이터가 섞여 있지 않다는 것을 의미합니다. 엔트로피는 아래와 같은 식을 따릅니다.

$$Entropy(d) = -\sum P(x) \log P(x)$$

$$= -\sum_{i=1}^{k} p(i|d) \log_2\bigl(p(i|d)\bigr)$$

위 식에서 $p(i|d)$는 노드 d가 주어질 때 i 클래스에 속할 확률입니다. 위 예제는 배드민턴 플레이 여부를 분류하려는 이진 분류 문제이므로 $k=2$이며, 이를 적용하면 아래와 같이 표현할 수 있습니다.

$$Entropy(d) = -\frac{P}{T}\log_2\frac{P}{T} - \frac{N}{T}\log_2\frac{N}{T}$$

위와 같은 엔트로피 구하는 공식을 사용하면 노드별 엔트로피를 구할 수 있습니다. 위 공식에서 T는 노드 속 전체(total) 데이터 수, P는 Positive 데이터 수, N은 Negative 데이터 수를 의미합니다. 해당 데이터에서 Positive 데이터는 배드민턴을 플레이하는 것을 의미하고, Negative 데이터는 배드민턴을 플레이하지 않는 것을 의미합니다. 위 엔트로피 공식은 [그림 8-17]과 같은 그래프를 따릅니다.

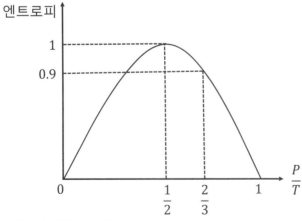

그림 8-17 엔트로피 그래프

[그림 8-17]은 노드에 포함되는 데이터 수 대비 Positive 데이터 비율에 따른 엔트로피를 그래

프로 나타낸 그림입니다. 가로축이 1/2일 때 가장 높은 엔트로피 1을 보입니다. 엔트로피는 낮을수록 성능이 높은 것을 의미하므로 가로축 1/2일 때 가장 낮은 성능을 보이고, 0 또는 1에 가까워질수록 높은 성능을 보인다는 것을 알 수 있습니다. 그렇다면 [그림 8-17] 노드의 데이터를 이용해 각 노드별 엔트로피를 구해 봅니다.

(1) 맑음 노드 엔트로피

$$Entropy\left(맑음\right) = -\frac{2}{4}\log_2\frac{2}{4} - \frac{2}{4}\log_2\frac{2}{4}$$

$$= \frac{1}{2} + \frac{1}{2}$$

$$= 1$$

(2) 흐림 노드 엔트로피

$$Entropy\left(흐림\right) = -\frac{0}{3}\log_2\frac{0}{3} - \frac{3}{3}\log_2\frac{3}{3}$$

$$= 0$$

(3) 비 노드 엔트로피

$$Entropy\left(비\right) = -\frac{1}{1}\log_2\frac{1}{1} - \frac{0}{1}\log_2\frac{0}{1}$$

$$= 0$$

각 노드별 엔트로피를 구했습니다. 각 노드별 엔트로피를 이용해 테스트 전체의 성능을 평가하려면 아래와 같은 공식을 사용합니다. 엔트로피와 마찬가지로 테스트 성능 점수도 낮을수록 좋습니다.

$$Q(Test) = \sum_{j=1}^{d} R_j\left(-\sum_{i=1}^{k} p(i|j)\log_2\big(p(i|j)\big)\right)$$

앞의 식에서 R_j는 전체 데이터 개수 중 해당 노드의 데이터 개수 비율을 의미합니다. 그렇다면 실제로 날씨 테스트 성능을 스코어링해 봅니다. 날씨 테스트에서 테스트 전체 데이터 수는 8개이고 맑음 노드는 4개, 흐림 노드는 3개, 비 노드는 1개의 데이터로 구성되어 있습니다.

■ 날씨 테스트 성능

$$Q\left(\text{날씨 테스트}\right) = 1 \times \frac{4}{8} + 0 \times \frac{3}{8} + 0 \times \frac{1}{8}$$

$$= \frac{4}{8} + 0 + 0$$

$$= \frac{1}{2}$$

$$= 0.5$$

같은 방법으로 나머지 테스트도 진행하면 [그림 8-18]과 같습니다.

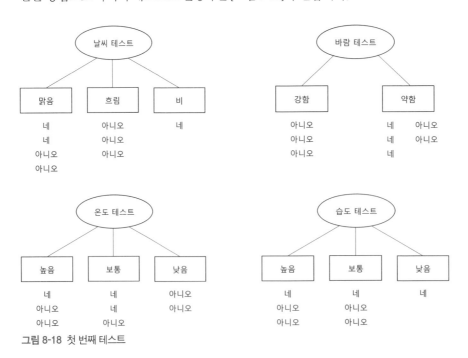

그림 8-18 첫 번째 테스트

[그림 8-18]은 각 피처를 테스트 기준으로 삼았을 때 의사 결정 나무를 그린 결과입니다. 앞서 날씨 테스트 성능을 측정했던 것처럼 바람, 온도, 습도 테스트에 대해서도 성능을 측정할 수

있습니다.

테스트	성능
날씨 테스트	0.5
바람 테스트	0.6
온도 테스트	0.7
습도 테스트	0.95

표 8-9 첫 번째 테스트 결과

[표 8-9]는 첫 번째 테스트 결과표입니다. 점수가 가장 낮은 테스트가 가장 좋은 성능을 나타내므로 날씨 테스트를 첫 번째 테스트로 선정합니다.

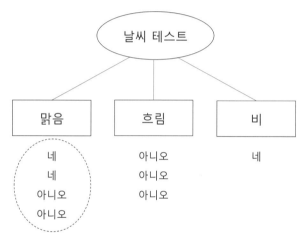

추가적인 테스트 필요

그림 8-19 첫 번째 테스트=날씨 테스트

첫 번째 테스트로 날씨 테스트를 선정하였습니다. 하지만 [그림 8-19]와 같이 맑음 노드의 경우 배드민턴 플레이 여부를 정확히 분류하지 못하므로 해당 데이터를 분류하기 위한 추가적인 테스트가 필요합니다. 추가적인 테스트는 날씨=맑음일 경우만 고려합니다.

[표 8-10]과 같이 전체 데이터를 고려하는 것이 아닌 음영 처리한 날씨=맑음인 데이터 4개만 관심 대상이 됩니다. 날씨가 맑음일 때의 데이터 4개에 대해서 추가로 바람, 온도, 습도 테스트를 진행합니다. 추가 테스트 후보 중 먼저 바람 테스트부터 살펴보면 [그림 8-20]과 같습니다.

날씨	바람	온도	습도	배드민턴
맑음	강함	낮음	보통	아니오
흐림	강함	높음	보통	아니오
맑음	약함	높음	보통	네
비	약함	보통	높음	네
맑음	약함	보통	낮음	네
흐림	약함	낮음	높음	아니오
흐림	약함	보통	높음	아니오
맑음	강함	높음	낮음	아니오

표 8-10 날씨=맑음일 때를 가정한 추가 테스트 데이터

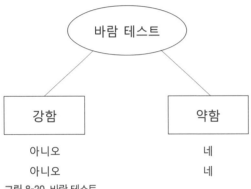

그림 8-20 바람 테스트

[그림 8-20]과 같이 테스트 대상 데이터가 날씨=맑음에 해당하는 데이터 4개이므로 바람 테스트 결과도 데이터 4개인 것을 볼 수 있습니다. 바람 테스트를 사용했을 경우 배드민턴 플레이 여부를 정확히 분류할 수 있음을 알 수 있습니다.

그림 8-21 '날씨=맑음'일 때, 두 번째 테스트

[그림 8-21]은 나머지 테스트 후보인 바람, 온도, 습도 테스트 결과입니다. 이를 요약하면 다음과 같습니다.

테스트	성능
바람 테스트	0
온도 테스트	0.5
습도 테스트	1

표 8-11 두 번째 테스트 결과

[표 8-11]과 같이 두 번째 테스트 성능 평가 결과, 점수가 가장 낮은 바람 테스트가 선정되었습니다. 그러므로 첫 번째 테스트 결과와 두 번째 테스트 결과를 종합해 만든 최종 의사 결정 나무는 [그림 8-22]와 같습니다.

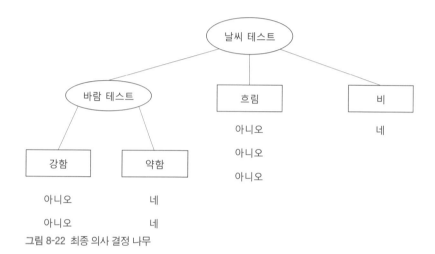

그림 8-22 최종 의사 결정 나무

8.7.3 지니 계수

지니 계수(Gini Index)에 대해 알아봅니다. 지니 계수는 엔트로피와 함께 불순도를 측정하는 또 다른 방법입니다.

$$G(Test) = \sum_{j=1}^{d} \left(R_j \left(1 - \sum_{i=1}^{k} p(i|j)^2 \right) \right)$$

지니 계수는 데이터 셋에서 랜덤으로 선택한 데이터에 임의로 라벨링을 정했을 때 틀릴 확률을 의미합니다. 만약 해당 데이터 셋의 데이터가 모두 동일하게 라벨링되어 있다면 지니 계수는 최솟값 0을 갖게 되며 이는 불순도가 0임을 의미합니다.

▌8.7.4 회귀 나무

앞서 다룬 의사 결정 나무의 피처는 모두 범주형 자료였습니다. 만약 의사 결정 나무의 피처가 연속형 변수라면 어떻게 할까요? 이번에는 피처가 연속형 변수일 경우의 의사 결정 나무를 그려 봅니다. 아래와 같은 아주 간단한 형태의 데이터를 생각해 봅니다.

온도	배드민턴
25	아니오
28	아니오
24	네

표 8-12 연속형 피처 데이터

[표 8-12]에서 배드민턴 플레이 여부를 예측하기 위해 온도라는 피처가 사용되는데, 온도는 연속형 숫자를 나타내는 피처입니다. 연속형 피처를 사용할 경우, 피처 값 하나하나가 테스트 후보가 됩니다. 이를 그림으로 나타내면 [그림 8-23]과 같습니다.

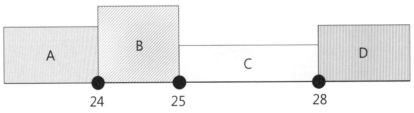

그림 8-23 연속형 피처의 표현

[그림 8-23]에서 24보다 작은 영역이 A라는 영역이 되며, 24와 25 사이는 B, 25와 28 사이는 C, 28 이상은 D를 나타냅니다. 각 피처를 기준으로 나눈 영역 A, B, C, D를 참고하여 테스트를 만들면 [그림 8-24]와 같습니다.

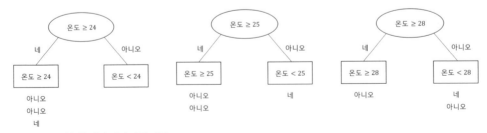

그림 8-24 연속형 피처 의사 결정 나무

[그림 8-24]와 같이 연속형 피처를 이용해 테스트를 만들 경우, 각 피처 값을 따로 테스트 기준으로 정하고 테스트합니다.

타깃 데이터가 연속형일 경우, 의사 결정 나무를 어떻게 그리는지 알아봅니다. 의사 결정 나무에서 타깃 데이터가 연속형일 경우의 모형을 **회귀 나무**(regression tree)라고 부릅니다.

바람	배드민턴 상금
강함	250
약함	80
강함	150
약함	120
강함	180

표 8-13 연속형 타깃 데이터

[표 8-13]과 같이 작은 데이터를 가정해 봅니다. 피처의 경우 '바람의 세기'로 범주형 피처이며, 타깃 변수의 경우 '배드민턴 상금'으로 연속형입니다. 위 데이터를 이용해 의사 결정 나무를 만들면 [그림 8-25]와 같습니다.

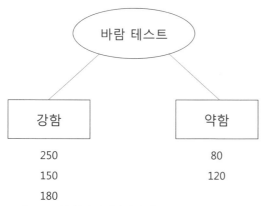

그림 8-25 연속형 타깃 의사 결정 나무

[그림 8-25]와 같은 의사 결정 나무에서 예측하는 경우, 타깃 데이터가 연속형인데 어떻게 예측할까요? 연속형 타깃 데이터를 예측하는 과정을 그림으로 표현하면 [그림 8-26]과 같습니다.

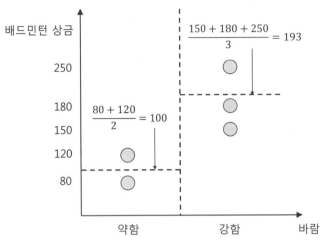

그림 8-26 연속형 타깃 의사 결정 나무 시각화

[그림 8-26]은 연속형 타깃을 대상으로 하는 의사 결정 나무를 시각화한 것입니다. 바람의 강약에 따라 예측값이 달라지는데, 예측값은 각 항목 평균값으로 예측합니다. 예를 들어, [그림 8-26]에서 바람이 '약함'일 때 출력값은 바람이 '약함'일 때의 평균값인 100으로 예측하고, 바람이 '강함'인 경우에는 그 평균값인 193으로 예측값을 예측합니다.

의사 결정 나무는 모형을 이해하기 쉽다는 장점이 있습니다. 다만 오버피팅된다는 단점이 있습니다. 이러한 의사 결정 나무의 단점을 보완하기 위해 사용되는 것이 랜덤 포레스트라는 방법입니다. 랜덤 포레스트에 대해서는 9단원에서 자세히 알아봅니다.

▌8.7.5 의사 결정 나무 실습

의사 결정 나무 알고리즘을 활용해 와인 종류를 분류하는 모형을 만들어 봅니다.

> 데이터 불러오기

```
from sklearn import datasets                    ❶
raw_wine = datasets.load_wine()                 ❷
```

❶ 데이터 셋을 사용하기 위해 필요한 함수를 불러옵니다. ❷ 와인 데이터 셋을 불러옵니다.

> 피처, 타깃 데이터 지정

```
X = raw_wine.data                                                    ❶
y = raw_wine.target                                                  ❷
```

❶ 와인 데이터에서 피처에 해당하는 데이터를 대문자 X라고 지정합니다. ❷ 타깃에 해당하는 데이터를 소문자 y라고 지정합니다.

> 트레이닝/테스트 데이터 분할

```
from sklearn.model_selection import train_test_split              ❶
X_tn, X_te, y_tn, y_te=train_test_split(X,y,random_state=0)       ❷
```

전체 데이터를 트레이닝/테스트 데이터로 분할합니다. ❶ 트레이닝/테스트 데이터 분할을 위해 필요한 함수를 불러옵니다. ❷ train_test_split 함수를 이용해 트레이닝/테스트 데이터로 분할합니다. 피처 데이터 X와 타깃 데이터 y를 넣고 랜덤 시드값(random_state)을 지정합니다.

> 데이터 표준화

```
from sklearn.preprocessing import StandardScaler                   ❶
std_scale = StandardScaler()                                        ❷
std_scale.fit(X_tn)                                                 ❸
X_tn_std = std_scale.transform(X_tn)                               ❹
X_te_std  = std_scale.transform(X_te)                             ❺
```

데이터 표준화 단계입니다. ❶ 데이터 표준화를 위해 필요한 함수를 불러옵니다. ❷ 사용할 표준화 스케일러를 지정합니다. ❸ 트레이닝 피처 데이터 X_tn을 적합시킵니다. ❹ 트레이닝 피처 데이터 X_수를 표준화시킵니다. ❺ 테스트 피처 데이터 X_te를 표준화시킵니다.

> 데이터 학습

```
from sklearn import tree                                            ❶
clf_tree = tree.DecisionTreeClassifier(random_state=0)             ❷
clf_tree.fit(X_tn_std, y_tn)                                        ❸
```

트레이닝 데이터를 이용해 의사 결정 나무에 적합시키는 단계입니다. ❶ 필요한 함수를 불러옵니다. ❷ 의사 결정 나무를 사용하기 위해서는 tree라는 함수를 사용합니다. 이번 실습은 분류 문제를 푸는 것이 목적이므로 DecisionTreeClassifier 메소드를 사용하지만, 만약 회귀 문제라면 from sklearn.tree import DecisionTreeRegressor를 사용합니다. ❸ 의사 결정 나무에 표준화된 트레이닝 피처 데이터 X_tn_std와 트레이닝 타깃 데이터 y_tn을 이용해 적합시킵니다.

> 데이터 예측

```
>>> pred_tree = clf_tree.predict(X_te_std)                        ❶
>>> print(pred_tree)                                              ❷
[0 2 1 0 1 1 0 2 1 1 2 2 0 1 2 1 0 0 2 0 1 0 1 1 1 1 1 1 1 2 0 0 1 0 0 0 2
 1 1 2 1 0 1 1 1]
```

적합시킨 의사 결정 나무 모형을 이용해 예측해 봅니다. ❶ 표준화된 테스트 피처 데이터 X_te_std를 이용해 예측합니다. ❷ 예측 결과를 확인해 봅니다.

> f1 스코어 평가

```
>>> from sklearn.metrics import f1_score                          ❶
>>> f1 = f1_score(y_te, pred_tree, average='macro')               ❷
>>> print(f1)                                                     ❸
0.9349141206870346
```

모형 f1 스코어를 확인해 봅니다. ❶ f1 스코어 측정에 필요한 라이브러리를 불러옵니다. ❷ 실제 테스트 타깃 데이터 y_te와 모형을 통해 예측한 값 pred_tree를 넣고 실행합니다. ❸ f1 스코어를 확인하면 93.4%라는 것을 알 수 있습니다.

> confusion matrix 확인

```
from sklearn.metrics import confusion_matrix                      ❶
conf_matrix = confusion_matrix(y_te, pred_tree)                   ❷
print(conf_matrix)                                                ❸
[[14  2  0]
 [ 0 20  1]
 [ 0  0  8]]
```

224

결과에 대한 confusion matrix를 확인해 봅니다. ❶ confusion matrix를 사용하기 위해 필요한 함수를 불러옵니다. ❷ 실제 테스트 타깃 데이터 y_te와 예측값 pred_tree를 넣고 confusion_matrix를 실행합니다. ❸ confusion matrix를 출력해 결과를 확인해 봅니다.

> 분류 리포트 확인

```
from sklearn.metrics import classification_report          ❶
class_report = classification_report(y_te, pred_tree)      ❷
print(class_report)                                        ❸
```

```
              precision    recall  f1-score   support

           0       1.00      0.88      0.93        16
           1       0.91      0.95      0.93        21
           2       0.89      1.00      0.94         8

    accuracy                           0.93        45
   macro avg       0.93      0.94      0.93        45
weighted avg       0.94      0.93      0.93        45
```

그림 8-27 의사 결정 나무 분류 리포트

분류 리포트를 확인입니다. ❶ 분류 리포트를 사용하기 위해 필요한 함수를 불러옵니다. ❷ 실제 테스트 타깃 데이터 y_te와 예측값 pred_tree를 이용해 classification_report를 실행합니다. ❸ 결과를 확인해 봅니다.

> 전체 코드

```
from sklearn import datasets
from sklearn.preprocessing import StandardScaler
from sklearn.model_selection import train_test_split

from sklearn import tree

from sklearn.metrics import f1_score
from sklearn.metrics import confusion_matrix
from sklearn.metrics import classification_report


# 데이터 불러오기
raw_wine = datasets.load_wine()
```

```
# 피처, 타깃 데이터 지정
X = raw_wine.data
y = raw_wine.target

# 트레이닝/테스트 데이터 분할
X_tn, X_te, y_tn, y_te=train_test_split(X,y,random_state=0)

# 데이터 표준화
std_scale = StandardScaler()
std_scale.fit(X_tn)
X_tn_std = std_scale.transform(X_tn)
X_te_std  = std_scale.transform(X_te)

# 의사 결정 나무 학습
clf_tree = tree.DecisionTreeClassifier(random_state=0)
clf_tree.fit(X_tn_std, y_tn)

# 예측
pred_tree = clf_tree.predict(X_te_std)
print(pred_tree)

# f1 score
f1 = f1_score(y_te, pred_tree)
print(f1)

# confusion matrix 확인
conf_matrix = confusion_matrix(y_te, pred_tree)
print(conf_matrix)

# 분류 리포트 확인
class_report = classification_report(y_te, pred_tree)
print(class_report)
```

8.8 서포트 벡터 머신

█ 8.8.1 서포트 벡터 머신의 개념

서포트 벡터 머신(Support Vector Machine, SVM)은 서포트 벡터를 기준으로 클래스를 판별합니다. [그림 8-28]과 같은 간단한 데이터를 예로 들어 봅니다. 각 클래스는 2개의 데이터 포인터로 구성되어 있으며 각 클래스를 구분하는 직선을 생성하는 것이 목적입니다.

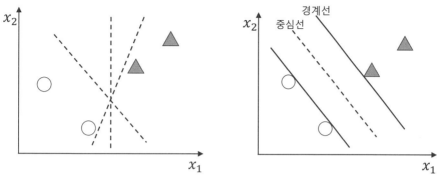

그림 8-28 서포트 벡터 머신 개념

[그림 8-28]의 왼쪽 그림은 데이터를 나누는 방법이 여러 가지 존재한다는 것을 보여 줍니다. 세 가지 직선 중 어떤 방법으로 나누더라도 두 개의 클래스를 잘 구분할 수 있는 것을 보여 줍니다. 클래스를 구분하는 여러 방법 중 서포트 벡터 머신은 [그림 8-28]의 오른쪽 그림처럼 중심선과 경계선을 이용해 데이터를 구분합니다. 그 경계선을 서포트 벡터라고 하며, 이것이 서포트 벡터 머신이라는 이름의 유래입니다. 그렇다면 중심선과 경계선을 어떻게 그리는지 알아봅니다.

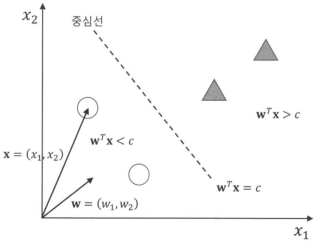

그림 8-29 중심선과 수직인 벡터

먼저 서포트 벡터 머신에서 중심선을 그리는 방법을 알아봅니다. 중심선을 그리기 위해서 [그림 8-29]와 같이 중심선에 수직인 벡터 $\mathbf{w}$를 구하는 것이 중요합니다. 중심선에 수직인 벡터 **w**와 데이터 포인트 **x**를 내적했을 때 내적값 c가 되는 지점이 중심선이 되고, 이는 $\mathbf{w}^T\mathbf{x}=c$ 라고 표현할 수 있습니다. 내적값 c가 되는 지점인 중심선을 기준으로 영역을 나눌 수 있습니다. [그림 8-29]와 같이 데이터 공간을 내적값이 c보다 큰 영역과 c보다 작은 영역으로 각각 나누면 중심선 윗부분과 아랫부분으로 나눌 수 있다는 것을 알 수 있습니다.

다음 단계로 진행하기에 앞서 계산의 편의성을 위해 중심선 $\mathbf{w}^T\mathbf{x}=c$에서 우변을 0으로 변환시킵니다. c를 좌변으로 이항시키면 $\mathbf{w}^T\mathbf{x}-c=0$이 되고 $-c$를 b로 치환하면 중심선을 $\mathbf{w}^T\mathbf{x}+b=0$이라고 표현할 수 있습니다. [그림 8-29]에서는 2차원 피처 데이터를 다루었는데 이를 p차원으로 일반화시킵니다. 데이터 $(\mathbf{x}_1, y_1), (\mathbf{x}_2, y_2), ..., (\mathbf{x}_n, y_n)$가 존재할 때, $\mathbf{x}_i=(x_1, x_2, ..., x_p)\in R^p$이며, 타깃 데이터는 -1 또는 1에 속하며 $y_i\in\{-1, 1\}$이라고 씁니다. 이때, 아래와 같은 초평면(hyperplane)을 가정합니다. 아래 수식이 데이터 클래스를 구분하는 초평면입니다.

$$\mathbf{w}^T\mathbf{x}+b=0$$

이때, 가중치는 $\mathbf{w}_i=(w_1, w_2, ..., w_p)\in R^p$입니다. 이를 이용해 중심선과 경계선을 다시 나타내면 [그림 8-30]과 같습니다.

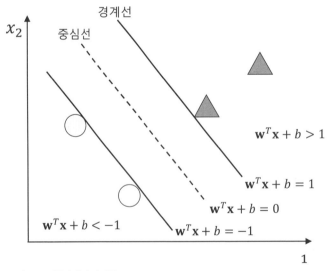

그림 8-30 중심선과 경계선

[그림 8-30]에서는 중심선과 경계선의 거리를 편의상 1로 설정했습니다. 이때, 각 영역을 나타내는 식을 간단히 나타내면 다음과 같습니다. 다음 식에서 sign은 부호를 의미합니다.

$$G(x) = \text{sign}[\mathbf{w}^T \mathbf{x} + b]$$

각 영역을 나타내는 식을 위 식보다 좀 더 간단히 표현할 수는 없을까요? 이를 위해 타깃 $y_i \in \{-1, 1\}$을 이용합니다. 기존의 각 영역을 나타내는 $\mathbf{w}^T\mathbf{x}_i + b \geq 1$과 $\mathbf{w}^T\mathbf{x}_i + b \leq -1$에 y_i를 곱하면 분류식을 아래와 같이 통일할 수 있습니다.

$$y_i(\mathbf{w}^T\mathbf{x}_i + b) - 1 \geq 0$$

경계선에 걸쳐 있는 데이터는 $y_i(\mathbf{w}^T\mathbf{x}_i + b) - 1 = 0$을 만족합니다. 서포트 벡터 머신에서는 마진(margin)을 최대화하는 것이 목표입니다. 여기서 마진이란 서포트 벡터 간 너비(width)를 의미합니다. 그렇다면 마진은 어떻게 구할 수 있을까요?

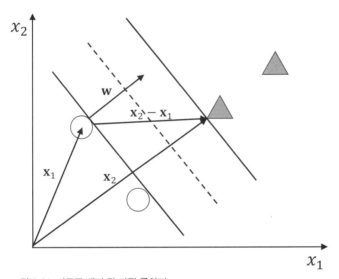

그림 8-31 서포트 벡터 간 마진 구하기

[그림 8-31]과 같이 중심선에 수직인 벡터 $\mathbf{w}$와 서포트 벡터에 걸쳐 있는 데이터 $\mathbf{x}_1$과 $\mathbf{x}_2$를 이용하면 마진을 구할 수 있습니다. 서포트 벡터 간 마진을 구하는 식은 아래와 같습니다.

$$margin = (\mathbf{x}_2 - \mathbf{x}_1)^T \frac{\mathbf{w}}{\|\mathbf{w}\|}$$

즉, 위 식처럼 각 영역에 걸쳐 있는 벡터의 차에 중심선과 수직인 벡터를 내적하면 마진을 구할 수 있습니다. 좀 더 자세히 나타내면 다음과 같습니다.

$$(\mathbf{x}_2 - \mathbf{x}_1)^T \frac{\mathbf{w}}{\|\mathbf{w}\|} = \frac{\mathbf{x}_2^T \mathbf{w} - \mathbf{x}_1^T \mathbf{w}}{\|\mathbf{w}\|}$$

$$= \frac{1 - b + 1 + b}{\|\mathbf{w}\|}$$

$$= \frac{2}{\|\mathbf{w}\|}$$

마진이 $2/\|\mathbf{w}\|$라는 말은 서포트 벡터 머신의 마진이 $\mathbf{w}$에 의해 결정된다는 의미입니다. 위 식에서 $\mathbf{x}_2^T \mathbf{w}=1-b$, $-\mathbf{x}_1^T \mathbf{w}=1+b$임을 활용했습니다. 이는 아래와 같은 과정을 통해 확인할 수 있습니다.

(1) $y_i=1$인 경우

$$y_i(\mathbf{w}^T \mathbf{x}_i + b) - 1 = 0$$

$$\Leftrightarrow 1 \times (\mathbf{w}^T \mathbf{x}_i + b) - 1 = 0$$

$$\Leftrightarrow \mathbf{w}^T \mathbf{x}_i + b - 1 = 0$$

$$\Leftrightarrow \mathbf{w}^T \mathbf{x}_i = 1 - b$$

(2) $y_i=-1$인 경우

$$y_i(\mathbf{w}^T \mathbf{x}_i + b) - 1 = 0$$

$$\Leftrightarrow -1 \times (\mathbf{w}^T \mathbf{x}_i + b) - 1 = 0$$

$$\Leftrightarrow -\mathbf{w}^T \mathbf{x}_i - b - 1 = 0$$

$$\Leftrightarrow -\mathbf{w}^T \mathbf{x}_i = 1 + b$$

위 두 결과를 이용하면 마진을 구할 수 있으며, [그림 8-32]와 같이 표현할 수 있습니다.

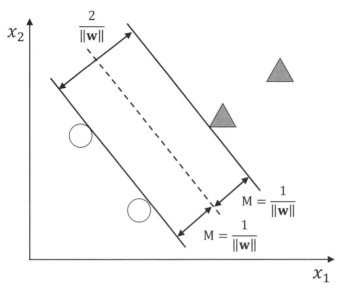

그림 8-32 서포트 벡터 마진

서포트 벡터 머신의 목적은 마진을 최대화하는 것이므로 앞서 구한 마진을 최대화해 봅니다. 지금부터는 마진을 $2M$이라고 합니다. 제약 조건에서 마진을 최대화하는 것을 수식으로 표현하면 다음과 같습니다.

$$\max_{\mathbf{w},b} M$$

$$subject \; to \; \begin{cases} y_i(\mathbf{w}^T\mathbf{x}_i + b) \geq M, & i = 1,2,\dots,n \\ \|\mathbf{w}\| = 1 \end{cases}$$

즉, 마진을 최대화하는 것이 목적이므로 목적 함수는 M을 최대화하는 것이라고 표현할 수 있고, 주어진 데이터가 마진 외부에 존재해야 하므로 $y_i(\mathbf{w}^T\mathbf{x}_i+b) \geq M$라는 제약 조건을 설정합니다. 벡터 $\mathbf{w}$의 크기가 1이라는 제약식 $\|\mathbf{w}\|=1$도 설정합니다. 위 식에서 $\|\mathbf{w}\|=1$이라는 조건과 $y_i(\mathbf{w}^T\mathbf{x}_i+b) \geq M$라는 조건을 합칠 수 있습니다. 즉, 제약식 $y_i(\mathbf{w}^T\mathbf{x}_i+b) \geq M$에서 쓰이는 벡터 $\mathbf{w}$의 크기를 1로 만든다면 제약식 $\|\mathbf{w}\|=1$과 $y_i(\mathbf{w}^T\mathbf{x}_i+b) \geq M$을 합칠 수 있습니다.

$$\frac{1}{\|\mathbf{w}\|} y_i(\mathbf{w}^T\mathbf{x}_i + b) \geq M$$

위와 같이 쓰면 기존의 제약식 $y_i(\mathbf{w}^T\mathbf{x}_i+b) \geq M$의 $\mathbf{w}$의 크기가 1로 변경됨으로써 $\|\mathbf{w}\|=1$을 만족하므로, 더 이상 제약식 $\|\mathbf{w}\|=1$을 사용하지 않아도 됩니다. 위 식에서 양변에 $\|\mathbf{w}\|$

를 곱하면 아래와 같습니다.

$$y_i(\mathbf{w}^T\mathbf{x}_i + b) \geq M\|\mathbf{w}\|$$

위 식에서 $M = \frac{1}{\|\mathbf{w}\|}$이라는 사실을 이용하면 제약식을 아래와 같이 변형 가능합니다.

$$y_i(\mathbf{w}^T\mathbf{x}_i + b) \geq 1$$

위에서 정리한 제약식을 적용하면 서포트 벡터 머신의 최적화 식을 아래와 같이 표현할 수 있습니다.

$$\max_{\mathbf{w},b} \frac{1}{\|\mathbf{w}\|}$$

$$subject \ to \quad y_i(\mathbf{w}^T\mathbf{x}_i + b) \geq 1, \qquad i = 1,2,\ldots,n$$

위 식에서 $\frac{1}{\|\mathbf{w}\|}$을 최대화하는 것은 분모를 최소화하는 말과 동일하므로 아래 식으로 표현할 수 있습니다.

$$\min_{\mathbf{w},b} \|\mathbf{w}\|$$

$$subject \ to \quad y_i(\mathbf{w}^T\mathbf{x}_i + b) \geq 1, \qquad i = 1,2,\ldots,n$$

수학적으로 계산의 편리함을 위해 $\|\mathbf{w}\|$를 $\frac{1}{2}\|\mathbf{w}\|^2$로 바꾸면 아래와 같이 쓸 수 있습니다.

$$\min_{\mathbf{w},b} \frac{1}{2}\|\mathbf{w}\|^2$$

$$subject \ to \quad y_i(\mathbf{w}^T\mathbf{x}_i + b) \geq 1, \qquad i = 1,2,\ldots,n$$

목적 함수와 제약식을 라그랑주 프리멀 함수 형태로 아래와 같이 쓸 수 있습니다.

$$L_P = \frac{1}{2}\|\mathbf{w}\|^2 - \sum_{i=1}^{n} \alpha_i[y_i(\mathbf{w}^T\mathbf{x}_i + b) - 1]$$

이 식의 최적값을 구하기 위해 $\mathbf{w}$, $\mathbf{b}$에 대해 미분을 합니다.

$$\frac{\partial L_P}{\partial \mathbf{w}} = \mathbf{w} - \sum_{i=1}^{n} \alpha_i y_i \mathbf{x}_i \equiv 0$$

$$\therefore \mathbf{w} = \sum_{i=1}^{n} \alpha_i y_i \mathbf{x}_i$$

$$\frac{\partial L_P}{\partial b} = \sum_{i=1}^{n} \alpha_i y_i \equiv 0$$

$$\therefore \sum_{i=1}^{n} \alpha_i y_i = 0$$

위 식에서 $\frac{\partial}{\partial w}\frac{1}{2}\|\mathbf{w}\|^2 = \mathbf{w}$인 이유는, $\|\mathbf{w}\| = \mathbf{w}^\mathsf{T}\mathbf{w}$임을 이용하면 됩니다. 위에서 구한 편미분 결 괏값을 라그랑주 프리멀 함수에 대입하면 아래와 같이 라그랑주 듀얼 함수를 구할 수 있습니다.

$$L_D = \frac{1}{2}\|\mathbf{w}\|^2 - \sum_{i=1}^{n} \alpha_i[y_i(\mathbf{w}^T\mathbf{x}_i + b) - 1]$$

$$= \frac{1}{2}\left\|\sum_{i=1}^{n} \alpha_i y_i \mathbf{x}_i\right\|^2 - \sum_{i=1}^{n}(\alpha_i y_i \mathbf{w}^T\mathbf{x}_i + \alpha_i y_i b - \alpha_i)$$

$$= \frac{1}{2}\sum_{i=1}^{n}\sum_{j=1}^{n} \alpha_i \alpha_j y_i y_j \mathbf{x}_i^T\mathbf{x}_j - \sum_{i=1}^{n} \alpha_i y_i \mathbf{w}^T\mathbf{x}_i - b\sum_{i=1}^{n} \alpha_i y_i + \sum_{i=1}^{n} \alpha_i$$

$$= \frac{1}{2}\sum_{i=1}^{n}\sum_{j=1}^{n} \alpha_i \alpha_j y_i y_j \mathbf{x}_i^T\mathbf{x}_j - \sum_{i=1}^{n}\sum_{j=1}^{n} \alpha_i \alpha_j y_i y_j \mathbf{x}_i^T\mathbf{x}_j - b\cancel{\sum_{i=1}^{n} \alpha_i y_i} + \sum_{i=1}^{n} \alpha_i$$

$$= \sum_{i=1}^{n} \alpha_i - \frac{1}{2}\sum_{i=1}^{n}\sum_{j=1}^{n} \alpha_i \alpha_j y_i y_j \mathbf{x}_i^T\mathbf{x}_j$$

라그랑주 듀얼 함수는 아래와 같습니다.

$$L_D = \sum_{i=1}^{n} \alpha_i - \frac{1}{2} \sum_{i=1}^{n} \sum_{j=1}^{n} \alpha_i \alpha_j y_i y_j \mathbf{x}_i^T \mathbf{x}_i$$

$$subject \ to \ \begin{cases} \alpha_i \geq 0 \\ \sum_{i=1}^{n} \alpha_i y_i = 0 \end{cases}$$

라그랑주 프리멀 함수와 듀얼 함수를 모두 만족하는 최적값임을 보이기 위해서는 KKT 조건 (Karush-Kuhn-Tucker condition)을 만족하므로 아래 식이 성립해야 합니다.

$$\alpha_i [y_i (\mathbf{w}^T \mathbf{x}_i + b) - 1] = 0$$

위 식이 0인 이유를 알아봅니다. 앞서 라그랑주 듀얼 함수에서 $\alpha_i \geq 0$임을 알 수 있습니다. 만약 $\alpha_i > 0$이라면 $\mathbf{x}_i$가 서포트 벡터에 걸쳐 존재한다는 의미이므로 $y_i(\mathbf{w}^T\mathbf{x}_i+b)=1$이 되어 위식은 0을 만족합니다. 만약 $y_i(\mathbf{w}^T\mathbf{x}_i+b)>1$이라면 $\mathbf{x}_i$가 경계선에 존재하지 않으므로 제약 조건이 발동되지 않아 $\alpha_i=0$이 성립됩니다. 위와 같이 KKT 조건을 만족하므로 앞서 구한 라그랑주 프리멀 함수의 편미분 값이 최적화 값임을 알 수 있습니다.

▎8.8.2 소프트 마진

앞서 다룬 서포트 벡터 머신은 데이터가 잘못 분류되는 경우는 고려하지 않습니다. 즉, 트레이닝 데이터로 서포트 벡터 머신을 수행했을 때 서포트 벡터를 기준으로 올바르게 분류되지 않은 영역에 데이터 포인트가 존재하는 경우는 없다는 뜻입니다. 하지만 잘못 분류된 데이터가 하나도 없다는 조건은 현실적으로 엄격한 기준이므로 성립되기 어렵습니다. 소프트 마진 (soft margin)은 기존 서포트 벡터 머신의 기준을 완화해 잘못 분류된 데이터를 어느 정도 허용하는 방법입니다.

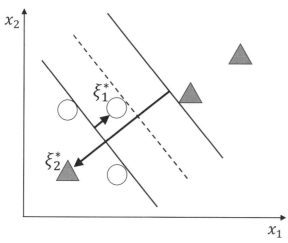

그림 8-33 소프트 마진

잘못 분류된 데이터를 '어느 정도' 허용하는 개념을 추가하기 위해 슬랙 변수(slack variable) $\xi = (\xi_1, \xi_2, ..., \xi_n)$이라는 변수를 사용합니다. 슬랙 변수는 해당 데이터가 잘 분류되었는지를 나타내는 변수입니다. 슬랙 변수 ξ_i는 해당 클래스를 구분하는 서포트 벡터의 반대편 영역에 데이터 포인트가 존재할 때, 해당 데이터 포인트와 서포트 벡터로부터의 거리를 나타냅니다. 데이터 포인트가 잘못된 영역에 속하고 서포트 벡터로부터 멀리 떨어져 있을수록 값이 커집니다. 만약 데이터 포인트가 잘 분류되었다면 $\xi_i = 0$이고, [그림 8-33]과 같이 잘못 분류된 데이터에 대해서는 0이 아닌 값을 지닙니다. 만약 데이터가 오분류되었는데 서포트 벡터와 결정 경계 사이에 존재한다면 $0 < \xi_i < 1$ 범위의 값을 가집니다. 데이터 포인트가 서포트 벡터로부터 아주 멀리 떨어져 있다면 $\xi_i > 1$인 값을 가집니다. 잘못 분류된 데이터가 어느 정도 잘못 분류되었는지는 슬랙 변수에 마진을 곱해 $\xi_i^* = M\xi_i$만큼 잘못 분류되었다고 나타냅니다.

소프트 마진은 잘못 분류된 데이터를 '어느 정도' 허용한다고 했습니다. 그렇다면 다음에 할 일은 '어느 정도' 허용해야 할지 정해야 합니다. 이를 위해, 슬랙 변수의 합이 특정 상수 이하라는 제약 조건을 추가합니다. 즉, $\sum \xi_i \leq \epsilon$로 나타낼 수 있습니다. 이를 이용해 위 최적화 식을 다시 한 번 변형하면 아래와 같습니다.

$$\min_{\mathbf{w}, b} \|\mathbf{w}\|$$

$$subject\ to\ \begin{cases} y_i(\mathbf{w}^T\mathbf{x}_i + b) \geq 1 - \xi_i \\ \xi_i \geq 0 \\ \sum \xi_i \leq \epsilon \end{cases} \quad i = 1, 2, ..., n$$

앞의 식에서 상수 ϵ는 소프트 마진에서 어느 정도 오분류를 허용하는지에 대한 허용 정도를 나타내며, 아래 식에서는 ϵ를 C로 표현합니다. 만약 C가 아주 큰 값이라면 전체 데이터가 오분류되는 것을 허용한다는 의미입니다. 한편, 이 식에서 사용했던 $\|\mathbf{w}\|$를 아래 식에서 $\frac{1}{2}\|\mathbf{w}\|^2$로 바꾸는 이유는 수학적으로 계산하기 편하게 하기 위해서입니다.

$$\min_{\mathbf{w},b} \frac{1}{2}\|\mathbf{w}\|^2 + C\sum_{i=1}^{n}\xi_i$$

$$subject \ \ to \ \ \begin{cases} y_i(\mathbf{w}^T\mathbf{x}_i + b) \geq 1 - \xi_i \\ \xi_i \geq 0 \end{cases} \qquad i = 1,2,\dots,n$$

위 식을 이용해 라그랑주 프리멀 함수(Lagrange primal function)로 바꾸면 아래와 같습니다.

$$L_P = \frac{1}{2}\|\mathbf{w}\|^2 + C\sum_{i=1}^{n}\xi_i - \sum_{i=1}^{n}\alpha_i[y_i(\mathbf{w}^T\mathbf{x}_i + b) - (1 - \xi_i)] - \sum_{i=1}^{n}\mu_i\xi_i$$

위 식을 전개하면 아래와 같습니다.

$$L_P = \frac{1}{2}\|\mathbf{w}\|^2 + C\sum_{i=1}^{n}\xi_i - \sum_{i=1}^{n}(\alpha_i y_i\mathbf{w}^T\mathbf{x}_i + \alpha_i y_i b - \alpha_i + \alpha_i\xi_i) - \sum_{i=1}^{n}\mu_i\xi_i$$

위 식을 최적화하는 값을 구하기 위해 $\mathbf{w}, b, \xi_i$로 편미분을 하면 아래와 같습니다.

$$\frac{\partial L_P}{\partial \mathbf{w}} = \mathbf{w} - \sum_{i=1}^{n}\alpha_i y_i\mathbf{x}_i \equiv 0$$

$$\therefore \ \mathbf{w} = \sum_{i=1}^{n}\alpha_i y_i\mathbf{x}_i$$

위 식에서 $\frac{\partial}{\partial w}\frac{1}{2}\|\mathbf{w}\|^2 = \mathbf{w}$인 이유는, $\|\mathbf{w}\| = \mathbf{w}^\mathsf{T}\mathbf{w}$임을 이용하면 됩니다.

$$\frac{\partial L_P}{\partial b} = \sum_{i=1}^{n} \alpha_i y_i \equiv 0$$

$$\therefore \sum_{i=1}^{n} \alpha_i y_i = 0$$

ξ_i로 미분하면 아래와 같습니다.

$$\frac{\partial L_P}{\partial \xi_i} = C - \alpha_i - \mu_i = 0$$

$$\therefore \alpha_i = C - \mu_i$$

위에서 구한 편미분을 라그랑주 프리멀 함수에 대입하면 아래와 같은 라그랑주 듀얼 함수를 구할 수 있습니다. 대입하기 전에 라그랑주 프리멀 함수를 풀어쓰겠습니다.

$$L_P = \frac{1}{2} \left\| \sum_{i=1}^{n} \alpha_i y_i \mathbf{x}_i \right\|^2 + C \sum_{i=1}^{n} \xi_i - \sum_{i=1}^{n} \alpha_i y_i \mathbf{w}^T \mathbf{x}_i$$

$$- b \sum_{i=1}^{n} \alpha_i y_i + \sum_{i=1}^{n} \alpha_i - \sum_{i=1}^{n} \alpha_i \xi_i - \sum_{i=1}^{n} \mu_i \xi_i$$

위와 같이 정리한 라그랑주 프리멀 함수에 1차 미분했던 값을 대입하면 아래와 같이 라그랑주 듀얼 함수를 구할 수 있습니다.

$$L_D = \frac{1}{2} \sum_{i=1}^{n} \sum_{j=1}^{n} \alpha_i \alpha_j y_i y_j \mathbf{x}_i^T \mathbf{x}_j + C \sum_{i=1}^{n} \xi_i - \sum_{i=1}^{n} \sum_{j=1}^{n} \alpha_i \alpha_j y_i y_j \mathbf{x}_i^T \mathbf{x}_j$$

$$- b \sum_{i=1}^{n} \alpha_i y_i + \sum_{i=1}^{n} \alpha_i - \sum_{i=1}^{n} (C - \mu_i) \xi_i - \sum_{i=1}^{n} \mu_i \xi_i$$

위 식을 정리하면 다음과 같습니다.

$$L_D = \frac{1}{2}\sum_{i=1}^{n}\sum_{j=1}^{n}\alpha_i\alpha_j y_i y_j \mathbf{x}_i^T \mathbf{x}_j + C\sum_{i=1}^{n}\xi_i - \sum_{i=1}^{n}\sum_{j=1}^{n}\alpha_i\alpha_j y_i y_j \mathbf{x}_i^T \mathbf{x}_j$$

$$-b\sum_{i=1}^{n}\alpha_i y_i + \sum_{i=1}^{n}\alpha_i - C\sum_{i=1}^{n}\xi_i + \sum_{i=1}^{n}\mu_i\xi_i - \sum_{i=1}^{n}\mu_i\xi_i$$

위 식을 정리하면 아래와 같은 라그랑주 듀얼 함수(Lagrange dual function)가 나옵니다. 라그랑주 듀얼 함수는 라그랑주 프리멀 함수가 가질 수 있는 값의 하한(lower bound)입니다.

$$L_D = \sum_{i=1}^{n}\alpha_i - \frac{1}{2}\sum_{i=1}^{n}\sum_{j=1}^{n}\alpha_i\alpha_j y_i y_j \mathbf{x}_i^T \mathbf{x}_j$$

$$subject\ to\ \begin{cases} 0 \le \alpha_i \le C \\ \sum_{i=1}^{n}\alpha_i y_i = 0 \end{cases}$$

라그랑주 프리멀 함수, 라그랑주 듀얼 함수, 두 함수가 공통으로 최적화된 값을 가지는지 알아보기 위해 KKT 조건을 만족하는지 봅니다.

$$\alpha_i[y_i(\mathbf{w}^T\mathbf{x}_i + b) - (1 - \xi_i)] = 0$$

$$\mu_i\xi_i = 0$$

위 식에서 첫 번째 식을 먼저 봅니다. 라그랑주 듀얼 함수에서 $\alpha_i \ge 0$이라는 사실을 알 수 있는데, $\alpha_i > 0$이라면 $\mathbf{x}_i$가 서포트 벡터 오분류 허용 범위 기준에 걸쳐 있다는 뜻이므로 $y_i(\mathbf{w}^T\mathbf{x}_i + b) = 1 - \xi_i$가 되어 해당 식은 0이 됩니다. 또한 $\alpha_i = 0$이라면 첫 번째 식은 0이 되고 이는 $\mathbf{x}_i$가 허용 오분류 허용 범위를 넘어선 곳에 있다는 말이 됩니다. 두 번째 식은 듀얼 함수에 의해 $\mu_i \ge 0$이라는 사실을 알 수 있는데, $\mu_i > 0$이라면 $\alpha_i = C - \mu_i$라는 결과로부터 $\alpha_i > 0$이라는 사실을 알 수 있습니다. 이는 데이터 포인트 $\mathbf{x}_i$가 서포트 벡터에 걸쳐 있다는 의미이므로 $\xi_i = 0$이 됩니다. 두 번째 조건도 만족한다는 사실을 알 수 있습니다. 이와 같이 KKT 조건을 만족하므로 라그랑주 프리멀 함수와 라그랑주 듀얼 함수가 공통 최적값을 가진다는 것이 확인되었습니다. 공통 최적값은 다음과 같습니다.

$$\hat{\mathbf{w}} = \sum_{i=1}^{n} \hat{\alpha} \; y_i \mathbf{x}_i$$

서포트 벡터 머신의 특징은 데이터 분포의 특성, 예를 들어 공분산을 이용하지 않는다는 것이 특징입니다.

▌8.8.3 커널 서포트 벡터 머신

커널 서포트 벡터 머신(Kernel Support Vector Machine)이란 피처 공간을 변경한 후 서포트 벡터 머신을 적용하는 것을 의미하는데, 쉽게 말해 좌표 평면을 예로 들면, 빳빳한 종이를 기존 공간이라고 생각하고 종이 위에 데이터가 퍼져 있는 상상을 해 봅니다. 이때, 종이를 구부리면 어떻게 될까요? 그러면 기존 좌표 공간에서의 데이터 좌표와 구부러진 공간의 데이터 좌표는 서로 다를 것입니다. 구부러진 공간에 대해 서포트 벡터 머신을 적용한 후 종이를 다시 펴면 데이터가 잘 분리된 것을 볼 수 있습니다. 이때, 서포트 벡터는 비선형(nonlinear)이 되고 아래와 같이 표현합니다.

$$f(\mathbf{x}) = \mathbf{w}^T h(\mathbf{x}) + b$$

기존의 공간에 있는 데이터를 새로운 공간에 뿌리는 것으로 생각할 수도 있습니다. 새로운 공간의 기저를 $h_m(\boldsymbol{x}), m = 1, ..., M$ 이라고 하면 새로운 공간에 뿌려진 데이터는 아래와 같이 표현 가능합니다.

$$h(\mathbf{x}_i) = (h_1(\mathbf{x}_i), h_2(\mathbf{x}_i), ..., h_M(\mathbf{x}_i))$$

피처 공간이 바뀌어 라그랑주 듀얼 함수도 아래와 같이 바뀝니다. 아래 식에서 꺾쇠($\langle \rangle$)는 내적을 의미합니다.

$$L_D = \sum_{i=1}^{n} \alpha_i - \frac{1}{2} \sum_{i=1}^{n} \sum_{j=1}^{n} \alpha_i \alpha_j y_i y_j \langle h(\mathbf{x}_i), h(\mathbf{x}_j) \rangle$$

서포트 벡터를 다시 표현하면 다음과 같습니다. $\mathbf{w} = \sum_{i=1}^{n} \alpha_i y_i \mathbf{x}_i$라는 사실을 이용합니다.

$$f(\mathbf{x}) = \mathbf{w}^T h(\mathbf{x}) + b$$

$$= \sum_{i=1}^{n} \alpha_i y_i \langle h(\mathbf{x}_i), h(\mathbf{x}_j) \rangle + \mathrm{b}$$

커널 함수(kernel function)는 아래와 같이 표현합니다. 커널 서포트 벡터 머신이라는 이름에서 사용하는 커널은 아래와 같이 커널 함수를 사용한다는 의미입니다. 이때, 커널 함수는 아래와 같은 함수 이외에도 다양한 종류가 존재합니다.

$$K\left(\mathbf{x}_i, \mathbf{x}_j\right) = \langle h(\mathbf{x}_i), h(\mathbf{x}_j) \rangle$$

커널 함수 표현을 이용해 서포트 벡터를 다시 쓰면 아래와 같습니다.

$$f(\mathbf{x}) = \sum_{i=1}^{n} \alpha_i y_i K\left(\mathbf{x}_i, \mathbf{x}_j\right) + \mathrm{b}$$

커널 서포트 벡터 머신에서 주로 쓰이는 커널 함수에는 아래와 같은 함수가 존재합니다.

$$\text{dth Degree polynomial:} \quad K\left(\mathbf{x}_i, \mathbf{x}_j\right) = \left(1 + \langle \mathbf{x}_i, \mathbf{x}_j \rangle\right)^d$$

$$\text{Radial basis:} \quad K\left(\mathbf{x}_i, \mathbf{x}_j\right) = exp\left(-\gamma \|\mathbf{x}_i - \mathbf{x}_j\|^2\right)$$

$$\text{Neural network:} \quad K\left(\mathbf{x}_i, \mathbf{x}_j\right) = tanh\left(\kappa_1 \langle \mathbf{x}_i, \mathbf{x}_j \rangle + \kappa_2\right)$$

이처럼 커널 서포트 벡터 머신은 커널 함수를 바꿈으로써 여러 가지 학습 모형을 생성할 수 있습니다.

▌8.8.4 서포트 벡터 회귀

앞서 배운 서포트 벡터 머신이 분류 모형을 생성하는 데 사용했다면 **서포트 벡터 회귀**(Support Vector Regression)는 서포트 벡터를 회귀 모형을 만드는 데 활용하는 방법입니다. 기존 회귀 모형은 트레이닝 데이터와 추정 직선과의 최소 제곱값을 최소화하는 방향으로 모델링했다면, 서포트 벡터 회귀는 서포트 벡터를 기준으로 회귀 모형을 만듭니다.

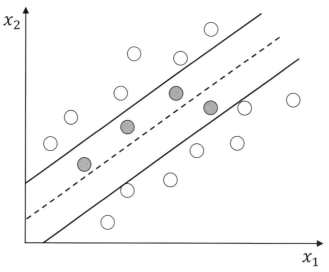

그림 8-34 서포트 벡터 회귀

[그림 8-34]는 서포트 벡터 회귀를 나타낸 것입니다. 분류 문제에서는 중심선이 클래스 영역을 나누는 초평면이었다면, 서포트 벡터 회귀에서의 중심선은 회귀 직선이 됩니다. 서포트 벡터 회귀 직선을 수식으로 나타내면 아래와 같습니다.

$$f(\mathbf{x}) = \mathbf{w}^T \mathbf{x} + b$$

라고 했을 때, 서포트 벡터 회귀의 최적화 식은 아래와 같습니다.

$$L_P = \frac{1}{2} \|\mathbf{w}\|^2 + C \sum_{i=1}^{n} l_\epsilon(f(\mathbf{x}_i) - y_i)$$

위 식에서 $l_\epsilon(x)$는 ϵ-intensive 손실이라고 하며 아래와 같이 정의합니다. x의 절댓값이 ϵ 내부에 존재하면 0이고, ϵ 외부에 존재한다면 $|x| - \epsilon$ 값을 가집니다.

$$l_\epsilon(x) = \begin{cases} 0, & |x| \leq \epsilon \\ |x| - \epsilon, & \text{otherwise} \end{cases}$$

위 식을 그림으로 나타내면 [그림 8-35]와 같습니다.

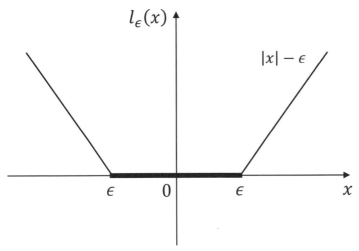

그림 8-35 엡실론 인텐시브 손실의 개념

슬랙 변수 ξ_i, ψ_i를 도입합니다. 적용하는 슬랙 변수가 2개인 이유는 회귀 직선을 기준으로 위 아래로 존재하는 서포트 벡터의 마진이 다를 수 있기 때문입니다. 최적화 식은 아래와 같습니다.

$$\min_{\mathbf{w},b,\boldsymbol{\xi},\boldsymbol{\psi}} \frac{1}{2}\|\mathbf{w}\|^2 + C\sum_{i=1}^{n} l_\epsilon(f(\mathbf{x}_i) - y_i)$$

$$subject\ to\ \begin{cases} f(\mathbf{x}_i) - y_i \le \epsilon + \xi_i \\ y_i - f(\mathbf{x}_i) \le \epsilon + \psi_i \\ \xi_i \ge 0, \psi_i \ge 0 \end{cases}$$

위 최적화 식을 라그랑주 프리멀 함수로 나타내면 아래와 같습니다.

$$L_P = \frac{1}{2}\|\mathbf{w}\|^2 + C\sum_{i=1}^{n}(\xi_i + \psi_i) - \sum_{i=1}^{n}\gamma_i\xi_i - \sum_{i=1}^{n}\delta_i\psi_i$$

$$+ \sum_{i=1}^{n}\alpha_i(f(\mathbf{x}_i) - y_i - \epsilon - \xi_i) + \sum_{i=1}^{n}\beta_i(y_i - f(\mathbf{x}_i) - \epsilon - \psi_i)$$

위 식에서 C는 손실을 어느 정도 허용할지를 나타내며, $\gamma_i, \delta_i, \alpha_i, \beta_i$는 라그랑주 승수입니다. 위 라그랑주 프리멀 함수의 1차 미분값을 구해 봅니다.

$$\frac{\partial L_P}{\partial \mathbf{w}} = \mathbf{w} + \sum_{i=1}^{n} \alpha_i \mathbf{x}_i - \sum_{i=1}^{n} \beta_i \mathbf{x}_i \equiv 0$$

$$\therefore \mathbf{w} = \sum_{i=1}^{n} (\beta_i - \alpha_i) \mathbf{x}_i$$

$$\frac{\partial L_P}{\partial b} = \sum_{i=1}^{n} \alpha_i - \sum_{i=1}^{n} \beta_i \equiv 0$$

$$\therefore \sum_{i=1}^{n} (\beta_i - \alpha_i) = 0$$

$$\frac{\partial L_P}{\partial \xi_i} = C - \gamma_i - \alpha_i \equiv 0$$

$$\therefore C = \alpha_i + \gamma_i$$

$$\frac{\partial L_P}{\partial \psi_i} = C - \delta_i - \beta_i \equiv 0$$

$$\therefore C = \beta_i + \delta_i$$

위에서 구한 편미분 값을 라그랑주 프리멀 함수에 대입해 라그랑주 듀얼 함수를 구해 봅니다.

$$L_D = \frac{1}{2} \left\| \sum_{i=1}^{n} (\beta_i - \alpha_i) \mathbf{x}_i \right\|^2 + \sum_{i=1}^{n} \alpha_i \xi_i + \sum_{i=1}^{n} \gamma_i \xi_i + \sum_{i=1}^{n} \delta_i \psi_i + \sum_{i=1}^{n} \beta_i \psi_i$$

$$- \sum_{i=1}^{n} \gamma_i \xi_i - \sum_{i=1}^{n} \delta_i \psi_i + \sum_{i=1}^{n} \alpha_i \mathbf{w}^T \mathbf{x}_i + b \sum_{i=1}^{n} \alpha_i - \sum_{i=1}^{n} \alpha_i y_i - \epsilon \sum_{i=1}^{n} \alpha_i - \sum_{i=1}^{n} \alpha_i \xi_i$$

$$+ \sum_{i=1}^{n} \beta_i y_i - \sum_{i=1}^{n} \beta_i \mathbf{w}^T \mathbf{x}_i - b \sum_{i=1}^{n} \beta_i - \epsilon \sum_{i=1}^{n} \beta_i - \sum_{i=1}^{n} \beta_i \psi_i$$

위 식을 정리하면 다음과 같습니다.

$$L_D = \frac{1}{2} \sum_{i=1}^{n} \sum_{j=1}^{n} (\beta_i - \alpha_i)(\beta_j - \alpha_j) \mathbf{x}_i^T \mathbf{x}_j + \sum_{i=1}^{n} \sum_{j=1}^{n} \alpha_j (\beta_i - \alpha_i) \mathbf{x}_i^T \mathbf{x}_j$$

$$- \sum_{i=1}^{n} \sum_{j=1}^{n} \beta_j (\beta_i - \alpha_i) \mathbf{x}_i^T \mathbf{x}_j + \sum_{i=1}^{n} (\beta_i - \alpha_i) y_i - \epsilon \sum_{i=1}^{n} (\alpha_i + \beta_i)$$

좀 더 정리하면 아래는 라그랑주 듀얼 함수를 구할 수 있습니다.

$$L_D = \sum_{i=1}^{n} (\beta_i - \alpha_i) y_i - \epsilon \sum_{i=1}^{n} (\alpha_i + \beta_i) - \frac{1}{2} \sum_{i=1}^{n} \sum_{j=1}^{n} (\beta_i - \alpha_i)(\beta_j - \alpha_j) \mathbf{x}_i^T \mathbf{x}_j$$

$$subject \ to \quad \begin{cases} \sum_{i=1}^{n} (\beta_i - \alpha_i) = 0 \\ 0 \le \alpha_i, \beta_i \le C \end{cases}$$

프리멀-듀얼 최적값임을 확인하기 위해 아래와 같은 KKT 조건을 만족해야 합니다.

$$\alpha_i (f(\mathbf{x}_i) - y_i - \epsilon - \xi_i) = 0$$

$$\beta_i (y_i - f(\mathbf{x}_i) - \epsilon - \psi_i) = 0$$

$$(C - \alpha_i) \xi_i = 0$$

$$(C - \beta_i) \psi_i = 0$$

첫 번째 조건에서 듀얼 함수를 통해 $\alpha_i \ge 0$이라는 사실을 알 수 있으며, 만약 $\alpha_i > 0$이라면 데이터 포인트 $\mathbf{x}_i$가 허용 오차 범위에 속한다는 뜻이므로 $f(\mathbf{x}_i) - y_i - \epsilon - \xi_i = 0$을 만족하므로 식이 성립합니다. 만약 $\alpha_i = 0$이면 자동으로 식이 성립합니다. 두 번째 조건은 첫 번째 조건과 비슷한 방식으로 성립하는 것을 알 수 있습니다. 세 번째 조건에서 $(C - \alpha_i)$와 ξ_i 둘 중 하나는 0이 되는 관계이므로 성립합니다. 네 번째 조건은 세 번째 조건과 비슷한 방식으로 성립합니다. KKT 조건을 만족하므로 앞서 구한 값이 프리멀-듀얼 최적값이라는 것을 알 수 있습니다.

8.8.5 서포트 벡터 머신 실습

서포트 벡터 머신 알고리즘을 활용해 와인 데이터를 분류하는 모형을 생성해 봅니다.

> 데이터 불러오기

```
from sklearn import datasets                                      ①
raw_wine = datasets.load_wine()                                  ②
```

① 데이터 셋을 사용하기 위해 필요한 함수를 불러옵니다. ② load_wine을 실행해 데이터를 불러옵니다.

> 피처, 타깃 데이터 지정

```
X = raw_wine.data                                                ①
y = raw_wine.target                                              ②
```

① 전체 데이터에서 피처 데이터에 해당하는 부분을 대문자 X라고 지정합니다. ② 타깃 데이터에 해당하는 부분을 소문자 y라고 정합니다.

> 트레이닝/테스트 데이터 분할

```
from sklearn.model_selection import train_test_split             ①
X_tn, X_te, y_tn, y_te=train_test_split(X,y,random_state=0)      ②
```

전체 데이터를 트레이닝 데이터와 테스트 데이터로 분할하는 단계입니다. ① 트레이닝/테스트 데이터 분할에 필요한 함수를 불러옵니다. ② train_test_split 함수에 피처, 타깃 데이터를 넣고, 랜덤 시드값(random_state)을 정한 후 실행하면 트레이닝 데이터와 테스트 데이터로 분할합니다.

> 데이터 표준화

```
from sklearn.preprocessing import StandardScaler        ❶
std_scale = StandardScaler()                            ❷
std_scale.fit(X_tn)                                     ❸
X_tn_std = std_scale.transform(X_tn)                    ❹
X_te_std  = std_scale.transform(X_te)                   ❺
```

데이터 표준화 단계입니다. ❶ 데이터 표준화를 위해 필요한 함수를 불러옵니다. ❷ 표준화 스케일러를 설정합니다. ❸ 트레이닝 피처 데이터를 이용해 표준화 스케일러에 적합시킵니다. ❹ 트레이닝 피처 데이터 X_tn을 표준화시킵니다. ❺ 같은 방법으로 테스트 피처 데이터를 표준화시킵니다.

> 데이터 학습

```
from sklearn import svm                                         ❶
clf_svm_lr = svm.SVC(kernel='linear', random_state=0)          ❷
clf_svm_lr.fit(X_tn_std, y_tn)                                  ❸
```

트레이닝 데이터를 이용해 서포트 벡터 머신 모형에 적합시켜 봅니다. ❶ 서포트 벡터 머신에 필요한 svm 함수를 불러옵니다. ❷ SVC 메소드를 이용해 모형을 설정합니다. 이번 실습은 분류 문제이므로 SVC를 사용했지만, 만약 회귀 문제라면 SVC 대신 SVR 메소드를 사용합니다. kernel 옵션은 이름 그대로 서포트 벡터 머신의 커널을 정하는 옵션입니다. 커널 종류로는 'linear', 'poly', 'rbf', 'sigmoid', 'precomputed' 등이 있습니다. ❸ random_state 옵션을 이용해 랜덤 시드값을 지정해 줍니다.

> 데이터 예측

```
>>> pred_svm = clf_svm_lr.predict(X_te_std)             ❶
>>> print(pred_svm)                                     ❷
[0 2 1 0 1 1 0 2 1 1 2 2 0 1 2 1 0 0 1 0 1 0 0 1 1 1 1 1 2 0 0 1 0 0 0 2
1 1 2 0 0 1 1 1]
```

적합시킨 모형을 바탕으로 예측해 봅니다. ❶ 표준화된 테스트 피처 데이터 X_te_std를 이용해 예측합니다. ❷ 결과를 확인해 봅니다.

> 정확도 평가

```
>>> from sklearn.metrics import accuracy_score          ❶
>>> accuracy = accuracy_score(y_te, pred_svm)           ❷
>>> print(accuracy)                                     ❸
1.0
```

예측 결과를 바탕으로 정확도를 측정해 봅니다. ❶ 정확도 측정에 필요한 함수를 불러옵니다. ❷ 실젯값 y_te, 예측값 pred_tree를 넣어 accuracy_score를 구합니다. ❸ 정확도 확인 결과 100%라는 것을 알 수 있습니다.

> confusion matrix 확인

```
>>> from sklearn.metrics import confusion_matrix        ❶
>>> conf_matrix = confusion_matrix(y_te, pred_svm)      ❷
>>> print(conf_matrix)                                  ❸
[[16  0  0]
 [ 0 21  0]
 [ 0  0  8]]
```

서포트 벡터 머신 결과를 confusion matrix를 통해 확인해 봅니다. ❶ 필요한 함수를 불러옵니다. ❷ 실젯값 y_te와 예측값 pred_svm을 넣고 confusion_matrix를 실행합니다. ❸ confusion matrix를 확인해 봅니다.

> 분류 리포트 확인

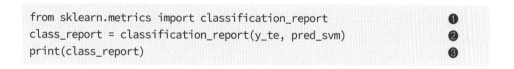

```
from sklearn.metrics import classification_report       ❶
class_report = classification_report(y_te, pred_svm)    ❷
print(class_report)                                     ❸
```

```
              precision    recall  f1-score   support

          0       1.00      1.00      1.00        16
          1       1.00      1.00      1.00        21
          2       1.00      1.00      1.00         8

   accuracy                           1.00        45
  macro avg       1.00      1.00      1.00        45
weighted avg      1.00      1.00      1.00        45
```

그림 8-36 서포트 벡터 머신 분류 리포트

서포트 벡터 머신 결과의 분류 리포트를 확인해 봅니다. ❶ 필요한 함수를 불러옵니다. ❷ 실젯값 y_te와 예측값 pred_svm을 넣어 classification_report를 실행합니다. ❸ 분류 리포트를 확인해 봅니다.

> **전체 코드**

```
from sklearn import datasets
from sklearn.preprocessing import StandardScaler
from sklearn.model_selection import train_test_split

from sklearn import svm

from sklearn.metrics import accuracy_score
from sklearn.metrics import confusion_matrix
from sklearn.metrics import classification_report

# 데이터 불러오기
raw_wine = datasets.load_wine()

# 피처, 타깃 데이터 지정
X = raw_wine.data
y = raw_wine.target

# 트레이닝/테스트 데이터 분할
X_tn, X_te, y_tn, y_te=train_test_split(X,y,random_state=0)

# 데이터 표준화
std_scale = StandardScaler()
std_scale.fit(X_tn)
```

```python
X_tn_std = std_scale.transform(X_tn)
X_te_std  = std_scale.transform(X_te)

# 서포트 벡터 머신 학습
clf_svm_lr = svm.SVC(kernel='linear', random_state=0)
clf_svm_lr.fit(X_tn_std, y_tn)

# 예측
pred_svm = clf_svm_lr.predict(X_te_std)
print(pred_svm)

# 정확도
accuracy = accuracy_score(y_te, pred_svm)
print(accuracy)

# confusion matrix 확인
conf_matrix = confusion_matrix(y_te, pred_svm)
print(conf_matrix)

# 분류 리포트 확인
class_report = classification_report(y_te, pred_svm)
print(class_report)
```

8.9 크로스 밸리데이션 실습

앞선 지도 학습 실습에서는 전체 데이터를 트레이닝 데이터와 테스트 데이터로 나누어 모형을 학습시켰습니다. 이번 단원에서는 하이퍼파라미터 튜닝을 위해 크로스 밸리데이션 기법을 활용하는 실습을 해 보겠습니다.

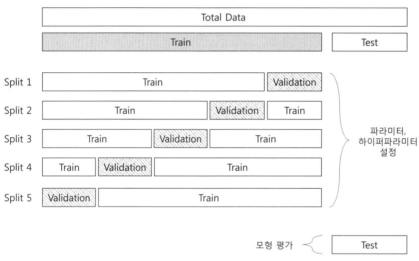

그림 8-37 크로스 밸리데이션 개념

> 데이터 불러오기

```
from sklearn import datasets                              ❶
raw_wine = datasets.load_wine()                           ❷
```

먼저 실습에 사용할 데이터를 불러옵니다. ❶ datasets 함수를 불러오고, ❷ 와인 데이터를 불러옵니다.

> 피처, 타깃 데이터 지정

```
X = raw_wine.data                                         ❶
y = raw_wine.target                                       ❷
```

다음은 전체 데이터를 피처 데이터와 타깃 데이터로 나누겠습니다. ❶ 피처 데이터를 X라고 지정하고 ❷ 타깃 데이터를 소문자 y라고 지정합니다.

> 트레이닝/테스트 데이터 분할

```
from sklearn.model_selection import train_test_split          ❶
X_tn, X_te, y_tn, y_te=train_test_split(X,y,random_state=0)   ❷
```

피처 데이터와 타깃 데이터를 각각 트레이닝 데이터와 테스트 데이터로 분할하겠습니다. ❶ 먼저 train_test_split 함수를 불러오고 ❷ 피처 데이터와 타깃 데이터를 넣고 실행합니다.

> 데이터 표준화

```
from sklearn.preprocessing import StandardScaler    ❶
std_scale = StandardScaler()                        ❷
std_scale.fit(X_tn)                                 ❸
X_tn_std = std_scale.transform(X_tn)                ❹
X_te_std  = std_scale.transform(X_te)               ❺
```

데이터를 표준화하는 단계입니다. ❶ 먼저 StandardScaler 함수를 불러오고 ❷ 표준화 스케일러를 설정합니다. ❸ 그리고 트레이닝 피처 데이터를 표준화 스케일러에 적합시킵니다. ❹ 그리고 트레이닝 피처 데이터를 표준화시키고, ❺ 테스트 피처 데이터를 표준화시킵니다.

> 그리드 서치

```
from sklearn import svm                                              ❶
from sklearn.model_selection import StratifiedKFold                  ❷
from sklearn.model_selection import GridSearchCV                     ❸

param_grid= {'kernel': ('linear', 'rbf'),                            ❹
             'C': [0.5, 1, 10, 100]}
kfold = StratifiedKFold(n_splits=5, shuffle=True, random_state=0)    ❺
svc = svm.SVC(random_state=0)                                        ❻
grid_cv = GridSearchCV(svc, param_grid, cv=kfold, scoring='accuracy') ❼
grid_cv.fit(X_tn_std, y_tn)                                         ❽
```

그리드 서치 기법을 이용해 모형을 학습시킵니다. ❶ 이번 실습에서 학습시킬 기본 모형은 서포트 벡터 머신입니다. ❷ 그리고 stratified k-fold cross validation을 위해 StratifiedKFold 함수를 불러옵니다. stratified k-fold cross validation은 일반적인 k-fold cross validation과는 달리 라벨링의 비율을 유지하면서 데이터를 추출하는 방법입니다. ❸ 그리고 그리드 서치를 위해 GridSearchCV 함수를 불러옵니다. ❹ 그리드 서치에 적용할 하이퍼파라미터를 설정합니다. 서포트 벡터 머신에서 커널은 linear 또는 rbf로 설정했고, C 값은 0.5, 1, 10, 100으로 설정했습니다. ❺ 그리고 크로스 밸리데이션 방법을 설정합니다. 이를 위해 StratifiedKFold 함수를 실행하는 데 n_splits=5는 트레이닝 데이터를 5개의 split으로 나눈다는 뜻이고, shuffle 옵션은 데이터를 섞는다는 의미입니다. ❻ 학습시킬 기본 모형을 설정합니다. 서포트 벡터 머신을 기본 모형으로 설정합니다. ❼ 그리드 서치를 수행합니다. 학습시킬 모형 svc와 파라미터 param_grid, 크로스 밸리데이션 방법 kfold, 모형 평가 방법을 설정합니다. 이번에는 모형 평가 방법을 정확도(accuracy)로 설정했습니다. ❽ 마지막으로 표준화된 피처 데이터와 트레이닝 타깃 데이터를 넣고 적합시킵니다.

> 그리드 서치 결과 확인

```
>>> grid_cv.cv_results_
'mean_fit_time': array([0.00100117, 0.00103922, 0.00088506, 0.00107918,
0.00091572, 0.00113006, 0.00095639, 0.00114508]),
…(중략)
```

cv_results_ 메소드를 이용해 그리드 서치 결과를 확인할 수 있습니다. 설정한 파라미터, 모형 평가 등 다양한 정보를 확인할 수 있습니다.

> 그리드 서치 결과 확인(데이터 프레임)

```
import numpy as np                                    ❶
import pandas as pd                                   ❷
np.transpose(pd.DataFrame(grid_cv.cv_results_))       ❸
```

	0	1	2		7
mean_fit_time	0.00100117	0.00103922	0.000885057		0.00114508
std_fit_time	0.000249012	4.0726e-05	5.80269e-05		3.06115e-05
mean_score_time	0.000356436	0.000404263	0.000334787		0.000440788
std_score_time	7.55592e-05	6.19321e-05	2.79901e-05		8.3901e-05
param_C	0.5	0.5	1		100
param_kernel	linear	rbf	linear		rbf
params	{'C': 0.5, 'kernel': 'linear'}	{'C': 0.5, 'kernel': 'rbf'}	{'C': 1, 'kernel': 'linear'}		{'C': 100, 'kernel': 'rbf'}
split0_test_score	0.888889	0.962963	0.888889	● ● ●	0.925926
split1_test_score	0.962963	1	0.962963		0.962963
split2_test_score	0.925926	0.962963	0.925926		0.962963
split3_test_score	1	0.961538	1		0.961538
split4_test_score	0.846154	1	0.846154		1
mean_test_score	0.924786	0.977493	0.924786		0.962678
std_test_score	0.054014	0.0183843	0.054014		0.0234312
rank_test_score	5	1	5		2

그림 8-38 그리드 서치 결과

앞선 그리드 서치 결과를 데이터 프레임 형태로 확인할 수도 있습니다. ❶, ❷ 먼저 필요한 라이브러리를 불러오고 ❸ 그리드 서치 결과를 데이터 프레임 형태로 바꿔 줍니다.

> 베스트 스코어 & 하이퍼파라미터

```
>>> grid_cv.best_score_                                    ❶
0.9774928774928775
>>> grid_cv.best_params_                                   ❷
'C': 0.5, 'kernel': 'rbf'
```

그리드 서치 결과 중 베스트 스코어와 하이퍼파라미터를 확인합니다. ❶ 정확도 기준으로 그리드 서치 결과 가장 좋은 성능 점수는 0.977이며, ❷ 가장 성능이 뛰어난 하이퍼파라미터는 C=0.5, 커널은 rbf라는 것을 확인할 수 있습니다.

> 최종 모형

```
>>> clf = grid_cv.best_estimator_                          ❶
>>> print(clf)                                             ❷
SVC(C=0.5, break_ties=False, cache_size=200, class_weight=None, coef0=0.0,
    decision_function_shape='ovr', degree=3, gamma='scale', kernel='rbf',
```

```
    max_iter=-1, probability=False, random_state=0, shrinking=True,
tol=0.001,
    verbose=False)
```

그리드 서치를 통해 구한 베스트 모형을 최종 모형으로 설정합니다. ❶ best_estimator_ 메소드를 이용해 성능이 가장 좋았던 모형을 확인할 수 있습니다. ❷ 앞서 확인했던 베스트 파라미터가 적용된 모형이라는 것을 확인할 수 있습니다.

> **크로스 밸리데이션 스코어 확인(1)**

```
>>> from sklearn.model_selection import cross_validate        ❶
>>> metrics = ['accuracy', 'precision_macro', 'recall_macro', 'f1_macro']  ❷
>>> cv_scores = cross_validate(clf, X_tn_std, y_tn,           ❸
                        cv=kfold, scoring=metrics)
>>> cv_scores                                                 ❹
'fit_time': array([0.0012238 , 0.00093699, 0.00092506, 0.00101709,
0.00111508]),
 'score_time': array([0.00304103, 0.00184298, 0.00193    , 0.00199294,
0.00191402]),
 'test_accuracy': array([0.96296296, 1.        , 0.96296296, 0.96153846, 1.
]),
 'test_precision_macro': array([0.96296296, 1.        , 0.96969697,
0.96969697, 1.        ]),
 'test_recall_macro': array([0.96666667, 1.        , 0.96296296, 0.95833333,
1.        ]),
 'test_f1_macro': array([0.9628483 , 1.        , 0.96451914, 0.96190476, 1.
])
```

최종 모형을 이용해 크로스 밸리데이션 점수를 확인해 봅니다. ❶ cross_validate 함수를 이용하면 다수의 성능 평가 지표를 한 번에 확인할 수 있습니다. ❷ 모형 평가 방법을 설정합니다. ❸ 그리고 cross_validate 함수를 이용해 모형 성능 점수를 확인할 수 있습니다. ❹ 결과를 확인합니다.

> **크로스 밸리데이션 스코어 확인(2)**

```
>>> from sklearn.model_selection import cross_val_score       ❶
>>> cv_score = cross_val_score(clf, X_tn_std, y_tn,           ❷
```

```
                                cv=kfold, scoring='accuracy')
>>> print(cv_score)                                                    ❸
[0.96296296 1.          0.96296296 0.96153846 1.          ]
>>> print(cv_score.mean())                                             ❹
0.9774928774928775
>>> print(cv_score.std())                                              ❺
0.01838434849561446
```

앞선 cross_validate 함수가 여러 개의 지표를 동시에 확인하는 데 사용되었다면, ❶ 이번에 사용할 cross_val_score는 한 가지 지표를 확인하는 데 사용됩니다. ❷ 이번에는 정확도(accuracy)라는 기준 하나를 두고 결과를 확인해 보겠습니다. ❸ 각 데이터 split별로 정확도를 확인하고 ❹ 정확도의 평균과 ❺ 표준 편차를 확인할 수 있습니다.

> **예측**

```
>>> pred_svm = clf.predict(X_te_std)                                   ❶
>>> print(pred_svm)                                                    ❷
[0 2 1 0 1 1 0 2 1 1 2 2 0 1 2 1 0 0 1 0 1 0 0 1 1 1
 1 1 1 2 0 0 1 0 0 0 2 1 1 2 0 0 1 1 1]
```

최종 모형에 표준화된 테스트 데이터를 넣고 예측합니다. ❶ predict 메소드를 실행하고, ❷ 결과를 확인합니다.

> **정확도**

```
>>> from sklearn.metrics import accuracy_score                         ❶
>>> accuracy = accuracy_score(y_te, pred_svm)                          ❷
>>> print(accuracy)                                                    ❸
1.0
```

테스트 데이터를 사용했을 때 모형 정확도를 측정합니다. 먼저 정확도 측정에 필요한 함수를 불러오고 실젯값과 예측값을 넣고 실행합니다. 결과를 확인합니다.

> confusion matrix 확인

```
>>> from sklearn.metrics import confusion_matrix          ❶
>>> conf_matrix = confusion_matrix(y_te, pred_svm)        ❷
>>> print(conf_matrix)                                    ❸
[[16  0  0]
 [ 0 21  0]
 [ 0  0  8]]
```

최종 모형을 이용한 예측 결과를 confusion matrix를 통해 확인해 봅니다. ❶ 필요한 함수를 불러옵니다. ❷ 실젯값 y_te와 예측값 pred_svm을 넣고 confusion_matrix를 실행합니다. ❸ confusion matrix를 확인해 봅니다.

> 분류 리포트 확인

```
from sklearn.metrics import classification_report         ❶
class_report = classification_report(y_te, pred_svm)      ❷
print(class_report)                                       ❸
```

	precision	recall	f1-score	support
0	1.00	1.00	1.00	16
1	1.00	1.00	1.00	21
2	1.00	1.00	1.00	8
accuracy			1.00	45
macro avg	1.00	1.00	1.00	45
weighted avg	1.00	1.00	1.00	45

그림 8-39 분류 리포트

최종 모형을 이용한 예측 결과의 분류 리포트를 확인해 봅니다. ❶ 필요한 함수를 불러옵니다. ❷ 실젯값 y_te와 예측값 pred_svm을 넣어 classification_report를 실행합니다. ❸ 분류 리포트를 확인해 봅니다.

> 전체 코드

```
from sklearn import datasets
from sklearn.model_selection import train_test_split
from sklearn.preprocessing import StandardScaler

from sklearn import svm
from sklearn.model_selection import StratifiedKFold
from sklearn.model_selection import GridSearchCV

import numpy as np
import pandas as pd

from sklearn.model_selection import cross_validate

from sklearn.metrics import accuracy_score
from sklearn.metrics import confusion_matrix
from sklearn.metrics import classification_report


# 데이터 불러오기
raw_wine = datasets.load_wine()

# 피쳐, 타깃 데이터 지정
X = raw_wine.data
y = raw_wine.target

# 트레이닝/테스트 데이터 분할
X_tn, X_te, y_tn, y_te=train_test_split(X,y,random_state=0)

# 데이터 표준화
std_scale = StandardScaler()
std_scale.fit(X_tn)
X_tn_std = std_scale.transform(X_tn)
X_te_std  = std_scale.transform(X_te)

# 그리드 서치 학습
param_grid= 'kernel': ('linear', 'rbf'),
            'C': [0.5, 1, 10, 100]
kfold = StratifiedKFold(n_splits=5, shuffle=True, random_state=0)
svc = svm.SVC(random_state=0)
grid_cv = GridSearchCV(svc, param_grid, cv=kfold, scoring='accuracy')
grid_cv.fit(X_tn_std, y_tn)
```

```python
# 그리드 서치 결과 확인
print(grid_cv.cv_results_)
np.transpose(pd.DataFrame(grid_cv.cv_results_))

# 베스트 스코어
grid_cv.best_score_

# 베스트 하이퍼파라미터
grid_cv.best_params_

# 최종 모형
clf = grid_cv.best_estimator_
print(clf)

# 크로스 밸리데이션 스코어 확인(1)
metrics = ['accuracy', 'precision_macro', 'recall_macro', 'f1_macro']
cv_scores = cross_validate(clf, X_tn_std, y_tn,
                           cv=kfold, scoring=metrics)

# 크로스 밸리데이션 스코어 확인(2)
from sklearn.model_selection import cross_val_score
cv_score = cross_val_score(clf, X_tn_std, y_tn,
                           cv=kfold, scoring='accuracy')
print(cv_score)
print(cv_score.mean())
print(cv_score.std())

# 예측
pred_svm = clf.predict(X_te_std)
print(pred_svm)

# 정확도
accuracy = accuracy_score(y_te, pred_svm)
print(accuracy)

# confusion matrix 확인
conf_matrix = confusion_matrix(y_te, pred_svm)
print(conf_matrix)

# 분류 레포트 확인
class_report = classification_report(y_te, pred_svm)
print(class_report)
```

## chapter 9

앙상블 학습

9.1 앙상블 학습 개념

앞서 배운 지도 학습은 피처 데이터와 타깃 데이터를 이용해 전체 데이터를 분류하는 학습 방법이었습니다. 지도 학습에 사용되는 데이터는 각 피처 데이터마다 타깃 변수가 올바르게 할당된 라벨링된 데이터였고 이를 기반으로 학습 알고리즘을 생성하는 과정을 거쳤습니다.

앙상블 학습(ensemble learning)은 핵심 아이디어는 트레이닝 데이터를 기반으로 분류 모형을 여러 개 만들고 서로 비교하는 것입니다. 앙상블 학습 과정에서 만든 개별 분류 모형을 분류기(classifier)라고 합니다. 여러 개의 분류기를 결합함으로써 개별적인 분류기보다 성능이 뛰어난 최종 분류기를 만드는 것이 앙상블 학습의 목적입니다. 이는 실생활에서 우리가 중요한 결정을 앞두고 여러 가지 의견을 모으고 종합해 최종 결정을 하는 것과 유사합니다.

9.2 보팅

▎9.2.1 보팅의 개념

앙상블 학습에는 여러 가지 방법이 존재하는데, 이번 단원에서 소개할 방법은 **보팅(voting)**이라는 방법입니다. 이 방법은 여러 개의 분류 모형의 결과를 대상으로 투표를 통해 최종 클래스 라벨을 정하는 방법입니다. [그림 9-1] 참고. 예를 들어, 분류기가 10개 있다고 했을 때, 특정 데이터에 대해 7개의 분류기는 클래스 1이라고 예측하고, 나머지 3개의 분류 모형은 클래스가 2라고 예측했다고 해 봅니다. 그렇다면 클래스 1이 가장 높은 득표수를 보이므로 최종적으로 클래스 1로 예측하는 것입니다. 이를 다수결 투표(plurality voting)라고 하는데 이와 비슷한 방법으로 다수결이 아닌 절반 이상의 분류기의 표를 얻어야 하는 과반수 투표(majority voting) 방식이 있습니다. 개별 분류기는 여러 가지 알고리즘을 사용해서 만들 수 있습니다. 앞서 배웠던 지도 학습 방법 중 로지스틱 회귀, 서포트 벡터 머신, 결정 트리 등을 사용해서 다양한 분류 모형을 만들 수 있습니다.

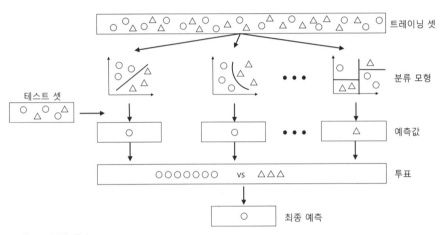

그림 9-1 보팅 개념

앙상블 학습 모형은 개별 모형보다 성능이 뛰어난데 왜 그럴까요? 두 가지 클래스를 분류하는 이진 분류 문제를 푼다고 했을 때, 동일한 에러율(error rate) ε를 가진 n개의 분류기를 가정해 봅니다. 모든 분류기의 오차는 서로 독립적이라서 서로 상관관계가 없다고 가정합니다. 이런 가정 아래 n개의 분류기로 구성된 앙상블 모형의 오차 확률은 이항 분포(binomial distribution)를 따릅니다. 즉, n개의 분류기 중 k개 이상의 분류기의 예측이 틀렸다고 하면 다음과 같이 표현할 수 있습니다.

$$P(X \geq k) = \sum_{k=i}^{n} \binom{n}{k} x^k (1-x)^{n-k} = \varepsilon_{ensenble}$$

위 식에서 왜 X는 k보다 크거나 같을까요? 그 이유는 앙상블 분류기가 틀리려면 과반수의 개별 분류기가 틀려야 합니다. 예를 들어, 9개의 분류기로 구성된 앙상블 분류기가 있다고 해 봅니다. 이 분류기가 틀리려면 과반수의 개별 분류기가 틀려야 합니다. 즉, 최소 5개의 분류기의 예측이 틀려야 합니다. 각 분류기의 에러율이 0.3이라고 하면 이를 식으로 나타내면 다음과 같습니다.

$$P(X \geq 5) = \sum_{k=5}^{n} \binom{9}{k} 0.3^k (1-0.3)^{9-k} = 0.09 = \varepsilon_{ensemble}$$

9개의 분류기를 통해 앙상블 분류기를 만들었더니 개별 분류기의 에러율 0.3보다 작은 0.09가 되었습니다. 이처럼 개별 분류기보다 앙상블 분류기가 더 나은 성능을 보인다는 것을 알 수 있습니다.

▌9.2.2 보팅 실습

보팅 알고리즘을 활용해 꽃 데이터를 분류하는 모형을 생성해 봅니다.

> 데이터 불러오기

```
from sklearn import datasets                                    ❶
raw_iris = datasets.load_iris()                                 ❷
```

보팅 실습은 꽃 데이터를 분류하는 실습을 해 봅니다. ❶ 데이터 셋 함수를 불러옵니다. ❷ load_iris( )를 이용해 꽃 데이터를 불러옵니다.

> 피처, 타깃 데이터 지정

```
X = raw_iris.data                                               ❶
y = raw_iris.target                                             ❷
```

불러온 데이터를 피처 데이터와 타깃 데이터로 분리해 봅니다. ❶ 피처 데이터를 대문자 X라고 저장합니다. ❷ 타깃 데이터를 소문자 y라고 저장합니다.

> 트레이닝/테스트 데이터 분할

```
from sklearn.model_selection import train_test_split           ❶
X_tn, X_te, y_tn, y_te=train_test_split(X,y,random_state=0)     ❷
```

트레이닝 데이터와 테스트 데이터로 분리합니다. ❶ 트레이닝/테스트 데이터 분할을 위해 필요한 함수를 불러옵니다. ❷ train_test_split을 이용해 트레이닝 데이터와 테스트 데이터로 분리합니다.

> 데이터 표준화

```
from sklearn.preprocessing import StandardScaler        ❶
std_scale = StandardScaler()                            ❷
std_scale.fit(X_tn)                                     ❸
X_tn_std = std_scale.transform(X_tn)                    ❹
X_te_std  = std_scale.transform(X_te)                   ❺
```

데이터를 표준화합니다. ❶ 데이터 표준화를 위해 함수를 불러옵니다. ❷ 표준화 스케일러를 지정합니다. ❸ 트레이닝 피처를 기준으로 표준화를 적합시킵니다. ❹ 트레이닝 데이터를 적합시킨 표준화에 맞게 변형시킵니다. ❺ 테스트 데이터를 적합시킨 표준화에 맞게 변형시킵니다.

> 데이터 학습

```
# 보팅 학습
from sklearn.linear_model import LogisticRegression      ❶
from sklearn import svm                                  ❷
from sklearn.naive_bayes import GaussianNB               ❸
from sklearn.ensemble import VotingClassifier            ❹

clf1 = LogisticRegression(multi_class='multinomial',     ❺
                          random_state=1)
clf2 = svm.SVC(kernel='linear',                          ❻
               random_state=1)
clf3 = GaussianNB()                                      ❼

clf_voting = VotingClassifier(                           ❽
                estimators=[
                    ('lr', clf1),
                    ('svm', clf2),
                    ('gnb', clf3)
                ],
                voting='hard',
                weights=[1,1,1])
clf_voting.fit(X_tn_std, y_tn)                           ❾
```

보팅을 이용해 학습해 봅니다. 보팅은 여러 가지 머신러닝 모형을 이용하는 방법입니다. 이번 실습에서는 로지스틱 회귀 분석, 가우시안 나이브 베이즈, 서포트 벡터 머신을 사용합니다. 먼저 보팅에 필요한 함수를 불러옵니다. ❶은 로지스틱 회귀 분석입니다. ❷는 서포트 벡터 머신입니다. ❸은 가우시안 나이브 베이즈입니다. ❹는 보팅을 위한 함수입니다. 이번 문제는 분류 문제라 VotingClassifier를 사용했지만, 만약 회귀 문제라면 from sklearn.ensemble import VotingRegressor를 사용합니다. ❺ 첫 번째 모형 clf1을 로지스틱 회귀 분석이라고 정합니다. ❻ 두 번째 모형 clf2를 서포트 벡터 머신 모형이라고 정합니다. ❼ 세 번째 모형 clf3은 가우시안 나이브 베이즈입니다. ❽ 이 앞서 만든 세 가지 모형을 이용해 보팅 모형을 설정합니다. estimators는 미리 만든 세 가지 모형을 의미합니다. voting 옵션은 hard 혹은 soft로 설정할 수 있습니다. hard를 사용하면 투표 결과로 과반수가 넘는 라벨이 정해지고, soft로 설정하면 확률이 가장 높은 라벨로 정해집니다. 기본값은 hard입니다. weights는 세 가지 모형의 비율입니다. ❾ 만들어진 보팅 모형에 표준화된 트레이닝 피처 데이터와 트레이닝 타깃 데이터를 넣고 적합시킵니다.

> 데이터 예측

```
>>> pred_voting = clf_voting.predict(X_te_std)          ❶
>>> print(pred_voting)                                   ❷
[2 1 0 2 0 2 0 1 1 1 2 1 1 1 1 0 1 1 0
 0 2 1 0 0 2 0 0 1 1 0 2 1 0 2 2 1 0 2]
```

적합한 모형을 이용해 테스트 데이터의 예측값을 구해 봅니다. ❶ predict에 표준화된 테스트 피처 데이터를 넣고 실행합니다. ❷ 결과를 확인하면 예측값을 구할 수 있습니다.

> 정확도 평가

```
>>> from sklearn.metrics import accuracy_score          ❶
>>> accuracy = accuracy_score(y_te, pred_voting)         ❷
>>> print(accuracy)                                      ❸
0.9736842105263158
```

정확도 평가 단계입니다. ❶ 필요한 함수를 불러옵니다. ❷ 실젯값과 예측값을 넣습니다. ❸ 정확도 점수를 보면 97.3%라는 것을 알 수 있습니다.

> confusion matrix 확인

```
>>> from sklearn.metrics import confusion_matrix          ❶
>>> conf_matrix = confusion_matrix(y_te, pred_voting)     ❷
>>> print(conf_matrix)                                     ❸
[[13  0  0]
 [ 0 15  1]
 [ 0  0  9]]
```

데이터가 잘 분류되었는지 확인하기 위해 confusion matrix를 확인해 봅니다. ❶ confusion_matrix 함수를 불러옵니다. ❷ 실젯값과 예측값을 넣고 실행합니다. ❸ 결과를 확인해 봅니다. 대부분의 데이터가 잘 분리된 것을 볼 수 있습니다.

> 분류 리포트 확인

```
from sklearn.metrics import classification_report         ❶
class_report = classification_report(y_te, pred_voting)   ❷
print(class_report)                                        ❸
```

```
              precision    recall  f1-score   support

           0       1.00      1.00      1.00        13
           1       1.00      0.94      0.97        16
           2       0.90      1.00      0.95         9

    accuracy                           0.97        38
   macro avg       0.97      0.98      0.97        38
weighted avg       0.98      0.97      0.97        38
```

그림 9-2 분류 리포트

분류 리포트를 확인해 봅니다. ❶ 함수를 불러옵니다. ❷ classification_report를 이용해 리포트를 출력합니다. ❸ 결과를 확인해 봅니다.

> 전체 코드

```
from sklearn import datasets
from sklearn.model_selection import train_test_split
from sklearn.preprocessing import StandardScaler
```

```python
from sklearn.linear_model import LogisticRegression
from sklearn import svm
from sklearn.naive_bayes import GaussianNB
from sklearn.ensemble import VotingClassifier

from sklearn.metrics import accuracy_score
from sklearn.metrics import confusion_matrix
from sklearn.metrics import classification_report

# 데이터 불러오기
raw_iris = datasets.load_iris()

# 피처, 타깃 데이터 지정
X = raw_iris.data
y = raw_iris.target

# 트레이닝/테스트 데이터 분할
X_tn, X_te, y_tn, y_te=train_test_split(X,y,random_state=0)

# 데이터 표준화
std_scale = StandardScaler()
std_scale.fit(X_tn)
X_tn_std = std_scale.transform(X_tn)
X_te_std  = std_scale.transform(X_te)

# 보팅 학습
clf1 = LogisticRegression(multi_class='multinomial',
                          random_state=1)
clf2 = svm.SVC(kernel='linear',
               random_state=1)
clf3 = GaussianNB()

clf_voting = VotingClassifier(
             estimators=[
                 ('lr', clf1),
                 ('svm', clf2),
                 ('gnb', clf3),
             ],
             voting='hard',
             weights=[1,1,1])
clf_voting.fit(X_tn_std, y_tn)
```

```
# 예측
pred_voting = clf_voting.predict(X_te_std)
print(pred_voting)

# 정확도
accuracy = accuracy_score(y_te, pred_voting)
print(accuracy)

# confusion matrix 확인
conf_matrix = confusion_matrix(y_te, pred_voting)
print(conf_matrix)

# 분류 리포트 확인
class_report = classification_report(y_te, pred_voting)
print(class_report)
```

9.3 배깅과 랜덤 포레스트

9.3.1 독립적 앙상블 방법

앙상블 학습은 크게 독립적 앙상블 방법(Independent Ensemble Method)과 의존적 앙상블 방법으로 나눌 수 있습니다. 이번 단원에서 다룰 방법은 독립적 앙상블 방법입니다. 독립적 앙상블 방법에서 사용하는 개별 분류기들은 서로 독립적인 알고리즘이므로 각 분류기는 서로 다른 머신러닝 알고리즘을 사용할 수도 있습니다. 각 분류기가 독립적이므로 효과적으로 병렬화할 수 있다는 장점이 있습니다. 이번 단원에서는 독립적 앙상블 방법 중 배깅과 랜덤 포레스트에 대해 알아봅니다.

9.3.2 배깅과 랜덤 포레스트의 개념

배깅(bootstrap aggregating)은 개별 분류기들의 분류 결과를 종합하여 최종 분류기의 성능을 향상하는 방법입니다. 앞서 개별 분류기들이 동일한 트레이닝 데이터로 학습하는 보팅(voting)과는 달리 배깅은 오리지널 트레이닝 데이터 셋에서 부트스트랩(bootstrap) 샘플을 뽑아 학습합니다. 부트스트랩이란 중복을 허용한 랜덤 샘플 방법을 의미합니다. 개별 분류 모형의 결괏값을 모아 다수결 투표(plurality voting)를 통해 최종 예측하게 됩니다.

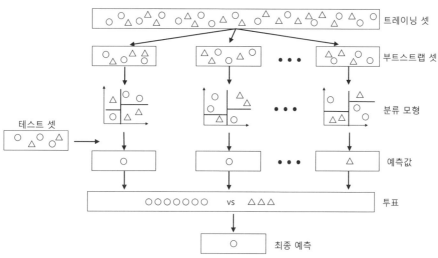

트레이닝 셋

부트스트랩 셋

분류 모형

테스트 셋

예측값

투표

최종 예측

그림 9-3 배깅 개념

[그림 9-3]은 배깅 개념을 나타낸 그림입니다. 주로 배깅에 사용하는 개별 분류기들은 모두 같은 머신러닝 알고리즘입니다. 배깅을 이용한 가장 유명한 알고리즘에는 랜덤 포레스트가 있습니다. **랜덤 포레스트(random forest)**는 여러 개의 개별 분류기인 의사 결정 나무를 토대로 예측한 결과를 종합해 전체 예측 정확도를 높이는 방법입니다.

■ **랜덤 포레스트 과정**

(1) n개의 데이터 랜덤 추출(중복 가능)
(2) p개의 피처 선택(중복 불가능)
(3) 의사 결정 나무 학습
(4) (1)~(3)을 반복
(5) 각 의사 결정 나무별 결과를 투표를 통해 클래스 레이블 설정

9.3.3 랜덤 포레스트 실습

랜덤 포레스트 알고리즘을 활용해 와인 데이터를 분류하는 모형을 생성해 봅니다.

> 데이터 불러오기

```
from sklearn import datasets                                        ❶
raw_wine = datasets.load_wine()                                     ❷
```

데이터를 불러옵니다. ❶ 데이터 셋 함수를 불러옵니다. ❷ 와인 데이터를 불러옵니다.

> 피처, 타깃 데이터 지정

```
X = raw_wine.data                                                  ❶
y = raw_wine.target                                                ❷
```

전체 데이터를 ❶ 피처 데이터 X와 ❷ 타깃 데이터 y로 나눕니다.

> 트레이닝/테스트 데이터 분할

```
from sklearn.model_selection import train_test_split               ❶
X_tn, X_te, y_tn, y_te=train_test_split(X,y,random_state=0)        ❷
```

트레이닝과 테스트 데이터를 분할해 봅니다. ❶ train_test_split 함수를 불러옵니다. ❷ train_test_split을 이용해 피처 데이터와 타깃 데이터를 넣고 분할합니다.

> 데이터 표준화

```
from sklearn.preprocessing import StandardScaler                   ❶
std_scale = StandardScaler()                                       ❷
std_scale.fit(X_tn)                                                ❸
X_tn_std = std_scale.transform(X_tn)                               ❹
X_te_std  = std_scale.transform(X_te)                              ❺
```

데이터 표준화입니다. ❶ 표준화 함수를 불러옵니다. ❷ 표준화 스케일러를 설정합니다. ❸ 트레이닝 피처 데이터를 이용해 표준화 적합을 시도합니다. ❹ 적합된 표준화 모형에 트레이닝 피처 데이터를 넣고 표준화시킵니다. ❺ 테스트 피처 데이터를 넣고 표준화시킵니다.

> 데이터 학습

```
from sklearn.ensemble import RandomForestClassifier          ❶
clf_rf = RandomForestClassifier(max_depth=2,                  ❷
                                random_state=0)
clf_rf.fit(X_tn_std, y_tn)                                    ❸
```

랜덤 포레스트를 이용해 학습해 봅니다. ❶ 랜덤 포레스트를 이용하기 위해 함수를 불러옵니다. ❷ 이번 분석은 분류 문제이므로 RandomForestClassifier를 불러오지만, 만약 회귀 문제라면 from sklearn.ensemble import RandomForestRegressor를 사용합니다. ❸ 표준화된 트레이닝 피처 데이터와 트레이닝 타깃 데이터를 넣고 적합시킵니다.

> 데이터 예측

```
pred_rf = clf_rf.predict(X_te_std)                            ❶
print(pred_rf)                                                ❷
[0 2 1 0 1 1 0 2 1 1 2 2 0 1 2 1 0 0 2 0 0 0 0
 1 1 1 1 1 2 0 0 1 0 0 0 2 1 1 2 0 0 1 1 1]
```

적합한 모형을 이용해 예측해 봅니다. ❶ 표준화된 테스트 피처 데이터를 넣고 predict를 실행합니다. ❷ 결과를 확인할 수 있습니다.

> 정확도 평가

```
>>> from sklearn.metrics import accuracy_score               ❶
>>> accuracy = accuracy_score(y_te, pred_rf)                 ❷
>>> print(accuracy)                                          ❸
0.9555555555555556
```

랜덤 포레스트 모형의 정확도를 측정해 봅니다. ❶ 함수를 불러옵니다. ❷ accuracy_score에 실젯값과 예측값을 넣습니다. ❸ 결과를 확인할 수 있습니다.

> confusion matrix 확인

```
>>> from sklearn.metrics import confusion_matrix          ❶
>>> conf_matrix = confusion_matrix(y_te, pred_rf)         ❷
>>> print(conf_matrix)                                     ❸
[[16  0  0]
 [ 1 19  1]
 [ 0  0  8]]
```

분류 행렬인 confusion matrix를 확인해 봅니다. ❶ 필요한 함수를 불러옵니다. ❷ 실젯값과 예측값을 넣고 confusion_matrix를 실행합니다. ❸ 결과를 확인해 보면 데이터 1개 이외에는 모두 잘 분리된 것을 알 수 있습니다.

> 분류 리포트 확인

```
from sklearn.metrics import classification_report         ❶
class_report = classification_report(y_te, pred_rf)       ❷
print(class_report)                                        ❸
```

```
              precision    recall  f1-score   support

           0       0.94      1.00      0.97        16
           1       1.00      0.90      0.95        21
           2       0.89      1.00      0.94         8

    accuracy                           0.96        45
   macro avg       0.94      0.97      0.95        45
weighted avg       0.96      0.96      0.96        45
```

그림 9-4 랜덤 포레스트 분류 리포트

분류 리포트를 확인해 봅니다. ❶ 분류 리포트를 위한 함수를 불러옵니다. ❷ 실젯값과 예측값을 넣고 classification_report를 실행합니다. ❸ 결과를 확인해 봅니다.

> 전체 코드

```
from sklearn import datasets
from sklearn.model_selection import train_test_split
from sklearn.preprocessing import StandardScaler
```

```python
from sklearn.ensemble import RandomForestClassifier

from sklearn.metrics import accuracy_score
from sklearn.metrics import confusion_matrix
from sklearn.metrics import classification_report

# 데이터 불러오기
raw_wine = datasets.load_wine()

# 피처, 타깃 데이터 지정
X = raw_wine.data
y = raw_wine.target

# 트레이닝/테스트 데이터 분할
X_tn, X_te, y_tn, y_te=train_test_split(X,y,random_state=0)

# 데이터 표준화
std_scale = StandardScaler()
std_scale.fit(X_tn)
X_tn_std = std_scale.transform(X_tn)
X_te_std  = std_scale.transform(X_te)

# 랜덤 포레스트 학습
clf_rf = RandomForestClassifier(max_depth=2,
                                random_state=0)
clf_rf.fit(X_tn_std, y_tn)

# 예측
pred_rf = clf_rf.predict(X_te_std)
print(pred_rf)

# 정확도
accuracy = accuracy_score(y_te, pred_rf)
print(accuracy)

# confusion matrix 확인
conf_matrix = confusion_matrix(y_te, pred_rf)
print(conf_matrix)

# 분류 리포트 확인
class_report = classification_report(y_te, pred_rf)
print(class_report)
```

▌9.3.4 배깅 실습

이번 단원에서는 일반적인 배깅 알고리즘을 이용해 와인 데이터를 분류하는 모형을 생성해 봅니다.

> 데이터 불러오기

```
from sklearn import datasets                    ❶
raw_wine = datasets.load_wine()                 ❷
```

실습을 위해 데이터를 불러옵니다. ❶ 데이터 셋 함수를 불러옵니다. ❷ 그리고 와인 데이터를 불러옵니다.

> 피처, 타깃 데이터 지정

```
X = raw_wine.data                               ❶
y = raw_wine.target                             ❷
```

전체 데이터를 피처 데이터와 타깃 데이터로 나누어 지정하겠습니다. ❶ 피처 데이터 X와 ❷ 타깃 데이터 y로 나눕니다.

> 트레이닝/테스트 데이터 분할

```
from sklearn.model_selection import train_test_split          ❶
X_tn, X_te, y_tn, y_te=train_test_split(X,y,random_state=0)    ❷
```

트레이닝 데이터와 테스트 데이터로 분할해 봅니다. ❶ train_test_split 함수를 불러옵니다. ❷ train_test_split을 이용해 피처 데이터와 타깃 데이터를 넣고 분할합니다.

> 데이터 표준화

```
from sklearn.preprocessing import StandardScaler    ❶
std_scale = StandardScaler()                         ❷
std_scale.fit(X_tn)                                  ❸
```

```
X_tn_std = std_scale.transform(X_tn)                                    ❹
X_te_std  = std_scale.transform(X_te)                                   ❺
```

데이터를 표준화해 봅니다. ❶ 먼저 표준화 함수를 불러옵니다. ❷ 그리고 표준화 스케일러를 설정합니다. ❸ 트레이닝 피처 데이터를 이용해 표준화 적합을 수행합니다. ❹ 적합된 표준화 모형에 트레이닝 피처 데이터를 넣고 표준화시킵니다. ❺ 테스트 피처 데이터를 넣고 표준화시킵니다.

> 데이터 학습

```
from sklearn.naive_bayes import GaussianNB                             ❶
from sklearn.ensemble import BaggingClassifier                        ❷
clf_bagging = BaggingClassifier(base_estimator=GaussianNB(),          ❸
                         n_estimators=10,
                         random_state=0)
clf_bagging.fit(X_tn_std, y_tn)                                       ❹
```

배깅을 이용해 데이터를 학습시킵니다. 이전 단원에서와는 다르게 이번에 사용할 배깅 모형에서는 개별 분류기를 직접 설정할 수 있습니다. 이번 실습에서는 개별 분류기를 나이브 베이즈 모형으로 설정하고 배깅을 적용해 보겠습니다. ❶ 먼저 개별 분류기로 사용할 함수를 불러옵니다. ❷ 그리고 배깅을 위한 분류를 위해 함수를 불러옵니다. ❸ 이번 실습은 분류 모형을 만들 것이므로 BaggingClassifier 함수를 불러오지만 만약 회귀 모형을 만들 것이라면 from sklearn.ensemble import BaggingRegressor를 사용합니다. 배깅을 활용한 분류기를 생성합니다. base_estimator에 개별 학습기를 입력하고 n_estimators로 개별 분류기의 개수를 입력합니다. 그리고 random_state를 설정해 줍니다. ❹ 그리고 트레이닝 데이터를 넣고 생성한 모형을 적합시킵니다.

> 데이터 예측

```
>>> pred_bagging = clf_bagging.predict(X_te_std)                      ❶
>>> print(pred_bagging)                                              ❷
[0 2 1 0 1 1 0 2 1 1 2 2 0 1 2 1 0 0 2 0 0 0 0 1 1 1 1 1 2 0 0 1 0 0 0 2
 1 1 2 0 0 1 1 1]
```

적합시킨 모형을 이용해 예측해 봅니다. ❶ 표준화된 테스트 피처 데이터를 넣고 predict 메소

273

드를 실행합니다. ❷ 그리고 예측 결과를 확인합니다.

> 정확도 평가

```
>>> from sklearn.metrics import accuracy_score        ❶
>>> accuracy = accuracy_score(y_te, pred_bagging)     ❷
>>> print(accuracy)                                   ❸
0.9555555555555556
```

배깅 모형의 정확도를 측정해 봅니다. ❶ 먼저 정확도 평가를 위한 함수를 불러옵니다. ❷ 그리고 accuracy_score에 실젯값과 예측값을 넣습니다. ❸ 그리고 정확도를 확인한 결과 약 95.6%라는 것을 알 수 있습니다.

> confusion matrix 확인

```
>>> from sklearn.metrics import confusion_matrix        ❶
>>> conf_matrix = confusion_matrix(y_te; pred_bagging)  ❷
>>> print(conf_matrix)                                  ❸
[[16  0  0]
 [ 1 19  1]
 [ 0  0  8]]
```

분류 행렬인 confusion matrix를 확인해 봅니다. ❶ 먼저 필요한 함수를 불러옵니다. ❷ 실젯값과 예측값을 넣고 confusion_matrix를 실행합니다. ❸ 결과를 확인해 봅니다.

> 분류 리포트 확인

```
>>> from sklearn.metrics import classification_report       ❶
>>> class_report = classification_report(y_te, pred_bagging) ❷
>>> print(class_report)                                     ❸
```

```
           precision    recall  f1-score   support

       0       0.94      1.00      0.97        16
       1       1.00      0.90      0.95        21
       2       0.89      1.00      0.94         8

accuracy                           0.96        45
   macro avg   0.94      0.97      0.95        45
weighted avg   0.96      0.96      0.96        45
```

그림 9-5 배깅 분류 리포트

분류 리포트를 확인해 봅니다. ❶ 분류 리포트를 위한 함수를 불러옵니다. ❷ 실젯값과 예측
값을 넣고 classification_report를 실행합니다. ❸ 결과를 확인합니다.

> 전체 코드

```python
from sklearn import datasets
from sklearn.model_selection import train_test_split
from sklearn.preprocessing import StandardScaler

from sklearn.naive_bayes import GaussianNB
from sklearn.ensemble import BaggingClassifier

from sklearn.metrics import accuracy_score
from sklearn.metrics import confusion_matrix
from sklearn.metrics import classification_report

# 데이터 불러오기
raw_wine = datasets.load_wine()

# 피처, 타깃 데이터 지정
X = raw_wine.data
y = raw_wine.target

# 트레이닝/테스트 데이터 분할
X_tn, X_te, y_tn, y_te=train_test_split(X,y,random_state=0)

# 데이터 표준화
std_scale = StandardScaler()
std_scale.fit(X_tn)
X_tn_std = std_scale.transform(X_tn)
X_te_std  = std_scale.transform(X_te)
```

```
# 배깅 학습
clf_bagging = BaggingClassifier(base_estimator=GaussianNB(),
                                n_estimators=10,
                                random_state=0)
clf_bagging.fit(X_tn_std, y_tn)

# 예측
pred_bagging = clf_bagging.predict(X_te_std)
print(pred_bagging)

# 정확도
accuracy = accuracy_score(y_te, pred_bagging)
print(accuracy)

# confusion matrix 확인
conf_matrix = confusion_matrix(y_te, pred_bagging)
print(conf_matrix)

# 분류 레포트 확인
class_report = classification_report(y_te, pred_bagging)
print(class_report)
```

9.4 부스팅

▌9.4.1 의존적 앙상블 방법

의존적 앙상블 방법(Dependent Ensemble Method)은 독립적 앙상블 방법과는 달리 개별 학습기들이 서로 독립이 아닌 경우를 의미합니다. 의존적 앙상블 방법 중 가장 유명한 방법은 **부스팅**(Boosting)입니다. 부스팅의 핵심 아이디어는 분류하기 어려운 데이터에 집중한다는 것입니다. 이는 트레이닝 데이터에 포함되는 모든 데이터 포인트에 가중치를 할당함으로써 관심의 정도를 반영할 수 있습니다. 초기에는 모든 데이터 포인트에 대해 동일한 가중치를 할당합니다. 점차 학습이 진행되면서 올바르게 분류된 데이터 포인트의 가중치는 감소하는 반면에 잘못 분류된 데이터 포인트의 가중치는 증가합니다. 결과적으로 학습이 진행되면서 학습기는 분류하기 어려운 데이터에 집중하게 됩니다. 즉, 이전 단계에서 만들어진 학습기는 다음 단계에서 사용할 트레이닝 셋의 가중치를 변경하는 데 사용됩니다.

부스팅은 배깅과는 달리 이전 분류기의 성능에 영향을 받습니다. 특히 새로운 분류기는 이전 분류기의 성능에 따라 잘못 분류된 데이터에 더 집중합니다. 배깅에서는 각 데이터 포인트가 추출될 확률이 모두 동일했지만, 부스팅에서는 각 데이터 포인트에 할당된 가중치에 비례해 추출됩니다.

▌9.4.2 에이다 부스트 개념 설명

부스팅(Boosting)은 약한 학습기(weak learner) 여러 개를 모아 하나의 강한 학습기를 만드는 방법입니다. 약한 학습기는 깊이가 1인 의사 결정 나무와 같은 아주 간단한 모형을 말하며 50% 정도의 낮은 정확도를 보입니다. 개별적으로는 이렇게 약한 학습 모형이지만, 이와 같은 모형을 다수 생성하고 부스팅을 적용함으로써 강한 학습기가 만들어집니다.

앞서 보팅(voting)이나 배깅(bagging)은 [그림 9-6]의 위 그림처럼 모형이 병렬적으로 수행될 수 있었습니다. 예를 들어, 10개의 모형이 있다고 하면 10개의 모형을 동시에 학습시킬 수 있다는 뜻입니다. 이에 반해 부스팅은 [그림 9-6]의 아래 그림처럼 여러 약한 학습기가 순차적으로 적용됩니다. 그 이유는, 약한 학습 모형의 학습 이후 판별하지 못한 데이터 포인트에 대해서 가중치를 부여하기 때문입니다.

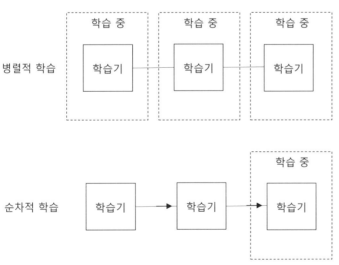

그림 9-6 병렬적 학습(위), 순차적 학습(아래)

에이다 부스트(adaboost)의 핵심 아이디어는 분류하기 어려운 트레이닝 데이터에 가중치를 더 높이는 것입니다. 즉, 이전에 잘못 분류된 트레이닝 데이터 포인트는 가중치가 증가해 오차율이 높아집니다. 다음 약한 학습기는 이전에 증가한 오차율을 낮추는 방향으로 학습하게 됩니다.

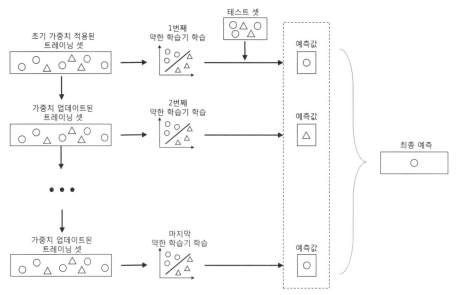

그림 9-7 에이다 부스트 기본 개념

예를 들어, 이진 분류 문제를 가정해 봅니다. 데이터는 모두 n개의 데이터로 구성되어 있으며, 타깃 Y는 -1 또는 1 값을 가집니다. 즉, $Y \in \{-1, 1\}$입니다. 피처를 X라고 하고, 분류기가 총 m개 존재한다고 했을 때, j번째 약한 분류기를 $f_j(X)$, 강한 분류기를 $F(X)$라고 합니다. 이때, 트레이닝 셋의 오차율(error rate) e는 다음과 같습니다.

$$e = \frac{1}{n} \sum_{i=1}^{n} I\left(y_i \neq f_j(\mathbf{x}_i)\right)$$

$$I\left(y_i \neq f_j(\mathbf{x}_i)\right) = \begin{cases} 1, & y_i \neq f_j(\mathbf{x}_i) \\ 0, & otherwise \end{cases}$$

위 수식에서 I는 지시 함수(indicator function)를 의미하는데 괄호 속 조건을 만족하면 1, 만족하지 않으면 0입니다. 즉, 오차율은 실제 y_i 값과 약한 학습기의 분류 결과가 일치하지 않는 데이터 포인트 개수를 의미합니다.

$$E\left[I\left(y_i \neq f_j(\mathbf{x}_i)\right)\right]$$

앞의 식과 같이 오차율은 곧 오차의 기댓값이라고 말할 수 있습니다. 앞선 정보를 바탕으로 약한 학습기의 학습 이후, 트레이닝 데이터의 각 데이터 포인트 $(\mathbf{x}_i, y_i)$별로 가중치 w_i가 적용됩니다. 처음 적용하는 약한 학습기의 경우, 업데이트할 가중치가 없으므로 모든 데이터 포인트가 $1/n$로 동일한 가중치가 적용됩니다. 약한 학습기들의 학습 이후 강한 학습기의 최종 예측은 아래와 같습니다.

$$F(\mathbf{x}) = \text{sign}\left(\sum_{j=1}^{m} \alpha_j f_j(\mathbf{x})\right)$$

즉, 강한 학습기의 최종 예측은 개별 약한 학습기의 예측값에 가중치 α_j를 적용한 후 모두 합한 값의 부호(sign)를 의미합니다. 여기서 '부호'가 들어가는 이유는 이진 분류에서 +1로 판별된 경우가 많다면 부호가 +일 것이고, -1로 분류된 경우가 많다면 -일 것이기 때문입니다. 이때, 약한 학습기별로 적용되는 가중치 α_j는 위에서 구한 데이터 포인트 개별 가중치 w_i를 통해 구할 수 있습니다.

■ AdaBoost 알고리즘(이산형 타깃)

(1) 트레이닝 데이터의 각 데이터 포인트별 초기 가중치 $w_i = \frac{1}{n}, \quad i = 1, \dots, n$

(2) j번째 약한 학습기 $f_j(\mathbf{x}_i)$를 이용해 트레이닝 데이터를 학습시킵니다.

(3) (2)에서 사용한 약한 학습기 $f_j(\mathbf{x}_i)$의 가중치가 적용된 오차율을 구합니다.

$$e_j = \sum_{i=1}^{n} w_i I\left(y_i \neq f_j(\mathbf{x}_i)\right)$$

(4) 약한 학습기 전체에 적용될 가중치 α_j를 다음과 같이 구합니다.

$$\alpha_j = \frac{1}{2}\log\left(\frac{1 - e_j}{e_j}\right)$$

---

(5) (4)에서 구한 가중치 α_j와 현재 데이터 포인트에 적용 중인 가중치 w_i를 이용해 가중치 w_i를 업데이트합니다.

$$w_i \leftarrow w_i \exp\left[-\alpha_j\ y_i\ f_j(\mathbf{x}_i)\right], \qquad i = 1, \ldots, n$$

위 가중치를 업데이트하는 식을 보았을 때, 만약 예측값과 실젯값이 동일하다면 $y_i f_j(\mathbf{x}_i)=1$이 되므로 개별 데이터 포인트 $\mathbf{x}_i$의 가중치 w_i는 작아지고 예측값과 실젯값이 다르다면 $y_i f_j(\mathbf{x}_i)=-1$이 되므로 개별 데이터 포인트 $\mathbf{x}_i$의 가중치 w_i가 커집니다.

(6) 가중치 합이 1이 되도록 가중치를 정규화시킵니다.

$$w_i \leftarrow \frac{w_i}{\sum_{i=1}^{n} w_i}$$

(7) (2)~(6)단계를 약한 학습기 수만큼 반복 수행합니다.

(8) 강한 학습기를 이용해 최종 예측값을 구합니다.

$$F(\mathbf{x}) = \text{sign}\left(\sum_{j=1}^{m} \alpha_j f_j(\mathbf{x})\right)$$

위 과정에서 마지막 순서의 의미는 에이다 부스트에서도 각각의 약한 분류기의 결과를 모아 투표를 실시하지만, 투표할 때 약한 분류기별로 투표 결과에 가중치를 부여한다는 뜻입니다. 에이다 부스트는 일반적인 부스팅과는 다르게 약한 학습기를 훈련할 때 훈련 데이터 셋 전체를 사용합니다. 훈련 샘플은 반복할 때마다 가중치가 다시 부여되며 이 앙상블은 이전 학습기의 실수한 부분을 학습하는 강력한 분류기를 만듭니다.

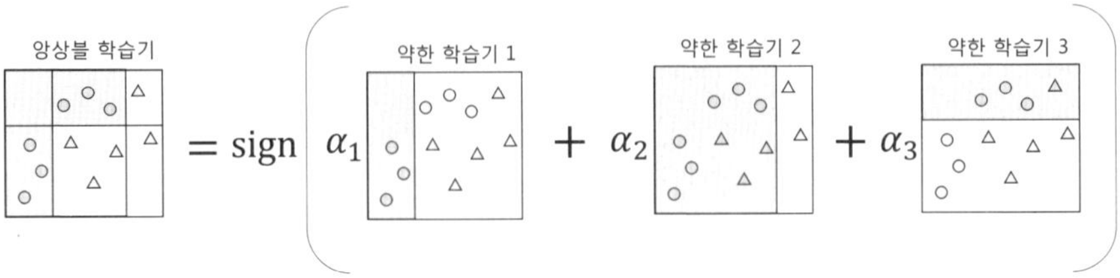

그림 9-8 에이다 부스트 개념

지금까지는 분류의 타깃값을 -1 또는 1로 나타냈습니다. 즉, 이산형 타깃 데이터값을 가지는 경우를 다루었습니다. 이번에는 분류 대상이 되는 타깃값이 이산형 값이 아닌 연속형 실숫값을 가지는 경우를 살펴봅니다. 실숫값 타깃 데이터값은 해당 클래스에 속할 확률로 나타냅니다.

■ AdaBoost 알고리즘(연속형 타깃)

(1) 트레이닝 데이터의 각 데이터 포인트별 초기 가중치 $w_i = \frac{1}{n}, \dots i = 1, \dots, n$을 설정합니다. 초기 가중치는 모든 데이터 포인트가 동일하게 할당받습니다.

(2) w_i를 트레이닝 데이터에 적용한 후 피처 데이터가 주어질 때의 클래스 확률을 추정합니다.

$$p_j(x) = \hat{P}_w(y = 1|x) \in [0, 1]$$

(3) 개별적인 약한 학습기를 업데이트합니다.

$$f_j(x) = \frac{1}{2} \log\left(\frac{p_j(x)}{1 - p_j(x)}\right) \in R$$

(4) (3)에서 구한 f와 현재 데이터 포인트에 적용 중인 가중치 w_i를 이용해 가중치 w_i를 업데이트합니다.

$$w_i \leftarrow w_i \exp\left[-\ y_i\ f_j(\mathbf{x}_i)\right], \quad \dots \quad i = 1, \dots, n$$

(5) 가중치 합이 1이 되도록 가중치를 정규화시킵니다.

$$w_i \leftarrow \frac{w_i}{\sum_{i=1}^{n} w_i}$$

(6) (2)~ (5)단계를 약한 학습기 수만큼 반복 수행합니다.

(7) 강한 학습기를 이용해 최종 예측값을 구합니다.

$$F(\mathbf{x}) = \text{sign}\left(\sum_{j=1}^{m} f_j(\mathbf{x})\right)$$

▌9.4.3 에이다 부스트 실습

에이다 부스트 알고리즘을 활용해 유방암 여부를 예측하는 모형을 생성해 봅니다.

> 데이터 불러오기

```
from sklearn import datasets                                          ❶
raw_breast_cancer = datasets.load_breast_cancer()                     ❷
```

이번 실습에서는 유방암 데이터를 사용합니다. ❶ 데이터 셋 함수를 불러옵니다. ❷ load_breast_cancer()를 이용해 유방암 데이터를 불러옵니다.

> 피처, 타깃 데이터 지정

```
X = raw_breast_cancer.data                                           ❶
y = raw_breast_cancer.target                                         ❷
```

데이터를 피처 데이터와 타깃 데이터로 분리합니다.

> 트레이닝/테스트 데이터 분할

```
from sklearn.model_selection import train_test_split                 ❶
X_tn, X_te, y_tn, y_te=train_test_split(X,y,random_state=0)          ❷
```

전체 데이터를 트레이닝/테스트 데이터로 분할합니다. ❶ train_test_split 함수를 불러옵니다. ❷ train_test_split을 이용해 전체 데이터를 트레이닝/테스트 데이터로 분할합니다.

> 데이터 표준화

```
from sklearn.preprocessing import StandardScaler                     ❶
std_scale = StandardScaler()                                         ❷
std_scale.fit(X_tn)                                                  ❸
X_tn_std = std_scale.transform(X_tn)                                 ❹
X_te_std  = std_scale.transform(X_te)                                ❺
```

데이터 표준화 단계입니다. ❶ 먼저 표준화에 필요한 함수를 불러옵니다. ❷ 표준화 스케일러를 설정합니다. ❸ 트레이닝 피처 데이터를 표준화 적합시킵니다. ❹ 트레이닝 피처 데이터와 ❺ 테스트 피처 데이터를 표준화시킵니다.

> 데이터 학습

```
from sklearn.ensemble import AdaBoostClassifier          ❶
clf_ada = AdaBoostClassifier(random_state=0)             ❷
clf_ada.fit(X_tn_std, y_tn)                              ❸
```

에이다 부스트를 이용한 학습입니다. ❶ AdaBoostClassifier 함수를 불러옵니다. 이번 분류 문제에는 AdaBoostClassifier를 사용하고, 회귀 문제를 풀 때는 from sklearn.ensemble import AdaBoostRegressor를 사용합니다. ❷ 에이다 부스트 모형 clf_ada를 설정합니다. ❸ 트레이닝 데이터를 넣고 적합시킵니다.

> 데이터 예측

```
pred_ada = clf_ada.predict(X_te_std)                     ❶
print(pred_ada)                                          ❷
[0 1 1 1 1 1 1 1 1 0 1 1 1 0 1 0 0 0 0
 0 1 1 0 1 1 0 1 0 1 0 1 0 1 0 1
 0 1 0 0 1 0 1 1 0 1 1 1 0 0 0 0 1 1 1 1 1
 1 0 0 0 1 1 0 1 0 0 0 1 1 0 1 0
 0 1 1 1 1 1 0 0 0 1 0 1 1 1 0 0 1 1 1 0 1
 1 0 1 1 1 1 1 1 0 1 0 1 0 0 1
 0 0 1 1 1 1 1 1 1 1 0 1 0 0 1 1 1 1 0 1
 1 1 1 1 1 0 0 1 1 1 0]
```

예측 단계입니다. ❶ 적합시킨 모형에 테스트 데이터를 넣고 예측합니다. ❷ 그 결과를 확인해 봅니다.

> 정확도 평가

```
>>> from sklearn.metrics import accuracy_score           ❶
>>> accuracy = accuracy_score(y_te, pred_ada)            ❷
>>> print(accuracy)                                      ❸
0.9790209790209791
```

모형 정확도를 평가해 봅니다. ❶ 정확도 점수 함수를 불러옵니다. ❷ 실젯값과 예측값을 넣고 accuracy_score를 실행하고 결과를 확인해 봅니다. ❸ 정확도는 97.9%로 확인됩니다.

> confusion matrix 확인

```
>>> from sklearn.metrics import confusion_matrix          ❶
>>> conf_matrix = confusion_matrix(y_te, pred_ada)        ❷
>>> print(conf_matrix)                                    ❸
[[52  1]
 [ 2 88]]
```

confusion matrix를 확인해 봅니다. ❶ 필요한 함수를 불러옵니다. ❷ 실젯값과 예측값을 넣고 confusion_matrix를 실행합니다. ❸ 결과를 확인해 봅니다.

> 분류 리포트 확인

```
from sklearn.metrics import classification_report          ❶
class_report = classification_report(y_te, pred_ada)       ❷
print(class_report)                                        ❸
```

```
              precision    recall  f1-score   support

           0       0.96      0.98      0.97        53
           1       0.99      0.98      0.98        90

    accuracy                           0.98       143
   macro avg       0.98      0.98      0.98       143
weighted avg       0.98      0.98      0.98       143
```

그림 9-9 분류 리포트 확인

분류 리포트를 확인입니다. ❶ 함수 classification_report를 불러옵니다. ❷ 실젯값과 예측값을 넣어 classification_report를 실행합니다. ❸ 결과를 확인해 봅니다.

> 전체 코드

```
from sklearn import datasets
from sklearn.model_selection import train_test_split
```

```python
from sklearn.preprocessing import StandardScaler

from sklearn.ensemble import AdaBoostClassifier

from sklearn.metrics import accuracy_score
from sklearn.metrics import confusion_matrix
from sklearn.metrics import classification_report

# 데이터 불러오기
raw_breast_cancer = datasets.load_breast_cancer()

# 피처, 타깃 데이터 지정
X = raw_breast_cancer.data
y = raw_breast_cancer.target

# 트레이닝/테스트 데이터 분할
X_tn, X_te, y_tn, y_te=train_test_split(X,y,random_state=0)

# 데이터 표준화
std_scale = StandardScaler()
std_scale.fit(X_tn)
X_tn_std = std_scale.transform(X_tn)
X_te_std  = std_scale.transform(X_te)

# 에이다 부스트 학습
clf_ada = AdaBoostClassifier(random_state=0)
clf_ada.fit(X_tn_std, y_tn)

# 예측
pred_ada = clf_ada.predict(X_te_std)
print(pred_ada)

# 정확도
accuracy = accuracy_score(y_te, pred_ada)
print(accuracy)

# confusion matrix 확인
conf_matrix = confusion_matrix(y_te, pred_ada)
print(conf_matrix)

# 분류 리포트 확인
class_report = classification_report(y_te, pred_ada)
print(class_report)
```

▌9.4.4 그래디언트 부스팅 개념 설명

그래디언트 부스팅은 앞서 다룬 에이다 부스트와 마찬가지로 부스팅의 한 종류입니다. **그래디언트 부스팅(gradient boosting)**은 그래디언트(gradient)를 이용해 부스팅하는 방법입니다. 즉, 그래디언트 부스팅은 비용 함수를 최적화시킴으로써 학습 능력을 향상하는 알고리즘입니다.

[그림 9-10]은 간단한 트리 모형을 기반으로 하는 그래디언트 부스팅의 개념을 나타냅니다. 그림은 원(circle)과 삼각형을 분해하는 모형을 만드는 과정입니다. 최상단 그림부터 보면 $x=1$에 수직선을 생성함에 따라 원과 삼각형을 분해하려고 했습니다. 즉, 첫 번째 모형은 $x<1$이면 원이라고 판단하고, 그렇지 않다면 삼각형으로 판단합니다. 첫 번째 모형의 결과를 보면 원 3개가 섞여 있는 것을 볼 수 있는데, 이 3개의 원이 첫 번째 모형의 손실에 해당하고 두 번째 모형을 만들 때 가중치를 받게 됩니다. 두 번째 모형을 $y=3$이라는 간단한 트리 모형과 첫 번째 모형의 합이라고 합니다. 두 번째 모형의 결과는 오직 삼각형 1개만이 오분류된 것을 볼 수 있습니다. 마지막으로 $x=4$라는 모형을 추가해 세 번째 모형을 만듦으로써 원과 삼각형을 분류할 수 있었습니다. 세 번째 모형을 수행할 때는 앞서 가중치가 높아졌던 원 3개의 가중치를 낮추고 두 번째 모형에서 오분류된 삼각형의 가중치를 증가시킵니다.

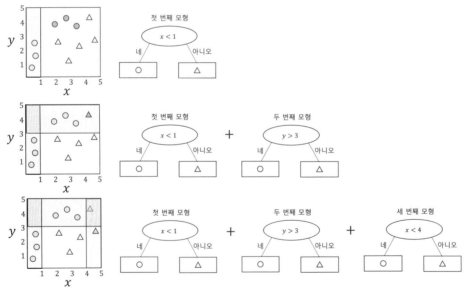

그림 9-10 그래디언트 부스팅 개념

그래디언트 부스팅은 그래디언트 개념을 이용하는 부스팅입니다. 그렇다면 위와 같은 과정이 그래디언트와 무슨 관련이 있을까요? [그림 9-11]은 일반적인 학습 과정을 나타냅니다.

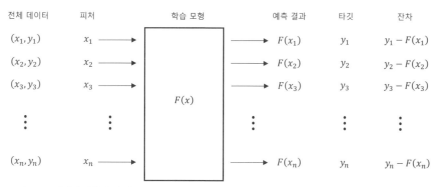

그림 9-11 일반적인 학습 과정

피처 x를 학습 모형 F에 넣으면 예측 결과 $F(x)$를 구할 수 있습니다. 그리고 실제 타깃 데이터 y와 예측 결과 $F(x)$를 비교한 후 그 차이인 잔차 $y-F(x)$ 또한 구할 수 있습니다. 잔차가 작을수록 모형의 성능이 좋으며, 잔차가 클수록 모형의 성능이 좋지 않은 것을 의미합니다.

$$F(x_1) + f(x_1) = y_1 \qquad\qquad f(x_1) = y_1 - F(x_1)$$

$$F(x_2) + f(x_2) = y_2 \qquad\qquad f(x_2) = y_2 - F(x_2)$$

$$F(x_3) + f(x_3) = y_3 \qquad \longleftrightarrow \qquad f(x_3) = y_3 - F(x_3)$$

$$\vdots \qquad\qquad\qquad\qquad \vdots$$

$$F(x_n) + f(x_n) = y_n \qquad\qquad f(x_n) = y_n - F(x_n)$$

그림 9-12 성능을 높이기 위한 모형 추가

기존의 모형 F의 성능을 높이기 위해서는 어떻게 할 수 있을까요? 이를 위해 예측값인 $F(x)$와 타깃 데이터 y의 차이를 좁힐 수 있는 새로운 모형 f를 추가합니다. 새로운 모형 f는 [그림 9-12]처럼 타깃 데이터 y와 기존 예측값인 $F(x)$를 이용해 구할 수 있습니다.

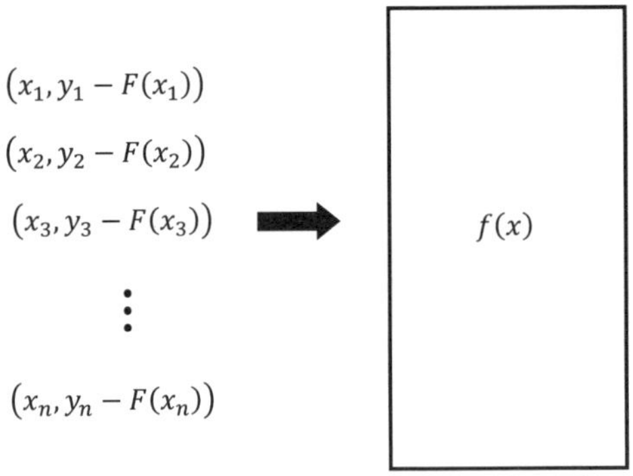

$$(x_1, y_1 - F(x_1))$$
$$(x_2, y_2 - F(x_2))$$
$$(x_3, y_3 - F(x_3))$$
$$\vdots$$
$$(x_n, y_n - F(x_n))$$

$f(x)$

그림 9-13 그래디언트 학습

새로운 모형 f는 기존의 데이터 쌍 (x, y)로 학습하는 것이 아닌 [그림 9-13]과 같이 피처 데이터와 기존 모형의 잔차 데이터 쌍 $(x, y-F(x))$를 이용해 f를 학습시킵니다. 한편, 손실 함수 L과 목적 함수 J를 아래와 같이 정의합니다.

$$L\big(y_i, F(x_i)\big) = \frac{1}{2}\big(y_i - F(x_i)\big)^2$$

$$J = \sum_{i=1}^{n} L\big(y_i, F(x_i)\big)$$

위 손실 함수와 목적 함수를 이용해 기존 모형의 그래디언트를 아래와 같이 구할 수 있습니다.

$$\frac{\partial J}{\partial F(x_i)} = \frac{\partial \sum_{i=1}^{n} L\big(y_i, F(x_i)\big)}{\partial F(x_i)} = L\big(y_i, F(x_i)\big) = F(x_i) - y_i$$

지금까지 다룬 내용을 요약해서 m번째 모형 $F_m(\mathbf{x})$를 구하는 방법은 아래와 같습니다.

$$F_m(\mathbf{x}) = F_{m-1}(\mathbf{x}) + f(\mathbf{x})$$

$$= F_{m-1}(\mathbf{x}) + \mathbf{y} - F(\mathbf{x})$$

$$= F_{m-1}(\mathbf{x}) - \frac{\partial J}{\partial F(\mathbf{x})}$$

위 식을 보면 그래디언트의 개념과 관련이 있다는 것을 알 수 있습니다. 다음은 회귀 나무를 약한 학습기로 설정한 그래디언트 부스팅 트리 모형(gradient tree boosting algorithm)의 알고리즘입니다.

■ 그래디언트 부스팅 알고리즘

(1) 초기화 단계

$$F_0(\mathbf{x}) = \min_{\gamma} \sum_{i=1}^{n} L(y_i, \gamma)$$

위 식에서 L은 손실 함수를 의미합니다. 그리고 $F_0(\mathbf{x})$는 손실 함수를 최소화하는 값으로 설정되는데, 예를 들어 L2 손실 함수를 쓰는 경우라고 가정하면 $F_0(\mathbf{x})$는 모든 타깃 데이터의 평균으로 설정됩니다.

(2) (3)부터 (5) 과정에 해당하는 과정을 M번 반복합니다. 즉, for $m=1$ to M, 학습을 M번 반복합니다.

(3) 타깃 데이터값과 m-1번째 모형의 잔차를 구합니다.

$$e_{m-1} = y - F_{m-1}(\mathbf{x})$$

(4) m번째 약한 학습기 $f_m(\mathbf{x})$를 (3)에서 구한 $m-1$번째 모형의 잔차 e_{m-1}에 적합시킵니다.

(5) 약한 학습기에 학습률 η를 적용해 전체 모형을 업데이트합니다.

$$F_m(\mathbf{x}) = F_{m-1}(\mathbf{x}) + \eta f_m(\mathbf{x})$$

(6) (3)부터 (5) 과정을 M번 반복한 최종 모형 $F_M(\mathbf{x})$를 출력합니다.

사이킷런 라이브러리를 통해 그래디언트 부스팅 회귀 모형(GradientBoostingRegressor)을 실행할 때 subsample이라는 옵션을 사용하면 각 트리가 학습할 때 사용하는 트레이닝 데이터의 비율을 정할 수 있습니다. 예를 들어, subsample=0.2라고 하면 각 트리는 트레이닝 데이터의 20% 비율로 데이터를 랜덤으로 선택합니다. 이러한 방법을 확률적 그래디언트 부스팅

(stochastic gradient boosting)이라고 합니다.

파이썬을 기반으로 하는 그래디언트 부스팅과 관련된 라이브러리가 다수 존재합니다. 기본적으로 사이킷런에서 제공하는 라이브러리를 이용할 수도 있고, XGBoost라는 라이브러리를 사용할 수도 있습니다. 또한 XGBoost가 다소 무겁다는 단점을 보완한 LightGBM이라는 라이브러리도 사용됩니다.

▌9.4.5 그래디언트 부스팅 실습

그래디언트 부스팅 알고리즘을 활용해 유방암 여부를 예측하는 모형을 생성해 봅니다.

> 데이터 불러오기

```
from sklearn import datasets                                   ❶
raw_breast_cancer = datasets.load_breast_cancer()             ❷
```

이번 실습에서는 유방암 데이터를 사용합니다. ❶ 데이터 셋 함수를 불러옵니다. ❷ load_breast_cancer( )를 이용해 데이터를 불러옵니다.

> 피처, 타깃 데이터 지정

```
X = raw_breast_cancer.data                                     ❶
y = raw_breast_cancer.target                                   ❷
```

전체 데이터를 피처 데이터와 타깃 데이터로 나눕니다.

> 트레이닝/테스트 데이터 분할

```
from sklearn.model_selection import train_test_split           ❶
X_tn, X_te, y_tn, y_te=train_test_split(X,y,random_state=0)    ❷
```

트레이닝/테스트 데이터로 분할합니다. ❶ 함수 train_test_split을 불러옵니다. ❷ train_test_split을 사용해 데이터를 분할합니다.

> 데이터 표준화

```
from sklearn.preprocessing import StandardScaler      ❶
std_scale = StandardScaler()                           ❷
std_scale.fit(X_tn)                                    ❸
X_tn_std = std_scale.transform(X_tn)                   ❹
X_te_std  = std_scale.transform(X_te)                  ❺
```

데이터를 표준화합니다. ❶ 데이터 표준화를 위해 필요한 함수를 불러옵니다. ❷ 표준화 스케일러를 설정합니다. ❸ 트레이닝 피처 데이터를 적합시킵니다. ❹ 트레이닝 피처 데이터를 표준화시킵니다. ❺ 테스트 피처 데이터를 표준화시킵니다.

> 데이터 학습

```
from sklearn.ensemble import GradientBoostingClassifier      ❶
clf_gbt = GradientBoostingClassifier(max_depth=2,             ❷
                                     learning_rate=0.01,
                                     random_state=0)
clf_gbt.fit(X_tn_std, y_tn)                                   ❸
```

그래디언트 부스팅을 이용해 데이터를 학습시킵니다. ❶ 함수를 불러옵니다. 분류 문제에서는 GradientBoostingClassifier를 사용하고, 회귀 문제에서는 from sklearn.ensemble import GradientBoostingRegressor를 사용합니다. ❷ 그래디언트 부스팅 모형을 설정합니다. ❸ 트레이닝 데이터를 이용해 모형을 적합시킵니다.

> 데이터 예측

```
pred_gboost = clf_gbt.predict(X_te_std)      ❶
print(pred_gboost)                            ❷
[0 1 1 1 1 1 1 1 1 1 1 1 0 1 0 1 0 0 0 0 1 1 0 1 1 0 1 0 1 0 1 0 1 0 1
 0 1 0 1 1 1 1 0 1 1 1 0 0 0 0 1 1 1 1 1 0 0 0 1 1 0 1 0 0 0 1 1 0 1 1
 0 1 1 1 1 0 0 0 1 0 1 1 0 0 1 0 1 0 1 1 0 1 1 1 1 1 1 0 1 0 1 0 0 1
 0 0 1 1 1 1 1 1 1 1 1 0 1 0 1 1 1 1 0 1 1 1 1 1 1 0 1 1 1 0]
```

적합시킨 모형을 바탕으로 테스트 데이터를 넣고 예측해 봅니다. ❶ predict 메소드에 표준화된 테스트 피처 데이터를 넣습니다. ❷ 결과를 확인해 봅니다.

> 정확도 평가

```
>>> from sklearn.metrics import accuracy_score          ❶
>>> accuracy = accuracy_score(y_te, pred_gboost)        ❷
>>> print(accuracy)                                     ❸
0.965034965034965
```

만든 모형을 평가해 봅니다. ❶ 함수를 불러옵니다. ❷ 실젯값과 예측값을 넣고 accuracy_score를 구합니다. ❸ 결과는 정확도 96.5%로 나타납니다.

> confusion matrix 확인

```
>>> from sklearn.metrics import confusion_matrix        ❶
>>> conf_matrix = confusion_matrix(y_te, pred_gboost)   ❷
>>> print(conf_matrix)                                  ❸
[[49  4]
 [ 1 89]]
```

confusion matrix 확인 순서입니다. ❶ 함수 confusion_matrix를 불러옵니다. ❷ 실젯값과 예측값을 넣고 실행합니다. ❸ 결과를 확인해 봅니다.

> 분류 리포트 확인

```
from sklearn.metrics import classification_report       ❶
class_report = classification_report(y_te, pred_gboost) ❷
print(class_report)                                     ❸
```

```
              precision    recall  f1-score   support

           0       0.98      0.92      0.95        53
           1       0.96      0.99      0.97        90

    accuracy                           0.97       143
   macro avg       0.97      0.96      0.96       143
weighted avg       0.97      0.97      0.96       143
```

그림 9-14 그래디언트 부스팅 분류 리포트

분류 리포트를 확인해 봅니다. ❶ 함수를 불러옵니다. ❷ 실젯값과 예측값을 넣고 classification_report를 실행합니다. ❸ 결과를 확인해 봅니다.

> 전체 코드

```python
from sklearn import datasets
from sklearn.model_selection import train_test_split
from sklearn.preprocessing import StandardScaler

from sklearn.ensemble import GradientBoostingClassifier

from sklearn.metrics import accuracy_score
from sklearn.metrics import confusion_matrix
from sklearn.metrics import classification_report

# 데이터 불러오기
raw_breast_cancer = datasets.load_breast_cancer()

# 피처, 타깃 데이터 지정
X = raw_breast_cancer.data
y = raw_breast_cancer.target

# 트레이닝/테스트 데이터 분할
X_tn, X_te, y_tn, y_te=train_test_split(X,y,random_state=0)

# 데이터 표준화
std_scale = StandardScaler()
std_scale.fit(X_tn)
X_tn_std = std_scale.transform(X_tn)
X_te_std  = std_scale.transform(X_te)

# Gradient Boosting 학습
clf_gbt = GradientBoostingClassifier(max_depth=2,
                                     learning_rate=0.01,
                                     random_state=0)
clf_gbt.fit(X_tn_std, y_tn)

# 예측
pred_gboost = clf_gbt.predict(X_te_std)
print(pred_gboost)

# 정확도
accuracy = accuracy_score(y_te, pred_gboost)
print(accuracy)
```

```
# confusion matrix 확인
conf_matrix = confusion_matrix(y_te, pred_gboost)
print(conf_matrix)

# 분류 리포트 확인
class_report = classification_report(y_te, pred_gboost)
print(class_report)
```

9.5 스태킹

▌9.5.1 스태킹의 개념

스태킹(stacking)은 우리말로 '쌓는다'라는 뜻입니다. 이처럼 스태킹은 여러 가지 학습기를 쌓는 방법입니다. 스태킹은 베이스 학습기(base learner)와 메타 학습기(meta learner)로 구성되어 있습니다. 베이스 학습기와 메타 학습기는 이전에 배운 서포트 벡터 머신, 랜덤 포레스트와 같은 학습 모형입니다. 베이스 학습기가 먼저 학습한 후 메타 학습기는 베이스 학습기의 예측을 피처 데이터로 활용해 최종 예측을 합니다. 스태킹은 다음과 같은 과정을 거칩니다.

■ 스태킹 알고리즘

(1) 트레이닝 데이터를 두 개의 분리된 데이터 셋으로 분리합니다.
(2) 베이스 학습기로 첫 번째 트레이닝 데이터 셋을 학습시킵니다.
(3) 학습된 베이스 학습기에 두 번째 트레이닝 데이터 셋을 넣고 예측합니다.
(4) (3)에서 출력된 예측값을 또 다른 인풋 데이터로 활용해 메타 학습기를 학습합니다.

위와 같은 스태킹 알고리즘을 그림으로 나타내면 [그림 9-15]와 같습니다.

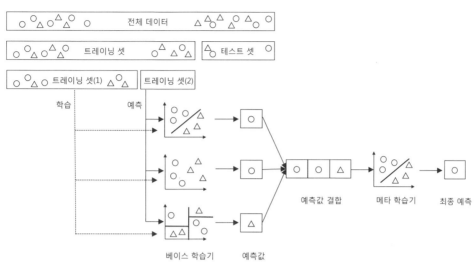

그림 9-15 스태킹 과정

[그림 9-15]는 스태킹 과정을 나타낸 그림입니다.

9.5.2 스태킹 실습

스태킹 알고리즘을 활용해 유방암 여부를 예측하는 모형을 생성해 봅니다.

> 데이터 불러오기

```
from sklearn import datasets                                        ①
raw_breast_cancer = datasets.load_breast_cancer()                  ②
```

이번 실습에서는 유방암 데이터를 사용합니다. ① 데이터 셋 함수를 불러옵니다. ② 실습에 사용할 유방암 데이터를 불러옵니다.

> 피처/타깃 데이터 지정

```
X = raw_breast_cancer.data
y = raw_breast_cancer.target
```

피처 데이터와 타깃 데이터를 지정합니다. ① .data를 이용해 피처 데이터를 정합니다. ② .target을 이용해 타깃 데이터를 정합니다.

> 트레이닝/테스트 데이터 분할

```
from sklearn.model_selection import train_test_split          ❶
X_tn, X_te, y_tn, y_te=train_test_split(X,y,random_state=0)    ❷
```

트레이닝/테스트 데이터 분할을 합니다. ❶ 필요한 함수를 불러옵니다. ❷ 분할하려는 피처 데이터와 타깃 데이터를 넣고 트레이닝/테스트 데이터로 분할합니다.

> 데이터 표준화

```
from sklearn.preprocessing import StandardScaler       ❶
std_scale = StandardScaler()                           ❷
std_scale.fit(X_tn)                                    ❸
X_tn_std = std_scale.transform(X_tn)                   ❹
X_te_std  = std_scale.transform(X_te)                  ❺
```

데이터를 표준화해 봅니다. ❶ 데이터 표준화에 필요한 함수를 불러옵니다. ❷ 표준화 스케일러를 설정합니다. ❸ 트레이닝 데이터를 적합시킵니다. ❹ 트레이닝 데이터를 변형시킵니다. ❺ 테스트 데이터를 변형시킵니다.

> 데이터 학습

```
from sklearn import svm                                       ❶
from sklearn.naive_bayes import GaussianNB                    ❷
from sklearn.linear_model import LogisticRegression           ❸
from sklearn.ensemble import StackingClassifier               ❹

clf1 = svm.SVC(kernel='linear', random_state=1)               ❺
clf2 = GaussianNB()                                           ❻

clf_stkg = StackingClassifier(                                ❼
        estimators=[
            ('svm', clf1),
            ('gnb', clf2)
        ],
        final_estimator=LogisticRegression())
clf_stkg.fit(X_tn_std, y_tn)                                  ❽
```

주어진 데이터를 활용해 스태킹 학습을 시킵니다. ❶, ❷, ❸, ❹ 스태킹 학습을 위한 기본 학습기로 서포트 벡터 머신과 가우시안 나이브 베이즈 모형을 사용하고, 메타 학습기로 로지스틱 회귀 분석을 사용합니다. 각각의 머신러닝 알고리즘에 해당하는 함수를 불러옵니다. ❺ 서포트 벡터 머신 모형 clf1을 설정합니다. ❻ 비슷한 방법으로 가우시안 나이브 베이즈 모형 clf2를 설정합니다. ❼ StackingClassifier를 이용해 스태킹 모형을 설정합니다. estimators 옵션에는 개별 학습기를 넣고, final_estimator 옵션에는 메타 학습기를 입력합니다. 만약 분류 문제가 아니고 회귀 문제를 해결해야 하는 경우에는 StackingClassifier가 아닌 StackingRegressor를 사용합니다. ❽ 설정한 모형에 트레이닝 데이터를 넣고 적합시킵니다.

> 데이터 예측

```
pred_stkg = clf_stkg.predict(X_te_std)                          ❶
print(pred_stkg)                                                ❷
[0 1 1 1 1 1 1 1 1 1 1 1 1 1 1 0 1 0 0
 0 0 0 1 1 0 1 1 0 1 0 1 0 1 0 1 0 1
 0 1 0 0 1 0 1 1 0 1 1 0 0 0 0 1 1 1
 1 1 1 0 0 0 1 1 0 1 0 0 0 1 1 0 1 0
 0 1 1 1 1 0 0 0 1 0 1 1 1 0 0 1 0 0
 0 1 1 0 1 1 1 1 1 1 0 1 0 1 1 0 1
 0 0 1 1 1 1 1 1 1 1 1 1 1 0 1 0 1 1 1
 0 1 1 1 1 1 1 0 1 0 1 1 0]]
```

적합시킨 모형과 테스트 데이터를 이용해 예측해 봅니다. ❶ predict 메소드에 표준화된 피처 데이터를 넣고 실행합니다. ❷ 결과를 확인하면 예측값을 확인할 수 있습니다.

> 정확도 평가

```
>>> from sklearn.metrics import accuracy_score                  ❶
>>> accuracy = accuracy_score(y_te, pred_stkg)                  ❷
>>> print(accuracy)                                             ❸
0.965034965034965
```

예측 결과가 어느 정도 맞는지 정확도를 측정하는 단계입니다. ❶ 정확도 측정에 필요한 함수를 불러옵니다. ❷ 실제 테스트 타깃 데이터와 스태킹 모형을 통해 예측한 값을 넣고 정확도를 측정합니다. ❸ 정확도는 96.5%로 나타납니다.

> confusion matrix 확인

```
from sklearn.metrics import confusion_matrix          ❶
conf_matrix = confusion_matrix(y_te, pred_stkg)        ❷
print(conf_matrix)                                     ❸
 [[50  3]
 [ 2 88]]
```

예측 결과가 confusion matrix를 통해 어떻게 분류되는지 확인해 봅니다. ❶ confusion matrix를 사용하기 위해 필요한 함수를 불러옵니다. ❷ 실제 테스트 데이터값과 스태킹 모형 예측값을 넣고 실행하면 분류 결과를 확인할 수 있습니다. ❸ 5개의 데이터가 오분류된 것을 볼 수 있습니다.

> 분류 리포트 확인

```
from sklearn.metrics import classification_report      ❶
class_report = classification_report(y_te, pred_stkg)  ❷
print(class_report)                                    ❸
```

```
              precision    recall  f1-score   support

           0       0.96      0.94      0.95        53
           1       0.97      0.98      0.97        90

    accuracy                           0.97       143
   macro avg       0.96      0.96      0.96       143
weighted avg       0.96      0.97      0.96       143
```

그림 9-16 스태킹 분류 리포트

분류 리포트를 확인해 봅니다. ❶ 분류 리포트에 필요한 함수를 불러옵니다. ❷ 실제 타깃 데이터값과 예측 데이터를 넣고 실행합니다. ❸ 분류 리포트를 확인할 수 있습니다.

> 전체 코드

```
from sklearn import datasets
from sklearn.model_selection import train_test_split
from sklearn.preprocessing import StandardScaler
```

```
from sklearn import svm
from sklearn.naive_bayes import GaussianNB
from sklearn.linear_model import LogisticRegression
from sklearn.ensemble import StackingClassifier

from sklearn.metrics import accuracy_score
from sklearn.metrics import confusion_matrix
from sklearn.metrics import classification_report


# 데이터 불러오기
raw_breast_cancer = datasets.load_breast_cancer()

# 피처, 타깃 데이터 지정
X = raw_breast_cancer.data
y = raw_breast_cancer.target

# 트레이닝/테스트 데이터 분할
X_tn, X_te, y_tn, y_te=train_test_split(X,y,random_state=0)

# 데이터 표준화
std_scale = StandardScaler()
std_scale.fit(X_tn)
X_tn_std = std_scale.transform(X_tn)
X_te_std  = std_scale.transform(X_te)

# 스태킹 학습
clf1 = svm.SVC(kernel='linear', random_state=1)
clf2 = GaussianNB()

clf_stkg = StackingClassifier(
        estimators=[
            ('svm', clf1),
            ('gnb', clf2)
        ],
        final_estimator=LogisticRegression())
clf_stkg.fit(X_tn_std, y_tn)

# 예측
pred_stkg = clf_stkg.predict(X_te_std)
print(pred_stkg)
```

```
# 정확도
accuracy = accuracy_score(y_te, pred_stkg)
print(accuracy)

# confusion matrix 확인
conf_matrix = confusion_matrix(y_te, pred_stkg)
print(conf_matrix)

# 분류 리포트 확인
class_report = classification_report(y_te, pred_stkg)
print(class_report)
```

## chapter 10

차원 축소

10.1 차원 축소 개념

▌10.1.1 차원 축소하는 이유

데이터에는 중요한 부분과 중요하지 않은 부분이 존재합니다. 여기서 중요하지 않은 부분을 노이즈(noise)라고 합니다. 노이즈는 데이터에서 정보를 얻을 때 방해가 되는 부분입니다. 머신러닝 과정에서는 이러한 불필요한 노이즈를 제거하는 것이 중요합니다. 그리고 노이즈를 제거할 때 사용하는 방법이 **차원 축소(dimension reduction)**입니다. 차원 축소를 통해 데이터의 중요하지 않은 부분인 노이즈를 제거할 수 있기에 널리 사용되고 있습니다.

그림 10-1 고양이와 그림자

[그림 10-1]의 고양이는 3차원 공간에 있습니다. 우리는 고양이의 모습을 보고 고양이라고 인

식합니다. 그러나 [그림 10-1]에서 고양이를 직접 보지 않고 고양이라고 인식할 방법이 하나 더 있습니다. 그것은 고양이의 그림자를 보는 경우입니다. 즉, 3차원 공간의 고양이가 아니라 2차원 평면의 그림자만 보고도 고양이라고 인식하는 것입니다. 이는 고양이를 인식하는 데 3차원 데이터가 아닌 2차원 데이터만으로도 충분하다는 뜻입니다. 한편 고양이를 그림자만 보고 판단하려면 햇빛의 각도가 중요합니다. 그림자는 햇빛의 각도에 따라 변하는데, 너무 짧거나 길면 고양이라고 인식할 확률이 낮아집니다. 이처럼 차원 축소는 주어진 데이터의 정보 손실을 최소화하면서 줄이는 것이 핵심입니다. 차원 축소는 특징을 추출한다는 것과 밀접한 관련이 있습니다. 특징을 추출한다는 것은 데이터에서 두드러진 면을 찾는 것과 같습니다. 앞서 고양이의 예에서 그림자는 고양이의 중요한 특징을 포함해야 합니다. 즉, 그림자는 고양이라고 판단할 수 있을 법한 정보를 포함해야 한다는 뜻입니다.

차원 축소는 비지도 학습, 지도 학습과 마찬가지로 비지도 학습 차원 축소로 접근할 수도 있고, 지도 학습 차원 축소로 접근할 수도 있습니다. 비지도 학습적인 접근 방법에는 대표적으로 주성분 분석(Principal Component Analysis)과 같은 방법이 있고, 지도 학습적인 접근 방법에는 선형 판별 분석(Linear Discriminant Analysis)과 같은 방법이 있습니다.

10.1.2 차원의 저주

차원 축소를 하는 이유 중 하나는 차원의 저주 문제를 해결할 수 있기 때문입니다. **차원의 저주(curse of dimensionality)**란 데이터의 차원이 커질수록 해당 차원을 표현하기 위해 필요한 데이터가 기하급수적으로 많아짐을 의미합니다. 예를 들어, 1차원 직선 공간을 생각해 봅니다. 만약 1차원 직선이 2차원 평면만 되어도 단지 1차원 늘어났을 뿐인데, 해당 공간을 나타내기 위해 필요한 데이터는 크게 늘어납니다. 이처럼 차원이 하나씩 늘어날수록 필요한 데이터는 기하급수적으로 많아집니다. 즉, 트레이닝 데이터 셋의 차원이 클수록 차원의 저주 때문에 해당 공간을 적절히 표현하지 못하여 오버피팅될 확률이 높아집니다. 다음과 같이 예를 들어 보겠습니다.

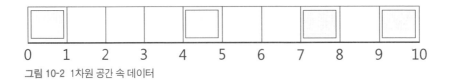

그림 10-2 1차원 공간 속 데이터

[그림 10-2]와 같이 1차원 공간에 데이터를 표현할 수 있는 공간이 0부터 10까지 있다고 하면 해당 공간에는 10개의 데이터가 포함될 수 있습니다. 즉, 데이터 10개만 있으면 해당 공간을

나타낼 수 있습니다. [그림 10-2]에는 4개의 데이터가 공간 속에 표현되어 있습니다.

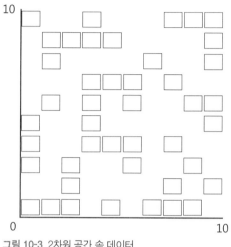
그림 10-3 2차원 공간 속 데이터

[그림 10-3]과 같은 2차원 공간을 생각해 봅니다. 이번에도 각 축은 0부터 10까지 표현할 수입니다. 그러나 차원이 하나 늘어났을 뿐인데, 공간을 가득 채우는 데 필요한 데이터는 100개로 1차원일 때보다 10배가 늘어났음을 확인할 수 있습니다.

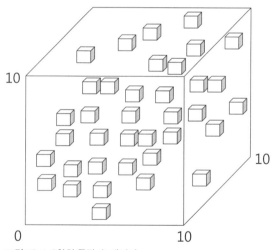
그림 10-4 3차원 공간 속 데이터

데이터 공간을 더 확장해 [그림 10-4]와 같은 3차원 공간을 생각해 봅니다. 해당 공간을 채우는 데는 1,000개의 데이터가 필요합니다. 2차원 공간보다는 1차원 늘어났을 뿐인데, 900개의 데이터가 더 필요합니다. 1차원 공간과 비교하면 990개의 데이터가 더 필요합니다. 이처럼 차원이 하나씩 늘어날수록 해당 공간을 표현하는 데 필요한 데이터가 기하급수적으로 많아지는 현상을 **차원의 저주**(curse of dimensionality)라고 합니다.

차원 축소 방법을 이용하면 이와 같은 차원의 저주 문제를 해결할 수 있습니다. 이번 단원에서는 여러 가지 차원 축소 알고리즘에 대해 알아봅니다.

10.2 주성분 분석

▌10.2.1 주성분 분석의 개념

주성분 분석(Principal Component Analysis)은 차원 축소 방법의 하나입니다. 주성분 분석은 여러 피처가 통계적으로 서로 상관관계가 없도록 변환시키는 방법입니다. 피처 p개가 있다고 가정하면 각 피처 벡터는 $\mathbf{x}_1$, $\mathbf{x}_2$, ... , $\mathbf{x}_p$라고 나타낼 수 있습니다. 주성분 분석은 오직 공분산 행렬(covariance matrix) Σ에만 영향을 받습니다. 피처 행렬 X를 그려 보면 아래와 같습니다. 피처 행렬 X의 공분산 행렬을 Σ라고 하고, 공분산 행렬의 대각 원소는 각 피처의 분산과 같으므로 $\sigma_1^2, \sigma_2^2, ..., \sigma_p^2$로 표기합니다. 공분산 행렬 Σ의 고윳값을 $\lambda_1 \geq \lambda_2 \geq \cdots \geq \lambda_p$, 고유 벡터를 $\mathbf{e}_1$, $\mathbf{e}_2$, ... , $\mathbf{e}_p$라고 합니다. 각 고윳값과 고유 벡터는 쌍으로 $(\lambda_1, \mathbf{e}_1)$, $(\lambda_2, \mathbf{e}_2)$, ... , $(\lambda_p, \mathbf{e}_p)$로 표현할 수 있습니다.

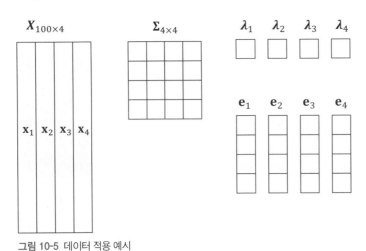

그림 10-5 데이터 적용 예시

[그림 10-5]를 보면 이해하기 쉽습니다. 100×4 데이터 행렬 X가 존재할 때, 공분산을 계산하

면 4×4 행렬 $\mathbf{\Sigma}$가 생성됩니다. 해당 공분산 행렬의 고윳값을 구하면 4개의 고윳값 λ_1, λ_2, λ_3, λ_4, 고유 벡터 $\mathbf{e}_1$, $\mathbf{e}_2$, $\mathbf{e}_3$, $\mathbf{e}_4$를 구할 수 있습니다.

주성분 분석은 피처 간 상관관계를 기반으로 데이터의 특성을 파악합니다. 먼저 데이터 셋의 공분산 행렬의 고윳값과 고유 벡터를 구합니다. 이때, 고윳값은 고유 벡터의 크기를 나타내며 분산의 크기를 의미합니다. 또한 고유 벡터는 분산의 방향을 의미합니다. 분산이 큰 고유 벡터에 기존 데이터를 투영해 새로운 데이터를 구할 수 있는데, 이렇게 구한 벡터를 주성분 벡터라고 부릅니다. i번째 주성분 벡터를 $\mathbf{y}_i$라고 하면 아래와 같이 수식으로 나타낼 수 있습니다.

$$\mathbf{y}_i = X\mathbf{e}_i$$

새롭게 구한 i번째 주성분 벡터 $\mathbf{y}_i$의 분산과 공분산을 구하면 아래와 같습니다.

$$Var(\mathbf{y}_i) = \mathbf{e}_i^T \mathbf{\Sigma} \mathbf{e}_i = \lambda_i \quad , \quad i = 1, 2, \dots, d$$
$$Cov(\mathbf{y}_i, \mathbf{y}_j) = \mathbf{e}_i^T \mathbf{\Sigma} \mathbf{e}_j = 0 \quad , \qquad i \neq j$$

위 식을 보면 주성분 벡터 간의 공분산은 0으로 서로 상관관계가 없다(uncorrelated)는 것을 알 수 있습니다. 주성분 벡터는 서로 직교하는데, 직교한다는 뜻은 벡터 간 사잇각이 90도라는 뜻이고, 사잇각이 90도라는 뜻은 내적하면 0이라는 뜻입니다. 차원 축소를 하기 전 기존 데이터의 공분산 행렬을 구한다면 피처 사이에 서로 상관관계가 존재할 확률이 높습니다. 하지만 주성분 분석을 통해 차원 축소를 한 후의 주성분 벡터들은 서로 상관관계가 없습니다. 왜냐하면 주성분 벡터가 서로 직교하며, 주성분 벡터가 직교한다는 것은 서로 상관관계가 없다는 것을 의미하기 때문입니다.

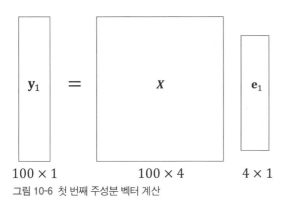

그림 10-6 첫 번째 주성분 벡터 계산

[그림 10-6]은 앞선 식을 이용해 첫 번째 주성분 벡터 $\mathbf{y}_1$을 계산한 결과입니다. 한편 지금까지 내용을 종합하면 아래와 같은 수식을 구할 수 있습니다.

$$\sum_{i=1}^{p} Var(\mathbf{x}_i) = \sigma_1^2 + \sigma_2^2 + \cdots + \sigma_p^2$$

$$= tr(\Sigma) \quad = tr(\mathbf{P}\mathbf{\Lambda}\mathbf{P}^T) = tr(\mathbf{\Lambda}\mathbf{P}\mathbf{P}^T)$$

$$= tr(\mathbf{\Lambda}) = \lambda_1 + \lambda_2 + \cdots + \lambda_p$$

$$= \sum_{i=1}^{p} Var(\mathbf{y}_i)$$

위 수식에서 tr은 trace의 약자로 행렬의 주 대각선 성분의 합을 의미합니다. 그리고 Σ는 공분산 행렬이며, $\mathbf{P}$는 고유벡터로 구성된 행렬, 즉 $\mathbf{P}=[\mathbf{e}_1,\ \mathbf{e}_2,\ ...,\ \mathbf{e}_p]$ 입니다. 그리고 $\mathbf{\Lambda}$는 대각 원소가 고윳값인 대각 행렬을 의미합니다. 주성분 분석 과정을 요약하면 다음과 같습니다.

■ **주성분 분석 알고리즘**

(0) 데이터 셋 준비

(1) 데이터 셋을 피처별로 표준화(평균 빼고 분산으로 나누기)

(2) 피처 데이터의 공분산 행렬 구하기

(3) (2)에서 구한 공분산 행렬의 고윳값, 고유 벡터 구하기

(4) 고윳값을 큰 순서대로 내림차순 정렬

(5) d차원으로 줄이고 싶은 경우, 크기 순서대로 d개의 고윳값 선정

(6) (5)에서 선정한 고윳값에 대응하는 고유 벡터로 새로운 행렬 생성

(7) (0)에서 준비한 오리지널 데이터를 (6)에서 만든 새로운 공간으로 투영

위 순서를 잘 보면 3단계에서 공분산 행렬의 고윳값과 고유 벡터를 구하는데, 이는 어떻게 구할까요? 바로 선형대수 단원에서 배웠던 특이값 분해(singular value decomposition)를 사용합니다. 즉, 공분산 행렬을 특이값 분해를 이용해 행렬을 분해하면 고윳값과 고유 벡터로 나눌 수 있습니다.

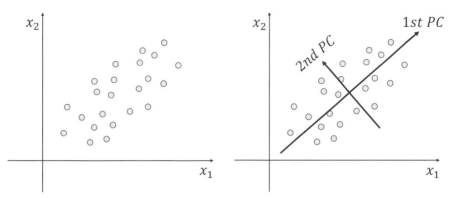

그림 10-7 주성분 벡터 생성

[그림 10-7]은 2차원 데이터의 주성분 벡터를 구한 예시입니다. 이때 구한 고윳값, 고유 벡터는 무슨 의미가 있을까요? 행렬 분해의 대상이 되는 공분산 행렬을 통해 각 피처 분산을 알 수 있으며, 서로 다른 피처 간 공분산을 알 수 있습니다. 공분산을 안다는 뜻은 상관 계수도 알 수 있다는 뜻입니다. 이는 분산을 알면 자연스럽게 표준 편차를 알 수 있는 것과 같습니다. 이번에는 공분산 행렬을 통해 구한 고윳값과 고유 벡터의 의미를 살펴봅니다. 우선 고유 벡터를 통해 알 수 있는 사실은 각 피처의 분산 방향을 알 수 있습니다. 고윳값을 통해서는 분산의 크기를 알 수 있습니다. 즉, 데이터가 여러 방향으로 흩어져 있을 때, 고유 벡터를 이용하면 각 흩어짐에 대한 방향을 파악할 수 있으며, 고윳값을 이용하면 어느 정도 흩어져 있는지 그 크기를 알 수 있다는 뜻입니다.

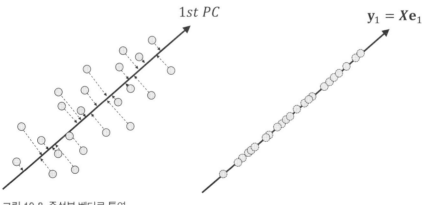

그림 10-8 주성분 벡터로 투영

주성분 벡터를 구한 후, 기존 데이터를 주성분 벡터로 투영시킬 수 있습니다. [그림 10-8]은 2차원 데이터를 1차원 주성분 벡터에 투영시킨 결과입니다. 이를 일반화시켜 공분산 행렬이 p차원이라면 고윳값도 p개를 구할 수 있습니다. 고윳값은 데이터의 흩어짐 정도의 크기라고 했으므로 고윳값 p개를 모두 더하면 데이터 셋의 전체 변동성이 됩니다. 전체 변동성 대비 i 번째 주성분이 설명하는 비율을 수식으로 나타내면 다음과 같습니다.

$$\frac{\lambda_i}{\lambda_1 + \lambda_2 + \cdots + \lambda_p}$$

위 식을 이용하면 해당 고윳값이 전체 변동성의 크기 중 어느 정도를 설명하는지 알 수 있습니다. 이를 설명된 분산(explained variance)이라고 합니다. 예를 들어, p차원의 데이터를 2차원으로 줄이기로 한다면, 가장 큰 고윳값 두 개를 λ_1, λ_2라고 하겠습니다. 이들의 설명된 분산을 구하기 위해 아래처럼 구했다고 합니다.

$$\frac{\lambda_1 + \lambda_2}{\lambda_1 + \lambda_2 + \cdots + \lambda_p} = 0.94$$

위 결과를 통해 전체 변동성 중 λ_1, λ_2로 설명되는 변동성이 94%라는 것을 알 수 있습니다. 즉, 전체 p차원 데이터를 2차원으로 줄였을 때, 전체 변동성의 94%가 설명 가능하다는 뜻입니다.

▌10.2.2 주성분 분석 실습

와인 데이터를 이용해 주성분 분석을 통해 차원 축소해 봅니다. 차원 축소하기 전과 후 예측 정확도가 어떻게 달라지는지 알아봅니다.

❭ 데이터 불러오기

```
from sklearn import datasets                                    ❶
raw_wine = datasets.load_wine()                                 ❷
```

❶ 데이터를 불러오는 데 필요한 함수를 불러옵니다. ❷ 와인 데이터를 불러옵니다.

❭ 피처, 타깃 데이터 지정

```
X = raw_wine.data                                               ❶
y = raw_wine.target                                             ❷
```

전체 데이터를 피처 데이터와 타깃 데이터로 구분합니다. ❶ 피처 데이터를 대문자 X라고 지정합니다. ❷ 타깃 데이터를 소문자 y라고 지정합니다.

> 트레이닝/테스트 데이터 분할

```
from sklearn.model_selection import train_test_split          ❶
X_tn, X_te, y_tn, y_te=train_test_split(X,y,random_state=1)   ❷
```

전체 데이터를 트레이닝 데이터와 테스트 데이터로 분할하는 과정입니다. ❶ 트레이닝/테스트 데이터 분할을 위해 필요한 함수를 불러옵니다. ❷ train_test_split 함수를 이용해 트레이닝/테스트 데이터를 분할해 줍니다.

> 데이터 표준화

```
from sklearn.preprocessing import StandardScaler     ❶
std_scale = StandardScaler()                         ❷
std_scale.fit(X_tn)                                  ❸
X_tn_std = std_scale.transform(X_tn)                 ❹
X_te_std  = std_scale.transform(X_te)                ❺
```

분할된 트레이닝/테스트 데이터를 표준화합니다. ❶ 표준화에 필요한 함수를 불러옵니다. ❷ 표준화 스케일러를 지정합니다. ❸ 트레이닝 피처 데이터를 표준화 적합시킵니다. ❹ 트레이닝 피처 데이터를 표준화해서 X_train_std라고 저장합니다. ❺ 테스트 피처 데이터 X_test를 표준화해서 X_test_std라고 저장합니다.

> PCA를 통한 차원 축소

```
from sklearn.decomposition import PCA       ❶
pca = PCA(n_components=2)                    ❷
pca.fit(X_tn_std)                           ❸
X_tn_pca = pca.transform(X_tn_std)          ❹
X_te_pca = pca.transform(X_te_std)          ❺
```

데이터를 표준화했으면 PCA를 통해 차원 축소를 해 봅니다. ❶ PCA를 하는 데 필요한 PCA 함수를 불러옵니다. ❷ PCA 함수를 이용해 모형을 설정합니다. 이때, n_components 옵션을 사용해 줄이고 싶은 차원수를 설정합니다. 필자는 데이터를 2차원으로 줄여 봅니다. ❸ PCA 모형을 지정했으면 표준화된 피처 데이터 X_train_std를 넣어 PCA를 적합시킵니다. ❹ 적합된 PCA 모형을 바탕으로 표준화된 트레이닝 데이터 X_train_std를 변형시킵니다. ❺ 표준화된 테스트 데이터 X_test_std를 변형시킵니다.

> **데이터 차원 축소 확인**

```
>>> print(X_tn_std.shape)                              ❶
(133, 13)
>>> print(X_tn_pca.shape)                              ❷
(133, 2)
```

앞서 PCA를 통해 차원 축소를 했는데, 차원 축소가 잘되었는지 확인해 봅니다. ❶ 차원 축소 이전 데이터의 차원을 확인하면, 데이터의 차원은 .shape를 이용해 확인할 수 있습니다. print를 통해 확인한 출력 결과를 보면 오리지널 피처 데이터는 13차원의 데이터 133개로 구성되어 있음을 확인할 수 있습니다. ❷ PCA를 이용해 차원 축소한 이후의 데이터는 2차원 데이터 133개로 구성되어 있습니다. 사전에 의도한 대로 차원 축소가 잘되었음을 확인할 수 있습니다.

> **공분산 행렬**

```
>>> print(pca.get_covariance())                                              ❶
[[ 1.06244198  0.05588975  0.29643474 -0.14674317  0.38769443  0.25079577
   0.19779094 -0.10070718  0.17126277  0.44742545 -0.12013532  0.02879752
   0.50505224]
...(중략)
```

❶ get_covariance( ) 메소드를 이용해 차원 축소에 사용되는 공분산 행렬을 확인할 수 있습니다.

> **고윳값, 고유 벡터 확인**

```
>>> print(pca.singular_values_)                                    ❶
[24.81797394 18.31760391]
>>> print(pca.components_)                                         ❷
[[-0.10418545  0.25670612  0.01387486  0.23907587
```

```
-0.10470229 -0.4007005  -0.42902734  0.29111343
-0.30307602  0.12127653 -0.31609521 -0.38729685
 -0.26283936]
[-0.49018724 -0.1691503  -0.30746987  0.04459018
 -0.34837302 -0.07966456 -0.0133774  -0.02498633
 -0.0415164  -0.50798383  0.26045807  0.14018631
 -0.39850143]]
```

행렬 분해 이후 계산된 고윳값과 고유 벡터를 확인해 봅니다. ❶ 고윳값은 singular_values_ 메소드를 이용해 구할 수 있습니다. 주어진 데이터를 2차원으로 줄이기로 했으므로 2개의 고 윳값을 확인할 수 있습니다. ❷ components_ 메소드를 이용해 고유 벡터를 확인할 수 있습니다. 이때 보이는 고유 벡터는 각 고윳값에 대응되는 고유 벡터로, 이 고유 벡터가 바로 주성분 벡터입니다.

> 설명되는 분산

```
>>> print(pca.explained_variance_)                                  ❶
[4.66615023 2.54192889]
>>> print(pca.explained_variance_ratio_)                            ❷
[0.35623588 0.19406282]
```

차원 축소를 이용해 축소한 주성분 벡터가 전체 분산 대비 설명하는 정도를 살펴봅니다. 먼저 메소드 explained_variance_를 이용하면 각 주성분 벡터가 설명하는 분산을 알 수 있습니다. 만약 이때 결과로 나타나는 분산의 전체 분산 대비 비율을 알고 싶다면 메소드 explained_ variance_ratio_를 사용합니다. 코드 실행 결과 첫 번째 주성분은 전체 분산의 약 35.9%를 설 명하고, 두 번째 주성분은 전체 분산의 19.6%를 설명한다는 것을 알 수 있습니다.

> 차원 축소 데이터 확인

```
import pandas as pd                                                 ❶
pca_columns = ['pca_comp1', 'pca_comp2']                            ❷
X_tn_pca_df = pd.DataFrame(X_tn_pca,                                ❸
                           columns=pca_columns)
X_tn_pca_df['target'] = y_tn                                        ❹
X_tn_pca_df.head(5)                                                 ❺
```

	pca_comp1	pca_comp2	target
0	-2.231848	-0.148603	0
1	-1.364444	0.422617	1
2	-1.918072	-2.014682	0
3	-3.539272	-2.878394	0
4	-3.182320	-2.020041	0

그림 10-9 차원 축소 데이터 셋

차원 축소된 데이터를 데이터 프레임 형태로 확인해 봅니다. 차원 축소된 데이터를 데이터 프레임 형태로 바꾸는 이유는 다음 단계에서 나오는 데이터 시각화에 유리하기 때문입니다. ❶ 데이터 프레임 형태로 만들기 위해 판다스 라이브러리를 불러옵니다. ❷ 차원 축소된 데이터의 열 이름(column name)을 정합니다. ❸ 차원 축소된 데이터를 데이터 프레임 형태로 나눕니다. 데이터 프레임은 DataFrame을 이용해 만들 수 있고, 위에서 생성한 열 이름을 옵션으로 넣어 줍니다. ❹ 추가로 타깃 데이터도 결합해 줍니다. ❺ 이렇게 차원 축소를 통해 만들어진 데이터를 확인해 봅니다.

> 라벨 미적용 PCA 데이터

```
import matplotlib.pyplot as plt                          ❶
plt.scatter(X_tn_pca_df['pca_comp1'],                    ❷
            X_tn_pca_df['pca_comp2'],
            marker='o')
plt.xlabel('pca_component1')                             ❸
plt.ylabel('pca_component2')                             ❹
plt.show()                                               ❺
```

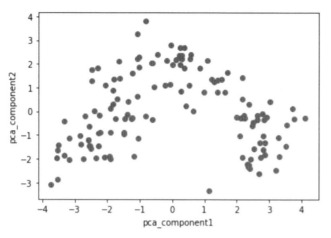

그림 10-10 라벨 미적용 PCA 데이터

차원 축소된 데이터를 시각화해 봅니다. 먼저 라벨이 적용되지 않은 데이터를 대상으로 시각화합니다. 라벨이 적용되지 않았다는 말은 타깃 데이터가 없는 경우를 말합니다. 이 경우에는 각 데이터가 어떤 와인 클래스를 나타내는지 알 수 없습니다. ❶ 시각화에 필요한 함수를 불러옵니다. ❷ 플롯을 그리는 데, 시각화에 쓰이는 요소가 차원 축소된 데이터의 피처에 해당하므로 각 피처를 요소에 넣습니다. 이때 사용된 옵션 'o'는 플롯의 형태를 의미합니다. ❸ x축 이름을 설정합니다. ❹ y축 이름을 설정합니다. ❺ plt.show( )를 실행하면 결과를 확인할 수 있습니다.

> 라벨 적용 PCA 데이터

```
df = X_tn_pca_df                          ❶
df_0 = df[df['target']==0]                ❷
df_1 = df[df['target']==1]                ❸
df_2 = df[df['target']==2]                ❹

X_11 = df_0['pca_comp1']                  ❺
X_12 = df_1['pca_comp1']                  ❻
X_13 = df_2['pca_comp1']                  ❼

X_21 = df_0['pca_comp2']                  ❽
X_22 = df_1['pca_comp2']                  ❾
X_23 = df_2['pca_comp2']                  ❿

target_0 = raw_wine.target_names[0]       ⓫
```

```
target_1 = raw_wine.target_names[1]                    ⑫
target_2 = raw_wine.target_names[2]                    ⑬

plt.scatter(X_11, X_21,                                ⑭
            marker='o',
            label=target_0)
plt.scatter(X_12, X_22,                                ⑮
            marker='x',
            label=target_1)
plt.scatter(X_13, X_23,                                ⑯
            marker='^',
            label=target_2)
plt.xlabel('pca_component1')                           ⑰
plt.ylabel('pca_component2')                           ⑱
plt.legend()                                           ⑲
plt.show()                                             ⑳
```

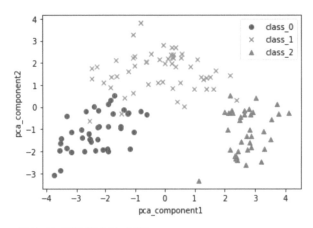

그림 10-11 라벨 적용 PCA 데이터

라벨이 적용된 PCA 데이터를 시각화해 봅니다. ❶ 시각화할 데이터 프레임을 지정합니다. 각 클래스에 해당하는 데이터를 분할합니다. ❷, ❸, ❹ 즉, 클래스별로 데이터를 분할한다고 생각하면 됩니다. 클래스별로 분할된 각각의 데이터에 대해 피처 데이터를 분할해 줍니다. ❺, ❻, ❼ 클래스별로 분할된 데이터의 첫 번째 주성분 벡터를 추출합니다. ❽, ❾, ❿ 동일한 방법으로 두 번째 주성분 벡터를 추출합니다. ⑪, ⑫, ⑬ 타깃 이름을 지정합니다. 와인 데이터를 구분할 것이므로 와인 종류에 해당하는 세 가지 이름이 각각 타깃 이름이 됩니다. 지금부터는 플롯을 그려 봅니다. 총 세 가지 와인 클래스에 대해 플롯을 그릴 것이므로 플롯 코드가 세 번 반복됩니다. ⑭, ⑮, ⑯ 플롯을 그릴 때는 x축과 y축에 해당하는 데이터를 넣고, marker 옵션을 통해 어떤 점을 어떻게 표현할지 정해 줍니다. 또한 label 옵션으로 어떤 클래스에 해당하는지를 표현할 수 있습니다. ⑰, ⑱ 시각화 플롯 축 이름을 설정합니다. ⑲ 플롯에도 범례를 추가하면 데이터 확인이 편합니다. ⑳ 플롯을 실행하며, 결과를 확인합니다.

> **반복문을 이용한 PCA 데이터 시각화**

```
df = X_tn_pca_df                              ❶
markers=['o','x','^']                         ❷

for i, mark in enumerate(markers):            ❸
    df_i = df[df['target']== i]               ❹
    target_i = raw_wine.target_names[i]       ❺
    X1 = df_i['pca_comp1']                    ❻
    X2 = df_i['pca_comp2']                    ❼
    plt.scatter(X1, X2,                       ❽
                marker=mark,
                label=target_i)

plt.xlabel('pca_component1')                  ❾
plt.ylabel('pca_component2')                  ❿
plt.legend()                                  ⓫
plt.show()                                    ⓬
```

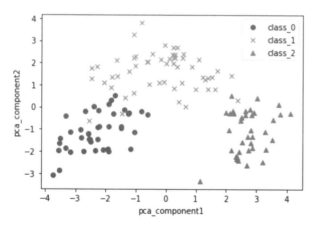

그림 10-12 반복문을 이용한 시각화

앞에서 클래스가 3개인 데이터를 시각화했습니다, 클래스가 3개이므로 3번의 플롯문을 작성했습니다. 만약 클래스 수가 수십 가지로 늘어난다면 같은 코드를 수십 번 적어야 할 것입니다. 이런 경우에는 반복문을 사용하는 것이 편리합니다. 같은 시각화 코드를 반복문을 이용해 그려 봅니다. ❶ 시각화할 데이터를 지정합니다. ❷ 클래스별로 데이터 포인트를 표현할 마크를 지정합니다. ❸ 반복문을 사용합니다. 파이썬에서는 enumerate 구문을 제공해서 손쉽게 반복문을 작성할 수 있습니다. 클래스가 3개이므로 반복문은 3번 반복됩니다. ❹ 해당 클래스에 속하는 데이터 프레임을 지정합니다. ❺ 해당 클래스 이름을 저장합니다. ❻, ❼ 시각화할 첫 번째 주성분과 두 번째 주성분 벡터를 지정합니다. ❽ 해당 클래스에 해당하는 플롯을 그립니다. ❾, ❿ 반복문이 종료된 후 플롯의 x축과 y축 이름을 지정합니다. ⓫ 플롯에 데이터의 범례를 지정합니다. ⓬ 플롯을 실행하고 결과를 확인해 봅니다.

PCA 적용 전/후의 데이터 예측 정확도를 비교해 봅니다.

> PCA 적용 이전 데이터 학습

```
from sklearn.ensemble import RandomForestClassifier          ❶
clf_rf = RandomForestClassifier(max_depth=2,                 ❷
                                random_state=0)
clf_rf.fit(X_tn_std, y_tn)                                   ❸
pred_rf = clf_rf.predict(X_te_std)                           ❹
```

PCA 적용 전 원래 데이터를 랜덤 포레스트에 적용해 학습시켜 봅니다. ❶ 랜덤 포레스트를 사용하기 위해 필요한 함수를 불러옵니다. ❷ 랜덤 포레스트 모형을 지정합니다. 필자는 depth는 2이고 랜덤 시드값이 0인 모형을 설정합니다. ❸ 설정한 모형에 데이터를 넣어 적합시킵니다. ❹ 랜덤 포레스트 예측값을 확인해 봅니다.

> PCA 적용 이전 데이터 예측 정확도

```
>>> from sklearn.metrics import accuracy_score              ❶
>>> accuracy = accuracy_score(y_te, pred_rf)               ❷
>>> print(accuracy)                                        ❸
0.9777777777777777
```

학습된 모형을 이용해 예측 정확도를 알아봅니다. ❶ 예측 정확도 측정에 필요한 함수를 불러옵니다. ❷ 실젯값과 예측값을 넣어 모형 정확도를 측정합니다. ❸ 결과를 확인하면 PCA 적용 이전 데이터의 예측 정확도는 97.7%라는 것을 알 수 있습니다.

> PCA 적용 후 데이터 학습

```
from sklearn.ensemble import RandomForestClassifier        ❶
clf_rf_pca = RandomForestClassifier(max_depth=2,           ❷
                                    random_state=0)
clf_rf_pca.fit(X_tn_pca, y_tn)                             ❸
pred_rf_pca = clf_rf_pca.predict(X_te_pca)                 ❹
```

PCA 적용 이후 데이터를 이용해 학습시켜 봅니다. ❶ 랜덤 포레스트를 사용하기 위해 필요한 함수를 불러옵니다. ❷ PCA 적용 이전과 정확한 비교를 위해 같은 옵션을 이용한 랜덤 포레스트 모형을 생성합니다. ❸ PCA가 적용된 데이터를 넣고 랜덤 포레스트를 학습시킵니다. ❹ 예측값을 확인합니다.

> PCA 적용 후 데이터 예측 정확도

```
>>> from sklearn.metrics import accuracy_score            ❶
>>> accuracy_pca = accuracy_score(y_te, pred_rf_pca)      ❷
>>> print(accuracy_pca)                                   ❸
0.9555555555555556
```

PCA 적용 이후 예측 정확도를 구해 봅니다. ❶ 정확도 측정에 필요한 함수를 불러옵니다. ❷ PCA 적용된 데이터를 이용한 예측값을 넣어 정확도를 측정합니다. ❸ 정확도는 95.5%로 나타나는데, 이는 PCA 적용 이전보다 2% 줄어든 정확도를 보여 줍니다. PCA 적용 이전에는 13차원 데이터였는데, 이를 무려 11차원이나 줄여 2차원 데이터로 줄였는데도 정확도는 2% 감소로밖에 이어지지 않습니다. 학습 비용을 고려할 때, 차원 축소를 이용하면 학습 비용 대비 정확도 감소는 작은 것으로 효율적이라 볼 수 있습니다. 실제로 고차원 데이터(high dimensional data)의 경우, 시스템 리소스가 부족해 학습이 어려운 경우가 있는데, 차원 축소는 이러한 문제를 해결해 줍니다.

> 전체 코드

```python
from sklearn import datasets
from sklearn.preprocessing import StandardScaler
from sklearn.model_selection import train_test_split

from sklearn.decomposition import PCA

import pandas as pd
import matplotlib.pyplot as plt

from sklearn.ensemble import RandomForestClassifier
from sklearn.metrics import accuracy_score

# 데이터 불러오기
raw_wine = datasets.load_wine()

# 피처, 타깃 데이터 지정
X = raw_wine.data
y = raw_wine.target

# 트레이닝/테스트 데이터 분할
X_tn, X_te, y_tn, y_te=train_test_split(X,y,random_state=1)

# 데이터 표준화
std_scale = StandardScaler()
std_scale.fit(X_tn)
X_tn_std = std_scale.transform(X_tn)
X_te_std  = std_scale.transform(X_te)

# PCA
pca = PCA(n_components=2)
pca.fit(X_tn_std)
X_tn_pca = pca.transform(X_tn_std)
X_te_pca = pca.transform(X_te_std)

# 차원 축소 확인
print(X_tn_std.shape)
print(X_tn_pca.shape)

# 공분산 행렬 확인
print(pca.get_covariance())
```

```
# 고윳값 확인
print(pca.singular_values_)

# 고유 벡터 확인
print(pca.components_)

# 설명된 분산
print(pca.explained_variance_)

# 설명된 분산 비율
print(pca.explained_variance_ratio_)

# 데이터 프레임 생성
pca_columns = ['pca_comp1', 'pca_comp2']
X_tn_pca_df = pd.DataFrame(X_tn_pca,
                           columns=pca_columns)
X_tn_pca_df['target'] = y_tn
X_tn_pca_df.head(5)


# 라벨 미적용 PCA 데이터
plt.scatter(X_tn_pca_df['pca_comp1'],
            X_tn_pca_df['pca_comp2'],
            marker='o')
plt.xlabel('pca_component1')
plt.ylabel('pca_component2')
plt.show()

# 라벨 적용 PCA 플롯
df = X_tn_pca_df
df_0 = df[df['target']==0]
df_1 = df[df['target']==1]
df_2 = df[df['target']==2]

X_11 = df_0['pca_comp1']
X_12 = df_1['pca_comp1']
X_13 = df_2['pca_comp1']

X_21 = df_0['pca_comp2']
X_22 = df_1['pca_comp2']
X_23 = df_2['pca_comp2']
```

```python
target_0 = raw_wine.target_names[0]
target_1 = raw_wine.target_names[1]
target_2 = raw_wine.target_names[2]

plt.scatter(X_11, X_21,
            marker='o',
            label=target_0)
plt.scatter(X_12, X_22,
            marker='x',
            label=target_1)
plt.scatter(X_13, X_23,
            marker='^',
            label=target_2)
plt.xlabel('pca_component1')
plt.ylabel('pca_component2')
plt.legend()
plt.show()

# 반복문을 이용해 PCA 플롯
df = X_tn_pca_df
markers=['o','x','^']

for i, mark in enumerate(markers):
    df_i = df[df['target']== i]
    target_i = raw_wine.target_names[i]
    X1 = df_i['pca_comp1']
    X2 = df_i['pca_comp2']
    plt.scatter(X1, X2,
                marker=mark,
                label=target_i)

plt.xlabel('pca_component1')
plt.ylabel('pca_component2')
plt.legend()
plt.show()

# PCA 적용 전/후 예측 정확도 비교
# PCA 적용 전 예측 정확도
clf_rf = RandomForestClassifier(max_depth=2,
                                random_state=0)
clf_rf.fit(X_tn_std, y_tn)
```

```
# 예측
pred_rf = clf_rf.predict(X_te_std)

# PCA 적용 전 정확도
accuracy = accuracy_score(y_te, pred_rf)
print(accuracy)

# PCA 적용 후 학습
clf_rf_pca = RandomForestClassifier(max_depth=2,
                                    random_state=0)
clf_rf_pca.fit(X_tn_pca, y_tn)

# 예측
pred_rf_pca = clf_rf_pca.predict(X_te_pca)

# PCA 적용 후 정확도
accuracy_pca = accuracy_score(y_te, pred_rf_pca)
print(accuracy_pca)
```

10.3 커널 PCA

▌10.3.1 커널 PCA의 개념

기존 주성분 분석은 데이터 행렬 X의 공분산 행렬을 고윳값 분해한 후에 고유 벡터를 새로운 좌표축으로 할당하는 방법이었습니다. 기존의 데이터 포인트는 새로운 좌표축을 기준으로 새로운 좌표를 할당받았습니다. 이때 사용하는 새로운 좌표축에 해당하는 고유 벡터를 주성분(Principal Component)이라고 불렀으며, 기존 데이터 포인트를 주성분에 직교 정사영하는 방법을 사용했습니다. 이에 반해 커널 PCA는 기존 PCA를 일반화한 방법으로 비선형적으로 수행하는 방법입니다.

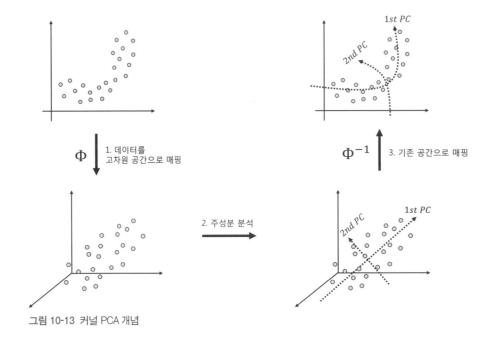

그림 10-13 커널 PCA 개념

[그림 10-13]은 커널 PCA의 개념을 나타냅니다. 우선 기존 데이터 행렬 X를 기존 데이터 행렬
의 공간보다 큰 고차원 공간으로 매핑시킵니다. 고차원 공간 매핑 함수를 Φ라고 합니다. [그
림 10-13]에서 1단계를 보면 기존 데이터 행렬은 2차원인데, Φ를 적용해 기존 2차원에 존재
한 데이터를 3차원으로 이동시켰습니다. 이때, Φ를 어떻게 선택하냐에 따라 다른 공간으로
이동하게 됩니다. 새로운 공간으로 이동한 데이터 포인트를 $\Phi(\mathbf{x}_i)$라고 표현합니다. 새로운
공간으로 이동한 데이터에 대해 주성분 분석을 수행합니다. 즉, 새로운 공간의 데이터 포인트
에 대해 아래와 같이 공분산 행렬을 구합니다.

$$\Sigma = \frac{1}{n} \sum_{i=1}^{n} \Phi(\mathbf{x}_i)\Phi(\mathbf{x}_i)^{\mathrm{T}}$$

위에서 구한 공분산 행렬을 기준으로 주성분 분석을 수행하면 [그림 10-13]에서 확인할 수 있
듯, 새로운 공간에서 주성분 분석을 통해 새로운 좌표축이 생성된 것을 알 수 있습니다. 마지
막 단계로 3차원 공간의 데이터를 다시 원래 공간으로 매핑시키면 곡선 형태를 띤 주성분 축
을 확인할 수 있습니다.

10.3.2 커널 PCA 실습

커널 PCA 알고리즘을 이용해 실습해 봅니다. 다른 차원 축소 방법과 비교하기 위해 와인 데이터를 이용합니다.

> 데이터 불러오기

```
from sklearn import datasets                              ❶
raw_wine = datasets.load_wine()                           ❷
```

와인 데이터를 불러옵니다. ❶ 데이터 셋을 불러오기 위해 필요한 함수를 불러옵니다. ❷ 와인 데이터를 불러옵니다.

> 피처/타깃 데이터 지정

```
X = raw_wine.data                                         ❶
y = raw_wine.target                                       ❷
```

전체 데이터를 피처 데이터와 타깃 데이터로 구분합니다. ❶ 피처 데이터를 대문자 X라고 지정합니다. ❷ 타깃 데이터를 소문자 y로 지정합니다.

> 트레이닝/테스트 데이터 분할

```
from sklearn.model_selection import train_test_split      ❶
X_tn, X_te, y_tn, y_te=train_test_split(X,y,random_state=1) ❷
```

전체 데이터를 트레이닝/테스트 데이터로 분할해 봅니다. ❶ 트레이닝/테스트 데이터 분할에 필요한 함수를 불러옵니다. ❷ train_test_split 함수를 이용해 트레이닝/테스트 데이터로 분할합니다.

> 데이터 표준화

```
from sklearn.preprocessing import StandardScaler          ❶
std_scale = StandardScaler()                              ❷
```

```
std_scale.fit(X_tn)                                    ③
X_tn_std = std_scale.transform(X_tn)                   ④
X_te_std  = std_scale.transform(X_te)                  ⑤
```

데이터 표준화 단계입니다. ❶ 데이터 표준화에 필요한 함수를 불러옵니다. ❷ 표준화 스케
일러를 지정합니다. ❸ 트레이닝 피처 데이터를 표준화 적합시킵니다. ❹ 트레이닝 피처 데
이터를 표준화합니다. ❺ 테스트 피처 데이터를 표준화합니다.

> 커널 PCA를 통한 데이터 차원 축소

```
from sklearn.decomposition import KernelPCA            ❶
k_pca = KernelPCA(n_components=2, kernel='poly')       ❷
k_pca.fit(X_tn_std)                                    ❸
X_tn_kpca = k_pca.transform(X_tn_std)                  ❹
X_te_kpca = k_pca.transform(X_te_std)                  ❺
```

표준화된 데이터를 커널 PCA를 이용해 차원 축소를 해 봅니다. ❶ 커널 PCA에 필요한 함수
를 불러옵니다. ❷ KernelPCA 함수를 이용해 커널 PCA 모형을 설정합니다. n_components
옵션으로 차원 축소할 차원을 설정할 수 있습니다. 필자는 2차원으로 축소합니다. kernel 옵
션을 이용해 커널의 종류를 선택할 수 있습니다. 커널의 형태는 'linear', 'poly', 'rbf', 'sigmoid',
'cosine', 'precomputed' 등이 있습니다. ❸ 모형을 설정했으면 표준화된 트레이닝 피처 데이터
X_train_std를 이용해 커널 PCA 모형에 적합시킵니다. ❹ 표준화된 트레이닝 피처 데이터 X_
train_std 데이터를 차원 축소합니다. ❺ 표준화된 테스트 피처 데이터 X_test_std 데이터를 차
원 축소합니다.

> 차원 축소 전후 데이터 차원 비교

```
>>> print(X_tn_std.shape)                              ❶
 (133, 13)

>>> print(X_tn_kpca.shape)                             ❷
 (133, 2)
```

차원 축소된 데이터의 차원을 비교해 봅니다. ❶ 차원 축소 이전 데이터는 13차원 데이터 133
개로 이루어져 있습니다. ❷ 커널 PCA를 이용해 차원 축소한 이후 데이터는 2차원 데이터

133개로 구성되어 있다는 것을 확인할 수 있습니다.

> 고윳값, 고유 벡터 확인

```
>>> print(k_pca.lambdas_)                                    ❶
[193.89824561 118.0368972 ]
>>> print(k_pca.alphas_)                                     ❷
[[ 0.07266242  0.00456251]
 [ 0.0469712  -0.04020348]
 [ 0.08698324  0.07012786]
 [ 0.19996777  0.218482  ]
 [ 0.14558241  0.12759024]
...(중략)
```

고윳값, 고유 벡터를 확인해 봅니다. ❶ 고윳값을 확인해 봅니다. lambdas_를 이용하면 고윳값을 확인할 수 있습니다. ❷ 차원 축소 후 2차원 데이터가 되어 2개의 고윳값이 확인됩니다. alphas_를 이용하면 고유 벡터를 확인할 수 있습니다.

> 커널 PCA 이후 데이터 셋

```
import pandas as pd                                           ❶
kpca_columns = ['kpca_comp1', 'kpca_comp2']                   ❷
X_tn_kpca_df = pd.DataFrame(X_tn_kpca,                        ❸
                            columns=kpca_columns)
X_tn_kpca_df['target'] = y_tn                                 ❹
X_tn_kpca_df.head(5)                                          ❺
```

	kpca_comp1	kpca_comp2	target
0	1.011805	0.049569	0
1	0.654061	-0.436790	1
2	1.211219	0.761903	0
3	2.784498	2.373693	0
4	2.027196	1.386201	0

그림 10-14 커널 PCA 적용 후 데이터 셋

차원 축소된 데이터를 데이터 프레임 형태로 변환합니다. ❶ 데이터 프레임을 이용하기 위해 판다스 라이브러리를 불러옵니다. ❷ 데이터 셋 열 이름(column name)을 설정합니다. ❸ DataFrame을 이용해 데이터 프레임을 생성합니다. columns 옵션을 이용하면 열 이름을 설정할 수 있습니다. ❹ 타깃 데이터를 데이터 프레임에 추가합니다. ❺ 최종 데이터 프레임을 확인해 봅니다.

> 커널 PCA 적용 데이터 시각화

```
import matplotlib.pyplot as plt              ❶
df = X_tn_kpca_df                            ❷
markers=['o','x','^']                        ❸

for i, mark in enumerate(markers):           ❹
    X_i = df[df['target']== i]               ❺
    target_i = raw_wine.target_names[i]      ❻
    X1 = X_i['kpca_comp1']                   ❼
    X2 = X_i['kpca_comp2']                   ❽
    plt.scatter(X1, X2,                      ❾
                marker=mark,
                label=target_i)
plt.xlabel('kernel_pca_component1')          ❿
plt.ylabel('kernel_pca_component2')          ⓫
plt.legend()                                 ⓬
plt.show()                                   ⓭
```

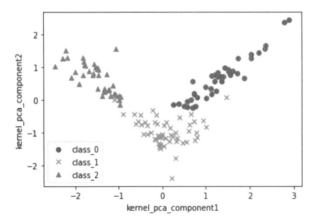

그림 10-15 커널 PCA 시각화

커널 PCA 적용된 데이터의 시각화입니다. ❶ 시각화를 위해 필요한 함수를 불러옵니다. ❷ 시각화할 데이터를 설정합니다. ❸ 클래스별 데이터 포인트를 표현할 마키를 설정합니다. ❹ 클래스 숫자만큼 반복문이 실행됩니다. ❺ i번째 클래스에 해당하는 데이터 프레임을 설정합니다. ❻ 해당 클래스 이름을 저장합니다. ❼ 첫 번째 주성분 벡터를 저장합니다. 이는 플롯에서 x축에 해당합니다. ❽ 두 번째 주성분 벡터를 저장합니다. 이는 플롯에서 y축에 해당합니다. ❾ 주성분 벡터를 플롯을 그려 시각화합니다. ❿, ⓫ x축, y축 이름을 설정합니다. ⓬ 플롯에 범례를 추가합니다. ⓭ 플롯을 확인해 봅니다.

> 데이터 학습 및 예측(랜덤 포레스트)

```
from sklearn.ensemble import RandomForestClassifier          ❶
clf_rf_kpca = RandomForestClassifier(max_depth=2,            ❷
                                     random_state=0)
clf_rf_kpca.fit(X_tn_kpca, y_tn)                             ❸
pred_rf_kpca = clf_rf_kpca.predict(X_te_kpca)                ❹
```

차원 축소된 데이터를 이용해 커널 PCA 학습을 해 봅니다. 학습에는 PCA 때와 마찬가지로 랜덤 포레스트를 사용합니다. ❶ 랜덤 포레스트 함수를 불러옵니다. ❷ max_depth를 2로 설정하고 랜덤 시드값 0을 지정해 모형을 설정합니다. ❸ 커널 PCA를 적용한 데이터를 이용해 학습시킵니다. ❹ 학습된 모형을 바탕으로 생성된 예측값을 저장합니다.

> 정확도 평가

```
>>> from sklearn.metrics import accuracy_score              ❶
>>> accuracy_kpca = accuracy_score(y_te, pred_rf_kpca)      ❷
>>> print(accuracy_kpca)                                    ❸
0.9555555555555556
```

정확도를 평가합니다. ❶ 정확도 측정에 필요한 함수를 불러옵니다. ❷ 실젯값과 커널 PCA를 통해 학습시킨 랜덤 포레스트 모형의 예측값을 넣어 정확도를 측정합니다. ❸ 모형 정확도는 95.5%로 확인됩니다. 우리는 처음 차원 축소를 하지 않았을 때 데이터를 통한 학습 정확도는 약 97.7%였다는 것을 알고 있습니다. PCA를 적용했을 때는 95.5%로 나타났고, 커널 PCA도 PCA와 마찬가지로 95.5%로 나타남을 알 수 있습니다.

> 전체 코드

```
from sklearn import datasets
from sklearn.preprocessing import StandardScaler
from sklearn.model_selection import train_test_split

from sklearn.decomposition import KernelPCA

import pandas as pd
import matplotlib.pyplot as plt

from sklearn.ensemble import RandomForestClassifier
from sklearn.metrics import accuracy_score


# 데이터 불러오기
raw_wine = datasets.load_wine()

# 피처/타깃 데이터 지정
X = raw_wine.data
y = raw_wine.target

# 트레이닝/테스트 데이터 분할
X_tn, X_te, y_tn, y_te=train_test_split(X, y, random_state=1)

# 데이터 표준화
std_scale = StandardScaler()
std_scale.fit(X_tn)
X_tn_std = std_scale.transform(X_tn)
X_te_std  = std_scale.transform(X_te)

# kernel PCA
k_pca = KernelPCA(n_components=2, kernel='poly')
k_pca.fit(X_tn_std)
X_tn_kpca = k_pca.transform(X_tn_std)
X_te_kpca = k_pca.transform(X_te_std)

# 차원 축소 전후 데이터 차원 비교
print(X_tn_std.shape)
print(X_tn_kpca.shape)
```

```python
# 고윳값 확인
print(k_pca.lambdas_)

# 고유 벡터 확인
print(k_pca.alphas_)

# 차원 축소 이후 데이터 셋
kpca_columns = ['kpca_comp1', 'kpca_comp2']
X_tn_kpca_df = pd.DataFrame(X_tn_kpca,
                            columns=kpca_columns)
X_tn_kpca_df['target'] = y_tn
X_tn_kpca_df.head(5)

df = X_tn_kpca_df
markers=['o','x','^']

for i, mark in enumerate(markers):
    X_i = df[df['target']== i]
    target_i = raw_wine.target_names[i]
    X1 = X_i['kpca_comp1']
    X2 = X_i['kpca_comp2']
    plt.scatter(X1, X2,
                marker=mark,
                label=target_i)
plt.xlabel('kernel_pca_component1')
plt.ylabel('kernel_pca_component2')
plt.legend()
plt.show()

# 학습
clf_rf_kpca = RandomForestClassifier(max_depth=2,
                                     random_state=0)
clf_rf_kpca.fit(X_tn_kpca, y_tn)

# 예측
pred_rf_kpca = clf_rf_kpca.predict(X_te_kpca)

# PCA 적용 후 정확도
from sklearn.metrics import accuracy_score
accuracy_kpca = accuracy_score(y_te, pred_rf_kpca)
print(accuracy_kpca)
```

차원 축소

10.4 LDA

▌10.4.1 LDA의 개념

LDA(Linear Discriminant Analysis)는 우리말로 선형 판별 분석이라고 부릅니다. 여기서 선형 판별이라는 말의 뜻은 데이터 포인트가 속하는 클래스를 구분하는 판별 함수가 선형(linear) 형태의 함수라는 뜻입니다. LDA는 지도 학습적인 접근 방법을 통한 차원 축소 알고리즘입니다. 데이터 셋의 기존 공간으로부터 집단 간 분산과 집단 내 분산의 비율을 최대화하는 기존 공간보다 더 작은 차원의 공간으로 원래 데이터를 투영시킴으로써 차원 축소합니다. 즉, 데이터를 최대한 분리해 주는 기능을 합니다.

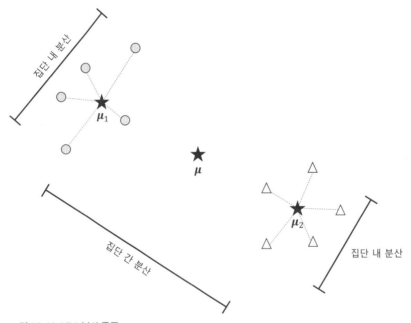

그림 10-16 LDA 분산 종류

LDA는 크게 3단계 과정을 거칩니다. 첫 번째 단계로, 집단 간 거리를 계산합니다. 이를 집단 간 분산(between-class variance)이라고 합니다. 두 번째 단계는 각 집단의 평균과 각 데이터 포인트의 거리를 계산합니다. 이를 집단 내 분산(within-class variance)이라고 합니다. 마지막 세 번째 단계는 기존 데이터 셋의 공간보다 더 작은 차원의 공간을 만드는 것입니다. 이 공간은 집단 간 분산을 최대화하고 집단 내 분산을 최소로 하는 공간이어야 합니다.

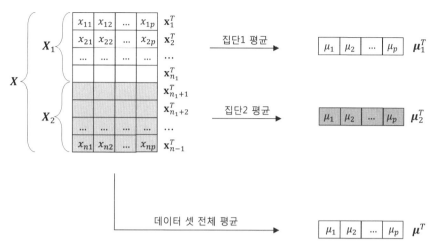

그림 10-17 오리지널 데이터 행렬과 평균

예를 들어, 전체 데이터 셋 행렬을 $X = \{\mathbf{x}_1, \mathbf{x}_2, \ldots, \mathbf{x}_N\}$이라고 합니다. 이때 x_i는 i번째 데이터 포인트, n은 데이터 셋 전체 데이터 개수입니다. 각 데이터 포인트는 p개의 피처로 구성되어 있다고 가정합니다. 데이터 셋이 2개의 집단($c = 2$)으로 구분되어 있다고 가정합니다. 즉, 전체 데이터 셋 X는 $X = \{X_1, X_2\}$로 서로 다른 2개의 집단 데이터로 생각할 수 있습니다. 각 집단은 4개의 데이터 포인트로 구성되어 있다고 가정합니다($n_1 = n_2 = 4$). 전체 데이터 셋을 구성하는 데이터 개수는 8개가 됩니다($n = 8$).

■ 집단 간 분산 구하기

집단 간 분산을 계산해 봅니다. i번째 집단의 집단 간 분산이 의미하는 것은 데이터 셋 전체 평균 $\boldsymbol{\mu}$와 i번째 집단에 속하는 데이터의 평균 $\boldsymbol{\mu}_i$ 간의 차이입니다. LDA는 기존 데이터 셋 공간보다 더 작은 차원의 공간들 중에 집단 간 거리를 최대화하는 공간을 찾는 것이 목적입니다.

$$\left\{ n_1 \times \left[\begin{array}{c} \boldsymbol{\mu}_1 \\ \hline \mu_1 \\ \mu_2 \\ \ldots \\ \mu_p \end{array} - \begin{array}{c} \boldsymbol{\mu} \\ \hline \mu_1 \\ \mu_2 \\ \ldots \\ \mu_p \end{array} \right] \times \left[\begin{array}{cccc} \boldsymbol{\mu}_1^T \\ \hline \mu_1 & \mu_2 & \ldots & \mu_p \end{array} - \begin{array}{cccc} \boldsymbol{\mu}^T \\ \hline \mu_1 & \mu_2 & \ldots & \mu_p \end{array} \right] \right\}$$

$$+ \left\{ n_2 \times \left[\begin{array}{c} \boldsymbol{\mu}_2 \\ \hline \mu_1 \\ \mu_2 \\ \ldots \\ \mu_p \end{array} - \begin{array}{c} \boldsymbol{\mu} \\ \hline \mu_1 \\ \mu_2 \\ \ldots \\ \mu_p \end{array} \right] \times \left[\begin{array}{cccc} \boldsymbol{\mu}_2^T \\ \hline \mu_1 & \mu_2 & \ldots & \mu_p \end{array} - \begin{array}{cccc} \boldsymbol{\mu}^T \\ \hline \mu_1 & \mu_2 & \ldots & \mu_p \end{array} \right] \right\} = \quad \Sigma_B \quad p \times p$$

그림 10-18 집단 간 분산

[그림 10-18]은 집단 간 분산을 구하는 과정을 나타내는 그림입니다. 이렇게 구한 집단 간 공분산 행렬을 $\boldsymbol{\Sigma}_B$라고 합니다. 이때, B는 '집단 간 분산(between-class variance)'이라는 이름에서 between의 약자를 나타냅니다.

■ 집단 내 분산 구하기

i번째 집단 내 분산은 각 집단의 평균과 데이터 포인트 간의 차이를 의미합니다. LDA는 집단 내 분산을 최소화하는 공간을 찾는 것이 목적입니다.

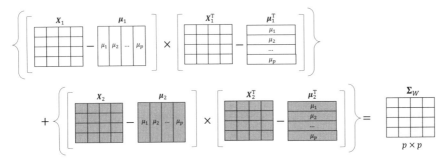

그림 10-19 집단 내 분산

[그림 10-19]는 집단 내 분산을 구하는 과정을 나타내는 그림입니다. 이렇게 구한 집단 내 공분산 행렬을 $\boldsymbol{\Sigma}_W$라고 합니다. 이때, W는 '집단 내 분산(within-class variance)'이라는 이름에서 within의 약자를 나타냅니다.

■ 더 작은 차원의 공간 생성

집단 간 공분산 행렬 $\boldsymbol{\Sigma}_B$와 집단 내 공분산 행렬 $\boldsymbol{\Sigma}_W$를 계산합니다. 그리고 이를 이용해 $\boldsymbol{\Sigma}_W^{-1}\boldsymbol{\Sigma}_B$ 행렬의 고윳값과 고유 벡터를 구한 후, 고윳값 집합을 $\boldsymbol{\lambda} = \{\lambda_1, \lambda_2, \dots, \lambda_p\}$와 고유 벡터의 집합 행렬을 $\mathbf{V} = \{\mathbf{v}_1, \mathbf{v}_2, \dots, \mathbf{v}_p\}$라고 합니다.

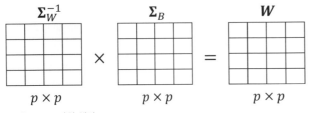

그림 10-20 변환 행렬

여기서 각각의 고윳값은 스칼라값이고, 각각의 고유 벡터는 벡터입니다. 이들은 LDA가 만드는 새로운 공간에 대한 정보를 줍니다. 고윳값을 큰 순서대로 정렬했을 때, 각 고윳값에 대응되는 고유 벡터가 새로운 공간의 축이 됩니다. 예를 들어, 가장 큰 고윳값에 대응되는 고유 벡터가 새로운 공간의 첫 번째 축이 되는 것입니다. 각 고유 벡터는 LDA가 만드는 새로운 공간의 축을 나타내므로, k개의 가장 큰 고윳값에 대응하는 고유 벡터는 더 작은 차원의 공간 V_k를 만듭니다.

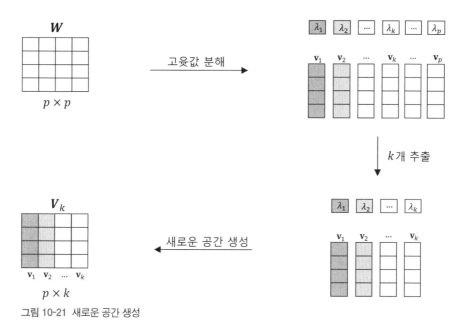

그림 10-21 새로운 공간 생성

줄어든 공간은 k 차원이므로 $p - k$개의 피처는 무시됩니다. 각 데이터 샘플을 p 차원에서 k 차원 공간으로 투영하여 $\mathbf{x}' = \mathbf{x}^T V_k$로 나타내고, 데이터 행렬 전체로 표현하면 아래와 같이 나타낼 수 있습니다.

$$X' = XV_k$$

[그림 10-22]는 더 작은 공간 2개를 비교한 것입니다.

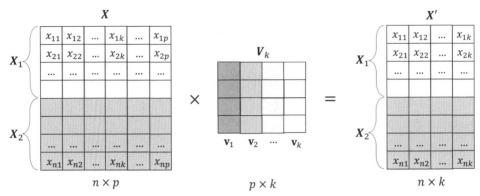

그림 10-22 새로운 공간 투영

[그림 10-22]에서 데이터는 2개의 집단으로 구성되어 있습니다. 각 집단은 4개의 데이터 포인트로 구성되어 있고, 각 데이터는 2개의 피처로 구성되어 있습니다. 변환 행렬 W는 2x2 행렬이고, W의 고윳값 λ_1, λ_2, 고유 벡터 $\mathbf{v}_1$, $\mathbf{v}_2$를 계산합니다. 여기서 2개의 고유 벡터라고 볼 수도 있고, 두 개의 부분 공간이라고 볼 수도 있습니다. 2개의 부분 공간을 비교하면 아래와 같은 사실을 알 수 있습니다.

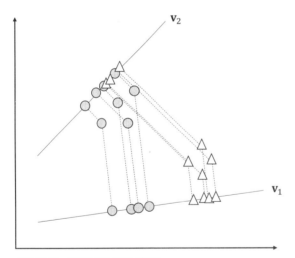

그림 10-23 새로운 공간 투영 시각화

첫째, 첫 번째 고유 벡터 $\mathbf{v}_1$에 투영했을 때의 집단 간 분산은 두 번째 고유 벡터 $\mathbf{v}_2$에 투영했을 때보다 크다는 것을 알 수 있습니다. 이 그림에서 두 개의 집단은 $\mathbf{v}_1$에 투영했을 때 효과적으로 구분되는 것을 보여 줍니다. 그리고 새로운 데이터에 대한 예측은 변형된 공간에서의 각 집단별 평균을 구해 가장 가까운 집단으로 구분합니다.

둘째, $\mathbf{v}_1$에 투영했을 때의 집단 내 분산은 $\mathbf{v}_2$에 투영했을 때의 집단 내 분산보다 작습니다. $\mathbf{v}_1$에 투영했을 때의 집단 내 분산이 더 작으므로 $\mathbf{v}_1$에 투영하는 것이 더 효과적입니다. 위 두 내용을 종합하면 LDA의 목표를 달성하기 위해 첫 번째 고유 벡터 $\mathbf{v}_1$이 두 번째 고유 벡터 $\mathbf{v}_2$보다 더 적절한 부분 공간이라고 결론 지을 수 있습니다.

LDA에는 두 가지 방법이 존재합니다. 하나는 Class-Dependent LDA이고, 다른 하나는 Class-Independent LDA입니다. Class-Dependent LDA에서는 하나의 부분 공간은 각 집단으로 계산됩니다. 즉, i번째 집단의 변환 행렬은 $W_i = \Sigma_{W_i}^{-1}\Sigma_B$로 나타냅니다. 고윳값 고유 벡터 또한 각 변환 행렬로 따로 구합니다. 각 집단 데이터 포인트는 그들에 대응하는 고유 벡터에 투영됩니다. 이와는 다르게 Class-Independent LDA에서는 클래스 구분 없이 모든 클래스에 대해 변환 행렬을 계산합니다.

■ **Class-Independent LDA 알고리즘**

(1) 피처 데이터 행렬 X를 다음과 같이 나타냅니다.

$$X = \begin{bmatrix} x_{11} & x_{12} & \cdots & x_{1p} \\ x_{21} & x_{22} & \cdots & x_{2p} \\ \vdots & \vdots & \ddots & \vdots \\ x_{n1} & x_{n2} & \cdots & x_{np} \end{bmatrix}$$

(2) 각 집단의 평균 $\boldsymbol{\mu}_c$를 구합니다. 예를 들어, j번째 집단 평균 $\boldsymbol{\mu}_j$는 아래와 같이 구합니다. j번째 집단의 평균이므로 오직 j번째 집단에 속하는 데이터만을 이용해 평균을 구합니다.

$$\boldsymbol{\mu}_j = \frac{1}{n_j}\sum_{i=1}^{n_j} \mathbf{x}_i$$

(3) 전체 데이터 평균 $\boldsymbol{\mu}$를 구합니다. 전체 데이터의 평균이므로 평균을 구하는 대상은 데이터 전체에 해당합니다.

$$\boldsymbol{\mu} = \frac{1}{n}\sum_{i=1}^{n} \mathbf{x}_i$$

---

(4) 집단 간 분산 Σ_B를 구합니다.

$$\Sigma_B = \sum_{i=1}^{c} n_i (\boldsymbol{\mu}_i - \boldsymbol{\mu})(\boldsymbol{\mu}_i - \boldsymbol{\mu})^T$$

(5) 집단 내 분산 Σ_W를 구합니다.

$$\Sigma_W = \sum_{j=1}^{c} \sum_{i=1}^{n_j} (\mathbf{x}_i - \boldsymbol{\mu}_j)(\mathbf{x}_i - \boldsymbol{\mu}_j)^T$$

(6) 변환 행렬 $W = \Sigma_W^{-1} \Sigma_B$의 고윳값, 고유 벡터를 계산합니다.

(7) 고윳값을 큰 순서대로 정렬하고, 첫 k개의 고유 벡터는 더 작은 차원의 새로운 공간 V_k를 의미합니다.

(8) 원래 데이터 X를 새로운 공간 V_k에 투영합니다.

$$X' = XV_k$$

■ Class-Dependent LDA 알고리즘

(1) 피처 데이터 행렬 X를 표현합니다.

$$X = \begin{bmatrix} x_{11} & x_{12} & \cdots & x_{1p} \\ x_{21} & x_{22} & \cdots & x_{2p} \\ \vdots & \vdots & \ddots & \vdots \\ x_{n1} & x_{n2} & \cdots & x_{np} \end{bmatrix}$$

(2) 각 집단의 평균 $\boldsymbol{\mu}_c$를 구합니다. 예를 들어, j번째 집단 평균 $\boldsymbol{\mu}_j$는 아래와 같이 구합니다. j번째 집단의 평균이므로 오직 j번째 집단에 속하는 데이터만을 이용해 평균을 구합니다.

$$\boldsymbol{\mu}_j = \frac{1}{n_c} \sum_{i=1}^{n_c} \mathbf{x}_i$$

(3) 전체 데이터 평균 $\boldsymbol{\mu}$를 구합니다. 전체 데이터의 평균이므로 평균을 구하는 대상은 데이터 전체에 해당합니다.

$$\boldsymbol{\mu} = \frac{1}{n} \sum_{i=1}^{n} \mathbf{x}_i$$

(4) 집단 간 분산 $\boldsymbol{\Sigma}_B$를 구합니다.

$$\boldsymbol{\Sigma}_B = \sum_{i=1}^{c} n_i (\boldsymbol{\mu}_i - \boldsymbol{\mu})(\boldsymbol{\mu}_i - \boldsymbol{\mu})^T$$

(5) 각 집단에 대해 집단 내 공분산 행렬을 계산합니다. 예를 들어, j번째 집단 내 공분산 행렬은 아래와 같이 구합니다.

$$\boldsymbol{\Sigma}_{W_i} = \sum_{i=1}^{n_j} (\mathbf{x}_i - \boldsymbol{\mu}_j)(\mathbf{x}_i - \boldsymbol{\mu}_j)^T$$

(6) 각 집단의 변환 행렬 $\boldsymbol{W}_i$를 계산합니다.

$$\boldsymbol{W}_i = \boldsymbol{\Sigma}_{W_i}^{-1} \boldsymbol{\Sigma}_B$$

(7) 집단별 변환 행렬 $\boldsymbol{W}_i$에 대해 고윳값, 고유 벡터를 계산합니다.

(8) 고윳값이 큰 순서대로 정렬합니다. 각 클래스에 대해 $\boldsymbol{V}_k^i$에 대한 더 작은 공간이 첫 k개의 고유 벡터가 됩니다.

(9) 각 집단에 속하는 데이터 포인트는 기존의 공간보다 더 작은 공간 $\boldsymbol{V}_k^i$에 투영됩니다.

$$\Omega_j = \mathbf{x}_i \boldsymbol{V}_k^j, \qquad \mathbf{x}_i \in \boldsymbol{X}_i$$

이때 Ω_j는 j번째 클래스에 속하는 샘플이 새로운 공간에 투영된 이후의 값입니다.

LDA의 기본 개념은 PCA와 비슷합니다. PCA는 데이터 셋의 분산이 최대인 직교 성분 축을 찾으려고 하는 반면에, LDA는 클래스를 최적으로 구분할 수 있는 특성 부분 공간을 찾는 것입니다. 또한 PCA는 비지도 학습(unsupervised learning)인 반면에 LDA는 지도 학습(supervised learning)입니다.

▌10.4.2 LDA의 이론적 배경

이번 단원에서는 LDA를 더욱 이론적으로 살펴봅니다. LDA를 통해서 하려는 목적은 데이터가 주어질 때, 해당 데이터의 집단을 구분하는 것입니다. 이를 수식으로 나타내면 다음과 같습니다.

$$P(C|X)$$

$P(C|X)$란 클래스 사후 확률(posterior probability)을 의미하는데, 이는 주어진 데이터 X가 집단 C에 속할 확률을 의미합니다. 그리고 데이터 포인트별로 각 집단에 속할 확률을 구해서 가장 높은 확률을 보이는 집단에 속할 것으로 예측하는 것입니다. 위 확률을 구하기 위해 베이즈 정리를 사용하면 아래와 같이 표현할 수 있습니다.

$$P(C = k|X = x) = \frac{P(C = k, X = x)}{P(X = x)}$$

$$= \frac{P(X = x|C = k)P(C = k)}{P(X = x)}$$

$$= \frac{f_k(x)\pi_k}{\sum_{i=1}^{K} f_i(x)\pi_i}$$

위 식에서 $f_k(x)$는 클래스 k에 속하는 확률 변수 X의 확률 밀도 함수를 나타내며, π_k는 집단 k의 사전 확률을 의미합니다. 이는 전체 데이터 셋 샘플 개수 대비 클래스 k에 속하는 데이터 셋의 비율을 의미합니다.

$$f_k(x): \text{집단 } k \text{인 확률 변수 } X \text{의 확률 밀도 함수}$$

$$\pi_k: \text{집단 } k \text{의 사전 확률}$$

이를 정리해 그림으로 나타내면 [그림 10-24]와 같습니다.

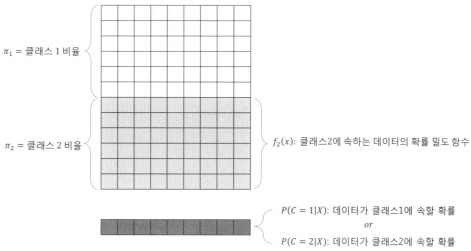

π_1 = 클래스 1 비율

π_2 = 클래스 2 비율

$f_2(x)$: 클래스2에 속하는 데이터의 확률 밀도 함수

$P(C = 1|X)$: 데이터가 클래스1에 속할 확률
or
$P(C = 2|X)$: 데이터가 클래스2에 속할 확률

그림 10-24 LDA 데이터를 수식으로 표현

집단별 확률 밀도 함수 $f_k(\mathbf{x})$가 다변량 정규 분포(Multivariate normal distribution)를 따른다고 가정하면, $f_k(\mathbf{x})$의 확률 밀도 함수는 아래와 같이 나타낼 수 있습니다.

$$f_k(\mathbf{x}) = \frac{1}{(2\pi)^{p/2}|\Sigma_k|^{1/2}} e^{-\frac{1}{2}(\mathbf{x}-\boldsymbol{\mu}_k)^T \Sigma_k^{-1}(\mathbf{x}-\boldsymbol{\mu}_k)}$$

위 식에서 집단 k에 속하는 데이터의 공분산 행렬을 Σ_k라고 했는데, LDA에서는 모든 집단별 확률 밀도 함수가 모두 같은 공분산을 가지고 있다고 가정합니다. 아래와 같이 표현할 수 있습니다.

$$\Sigma_k = \Sigma$$

새로운 데이터가 집단 k에 속하는지 아니면 다른 집단 l에 속하는지 알기 위해서 다음과 같은 두 클래스 사후 확률의 로그 비율을 이용합니다. 만약 주어진 데이터가 클래스 k에 속할 확률이 높다면 다음 로그 비율은 양수 값을 가질 것이고, 만약 주어진 데이터가 클래스 l에 속할 확률이 크다면 다음 로그 비율은 음수 값을 가질 것입니다.

$$\log \frac{P(C = k|X = \mathbf{x})}{P(C = l|X = \mathbf{x})}$$

$$= \log \frac{f_k(\mathbf{x})}{f_l(\mathbf{x})} + \log \frac{\pi_k}{\pi_l}$$

$$= \log \frac{\pi_k}{\pi_l} + \log \left\{ \frac{\frac{1}{(2\pi)^{\frac{p}{2}}|\boldsymbol{\Sigma}|^{\frac{1}{2}}} \exp\left(-\frac{1}{2}(\mathbf{x} - \boldsymbol{\mu}_k)^T \boldsymbol{\Sigma}^{-1}(\mathbf{x} - \boldsymbol{\mu}_k)\right)}{\frac{1}{(2\pi)^{\frac{p}{2}}|\boldsymbol{\Sigma}|^{\frac{1}{2}}} \exp\left(-\frac{1}{2}(\mathbf{x} - \boldsymbol{\mu}_l)^T \boldsymbol{\Sigma}^{-1}(\mathbf{x} - \boldsymbol{\mu}_l)\right)} \right\}$$

$$= \log \frac{\pi_k}{\pi_l} - \frac{1}{2}(\mathbf{x} - \boldsymbol{\mu}_k)^T \boldsymbol{\Sigma}^{-1}(\mathbf{x} - \boldsymbol{\mu}_k) + \frac{1}{2}(\mathbf{x} - \boldsymbol{\mu}_l)^T \boldsymbol{\Sigma}^{-1}(\mathbf{x} - \boldsymbol{\mu}_l)$$

$$= \log \frac{\pi_k}{\pi_l} - \frac{1}{2}(\mathbf{x}^T - \boldsymbol{\mu}_k^T) \boldsymbol{\Sigma}^{-1}(\mathbf{x} - \boldsymbol{\mu}_k) + \frac{1}{2}(\mathbf{x}^T - \boldsymbol{\mu}_l^T) \boldsymbol{\Sigma}^{-1}(\mathbf{x} - \boldsymbol{\mu}_l)$$

$$= \log \frac{\pi_k}{\pi_l} - \frac{1}{2}(\mathbf{x}^T \boldsymbol{\Sigma}^{-1} - \boldsymbol{\mu}_k^T \boldsymbol{\Sigma}^{-1})(\mathbf{x} - \boldsymbol{\mu}_k) + \frac{1}{2}(\mathbf{x}^T \boldsymbol{\Sigma}^{-1} - \boldsymbol{\mu}_l^T \boldsymbol{\Sigma}^{-1})(\mathbf{x} - \boldsymbol{\mu}_l)$$

$$= \log \frac{\pi_k}{\pi_l} - \frac{1}{2}\mathbf{x}^T \boldsymbol{\Sigma}^{-1} \mathbf{x} + \frac{1}{2}\mathbf{x}^T \boldsymbol{\Sigma}^{-1} \boldsymbol{\mu}_k + \frac{1}{2}\boldsymbol{\mu}_k^T \boldsymbol{\Sigma}^{-1} \mathbf{x} - \frac{1}{2}\boldsymbol{\mu}_k^T \boldsymbol{\Sigma}^{-1} \boldsymbol{\mu}_k + \frac{1}{2}\mathbf{x}^T \boldsymbol{\Sigma}^{-1} \mathbf{x} - \frac{1}{2}\mathbf{x}^T \boldsymbol{\Sigma}^{-1} \boldsymbol{\mu}_l - \frac{1}{2}\boldsymbol{\mu}_l^T \boldsymbol{\Sigma}^{-1} \mathbf{x} + \frac{1}{2}\boldsymbol{\mu}_l^T \boldsymbol{\Sigma}^{-1} \boldsymbol{\mu}_l$$

$$= \log \frac{\pi_k}{\pi_l} + \mathbf{x}^T \boldsymbol{\Sigma}^{-1}(\boldsymbol{\mu}_k - \boldsymbol{\mu}_l) - \frac{1}{2}(\boldsymbol{\mu}_k + \boldsymbol{\mu}_l)^T \boldsymbol{\Sigma}^{-1}(\boldsymbol{\mu}_k - \boldsymbol{\mu}_l)$$

위 식은 앞서 구한 클래스 사후 확률과 확률 밀도 함수를 대입한 후 전개한 것입니다. 위 식을 정리하면 아래와 같이 나타낼 수 있습니다.

$$\log \frac{P(C = k|X = \mathbf{x})}{P(C = l|X = \mathbf{x})} = \log \frac{\pi_k}{\pi_l} + \mathbf{x}^T \boldsymbol{\Sigma}^{-1}(\boldsymbol{\mu}_k - \boldsymbol{\mu}_l) - \frac{1}{2}(\boldsymbol{\mu}_k + \boldsymbol{\mu}_l)^T \boldsymbol{\Sigma}^{-1}(\boldsymbol{\mu}_k - \boldsymbol{\mu}_l)$$

위 식은 $\mathbf{x}$에 대한 선형방정식입니다. 선형 판별 분석이라는 이름에서 '선형'이라는 단어가 어디서 나왔는지 알 수 있습니다. 위 식의 의미는 집단 k와 집단 l의 경계를 결정짓는 집단 간 결정 경계(decision boundary)가 $P(G = k|X = \mathbf{x}) = P(G = l|X = \mathbf{x})$를 만족하는 초평면 (hyperplane)을 의미한다는 뜻입니다. 왜냐하면 $P(G = k|X = \mathbf{x}) = P(G = l|X = \mathbf{x})$라는 말은 주어진 데이터가 집단 k에 속할 확률과 집단 l에 속할 확률이 같다는 뜻이므로, 이 지점이 두 집단을 구분하는 경계가 됩니다.

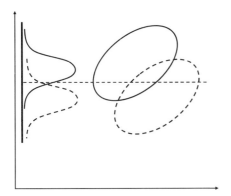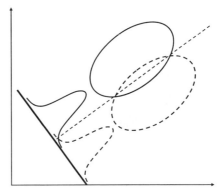

그림 10-25 LDA를 이용한 차원 축소

앞선 수식을 참고해, 클래스 k에 대한 선형 판별 함수(linear discriminant function)를 $\delta_k(x)$라고 하면 $\delta_k(x)$는 아래와 같습니다.

$$\delta_k(\mathbf{x}) = \mathbf{x}^T \Sigma^{-1} \boldsymbol{\mu}_k - \frac{1}{2} \boldsymbol{\mu}_k^T \Sigma^{-1} \boldsymbol{\mu}_k + \log \pi_k$$

위 식을 이용해 새로운 데이터 $\mathbf{x}$가 어떤 집단에 속하는지는 $C(\mathbf{x}) = \underset{k}{\text{argmax}}\, \delta_k(\mathbf{x})$를 구하면 알 수 있습니다. 즉, 가장 큰 $\delta_k(\mathbf{x})$ 값을 나타내는 집단 k에 속한다고 볼 수 있습니다. $\delta_k(\mathbf{x})$ 값이 크다는 말은 해당 데이터 $\mathbf{x}$가 집단 k에 속할 확률이 높다는 뜻입니다.

이번에는 실제로 데이터가 주어질 때를 생각해 봅니다. 위에서 우리는 데이터가 다변량 정규 분포를 따른다고 가정하고 시작했습니다. 아래와 같이 다변량 정규 분포의 파라미터 (parameter)를 추정하면서 분석을 시작합니다.

$$\hat{\pi}_k = \frac{n_k}{n}$$

$$\hat{\boldsymbol{\mu}}_k = \frac{1}{n_k} \sum_{i=1}^{n_k} \mathbf{x}_i$$

$$\hat{\Sigma} = \frac{1}{n-K} \sum_{k=1}^{K} \sum_{i=1}^{n_k} (\mathbf{x}_i - \hat{\boldsymbol{\mu}}_k)(\mathbf{x}_i - \hat{\boldsymbol{\mu}}_k)^T$$

위 식에서 n은 전체 데이터 개수를 의미하고, n_k는 집단 k에 속하는 데이터 개수를 의미합니다. 예를 들어, 두 가지 클래스 1, 2로 구성된 데이터가 있다고 가정할 때 어떤 데이터가 클래스 2에 속하려면 아래와 같은 조건을 만족해야 합니다.

$$\log \frac{n_2}{n_1} + \mathbf{x}^T \mathbf{\Sigma}^{-1}(\boldsymbol{\mu}_k - \boldsymbol{\mu}_l) - \frac{1}{2}(\boldsymbol{\mu}_k + \boldsymbol{\mu}_l)^T \mathbf{\Sigma}^{-1}(\boldsymbol{\mu}_k - \boldsymbol{\mu}_l) > 0$$

위 식을 조금 바꾸면 아래와 같이 쓸 수 있습니다.

$$\mathbf{x}^T \mathbf{\Sigma}^{-1}(\boldsymbol{\mu}_k - \boldsymbol{\mu}_l) > -\log \frac{n_2}{n_1} + \frac{1}{2}(\boldsymbol{\mu}_k + \boldsymbol{\mu}_l)^T \mathbf{\Sigma}^{-1}(\boldsymbol{\mu}_k - \boldsymbol{\mu}_l)$$

LDA에서 판별 함수는 선형이지만 데이터의 집단을 판별하는 선이 항상 직선인 것은 아닙니다. LDA를 이용해서 곡선의 형태로 판별식을 그릴 수 있습니다. 그 방법은 바로 데이터를 기존 공간보다 더 높은 차원의 공간으로 선형 변환한 후 확장된 공간에서 LDA를 하는 것입니다.

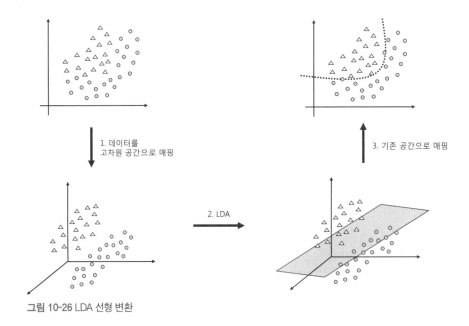

그림 10-26 LDA 선형 변환

예를 들어, [그림 10-26]과 같이 데이터가 2차원 공간에 있다고 하면 데이터의 좌표를 $\mathbf{x} = (x_1, x_2)$로 나타낼 수 있습니다. 이러한 2차원 데이터를 3차원으로 확장해 봅니다. $\mathbf{x}^* = (x_1, x_2, x_1 x_2)$로 확장한 후 확장된 공간에서 LDA를 사용해서 판별하면 결정 경계는 곡선 형태를 띕니다.

앞선 LDA에서는 클래스 집단별 공분산 행렬 $\mathbf{\Sigma}_k$가 모두 동일하다고 가정했습니다. QDA (Quadratic Discriminant Analysis)는 이 가정을 일반화시킨 방법으로 집단별 공분산 행렬이 같다는 가정이 존재하지 않습니다. 집단별 로그 비율에서 약분되는 부분이 없어지고 이차 판별 함수(quadratic discriminant function)는 아래와 같게 됩니다.

$$\delta_k(\mathbf{x}) = -\frac{1}{2}\log|\mathbf{\Sigma}_k| - \frac{1}{2}(\mathbf{x} - \boldsymbol{\mu}_k)^T\mathbf{\Sigma}_k^{-1}(\mathbf{x} - \boldsymbol{\mu}_k) + \log\pi_k$$

위 판별식에서 볼 수 있듯, 클래스 k 집단과 클래스 l 집단의 결정 경계는 $\delta_k(\mathbf{x}) = \delta_l(\mathbf{x})$인 초평면이고 이차식을 따릅니다. LDA에서는 판별 함수가 선형이었던 것과 반대로 QDA에서는 이차식을 따르는 것을 확인할 수 있습니다. LDA, QDA는 파라미터 추정치의 분산이 작다는 장점이 존재하지만 bias가 존재한다는 단점이 있습니다.

LDA와 QDA 계산의 핵심은 공분산 행렬을 고윳값 분해를 하는 것입니다. QDA의 경우 각 $\hat{\mathbf{\Sigma}}_k$에 대해 $\hat{\mathbf{\Sigma}}_k = \boldsymbol{U}_k\boldsymbol{D}_k\boldsymbol{U}_k^T$로 고윳값 분해를 합니다. 이때, $\boldsymbol{U}_k$는 $p \times p$ 직교 행렬이며, $\boldsymbol{D}_k$는 양수인 고윳값 λ_{kl}의 대각 행렬입니다. 이렇게 되면 앞서 언급한 판별 함수 $\delta_k(\mathbf{x})$의 구성 요소는 아래와 같이 바뀌게 됩니다. 아래 식에서는 직교 행렬의 역행렬은 기존 행렬의 전치 행렬이라는 성질을 이용합니다.

$$
\begin{aligned}
(\mathbf{x} - \hat{\boldsymbol{\mu}}_k)^T\hat{\mathbf{\Sigma}}_k^{-1}(\mathbf{x} - \hat{\boldsymbol{\mu}}_k) &= (\mathbf{x} - \hat{\boldsymbol{\mu}}_k)^T\left(\boldsymbol{U}_k\boldsymbol{D}_k\boldsymbol{U}_k^T\right)^{-1}(\mathbf{x} - \hat{\boldsymbol{\mu}}_k) \\
&= (\mathbf{x} - \hat{\boldsymbol{\mu}}_k)^T\left(\boldsymbol{U}_k^T\right)^{-1}\boldsymbol{D}_k^{-1}\boldsymbol{U}_k^{-1}(\mathbf{x} - \hat{\boldsymbol{\mu}}_k) \\
&= \left[\boldsymbol{U}_k^T(\mathbf{x} - \hat{\boldsymbol{\mu}}_k)\right]^T\boldsymbol{D}_k^{-1}\left[\boldsymbol{U}_k^T(\mathbf{x} - \hat{\boldsymbol{\mu}}_k)\right]
\end{aligned}
$$

$$\log|\hat{\mathbf{\Sigma}}_k| = \sum_l \log\lambda_{kl}$$

위 식을 바탕으로 LDA를 생각해 보면 다음과 같습니다. 공통 분산 $\hat{\mathbf{\Sigma}} = \boldsymbol{U}\boldsymbol{D}\boldsymbol{U}^T$를 고윳값 분해하고 기존 데이터 행렬 $\boldsymbol{X}$를 $\boldsymbol{X}' = \boldsymbol{D}^{-1/2}\boldsymbol{U}^T\boldsymbol{X}$로 변형시키면, 선형 변환한 데이터 $\boldsymbol{X}'$의 공분산 행렬은 단위 행렬(identity matrix)이 됩니다. 이와 같이 공분산 행렬이 단위 행렬이 되도록 기존 데이터를 변형하는 방법을 Whitening Transformation이라고 합니다. 단위 행렬의 대각 원소는 1이므로 이는 각 피처의 분산이 1이라는 의미입니다. 그리고 단위 행렬의 대각 원소를 제외한 나머지 원소는 0이므로 이는 변수 간 상관관계가 존재하지 않는 것을 의미입니다. 따라서 각 데이터 포인트는 변형된 공간에서 각 집단별 평균과의 차이를 구해 가장 가까운 집단으로 판별하게 됩니다.

$$Cov\left(D^{-\frac{1}{2}}U^TX\right) = D^{-\frac{1}{2}}U^T\Sigma UD^{-\frac{1}{2}}$$

$$= D^{-\frac{1}{2}}U^T(UDU^T)UD^{-\frac{1}{2}}$$

$$= D^{-\frac{1}{2}}DD^{-\frac{1}{2}}$$

$$= I$$

지금까지 다룬 LDA 알고리즘을 사용하기 위해서는 데이터가 다변량 정규 분포를 따른다는 가정이 필요했습니다. 하지만 초기 LDA는 시간이 지나면서 다변량 정규 분포를 가정하지 않는 방법으로 발전했습니다. LDA는 집단 간 분산 Σ_B는 최대화하고, 집단 내 분산 Σ_w는 최소화하는 선형 조합(linear combination) $X' = Xa$를 찾는 문제입니다. 기존 데이터 행렬 X를 새로운 공간에 투영해서 새로운 데이터 X'가 됩니다. 이때, '집단 간 분산'이라는 말의 의미는 X' 행렬의 각 클래스 집단별 평균의 차이를 의미합니다. 또한 '집단 내 분산'은 각 집단별 평균에 대한 해당 집단의 데이터 합동 분산(pooled variance)을 의미합니다.

선형 변환된 데이터 X'의 집단 간 분산은 $\mathbf{a}^T\Sigma_B\mathbf{a}$와 같고 변환된 데이터 X'의 집단 내 분산은 $\mathbf{a}^T\Sigma_w\mathbf{a}$입니다. LDA를 위해 집단 간 분산을 최대화하고, 집단 내 분산을 최소화한다는 말을 수식으로 나타내면 아래와 같습니다.

$$\max_{\mathbf{a}} \frac{\mathbf{a}^T\Sigma_B\mathbf{a}}{\mathbf{a}^T\Sigma_W\mathbf{a}}$$

위 식에서 우리는 벡터의 길이에 관심이 있는 것이 아니라, 벡터의 방향에만 관심이 있습니다. 따라서 벡터의 길이를 고정시켜서 위 식을 다시 쓰면 아래와 같습니다.

$$\max_{\mathbf{a}} \mathbf{a}^T\Sigma_B\mathbf{a}$$

$$subject \ to \ \ \mathbf{a}^T\Sigma_W\mathbf{a} = 1$$

즉, 선형 판별 분석은 $\mathbf{a}^T\Sigma_W\mathbf{a} = 1$이라는 제약 조건 하에 $\mathbf{a}^T\Sigma_B\mathbf{a}$을 최대화하는 벡터 $\mathbf{a}$를 찾는 것과 같습니다. 위 최적화 식을 라그랑지안 형태로 표현할 수 있습니다.

$$L = \mathbf{a}^T\Sigma_B\mathbf{a} + \lambda(1 - \mathbf{a}^T\Sigma_W\mathbf{a})$$

앞선 최적화 식에서 λ는 라그랑지안 승수입니다. 라그랑지안 식을 $\mathbf{a}$로 미분해 최적값을 구해 봅니다.

$$\frac{\partial L}{\partial \mathbf{a}} = 2\boldsymbol{\Sigma}_\mathrm{B}\mathbf{a} - \lambda(2\boldsymbol{\Sigma}_W\mathbf{a}) \equiv 0$$

$$\Leftrightarrow \boldsymbol{\Sigma}_\mathrm{B}\mathbf{a} - \lambda\boldsymbol{\Sigma}_W\mathbf{a} = 0$$

$$\Leftrightarrow \boldsymbol{\Sigma}_W{}^{-1}\boldsymbol{\Sigma}_\mathrm{B}\mathbf{a} = \lambda\mathbf{a}$$

위 식에서 $\boldsymbol{\lambda}$는 $\boldsymbol{\Sigma}_W^{-1}\boldsymbol{\Sigma}_B$의 고윳값에 해당하고, a는 $\boldsymbol{\Sigma}_W^{-1}\boldsymbol{\Sigma}_B$의 고유 벡터에 해당합니다. 즉, 이 문제는 $\boldsymbol{\Sigma}_W^{-1}\boldsymbol{\Sigma}_B$의 고윳값과 고유 벡터를 찾는 문제라고 할 수 있습니다.

▌10.4.3 LDA 실습

LDA 알고리즘을 활용해 와인 종류를 분류하는 모형을 생성해 봅니다..

> **데이터 불러오기**

```
from sklearn import datasets                    ❶
raw_wine = datasets.load_wine()                 ❷
```

데이터를 불러옵니다. ❶ 데이터 셋을 불러오기 위해 함수를 불러옵니다. ❷ 와인 데이터를 불러옵니다.

> **피처/타깃 데이터 지정**

```
aw_wine.data                                    ❶
y = raw_wine.target                             ❷
```

데이터를 피처 데이터와 타깃 데이터로 나눕니다. ❶ 피처 데이터를 대문자 X로 지정합니다. ❷ 타깃 데이터를 소문자 y로 지정합니다.

> 트레이닝/테스트 데이터 분할

```
from sklearn.model_selection import train_test_split          ❶
X_tn, X_te, y_tn, y_te=train_test_split(X,y,random_state=1)   ❷
```

전체 데이터를 트레이닝 데이터와 테스트 데이터로 분할합니다. ❶ 트레이닝/테스트 데이터 분할을 위해 필요한 함수를 불러옵니다. ❷ train_test_split 함수를 이용해 트레이닝 데이터와 테스트 데이터로 분할합니다.

> 데이터 표준화

```
from sklearn.preprocessing import StandardScaler    ❶
std_scale = StandardScaler()                         ❷
std_scale.fit(X_tn)                                  ❸
X_tn_std = std_scale.transform(X_tn)                 ❹
X_te_std  = std_scale.transform(X_te)                ❺
```

데이터를 표준화합니다. ❶ 데이터 표준화에 필요한 함수를 불러옵니다. ❷ 표준화 스케일러를 설정합니다. ❸ 트레이닝 피처 데이터를 표준화 적합시킵니다. ❹ 트레이닝 피처 데이터를 표준화합니다. ❺ 테스트 피처 데이터를 표준화합니다.

> LDA

```
from sklearn.discriminant_analysis import LinearDiscriminantAnalysis ❶
lda = LinearDiscriminantAnalysis()                                   ❷
lda.fit(X_tn_std, y_tn)                                              ❸
X_tn_lda = lda.transform(X_tn_std)                                   ❹
X_te_lda = lda.transform(X_te_std)                                   ❺
```

LDA를 통한 학습 단계입니다. ❶ LDA를 사용하기 위해 필요한 함수를 불러옵니다. ❷ LinearDiscriminantAnalysis( )를 통해 LDA 모형을 설정합니다. 옵션으로 n_components 값을 통해 원하는 차원을 설정할 수도 있지만, 기본값은 '최솟값(클래스 개수-1, 피처 개수)'입니다. 와인 데이터의 클래스 수는 3이고 피처 개수는 13이므로 n_components 값은 'min(3-1=2, 13)=2'로 설정됩니다. 기존 13차원의 데이터는 2차원으로 줄어들게 됩니다. 만약 n_components=1로 설정한다면 1차원 데이터로 줄어들게 됩니다. ❸ 모형 설정 이후 표준화된 트레이닝 피처 데이터 X_train_std와 트레이닝 타깃 데이터를 이용해 적합시킵니다. ❹ 표준화된 트레이닝 타깃 데이터 X_train_std를 변형시킵니다. ❺ 표준화된 테스트 피처 데이터 X_test_std를 변형시킵니다.

■ LDA 전/후 데이터 차원 비교

```
>>> print(X_tn_std.shape)                                        ❶
(133, 13)
>>> print(X_tn_lda.shape)                                        ❷
(133, 2)
```

차원 축소 전후 데이터 차원을 비교해 봅니다. ❶ 차원 축소 이전 데이터는 13차원의 데이터 133개가 존재한다는 것을 알 수 있습니다. ❷ 차원 축소 이후에는 2차원 데이터 133개가 존재합니다.

■ LDA 상수항, 가중 벡터 확인

```
>>> print(lda.intercept_)                                        ❶
[ -9.49063922  -3.6792656  -10.65310672]
>>> print(lda.coef_)                                             ❷
[[ 2.11536841  0.34171834  1.60756274 -2.62777005
 -0.02954383 -1.92461007 5.43612614  0.30142527
 -0.66723405 -2.08948728  0.53569108  3.06011656
   5.45318503]
 [-1.18707715 -0.97635273 -1.64104916  1.19614378
0.22114803  0.2969019 1.13721801  0.4338713
0.33425086 -1.57541361  0.56544507 -0.17730553
  -2.34856045]
 [-0.59547207  1.01875252  0.59754164  1.13544231
 -0.28238675  1.65463974 -7.48134065 -0.94177595
0.24492236  4.49319245 -1.38150969 -3.04974421
  -2.54627163]]
```

LDA 모형의 상수항과 가중 벡터를 확인해 봅니다. ❶ intercept_를 이용해 LDA 모형의 상수항을 확인해 봅니다. 상수항은 클래스의 개수만큼 나옵니다. ❷ coef_를 이용해 LDA 가중 벡터를 구합니다. 가중 벡터의 차원은 '클래스 개수X피처 개수'로 나타납니다.

■ LDA 적용 후 데이터 셋

```
import pandas as pd                                    ❶
lda_columns = ['lda_comp1', 'lda_comp2']               ❷
X_tn_lda_df = pd.DataFrame(X_tn_lda,                    ❸
                        columns=lda_columns)
X_tn_lda_df['target'] = y_tn                            ❹
X_tn_lda_df.head(5)                                     ❺
```

	lda_comp1	lda_comp2	target
0	-2.563293	-0.503212	0
1	-0.646015	-2.169761	1
2	-3.981901	1.621584	0
3	-5.956216	3.878140	0
4	-4.047839	2.335699	0

그림 10-27 LDA 적용 후 데이터 프레임

시각화를 위해 LDA 적용 후 데이터 셋을 데이터 프레임으로 변형합니다. ❶ 데이터 프레임을
사용하기 위해 필요한 판다스 라이브러리를 불러옵니다. ❷ 열 이름(column name)을 지정합
니다. ❸ 데이터 프레임을 생성합니다. ❹ 데이터 프레임에 타깃 데이터를 추가합니다. ❺ 생
성된 데이터 프레임을 확인해 봅니다.

> LDA 시각화

```
import matplotlib.pyplot as plt                         ❶
df = X_tn_lda_df                                         ❷
markers=['o','x','^']                                    ❸

for i, mark in enumerate(markers):                       ❹
    X_i = df[df['target']== i]                           ❺
    target_i = raw_wine.target_names[i]                  ❻
    X1 = X_i['lda_comp1']                                ❼
    X2 = X_i['lda_comp2']                                ❽
    plt.scatter(X1, X2,                                  ❾
```

```
                marker=mark,
                label=target_i)
plt.xlabel('lda_component1')                                              ❿
plt.ylabel('lda_component2')                                              ⓫
plt.legend()                                                              ⓬
plt.show()                                                                ⓭
```

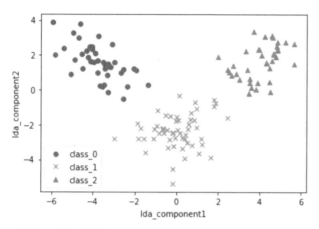

그림 10-28 LDA 시각화

데이터 시각화 단계입니다. LDA가 적용된 데이터를 시각화를 해 봅니다. ❶ 시각화에 필요한
함수를 불러옵니다. ❷ LDA 적용된 데이터 프레임을 불러옵니다. ❸ 클래스별 데이터 포인
트가 어떻게 표시될지 마커를 설정합니다. ❹ 클래스 개수만큼 반복문이 실행됩니다. ❺ i번
째 클래스에 해당하는 데이터를 추출합니다. ❻ i번째 타깃 클래스 이름을 저장합니다. ❼, ❽
LDA 요소를 설정합니다. ❾ 해당 클래스 데이터를 스캐터 플롯을 이용해 시각화합니다. ❿,
⓫ x축, y축 이름을 설정합니다. ⓬ 범례를 추가합니다. ⓭ 플롯을 확인해 봅니다.

> LDA 적용 후 랜덤 포레스트 학습 및 예측

```
from sklearn.ensemble import RandomForestClassifier                       ❶
clf_rf_lda = RandomForestClassifier(max_depth=2,                          ❷
                                    random_state=0)
clf_rf_lda.fit(X_tn_lda, y_tn)                                            ❸
pred_rf_lda = clf_rf_lda.predict(X_te_lda)                                ❹
```

LDA를 적용한 데이터에 랜덤 포레스트를 적용합니다. ❶ 랜덤 포레스트에 필요한 함수를 불

349

러옵니다. ❷ 랜덤 포레스트 모형을 설정합니다. ❸ LDA 적용된 트레이닝 데이터를 이용해 랜덤 포레스트를 적합시킵니다. ❹ 적합된 모형에 테스트 데이터를 적용해 예측값을 구합니다.

> 정확도 평가

```
>>> from sklearn.metrics import accuracy_score          ❶
>>> accuracy_lda = accuracy_score(y_te, pred_rf_lda)    ❷
>>> print(accuracy_lda)                                 ❸
1.0
```

정확도를 평가합니다. ❶ 정확도 평가에 필요한 함수를 불러옵니다. ❷ 실젯값과 예측값을 이용해 정확도를 구합니다. ❸ 정확도는 100%로 나타납니다.

> 전체 코드

```
from sklearn import datasets
from sklearn.preprocessing import StandardScaler
from sklearn.model_selection import train_test_split

from sklearn.discriminant_analysis import LinearDiscriminantAnalysis

import pandas as pd
import matplotlib.pyplot as plt

from sklearn.ensemble import RandomForestClassifier
from sklearn.metrics import accuracy_score

# 데이터 불러오기
raw_wine = datasets.load_wine()

# 피처, 타깃 데이터 지정
X = raw_wine.data
y = raw_wine.target

# 트레이닝/테스트 데이터 분할
X_tn, X_te, y_tn, y_te=train_test_split(X,y,random_state=1)

# 데이터 표준화
std_scale = StandardScaler()
```

```
std_scale.fit(X_tn)
X_tn_std = std_scale.transform(X_tn)
X_te_std  = std_scale.transform(X_te)

# LDA
lda = LinearDiscriminantAnalysis()
lda.fit(X_tn_std, y_tn)
X_tn_lda = lda.transform(X_tn_std)
X_te_lda = lda.transform(X_te_std)

# 차원 축소 전후 데이터 차원 비교
print(X_tn_std.shape)
print(X_tn_lda.shape)

# LDA 상수항
print(lda.intercept_)

# LDA 가중 벡터
print(lda.coef_)

# LDA 적용된 데이터 프레임
lda_columns = ['lda_comp1', 'lda_comp2']
X_tn_lda_df = pd.DataFrame(X_tn_lda,
                           columns=lda_columns)
X_tn_lda_df['target'] = y_tn
X_tn_lda_df.head(5)

# LDA 시각화
df = X_tn_lda_df
markers=['o','x','^']

for i, mark in enumerate(markers):
    X_i = df[df['target']== i]
    target_i = raw_wine.target_names[i]
    X1 = X_i['lda_comp1']
    X2 = X_i['lda_comp2']
    plt.scatter(X1, X2,
                marker=mark,
                label=target_i)
plt.xlabel('lda_component1')
plt.ylabel('lda_component2')
plt.legend()
```

```
plt.show()

# 학습
clf_rf_lda = RandomForestClassifier(max_depth=2,
                                    random_state=0)
clf_rf_lda.fit(X_tn_lda, y_tn)

# 예측
pred_rf_lda = clf_rf_lda.predict(X_te_lda)

# LDA 적용 후 정확도
accuracy_lda = accuracy_score(y_te, pred_rf_lda)
print(accuracy_lda)
```

10.5 LLE

▌10.5.1 LLE의 개념

우리는 여러 가지 차원 축소 방법을 이용해 데이터 차원을 변형시키는데, 만약 차원 축소 이전 데이터의 특징을 잘 잡아낸다면 차원 축소 이후에 데이터를 시각화했을 때도 데이터가 잘 구분될 것입니다. **LLE(Locally Linear Embedding)**는 각 데이터 포인트의 이웃 데이터 중 K개 이웃 데이터를 선정하고 데이터 자신과 K개의 이웃 데이터를 마치 하나의 덩어리라고 가정하고 데이터를 재구성합니다. LLE는 기존 데이터를 자신의 이웃 데이터를 기준으로 재구성하는 방법입니다. 즉, 해당 데이터 자체보다 주변의 이웃 데이터들이 중요합니다.

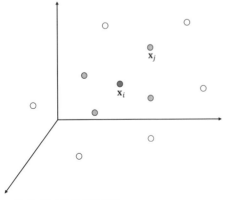

그림 10-29 k개의 이웃 선택

[그림 10-29]는 3차원 데이터를 가정하고 4개의 이웃을 선택한 것을 나타냅니다. 즉, $\mathbf{x}_i$ 데이터 포인트를 기준으로 4개의 이웃을 선택했으며 $\mathbf{x}_j$는 4개의 이웃 중 하나가 됩니다. 데이터를 재구성할 때는 [그림 10-29]에서 선택한 이웃을 기준으로 재구성합니다. 이때, 재구성 에러를 최소화해야 하는데, 재구성 에러는 아래와 같습니다.

$$\epsilon(W) = \sum_{i=1}^{n} \left| \mathbf{x}_i - \sum_j w_{ij}\mathbf{x}_j \right|^2$$

위 식에서 $\mathbf{x}_i$는 각 데이터 포인트를 벡터 형태로 표시한 것입니다. w_{ij}는 가중치를 의미하는데, 이는 i번째 데이터 포인터를 재구성할 때 j번째 데이터의 기여도를 나타냅니다. 이를 그림으로 나타내면 [그림 10-30]과 같습니다.

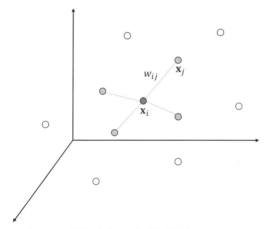

그림 10-30 이웃을 기반으로 데이터 재구성

LLE의 목적은 위에서 언급한 재구성 에러 함수를 최소화하는 것이므로 재구성 에러 함수가 목적 함수에 해당한다고 볼 수 있습니다. 위 목적 함수에는 두 가지 제약 조건이 존재합니다. 우선 각 데이터 포인트는 오직 이웃 데이터로만 재구성됩니다. 처음에 K개의 이웃 데이터를 정하게 되는데, 만약 $\mathbf{x}_j$가 이웃 데이터에 속하지 않는다면 $w_{ij} = 0$입니다. 그리고 전체 가중치 행렬 W의 각 행 원소(row element)의 합은 1이 됩니다. 즉, $\Sigma_j w_{ij} = 1$입니다.

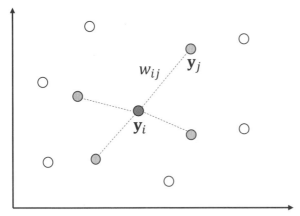

그림 10-31 LLE 차원 축소

데이터를 차원 축소합니다. [그림 10-31]은 3차원 데이터를 2차원 데이터로 차원 축소한 것을 나타냅니다. 기존 공간에 존재하는 데이터 $\mathbf{x}_i$는 새로운 공간의 데이터 $\mathbf{y}_i$가 됩니다. LLE에서는 데이터 주변의 이웃 관계를 유지하면서 새로운 공간에 투영하는 것이 중요합니다.

$$\Phi(\mathbf{y}) = \sum_{i=1}^{n} \left| \mathbf{y}_i - \sum_{j} w_{ij}\mathbf{y}_j \right|^2$$

차원 축소 데이터 $\mathbf{y}_i$는 위와 같은 임베딩 비용 함수를 최소화하는 값으로 구할 수 있습니다. 즉, 이 문제는 새로운 공간에서의 데이터 $\mathbf{y}_i$와 $\mathbf{y}_i$ 주변에 존재하는 데이터 $\mathbf{y}_j$ 간의 거리를 최소화하는 문제와 동일합니다.

▌10.5.2 LLE 실습

LLE 개념을 활용해 와인 데이터를 분류하는 모형을 생성해 봅니다.

> 데이터 불러오기

```
from sklearn import datasets                              ❶
raw_wine = datasets.load_wine()                           ❷
```

데이터 셋을 불러옵니다. ❶ 데이터 셋을 불러오기 위해 필요한 함수를 불러옵니다. ❷ 데이터 셋 중 와인 데이터를 불러옵니다.

> 피처, 타깃 데이터 지정

```
X = raw_wine.data                                          ❶
y = raw_wine.target                                        ❷
```

불러온 데이터를 피처 데이터와 타깃 데이터로 나눕니다. ❶ 피처 데이터를 대문자 X라고 저
장합니다. ❷ 타깃 데이터를 소문자 y라고 저장합니다.

> 트레이닝/테스트 데이터 분할

```
from sklearn.model_selection import train_test_split       ❶
X_tn, X_te, y_tn, y_te=train_test_split(X,y,random_state=1) ❷
```

트레이닝 데이터와 테스트 데이터로 분할하는 단계입니다. ❶ 데이터 분할을 위해 필요한 함
수를 불러옵니다. ❷ train_test_split 함수를 이용해 트레이닝 데이터와 테스트 데이터로 분할
합니다.

> 데이터 표준화

```
from sklearn.preprocessing import StandardScaler           ❶
std_scale = StandardScaler()                               ❷
std_scale.fit(X_tn)                                        ❸
X_tn_std = std_scale.transform(X_tn)                       ❹
X_te_std  = std_scale.transform(X_te)                      ❺
```

데이터 표준화 단계입니다. ❶ 데이터 표준화에 필요한 함수를 불러옵니다. ❷ 표준화 스케
일러를 설정합니다. ❸ 트레이닝 피처 데이터를 이용해 적합시킵니다. ❹ 트레이닝 피처 데
이터 X_train을 표준화시킵니다. ❺ 테스트 피처 데이터 X_test를 표준화시킵니다.

> LLE 적합

```
from sklearn.manifold import LocallyLinearEmbedding        ①
lle = LocallyLinearEmbedding(n_components=2)               ②
lle.fit(X_tn_std, y_tn)                                    ③
X_tn_lle = lle.transform(X_tn_std)                         ④
X_te_lle = lle.transform(X_te_std)                         ⑤
```

표준화된 데이터를 LLE에 적합하는 단계입니다. ❶ LLE를 사용하기 위해 필요한 함수를 불러
옵니다. ❷ LocallyLinearEmbedding을 이용해 LLE 모형을 설정합니다. n_components 옵션
은 변환시킬 차원 수를 의미합니다. ❸ 트레이닝 데이터를 이용해 적합시킵니다. ❹ 표준화
된 트레이닝 피처 데이터를 LLE를 이용해 변형시킵니다. ❺ 표준화된 테스트 피처 데이터를
LLE를 이용해 변형시킵니다.

> LLE 적용 전후 데이터 차원 비교

```
>>> print(X_tn_std.shape)                                 ①
(133, 13)
>>> print(X_tn_lle.shape)                                 ②
(133, 2)
```

LLE 적용 전과 후의 데이터 차원을 비교해 봅니다. ❶ LLE 적용 전에는 13차원 데이터가 133
개 존재합니다. 이에 반해, ❷ LLE 적용 후에는 2차원 데이터 133개가 존재합니다.

> LLE 임베딩 벡터 확인

```
>>> print(lle.embedding_)                                 ①
[[ 0.10370077  0.03797149]
 [ 0.07222626  0.00764776]
 [ 0.11291288  0.05930921]
 [ 0.11560401  0.06205209]
 [ 0.11854756  0.06719633]
...(중략)
```

임베딩 벡터를 확인하는 단계입니다. ❶ embedding_을 이용해 LLE 모형의 임베딩 벡터를 확
인할 수 있습니다.

> LLE 적용 데이터 프레임

```
import pandas as pd                                    ❶
lle_columns = ['lle_comp1', 'lle_comp2']               ❷
X_tn_lle_df = pd.DataFrame(X_tn_lle,                    ❸
                           columns=lle_columns)
X_tn_lle_df['target'] = y_tn                            ❹
X_tn_lle_df.head(5)                                     ❺
```

	lle_comp1	lle_comp2	target
0	0.103667	0.037909	0
1	0.072231	0.007653	1
2	0.112879	0.059241	0
3	0.115604	0.062051	0
4	0.118543	0.067187	0

그림 10-32 LLE 적용 데이터 프레임

LLE 적용 데이터 셋을 데이터 프레임으로 변형하는 과정입니다. 데이터 셋을 데이터 프레임으로 변형하는 이유는 다음 단계에서 진행할 시각화를 편하게 하기 위해서입니다. ❶ 데이터 프레임을 사용하기 위해 판다스 라이브러리를 불러옵니다. ❷ 생성할 데이터 프레임의 열 이름(column name)을 정합니다. ❸ LLE 적용 데이터를 이용해 데이터 프레임을 생성합니다. ❹ 데이터 프레임에 타깃 데이터를 추가합니다. ❺ 생성된 데이터 프레임을 확인해 봅니다.

> LLE 적용 데이터 시각화

```
import matplotlib.pyplot as plt                         ❶
df = X_tn_lle_df                                         ❷
markers=['o','x','^']                                    ❸

for i, mark in enumerate(markers):                      ❹
    X_i = df[df['target']= i]                           ❺
    target_i = raw_wine.target_names[i]                 ❻
    X1 = X_i['lle_comp1']                               ❼
    X2 = X_i['lle_comp2']                               ❽
```

```
    plt.scatter(X1, X2,                          ❾
                marker=mark,
                label=target_i)
plt.xlabel('lle_component1')                      ❿
plt.ylabel('lle_component2')                      ⓫
plt.legend()                                      ⓬
plt.show()                                        ⓭
```

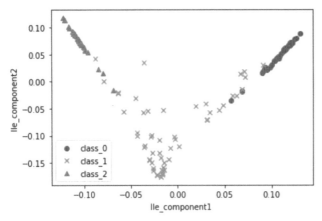

그림 10-33 LLE 데이터 시각화

LLE를 적용한 데이터를 시각화해 봅니다. ❶ 시각화에 필요한 함수를 불러옵니다. ❷ 시각화할 데이터 프레임을 정합니다. ❸ 클래스별 데이터 포인트가 표시될 마커를 지정합니다. 클래스가 3개이므로 3개의 마커를 설정합니다. ❹ 클래스 수만큼 반복문이 반복됩니다. 와인데이터의 클래스는 총 3개이므로 3번의 반복문이 반복됩니다. ❺ i번째 클래스 데이터를 추출합니다. ❻ 해당 클래스 이름을 저장합니다. ❼, ❽ LLE 구성 요소들을 저장합니다. ❾ LLE 구성 요소를 이용해 스캐터 플롯을 작성합니다. ❿, ⓫ 플롯에 표시될 x축 이름과 y축 이름을 설정합니다. ⓬ 범례를 추가합니다. ⓭ 결과를 확인해 봅니다.

> LLE 적용 후 랜덤 포레스트 학습 및 예측

```
from sklearn.ensemble import RandomForestClassifier      ❶
clf_rf = RandomForestClassifier(max_depth=2,             ❷
                                random_state=0)
clf_rf.fit(X_tn_lle, y_tn)                               ❸
pred_rf_lle = clf_rf.predict(X_te_lle)                   ❹
```

LLE 적용된 데이터를 이용해 랜덤 포레스트 학습을 해 봅니다. ❶ 랜덤 포레스트를 사용하기 위해 필요한 라이브러리를 불러옵니다. ❷ 랜덤 포레스트 모형을 설정합니다. ❸ 설정된 모형에 LLE가 적용된 트레이닝 데이터를 넣고 적합시킵니다. ❹ 적합된 모형을 이용해 예측값을 구합니다.

> 정확도 평가

```
>>> from sklearn.metrics import accuracy_score          ❶
>>> accuracy_lle = accuracy_score(y_te, pred_rf_lle)    ❷
>>> print(accuracy_lle)                                 ❸
0.9333333333333333
```

정확도 평가를 해 봅니다. ❶ 정확도 평가에 필요한 함수를 불러옵니다. ❷ 실젯값과 예측값을 이용해 정확도를 측정합니다. ❸ LLE 적용 후 랜덤 포레스트에 적합했을 때의 모형 정확도는 93.3%라는 것을 알 수 있습니다.

> 전체 코드

```
from sklearn import datasets
from sklearn.preprocessing import StandardScaler
from sklearn.model_selection import train_test_split

from sklearn.manifold import LocallyLinearEmbedding

import pandas as pd
import matplotlib.pyplot as plt

from sklearn.ensemble import RandomForestClassifier
from sklearn.metrics import accuracy_score

# 데이터 불러오기
raw_wine = datasets.load_wine()

# 피처, 타깃 데이터 지정
X = raw_wine.data
y = raw_wine.target

# 트레이닝/테스트 데이터 분할
```

```
X_tn, X_te, y_tn, y_te=train_test_split(X,y,random_state=1)

# 데이터 표준화
std_scale = StandardScaler()
std_scale.fit(X_tn)
X_tn_std = std_scale.transform(X_tn)
X_te_std  = std_scale.transform(X_te)

# LLE 적합
lle = LocallyLinearEmbedding(n_components=2)
lle.fit(X_tn_std, y_tn)
X_tn_lle = lle.transform(X_tn_std)
X_te_lle = lle.transform(X_te_std)

# LLE 적용 전후 데이터 차원 비교
print(X_tn_std.shape)
print(X_tn_lle.shape)

# 임베딩 벡터
print(lle.embedding_)

# LLE 적용 데이터 프레임
lle_columns = ['lle_comp1', 'lle_comp2']
X_tn_lle_df = pd.DataFrame(X_tn_lle,
                           columns=lle_columns)
X_tn_lle_df['target'] = y_tn
X_tn_lle_df.head(5)

# LLE 시각화
df = X_tn_lle_df
markers=['o','x','^']

for i, mark in enumerate(markers):
    X_i = df[df['target']== i]
    target_i = raw_wine.target_names[i]
    X1 = X_i['lle_comp1']
    X2 = X_i['lle_comp2']
    plt.scatter(X1, X2,
                marker=mark,
                label=target_i)
plt.xlabel('lle_component1')
plt.ylabel('lle_component2')
```

```
plt.legend()
plt.show()

# LLE 적용 후 랜덤 포레스트 학습 및 예측
clf_rf = RandomForestClassifier(max_depth=2,
                                random_state=0)
clf_rf.fit(X_tn_lle, y_tn)
pred_rf_lle = clf_rf.predict(X_te_lle)

# LLE 적용 후 정확도
accuracy_lle = accuracy_score(y_te, pred_rf_lle)
print(accuracy_lle)
```

10.6 비음수 행렬 분해

▌10.6.1 비음수 행렬 분해의 개념

비음수 행렬 분해(Non-negative Matrix Factorization, NMF)는 데이터 행렬 내 모든 원소값이 0보다 큰 경우에 사용할 수 있는 행렬 분해 방법입니다.

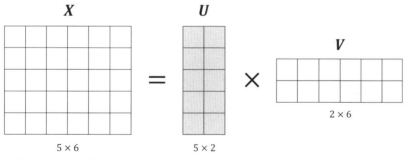

$$X \qquad\qquad U \qquad\qquad\qquad V$$

5 × 6   5 × 2   2 × 6

그림 10-34 비음수 행렬 분해 개념

비음수 행렬 분해는 데이터 행렬 X가 주어질 때 다음 조건을 만족하는 비음수 행렬(non-negative matrix) U, V를 찾는 알고리즘입니다.

$$X = UV$$

앞선 식에서 행렬 X의 차원을 $n \times p$라고 하면 행렬 U는 $n \times d$이며 행렬 V의 차원은 $d \times p$입니다. 이때, d는 n, p보다 작은 숫자를 선택합니다. 즉, 앞선 식의 의미는 행렬 X를 차원이 작은 두 행렬 U, V로 분해한다는 의미입니다. 그리고 U, V의 원소가 비음수(non-negative)이므로 비음수 행렬 분해(non-negative matrix factorization)라는 이름이 붙은 것입니다. 비음수 행렬 분해는 앞선 공식처럼 행렬 형태로 표현할 수도 있지만, 벡터 형태로 표현할 수도 있습니다. 비음수 행렬 분해를 벡터 형태로 표현하면 아래와 같이 쓸 수 있습니다.

$$\mathbf{x}_i = U\mathbf{v}_i$$

위 식에서 $\mathbf{x}_i$는 데이터 행렬 X의 벡터에 해당하며, $\mathbf{v}_i$는 V의 벡터입니다. 즉, 데이터 행렬 X의 벡터 $\mathbf{x}_i$는 행렬 U의 각 열에 가중치 $\mathbf{v}_i$를 적용한 선형 결합 형태라고 생각할 수 있습니다. 행렬 U는 데이터 행렬 X의 근사 기저라고 생각할 수 있습니다. 앞선 비음수 행렬 분해 조건에서 행렬 U의 차원은 데이터 행렬 X보다 작았습니다. 이는 데이터 행렬 X를 표현하는 데 상대적으로 크기가 작은 수의 기저 벡터로 표현할 수 있다는 의미입니다. 동일한 크기의 데이터 행렬 X를 표현하는 데 더 작은 수의 기저 벡터를 사용할수록 성능이 뛰어나다고 할 수 있습니다.

▌10.6.2 비용 함수

비음수 행렬 분해는 어떻게 할 수 있을까요? 이를 위해 먼저 비용 함수에 대해 알아봅니다. 비음수 행렬 분해에서 사용하는 비용 함수는 여러 가지가 있지만 가장 기본적인 비용 함수인 유클리디안 거리(Euclidean distance)를 사용합니다.

$$\|X - UV\| = \sum_{ij} \left(X_{ij} - (UV)_{ij} \right)^2$$

유클리디안 거리는 작을수록 높은 성능을 의미하며 0이 되면 최고의 성능을 보여 줍니다. 비음수 행렬 분해는 비용 함수를 최소화하는 행렬 U, V를 찾는 것입니다.

비음수 행렬 분해 알고리즘 과정을 정리하면 다음과 같습니다.

■ 비음수 행렬 분해 알고리즘

(1) 비음수 행렬 U, V를 초기화합니다.

(2) $n+1$번째 비음수 행렬 U, V를 구합니다.

$$V^{n+1} = V^n \odot \frac{(U^n)^{\mathrm{T}} X}{(U^n)^{\mathrm{T}} U^n V^n}$$

$$U^{n+1} = U^n \odot \frac{X (V^{n+1})^{\mathrm{T}}}{U^n V^n (V^{n+1})^{\mathrm{T}}}$$

(3) 비용 함수를 이용해 비용을 구합니다.

(4) (2)~(3) 과정을 반복합니다.

▌10.6.3 비음수 행렬 분해 실습

비음수 행렬 분해 알고리즘을 활용해 사람 얼굴의 특징 요소를 추출하는 모형을 생성해 봅니다.

> 데이터 불러오기

```
from sklearn import datasets                          ❶
raw_face=datasets.fetch_lfw_people(min_faces_per_person=20,  ❷
                                   resize= 0.5,
                                   color=False)
```

비음수 행렬 분해에는 앞선 방법들과 달리 얼굴 데이터를 이용합니다. 비음수 행렬 분해에서 쓰이는 데이터는 성분이 모두 음수가 아닌 성분이어야 하므로, 주로 얼굴 데이터 혹은 음성 데이터와 같이 음수 값이 없는 데이터가 많이 사용됩니다. ❶ 데이터를 불러오기 위해 함수를 불러옵니다. ❷ 얼굴 데이터를 불러옵니다. 데이터 셋 이름은 fetch_lfw_people이며 옵션 값은 각 사람별 최소 얼굴 개수(min_faces_per_person), 사이즈 조정 정도(resize), 컬러 표시 여부(color)를 설정해 줍니다.

> **데이터 살펴보기**

```
>>> n_samples, h, w = raw_face.images.shape      ❶
>>> print(n_samples)                             ❷
3,023
>>> print(h)                                      ❸
62
>>> print(w)                                      ❹
47

>>> X = raw_face.data                             ❺
>>> n, p = X.shape                                ❻
>>> print(n)                                      ❼
3,023
>>> print(p)                                      ❽
2,914
>>> y = raw_face.target                           ❾
>>> target_names = raw_face.target_names          ❿
>>> k = target_names.shape[0]                      ⓫
>>> print(k)                                       ⓬
62
```

불러온 얼굴 데이터의 전체적인 형태를 살펴봅니다. 얼굴 데이터는 두 가지 형태로 존재합니다. 쉽게 생각해 보면 우선 얼굴 데이터를 표현할 수 있는 방법은 2가지입니다. 첫 번째 형태는 얼굴이므로 행렬 행태로 나타냅니다. 즉, 각 데이터별로, 얼굴 하나가 하나의 사각형 행렬로 존재합니다. 이렇게 얼굴을 행렬 형태로 나타낸 데이터가 raw_face.images입니다. 다른 방법은 얼굴 데이터 행렬을 일렬로 늘어뜨려 하나의 행(row)으로 표현하는 방법입니다. 이렇게 각 얼굴 데이터를 하나의 벡터로 표현한 것이 raw_face.data입니다. 얼굴을 행렬 형태로 나타내는 raw_face.images를 살펴봅니다. ❶ raw_face.images의 차원을 구해 봅니다. ❷ raw_face.images의 데이터 개수, 즉, 총 얼굴 개수는 3,023개입니다. ❸ 각 얼굴 데이터 하나의 세로(height) 길이는 62입니다. ❹ 가로(width) 길이는 47입니다. 다음으로는 얼굴을 벡터로 표현한 raw_face.data를 봅니다. ❺ raw_face.data를 대문자 X라고 해 봅니다. ❻ X의 차원은 3,023x2,914임을 알 수 있습니다. ❼ 행 수(n)가 3,023인 이유는 모든 얼굴 데이터의 개수가 3,023개이기 때문입니다. ❽ 열 개수(p)가 2,914인 이유는 기존의 62x47 행렬을 일렬로 늘어뜨려 62x47=2,914이므로, 데이터 행렬 X는 2,914입니다. 전체 행렬의 차원은 3,023x2,914라는 것을 알 수 있습니다. 이는 피처의 차원이 무려 2914로 고차원 데이터에 해당한다고 할 수 있으며 차원 축소가 필요하다고 볼 수 있습니다. ❾ 타깃 데이터를 y라고 저장합니다. ❿

타깃, 즉 얼굴 데이터의 이름은 target_names를 통해 알 수 있습니다. ⑪ 타깃 데이터의 클래스 개수입니다. ⑫ 즉, 얼굴 종류는 총 62라는 것을 알 수 있습니다.

> 트레이닝/테스트 데이터 분할

```
from sklearn.model_selection import train_test_split          ❶
X_tn, X_te, y_tn, y_te=train_test_split(X,y,random_state=1)   ❷
```

데이터를 트레이닝 데이터와 테스트 데이터로 분할합니다. ❶ 데이터 분할을 위해 필요한 함수를 불러옵니다. ❷ train_test_split 함수를 이용해 트레이닝 데이터와 테스트 데이터로 분할합니다.

> 비음수 행렬 분해

```
from sklearn.decomposition import NMF                    ❶
nmf = NMF(n_components=10, random_state=0)               ❷
nmf.fit(X_tn)                                            ❸
X_tn_nmf = nmf.transform(X_tn)                           ❹
X_te_nmf = nmf.transform(X_te)                           ❺
```

비음수 행렬 분해를 해 봅니다. ❶ 비음수 행렬 분해를 위해 필요한 함수를 불러옵니다. ❷ 비음수 행렬 분해를 설정하는 데, 필자는 2914차원의 데이터를 10차원으로 줄여 봅니다. ❸ 설정한 모형에 트레이닝 피처 데이터를 적합시킵니다. ❹ 트레이닝 데이터를 비음수 행렬 분해를 이용해 변형시킵니다. ❺ 테스트 데이터를 비음수 행렬 분해를 이용해 변형시킵니다.

> 오리지널 데이터 시각화

```
import matplotlib.pyplot as plt                  ❶
plt.figure(figsize=(15, 8))                      ❷
plt.gray()                                       ❸
for i in range(2*5):                             ❹
    plt.subplot(2, 5, i+1)                       ❺
    plt.imshow(X_tn[i].reshape((h, w)))          ❻
    plt.title(target_names[y_tn[i]])             ❼
plt.show()                                       ❽
```

그림 10-35 오리지널 데이터 시각화

오리지널 데이터의 시각화를 통해 얼굴 데이터를 직접 확인해 봅니다. ❶ 시각화에 필요한 함수를 불러옵니다. ❷ 각 그림의 사이즈를 설정합니다. ❸ 필자는 흑백으로 그릴 것이라서 해당 옵션을 추가합니다. 만약 흑백을 원하지 않으면 해당 옵션은 지워도 상관없습니다. 다음으로 플롯을 그려 봅니다. 얼굴 데이터가 굉장히 많지만 필자는 10개만 그려 봅니다. ❹ 해당 반복문은 10회 반복합니다. ❺ 얼굴 데이터 10개를 표현하는 데 2행 5열의 형태로 나타나게 합니다. ❻ imshow를 통해 얼굴 데이터를 그립니다. reshape를 통해 그림의 크기를 조정할 수 있습니다. ❼ 각 얼굴 데이터의 제목을 붙입니다. 제목은 각 얼굴의 이름을 의미합니다. ❽ 플롯을 보여 줍니다.

> **비음수 행렬 분해 요소 시각화**

```
plt.figure(figsize=(15, 8))                              ❶
plt.gray()                                               ❷
for i in range(2*5):                                     ❸
    plt.subplot(2, 5, i+1)                               ❹
    plt.imshow(nmf.components_[i].reshape((h, w)))       ❺
    plt.title("component ".format(i))                    ❻
plt.show()                                               ❼
```

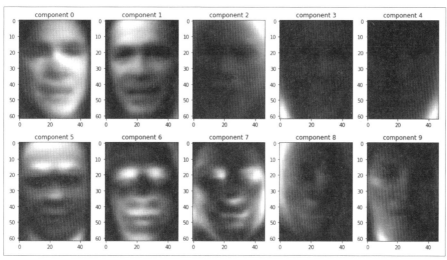

그림 10-36 비음수 행렬 분해 성분

비음수 행렬의 10차원 벡터를 시각화해 봅니다. ❶ 그림별 크기를 정합니다. ❷ 흑백 옵션을 추가합니다. ❸ 총 10차원 벡터이므로 10개의 그림을 그립니다. ❹ [그림 10-35] 오리지널 데이터와 마찬가지로 10개의 얼굴 데이터를 2행 5열로 표현합니다. ❺ imshow를 이용해 얼굴 플롯을 그립니다. ❻ 제목을 붙입니다. ❼ 결과를 확인해 봅니다.

> 전체 코드

```python
from sklearn import datasets
from sklearn.model_selection import train_test_split

from sklearn.decomposition import NMF
import matplotlib.pyplot as plt

# 데이터 불러오기
raw_face=datasets.fetch_lfw_people(min_faces_per_person=20,
                                    resize= 0.5,
                                    color=False)
# 데이터 살펴보기
n_samples, h, w = raw_face.images.shape
print(n_samples)
print(h)
print(w)
```

```python
X = raw_face.data
n, p = X.shape
print(n)
print(p)

y = raw_face.target
target_names = raw_face.target_names
k = target_names.shape[0]
print(k)

# 트레이닝/테스트 데이터 분할
X_tn, X_te, y_tn, y_te=train_test_split(X, y, random_state=1)

# 비음수 행렬 분해
nmf = NMF(n_components=10, random_state=0)
nmf.fit(X_tn)
X_tn_nmf = nmf.transform(X_tn)
X_te_nmf = nmf.transform(X_te)

# 오리지널 데이터 시각화
plt.figure(figsize=(15, 8))
plt.gray()
for i in range(2*5):
    plt.subplot(2, 5, i+1)
    plt.imshow(X_tn[i].reshape((h, w)))
    plt.title(target_names[y_tn[i]])
plt.show()

# 비음수 행렬 분해 적합 이후 시각화
plt.figure(figsize=(15, 8))
plt.gray()
for i in range(2*5):
    plt.subplot(2, 5, i+1)
    plt.imshow(nmf.components_[i].reshape((h, w)))
    plt.title("component ".format(i))
plt.show()
```

## chapter. 11

비지도 학습

11.1 비지도 학습 개요

지도 학습에서는 라벨링된 데이터를 이용해 모형을 생성했습니다. 주어진 데이터 셋에 라벨링이 되어 있다면 학습 및 분류를 시키기 좋지만 실제 데이터를 다루다 보면 라벨링이 되어있지 않은 경우도 많이 접합니다. 이처럼 **비지도 학습(unsupervised learning)**은 라벨링이 되어 있지 않은 데이터를 이용하는 학습 방법입니다. 비지도 학습에 사용하는 데이터는 라벨링이 되어 있지 않으므로 타깃 데이터 없이 피처 데이터만을 활용해 데이터를 학습시킵니다. 지도 학습에서는 데이터를 분류하는 것을 분류(classification)라고 했지만, 비지도 학습에서는 군집(clustering)이라고 합니다. 본 교재에서는 군집이라는 표현보다 영문 그대로 클러스터링이라는 단어를 사용합니다.

11.2 K-평균 클러스터링

▍11.2.1 K-평균 클러스터링의 개념

K-평균 클러스터링(K-means clustering)은 N개의 데이터를 K개의 클러스터로 나누는 클러스터링 기법입니다. K-평균 클러스터링은 각 데이터 포인트와 각 그룹 평균 간의 거리를 구한 후 가장 가까운 클러스터로 배정하는 방법입니다. 각 클러스터의 평균은 해당 그룹에 속하는 데이터 포인트의 평균값을 구함으로써 계산할 수 있습니다. k번째 클러스터의 평균을 $\mathbf{m}^{(k)}$라고 합니다. 각각의 데이터는 I차원에 있다고 합니다. 즉, $\mathbf{x}=(x_1, ..., x_i, ..., x_I)$ 꼴입니다. 쉬운 예로 2차원 데이터면 $\mathbf{x}=(1,2)$ 꼴로 표현됩니다.

$$d(\mathbf{x}, \mathbf{y}) = \sqrt{\sum (x_i - y_i)^2}$$

K-평균 클러스터링에는 거리 개념이 사용됩니다. 여기서는 유클리드 거리(Euclidean distance)를 사용합니다. 데이터 포인트 $\mathbf{x}$와 데이터 포인트 $\mathbf{y}$ 사이의 유클리드 거리는 위와 같은 공식을 사용합니다.

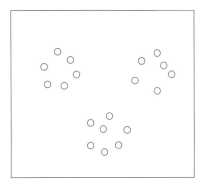 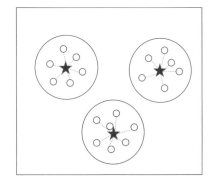

그림 11-1 K-평균 클러스터링 개념

[그림 11-1]은 K-평균 클러스터링의 개념을 나타낸 그림입니다. 왼쪽과 같은 데이터를 K-평균 클러스터링을 적용해 나누면 오른쪽과 같은 형태로 표현할 수 있습니다. 오른쪽 그림의 별(star) 모양은 각 그룹의 평균을 나타냅니다.

K-평균 클러스터링의 과정은 다음과 같습니다.

■ K-평균 클러스터링 알고리즘

(1) 그룹 평균 초기화
k번째 그룹의 평균을 $\mathbf{m}^{(k)}$라고 합니다. K-평균 클러스터링 알고리즘의 첫 과정은 먼저 각 그룹의 평균 $\mathbf{m}^{(k)}$를 초기화하는 것인데, 이때 사용하는 가장 기본적인 방법은 랜덤으로 그룹의 평균을 설정하는 것입니다.

(2) 그룹 할당
각 데이터 포인트와 가장 가까운 그룹 평균에 해당하는 그룹에 할당합니다. 즉, 각 데이터 포인트와 각 그룹의 평균까지의 거리를 계산하고 가장 가까운 그룹으로 속하게 하는 것입니다. 이를 수식으로 표현하면 다음과 같습니다.

$$\hat{y}^{(n)} = \underset{k}{\arg\min}[d(\mathbf{m}^{(k)}, \mathbf{x}^{(n)})]$$

위 수식은 n번째 데이터 포인트 $\mathbf{x}^{(n)}$과 각 그룹 평균 사이의 거리를 측정한 후 가장 가까운 그룹으로 할당한다는 의미입니다.

(3) 평균 업데이트
위 단계를 통해 모든 데이터 포인트가 어떤 그룹에 속하는지 구할 수 있습니다. 그 후 각 그룹에 대한 새로운 평균값을 구합니다. 평균을 구하기 전에 아래와 같은 지시 함수(indicator function)를 사용하게 됩니다.

$$r_k^{(n)} = \begin{cases} 1, & if \ \hat{y}^{(n)} = k \\ 0, & if \ \hat{y}^{(n)} \neq k \end{cases}$$

위 식에서 $r_k^{(n)}$은 지시 함수로서 데이터 포인트가 추정 그룹에 속하면 1, 아니면 0이라는 의미입니다. 지시 함수를 이용해 다음과 같이 그룹의 평균을 업데이트할 수 있습니다.

$$\mathbf{m}^{(k)} = \frac{\sum_n r_k^{(n)} \mathbf{x}^{(n)}}{\sum_n r_k^{(n)}}$$

(4) 반복
2, 3단계를 반복합니다. 반복 조건은 2단계에서 바뀌는 게 없을 때까지 반복합니다. 2단계에서 변경 사항이 없다는 것은 기존의 클러스터와 새롭게 할당받은 클러스터와의 차이가 없다는 뜻입니다. K-평균 클러스터링은 먼저 데이터 포인트를 가장 가까운 클러스터 중심에 해당하는 클러스터에 할당한 후 클러스터에 할당된 데이터 포인트의 평균을 클러스터 중심으로 정합니다.

K-평균 클러스터링은 사용하기 쉽다는 장점이 있지만 K-평균 클러스터링에서는 가중치를 주지 않아 클러스터 간 데이터의 밀도 차이가 있을 경우 클러스터링이 잘되지 않는 단점이 있습니다. 그리고 K-평균 클러스터링은 클러스터의 모양을 고려하지 않으며, 초기 K 값을 사용자가 정해야 한다는 단점이 존재합니다.

▌11.2.2 K-평균 클러스터링 실습

K-평균 클러스터링 알고리즘을 활용해 주어진 데이터를 클러스터링해 보는 실습을 해 봅니다.

> 데이터 생성

```
from sklearn.datasets import make_blobs                    ❶
X,y = make_blobs(n_samples=100,                            ❷
                 n_features=2,
                 centers=5,
                 random_state=10)
```

K-평균 클러스터링 적용을 위해 임의의 데이터를 생성합니다. ❶ 임의의 데이터 생성을 위해 필요한 함수를 불러옵니다. ❷ make_blobs를 이용해 랜덤으로 데이터를 생성합니다. n_samples란 전체 데이터 개수를 의미하며, n_features는 피처 개수를 의미합니다. 또한 centers는 중심 개수 즉, 데이터의 그룹 수를 의미하며, random_state는 랜덤 시드값을 의미합니다.

> 생성된 데이터 차원 확인

```
>>> print(X.shape)                                         ❶
(100, 2)
>>> print(y.shape)                                         ❷
(100,)
```

생성된 데이터의 차원을 확인해 봅니다. ❶ 피처 데이터의 차원을 확인하면 2차원 데이터 100개가 생성되었음을 알 수 있습니다. 데이터 행렬은 100행 2열입니다. ❷ 타깃 데이터의 차원은 1차원 데이터 100개가 생성되어 100행 1열 데이터임을 알 수 있습니다.

> 라벨링되지 않은 데이터 플롯

```
import matplotlib.pyplot as plt                            ❶
plt.scatter(X[:,0], X[:,1],                                ❷
            c='gray',
            edgecolor='black',
            marker='o')
plt.show()                                                 ❸
```

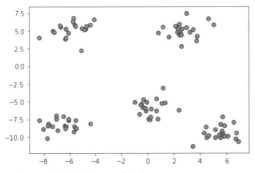

그림 11-2 라벨링되지 않은 데이터

생성된 데이터를 기반으로 라벨링되지 않은 데이터를 시각화해 봅니다. ❶ 시각화에 필요한 함수를 불러옵니다. ❷ 스캐터 플롯 코드를 작성합니다. c 옵션은 데이터 포인트의 색깔을 의미하며 edgecolor는 데이터 포인트의 가장자리 선 색깔을 의미합니다. marker는 데이터 포인트의 모양을 의미합니다. ❸ 플롯의 결과를 확인해 봅니다. 주어진 데이터에는 라벨링이 되어 있지 않지만 시각적으로 데이터의 덩어리가 분리된 것을 추측할 수 있습니다. 크게 5개의 그룹으로 분리되어 있다고 생각할 수 있으므로 K=5라고 설정합니다.

> K-평균 클러스터링

```
>>> from sklearn.cluster import KMeans                        ❶
>>> kmc = KMeans(n_clusters=5,                                ❷
>>>              init='random',
>>>              max_iter=100,
>>>              random_state=0)
>>> kmc.fit(X)                                                ❸
>>> label_kmc = kmc.labels_                                   ❹
[1 2 4 0 3 1 1 4 3 1 4 1 3 0 3 1 2 0 3 1 1 0 2
 4 1 1 0 3 4 2 0 0 3 0 1 3 4 0 4 2 0 0 0 3 4 4
 1 3 2 3 2 3 1 4 3 3 0 2 0 4 3 2 2 0 1 2 3 2 3 4 4 1 2 3
 0 0 4 2 1 1 3 3 2 0 2 4 0 4 0 4 2 4 1 2 2 2 4 1 1 4]
```

K-평균 클러스터링을 이용해 데이터를 클러스터링해 봅니다. ❶ K-평균 클러스터링을 사용하기 위해 필요한 라이브러리를 불러옵니다. ❷ KMeans 함수를 이용해 데이터를 클러스터링합니다. 옵션으로 사용한 n_clusters는 클러스터링하려는 집단의 수 즉, K 값을 의미합니다. K-평균 알고리즘을 사용할 때 사용자는 직접 K 값을 지정해 주어야 합니다. init 옵션은 첫 번째 평균값을 어떻게 정할지에 대한 방법입니다. max_iter는 알고리즘의 최대 반복 횟수

입니다. random_state로 랜덤 시드값을 생성합니다. ❸ 모형을 설정했으면 피처 데이터를 이용해 모형을 적합시킵니다. ❹ 이렇게 적합된 모형에서 데이터를 어떻게 클러스터링했는지 labels_를 이용하면 확인할 수 있습니다.

> **시각화를 위한 데이터 프레임 생성**

```
import pandas as pd                                          ❶
kmc_columns = ['kmc_comp1', 'kmc_comp2']                     ❷
X_kmc_df = pd.DataFrame(X, columns=kmc_columns)              ❸
X_kmc_df['target'] = y                                       ❹
X_kmc_df['label_kmc'] = label_kmc                            ❺
X_kmc_df.head(5)                                             ❻
```

	kmc_comp1	kmc_comp2	target	label_kmc
0	-5.577854	5.872988	3	1
1	1.627832	4.178069	1	2
2	-6.950884	-9.024594	4	4
3	-0.952769	-5.034316	2	0
4	6.550104	-7.912339	0	3

그림 11-3 데이터 프레임 생성

군집 시각화를 편하게 하기 위해 데이터 프레임을 생성합니다. ❶ 데이터 프레임 생성을 위해 필요한 판다스 라이브러리를 불러옵니다. ❷ 피처 이름을 생성합니다. ❸ DataFrame 함수를 이용해 데이터 프레임을 생성합니다. ❹ 정답에 해당하는 타깃 데이터를 새로운 열로 추가합니다. ❺ K-평균 클러스터링을 이용해 클러스터링한 라벨 또한 새로운 열로 추가합니다. ❻ 생성된 데이터 프레임을 확인합니다.

> **타깃 클래스 종류 확인**

```
>>> print(set(X_kmc_df['target']))                          ❶
0, 1, 2, 3, 4
>>> print(set(X_kmc_df['label_kmc']))                       ❷
0, 1, 2, 3, 4
```

데이터 플롯을 그리기 전에 클러스터 이름을 확인해 봅니다. ❶ 타깃 데이터의 이름을 확인하면 0, 1, 2, 3, 4와 같이 다섯 가지 클러스터로 나누는 것을 알 수 있습니다. 함수 set는 파이썬에서 기본적으로 제공하는 함수로 데이터 리스트에서 유일한 값을 보여 주는 함수입니다. ❷ 같은 방법으로 K-평균 클러스터링을 이용해 분류한 군집 이름을 확인해 봅니다. 타깃 데이터와 동일한 것을 알 수 있습니다.

> K-평균 클러스터링을 이용한 데이터 플롯

```
df = X_kmc_df                                    ❶
markers=['o','x','^','s','*']                    ❷

for i, mark in enumerate(markers):               ❸
    df_i = df[df['label_kmc']==i]                ❹
    target_i = i                                 ❺
    X1 = df_i['kmc_comp1']                        ❻
    X2 = df_i['kmc_comp2']                        ❼
    plt.scatter(X1, X2,                          ❽
            marker=mark,
            label=target_i)

plt.xlabel('kmc_component1')                      ❾
plt.ylabel('kmc_component2')                      ❿
plt.legend()                                      ⓫
plt.show()                                        ⓬
```

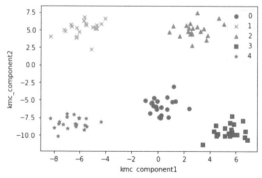

그림 11-4 K-평균 클러스터링 군집 플롯

K-평균 클러스터링을 적용한 군집 데이터를 시각화해 봅니다. ❶ 시각화할 데이터 프레임을

375

지정합니다. ❷ 각 클러스터가 어떻게 표현될 것인지 정합니다. ❸ 우리는 총 5개의 클러스터로 표현할 것이므로 5개의 마커를 정해 줍니다. 5가지 클러스터 플롯을 그릴 것이므로 반복문을 실행합니다. ❹ K-평균 클러스터링으로 라벨링한 데이터 중 i번째 클러스터에 해당하는 데이터만 추출합니다. ❺ 타깃 이름을 i라고 합니다. ❻, ❼ 시각화할 피처를 선택합니다. ❽ 스캐터 플롯을 작성합니다. ❾, ❿ x축, y축 이름을 정합니다. ⓫ 범례를 추가합니다. ⓬ 플롯을 확인해 봅니다. 5가지 클러스터로 잘 나뉜 것을 볼 수 있습니다.

> **실제 타깃 플롯**

```
df = X_kmc_df                              ❶
markers=['o','x','^','s','*']              ❷

for i, mark in enumerate(markers):         ❸
    df_i = df[df['target']==i]             ❹
    target_i = i                           ❺
    X1 = df_i['kmc_comp1']                 ❻
    X2 = df_i['kmc_comp2']                 ❼
    plt.scatter(X1, X2,                    ❽
            marker=mark,
            label=target_i)
plt.xlabel('kmc_component1')               ❾
plt.ylabel('kmc_component2')               ❿
plt.legend()                               ⓫
plt.show()                                 ⓬
```

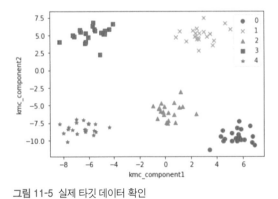

그림 11-5 실제 타깃 데이터 확인

실제 타깃 데이터를 이용한 플롯을 확인해 봅니다. ❶ 시각화할 데이터 프레임을 지정합니다. ❷ 데이터 포인트의 마킹 방식을 지정합니다. ❸ 5개의 클러스터를 시각화할 것이므로 반복문을 실행합니다. ❹ 타깃 i에 해당하는 데이터를 추출합니다. ❺ 타깃 이름을 i라고 지정합니다. ❻, ❼ 시각화할 요소를 정해 줍니다. ❽ 해당 클러스터에 대해 스캐터 플롯을 그립니다. ❾, ❿ x축, y축 이름을 정해 줍니다. ⓫ 범례를 추가합니다. ⓬ 결과를 확인해 봅니다.

> 모형 평가

```
>>> from sklearn.metrics import silhouette_score        ❶
>>> sil_score = silhouette_score(X, label_kmc)          ❷
>>> print(sil_score)                                    ❸

0.7598181300128782
```

K-평균 클러스터링을 통해 만들어진 모형 평가를 합니다. ❶ 클러스터링 모형 평가를 위해 필요한 실루엣 스코어 함수를 불러옵니다. ❷ 피처 값과 모형을 통해 만들어진 라벨링 값을 넣어 줍니다. ❸ 실루엣 스코어를 확인하면 0.75라는 것을 알 수 있습니다.

> 전체 코드

```
from sklearn.datasets import make_blobs

import pandas as pd
import matplotlib.pyplot as plt

from sklearn.cluster import KMeans
from sklearn.metrics import silhouette_score


# 데이터 생성
X,y = make_blobs(n_samples=100,
                 n_features=2,
                 centers=5,
                 random_state=10)

# 생성된 데이터 차원 확인
print(X.shape)
print(y.shape)
```

```python
# 라벨링되지 않은 데이터 플롯
plt.scatter(X[:,0], X[:,1],
            c='gray',
            edgecolor='black',
            marker='o')
plt.show()

# k-means clustering
kmc = KMeans(n_clusters=5,
             init='random',
             max_iter=100,
             random_state=0)
kmc.fit(X)
label_kmc = kmc.labels_
print(label_kmc)

# 시각화를 위한 데이터 프레임 생성
kmc_columns = ['kmc_comp1', 'kmc_comp2']
X_kmc_df = pd.DataFrame(X, columns=kmc_columns)
X_kmc_df['target'] = y
X_kmc_df['label_kmc'] = label_kmc
X_kmc_df.head(5)

# 타깃 클래스 종류 확인
print(set(X_kmc_df['target']))
print(set(X_kmc_df['label_kmc']))

# k-means clustering을 이용한 데이터 플롯
df = X_kmc_df
markers=['o','x','^','s','*']

for i, mark in enumerate(markers):
    df_i = df[df['label_kmc']==i]
    target_i = i
    X1 = df_i['kmc_comp1']
    X2 = df_i['kmc_comp2']
    plt.scatter(X1, X2,
                marker=mark,
                label=target_i)

plt.xlabel('kmc_component1')
plt.ylabel('kmc_component2')
```

```
plt.legend()
plt.show()

# 실제 타깃 플롯
df = X_kmc_df
markers=['o','x','^','s','*']

for i, mark in enumerate(markers):
    df_i = df[df['target']==i]
    target_i = i
    X1 = df_i['kmc_comp1']
    X2 = df_i['kmc_comp2']
    plt.scatter(X1, X2,
                marker=mark,
                label=target_i)

plt.xlabel('kmc_component1')
plt.ylabel('kmc_component2')
plt.legend()
plt.show()


# 모형 평가
sil_score = silhouette_score(X, label_kmc)
print(sil_score)
```

11.3 계층 클러스터링

▌11.3.1 계층 클러스터링의 개념

계층 클러스터링(Hierarchical Clustering) 알고리즘은 데이터 간 계층을 기반으로 데이터 간 병합 또는 분할을 통해 해당 데이터 포인트가 속할 그룹을 결정합니다. 계층 군집은 크게 병합 계층 클러스터링(agglomerative hierarchical clustering)과 분할 계층 클러스터링(divisive hierarchical clustering)으로 나눌 수 있습니다.

병합 계층 클러스터링(agglomerative hierarchical clustering)은 개별 데이터 포인트를 하나의 클러스터로 설정하고 시작하는 방법입니다. 예를 들어, 데이터 포인트가 100개 있다면 100개의 클러스터가 존재한다고 설정하는 것입니다. 그리고 각 클러스터를 비교해 클러스터 간 유사도(similarity)가 높을 경우에 두 개의 클러스터를 하나의 클러스터로 합치는 방법입니다. 요약하면, 처음에는 다수의 클러스터로 시작하지만 결국에는 데이터 셋 전체가 하나의 클러스터로 묶이는 방법입니다.

분할 계층 클러스터링(divisive hierarchical clustering)은 병합 계층 군집과는 반대로 전체 데이터 셋을 하나의 클러스터로 놓고 시작하는 방법입니다. 예를 들어, 데이터 포인트가 100개 있을 때, 이 데이터 셋 전체를 1개의 클러스터라고 설정하는 것입니다. 그 이후, 클러스터 내부에서 가장 멀리 떨어진 데이터를 다른 클러스터로 분리하는 방법입니다. 이러한 과정을 반복해서 처음에는 1개의 클러스터로 시작했지만 마지막에는 클러스터가 데이터 개수만큼 분리하는 방법입니다.

계층 군집 알고리즘의 결과는 덴드로그램(dendrogram)을 통해 시각화할 수 있다는 장점이 있습니다. 덴드로그램을 통해 각 레벨에서 데이터가 어떻게 분리되는지 시각적으로 확인할 수 있습니다. 계층 군집 클러스터링의 또 다른 장점은 클러스터 개수를 미리 지정할 필요가 없다는 것입니다.

이 장에서는 두 가지 계층 군집 알고리즘 중 병합 계층 클러스터링을 기준으로 설명합니다. 병합 계층 클러스터링에 사용되는 알고리즘으로 연결 방법(linkage method)이 있는데, 단일 연결(single linkage)과 완전 연결(complete linkage)에 대해 알아봅니다. 단일 연결은 가장 가까운 거리에 있는 데이터를 이용하는 연결 방법입니다. 이와 반대로 완전 연결은 가장 먼 거리에 있는 데이터를 이용하는 연결 방법입니다. 단일 연결은 클러스터 쌍에서 가장 비슷한 샘플 간 거리를 계산합니다. 그리고 해당 거리가 가장 작은 두 클러스터를 합칩니다. 완전 연결 방식은 단일 연결과 비슷하지만 클러스터 간 가장 비슷한 샘플을 비교하는 것이 아니라 가장 비슷하지 않은 샘플을 비교하여 합칩니다.

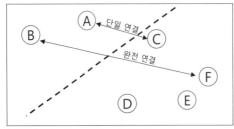
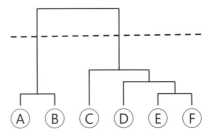

그림 11-6 계층 군집 개념

단일 연결이나 완전 연결을 이용해 병합 계층 클러스터링을 할 경우, 아래와 같은 과정을 거칩니다.

■ **병합 계층 클러스터링 알고리즘**

(1) 전체 n개로 구성된 데이터 셋의 각 데이터 포인트를 개별 클러스터로 설정해 전체 n개의 클러스터로 설정합니다. 그리고 각 데이터 간 거리 행렬 $\boldsymbol{D}_{n \times n}$을 계산합니다. 이때, 거리 행렬 $\boldsymbol{D}_{n \times n}$은 대칭 행렬(symmetric matrix)이며, 행렬의 요소인 d_{ij}를 i번째 데이터와 j번째 데이터 간의 거리라고 합니다.

(2) 거리 행렬 $\boldsymbol{D}_{n \times n}$에서 가장 가까운 클러스터 쌍을 찾습니다. (1)에서 각 데이터 포인트를 하나의 클러스터로 설정했으므로, 가장 가까운 클러스터 쌍이란 가장 가까운 데이터 포인트 쌍이고 이는 $\min_{i,j}\{d_{ij}\}$를 찾는 것입니다.

(3) (2)에서 찾은 가장 가까운 클러스터 쌍을 하나의 클러스터로 합칩니다. 예를 들어, 가장 가까운 클러스터 쌍이 u, v라고 한다면 이들을 합쳐 새로운 클러스터 (uv)를 설정합니다.

(4) 거리 행렬에서 새로운 클러스터 (uv)에 대한 행(row), 열(column)을 추가하고 기존의 u, v에 관한 행, 열은 삭제합니다. 새로운 클러스터 (uv)와 다른 클러스터의 거리 계산은 단일 연결과 완전 연결의 경우 계산법이 다릅니다. 단일 연결의 경우 $d_{(uv)w} = \min\{d_{uw}, d_{vw}\}$로 구하고, 완전 연결의 경우 $d_{(uv)w} = \max\{d_{uw}, d_{vw}\}$를 이용해 구합니다.

(5) 클러스터가 1개가 될 때까지 (2)~(4)단계를 반복합니다. 반복 횟수는 총 $n-1$번입니다.

위와 같은 순서를 참고해 단일 연결 방법과 완전 연결 방법을 이용해 병합 계층 클러스터링을 하는 예를 들어 봅니다.

▌11.3.2 단일 연결

단일 연결(single linkage)을 이용해 병합 계층 클러스터링을 하는 예를 들어 봅니다. 이번 예제에서는 5개의 데이터가 존재한다고 가정합니다. 가장 먼저 해야 할 일은 각 데이터 포인트별 거리 행렬 $\boldsymbol{D}_{5 \times 5}$를 구하는 것인데 이를 [그림 11-7]이라고 합니다.

$$D = \begin{array}{c|ccccc} & 1 & 2 & 3 & 4 & 5 \\ \hline 1 & 0 & 8 & 3 & 5 & 13 \\ 2 & 8 & 0 & 6 & 4 & 11 \\ 3 & 3 & 6 & 0 & 8 & 2 \\ 4 & 5 & 4 & 8 & 0 & 7 \\ 5 & 13 & 11 & 2 & 7 & 0 \end{array}$$

그림 11-7 단일 연결 5x5 거리 행렬

가장 먼저 할 일은 거리 행렬에서 가장 가까운 클러스터 쌍을 찾는 것입니다. [그림 11-7]에서 가장 작은 원소 값을 찾으면 클러스터 3, 5의 거리가 2로 가장 가까운 클러스터라고 할 수 있습니다. 이를 수식으로 나타내면 아래와 같습니다.

$$\min_{i,j}\{d_{ij}\} = d_{53} = 2$$

거리 행렬에서 가장 작은 원소 값에 해당하는 클러스터 3, 5를 합쳐 이를 새로운 '클러스터 (35)'라고 합니다. 다음 단계로 클러스터 (35)와 나머지 클러스터 간 거리를 구해 봅니다.

$$d_{(35)1} = \min\{d_{31}, d_{51}\} = \min\{3, 13\} = 3$$
$$d_{(35)2} = \min\{d_{32}, d_{52}\} = \min\{6, 11\} = 6$$
$$d_{(35)4} = \min\{d_{34}, d_{54}\} = \min\{8, 7\} = 7$$

클러스터 (35)와 나머지 클러스터 간 거리를 구했으므로 거리 행렬을 업데이트합니다. 거리 행렬을 업데이트할 때는 기존 클러스터 3, 5와 관련된 행과 열은 삭제하고 새로운 클러스터인 (35)에 대한 거리를 추가합니다.

$$D = \begin{array}{c c} & \begin{array}{c c c c} (35) & 1 & 2 & 4 \end{array} \\ \begin{array}{c} (35) \\ 1 \\ 2 \\ 4 \end{array} & \begin{array}{|c|c|c|c|} \hline 0 & 3 & 6 & 7 \\ \hline 3 & 0 & 8 & 5 \\ \hline 6 & 8 & 0 & 4 \\ \hline 7 & 5 & 4 & 0 \\ \hline \end{array} \end{array}$$

그림 11-8 단일 연결 4x4 행렬

[그림 11-8]과 같은 새로운 거리 행렬에서 클러스터 간 거리가 가장 가까운, 즉, 가장 작은 값을 찾으면 3이라는 사실을 알 수 있습니다.

$$\min_{i,j}\{d_{ij}\} = d_{(35)1} = 3$$

거리 행렬에서 클러스터 (35)와 클러스터 1이 거리 3으로 가장 가까우므로 클러스터 (35)와 클러스터 1을 합쳐 새로운 클러스터 (135)를 만듭니다. 새로운 클러스터 (135)와 나머지 클러스터 간 거리를 구해 봅니다.

$$d_{(135)2} = \min\{d_{12}, d_{(35)2}\} = \min\{8, 6\} = 6$$
$$d_{(135)4} = \min\{d_{14}, d_{(35)4}\} = \min\{5, 7\} = 5$$

기존 거리 행렬에서 클러스터 (35), 클러스터 1에 대한 행, 열을 삭제하고 새로운 클러스터 (135)를 추가한 거리 행렬은 [그림 11-9]와 같습니다.

$$D = \begin{array}{c c} & \begin{array}{c c c} (135) & 2 & 4 \end{array} \\ \begin{array}{c} (135) \\ 2 \\ 4 \end{array} & \begin{array}{|c|c|c|} \hline 0 & 6 & 5 \\ \hline 6 & 0 & 4 \\ \hline 5 & 4 & 0 \\ \hline \end{array} \end{array}$$

그림 11-9 단일 연결 3x3 거리 행렬

[그림 11-9]의 거리 행렬에서 가장 작은 원소 값을 찾으면 아래와 같습니다.

$$\min_{i,j}\{d_{ij}\} = d_{24} = 4$$

거리 행렬에서 클러스터 2와 클러스터 4가 거리 4로 가장 가까우므로 클러스터 2와 4를 합쳐 새로운 클러스터 (24)를 만듭니다. 새로운 클러스터 (24)와 나머지 클러스터 간의 거리를 구하면 다음과 같습니다.

$$d_{(135)(24)} = \min\{d_{(135)2}, d_{(135)4}\} = \min\{6, 5\} = 5$$

기존 클러스터 정보를 삭제하고 새로운 클러스터 정보를 합치면 마지막 거리 행렬 [그림 11-10]을 구할 수 있습니다.

$$D = \begin{array}{c|cc} & (135) & (24) \\ \hline (135) & 0 & 5 \\ (24) & 5 & 0 \end{array}$$

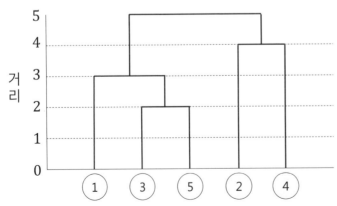

그림 11-10 단일 연결 2x2 거리 행렬

[그림 11-10]은 최종 거리 행렬입니다. 이와 같이 단일 연결을 이용해 모든 계층을 정했으므로 덴드로그램을 통해 계층 클러스터링을 확인해 봅니다([그림 11-11]).

그림 11-11 단일 연결 덴드로그램

[그림 11-11]은 지금까지의 단일 연결 과정을 덴드로그램으로 시각화한 것이고, 그림을 보면 각 클러스터의 그룹과 거리를 확인할 수 있습니다.

11.3.3 완전 연결

완전 연결(complete linkage)을 이용해 병합 계층 클러스터링을 해 봅니다. 이번에 사용할 예도 단일 연결 때와 같은 거리 행렬 $\boldsymbol{D}_{5 \times 5}$를 사용합니다.

$$
\boldsymbol{D} =
\begin{array}{c|ccccc}
 & 1 & 2 & 3 & 4 & 5 \\
\hline
1 & 0 & 8 & 3 & 5 & 13 \\
2 & 8 & 0 & 6 & 4 & 11 \\
3 & 3 & 6 & 0 & 8 & 2 \\
4 & 5 & 4 & 8 & 0 & 7 \\
5 & 13 & 11 & 2 & 7 & 0 \\
\end{array}
$$

그림 11-12 완전 연결 5x5 거리 행렬

[그림 11-12]에서 거리가 가장 가까운 클러스터를 찾으면 클러스터 3, 5가 거리 2로 가장 가까운 것을 알 수 있습니다.

$$
\min_{i,j}\{d_{ij}\} = d_{35} = 2
$$

가장 가까운 클러스터 3, 5를 합쳐 새로운 클러스터 (35)라고 하고 새로운 클러스터 (35)와 다른 클러스터 간 거리를 구해 봅니다. 이때 주의해야 할 점은 단일 연결에서는 최솟값(min)을 이용했지만 완전 연결에서는 최댓값(max)을 이용합니다.

$$
d_{(35)1} = \max\{d_{31}, d_{51}\} = \max\{3, 13\} = 13
$$

$$
d_{(35)2} = \max\{d_{32}, d_{52}\} = \max\{6, 11\} = 11
$$

$$
d_{(35)4} = \max\{d_{34}, d_{54}\} = \max\{8, 7\} = 8
$$

새로운 클러스터 (35)와 나머지 클러스터 간 거리를 구했으면 새로운 거리 행렬을 업데이트합니다([그림 11-13]). 새로운 거리 행렬을 구할 때는 기존 클러스터 3, 5와 관련된 행, 열은 삭제하고 새로운 클러스터 (35)에 대한 정보를 추가합니다.

$$D = \begin{array}{c|cccc} & (35) & 1 & 2 & 4 \\ \hline (35) & 0 & 13 & 11 & 8 \\ 1 & 13 & 0 & 8 & 5 \\ 2 & 11 & 8 & 0 & 4 \\ 4 & 8 & 5 & 4 & 0 \end{array}$$

그림 11-13 완전 연결 4x4 거리 행렬

[그림 11-13]에서 구한 새로운 거리 행렬에서 거리가 가장 가까운 클러스터를 찾으면 클러스터 2, 클러스터 4가 거리 4로 가장 가까운 것을 알 수 있습니다.

$$\min_{i,j}\{d_{ij}\} = d_{24} = 4$$

클러스터 2, 4가 가장 가까우므로 두 클러스터를 합친 새로운 클러스터 (24)를 만듭니다. 새로운 클러스터 (24)와 나머지 클러스터 간 거리를 구하면 아래와 같습니다.

$$d_{(24)(35)} = \max\{d_{2(35)}, d_{4(35)}\} = \max\{11, 8\} = 11$$
$$d_{(24)1} = \max\{d_{21}, d_{41}\} = \max\{8, 5\} = 8$$

위에서 구한 거리를 참고해 기존 클러스터 2, 4와 관련된 행, 열을 삭제하고 새로운 클러스터 (24)와 나머지 클러스터 간 거리를 업데이트하면 [그림 11-14]와 같습니다.

$$D = \begin{array}{c|ccc} & (35) & (24) & 1 \\ \hline (35) & 0 & 11 & 13 \\ (24) & 11 & 0 & 8 \\ 1 & 13 & 8 & 0 \end{array}$$

그림 11-14 완전 연결 3x3 거리 행렬

[그림 11-14]의 거리 행렬을 보면 클러스터 (24)와 클러스터 1이 거리 8로 가장 가까운 것을 알 수 있습니다.

$$\min_{i,j}\{d_{ij}\} = d_{(24)1} = 8$$

가장 가까운 거리에 있는 클러스터 1과 클러스터 (24)를 합쳐 새로운 클러스터 (124)를 만듭니다.

$$d_{(124)(35)} = \max\{d_{1(35)}, d_{(24)(35)}\} = \max\{13, 11\} = 13$$

위 거리를 이용해 마지막 거리 행렬 [그림 11-15]를 확인해 봅니다.

$$
D = \begin{array}{c c} & \begin{array}{cc} (124) & (35) \end{array} \\ \begin{array}{c} (124) \\ (35) \end{array} & \begin{array}{|c|c|} \hline 0 & 13 \\ \hline 13 & 0 \\ \hline \end{array} \end{array}
$$

그림 11-15 완전 연결 2x2 거리 행렬

모든 과정이 끝났습니다. 완전 연결을 이용해 계층 클러스링한 결과는 [그림 11-16]과 같이 덴드로그램에서 확인할 수 있습니다.

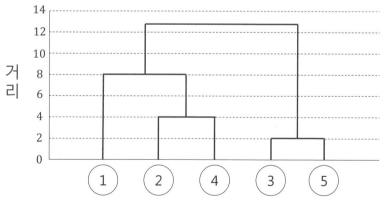

그림 11-16 완전 연결 덴드로그램

[그림 11-16]을 통해 완전 연결 덴드로그램을 확인할 수 있습니다.

지금까지 단일 연결과 완전 연결에 대해 알아보았습니다. 이 두 방법 이외에도, 평균 연결이라는 연결법이 존재하는데, 평균 연결은 먼저 언급했던 단일 연결, 완전 연결과 같은 원리를 가지고 있는데, 차이점은 클러스터를 합치는 기준이 거리의 최솟값이나 최댓값이 아닌 평균값을 이용하는 방법입니다.

11.3.4 Ward's 계층 클러스터링

Ward는 정보의 손실을 최소화하는 방향으로 클러스터링하는 방법을 고안했습니다. 이를 위해 오차 제곱합을 최소화합니다. 여기서 말하는 오차 제곱합이란, 클러스터 k 집단 내에서의 오차 제곱합을 의미합니다. 즉, 클러스터 내에서 각 데이터 포인트가 클러스터 중심에서 얼마나 떨어져 있는지를 의미합니다. 오차 제곱합은 아래와 같은 식으로 구할 수 있습니다.

$$\text{오차 제곱합} = \sum_{i=1}^{n} (\mathbf{x}_i - \bar{\mathbf{x}})^T (\mathbf{x}_i - \bar{\mathbf{x}})$$

위 식에서 $\mathbf{x}_i$는 각 데이터 포인트를 의미하며, $\bar{\mathbf{x}}$는 클러스터의 중심을 의미합니다. 만약, 클러스터가 총 5개 있다고 하면 총 5개의 오차 제곱합이 존재하며, 5개의 오차 제곱합을 모두 더한 것이 전체 데이터에 대한 오차 제곱합이 됩니다.

■ **Ward's 계층 클러스터링**

(1) 처음에는 모든 데이터 포인트 하나하나를 하나의 클러스터라고 가정합니다. 이 경우, 각 클러스터를 구성하는 데이터 포인트가 하나이므로 각 클러스터의 오차 제곱합은 0이 됩니다.

(2) 모든 가능한 클러스터 쌍을 고려합니다. 가장 작은 오차 제곱합을 보여 주는 쌍으로 묶습니다. 이 과정을 반복합니다.

(3) 최종 단계에는 전체 데이터가 하나의 클러스터가 됩니다.

11.3.5 계층 클러스터링 실습

계층 클러스터링 알고리즘을 활용해 주어진 데이터를 클러스터링하는 실습을 해 봅니다.

> 데이터 생성

```
from sklearn.datasets import make_blobs                      ❶
X,y = make_blobs(n_samples=10,                               ❷
                 n_features=2,
                 random_state=0)
```

실습을 위해 데이터를 생성합니다. ❶ 데이터 생성을 위해 필요한 함수를 불러옵니다. ❷ make_blobs를 이용해 데이터를 생성합니다. 피처 2개(n_features=2), 총 10개의 데이터(n_samples=10)를 만들고 랜덤 시드값이 0인 데이터(random_state)를 생성합니다.

> 생성된 데이터 차원 확인

```
>>> print(X.shape)                                           ❶
(10, 2)
>>> print(y.shape)                                           ❷
(10,)
```

생성된 데이터의 차원을 확인해 봅니다. ❶ 피처 데이터는 2차원 데이터 10개인 것을 알 수 있습니다. ❷ 타깃 데이터는 1차원 데이터 10개인 것을 알 수 있습니다.

> 병합 계층 클러스터링

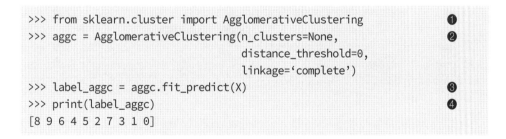

```
>>> from sklearn.cluster import AgglomerativeClustering      ❶
>>> aggc = AgglomerativeClustering(n_clusters=None,          ❷
                                   distance_threshold=0,
                                   linkage='complete')
>>> label_aggc = aggc.fit_predict(X)                         ❸
>>> print(label_aggc)                                        ❹
[8 9 6 4 5 2 7 3 1 0]
```

병합 계층 클러스터링을 해 봅니다. ❶ 병합 계층 클러스터링에 필요한 함수를 불러옵니다. ❷ AgglomerativeClustering을 이용해 클러스터 모형을 설정합니다. n_clusters는 구하려는 클러스터 개수인데, 우선 데이터들을 서로 병합하지 않고, 각 데이터 포인트가 하나의 클러스터를 구성하는 단계를 보기 위해 n_clusters=None으로 설정합니다. n_clusters=None으로 설정하기 위해서는 distance_threshold=0 설정이 필요합니다. 연결 방법은 완전 연결(linkage='complete')을 선택합니다. ❸ 모형을 적합하고, 예측값을 구해야 하는데, AgglomerativeClustering 함수는 .predict 메소드만 따로 제공하지 않아 fit_predict를 사용합니다. fit_predict는 '적합 후 예측'한다는 뜻입니다. ❹ 결괏값을 확인해 봅니다. 결괏값의 첫 번째 값은 8인데, 이는 가장 첫 데이터 포인트가 클러스터 8이라는 뜻입니다. 마찬가지로 두 번째 데이터 포인트는 클러스터 9에 속한다는 의미입니다. 필자는 총 10개의 데이터 포인트를 생성해 총 10개의 클러스터를 확인할 수 있습니다.

> 클러스터 2개로 병합

```
>>> aggc2 = AgglomerativeClustering(n_clusters=2,          ❶
                                    linkage='complete')
>>> label_aggc2 = aggc2.fit_predict(X)                     ❷
>>> print(label_aggc2)                                     ❸
[0 0 0 0 0 0 1 0 0 0]
```

데이터를 2개의 클러스터로 묶어 봅니다. ❶ AgglomerativeClustering 함수에서 n_clusters=2 옵션을 이용해 클러스터가 2개인 모형을 설정합니다. ❷ 주어진 데이터로 적합한 후 예측하면 라벨을 구할 수 있습니다. ❸ 결과는 7번째 데이터 포인트는 클러스터 1이고, 나머지 데이터는 모두 클러스터 0에 속한다는 의미입니다.

> 클러스터 3개로 병합

```
>>> aggc3 = AgglomerativeClustering(n_clusters=3,          ❶
                                    linkage='complete')
>>> label_aggc3 = aggc3.fit_predict(X)                     ❷
>>> print(label_aggc3)                                     ❸
[0 0 2 0 0 0 1 2 2 0]
```

3개의 클러스터로 병합시켜 봅니다. ❶ AgglomerativeClustering 함수에서 n_clusters=3 옵션을 이용해 클러스터 3개인 모형을 설정합니다. ❷ 주어진 데이터로 적합한 후 예측하면 라벨을 구할 수 있습니다. ❸ 그 결과는 1, 2, 4, 5, 10번째 데이터는 클러스터 0에 속하며, 3, 8, 9번째 데이터는 클러스터 2에 속하고, 7번째 데이터는 클러스터 1에 속한다는 뜻입니다.

> 덴드로그램 시각화

```
from scipy.cluster.hierarchy import dendrogram          ❶
from scipy.cluster.hierarchy import linkage             ❷
import matplotlib.pyplot as plt                         ❸

linked = linkage(X, 'complete')                         ❹
labels = label_aggc                                     ❺
dendrogram(linked,                                      ❻
          orientation='top',
          labels=labels,
          show_leaf_counts=True)
plt.show()                                              ❼
```

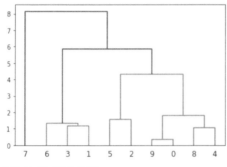

그림 11-17 덴드로그램

위 병합 과정을 덴드로그램을 시각화하면 좀 더 파악하기 쉽습니다. ❶, ❷, ❸ 데이터 연결과 덴드로그램에 필요한 함수를 불러옵니다. 덴드로그램은 2021년 현재, 사이킷런 라이브러리 0.24버전에서는 따로 제공하지 않으므로 scipy 라이브러리를 사용합니다. 그리고 플롯을 그리기 위해 matplotlib을 불러옵니다. ❹ linkage 함수를 이용해 데이터를 연결합니다. 연결 방법은 complete로 완전 연결로 설정합니다. ❺ 각 데이터 포인트의 라벨을 정해야 하는데, 라벨은 위에서 AgglomerativeClustering을 이용해 클러스터 개수를 지정하지 않은, [8 9 6 4 5 2 7 3 1 0] 으로 정합니다. ❻ 이 라벨을 기준으로 덴드로그램을 그립니다. ❼ 결과를 확인해 봅니다.

> 전체 코드

```
from sklearn.datasets import make_blobs
```

```python
from sklearn.cluster import AgglomerativeClustering

import matplotlib.pyplot as plt
from scipy.cluster.hierarchy import dendrogram
from scipy.cluster.hierarchy import linkage


# 데이터 생성
X,y = make_blobs(n_samples=10,
                 n_features=2,
                 random_state=0)

# 생성된 데이터 차원 확인
print(X.shape)
print(y.shape)

# 병합 계층 클러스터링
aggc = AgglomerativeClustering(n_clusters=None,
                               distance_threshold=0,
                               linkage='complete')
label_aggc = aggc.fit_predict(X)
print(label_aggc)

# 클러스터 2개로 병합
aggc2 = AgglomerativeClustering(n_clusters=2,
                                linkage='complete')
label_aggc2 = aggc2.fit_predict(X)
print(label_aggc2)

# 클러스터 3개로 병합
aggc3 = AgglomerativeClustering(n_clusters=3,
                                linkage='complete')
label_aggc3 = aggc3.fit_predict(X)
print(label_aggc3)

# 덴드로그램
linked = linkage(X, 'complete')
labels = label_aggc
dendrogram(linked, orientation='top',
           labels=labels,
           show_leaf_counts=True)
plt.show()
```

11.4 DBSCAN

▌11.4.1 DBSCAN의 개념

우리는 [그림 11-18]을 보자마자 데이터 클러스터를 쉽게 파악할 수 있습니다. 그 이유는 같은 클러스터 내부의 데이터 밀도는 클러스터 밖의 데이터보다 밀도가 높기 때문입니다. [그림 11-18]은 2차원으로 나타냈지만, 이를 n 차원으로 확장해서 생각할 수도 있습니다.

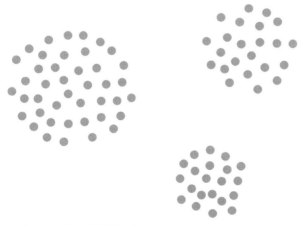

그림 11-18 밀도 기반 클러스터링

DBSCAN(Density-Based Spatial Clustering of Applications with Noise)은 데이터의 공간을 다루는 알고리즘입니다. DBSCAN은 전체 공간에서 데이터가 가장 밀집된 영역을 찾습니다. 그리고 그 밀집된 영역이 하나의 클러스터가 되며, 밀집 정도가 낮은 영역을 클러스터 외부 영역으로 구분합니다. 이때, 밀집 정도를 파악하기 위해 데이터 포인트 간 거리를 측정하게 되는데, 거리를 어떤 방법으로 측정하느냐에 따라 클러스터링 형태가 달라집니다. DBSCAN에서 거리 측정 방법은 DBSCAN 함수에서 metric으로 조절 가능하며, 기본값은 유클리드 거리(Euclidean distance)를 사용합니다. DBSCAN은 클러스터 개수를 사전에 정하지 않아도 된다는 장점이 있습니다.

DBSCAN의 핵심 아이디어는 일정 반경 내에 최소한의 데이터 포인트 개수 이상이 존재한다는 것입니다. 즉, 반경과 최소한의 데이터 포인트 개수는 DBSCAN의 필수 요소입니다. 이때 최소한의 데이터 포인트 개수를 DBSCAN 라이브러리에서는 min_samples라는 하이퍼파라미터로 사용합니다. 데이터 포인트 개수를 측정할 반경은 eps라는 하이퍼파라미터로 지정할 수 있습니다. DBSCAN 알고리즘은 특정 데이터 포인트에서 eps 반경 내에 데이터 개수가 min_samples 이상 포함한다면 해당 데이터 포인트를 핵심 포인트(core point)로 지정합니다. 핵심 포인트 반경 eps 내에 존재하는 데이터 포인트들은 하나의 클러스터로 분류합니다. 그리고 클러스터에는 속하지만 핵심 포인트가 아닌 데이터 포인트를 경계 포인트(border point)라고 합니다.

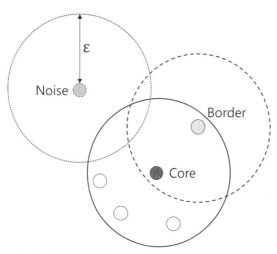

그림 11-19 DBSCAN 개념

DBSCAN의 초기 핵심 데이터 포인트는 무작위로 선정합니다. 만약 시작 지점을 중심으로 eps 거리 내에 있는 데이터 포인트가 min_samples 미만인 경우, 해당 시작 지점은 노이즈 (noise)로 라벨링(labeling)됩니다. 반면에 eps 거리 내에 존재하는 데이터가 min_samples 개 이상인 경우 핵심 포인트로 라벨링하고 새로운 클러스터로 라벨링합니다. eps 거리 내의 데이터를 확인한 후 해당 데이터 포인트가 클러스터 라벨이 정해지지 않았다면 핵심 포인트와 같은 클러스터로 라벨링합니다.

데이터 포인트의 종류는 세 가지입니다. 핵심 포인트(core point), 경계 포인트(border point, 핵심 포인트에서 eps 거리 내에 있는 포인트), 노이즈 포인트(noise point). DBSCAN을 한 데이터 셋에 여러 번 실행하면 핵심 포인트의 클러스터는 항상 같고 매번 같은 포인트를 노이즈로 라벨링합니다. 하지만 경계 포인트는 여러 개의 서로 다른 클러스터 핵심 포인트의 이웃일 경우가 있습니다. 이 경우, 경계 포인트가 어떤 클러스터에 속할지는 포인트를 방문하는 순서에 따라 달라집니다.

11.4.2 DBSCAN 알고리즘

이번 단원에서는 DBSCAN이 어떤 방식으로 작동하는지 좀 더 구체적으로 알아보겠습니다. 이를 위해 필요한 핵심 개념들을 알아보겠습니다. 먼저 전체 데이터 셋을 X라고 하겠습니다. 그리고 앞서 언급했듯이 DBSCAN에서 반경 eps와 클러스터 내 최소 데이터포인트 개수인 min_samples는 필수적인 요소입니다.

■ Eps-neighborhood of a point

가장 먼저 알아볼 개념은 $N_{eps}(\mathbf{x}_1)$입니다. $N_{eps}(\mathbf{x}_1)$는 데이터 포인트 $\mathbf{x}_1$로부터 반경 eps 내에 존재하는 데이터 포인트의 집합을 의미합니다. $N_{eps}(\mathbf{x}_1)$를 수식으로 나타내면 다음과 같습니다.

$$N_{eps}(\mathbf{x}_1) = \{\mathbf{x}_i \in X \mid dist(\mathbf{x}_1, \mathbf{x}_i) \leq eps\}$$

위 수식의 의미는 $\mathbf{x}_1$로부터 반경 eps 내에 존재하는 $\mathbf{x}_i$의 집합을 $N_{eps}(\mathbf{x}_1)$이라고 한다는 의미입니다. 이때, $dist(\mathbf{x}_1, \mathbf{x}_i)$는 $\mathbf{x}_1$와 $\mathbf{x}_i$의 거리(distance)를 나타냅니다.

Eps-neighborhood of $\mathbf{x}_1$

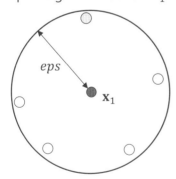

$$N_{eps}(\mathbf{x}_1) = 6$$

그림 11-20 eps-neighborhood 개념

[그림 11-20]은 데이터 포인트 $\mathbf{x}_1$에 대해 eps-neighborhood의 개념을 나타낸 개념입니다. 데이터 포인트 $\mathbf{x}_1$에 대해 반경 eps 내에 총 6개의 데이터 포인터가 존재하므로 $N_{eps}(\mathbf{x}_1)=6$입니다.

■ Directly density-reachable

두 번째로 알아볼 개념은 directly density-reachable입니다. 다음 두 조건을 만족하면 데이터 포인트 $\mathbf{x}_1$에 대해 directly density-reachable이라고 합니다.

1) 데이터 포인트 $\mathbf{x}_n$이 $N_{eps}(\mathbf{x}_1)$에 속합니다.
2) $N_{eps}(\mathbf{x}_1)$의 개수가 min_samples개 이상입니다.

이를 그림으로 나타내면 [그림 11-21]과 같습니다.

Directly density-reachable

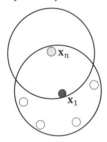

$\mathbf{x}_n$ directly density-reachable from $\mathbf{x}_1$

$\mathbf{x}_1$ Not directly density-reachable from $\mathbf{x}_n$

그림 11-21 directly density-reachable 개념

[그림 11-21]은 directly density-reachable의 개념을 그림으로 나타낸 것입니다. 데이터 포인트 $\mathbf{x}_n$은 데이터 포인트 $\mathbf{x}_1$로부터 directly density-reachable이지만 반대로 데이터 포인트 $\mathbf{x}_1$은 데이터 포인트 $\mathbf{x}_n$으로부터 directly density-reachable을 만족하지 않습니다. 이때, 서로 다른 데이터 간 양방향으로 directly density-reachable을 만족할 경우 대칭성(symmetric)이 존재한다고 말합니다. 이를 그림으로 나타내면 [그림 11-22]와 같습니다.

Directly density-reachable
(Not symmetric)

Directly density-reachable
(symmetric)

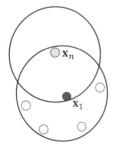
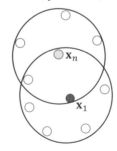

그림 11-22 directly density-reachable 대칭성

■ Density-reachable

데이터 포인트 $\mathbf{x}_1, \ldots, \mathbf{x}_{i-1}, \mathbf{x}_i, \mathbf{x}_{i+1}, \ldots, \mathbf{x}_n$에 대해, $\mathbf{x}_{i+1}$이 $\mathbf{x}_i$에 대해 directly density-reachable일 때, 이를 density-reachable이라고 합니다. 이를 그림으로 나타내면 [그림 11-23]과 같습니다.

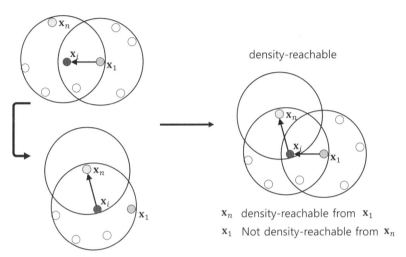

그림 11-23 density-reachable 개념

■ Density-connected

두 개의 데이터 포인트 $\mathbf{x}_1$, $\mathbf{x}_n$이 데이터 포인트 $\mathbf{x}_i$에 대해 density-reachable 할 때, 데이터 포인트 $\mathbf{x}_1$, $\mathbf{x}_n$은 $\mathbf{x}_i$에 의해 density-connected라고 합니다. 이러한 density-connected 개념을 그림으로 나타내면 [그림 11-24]와 같습니다.

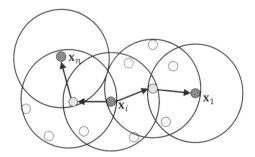

$\mathbf{x}_1$, $\mathbf{x}_n$ density-conneted each other by $\mathbf{x}_i$

그림 11-24 density-connected 개념

density-connected 개념을 이용해 클러스터의 정의를 생각해 봅니다. 클러스터란 최대한 density-connected 된 데이터 포인트의 집합이라고 할 수 있습니다. 그리고 노이즈(noise)란 그 어떠한 클러스터에도 속하지 않는 데이터 포인트입니다. 그렇다면 한 번 구성된 클러스터는 어떻게 확장해 나가는 것일까요?

■ Cluster

클러스터(cluster) C는 다음과 같이 확장합니다. 만약 데이터 포인트 $\mathbf{x}_1$이 클러스터 C에 속할 때, 데이터 포인트 $\mathbf{x}_1$에 대해 데이터 포인트 $\mathbf{x}_n$이 density-reachable 하다면 데이터 포인트 $\mathbf{x}_n$도 클러스터 C에 속합니다. 그리고 데이터 포인트 $\mathbf{x}_1$, $\mathbf{x}_n$ 모두 클러스터 C에 속할 때, 데이터 포인트 $\mathbf{x}_1$, $\mathbf{x}_n$은 density-connected 합니다.

■ Noise

위와 같이 클러스터를 구성하는 과정을 거친 후 구성된 클러스터가 $C_1, ..., C_k$라고 했을 때, 클러스터를 구성한 후 남은 데이터 포인트, 즉, 어떠한 클러스터에도 속하지 못한 데이터 포인트를 노이즈(Noise)라고 합니다. 노이즈를 수식으로 나타내면 아래와 같습니다.

$$noise = \{x_j \in X \mid x_j \notin C_i, 1 \leq i \leq k\}$$

▍11.4.3 DBSCAN 실습

DBSCAN 알고리즘을 활용해 주어진 데이터를 클러스터링해 봅니다.

> 데이터 생성

```
from sklearn.datasets import make_moons          ❶
X,y = make_moons(n_samples=300,                  ❷
                 noise=0.05 ,
                 random_state=0)
```

실습을 위해 필요한 데이터를 생성합니다. ❶ 이번 실습에서 사용할 데이터는 반달 모양의 데이터로 make_moons를 통해 데이터를 생성할 수 있습니다. ❷ make_moons를 통해 데이터를 생성합니다. n_samples는 전체 데이터 개수이며, noise는 데이터가 흩어진 정도, random_ state는 랜덤 시드값입니다. 참고로 make_moons를 통해 생성하는 데이터의 피처 수는 2로 고정되어 있습니다. 피처 수를 정하는 옵션은 사용하지 않습니다.

> 생성된 데이터 차원 확인

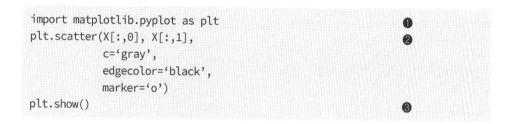

생성된 데이터의 차원을 확인해 봅니다. ❶ 피처 데이터는 2차원 데이터 300개입니다. ❷ 타깃 데이터는 1차원 데이터 300개입니다.

> 라벨링되지 않은 데이터 플롯

```
import matplotlib.pyplot as plt                          ❶
plt.scatter(X[:,0], X[:,1],                              ❷
            c='gray',
            edgecolor='black',
            marker='o')
plt.show()                                               ❸
```

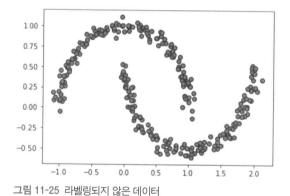

그림 11-25 라벨링되지 않은 데이터

라벨링되지 않은 데이터를 시각화해 봅니다. ❶ 시각화에 필요한 함수를 불러옵니다. ❷ 각 피처를 구성 요소로 하는 스캐터 플롯을 그립니다. c는 데이터 포인트의 색깔을 의미하며, edgecolor는 데이터 포인트의 가장자리 선의 색을 의미합니다. marker는 데이터 포인트 모양을 의미합니다. ❸ 플롯을 확인해 봅니다.

> DBSCAN

```
>>> from sklearn.cluster import DBSCAN        ❶
>>> dbs = DBSCAN(eps=0.2)                     ❷
>>> dbs.fit(X)                                ❸
>>> label_dbs = dbs.labels_                   ❹
>>> print(label_dbs)                          ❺
[0 0 1 0 0 1 0 0 1 1 0 1 0 0 1 1 0 1 0 0 0 1
 1 1 0 1 0 0 0 0 1 1 1 1 0 0 0 0 0 1 0 1 1 1
 ...(중략)
```

DBSCAN을 적합시켜 봅니다. ❶ 필요한 함수를 불러옵니다. ❷ DBSCAN을 이용해 모형을 설정합니다. Eps 값을 조정함에 따라 라벨링이 달라집니다. 그리고 min_samples 옵션을 통해 최소 샘플 개수를 설정할 수 있는데, 디폴트 값은 5입니다. ❸ 설정된 모형에 데이터를 적합시킵니다. ❹ 적합한 모형을 이용해 데이터를 라벨링시킵니다. ❺ 결과를 확인해 봅니다.

> 시각화를 위한 데이터 프레임 생성

```
import pandas as pd                                       ❶
dbs_columns = ['dbs_comp1', 'dbs_comp2']                  ❷
X_dbs_df = pd.DataFrame(X, columns=dbs_columns)           ❸
X_dbs_df['target'] = y                                    ❹
X_dbs_df['label_dbs'] = label_dbs                         ❺
X_dbs_df.head(5)                                          ❻
```

	dbs_comp1	dbs_comp2	target	label_dbs
0	0.715413	-0.494089	1	0
1	0.246789	-0.240091	1	0
2	0.943261	0.346800	0	1
3	0.973742	-0.492901	1	0
4	1.239713	-0.411411	1	0

그림 11-26 데이터 프레임 생성

좀 더 편리한 시각화를 위해 데이터 프레임을 생성합니다. ❶ 데이터 프레임 생성에 필요한 판다스 라이브러리를 불러옵니다. ❷ 가 열의 이름을 설정합니다. ❸ DataFrame을 이용해 데이터 프레임을 생성합니다. ❹ 타깃 데이터를 추가합니다. ❺ DBSCAN 모형을 통해 생성한 라벨링 또한 추가합니다. ❻ 생성된 데이터 프레임을 확인해 봅니다.

> 타깃 클래스 종류 확인

```
>>> print(set(X_dbs_df['target']))                               ❶
0, 1
>>> print(set(X_dbs_df['label_dbs']))                            ❷
0, 1
```

타깃 클래스의 종류를 확인합니다. ❶ 우리가 생성한 데이터의 타깃은 0 또는 1로 구성되어 있습니다. ❷ DBSCAN을 이용해 생성한 라벨링 또한 0 또는 1로 타깃과 동일합니다. 물론 [그림 11-26]과 같이 실제 타깃이 1로 표기된 것이 DBSCAN을 통해 만든 라벨링은 0에 해당하며, 실제 타깃이 0으로 표기된 것이 DBSCAN을 통해 만든 라벨링은 1에 해당합니다. 이는 0, 1의 단순한 순서 차이이므로 데이터를 구분한다는 의미에는 차이가 없습니다.

> DBSCAN을 이용한 데이터 플롯

```
df = X_dbs_df                                                    ❶
markers=['o','x']                                               ❷

for i, mark in enumerate(markers):                              ❸
    df_i = df[df['label_dbs']=i]                               ❹
    target_i = i                                               ❺
    X1 = df_i['dbs_comp1']                                     ❻
    X2 = df_i['dbs_comp2']                                     ❼
    plt.scatter(X1, X2,                                        ❽
                marker=mark,
                label=target_i)
plt.xlabel('dbs_component1')                                    ❾
plt.ylabel('dbs_component2')                                   ❿
plt.legend()                                                    ⓫
plt.show()                                                      ⓬
```

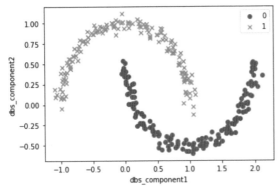

그림 11-27 DBSCAN 적용 후 플롯

DBSCAN을 이용해 군집화한 데이터 플롯을 그려 봅니다. ❶ 시각화할 데이터 프레임을 지정합니다. ❷ 데이터 표시 방식을 설정합니다. ❸ 클러스터 개수만큼 반복문을 실행합니다. ❹ i번째 클러스터에 해당하는 데이터를 추출합니다. ❺ 클러스터 이름도 i라고 설정합니다. ❻, ❼ 시각화할 구성 요소를 정합니다. ❽ 스캐터 플롯을 작성합니다. ❾, ❿ x축, y축 이름을 정합니다. ⓫ 범례를 추가합니다. ⓬ 결과를 확인해 봅니다.

> 실제 타깃 플롯

```
df = X_dbs_df                                ❶
markers=['o','x']                            ❷

for i, mark in enumerate(markers):           ❸
    df_i = df[df['target']=i]                ❹
    target_i = i                             ❺
    X1 = df_i['dbs_comp1']                   ❻
    X2 = df_i['dbs_comp2']                   ❼
    plt.scatter(X1, X2,                      ❽
            marker=mark,
            label=target_i)
plt.xlabel('dbs_component1')                 ❾
plt.ylabel('dbs_component2')                 ❿
plt.legend()                                 ⓫
plt.show()                                   ⓬
```

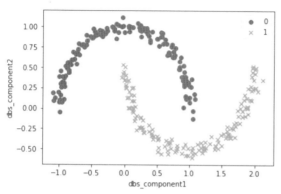

그림 11-28 실제 타깃 기준 플롯

실제 타깃 데이터를 기준으로 시각화해 봅니다. ❶ 시각화할 데이터 프레임을 설정합니다. ❷ 클러스터별 데이터 포인트 표시 방식을 정합니다. ❸ 클러스터의 개수만큼 반복문을 수행합니다. ❹ i번째 클러스터 데이터를 추출합니다. ❺ 타깃을 설정합니다. ❻, ❼ 각 요소를 이용합니다. ❽ 스캐터 플롯을 그립니다. ❾, ❿ x축, y축 이름을 추가합니다. ⓫ 범례를 추가합니다. ⓬ 플롯을 확인해 봅니다.

> 모형 평가

```
>>> from sklearn.metrics import silhouette_score          ❶
>>> sil_score = silhouette_score(X, label_dbs)            ❷
>>> print(sil_score)                                      ❸
0.3284782012631504
```

DBSCAN을 이용해 만든 모형에 대해 평가합니다. ❶ 클러스터링 평가를 하기 위해 실루엣 스코어 라이브러리를 불러옵니다. ❷ 피처값과 라벨링 데이터를 넣고 실루엣 스코어를 확인합니다. ❸ 실루엣 스코어는 약 0.32라는 것을 알 수 있습니다.

> 전체 코드

```
from sklearn.datasets import make_moons

import pandas as pd
import matplotlib.pyplot as plt

from sklearn.cluster import DBSCAN
```

```python
from sklearn.metrics import silhouette_score


# 데이터 생성
X,y = make_moons(n_samples=300,
                 noise=0.05,
                 random_state=0)

# 생성된 데이터 차원 확인
print(X.shape)
print(y.shape)

# 라벨링되지 않은 데이터 플롯
plt.scatter(X[:,0], X[:,1],
            c='gray',
            edgecolor='black',
            marker='o')
plt.show()

# DB scan
dbs = DBSCAN(eps=0.2)
dbs.fit(X)
label_dbs = dbs.labels_
print(label_dbs)

# 시각화를 위한 데이터 프레임 생성
dbs_columns = ['dbs_comp1', 'dbs_comp2']
X_dbs_df = pd.DataFrame(X, columns=dbs_columns)
X_dbs_df['target'] = y
X_dbs_df['label_dbs'] = label_dbs
X_dbs_df.head(5)

# 타깃 클래스 종류 확인
print(set(X_dbs_df['target']))
print(set(X_dbs_df['label_dbs']))

# DB scan을 이용한 데이터 플롯
df = X_dbs_df
markers=['o','x']

for i, mark in enumerate(markers):
    df_i = df[df['label_dbs']==i]
```

```
        target_i = i
        X1 = df_i['dbs_comp1']
        X2 = df_i['dbs_comp2']
        plt.scatter(X1, X2,
                    marker=mark,
                    label=target_i)

plt.xlabel('dbs_component1')
plt.ylabel('dbs_component2')
plt.legend()
plt.show()

# 실제 타깃 플롯
df = X_dbs_df
markers=['o','x']

for i, mark in enumerate(markers):
    df_i = df[df['target']==i]
    target_i = i
    X1 = df_i['dbs_comp1']
    X2 = df_i['dbs_comp2']
    plt.scatter(X1, X2,
                marker=mark,
                label=target_i)

plt.xlabel('dbs_component1')
plt.ylabel('dbs_component2')
plt.legend()
plt.show()

# 모형 평가
sil_score = silhouette_score(X, label_dbs)
print(sil_score)
```

11.5 가우시안 혼합 모형

▌11.5.1 가우시안 혼합 모형의 개념 설명

가우시안 혼합 모형(Gaussian Mixture Model)은 전체 집단 내부에 속한 하위 집단의 존재를 가정한 확률 모델입니다. 가우시안 혼합 모델은 전체 집단의 확률 분포가 가우시안 분포를 따르는 경우를 말합니다. 흔히 정규 분포를 가우시안 분포라고도 부릅니다. 또한 가우시안 혼합 모형은 비지도 학습의 한 종류로 데이터 클러스터링에 사용합니다.

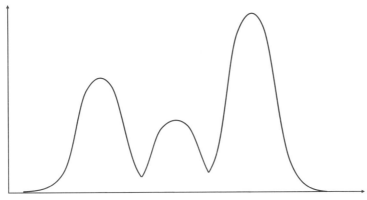

그림 11-29 데이터 셋 분포

[그림 11-29]와 같은 데이터 셋 분포를 본다면 어떻게 생각할까요? 데이터가 하나의 분포에서 추출되었다고 생각할 수도 있겠지만 여러 개의 분포로부터 나온 데이터라고 생각할 수도 있습니다.

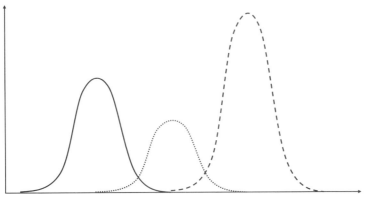

그림 11-30 가우시안 혼합 모형 개념

예를 들어, [그림 11-30]과 같이 전체 집단의 하위 집단이 가우시안 분포 3개라고 가정합니다. 이 경우, 추정해야 할 파라미터는 총 9개가 됩니다. 어떤 파라미터를 추정해야 할까요? 먼저 하위 집단 가우시안 분포 하나만 고려해 봅니다. 가우시안 분포의 파라미터는 평균 μ, 표준 편차 σ입니다. 이때 한 가지 파라미터를 더 추정해야 하는데, 그것은 전체 분포에 대한 해당 하위 분포의 비율입니다. 이를 π라고 하겠습니다. 이를 쉽게 말하면 해당 데이터가 해당 하위 집단에 속할 확률입니다. 정리하면, 첫 번째 하위 집단의 파라미터는 (μ_1, σ_1, π_1)입니다. 그럼 자연스럽게 하위 집단이 3개이므로, 나머지 두 집단의 파라미터는 (μ_2, σ_2, π_2), (μ_3, σ_3, π_3)이 됩니다. 이와 같은 정보를 토대로 확률 변수 X의 확률 밀도 함수를 살펴봅니다.

$$f(x) = \sum_c \pi_c N(x|\mu_c, \sigma_c)$$

위 식에서 c는 c번째 집단을 의미합니다. 하위 집단이 세 개이므로 $c = 1, 2, 3$이라고 할 수 있습니다. $N(x|\mu_c, \sigma_c)$의 의미는 데이터 x는 평균이 μ_c, 표준 편차가 σ_c인 가우시안 분포에서 추출한 데이터라는 뜻입니다. 가우시안 확률 밀도 함수를 이용해 이를 좀 더 풀어쓰면 아래와 같습니다. 일반적으로 p차원 다변량 가우시안 분포에서는 공분산 행렬을 Σ로 표기하고 단변량 가우시안 분포에서는 분산을 σ로 표기하지만 이번 단원에서는 Σ와 σ를 의미 구분 없이 사용하겠습니다.

$$N(x|\mu_c, \Sigma) = \frac{1}{(2\pi)^{\frac{p}{2}} |\Sigma|^{\frac{1}{2}}} \exp\left[-\frac{1}{2}(x-\mu)^T \Sigma^{-1} (x-\mu)\right]$$

위와 같은 가우시안 분포의 최대 가능도 추정량(Maximum Likelihood Estimator)은 다음과 같습니다.

$$\hat{\mu} = \frac{1}{n} \sum_i x_i$$

$$\hat{\Sigma} = \frac{1}{n} \sum_i (x_i - \hat{\mu})^T (x_i - \hat{\mu})$$

위 식에서 n은 전체 데이터 개수입니다. 위 식에서 우리가 고려해야 할 변수가 하나 더 있다고 했습니다. 바로 데이터가 집단 c에 속하는 경우를 의미하는 z입니다. 이때 z는 잠재 변수(latent variable)라고 합니다.

$$P(z = c) = \pi_c$$

위 식은 잠재 변수 z가 집단 c일 확률이 π_c라는 뜻입니다. 이때 확률 변수 z를 직접적으로 관찰할 수 없다고 하여(unobservable), 잠재 변수(latent variable)라고 합니다. 잠재 변수에 대해 한 가지 더 알 수 있는 조건부 확률이 있습니다.

$$P(x|z = c) = N(x|\mu_c, \sigma_c)$$

위 식의 의미는 하위 집단이 c일 때 확률 변수 x는 평균이 μ_c, 분산이 σ_c인 가우시안 분포를 따른다는 의미입니다. 이를 정리하면 아래와 같습니다.

$$P(z = c) = \pi_c$$
$$P(x|z = c) = N(x|\mu_c, \sigma_c)$$

▌11.5.2 EM 알고리즘

파라미터를 추정해 봅니다. 파라미터 추정 과정은 E-step, M-step 두 가지로 구성되어 있습니다. 이를 **EM 알고리즘(Expection Maximization Algorithm)**이라고 합니다. EM 알고리즘은 다음과 같이 E-step과 M-step을 반복하여 로그 가능도 함수를 증가시키는 방법입니다.

1) 초기화 단계

임의의 방법으로 추정하려는 파라미터 μ_c, σ_c, π_c를 초기화합니다.

2) E-step

E-step에서는 r_{ic}를 구하는 게 목적입니다. r_{ic}는 i번째 데이터가 그룹 c에서 추출되었을 확률을 의미합니다. r_{ic}를 i번째 데이터의 "responsibility"라고 합니다. r_{ic}는 아래와 같이 나타냅니다. 아래 식에서 P는 확률을 의미합니다.

$$r_{ic} = P(z = c \,|\, x)$$

다음 두 가지 식을 이용해 위 행 r_{ic}를 구할 수 있습니다.

$$P(z = c) = \pi_c$$

$$P(x|z = c) = N(x|\mu_c, \sigma_c)$$

위 두 가지 조건과 베이즈 정리를 이용하면 r_{ic}를 구할 수 있습니다.

$$r_{ic} = P(z = c|x)$$

$$= \frac{P(z = c, X = x)}{P(x)}$$

$$= \frac{P(x|z = c)P(z = c)}{\sum_c \pi_c N(x|\mu_c, \sigma_c)}$$

$$= \frac{\pi_c N(x|\mu_c, \sigma_c)}{\sum_c \pi_c N(x|\mu_c, \sigma_c)}$$

r_{ic}는 확률이므로 0과 1 사잇값을 가지며, 그 값이 1에 가까울수록 집단 c에 속할 확률이 높다는 의미입니다. 위 E-step을 통해 i번째 데이터가 집단 c에 속할 확률 즉, r_{ic}를 구합니다. 다음으로 M-step으로 넘어갑니다.

3) M-step

M-step에서는 처음부터 구하고 싶었던 파라미터 9개를 구합니다. 집단 c의 데이터 수는 n_c로 표현하고 아래와 같이 추정합니다.

$$n_c = \sum_i r_{ic}$$

전체 집단에 대한 하위 집단 c의 비율은 아래와 같이 추정합니다.

$$\pi_c = \frac{n_c}{n}$$

각 하위 집단의 평균 μ_c, 분산 σ_c는 다음과 같이 추정합니다.

$$\hat{\mu}_c = \frac{1}{n_c} \sum_i r_{ic} x_i$$

$$\hat{\sigma}_c = \frac{1}{n_c} \sum_i r_{ic} (x_i - \hat{\mu}_c)^T (x_i - \hat{\mu}_c)$$

위와 같이 각 클러스터의 파라미터를 업데이트시켰습니다. 파라미터가 수렴할 때까지 E-step 과 M-step을 반복시킵니다. 그 이유는 각 스텝이 로그 가능도(log-likelihood)를 증가시키기 때문입니다. 로그 가능도는 아래와 같습니다.

$$\log P(x) = \sum \log \left[\sum_c \pi_c N(x_i | \mu_c, \pi_c) \right]$$

즉, E-step과 M-step을 반복함에 따라 로그 가능도 함수가 증가해서 특정값으로 수렴합니다. EM 알고리즘을 간략히 정리하면 다음과 같습니다.

■ EM 알고리즘

(1) 추정하려는 파라미터 μ_c, σ_c, π_c를 임의 방법으로 초기화합니다.

(2) E-step

$$r_{ic} = \frac{\pi_c N(x | \mu_c, \sigma_c)}{\sum_c \pi_c N(x | \mu_c, \sigma_c)}$$

(3) M-step

$$\pi_c = \frac{n_c}{n}$$

$$\hat{\mu}_c = \frac{1}{n_c} \sum_i r_{ic} x_i$$

$$\hat{\sigma}_c = \frac{1}{n_c} \sum_i r_{ic} (x_i - \hat{\mu}_c)^T (x_i - \hat{\mu}_c)$$

(4) 파라미터가 수렴할 때까지 (2)~(3)단계를 반복합니다.

EM 알고리즘은 다양한 분야에 적용할 수 있다는 장점이 있습니다. 그러나 수렴 속도가 느리고, 지역 최적화(local optimization) 문제가 발생할 수 있습니다. K-평균 클러스터링과 마찬가지로 초기에 그룹 개수를 정해 줘야 하는 단점이 있습니다.

▌11.5.3 가우시안 혼합 모형 실습

가우시안 혼합 모형 알고리즘을 활용해 클러스터링 모형을 생성해 봅니다.

> **데이터 생성**

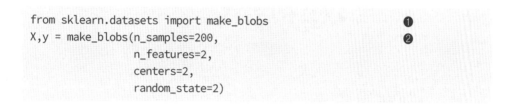

```
from sklearn.datasets import make_blobs                    ❶
X,y = make_blobs(n_samples=200,                            ❷
                 n_features=2,
                 centers=2,
                 random_state=2)
```

가우시안 혼합 모형 분석을 위해 필요한 데이터를 생성합니다. ❶ 데이터 생성에 필요한 함수를 불러옵니다. ❷ make_blobs를 이용해 데이터를 생성합니다. 데이터 개수(n_samples) 200개, 피처 개수(n_features) 2개, 중심 개수(centers) 2개, 랜덤 시드값(random_state) 2인 데이터를 생성합니다.

> **생성된 데이터 차원 확인**

```
>>> print(X.shape)                                         ❶
(200, 2)
>>> print(y.shape)                                         ❷
(200, )
```

생성한 데이터의 차원을 확인해 봅니다. ❶ 피처 데이터의 차원은 2차원 데이터 200개로 즉, 200행 2열의 데이터 행렬임을 확인할 수 있습니다. ❷ 타깃 데이터는 1차원 데이터 200개로 200행 1열의 데이터임을 알 수 있습니다.

> 라벨링되지 않은 데이터 플롯

```
import matplotlib.pyplot as plt                                        ❶
plt.scatter(X[:,0], X[:,1],                                           ❷
            c='gray',
            edgecolor='black',
            marker='o')
plt.show()                                                            ❸
```

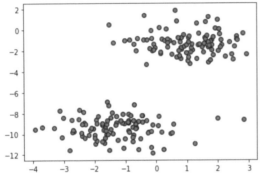

그림 11-31 라벨링되지 않은 데이터 플롯

라벨링되지 않은 데이터 플롯을 그려 봅니다. ❶ 시각화를 위해 필요한 함수를 불러옵니다. ❷ 스캐터 플롯을 그립니다. 이때, c는 데이터 포인트 색깔을 의미하고, edgecolor는 데이터 포인트 가장자리 색을 의미합니다. marker는 데이터 포인트의 모양을 의미합니다. ❸ 플롯을 확인해 봅니다.

> 가우시안 혼합 모형

```
>>> from sklearn.mixture import GaussianMixture                      ❶
>>> gmm = GaussianMixture(n_components=2,                            ❷
                          random_state=0)
>>> gmm.fit(X)                                                       ❸
>>> label_gmm = gmm.predict(X)                                       ❹
>>> print(label_gmm)                                                 ❺
[1 0 1 1 0 1 0 0 1 0 1 0 0 1 0 1 1 1 1 1
 1 0 1 1 1 1 0 1 1 0 0 0 1 0 0 1 0 1 1 0
...(중략)
```

피처 데이터를 가우시안 혼합 모형을 통해 적합시켜 봅니다. ❶ 가우시안 혼합 모형을 사용하기 위해 필요한 함수를 불러옵니다. ❷ GaussianMixture 함수를 이용해 모형을 설정합니다. 2개의 클러스터를 만들 것이므로 n_components=2로 설정하고, 랜덤 시드값은 0으로 설정합니다. ❸ 설정한 모형에 피처 데이터를 넣고 적합시킵니다. ❹ 적합된 모형을 이용해 예측값 즉, 라벨링된 값을 구합니다. ❺ 결과를 확인해 봅니다.

> 시각화를 위한 데이터 프레임 생성

```
import pandas as pd                                          ❶
gmm_columns = ['gmm_comp1', 'gmm_comp2']                     ❷
X_gmm_df = pd.DataFrame(X, columns=gmm_columns)              ❸
X_gmm_df['target'] = y                                       ❹
X_gmm_df['label_gmm'] = label_gmm                            ❺
X_gmm_df.head(5)                                             ❻
```

	gmm_comp1	gmm_comp2	target	label_gmm
0	0.381155	-1.644815	1	1
1	-0.583904	-8.784059	0	0
2	1.830865	-1.425235	1	1
3	1.813135	-1.924671	1	1
4	-1.655771	-9.555946	0	0

그림 11-32 데이터 프레임 생성 확인

시각화를 위한 데이터 프레임 생성입니다. ❶ 데이터 프레임 생성을 위해 필요한 판다스 라이브러리를 불러옵니다. ❷ 피처 이름을 설정합니다. ❸ DataFrame을 이용해 데이터 프레임을 생성합니다. ❹ 타깃값을 추가합니다. ❺ 가우시안 혼합 모형을 이용해 예측한 라벨링을 추가합니다. ❻ 생성된 데이터 프레임을 확인해 봅니다.

> 타깃 클래스 종류 확인

```
>>> print(set(X_gmm_df['target']))                           ❶
0, 1
>>> print(set(X_gmm_df['label_gmm']))                        ❷
0, 1
```

413

클러스터 종류를 확인해 봅니다. ❶ 타깃 데이터를 확인해 보면 클러스터가 0, 1로 구성되어 있음을 알 수 있습니다. ❷ 가우시안 혼합 모형을 이용한 라벨링 또한 0, 1로 구성되어 있음을 확인할 수 있습니다.

> **가우시안 혼합 모형을 이용한 데이터 플롯**

```
df = X_gmm_df                                           ❶
markers=['o','x']                                       ❷

for i, mark in enumerate(markers):                      ❸
    df_i = df[df['label_gmm']==i]                       ❹
    target_i = i                                        ❺
    X1 = df_i['gmm_comp1']                              ❻
    X2 = df_i['gmm_comp2']                              ❼
    plt.scatter(X1, X2,                                 ❽
                marker=mark,
                label=target_i)
plt.xlabel('gmm_component1')                            ❾
plt.ylabel('gmm_component2')                            ❿
plt.legend()                                            ⓫
plt.show()                                              ⓬
```

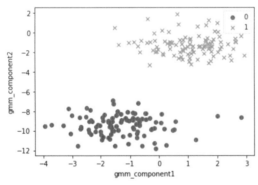

그림 11-33 가우시안 혼합 모형 플롯

가우시안 혼합 모형을 이용해 라벨링한 데이터의 플롯을 그려 봅니다. ❶ 플롯을 그릴 데이터 프레임을 정합니다. ❷ 각 클러스터의 데이터 표시 모양을 정합니다. ❸ 클러스터 숫자만큼 반복문을 실행시킵니다. ❹ 클러스터 i에 속하는 데이터를 추출합니다. ❺ 타깃을 지정합니다. ❻, ❼ 각 요소를 이용합니다. ❽ 스캐터 플롯을 작성합니다. ❾, ❿ x축, y축을 추가합니다. ⑪ 범례를 추가합니다. ⑫ 플롯을 확인해 봅니다.

> 실제 타깃 플롯

```
df = X_gmm_df                                              ❶
markers=['o','x']                                         ❷

for i, mark in enumerate(markers):                        ❸
    df_i = df[df['target']=i]                             ❹
    target_i = i                                          ❺
    X1 = df_i['gmm_comp1']                                ❻
    X2 = df_i['gmm_comp2']                                ❼
    plt.scatter(X1, X2,                                   ❽
                marker=mark,
                label=target_i)

plt.xlabel('gmm_component1')                              ❾
plt.ylabel('gmm_component2')                              ❿
plt.legend()                                              ⑪
plt.show()                                                ⑫
```

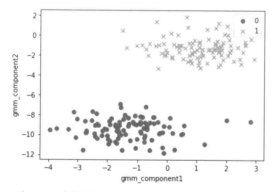

그림 11-34 실제 타깃 분류

실제 타깃 데이터를 기준으로 하는 플롯을 그려 봅니다. ❶ 플롯을 그릴 데이터 프레임을 정합니다. ❷ 클러스터별 데이터 표시 모양을 정합니다. ❸ 클러스터 숫자만큼 반복문을 실행시킵니다. ❹ 클러스터 i에 속하는 데이터를 추출합니다. ❺ 타깃을 지정합니다. ❻, ❼ 각 요소를 이용합니다. ❽ 스캐터 플롯을 작성합니다. ❾, ❿ x축, y축을 추가합니다. ⑪ 범례를 추가합니다. ⑫ 플롯을 확인해 봅니다.

415

> 모형 평가

```
>>> from sklearn.metrics import silhouette_score        ❶
>>> sil_score = silhouette_score(X, label_gmm)          ❷
>>> print(sil_score)                                    ❸
0.7842908753561848
```

가우시안 혼합 모형 평가입니다. ❶ 실루엣 스코어 함수를 불러옵니다. ❷ 피처 데이터와 가우시안 혼합 모형을 통해 만든 라벨링 값을 넣고 실루엣 스코어를 확인합니다. 그 결과 ❸ 실루엣 스코어는 약 0.78이라는 것을 알 수 있습니다.

> 전체 코드

```
from sklearn.datasets import make_blobs

import pandas as pd
import matplotlib.pyplot as plt

from sklearn.mixture import GaussianMixture
from sklearn.metrics import silhouette_score

# 데이터 생성
X,y = make_blobs(n_samples=200,
                 n_features=2,
                 centers=2,
                 random_state=2)

# 생성된 데이터 차원 확인
print(X.shape)
print(y.shape)

# 라벨링되지 않은 데이터 플롯
plt.scatter(X[:,0], X[:,1],
            c='gray',
            edgecolor='black',
            marker='o')
plt.show()

# 가우시안 혼합 모형
gmm = GaussianMixture(n_components=2,
```

```
                        random_state=0)
gmm.fit(X)
label_gmm = gmm.predict(X)
print(label_gmm)

# 시각화를 위한 데이터 프레임 생성
gmm_columns = ['gmm_comp1', 'gmm_comp2']
X_gmm_df = pd.DataFrame(X, columns=gmm_columns)
X_gmm_df['target'] = y
X_gmm_df['label_gmm'] = label_gmm
X_gmm_df.head(5)

# 타깃 클래스 종류 확인
print(set(X_gmm_df['target']))
print(set(X_gmm_df['label_gmm']))

# 가우시안 혼합 모형을 이용한 데이터 플롯
df = X_gmm_df
markers=['o','x']

for i, mark in enumerate(markers):
    df_i = df[df['label_gmm']==i]
    target_i = i
    X1 = df_i['gmm_comp1']
    X2 = df_i['gmm_comp2']
    plt.scatter(X1, X2,
                marker=mark,
                label=target_i)

plt.xlabel('gmm_component1')
plt.ylabel('gmm_component2')
plt.legend()
plt.show()

# 실제 타깃 플롯
df = X_gmm_df
markers=['o','x']

for i, mark in enumerate(markers):
    df_i = df[df['target']==i]
    target_i = i
    X1 = df_i['gmm_comp1']
```

```
    X2 = df_i['gmm_comp2']
    plt.scatter(X1, X2,
                marker=mark,
                label=target_i)

plt.xlabel('gmm_component1')
plt.ylabel('gmm_component2')
plt.legend()
plt.show()

# 모형 평가
sil_score = silhouette_score(X, label_gmm)
print(sil_score)
```

chapter 12

딥러닝

12.1 딥러닝 소개

인간의 뇌는 뉴런이라는 세포로 이루어져 있는데, 약 1,000억 개의 뉴런이 존재합니다. 그리고 각 뉴런은 시냅스로 연결되는데, 자극의 크기가 특정값 이상이면 다른 뉴런에 전달하고, 특정값 이하라면 다른 뉴런에 전달하지 않습니다. 이때, 자극을 전달하는 기준인 특정값을 임계치라고 합니다. 그래서 우리는 임계치를 넘긴 자극을 신호로 전달받고 그에 해당하는 반응을 하게 되는 것입니다. 이와 같은 생명 과학 분야의 아이디어를 머신러닝에 도입한 것을 **인공 신경망**(Artificial Neural Network)이라고 하며 줄여서 신경망이라고 합니다. 그리고 신경망을 기반으로 학습하는 방법을 **딥러닝**(deep learning)이라고 부릅니다. 수많은 뉴런이 서로 연결되어 신호를 서로 전달하는 것처럼 딥러닝에서는 수많은 퍼셉트론이 연결되어 연산 결과를 주고받습니다.

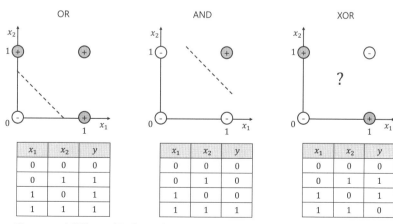

그림 12-1 OR(왼쪽), AND(중앙), XOR(오른쪽)

초기 딥러닝은 XOR 문제 해결 이야기로 시작합니다. 컴퓨터는 모든 연산의 결과를 0과 1로 조합해 논리 게이트를 통과시킴으로써 결괏값을 출력합니다. [그림 12-1]은 0과 1로 할 수 있는 다양한 연산 중 OR 연산, AND 연산, XOR 연산을 나타낸 것입니다. 입력값 x_1과 x_2의 연산 방법에 따라 다양한 결과의 y 값이 나타납니다. 이 연산 결과를 그림으로 나타냈을 때 데이터를 분리한다고 가정해 봅니다. OR 연산이나 AND 연산의 경우 적절한 직선 하나를 생성해 출력값 0과 1을 정확히 구분해 낼 수 있습니다. 그러나 XOR 연산은 직선 하나로는 0과 1 값을 구분할 수 없습니다.

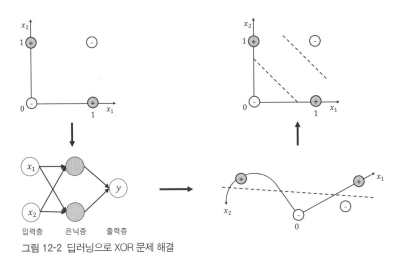

그림 12-2 딥러닝으로 XOR 문제 해결

초기 딥러닝은 XOR 문제를 해결하는 방법으로 등장했습니다. 신경망을 이용해 기존의 방법으로는 풀 수 없었던 XOR 문제를 풀 수 있었습니다. 기하학적으로 보면 [그림 12-2]와 같이 기존 데이터의 공간을 변형시켜 하나의 직선으로 두 종류의 데이터를 구분해 낼 수 있다는 사실을 알 수 있습니다. 공간을 변형시키는 것의 예를 들면, 평평한 종이를 구부리는 것으로 비유할 수 있습니다. 평평한 종이를 구부린 후 직선을 긋고 다시 종이를 펼치는 것입니다.

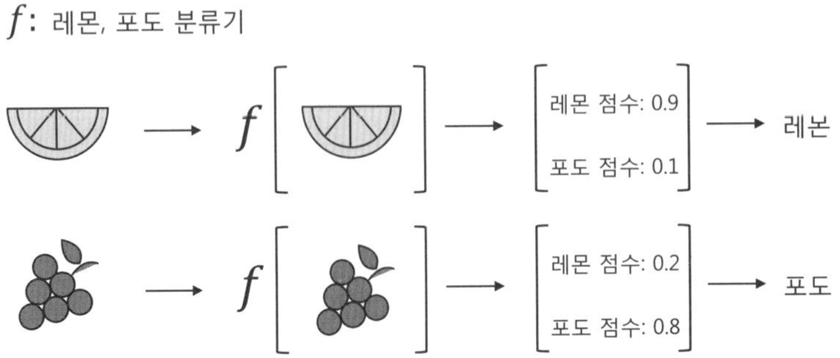

f: 레몬, 포도 분류기

그림 12-3 딥러닝 과정

XOR 문제와 같은 간단한 문제를 해결하는 것으로 시작한 딥러닝은 점차 발전해 더욱 복잡한 문제를 푸는 데 사용되었습니다. [그림 12-3]과 같이 레몬과 포도를 분류하는 인공지능을 만든다고 가정합니다. 레몬, 포도를 분류하기 위한 분류기의 입력 데이터는 레몬이나 포도의 이미지 픽셀값을 행렬 형태로 정리한 데이터입니다. 해당 입력 데이터를 분류기 f에 넣는데, 분류기 f는 레몬과 포도를 분류하는 역할을 합니다. 이미지 데이터를 입력받은 분류기는 딥러닝을 통해 레몬과 포도에 대한 스코어를 출력하고 레몬, 포도 둘 중 높은 점수로 예측합니다. 결국 우리가 하려는 일은 레몬, 포도 분류기를 생성하는 것이고 그 과정에서 딥러닝을 사용합니다. 이번 단원부터는 딥러닝 개념에 대해서 알아보고 실습을 통해 여러 가지 문제를 해결해 봅니다.

12.2 퍼셉트론, 딥러닝의 기본

▌12.2.1 퍼셉트론의 개념

퍼셉트론(perceptron)은 신경망의 최소 단위입니다. 퍼셉트론에는 입력값(input)과 출력값(output)이 존재합니다. n개의 입력값 $x_1, x_2, ..., x_n$을 합쳐 입력값 벡터 $\mathbf{x}$로 표현하고, n개의 가중치 값 $w_1, w_2, ..., w_n$을 합쳐 가중치 벡터 $\mathbf{w}$라고 합니다. 그러면 입력값 벡터와 가중치 벡터의 내적값은 출력값 z가 됩니다. 이를 그림으로 나타내면 [그림 12-4]와 같습니다.

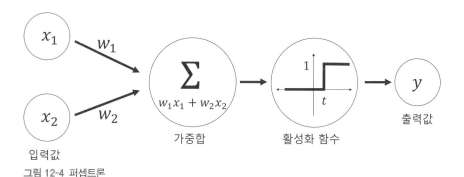

그림 12-4 퍼셉트론

[그림 12-4]에서 동그라미는 노드(node)를 의미하는데, 노드는 뉴런에 해당합니다. [그림 12-4]에서 입력 데이터에 가중치를 곱한 후 더한 값을 가중합(weighted sum)이라고 하는데, 이 가중합은 활성화 함수(activation function)를 거치면서 최종 출력값을 반환합니다. 이때, 출력값을 결정하는 함수를 **활성화 함수(activation function)**라고 하는데, 활성화 함수에는 계

단 함수를 비롯해 시그모이드, 렐루(Relu), 리키 렐루(Leaky Relu) 등이 있으며 활성화 함수에 대해서는 12.3.3 단원에서 자세히 다룹니다. [그림 12-4]에서 가중합과 활성화 함수는 하나의 노드라고 생각할 수 있습니다.

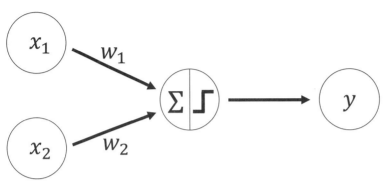

그림 12-5 퍼셉트론 구조

즉, [그림 12-5]처럼 하나의 노드 안에서 가중합과 활성화 함수를 거친 후 출력값을 생성한다고 볼 수 있습니다. [그림 12-5]에서 사용한 계단 함수는 임계치가 t입니다. 즉, 가중합 값이 활성화 함수 임계치 t를 넘기면 1을 출력하고, 넘지 않으면 0을 출력합니다. 한편, 계산의 편의성을 위해 임계치 t를 0이 되도록 이동시킵니다. 임계치를 0으로 조정하면 활성화 함수에서 값이 0을 넘냐, 넘지 않냐에 따라 출력값을 조정할 수 있으니 좀 더 이해하기 쉽습니다.

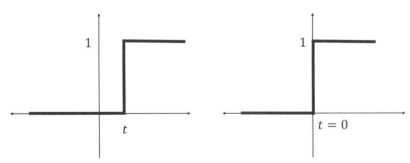

그림 12-6 임계치 이동

[그림 12-6]과 같이 임계치를 이동시킨 활성화 함수를 적용할 수 있습니다. 임계치가 0이므로 값이 0을 넘으면 1을 출력하고, 0을 넘지 않으면 0을 출력합니다. 이처럼 임계치를 수정한 활성화 함수를 적용한 퍼셉트론은 [그림 12-7]과 같습니다.

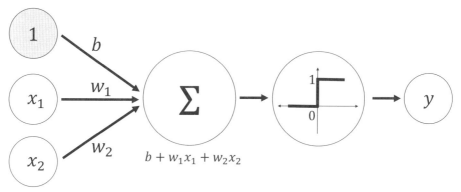

그림 12-7 임계치 이동한 퍼셉트론

[그림 12-7]의 전체 과정을 수식으로 나타내면 다음과 같습니다.

$$y = \begin{cases} 0, & b + w_1 x_1 + w_2 x_2 \leq 0 \\ 1, & b + w_1 x_1 + w_2 x_2 > 0 \end{cases}$$

위 식은 입력 데이터와 편향의 가중합을 계산한 값이 0보다 크면 1을 출력하고 0보다 작거나 같으면 0을 출력한다는 의미입니다. b는 **편향(bias)**으로 가중합에 더해지는 상수입니다. 기존 가중합에 편향을 더함으로써 최종 출력값에 영향을 줄 수 있습니다. 이번에는 다른 활성화 함수를 사용해 봅니다. [그림 12-7]에서 활성화 함수로 사용한 계단 함수 대신 미분할 때 좀 더 편리한 시그모이드 함수(sigmoid function)를 사용해 봅니다.

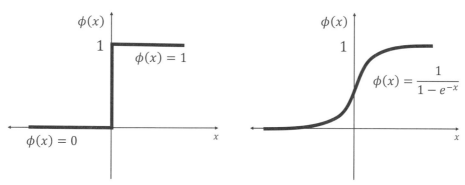

그림 12-8 계단 함수(왼쪽), 시그모이드 함수(오른쪽)

[그림 12-8]에서 볼 수 있듯, 계단 함수보다 시그모이드 함수는 좀 더 부드러운 곡선 형태를 띠는 것을 볼 수 있습니다. 시그모이드 함수는 다음과 같은 식으로 표현할 수 있습니다.

$$\phi(x) = \frac{1}{1 + \exp(-x)}$$

[그림 12-9]는 활성화 함수로 시그모이드 함수를 적용한 퍼셉트론을 나타냅니다. 이처럼 딥러 닝에서는 다양한 활성화 함수를 적용할 수 있으며, 활성화 함수의 종류에 따라 결과가 다르게 나오기도 합니다. 위 식에서 exp는 지수 함수(exponential function)를 의미합니다.

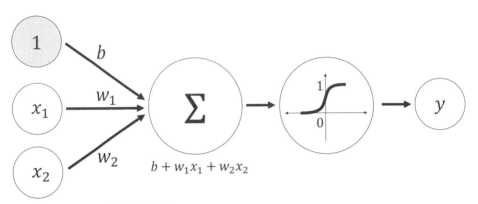

그림 12-9 시그모이드 함수를 적용한 퍼셉트론

12.2.2 퍼셉트론으로 분류하기

이번 단원에서는 퍼셉트론으로 데이터를 분류하는 것을 예를 들어 설명해 봅니다. 주어진 데 이터는 이미지 데이터이며, 만들려는 분류기는 앞서 언급했던 레몬, 포도 분류기라고 합니다. 레몬, 포도 분류기는 입력된 이미지 데이터를 받아서 해당 데이터가 레몬인지 포도인지 구분 하는 분류기입니다. 이를 위해 가장 먼저 해야 할 일은 과일 이미지 데이터를 기존 행렬 형태 에서 벡터로 바꾸는 것입니다.

실제 이미지   이미지 데이터 행렬   이미지 데이터 벡터

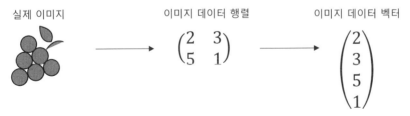

그림 12-10 이미지 데이터 벡터 변환

[그림 12-10]은 실제 이미지 파일을 학습 모형에 넣을 수 있도록 가공하는 과정을 나타냅니다. 설명의 편의를 위해 이미지 파일이 4개의 픽셀값으로 구성되어 있다고 가정하겠습니다. 이미

지 픽셀값에 기반한 행렬을 신경망에 넣기 위해 이미지 데이터 벡터로 변환합니다. 행렬을 벡터로 변환한다는 의미는 [그림 12-10]과 같이 행렬 원소를 길게 늘어뜨려 벡터의 형태로 만드는 것을 의미합니다. 이처럼 실제 이미지 파일을 픽셀값 기준으로 이미지 데이터 벡터로 바꾼다면 신경망에 적용할 준비가 된 것입니다.

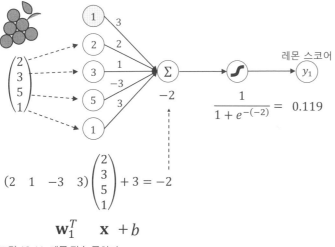

그림 12-11 레몬 점수 구하기

[그림 12-11]은 입력 데이터와 가중치 벡터, 편향을 이용해 가중합을 구한 후 시그모이드 함수를 통해 레몬 점수를 출력하는 과정을 나타낸 것입니다. 입력 데이터에 가중치 벡터 $\mathbf{w}_1$을 곱하고 편향을 더하면 -2라는 가중합 결과가 나옵니다. 그리고 -2를 활성화 함수인 시그모이드 함수에 넣으면 레몬 점수는 0.119라는 결과가 나옵니다.

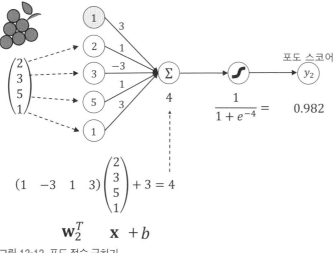

그림 12-12 포도 점수 구하기

레몬 점수를 구하는 방법과 비슷한 방법으로 [그림 12-12]는 포도 점수를 구하는 과정을 나타낸 그림입니다. 입력 데이터에 가중치 벡터 $\mathbf{w}_2$를 곱하고 편향을 더하면 4라는 가중합 결과가 나옵니다. 그리고 4를 시그모이드 함수에 넣으면 포도 점수는 0.982라는 결과가 나옵니다. 앞선 레몬 점수 0.119와 비교하면 포도 점수가 더 높은 것을 알 수 있습니다. 따라서 레몬 점수와 포도 점수를 비교한 후 최종적으로 레몬, 포도 분류기는 점수가 더 높은 포도로 분류하게 됩니다.

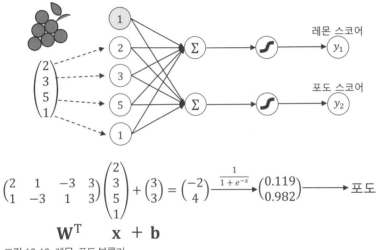

$$\begin{pmatrix} 2 & 1 & -3 & 3 \\ 1 & -3 & 1 & 3 \end{pmatrix} \begin{pmatrix} 2 \\ 3 \\ 5 \\ 1 \end{pmatrix} + \begin{pmatrix} 3 \\ 3 \end{pmatrix} = \begin{pmatrix} -2 \\ 4 \end{pmatrix} \xrightarrow{\frac{1}{1+e^{-x}}} \begin{pmatrix} 0.119 \\ 0.982 \end{pmatrix} \longrightarrow 포도$$

$$\mathbf{W}^T \qquad \mathbf{x} + \mathbf{b}$$

그림 12-13 레몬, 포도 분류기

[그림 12-13]은 레몬 점수, 포도 점수를 각각 구했던 위 과정을 합쳐서 보여 줍니다. [그림 12-13]에서 알 수 있듯, 행렬을 이용하면 레몬 점수와 포도 점수를 쉽게 구할 수 있는 것을 볼 수 있습니다.

▌12.2.3 퍼셉트론 실습

이번 단원에서는 앞서 배운 레몬, 포도 분류기 예제를 파이썬에서 제공하는 넘파이 라이브러리를 이용해 구현해 봅니다.

```
import numpy as np                            ❶
# 입력층
>>> input_data = np.array([[2,3], [5,1]])     ❷
>>> print(input_data)                         ❸
[[2 3]
```

```
  [5 1]]
>>> x = input_data.reshape(-1)                                    ④
>>> print(x)                                                       ⑤
[2 3 5 1]
```

입력층에 대한 부분부터 구현해 봅니다. ❶ 행렬을 다루기 위해 넘파이 라이브러리를 불러옵니다. ❷ array 메소드를 이용해 이미지 행렬 데이터를 생성합니다. ❸ 생성된 행렬을 출력해보면 2행 2열의 행렬임을 알 수 있습니다. ❹ 기존 행렬을 벡터로 변환하기 위해 reshape 함수를 사용하고 인자 값으로 -1을 입력합니다. ❺ 변환 결과를 출력해 보면 벡터로 변환된 것을 볼 수 있습니다.

```
# 가중치 및 편향
w1 = np.array([2,1,-3,3])                                          ❶
w2 = np.array([1,-3,1,3])                                          ❷
b1 = 3                                                             ❸
b2 = 3                                                             ❹
```

가중치 및 편향값을 설정하는 단계입니다. ❶ 레몬 점수를 구하기 위한 가중치 벡터 $\mathbf{w}_1$을 w1이라고 설정합니다. ❷ 포도 점수를 구하기 위한 가중치 벡터 $\mathbf{w}_2$를 w2라고 설정합니다. ❸ 레몬 점수의 편향 b1을 설정합니다. ❹ 포도 점수의 편향 b2를 설정합니다.

```
# 가중합
>>> W = np.array([w1, w2])                                         ❶
>>> print(W)                                                       ❷
[[ 2  1 -3  3]
 [ 1 -3  1  3]]
>>> b = np.array([b1, b2])                                         ❸
>>> print(b)                                                       ❹
[3 3]
>>> weight_sum = np.dot(W, x) + b                                  ❺
>>> print(weight_sum)                                              ❻
[-2  4]
```

입력 데이터, 가중치 벡터와 편향을 이용해 가중합을 구하는 단계입니다. ❶ 가중치 벡터 $\mathbf{w}_1$, $\mathbf{w}_2$를 합쳐 가중치 행렬 W를 설정합니다. ❷ 가중치 행렬은 2행 4열의 행렬임을 알 수 있습니다. 1행은 레몬 점수, 2행은 포도 점수를 구하는 데 사용됩니다. ❸, ❹ 각 편향 점수를 합쳐 편향 벡터를 구합니다. ❺ 가중합을 구하기 위해 np.dot를 이용해 행렬곱을 계산합니다.

❻ 가중합의 결과를 확인할 수 있습니다. -2는 레몬 가중합, 4는 포도 가중합입니다.

```
# 출력층
>>> res = 1/(1+np.exp(-weight_sum))        ❶
>>> print(res)                             ❷
[0.11920292 0.98201379]
```

가중합을 이용해 출력층을 계산해 봅니다. ❶ 시그모이드 함수를 활성화 함수로 사용합니다. 가중합을 시그모이드 함수에 넣으면 최종 점수를 확인할 수 있습니다. ❷ 레몬 스코어는 0.119, 포도 스코어는 0.982임을 알 수 있습니다.

■ 퍼셉트론 전체 코드

```
import numpy as np

# 입력층
input_data = np.array([[2,3], [5,1]])
x = input_data.reshape(-1)

# 가중치 및 편향
w1 = np.array([2,1,-3,3])
w2 = np.array([1,-3,1,3])
b1 = 3
b2 = 3

# 가중합
W = np.array([w1, w2])
b = np.array([b1, b2])
weight_sum = np.dot(W, x) + b

# 출력층
res = 1/(1+np.exp(-weight_sum))
```

12.3 인공 신경망으로 하는 딥러닝

12.3.1 신경망의 개념

다층 퍼셉트론(multi-layer perceptron)은 이름 그대로 퍼셉트론의 층이 여러 개라는 뜻입니다. 퍼셉트론의 층이 여러 개인 것은 하나인 것에 비해 어떤 장점이 있을까요? 단순히 층이 하나에서 여러 개로 늘어난 것뿐인데 앞서 다루었던 XOR 문제와 같이 하나의 퍼셉트론으로는 해결하기 어려웠던 문제를 해결할 수 있었습니다. 앞서 우리는 선형 변환을 통해 데이터의 공간을 바꿀 수 있다는 것을 배웠습니다. 이와 같이 다층 퍼셉트론은 기존의 데이터 공간을 변형함으로써 기존의 하나의 퍼셉트론으로는 해결할 수 없었던 문제를 해결할 수 있게 되는 것입니다. 이처럼 다수의 뉴런을 사용해 만든 것을 **인공 신경망**(artificial neural network)이라고 하며 줄여서 **신경망**(neural network)이라고 부릅니다.

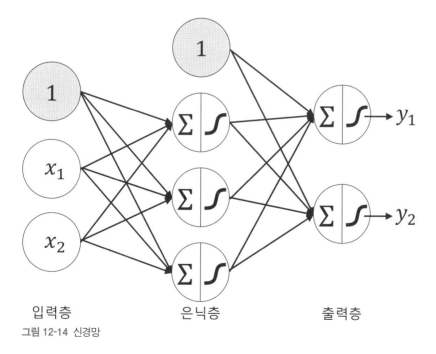

입력층　　　　　　　은닉층　　　　　　　출력층

그림 12-14 신경망

[그림 12-14]는 신경망을 나타내는 그림입니다. 입력층(input layer)에 입력된 데이터는 출력층(output layer)에 도달하기 전에 은닉층(hidden layer)이라는 층을 거친 후 출력층에 도달합니다. [그림 12-14]는 하나의 은닉층을 표현했지만 은닉층은 하나의 층뿐만 아니라 다수의 층으로 정할 수 있습니다. 딥러닝(Deep Learning)이라는 이름은 이 은닉층의 깊이가 깊다는 뜻

에서 나온 이름입니다.

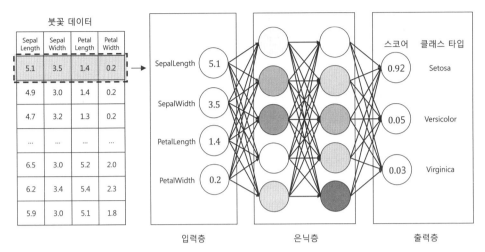

그림 12-15 신경망 예제

[그림 12-15]는 기본적인 신경망 예제입니다. 붓꽃 데이터를 이용해 꽃의 종류(클래스)를 분류한다고 가정합니다. 붓꽃 데이터의 피처는 입력층에 입력됩니다. 입력층의 노드 개수는 피처 개수와 동일합니다. 입력 데이터를 입력층에 넣고 해당 데이터들은 은닉층을 거쳐 마지막 출력층을 통해 출력됩니다. 출력층의 노드 개수는 분류하려는 클래스의 수와 같습니다. 예를 들어, 붓꽃 데이터는 3개의 클래스로 구성되어 있어 출력층의 노드는 3개로 설정합니다. 출력층의 각 노드가 나타내는 수는 **스코어(score)**이며, 이는 해당 클래스에 대한 스코어입니다. 스코어가 높을수록 해당 클래스에 속할 확률이 높다는 뜻입니다. 최종적으로 스코어가 가장 높은 클래스를 선정합니다.

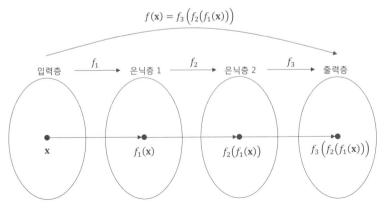

그림 12-16 신경망을 함수 형태로 표현

[그림 12-16]은 [그림 12-15]의 신경망 예제를 함수 형태로 표현한 것입니다. 신경망의 각 층을 연결하는 함수를 f_1, f_2, f_3이라고 했을 때 전체 신경망 함수는 아래와 같은 합성 함수 형태로 표현할 수 있습니다.

$$f(x) = f_3(f_2(f_1(\mathbf{x})))$$

위와 같은 체인 구조(chain structure)는 신경망에서 주로 쓰이는 구조입니다, f_1을 첫 번째 신경망 층, f_2를 두 번째 층이라고 생각하면 이해하기 쉽습니다. 신경망의 층이 깊을수록 함수의 개수는 많아지고, 합성 함수도 복잡해집니다. 이때 합성 함수의 개수는 모형의 깊이(depth)를 의미하는데, 딥러닝에서 딥(deep)이라는 용어는 바로 여기서 나온 용어입니다. 즉, 딥러닝의 학습 과정은 각 층을 연결하는 함수를 결정하는 과정이라고 할 수 있습니다.

vector-to-vector

vector-to-scalar

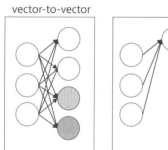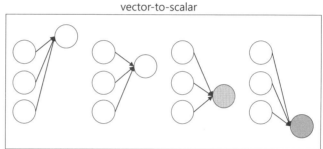

그림 12-17 vector-to-vector(왼쪽), vector-to-scalar(오른쪽)

우리는 신경망에서 하나의 층에 있는 데이터값을 모두 모아 하나의 벡터라고 생각할 수 있습니다. 입력층에서 은닉층으로 값을 전달하는 함수는 [그림 12-17]의 왼쪽 그림과 같이 벡터에서 벡터로 전달하는(vector-to-vector) 함수로 생각할 수 있습니다. 그러나 딥러닝에서의 함수는 vector-to-vector 함수가 아닌 [그림 12-17]의 오른쪽과 같이 vector-to-scalar 함수라고 생각하는 것이 좋습니다. 이는 각 벡터를 구성하는 데이터값들이 개별적으로 자유롭게 활동한다고 생각하는 것입니다.

▋ 12.3.2 오차 역전파

지금까지 배운 신경망은 어떻게 학습될까요? 신경망에서 가중치는 어떤 과정을 거쳐 구한 것일까요? 다층 퍼셉트론에서 최적값을 찾아가는 과정은 **오차 역전파**(back propagation) 방법을 사용합니다. 지금까지는 입력층에 값을 넣으면 은닉층을 거쳐 출력층에서 최종 결과를 볼 수 있었습니다.

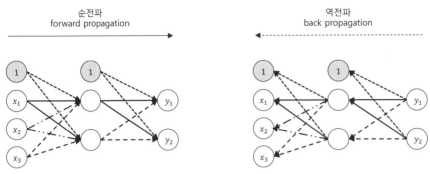

그림 12-18 순전파(왼쪽) vs 역전파(오른쪽)

[그림 12-18] 왼쪽 그림처럼 입력층-은닉층-출력층 순서대로 흘러가는 것을 **순전파(forward propagation)**라고 합니다. 반대로 오른쪽 그림처럼 역전파는 출력층-은닉층-입력층 순서대로 반대로 거슬러 올라가는 방향입니다. 오차 역전파를 통해 오차를 기반으로 가중치를 수정한 후 더 좋은 성능을 낼 수 있도록 모형을 개선합니다.

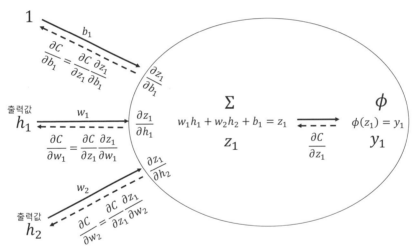

그림 12-19 오차 역전파 개념

[그림 12-19]는 오차 역전파의 개념을 나타냅니다. 화살표 실선은 순전파, 점선은 역전파를 나타냅니다. 구체적으로 오차 역전파는 다음과 같은 과정을 거칩니다.

■ 오차 역전파

(1) 가중치 초기화
(2) 순전파(forward propagation)를 통한 출력값 계산
(3) 비용 함수(cost function) 정의 및 1차 미분식 구하기
(4) 역전파(back propagation)를 통한 1차 미분값 구하기
(5) 파라미터(parameter) 업데이트
(6) (2)~(6) 과정 반복

실제로 간단한 숫자를 대입해 직접 계산해 봄으로써 오차 역전파 과정을 학습해 봅니다.

(1) 가중치 초기화

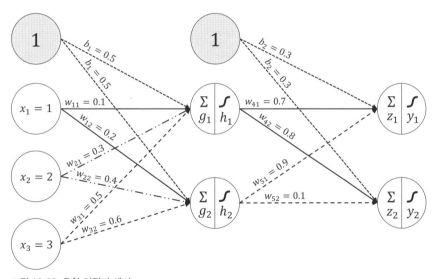

그림 12-20 오차 역전파 예시

[그림 12-20]은 오차 역전파를 적용할 신경망의 예를 나타냅니다. 입력값은 $x_1=1$, $x_2=2$, $x_3=3$이며, 활성화 함수는 시그모이드 함수를 사용합니다. 구하려는 실젯값 즉, 타깃값은 $t_1=0.5$, $t_2=0.1$입니다. 가중치 초기화에는 여러 가지 방법이 존재하는데, 이번 예제에서는 임의의 값으로 초기화합니다.

(2) 순전파(forward propagation)를 통한 출력값 계산

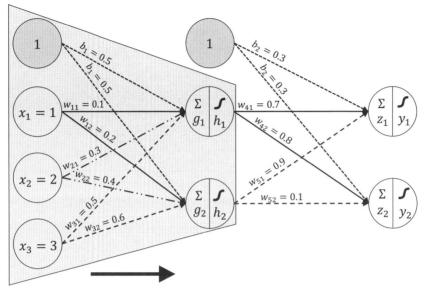

그림 12-21 입력층에서 은닉층으로 전파

초기 모형, 가중치를 설정했다면 순전파 과정을 통해 출력값을 계산해 봅니다. [그림 12-21]은 입력층에서 은닉층으로 이동했을 때의 결괏값 g_1, g_2, h_1, h_2를 계산하는 단계입니다. 이 단계를 행렬 형태로 나타낸 후 계산하면 아래와 같습니다.

$$W_1^T \mathbf{x} + \mathbf{b}_1 = \boldsymbol{g}$$

$$W_1^T \mathbf{x} + \mathbf{b}_1 = \begin{pmatrix} w_{11} & w_{21} & w_{31} \\ w_{12} & w_{22} & w_{32} \end{pmatrix} \begin{pmatrix} x_1 \\ x_2 \\ x_3 \end{pmatrix} + \begin{pmatrix} b_1 \\ b_1 \end{pmatrix}$$

$$= \begin{pmatrix} 0.1 & 0.3 & 0.5 \\ 0.2 & 0.4 & 0.6 \end{pmatrix} \begin{pmatrix} 1 \\ 2 \\ 3 \end{pmatrix} + \begin{pmatrix} 0.5 \\ 0.5 \end{pmatrix}$$

$$= \begin{pmatrix} 0.1 \cdot 1 + 0.3 \cdot 2 + 0.5 \cdot 3 \\ 0.2 \cdot 1 + 0.4 \cdot 2 + 0.6 \cdot 3 \end{pmatrix} + \begin{pmatrix} 0.5 \\ 0.5 \end{pmatrix}$$

$$= \begin{pmatrix} 2.7 \\ 3.3 \end{pmatrix}$$

앞선 식에서 입력층의 입력값은 벡터로 나타내며, 가중치 행렬은 W_1, 편향 벡터는 $\mathbf{b}_1$입니다. 주어진 입력값에 가중치를 적용한 가중합에 편향을 더하는 계산 과정을 통해 $g_1 = 2.7$, $g_2 = 3.3$이라는 결괏값을 얻을 수 있습니다. 결괏값에 활성화 함수 ϕ를 적용하면 아래와 같은 값을 구할 수 있습니다. 활성화 함수는 시그모이드 함수를 선택합니다.

$$h_1 = \phi(g_1) = \phi(2.7) = \frac{1}{1 + \exp(-2.7)} = 0.937$$

$$h_2 = \phi(g_2) = \phi(3.3) = \frac{1}{1 + \exp(-3.3)} = 0.964$$

즉, 입력층에서 주어진 값은 은닉층에서 0.937, 0.964 값으로 변환됩니다. 지금까지 입력층에서 은닉층까지 이동 및 계산을 알아보았습니다.

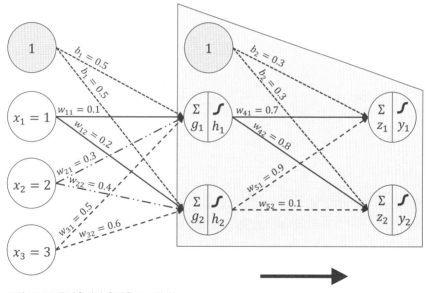

그림 12-22 은닉층에서 출력층으로 전파

다음으로 은닉층에서 출력층으로 전파하는 과정을 알아봅니다. [그림 12-22]는 이를 그림으로 나타낸 것입니다. 다음은 은닉층에서 출력층까지의 이동을 알아봅니다. 이를 행렬과 벡터를 이용한 수식 형태로 나타낸 후 계산하면 다음과 같습니다.

$$W_2^T \mathbf{h} + \mathbf{b}_2 = z$$

$$W_2^T \mathbf{h} + \mathbf{b}_2 = \begin{pmatrix} w_{41} & w_{51} \\ w_{42} & w_{52} \end{pmatrix} \begin{pmatrix} h_1 \\ h_2 \end{pmatrix} + \begin{pmatrix} b_2 \\ b_2 \end{pmatrix}$$

$$= \begin{pmatrix} 0.7 & 0.9 \\ 0.8 & 0.1 \end{pmatrix} \begin{pmatrix} 0.937 \\ 0.964 \end{pmatrix} + \begin{pmatrix} 0.3 \\ 0.3 \end{pmatrix}$$

$$= \begin{pmatrix} 0.7 \cdot 0.937 + 0.9 \cdot 0.964 \\ 0.8 \cdot 0.937 + 0.1 \cdot 0.964 \end{pmatrix} + \begin{pmatrix} 0.3 \\ 0.3 \end{pmatrix}$$

$$= \begin{pmatrix} 1.823 \\ 1.146 \end{pmatrix}$$

앞선 단계에서 구한 것과 같이 은닉층을 거쳐 나온 값을 벡터 $\mathbf{h}$로 나타내고 은닉층에서 출력층으로의 전파 과정에 사용되는 가중치 행렬을 W_2, 편향을 $\mathbf{b}_2$라고 합니다. 그리고 위와 같은 계산 과정을 통해 $z_1=1.823$, $z_2=1.146$이라는 결과를 얻었습니다. 그리고 활성화 함수를 적용한 최종 결괏값은 아래와 같습니다.

$$y_1 = \phi(z_1) = \phi(1.823) = \frac{1}{1 + \exp(-1.823)} = 0.860$$

$$y_2 = \phi(z_2) = \phi(1.146) = \frac{1}{1 + \exp(-1.146)} = 0.758$$

위와 같은 계산 과정 결과 활성화 함수를 거친 최종 결괏값은 $y_1=0.860$, $y_2=0.758$이라는 것을 알 수 있습니다. 지금까지 입력층에서 은닉층을 거쳐 출력층 결과까지 구하는 과정을 알아보았습니다.

(3) 비용 함수(cost function) 정의 및 1차 미분식 구하기

비용 함수를 정의합니다. 비용 함수는 다음과 같은 오차 제곱합을 사용합니다. y_1, y_2는 신경망 모형을 이용해 구한 계산값이고, t_1, t_2는 실젯값을 의미합니다. 오차 제곱합은 이들의 차를 제곱하고 모두 더한 것을 의미합니다.

$$C = \frac{1}{2}\left[(y_1 - t_1)^2 + (y_2 - t_2)^2\right]$$

$$\frac{dC}{dy_1} = y_1 - t_1$$

$$\frac{dC}{dy_2} = y_2 - t_2$$

위 오차 제곱합 식에서 1/2을 곱한 이유는 1차 미분식을 구할 때 계산의 편의를 위함입니다. 위와 같이 해당 비용 함수의 1차 미분식을 구한 결과를 볼 수 있습니다. 비슷한 방법으로 활성화 함수의 미분값을 구해 봅니다. 우선 활성화 함수는 시그모이드 함수를 사용하므로 시그모이드 함수를 미분하면 아래와 같은 식을 만족합니다.

$$\phi(x) = \frac{1}{1 + \exp(-x)}$$

$$\frac{d\phi(x)}{dx} = \frac{d}{dx}\left[\frac{1}{1 + \exp(-x)}\right]$$

$$= \frac{d}{dx}\left(1 + \exp(-x)\right)^{-1}$$

$$= -(1 + \exp(-x))^{-2}(-e^{-x})$$

$$= \frac{\exp(-x)}{(1 + \exp(-x))^2}$$

$$= \frac{1}{1 + \exp(-x)} \cdot \frac{\exp(-x)}{1 + \exp(-x)}$$

$$= \frac{1}{1 + \exp(-x)} \cdot \frac{1 + \exp(-x) - 1}{1 + \exp(-x)}$$

$$= \frac{1}{1 + \exp(-x)} \cdot \left(1 - \frac{1}{1 + \exp(-x)}\right)$$

$$= \phi(x)\big(1 - \phi(x)\big)$$

지금까지 비용 함수와 활성화 함수의 미분값을 구한 이유는 오차 역전파법을 적용하기 위함입니다. 따라서 앞서 구한 비용 함수와 활성화 함수의 미분값을 이용해 지금부터 오차 역전파법을 적용해 봅니다.

(4) 역전파(back propagation)를 통한 1차 미분값 구하기

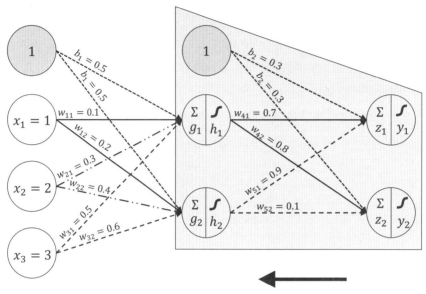

그림 12-23 출력층에서 은닉층으로 역전파

입력층에서 시작했던 순전파와는 달리 역전파법은 출력층으로부터 시작합니다. [그림 12-23]과 같이 먼저 출력층에서 은닉층으로 거꾸로 거슬러 올라가는 과정을 구해 봅니다. 이를 수식으로 나타내면 아래와 같습니다.

$$W_2^T \mathbf{h} + \mathbf{b}_2 = \mathbf{z}$$

$$\frac{d\mathbf{z}}{dW_2} = \mathbf{h}, \qquad \frac{d\mathbf{z}}{d\mathbf{b}_2} = 1$$

$$\begin{pmatrix} w_{41} & w_{51} \\ w_{42} & w_{52} \end{pmatrix} \begin{pmatrix} h_1 \\ h_2 \end{pmatrix} + \begin{pmatrix} b_2 \\ b_2 \end{pmatrix} = \begin{pmatrix} z_1 \\ z_2 \end{pmatrix}$$

$$w_{41}h_1 + w_{51}h_2 + b_2 = z_1$$

$$w_{42}h_1 + w_{52}h_2 + b_2 = z_2$$

$$\frac{dz_1}{dw_{41}} = h_1, \qquad \frac{dz_1}{dw_{51}} = h_2, \qquad \frac{dz_1}{db_2} = 1$$

$$\frac{dz_2}{dw_{42}} = h_1, \qquad \frac{dz_2}{dw_{52}} = h_2, \qquad \frac{dz_2}{db_2} = 1$$

출력층의 가중합 벡터 $\mathbf{z}$, 가중치 행렬 $\boldsymbol{W}_2$, 편향은 $\mathbf{b}_2$입니다. 순전파에서는 주어진 값을 이용해 가중합과 편향을 더했지만, 역전파에서는 가중치나 편향이 조금 변했을 때의 출력값의 변화를 구하기 위해 미분합니다. 위 식을 바탕으로 지금부터 은닉층에서 출력층까지 연결되는 가중치가 변했을 때 비용 함수의 변화량을 구해 봅니다.

$$\frac{dC}{dw_{41}} = \frac{dC}{dy_1}\frac{dy_1}{dz_1}\frac{dz_1}{dw_{41}}$$

$$= (y_1 - t_1) \times [y_1(1 - y_1)] \times h_1$$

$$= (0.860 - 0.5) \times [0.860(1 - 0.860)] \times 0.937$$

$$= 0.360 \times 0.120 \times 0.937$$

$$= 0.040$$

$$\frac{dC}{dw_{42}} = \frac{dC}{dy_2}\frac{dy_2}{dz_2}\frac{dz_2}{dw_{42}}$$

$$= (y_2 - t_2) \times [y_2(1 - y_2)] \times h_1$$

$$= (0.758 - 0.1) \times [0.758(1 - 0.758)] \times 0.937$$

$$= 0.658 \times 0.183 \times 0.937$$

$$= 0.113$$

$$\frac{dC}{dw_{51}} = \frac{dC}{dy_1}\frac{dy_1}{dz_1}\frac{dz_1}{dw_{51}}$$

$$= (y_1 - t_1) \times [y_1(1 - y_1)] \times h_2$$

$$= (0.860 - 0.5) \times [0.860(1 - 0.860)] \times 0.964$$

$$= 0.360 \times 0.120 \times 0.964$$

$$= 0.042$$

$$\frac{dC}{dw_{52}} = \frac{dC}{dy_2}\frac{dy_2}{dz_2}\frac{dz_2}{dw_{52}}$$

$$= (y_2 - t_2) \times [y_2(1 - y_2)] \times h_2$$

$$= (0.758 - 0.1) \times [0.758(1 - 0.758)] \times 0.964$$

$$= 0.658 \times 0.183 \times 0.964$$

$$= 0.116$$

$$\frac{dC}{db_2} = \frac{dC}{dy_1}\frac{dy_1}{dz_1}\frac{dz_1}{db_2} + \frac{dC}{dy_2}\frac{dy_2}{dz_2}\frac{dz_2}{db_2}$$

$$= 0.360 \cdot 0.120 \cdot 1 + 0.658 \cdot 0.183 \cdot 1$$

$$= 0.164$$

위 계산 과정을 통해 각 가중치 값의 변화에 따른 비용 함수 C의 변화량을 구해 보았습니다. 지금까지는 출력층에서 은닉층으로 거슬러 올라가는 계산을 직접 해 본 것입니다.

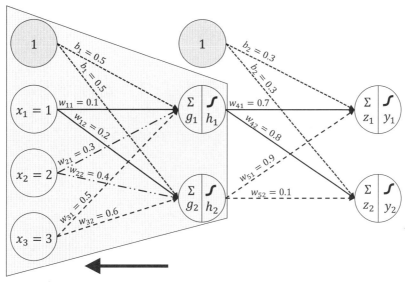

그림 12-24 은닉층에서 입력층으로 역전파

이번에는 [그림 12-24]와 같이 은닉층에서 입력층으로 거슬러 올라가는 계산을 해 봅니다. 이를 수식으로 표현한 것은 아래와 같습니다.

$$W_1^T \mathbf{x} + \mathbf{b}_1 = \mathbf{g}$$

$$\frac{d\mathbf{g}}{d W_1} = \mathbf{x}, \qquad \frac{d\mathbf{g}}{d\mathbf{b}_1} = 1$$

$$\begin{pmatrix} w_{11} & w_{21} & w_{31} \\ w_{12} & w_{22} & w_{32} \end{pmatrix} \begin{pmatrix} x_1 \\ x_2 \\ x_3 \end{pmatrix} + \begin{pmatrix} b_1 \\ b_1 \end{pmatrix}$$

$$w_{11}x_1 + w_{21}x_2 + w_{31}x_3 + b_1 = g_1$$

$$w_{12}x_1 + w_{22}x_2 + w_{32}x_3 + b_1 = g_2$$

$$\frac{dg_1}{dw_{11}} = x_1, \qquad \frac{dg_1}{dw_{21}} = x_2, \qquad \frac{dg_1}{dw_{31}} = x_3, \qquad \frac{dg_1}{db_1} = 1$$

$$\frac{dg_2}{dw_{12}} = x_1, \qquad \frac{dg_2}{dw_{22}} = x_2, \qquad \frac{dg_2}{dw_{32}} = x_3, \qquad \frac{dg_2}{db_1} = 1$$

앞선 계산 과정을 통해 가중치 변화량에 따른 은닉층 값이 변화하는 정도를 구해 보았습니다. 주어진 값을 이용해 계산해 봅니다. 먼저 h_1에 연관된 계산을 해 봅니다.

$$\frac{dC}{dh_1} = \frac{dC}{dy_1}\frac{dy_1}{dz_1}\frac{dz_1}{dh_1} + \frac{dC}{dy_2}\frac{dy_2}{dz_2}\frac{dz_2}{dh_1}$$

$$= 0.360 \cdot 0.120 \cdot 0.7 + 0.658 \cdot 0.183 \cdot 0.8$$

$$= 0.030 + 0.096$$

$$= 0.126$$

$$\frac{dC}{dw_{11}} = \frac{dC}{dh_1}\frac{dh_1}{dg_1}\frac{dg_1}{dw_{11}}$$

$$= 0.126 \cdot [0.937(1 - 0.937)] \cdot 1$$

$$= 0.126 \cdot 0.060 \cdot 1$$

$$= 0.008$$

$$\frac{dC}{dw_{21}} = \frac{dC}{dh_1}\frac{dh_1}{dg_1}\frac{dg_1}{dw_{21}}$$

$$= 0.126 \cdot [0.937(1 - 0.937)] \cdot 2$$

$$= 0.126 \cdot 0.060 \cdot 2$$

$$= 0.015$$

$$\frac{dC}{dw_{31}} = \frac{dC}{dh_1}\frac{dh_1}{dg_1}\frac{dg_1}{dw_{31}}$$

$$= 0.126 \cdot [0.937(1 - 0.937)] \cdot 3$$

$$= 0.126 \cdot 0.060 \cdot 3$$

$$= 0.023$$

h_1에 관련된 계산은 위와 같습니다. 다음으로 h_2에 연관된 계산을 해 봅니다.

$$\frac{dC}{dh_2} = \frac{dC}{dy_1}\frac{dy_1}{dz_1}\frac{dz_1}{dh_2} + \frac{dC}{dy_2}\frac{dy_2}{dz_2}\frac{dz_2}{dh_2}$$

$$= 0.360 \cdot 0.120 \cdot 0.9 + 0.658 \cdot 0.183 \cdot 0.1$$

$$= 0.039 + 0.012$$

$$= 0.051$$

$$\frac{dC}{dw_{12}} = \frac{dC}{dh_2}\frac{dh_2}{dg_2}\frac{dg_2}{dw_{12}}$$

$$= 0.051 \cdot [0.964(1 - 0.964)] \cdot 1$$

$$= 0.051 \cdot 0.035 \cdot 1$$

$$= 0.002$$

$$\frac{dC}{dw_{22}} = \frac{dC}{dh_2}\frac{dh_2}{dg_2}\frac{dg_2}{dw_{22}}$$

$$= 0.051 \cdot [0.964(1 - 0.964)] \cdot 2$$

$$= 0.051 \cdot 0.035 \cdot 2$$

$$= 0.004$$

$$\frac{dC}{dw_{32}} = \frac{dC}{dh_2}\frac{dh_2}{dg_2}\frac{dg_2}{dw_{32}}$$

$$= 0.051 \cdot [0.964(1 - 0.964)] \cdot 3$$

$$= 0.051 \cdot 0.035 \cdot 3$$

$$= 0.005$$

$$\frac{dC}{db_1} = \frac{dC}{dy_1}\frac{dy_1}{dz_1}\frac{dz_1}{dh_1}\frac{dh_1}{dg_1}\frac{dg_1}{db_1} + \frac{dC}{dy_2}\frac{dy_2}{dz_2}\frac{dz_2}{dh_2}\frac{dh_2}{dg_2}\frac{dg_2}{db_1}$$

$$= 0.360 \cdot 0.120 \cdot 0.7 \cdot 0.060 \cdot 0.5 + 0.658 \cdot 0.183 \cdot 0.1 \cdot 0.035 \cdot 0.5$$

$$= 0.001$$

(5) 파라미터(parameter) 업데이트

가중치를 업데이트하는 과정입니다. 학습률은 $\eta = 0.01$이라고 설정합니다.

$$w_{11} \rightarrow w_{11} - \eta \frac{dC}{dw_{11}} = 0.1 - 0.01 \times 0.008 = 0.09920$$

$$w_{12} \rightarrow w_{12} - \eta \frac{dC}{dw_{12}} = 0.2 - 0.01 \times 0.002 = 0.19998$$

$$w_{21} \rightarrow w_{21} - \eta \frac{dC}{dw_{21}} = 0.3 - 0.01 \times 0.015 = 0.29850$$

$$w_{22} \rightarrow w_{22} - \eta \frac{dC}{dw_{22}} = 0.4 - 0.01 \times 0.004 = 0.39996$$

$$w_{31} \rightarrow w_{31} - \eta \frac{dC}{dw_{31}} = 0.5 - 0.01 \times 0.023 = 0.49977$$

$$w_{32} \rightarrow w_{32} - \eta \frac{dC}{dw_{32}} = 0.6 - 0.01 \times 0.005 = 0.59995$$

$$w_{41} \rightarrow w_{41} - \eta \frac{dC}{dw_{41}} = 0.7 - 0.01 \times 0.040 = 0.69960$$

$$w_{42} \rightarrow w_{42} - \eta \frac{dC}{dw_{42}} = 0.8 - 0.01 \times 0.113 = 0.79887$$

$$w_{51} \rightarrow w_{51} - \eta \frac{dC}{dw_{51}} = 0.9 - 0.01 \times 0.042 = 0.89958$$

$$w_{52} \rightarrow w_{52} - \eta \frac{dC}{dw_{52}} = 0.1 - 0.01 \times 0.116 = 0.09884$$

$$b_1 \rightarrow b_1 - \eta \frac{dC}{db_1} = 0.5 - 0.01 \times 0.001 = 0.49999$$

$$b_2 \rightarrow b_2 - \eta \frac{dC}{db_2} = 0.1 - 0.01 \times 0.164 = 0.09836$$

이처럼 초기에 정했던 가중치, 편향값이 오차 역전파법을 이용해 업데이터된 것을 볼 수 있습니다. 신경망에서는 순전파와 역전파를 반복하며 학습이 진행됩니다. 지금까지 오차 역전파법에 대해 알아보았습니다.

▌12.3.3 활성화 함수

활성화 함수는 딥러닝에서 인풋값과 가중치, 편향을 계산해 해당 노드를 활성화할지를 결정하는 함수입니다. 딥러닝에는 결괏값을 결정하는 여러 가지 활성화 함수가 존재합니다. 이번 단원에서는 다양한 활성화 함수에 대해 알아봅니다.

■ 계단 함수

계단 함수(step function)는 아래와 같은 식을 의미합니다.

$$\phi(x) = \begin{cases} 0, & x \leq 0 \\ 1, & x > 0 \end{cases}$$

위 식과 같이 계단 함수는 입력값이 0 이하일 경우에는 0을 출력하고, 0을 초과할 때만 1을 출력합니다. 이처럼 계단 함수의 출력값은 0 또는 1로 오직 두 가지 값만 가진다는 특징이 있습니다.

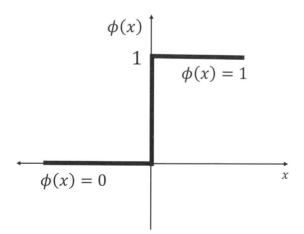

그림 12-25 계단 함수

[그림 12-25]는 계단 함수의 형태를 나타냅니다. 입력값 x가 0을 기준으로 0을 넘기 전과 후의 값에 따라 출력값이 바뀌는 것을 알 수 있습니다. 계단 함수는 사용하기 간단하다는 장점이 있지만 미분이 가능하지 않다는 단점이 있습니다.

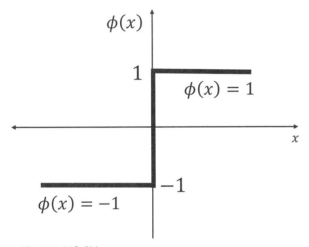

■ 부호 함수

부호 함수(sign function)는 아래와 같은 수식을 따릅니다.

$$\phi(x) = \begin{cases} 1, & x > 0 \\ 0, & x = 0 \\ -1, & x < 0 \end{cases}$$

부호 함수를 그림으로 나타내면 아래와 같습니다.

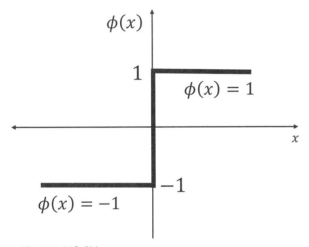

그림 12-26 부호 함수

[그림 12-26]은 부호 함수를 그림으로 나타낸 것입니다. 부호 함수는 계단 함수와 비슷하게 생겼지만, 0 또는 1 값만 출력하는 계단 함수와는 달리 -1, 0, 1 값을 출력하는 것을 알 수 있습니다.

■ 시그모이드 함수

시그모이드 함수(sigmoid function)에 대해 알아봅니다. 시그모이드 함수는 아래와 같은 수식을 따릅니다.

$$\phi(x) = \frac{1}{1 + \exp(-x)}$$

위 식에서 exp는 지수 함수를 의미합니다. 이를 그림으로 나타내면 [그림 12-27]과 같습니다.

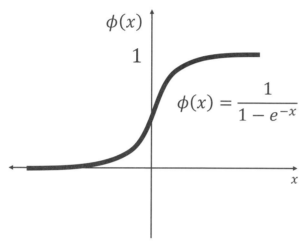

그림 12-27 시그모이드 함수

[그림 12-27]과 같이 시그모이드 함수는 0과 1 사이의 값을 출력합니다. 시그모이드 함수를 딥러닝에 적용했을 때의 단점은 학습하는 과정에서 미분을 반복하면 그래디언트 값이 매우 작아지는 그래디언트 소실 문제(vanishing gradient problem)가 발생할 수 있다는 것입니다. 왜냐하면 시그모이드 함수에서 x 값이 지나치게 크거나 작을 경우, 미분값이 0에 가까워지고, 이는 그래디언트 소실 문제를 발생시켜 학습 속도가 느려질 수 있습니다.

■ 하이퍼볼릭 탄젠트 함수

하이퍼볼릭 탄젠트(hyperbolic tangent, tanh)는 시그모이드 함수를 변형한 함수입니다.

$$\phi(x) = 2 \times \phi_{sigmoid}(x) - 1 = \frac{\exp(x) - \exp(-x)}{\exp(x) + \exp(-x)}$$

시그모이드 함수의 범위는 0부터 1 사이인 반면에 하이퍼볼릭 탄젠트 함수의 범위는 -1부터 1 사이입니다.

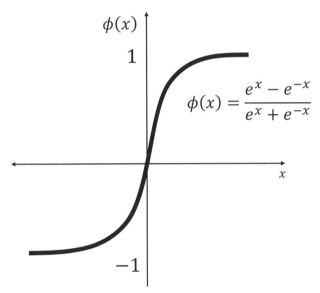

그림 12-28 하이퍼볼릭 탄젠트 함수

[그림 12-28]은 하이퍼볼릭 탄젠트 함수를 나타낸 그림입니다.

■ 렐루 함수

렐루 함수(ReLU, Rectified Linear Unit)는 아래와 같은 식을 따릅니다.

$$\phi(x) = \begin{cases} x, & x > 0 \\ 0, & x \leq 0 \end{cases}$$

위 식은 아래와 같이 한 줄로 표현할 수도 있습니다.

$$\phi(x) = \max(x, 0)$$

렐루 함수를 그림으로 표현하면 [그림 12-29]와 같습니다.

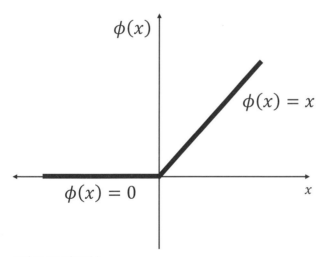

그림 12-29 렐루 함수

[그림 12-29]와 같이 렐루 함수는 x 값이 0 이하라면 0을 출력하고, 양수이면 x 값을 그대로 출력합니다. 렐루 함수는 앞선 계단 함수나 시그모이드 함수와는 다르게 값의 상한선이 없다는 특징이 있습니다.

■ 리키 렐루

리키 렐루(Leaky ReLU) 함수는 아래와 같은 함수를 따릅니다.

$$\phi(x) = \begin{cases} x, & x > 0 \\ ax, & x \leq 0 \end{cases}$$

위 함수에서 만약 $a \leq 1$이라면 아래와 같이 쓸 수 있습니다.

$$\phi(x) = \max(x, ax)$$

이를 그림으로 표현하면 [그림 12-30]과 같습니다.

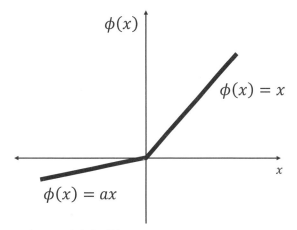

그림 12-30 리키 렐루 함수

[그림 12-30]은 리키 렐루 함수를 나타낸 그림입니다. 리키 렐루 함수에서 a는 일반적으로 0.01 값을 가집니다.

■ 항등 함수

항등 함수(identity function) 혹은 선형 함수라고도 부르는 이 함수는 입력과 출력이 같은 값을 가집니다. 항등 함수는 주로 회귀 문제에서의 출력층 활성화 함수로 사용됩니다.

$$\phi(x) = x$$

앞선 수식과 같이 항등 함수는 입력값과 출력값이 동일합니다.

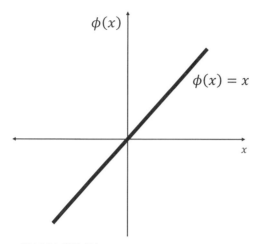

그림 12-31 항등 함수

[그림 12-31]은 항등 함수를 그림으로 나타낸 것입니다. 항등 함수는 입력값이 증가할수록 출력값 또한 비례해서 증가하는 것을 볼 수 있습니다. 함수의 특징은 결괏값의 범위 제한이 없다는 것과 x로 미분했을 때 항상 동일한 값을 가진다는 것입니다. 항등 함수는 다른 말로 선형 함수(linear function)라고도 부릅니다.

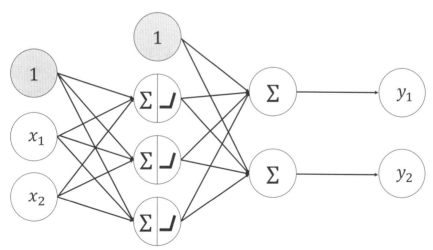

그림 12-32 항등 함수를 적용한 신경망

[그림 12-32]는 은닉층에서의 활성화 함수는 렐루 함수를 사용하고, 출력층에서의 활성화 함수는 항등 함수가 적용됨을 나타냅니다. 이처럼 은닉층의 활성화 함수와 출력층의 활성화 함

수를 다르게 적용할 수도 있습니다.

■ 소프트맥스 함수

소프트맥스 함수(softmax function)는 주로 최종 출력층에 사용되는 활성화 함수입니다. 만약 해결해야 할 문제가 회귀 문제라면 출력층에 항등 함수를 쓰고, 분류 문제일 경우에는 소프트맥스 함수를 사용합니다. 소프트맥스 함수를 수식으로 나타내면 아래와 같습니다.

$$\phi(x_k) = \frac{\exp(x_k)}{\sum_{i=1}^{n} \exp(x_i)}$$

그런데 소프트맥스 함수를 사용할 때 위 식을 그대로 사용할 경우 오버플로 문제가 발생할 수 있습니다. **오버플로(overflow)**는 출력값이 컴퓨터가 표현할 수 있는 수의 한계를 초과하는 문제를 말합니다. 예를 들어 입력값 $x_k=1{,}000$일 때, $\exp(1{,}000)$는 매우 큰 수가 되므로 계산하는 것이 불가능합니다. 이 문제를 해결하기 위해 소프트맥스 함수를 아래와 같이 변형해서 쓰기도 합니다.

$$\phi(x_k) = \frac{\exp(x_k + C)}{\sum_{i=1}^{n} \exp(x_i + C)}$$

소프트맥스 함수에서 지수 연산을 할 때, 입력값에 임의의 상수 C를 더하거나 빼서 오버플로 문제를 해결합니다. 임의의 상수 C는 일반적으로 입력값의 최댓값을 이용합니다. 예를 들어, 입력값이 [999, 1,000, 1,001]이라고 하면 입력값의 최댓값은 1001이므로 임의의 상수 C는 1001이 됩니다. 기존에는 $\exp(999)$, $\exp(1{,}000)$, $\exp(1{,}001)$을 구해야 해서 오버플로가 발생할 수 있지만, 입력값의 최댓값 1001을 빼 주면 아래와 같이 연산이 간편해집니다.

$$\exp(999 - 1{,}001) = \exp(-2)$$

$$\exp(1000 - 1{,}001) = \exp(-1)$$

$$\exp(1001 - 1{,}001) = \exp(0)$$

또한 소프트맥스 함수 결과는 0과 1 사잇값으로 출력되기 때문에 이를 확률에 대응해서 해석할 수 있습니다. 각 확률은 입력값에 비례하므로 입력값이 크면 확률값도 크게 나타납니다.

소프트맥스 함수를 적용하기 전에도 어떤 값이 가장 크게 출력될지 예측 가능합니다. 실제로 앞선 예에서 입력값이 [999, 1000, 1001]인 경우 1001일 확률이 가장 크게 나타납니다. 소프트 맥스 함수를 사용했을 때, 신경망 구조는 [그림 12-33]과 같습니다.

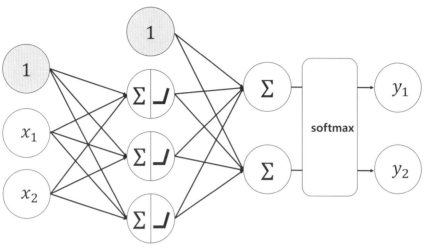

그림 12-33 소프트맥스 함수 적용한 신경망

[그림 12-33]을 보면 은닉층에서의 활성화 함수는 렐루 함수가 쓰이고, 출력층의 활성화 함수는 소프트맥스 함수가 쓰인 것을 볼 수 있습니다.

12.3.4 배치 정규화

이번 단원에서는 배치 정규화에 대해 알아봅니다. **배치 정규화**(batch normalization)는 해당 층 값의 분포를 변경하는 방법으로, 평균과 분산을 고정시키는 방법입니다. 배치 정규화를 이용하면 그래디언트 소실 문제를 줄임으로써 신경망의 학습 속도를 향상할 수 있다는 장점이 있습니다. 배치 정규화는 다음과 같은 과정을 거칩니다.

■ 배치 정규화

(1) 전체 데이터 셋이 $x_1, ..., x_m, ..., x_n$이라고 했을 때, 미니 배치를 $\mathcal{B}=\{x_1, ..., x_m\}$이라고 합니다.

(2) 배치 정규화의 인풋(input)
- 미니 배치 $\mathcal{B}=\{x_1, ..., x_m\}$
- 학습 대상이 되는 파라미터 γ, β

(3) 배치 정규화를 위해 아래 계산을 합니다.

$$\text{미니 배치 평균:} \quad \mu_{\mathcal{B}} = \frac{1}{m}\sum_{i=1}^{m} x_i$$

$$\text{미니 배치 분산:} \quad \sigma_{\mathcal{B}}^2 = \frac{1}{m}\sum_{i=1}^{m} (x_i - \mu_{\mathcal{B}})^2$$

$$\text{정규화:} \quad \hat{x}_i = \frac{x_i - \mu_{\mathcal{B}}}{\sqrt{\sigma_{\mathcal{B}}^2 + \epsilon}}$$

$$scale~and~shift: \quad y_i = \gamma \hat{x}_i + \beta$$

미니 배치 평균은 미니 배치에 해당하는 데이터들로부터 구한 평균, 분산을 의미합니다. 미니 배치의 평균, 분산을 이용해 정규화시켜 평균 0, 분산 1의 분포를 따르게 만듭니다. 정규화 단계에서 분모에 있는 ϵ는 상수로 분산이 0일 경우 분모가 0이 되는 경우를 방지해 줍니다. scale 파라미터 γ와 shift 파라미터 β를 이용해 정규화시킨 값을 아핀 변환(affine transformation)하면 scale과 shift가 가능합니다.

(4) 배치 정규화의 아웃풋(output): y_i

▎12.3.5 드롭아웃

이번 단원에서는 드롭아웃에 대해 알아봅니다. 신경망에서 층과 층 사이에 여러 개의 노드가 서로 연결되면서 복잡한 구조를 형성합니다. 드롭아웃(dropout)은 신경망의 모든 노드를 사용하는 것이 아닌, 일부 노드를 사용하지 않는 방법입니다.

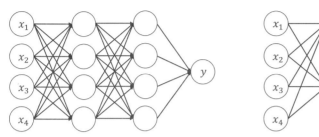

그림 12-34 드롭아웃 적용한 신경망

[그림 12-34]의 왼쪽 그림은 드롭아웃을 적용하기 전 신경망이고, 오른쪽 그림은 드롭아웃을 적용한 신경망입니다. 드롭아웃은 신경망에서 노드를 일시적으로 신경망에서 제거하는 방법입니다. 이때, 어떤 노드를 신경망에서 일시적으로 제거할지는 각 층에서 무작위로 선택됩니다. [그림 12-34]를 보면 드롭아웃을 적용한 후 신경망의 노드 숫자가 줄어들고 이에 따라 연산량도 줄어듦을 알 수 있습니다. 드롭아웃을 적용하면 오버피팅을 방지할 수 있다는 장점이 있습니다.

▎12.3.6 텐서플로 2.0 소개

텐서플로(Tensorflow)는 파이썬을 이용해 딥러닝 학습 시 사용하는 라이브러리입니다. 텐서플로를 활용하면 신경망을 기반으로 하는 딥러닝 학습에서 다양한 신경망 관련 연산을 처리할 수 있어 편리합니다. 이번 장에서는 딥러닝 실습에 앞서 텐서플로의 기본적인 사용법을 알아봅니다.

텐서플로를 이용해 신경망 구조를 만드는 방법에는 크게 시퀀스 API를 사용하는 방법과 함수형 API를 사용하는 방법이 존재합니다. 먼저 시퀀스 API를 사용하는 방법에 대해 알아봅니다. 시퀀스 API는 텐서플로에서 제공하는 Sequential( )을 통해 딥러닝 구조의 층을 쌓을 수 있습니다. Sequential( ) 선언 후 model.add( ) 함수를 입력함으로써 실제로 층을 쌓습니다. 이때, Sequential( )은 신경망 모형을 선언, 생성하는 것으로 생각하면 편합니다.

```
from tensorflow.keras.models import Sequential
from tensorflow.keras.layers import Dense

model = Sequential()
model.add(Dense(100, activation='relu',
                input_shape=(32,32,1)))
model.add(Dense(50, activation='relu'))
model.add(Dense(5, activation='softmax'))
model.summary()
```

```
Model: "sequential"

Layer (type)              Output Shape              Param #
=================================================================
dense (Dense)             (None, 32, 32, 100)       200

dense_1 (Dense)           (None, 32, 32, 50)        5050

dense_2 (Dense)           (None, 32, 32, 5)         255
=================================================================
```

그림 12-35 sequential API 모형

위 코드는 시퀀스 API 방법을 사용해 만든 Sequential( ) 딥러닝 모형입니다. 텐서플로를 처음 사용하는 분들은 Sequential( ) 모형이 좀 더 쉽게 느껴질 것입니다. Sequential( ) 모형으로 텐서플로에 익숙해진 후 함수형 API 방법을 사용하기를 권장합니다. 코드의 흐름은 우선 모형을 생성하고 add 메소드를 통해 층을 쌓고 summary 메소드로 모형을 확인할 수 있는 구조입니다. 코드의 자세한 내용은 실습을 통해 자세히 알아봅니다. 아래 코드는 동일한 모형 구조를 함수형 API를 사용해서 구현한 것입니다.

```
from tensorflow.keras.layers import Input, Dense
from tensorflow.keras.models import Model

input_layer = Input(shape=(32,32,1))
x = Dense(units=100, activation = 'relu')(input_layer)
x = Dense(units=50, activation = 'relu')(x)
output_layer = Dense(units=5, activation='softmax')(x)
model2 = Model(input_layer, output_layer)
model2.summary()
```

```
Model: "model"

Layer (type)                 Output Shape              Param #
=================================================================
input_1 (InputLayer)         [(None, 32, 32, 1)]       0
_____
dense_3 (Dense)              (None, 32, 32, 100)       200
_____
dense_4 (Dense)              (None, 32, 32, 50)        5050
_____
dense_5 (Dense)              (None, 32, 32, 5)         255
=================================================================
```

그림 12-36 함수형 API 모형

[그림 12-36] 모형에서 Dense 함수를 사용할 때 activation 옵션을 사용함으로써 활성화 함수도 결정합니다.

```
x = Dense(units=100, activation='relu')(x)
```

한편, 위 코드는 은닉층과 활성화 함수를 분리해 다음과 같이 쓸 수 있습니다.

```
x = Dense(units=100)(x)
x = Activation('relu')(x)
```

딥러닝 구조를 만들었다면 compile( ) 함수를 통해 컴파일을 진행합니다.

■ 모형 저장 및 불러오기

텐서플로를 사용하면 학습시킨 모형을 저장하고 나중에 모형을 불러와서 다시 사용할 수 있습니다. 저장된 모형을 불러오면 모형을 매번 학습시키는 것이 아니라 이전에 만들어 놨던 모형을 불러와 바로 사용할 수 있어 시간을 절약할 수 있습니다.

```
model.save('cnn_model.h5')
```

모형 저장은 위와 같이 save 메소드를 사용합니다. 모형은 h5 파일로 저장합니다. h5 파일은 hdf5 파일을 의미하는데, hdf5는 Hierarchical Data Format version 5의 줄인 말로 대용량 데이터를 저장하기 위한 파일 포맷입니다. 파일 저장 위치는 해당 파이썬 코드가 저장되는 위치와 동일합니다.

```
from tensorflow.keras.models import load_model
cnn_model2 = load_model('cnn_model.h5')
```

저장한 모형을 불러오는 방법은 위 코드와 같습니다. 케라스에서 load_model 함수를 불러오고 사용함으로써 모형을 다시 학습시키지 않고 바로 사용할 수 있습니다. 불러온 모형은 cnn_model2라고 이름 짓습니다.

■ 배치 사이즈(batch size), 에포크(epoch), 반복(iteration)의 차이

딥러닝 학습을 하는 과정에서 epoch, batch size, iteration이라는 단어를 사용하는데, 이 단어들은 서로 비슷해 보이지만 서로 다른 의미를 나타냅니다. 이번에는 epoch, batch size, iteration의 의미를 알아보겠습니다. 먼저 batch size는 전체 트레이닝 데이터를 여러 개의 미니 배치(mini batch)로 나누었을 때, 하나의 미니 배치에 속하는 데이터의 개수를 의미합니다. 전체 트레이닝 셋을 여러 개의 미니 배치로 나누는 이유는 학습 시간을 줄이고 효율적으로 리소스를 활용하기 위해서입니다.

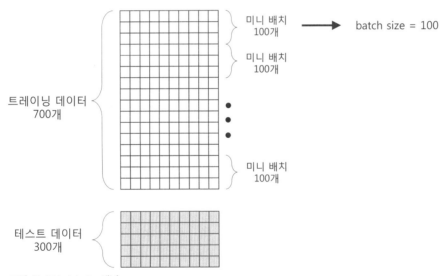

그림 12-37 batch size 개념

[그림 12-37]은 batch size를 그림으로 나타낸 것입니다. 트레이닝 데이터 700개를 각각 100개로 구성된 미니 배치 7개로 나누었을 때, 각 미니 배치는 100개의 데이터 포인트로 구성되어 있으므로 batch size는 100에 해당합니다.

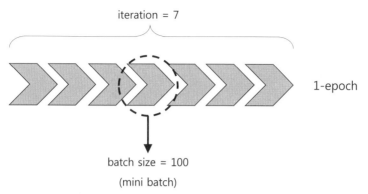

iteration = 7

1-epoch

batch size = 100

(mini batch)

그림 12-38 epoch, iteration 개념

epoch는 전체 트레이닝 셋이 신경망을 통과한 횟수를 의미합니다. 즉, 1-epoch는 트레이닝 셋에 포함되는 모든 데이터 포인트가 신경망을 한 번 통과했다는 것을 의미합니다. 마지막으로 iteration은 1-epoch를 마치는 데 필요한 미니 배치 수를 의미합니다. 예를 들어, [그림 12-38]과 같이 트레이닝 데이터가 700개로 구성되어 있을 때, 이를 100개의 데이터로 구성된 미니 배치 7개로 나누었다고 한다면, 트레이닝 데이터 전체가 신경망을 통과하기 위해서는 총 7개의 미니 배치를 신경망에 통과시켜야 하므로 iteration은 7에 해당합니다. 그리고 신경망의 가중치 파라미터는 미니 배치당 한 번 업데이트하므로 파라미터 업데이트 횟수도 iteration 횟수와 동일합니다.

12.3.7 분류 신경망 실습

이번 장에서는 신경망을 이용해 와인 종류를 분류하는 모형을 만들어 봅니다.

> 랜덤 시드 설정

```
import numpy as np
import tensorflow as tf
np.random.seed(0)
tf.random.set_seed(0)
```

일관된 결괏값이 나오도록 랜덤 시드를 설정합니다. numpy와 tensorflow 라이브러리에서 각각 랜덤 시드값을 생성하는 함수를 사용해 랜덤 시드값을 생성합니다. 필자는 시드값을 0으로 설정했습니다.

> 데이터 불러오기

```
from sklearn import datasets                                    ❶
raw_wine = datasets.load_wine()                                 ❷
```

데이터를 불러옵니다. ❶ 사이킷런 라이브러리를 이용해 데이터 셋을 불러옵니다. ❷ 이번 실습
에 쓰일 데이터는 와인 데이터입니다. 와인 데이터를 불러오기 위해 load_wine( )을 실행합니다.

> 피처, 타깃 데이터 지정

```
X = raw_wine.data                                              ❶
y = raw_wine.target                                            ❷
```

전체 데이터를 피처 데이터와 타깃 데이터로 나눕니다. ❶ 피처 데이터를 설정합니다. ❷
.target을 실행해 타깃 데이터를 y라고 저장합니다.

> 피처 데이터 차원 확인

```
>>> print(X.shape)
(178, 13)
```

피처 데이터의 차원을 확인해 봅니다. 이때, 피처 데이터의 차원을 확인하는 이유는 딥러닝에
사용되는 피처가 몇 개인지 확인하기 위해서입니다. 결과를 확인하면 총 13개의 피처가 사용
되는데, 이는 신경망을 생성할 때 사용됩니다.

> 타깃 데이터 종류 확인

```
>>> print(set(y))
0, 1, 2
```

타깃 데이터의 라벨을 확인해 봅니다. 라벨 종류를 확인함으로써 분류 문제인지 아니면 회귀
문제인지를 파악할 수 있고, 만약 분류 문제라면 몇 가지 클래스로 구분되는지 알 수 있습니
다. print를 이용해 클래스 종류를 확인하면 이 문제는 분류 문제라는 것을 확인할 수 있으며
총 3가지 클래스로 구분된다는 것을 알 수 있습니다. 지금 구한 클래스 개수에 대한 정보 역
시 신경망 생성에 사용됩니다.

> 타깃 데이터 원-핫 인코딩

```
>>> from tensorflow.keras.utils import to_categorical    ❶
>>> y_hot = to_categorical(y)                            ❷
>>> print(y_hot)                                         ❸
[[1. 0. 0.]
 [1. 0. 0.]
 [1. 0. 0.]
 [1. 0. 0.]
...(중략)
```

위에서 확인한 타깃 데이터는 범주형 자료이므로 원-핫 인코딩을 합니다. ❶ 원-핫 인코딩을 사용하기 위해 필요한 함수를 불러옵니다. ❷, ❸ 타깃 데이터를 넣고 to_categorical()을 실행하면 원-핫 인코딩된 결과를 확인할 수 있습니다.

> 트레이닝/테스트 데이터 분할

```
from sklearn.model_selection import train_test_split     ❶
X_tn, X_te, y_tn, y_te=train_test_split(X, y_hot,        ❷
                              random_state=0)
```

트레이닝 데이터와 테스트 데이터로 분할할 차례입니다. ❶ 트레이닝/테스트 데이터 분할을 위해 필요한 함수를 불러옵니다. ❷ train_test_split 함수에 피처 데이터와 원-핫 인코딩한 타깃 데이터를 넣고 실행하면 트레이닝 데이터와 테스트 데이터로 분할할 수 있습니다.

> 신경망 생성

```
from tensorflow.keras.models import Sequential            ❶
from tensorflow.keras.layers import Dense                 ❷
from tensorflow.keras.layers import BatchNormalization    ❸
from tensorflow.keras.layers import Activation            ❹

n_feat = X_tn.shape[1]                                    ❺
n_class = len(set(y))                                     ❻
epo = 30                                                  ❼

model = Sequential()                                      ❽
```

```
model.add(Dense(20, input_dim=n_feat))          ❾
model.add(BatchNormalization())                 ❿
model.add(Activation('relu'))                   ⓫
model.add(Dense(n_class))                       ⓬
model.add(Activation('softmax'))                ⓭
```

학습을 위한 신경망을 생성할 차례입니다. ❶ 신경망 생성을 선언할 때 사용되는 Sequential 함수를 불러옵니다. ❷ 신경망 층을 추가할 때 사용되는 Dense를 불러옵니다. ❸, ❹ BatchNormalization은 배치 정규화를 위한 함수이고, Activation은 활성화 함수를 사용하기 위해 불러오는 함수입니다. ❺ 신경망에 사용되는 피처 개수를 저장합니다. 위에서 확인했듯 13개의 피처가 사용되므로 13이 저장됩니다. ❻ 클래스 개수를 저장합니다. 와인 데이터는 총 3개의 클래스가 존재하므로 3이 저장됩니다. ❼ 다음은 딥러닝 학습 횟수를 의미하는 epoch 값을 설정합니다. 총 30단계로 학습이 진행됩니다. 필요한 값을 설정했다면 모형을 생성합니다. ❽ Sequential( )을 이용해 초기 모형을 생성합니다. add 메소드를 이용해 모형에 층을 추가할 수 있는데, 가장 먼저 입력층을 추가합니다. ❾ 입력층에는 input_dim이라는 옵션값을 지정해 줘야 하는데 이는 피처 개수를 의미합니다. 20은 아웃풋의 차원을 의미합니다. ❿ BatchNormalization을 통해 배치 정규화를 실행합니다. ⓫ Activation은 활성화 함수를 지정하는 것인데, 필자는 렐루 함수를 지정했습니다. ⓬ 최종 아웃풋 층을 추가합니다. 우리가 구분해야 할 클래스 개수만큼 아웃풋 노드 개수로 설정(n_class)합니다. ⓭ 활성화 함수는 소프트맥스로 설정했습니다.

> 신경망 모형 구조 확인

```
model.summary()
```

```
Model: "sequential"

Layer (type)                    Output Shape          Param #
=================================================================
dense (Dense)                   (None, 20)            280
_____
batch_normalization (BatchNo    (None, 20)            80
_____
activation (Activation)         (None, 20)            0
_____
dense_1 (Dense)                 (None, 3)             63
_____
activation_1 (Activation)       (None, 3)             0
=================================================================
```

그림 12-39 신경망 구조

> 모형 컴파일

```
model.compile(loss='categorical_crossentropy',
              optimizer='adam',
              metrics=['accuracy'])
```

생성한 신경망 모형을 컴파일할 순서입니다. loss는 손실 함수를 의미하는데, 이진 분류 문제에서는 loss='binary_crossentropy'를 입력하고, 3개 이상 클래스를 분류하는 다중 분류 문제에서는 loss='categorical_crossentropy'를 입력합니다. optimizer는 옵티마이저를 의미하고, metrics는 평가 기준을 의미합니다.

> 신경망 학습

```
hist = model.fit(X_tn, y_tn, epochs=epo, batch_size=5)
```

```
Train on 133 samples
Epoch 1/30
133/133 [==============================] - 1s 5ms/sample - loss: 1.8539   - accuracy: 0.3835
Epoch 2/30
133/133 [==============================] - 0s 316us/sample - loss: 1.5996 - accuracy: 0.3985
Epoch 3/30
133/133 [==============================] - 0s 299us/sample - loss: 1.3056 - accuracy: 0.3534
                                    •
                                    •
                                    •
Epoch 28/30
133/133 [==============================] - 0s 323us/sample - loss: 0.5498 - accuracy: 0.8120
Epoch 29/30
133/133 [==============================] - 0s 291us/sample - loss: 0.5067 - accuracy: 0.8195
Epoch 30/30
133/133 [==============================] - 0s 266us/sample - loss: 0.4318 - accuracy: 0.8571
```

그림 12-40 분류 신경망 학습

신경망을 이용해 학습시켜 봅니다. 신경망 함수는 .fit를 이용하며 학습할 트레이닝 데이터 X_train, y_train을 넣어 줍니다. 그리고 에포크를 넣어 줍니다. 우리는 30으로 설정해 총 30단계가 진행됩니다. batch_size는 한 번 학습할 때 사용되는 미니 배치 사이즈입니다.

> 학습 평가

```
>>> print(model.evaluate(X_tn, y_tn)[1]) ❶
0.8947368
>>> print(model.evaluate(X_te, y_te)[1]) ❷
0.93333334
```

학습된 모형을 평가해 봅니다. 모형 평가는 evaluate 메소드를 이용합니다. ❶ 트레이닝 데이터를 이용한 학습 정확도는 약 89.4%입니다. ❷ 테스트 데이터를 이용한 정확도는 약 93.3%입니다.

> 정확도 및 손실 정도 시각화 준비

```
>>> import numpy as np                                    ❶
>>> epoch = np.arange(1,epo+1)                            ❷
>>> print(epoch)                                          ❸
[ 1  2  3  4  5  6  7  8  9 10 11 12 13 14 15
 16 17 18 19 20 21 22 23 24 25 26 27 28 29 30]
>>> accuracy = hist.history['accuracy']                   ❹
>>> print(accuracy)                                       ❺
[0.38345864, 0.39849624, 0.35338345, …(중략)
>>> loss = hist.history['loss']                           ❻
>>> print(loss)                                           ❼
[1.8539354792214875, 1.5995953688047881, …(중략)
```

정확도 및 손실 정도를 시각화하기 위해 필요한 작업을 해 봅니다. ❶ 넘파이 라이브러리를 불러옵니다. ❷ 시각화 플롯에서 x축에 적용될 epoch를 설정합니다. ❸ 결과를 확인해 봅니다. ❹ 우리가 학습시킨 신경망 모형에서 .history['accuracy']를 이용합니다. ❺ 각 에포크별 정확도를 확인할 수 있습니다. ❻ 비슷한 방법으로 .history['loss']를 이용합니다. ❼ 각 에포크별 손실 정도를 확인할 수 있습니다.

> 정확도 학습 그래프

```
import matplotlib.pyplot as plt                           ❶
plt.plot(epoch, accuracy, label='accuracy')              ❷
plt.xlabel('epoch')                                       ❸
plt.ylabel('accuracy')                                    ❹
plt.legend()                                              ❺
plt.show()                                                ❻
```

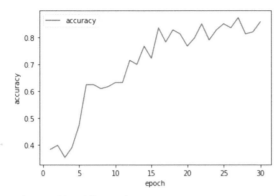

그림 12-41 분류 정확도 그래프

정확도 플롯을 그려 봅니다. ❶ 플롯 그리기에 필요한 함수를 불러옵니다. ❷ 정확도 플롯을
그립니다. 가로축은 에포크 단계인 epoch가 되고, 세로축은 정확도인 accuracy가 됩니다. 라
벨 이름을 설정해 줍니다. ❸ x축 이름을 설정합니다. ❹ y축 이름을 설정합니다. ❺ 범례를
추가합니다. ❻ 결과를 확인해 봅니다. 정확도 확인 결과 에포크 진행 단계별로 점차 정확도
가 상승하는 것을 볼 수 있습니다.

> 손실 그래프

```
import matplotlib.pyplot as plt          ❶
plt.plot(epoch, loss,'r', label='loss')  ❷
plt.xlabel('epoch')                      ❸
plt.ylabel('loss')                       ❹
plt.legend()                             ❺
plt.show()                               ❻
```

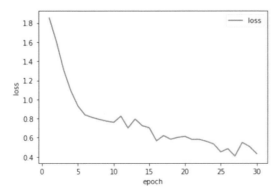

그림 12-42 손실 그래프

비슷한 방법으로 손실 플롯을 그려 봅니다. ❶ 플롯을 그리기 위한 함수를 불러옵니다. ❷ 손실 플롯을 그립니다. 가로축은 에포크 단계인 epoch가 되고, 세로축은 손실 정도를 나타내는 loss가 됩니다. 라벨 이름을 설정해 줍니다. 그리고 'r'은 플랏 색깔이 빨간색이라는 것을 의미합니다. ❸ x축 이름을 설정합니다. ❹ y축 이름을 설정합니다. ❺ 범례를 추가합니다. ❻ 결과를 확인해 봅니다. 손실 확인 결과 에포크 진행 단계별로 점차 낮아지는 것을 볼 수 있습니다.

> 분류 신경망 전체 코드

```python
from sklearn import datasets
from tensorflow.keras.utils import to_categorical
from sklearn.model_selection import train_test_split

import numpy as np
import tensorflow as tf

from tensorflow.keras.models import Sequential
from tensorflow.keras.layers import Dense
from tensorflow.keras.layers import BatchNormalization
from tensorflow.keras.layers import Activation
from tensorflow.keras.activations import relu

import matplotlib.pyplot as plt

# 랜덤 시드 설정
np.random.seed(0)
tf.random.set_seed(0)

# 데이터 불러오기
raw_wine = datasets.load_wine()

# 피처, 타깃 데이터 지정
X = raw_wine.data
y = raw_wine.target

# 피처 데이터 차원 확인
print(X.shape)

# 타깃 데이터 종류 확인
print(set(y))
```

```python
# 타깃 데이터 원-핫 인코딩
y_hot = to_categorical(y)

# 트레이닝/테스트 데이터 분할
X_tn, X_te, y_tn, y_te=train_test_split(X, y_hot,
                                        random_state=0)

# 신경망 생성
n_feat = X_tn.shape[1]
n_class = len(set(y))
epo = 30

model = Sequential()
model.add(Dense(20, input_dim=n_feat))
model.add(BatchNormalization())
model.add(Activation('relu'))
model.add(Dense(n_class))
model.add(Activation('softmax'))

# 신경망 모형 구조 확인
model.summary()

# 모형 컴파일
model.compile(loss='categorical_crossentropy',
              optimizer='adam',
              metrics=['accuracy'])

# 신경망 학습
hist = model.fit(X_tn, y_tn, epochs=epo, batch_size=5)

# 트레이닝 데이터 평가
print(model.evaluate(X_tn, y_tn)[1])

# 테스트 데이터 평가
print(model.evaluate(X_te, y_te)[1])

epoch = np.arange(1,epo+1)
accuracy = hist.history['accuracy']
loss = hist.history['loss']

# 정확도 학습 그래프
plt.plot(epoch, accuracy, label='accuracy')
```

```
plt.xlabel('epoch')
plt.ylabel('accuracy')
plt.legend()
plt.show()

# 손실 그래프
plt.plot(epoch, loss,'r', label='loss')
plt.xlabel('epoch')
plt.ylabel('loss')
plt.legend()
plt.show()
```

▌12.3.8 회귀 신경망 실습

신경망을 이용해 회귀 문제를 풀어 봅니다. 보스턴 집값 데이터를 활용해 보스턴 집값을 예측하는 모형을 생성해 봅니다.

> 랜덤 시드 설정

```
import numpy as np
import tensorflow as tf
np.random.seed(0)
tf.random.set_seed(0)
```

동일한 코드로 동일한 값을 보기 위해 랜덤 시드값을 설정합니다. 넘파이와 텐서플로 라이브러리를 불러오고 각각 랜덤 시드값을 설정합니다.

> 데이터 불러오기

```
from sklearn import datasets                              ❶
raw_boston = datasets.load_boston()                       ❷
```

데이터를 불러옵니다. ❶ 데이터를 불러오기 위해 필요한 함수를 불러옵니다. ❷ 집값 데이터를 불러옵니다.

> 피처, 타깃 데이터 지정

```
X = raw_boston.data                                    ❶
y = raw_boston.target                                  ❷
```

데이터를 피처 데이터와 타깃 데이터로 구분합니다. 피처 데이터를 대문자 X라고 저장하고,
타깃 데이터를 소문자 y로 저장합니다.

> 피처 데이터 차원 확인

```
>>> print(X.shape)
(506, 13)
```

피처 데이터의 차원을 확인해 봅니다. 피처 데이터의 차원을 확인하는 이유는 피처 개수를 확
인하기 위해서입니다. 피처 개수는 신경망 생성에 사용됩니다. 확인 결과 피처는 13개라는
것을 알 수 있습니다.

> 타깃 데이터 종류 확인

```
>>> print(set(y))
5.0, 6.3, 7.2, 8.8, 7.4, 10.2, … (중략)
```

타깃 데이터의 종류를 확인해 봅니다. 이를 통해 분류 문제인지 회귀 문제인지를 구분할 수
있습니다. 확인 결과, 타깃 데이터값이 연속형 숫자인 것으로 보아 회귀 문제라는 것을 알 수
있습니다.

> 트레이닝/테스트 데이터 분할

```
from sklearn.model_selection import train_test_split              ❶
X_tn, X_te, y_tn, y_te=train_test_split(X, y, random_state=0)     ❷
```

트레이닝/테스트 데이터 분할입니다. ❶ 데이터 분할에 필요한 함수를 불러옵니다. ❷ train_
test_split 함수를 이용해 전체 데이터를 트레이닝 데이터와 테스트 데이터로 분할합니다.

> 신경망 생성

```
from tensorflow.keras.models import Sequential          ❶
from tensorflow.keras.layers import Dense               ❷

n_feat = X_tn.shape[1]                                   ❸
epo = 30                                                 ❹

model = Sequential()                                     ❺
model.add(Dense(20, input_dim=n_feat, activation='relu'))  ❻
model.add(Dense(1))                                      ❼
```

신경망을 생성해 봅니다. ❶ 최초 신경망 모형을 생성하기 위해 함수 Sequential을 불러옵니다. ❷ 추가적인 신경망 층을 생성하기 위해 필요한 함수인 Dense를 불러옵니다. ❸ 신경망 생성에 필요한 피처 개수를 구합니다. 위에서 피처 개수는 13개라는 것을 확인했습니다. ❹ 에포크는 총 30단계로 이루어집니다. ❺ 필요한 값을 설정했다면 신경망 생성을 합니다. Sequential()을 이용해 신경망 모형을 생성합니다. ❻ 추가적인 층을 생성해 줍니다. 인풋 데이터의 차원 input_dim은 피처 개수인 13에 해당하고, 활성화 함수 activation은 렐루 함수를 사용합니다. 앞선 분류 신경망 생성 때는 Dense와 Activation을 분리해서 구성했는데, 이번 회귀 신경망에서는 Dense와 Activation을 한 줄로 표현해 보았습니다. ❼ 최종 결과층은 집값을 예측하므로 1개의 노드로 출력됩니다. 회귀 문제를 풀 때는 최종 활성화 함수 중 선형 함수를 사용해야 하는데, 코드상에서 최종 활성화 함수를 지정하지 않으면 선형 함수가 적용됩니다.

> 모형 컴파일

```
model.compile(loss='mean_squared_error',
              optimizer='adam',
              metrics=['mean_squared_error'])
```

모형을 컴파일할 순서입니다. 모형 컴파일은 compile 메소드를 사용하며, 손실 함수를 설정하는 loss와 옵티마이저를 설정하는 optimizer, 모형 평가에 사용되는 metrics 값을 각각 설정해 줍니다.

> 신경망 학습

```
hist = model.fit(X_tn, y_tn, epochs=epo, batch_size=5)
```

```
Train on 379 samples
Epoch 1/30
379/379 [==============================] - 0s 1ms/sample - loss: 479.8058 - mean_squared_error: 479.8058
Epoch 2/30
379/379 [==============================] - 0s 228us/sample - loss: 96.0528 - mean_squared_error: 96.0527
Epoch 3/30
379/379 [==============================] - 0s 251us/sample - loss: 86.8360 - mean_squared_error: 86.8360
                                     •
                                     •
                                     •
Epoch 28/30
379/379 [==============================] - 0s 265us/sample - loss: 33.4358 - mean_squared_error: 33.4358
Epoch 29/30
379/379 [==============================] - 0s 274us/sample - loss: 32.6290 - mean_squared_error: 32.6290
Epoch 30/30
379/379 [==============================] - 0s 246us/sample - loss: 33.5811 - mean_squared_error: 33.5811
```

그림 12-43 회귀 신경망 학습

신경망 학습 단계입니다. 트레이닝 데이터를 넣고 에포크 단계인 epochs와 미니 배치 사이즈 batch_size를 설정하고 실행합니다.

> 모형 평가

```
>>> print(model.evaluate(X_tn, y_tn)[1])      ❶
31.356752
>>> print(model.evaluate(X_te, y_te)[1])      ❷
46.820923
```

모형 평가 단계입니다. ❶ 트레이닝 데이터를 기반으로 구한 MSE 값은 31.356752입니다. ❷ 테스트 데이터를 이용한 MSE 값은 46.820923입니다.

> 시각화 준비 과정

```
>>> import numpy as np                        ❶
>>> epoch = np.arange(1,epo+1)                ❷
>>> print(epoch)                              ❸
[ 1  2  3  4  5  6  7  8  9 10 11 12 13 14 15
 16 17 18 19 20 21 22 23 24 25 26 27 28 29 30]
>>> mse = hist.history['mean_squared_error']  ❹
>>> print(mse)                                ❺
```

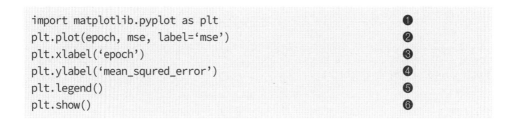

```
[479.80582, 96.05275, 86.83599, … (중략)
>>> loss = hist.history['loss']                              ❻
>>> print(loss)                                               ❼
[479.8057891724921, 96.05276863430295,, …(중략)
```

시각화를 위해 필요한 값들을 정리해 봅니다. ❶ 넘파이 라이브러리를 불러옵니다. ❷ 플롯을 그릴 때 x축에 사용될 에포크를 설정합니다. ❸ 설정한 에포크를 확인해 봅니다. ❹ history 메소드를 이용해 .history['mean_squared_error']를 입력하면 에포크별 MSE 값을 확인할 수 있습니다. ❺ history['loss']를 이용하면 손실값을 확인할 수 있습니다.

> MSE 학습 그래프

```
import matplotlib.pyplot as plt                              ❶
plt.plot(epoch, mse, label='mse')                            ❷
plt.xlabel('epoch')                                          ❸
plt.ylabel('mean_squred_error')                              ❹
plt.legend()                                                 ❺
plt.show()                                                   ❻
```

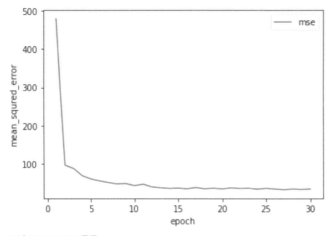

그림 12-44 MSE 플롯

MSE 학습 곡선을 그려 봅니다. ❶ 플롯을 그리기 위해 필요한 함수를 불러옵니다. ❷ 각 에포크별로 MSE 플롯을 그리고 라벨을 mse라고 설정합니다. ❸, ❹ x축과 y축 이름을 설정합니다. ❺ 범례를 추가합니다. ❻ 플롯을 확인해 봅니다. 에포크가 진행될수록 MSE가 감소하는 것을 확인할 수 있습니다.

> 손실 학습 그래프

```
import matplotlib.pyplot as plt            ❶
plt.plot(epoch, loss, 'r', label='loss')  ❷
plt.xlabel('epoch')                        ❸
plt.ylabel('loss')                         ❹
plt.legend()                               ❺
plt.show()                                 ❻
```

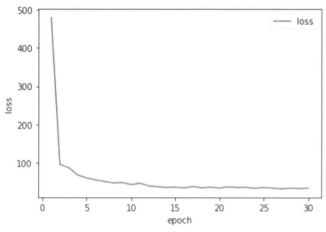

그림 12-45 손실 플롯

손실 플롯을 그려 봅니다. ❶ 시각화에 필요한 함수를 불러옵니다. ❷ x축을 에포크 단계, y축을 손실 정도로 놓고, 플롯 색깔은 'r'로 빨간색으로 설정합니다. ❸, ❹ x축과 y축 이름을 설정합니다. ❺ 범례를 추가합니다. ❻ 결과를 확인해 봅니다. 손실 정도도 에포크가 진행될수록 감소하는 것을 알 수 있습니다.

> 실젯값, 예측값 데이터 프레임 생성

```
>>> pred_y = model.predict(X_te).flatten()                      ❶
>>> print(pred_y)                                                ❷
[18.382832  21.890337  29.210135…(중략)
>>> import pandas as pd                                          ❸
>>> res_df = pd.DataFrame(pred_y, columns=['predict_val'])       ❹
>>> res_df['real_val'] = y_te                                    ❺
>>> res_df.head(3)                                               ❻
```

	predict_val	real_val
0	18.382832	22.6
1	21.890337	50.0
2	29.210135	23.0

그림 12-46 예측값, 실젯값 데이터 프레임

```
>>> df_sort = res_df.sort_values(["predict_val"], ascending=True)    ❼
>>> df_sort.head(3)                                                   ❽
```

	predict_val	real_val
116	-2.027545	8.4
96	1.121558	13.8
106	1.388740	10.4

그림 12-47 예측값, 실젯값 데이터 프레임(정렬)

실젯값과 예측값을 이용해 데이터 프레임을 생성해 봅니다. ❶ predict 메소드에 테스트 데이터를 넣고 예측값을 구합니다. 이때, flatten 메소드는 예측값을 쭉 펼치는 것을 의미하는데, 이는 데이터 프레임을 만들기 위해서입니다. ❷ 예측값을 확인해 봅니다. ❸ 데이터 프레임 생성을 위해 필요한 판다스 라이브러리를 불러옵니다. ❹ 예측값을 이용해 데이터 프레임을 생성합니다. ❺ 실젯값을 새로운 열로 추가합니다. ❻ 생성된 데이터 프레임을 확인해 봅니다. ❼ 예측값의 기준을 오름차순으로 정렬합니다. ❽ 예측값을 기준으로 오름차순 된 데이터 프레임 결과를 확인해 봅니다.

> 예측값, 실젯값 그래프

```
import matplotlib.pyplot as plt                                       ❶
import numpy as np                                                    ❷
idx = np.arange(1,len(df_sort)+1)                                     ❸
plt.scatter(idx, df_sort['real_val'], marker='o', label='real_val')  ❹
plt.plot(idx, df_sort['predict_val'], color='r', label='predict_val')❺
plt.xlabel('index')                                                  ❻
plt.ylabel('value')                                                  ❼
```

```
plt.legend()                                                                    ⑧
plt.show()                                                                      ⑨
```

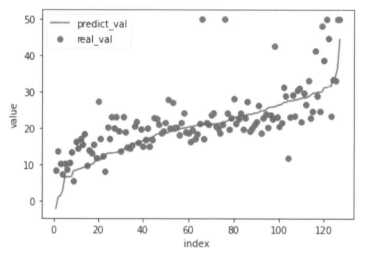

그림 12-48 예측값 vs 실젯값 플롯

예측값과 실젯값을 비교하는 플롯을 그려 봅니다. ❶ 플롯을 그리는 데 필요한 함수를 불러옵니다. ❷ x축 생성을 위해 필요한 넘파이 라이브러리를 불러옵니다. ❸ x축을 설정합니다. ❹ 실젯값에 대해 스케터 플롯을 그려 줍니다. ❺ 예측값에 대한 플롯을 그려 줍니다. ❻, ❼ x축, y축을 설정합니다. ❽ 범례를 추가합니다. ❾ 결과를 확인해 봅니다. 파란색 점이 실젯값이고, 빨간색 라인이 추정값에 해당합니다.

> 회귀 신경망 전체 코드

```python
from sklearn import datasets
from sklearn.model_selection import train_test_split

import numpy as np
import tensorflow as tf

from tensorflow.keras.models import Sequential
from tensorflow.keras.layers import Dense

import matplotlib.pyplot as plt
import pandas as pd
```

```python
# 랜덤 시드 설정
np.random.seed(0)
tf.random.set_seed(0)

# 데이터 불러오기
raw_boston = datasets.load_boston()

# 피처, 타깃 데이터 지정
X = raw_boston.data
y = raw_boston.target

# 피처 데이터 차원 확인
print(X.shape)

# 타깃 데이터 종류 확인
print(set(y))

# 트레이닝/테스트 데이터 분할
X_tn, X_te, y_tn, y_te=train_test_split(X, y, random_state=0)

# 신경망 생성
n_feat = X_tn.shape[1]
epo = 30

model = Sequential()
model.add(Dense(20, input_dim=n_feat, activation='relu'))
model.add(Dense(1))

# 모형 컴파일
model.compile(loss='mean_squared_error',
              optimizer='adam',
              metrics=['mean_squared_error'])

# 신경망 학습
hist = model.fit(X_tn, y_tn, epochs=epo, batch_size=5)

# 트레이닝 데이터 평가
print(model.evaluate(X_tn, y_tn)[1])

# 테스트 데이터 평가
print(model.evaluate(X_te, y_te)[1])
```

```python
epoch = np.arange(1,epo+1)
mse = hist.history['mean_squared_error']
loss = hist.history['loss']

# MSE 그래프
plt.plot(epoch, mse, label='mse')
plt.xlabel('epoch')
plt.ylabel('mean_squared_error')
plt.legend()
plt.show()

# 손실 그래프
plt.plot(epoch, loss, 'r', label='loss')
plt.xlabel('epoch')
plt.ylabel('loss')
plt.legend()
plt.show()

# 실젯값, 예측값 데이터 프레임 생성
pred_y = model.predict(X_te).flatten()
res_df = pd.DataFrame(pred_y, columns=['predict_val'])
res_df['real_val'] = y_te
df_sort = res_df.sort_values(["predict_val"],
                             ascending=True)

# 예측값, 실젯값 그래프
idx = np.arange(1,len(df_sort)+1)
plt.scatter(idx, df_sort['real_val'],
            marker='o',
            label='real_val')
plt.plot(idx, df_sort['predict_val'],
         color='r',
         label='predict_val')
plt.xlabel('index')
plt.ylabel('value')
plt.legend()
plt.show()
```

12.4 합성곱 신경망(CNN)

▌12.4.1 합성곱 신경망의 개념

합성곱 신경망(Convolution Neural Network)은 흔히 CNN이라고 부르는 방법으로 합성곱이라는 연산을 사용하는 신경망입니다. CNN은 실제 여러 분야에서 사용되는 방법으로 특히 이미지 분류 작업에서 좋은 성능을 보여 줍니다. 본격적인 CNN을 다루기 전에 CNN에 사용하는 합성곱 연산이 무엇인지 알아봅니다. 합성곱 연산은 아래와 같은 연산을 의미합니다.

$$y(i) = (x * w)(i) = \sum_{k=-\infty}^{\infty} x(k)w(i-k)$$

위 식은 i 시점에서의 인풋 데이터 x 값과 가중치 w 값의 합성곱 연산의 결과는 $y(i)$와 같음을 나타냅니다. 위 식에서는 k도 시점을 의미하는데, 자세히 보면 가중치 w의 시점은 $w(i)$가 아닌 $w(i-k)$임을 알 수 있습니다. 이를 플립(flip)이라고 하며 가중치는 커널(kernel)이라고도 부릅니다. 플립은 우리말로 하면 '뒤집다'라는 뜻으로 가중치의 시점을 뒤집는다는 뜻입니다. 위 식은 시점의 순서에 상관없이 결과가 동일하므로 아래와 같이 쓸 수도 있습니다.

$$y(i) = (x * w)(i) = \sum_{k=-\infty}^{\infty} x(i-k)w(k)$$

합성곱 연산을 좀 더 쉽게 이해하기 위해 다음과 같이 간단한 숫자를 직접 대입해서 알아봅니다.

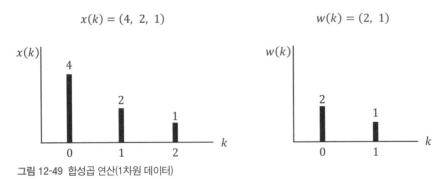

그림 12-49 합성곱 연산(1차원 데이터)

[그림 12-49]와 같은 데이터가 주어졌다고 해 봅니다. 그러면 커널 벡터 w를 [그림 12-50]과

478

같이 플립할 수 있습니다. [그림 12-50]에서 실선은 플립 이전을 의미하고 점선은 플립 이후에
해당합니다.

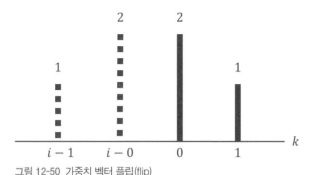

그림 12-50 가중치 벡터 플립(flip)

예를 들어, 합성곱 연산을 구하는 식을 이용해 1 시점의 y 값, 즉 $y(1)$을 구하면 다음과 같습
니다.

$$y(1) = (x * w)(1) = \sum_{k=-\infty}^{\infty} x(k)w(1-k)$$

$$= x(0)w(1-0) + x(1)w(1-1)$$

$$= 4 \times 2 + 2 \times 1$$

$$= 10$$

[그림 12-50]과 같이 가중치를 왜 뒤집는지에 대한 의문을 품을 수 있습니다. 이는 이유가 있
는 것은 아니고 합성곱이라는 연산의 정의 자체가 가중치를 플립하는 연산이기 때문입니다.
이를 2차원 공간으로 넓힌다면 아래와 같은 식이 됩니다.

$$Y(i,j) = (X * W)(i,j) = \sum_{k_1=-\infty}^{\infty} \sum_{k_2=-\infty}^{\infty} X(k_1, k_2) W(i-k_1, j-k_2)$$

합성곱 연산은 시점의 순서에 상관없이 결과가 동일하므로 아래와 같은 식 또한 성립합니다.

$$Y(i,j) = (X * W)(i,j) = \sum_{k_1=-\infty}^{\infty} \sum_{k_2=-\infty}^{\infty} X(i-k_1, j-k_2) W(k_1, k_2)$$

현실적으로는 앞의 연산보다는 가중치, 즉 커널을 플립하지 않은 연산을 더 많이 사용합니다. 아래 식과 같은 연산을 cross-correlation이라고 부릅니다.

$$Y(i, j) = (X * W)(i, j) = \sum_{k_1=-\infty}^{\infty} \sum_{k_2=-\infty}^{\infty} X(i + k_1, j + k_2)\, W(k_1, k_2)$$

여기서 주의해야 할 점은 좌표를 계산할 때 0부터 계산한다는 것입니다. 즉, 행렬에서 1행 1열에 위치한 데이터는 (0,0) 좌표를 의미합니다. 실제로 2차원 행렬 데이터를 이용해 합성곱 연산을 연습해 봅니다.

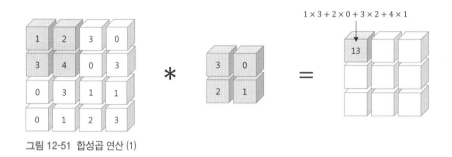

그림 12-51 합성곱 연산 (1)

[그림 12-51]은 합성곱 연산을 하는 과정을 나타내는 그림입니다. [그림 12-51]에서 회색 영역 끼리 합성곱 연산을 수행하면 결괏값 행렬의 1행 1열 값을 구할 수 있습니다.

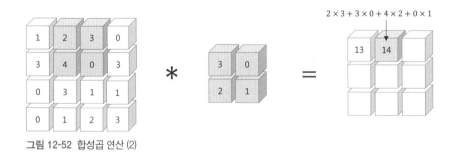

그림 12-52 합성곱 연산 (2)

비슷한 방법으로 결괏값 행렬의 1행 2열 값을 구하면 [그림 12-52]와 같습니다.

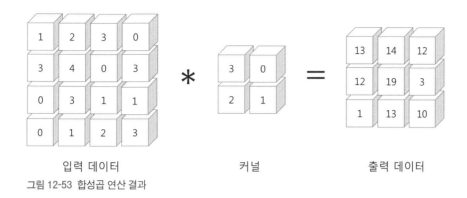

입력 데이터 　　　　　 커널 　　　　　 출력 데이터

그림 12-53 합성곱 연산 결과

나머지 칸을 채우면 [그림 12-53]과 같은 결과가 나옵니다. 입력 데이터와 합성곱 연산을 수행하게 되는 행렬을 커널(kernel)이라고 부릅니다. 4x4 입력 데이터와 2x2 커널을 합성곱 연산한 결과, 3x3 크기의 출력 데이터가 나온 것을 알 수 있습니다. 즉, 합성곱 연산 결과 데이터의 차원이 줄어든 것입니다.

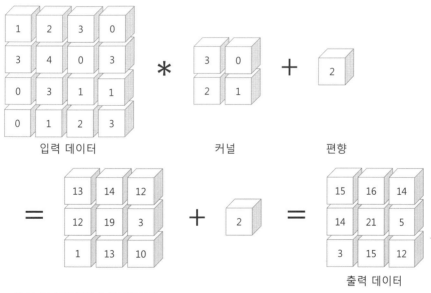

입력 데이터 　　　　　 커널 　　　　　 편향

출력 데이터

그림 12-54 편향 적용 후 합성곱 연산

합성곱에서도 편향(bias)을 적용할 수 있습니다. 예를 들어 편향을 2라고 설정하면 [그림 12-54]와 같은 결과가 나옵니다. 입력 데이터와 커널을 합성곱한 후 각 행렬 원소에 편향을 더하는 것입니다.

▌12.4.2 패딩

신경망에 커널을 적용하면서 층이 깊어지면 데이터의 차원이 점차 줄어듭니다. 앞서 4x4 차원의 입력 데이터에 2x2 커널을 합성곱했을 때 출력 데이터 차원은 3x3으로 입력 데이터보다 출력 데이터가 줄어들었음을 알 수 있습니다. 이렇듯, 입력 데이터에 커널을 합성곱한 후 출력 데이터의 차원이 줄어드는 현상을 방지하기 위해 패딩이라는 방법을 사용합니다. **패딩 (padding)**은 입력 데이터 주변을 특정값으로 채우는 것을 의미합니다.

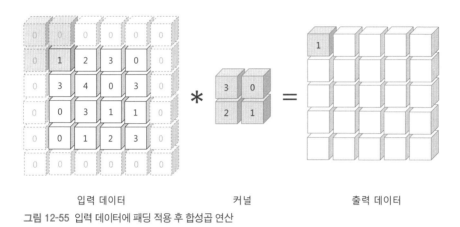

입력 데이터   커널   출력 데이터

그림 12-55 입력 데이터에 패딩 적용 후 합성곱 연산

[그림 12-55]는 입력 데이터에 패딩을 적용한 후 커널과 합성곱 연산을 한 결과입니다. 기존 입력 데이터값은 4x4 형태이지만, 입력 데이터 주변을 0으로 채운다면 입력 데이터는 6x6 형태가 됩니다. 패딩 영역을 포함해 합성곱 연산을 수행합니다.

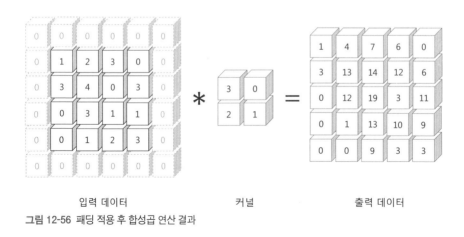

입력 데이터   커널   출력 데이터

그림 12-56 패딩 적용 후 합성곱 연산 결과

패딩 적용 후 합성곱 연산 결과는 [그림 12-56]과 같습니다.

▌12.4.3 스트라이드

다음으로 알아볼 개념은 **스트라이드(stride)**입니다. 스트라이드는 한 번 합성곱 연산한 후 다음 계산 영역을 선택할 때 얼마나 이동할지 간격을 정하는 값입니다. 앞서 기본적인 방법에서는 1칸씩 이동해 스트라이드 1을 적용한 것에 해당합니다. 아래는 스트라이드 2를 적용한 결과입니다.

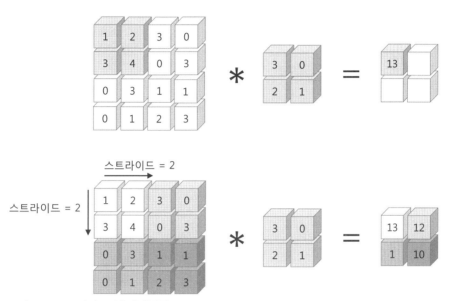

그림 12-57 스트라이드 적용 후 합성곱

[그림 12-57]은 스트라이드 2를 적용한 후 합성곱 연산을 한 결과입니다. 스트라이드 1 때와 비교해 보면 출력 데이터 행렬의 차원이 더 작은 것을 알 수 있습니다. 그렇다면 패딩, 스트라이드와 관련해 출력 데이터의 크기를 미리 계산할 수는 없을까요? 이번에는 패딩, 스트라이드, 출력 크기의 관계를 알아봅니다.

$$o_h = \frac{n_h - k_h + 2p_h}{s_h} + 1$$

$$o_w = \frac{n_w - k_w + 2p_w}{s_w} + 1$$

입력 데이터 차원을 $n_h \times n_w$, 커널 차원을 $k_h \times k_w$, 패딩 차원을 $p_h \times p_w$, 스트라이드 차원을 $s_h \times s_w$라고 하면 출력 데이터 차원 $o_h \times o_w$는 위와 같이 계산할 수 있습니다.

▌12.4.4 풀링

풀링(pooling)은 데이터의 차원을 줄이는 방법입니다. 앞서 언급한 스트라이드 예제에서 사용한 스트라이드 2인 경우를 가정하고 풀링을 적용해 봅니다.

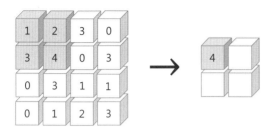

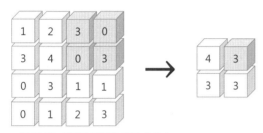

그림 12-58 풀링을 적용한 입력 데이터

풀링에는 여러 가지 종류가 있는데 [그림 12-58]에서 사용한 풀링은 맥스 풀링입니다. 맥스 풀링(max pooling)이란 해당 영역에서 가장 큰 값을 선택하는 방법입니다. 예를 들어, 선택 영역에 1, 2, 3, 4와 같은 값이 존재한다면 가장 큰 값은 4입니다. 즉, max(1, 2, 3, 4)=4이므로 4가 선택됩니다.

▌12.4.5 고차원 데이터 합성곱

고차원 데이터를 합성곱하면 어떻게 될까요? 흔히 입력 데이터는 너비(width), 높이(height) 뿐만 아니라 채널(channel)도 고려합니다. 예를 들어, 이미지 데이터의 경우 하나의 픽셀값에 대해 RGB값으로 나타냅니다. 이때, RGB값이란 빛의 삼원색인 빨강(Red), 초록(Green), 파랑(Blue)을 조합함으로써 색을 나타내는 방식입니다. 각 색을 RGB 방식으로 나타내면 (0, 0, 0)과 같은 형식으로 표현할 수 있습니다. 즉, 하나의 픽셀이 3차원으로 나타난다는 뜻입니다. 그렇다면 지금부터 고차원 데이터에 대한 합성곱을 알아봅니다. 입력 데이터가 고차원이므로 커널도 채널 수만큼 필요합니다.

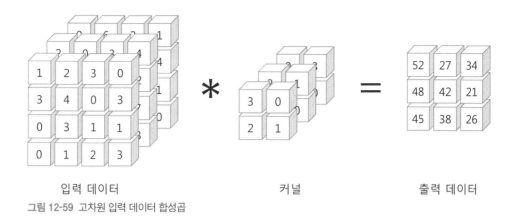

입력 데이터　　　　　　　　　　　커널　　　　　　　　　　출력 데이터

그림 12-59 고차원 입력 데이터 합성곱

[그림 12-59]는 고차원 데이터 합성곱을 나타냅니다. 고차원 데이터는 입력 데이터, 커널 모두 여러 개의 행렬로 구성된 데이터를 의미합니다. 이때 입력 데이터의 개수를 채널(channel)이라고 부릅니다. 즉, [그림 12-59]에서 사용된 입력 데이터와 커널의 채널 수는 3입니다. 이를 좀 더 이해하기 쉽게 데이터를 펼쳐서 살펴봅니다.

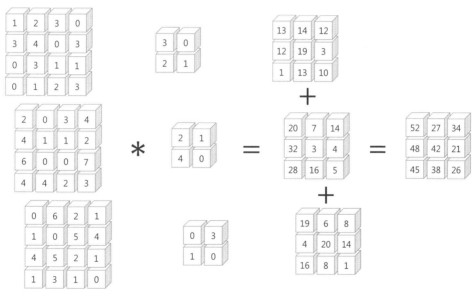

그림 12-60 고차원 데이터 합성곱 과정

[그림 12-60]과 같이 고차원 데이터의 합성곱 연산은 동일한 채널의 입력 데이터와 커널을 합성곱 연산한 후 연산 결괏값 행렬을 모두 더한 값을 의미합니다.

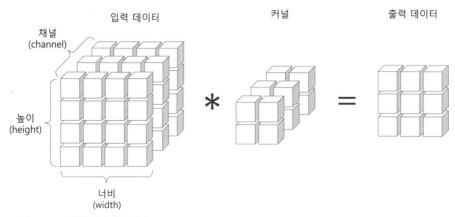

그림 12-61 고차원 데이터 합성곱

[그림 12-61]에서는 앞에서 계산했던 표현 방식을 일반화한 것입니다. 입력 데이터는 너비 5, 높이 5, 채널 3의 데이터이며, 커널의 차원은 너비 2, 높이 2, 채널 3입니다. 출력 데이터는 너비 4, 높이 4, 채널 1로 2차원 평면으로 나타납니다.

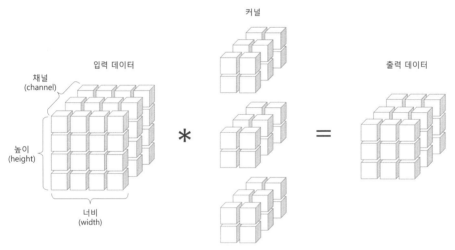

그림 12-62 커널 수 증가에 따른 출력 데이터 차원 증가

[그림 12-62]는 커널 수가 여러 개인 경우를 나타냅니다. [그림 12-61]에서는 출력 데이터의 채널 수가 1이었던 반면에, [그림 12-62]와 같이 커널 수가 많아지는 경우 출력 데이터의 채널 수가 커널 수만큼 많아지는 것을 볼 수 있습니다.

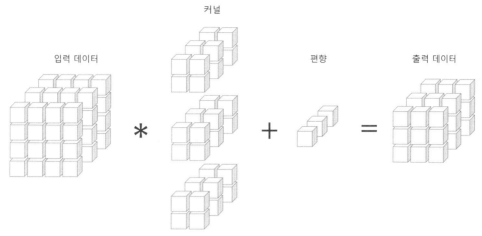

커널

입력 데이터　　　　　　편향　　　출력 데이터

그림 12-63 다수 커널 및 편향 적용

[그림 12-63]은 고차원 입력 데이터에 다수 커널과 편향이 적용된 것을 나타냅니다. 만약 위와 같은 연산을 프로그래밍으로 구현한다고 하면 어떨까요? 차원이 커질수록 for문을 많이 쓰게 됨에 따라 연산을 수행하는 장비에 과부하를 줄 수 있습니다.

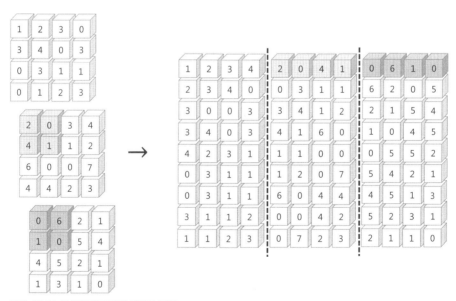

그림 12-64 고차원 데이터를 행렬로 표현

이와 같은 문제를 해결하기 위해 고차원 데이터를 합성곱할 때는 [그림 12-64]처럼 고차원 행렬을 2차원 평면으로 변형해서 표현하기도 합니다. 이처럼 고차원 행렬을 2차원 평면, 즉, 행렬 형태로 표현하면 연산 과부하를 줄일 수 있다는 장점이 있습니다.

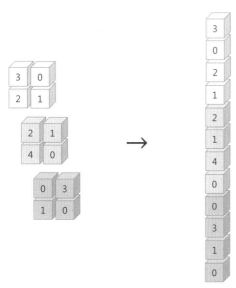

그림 12-65 고차원 커널을 행렬로 표현

마찬가지로 입력 데이터뿐만 아니라 고차원 커널도 2차원 행렬로 표현 가능합니다. [그림 12-65]는 고차원 커널을 행렬로 표현한 그림입니다.

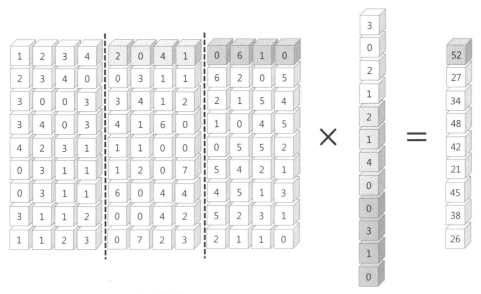

그림 12-66 고차원 입력, 커널 데이터 합성곱

[그림 12-66]은 위 두 결과를 이용해 2차원 행렬로 표현한 고차원 입력 데이터 및 고차원 커널 데이터를 이용해 합성곱 연산을 한 결과입니다. 고차원 데이터를 2차원 행렬로 변환시킨 후

계산한다면 이를 단순하게 행렬과 벡터의 곱으로 생각할 수 있습니다.

▌12.4.6 합성곱 신경망 실습

합성곱 신경망을 이용해 손글씨 인식 모형을 생성해 봅니다.

> 랜덤 시드 설정

```
import numpy as np
import tensorflow as tf
np.random.seed(0)
tf.random.set_seed(0)
```

랜덤 시드값을 설정합니다.

> 데이터 불러오기

```
from tensorflow.keras import datasets                          ❶
(X_tn0,y_tn0),(X_te0,y_te0)=datasets.mnist.load_data()         ❷
```

mnist 데이터는 텐서플로에서 제공하는 데이터 셋입니다. ❶ 데이터를 불러오기 위한 함수를 불러옵니다. ❷ mnist.load_data를 이용해서 손글씨 데이터 셋을 불러옵니다. mnist 데이터는 불러올 때, 트레이닝 데이터와 테스트 데이터를 나눠서 불러올 수 있습니다.

> 오리지널 데이터 차원 확인

```
>>> print(X_tn0.shape)      ❶
(60000, 28, 28)
>>> print(y_tn0.shape)      ❷
(60000,)
>>> print(X_te0.shape)      ❸
(10000, 28, 28)
>>> print(y_te0.shape)      ❹
(10000,)
```

오리지널 데이터의 차원을 확인해 봅니다. ❶ 트레이닝 피처 데이터의 차원을 확인하면

(이미지 개수, 행, 열) 형태로 결과가 나옵니다. 즉, 트레이닝 피처 데이터 28행, 28열 이미지 60,000개로 구성되어 있다는 것을 알 수 있습니다. ❷ 타깃 트레이닝 데이터는 스칼라값 60,000개로 이루어진 벡터입니다. ❸, ❹ 같은 방법으로 테스트 피처 데이터와 테스트 타깃 데이터의 차원을 확인할 수 있습니다.

> 오리지널 데이터 시각화

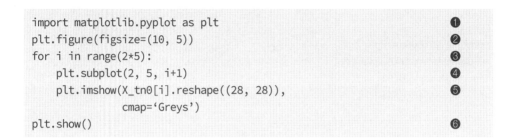

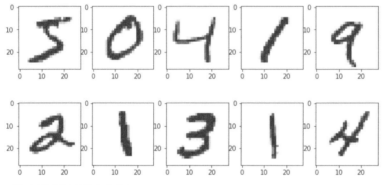

그림 12-67 원본 손글씨 데이터

오리지널 피처 데이터는 이미지 데이터인데, 실제로 어떤 이미지 데이터인지 플롯을 그려 확인해 봅니다. ❶ 플롯을 그리는 데 필요한 함수를 불러옵니다. ❷ 출력될 플롯 사이즈를 설정합니다. ❸ 이미지 수가 많아서 모두 그리기는 어려우므로 이미지 10개만 확인해 봅니다. ❹ 서브 플롯을 설정합니다. ❺ *i*번째 데이터를 시각화합니다. ❻ 결과를 확인해 봅니다. 피처 데이터는 손글씨 형태임을 알 수 있습니다.

> 타깃 클래스 확인

```
>>> set(y_tn0)
0, 1, 2, 3, 4, 5, 6, 7, 8, 9
```

타깃 데이터의 클래스를 확인해 봅니다. 타깃 데이터의 종류를 확인하면 손글씨를 어떤 형태로 구분하는지, 총 몇 가지 숫자를 구분하는지 알 수 있습니다. 결과를 확인하니 mnist 데이터는 0부터 9까지 숫자를 구분하는 데이터임을 알 수 있습니다.

> 피처 데이터 스케일 조정

```
>>> X_tn_re = X_tn0.reshape(60000, 28, 28, 1)          ❶
>>> X_tn = X_tn_re/255                                 ❷
>>> print(X_tn.shape)                                  ❸
(60000, 28, 28, 1)
>>> X_te_re = X_te0.reshape(10000, 28, 28, 1)          ❹
>>> X_te = X_te_re/255                                 ❺
>>> print(X_te.shape)                                  ❻
(10000, 28, 28, 1)
```

피처 데이터의 크기를 조정합니다. 앞서 오리지널 데이터의 차원은 (이미지 개수, 행, 열) 형태로 3차원 형태로 표현했습니다. 하지만 합성곱 신경망에 데이터를 넣으려면 4차원 형태로 구성되어야 합니다. 합성곱 신경망 인풋 데이터의 차원은 (이미지 개수, 행, 열, 채널 수) 형태로 구성됩니다. 이때, 채널(channel)이란 흔히 RGB로 구분되는 것을 의미하는데, 만약 하나의 이미지 데이터를 R(red)을 이용한 픽셀값, G(green)를 이용한 픽셀값, B(blue)를 이용한 픽셀값으로 나타낼 때, 채널 수는 3이 됩니다. 하지만 이번 딥러닝 분석에 사용되는 mnist 데이터는 채널 1개의 데이터이므로 채널 수는 1이 됩니다. ❶ 먼저 트레이닝 피처 데이터의 차원을 바꿔 줍니다. 이미지 변형은 reshape 함수를 이용해 (이미지 개수, 행, 열, 채널 수) 형태로 바꿔 줍니다. ❷ 이미지 픽셀값은 0~255 사이에 분포해 있는데, 최댓값이 1이 되도록 조정해 주면 딥러닝 성능이 좋아지므로 설정해 주겠습니다. ❸ 그리고 바뀐 데이터의 차원을 확인해 봅니다. ❹, ❺, ❻ 같은 방법으로 테스트 피처 데이터의 차원을 바꾸고 스케일을 조정합니다.

> 타깃 데이터 원-핫 인코딩

```
from tensorflow.keras.utils import to_categorical      ❶
y_tn = to_categorical(y_tn0)                            ❷
y_te = to_categorical(y_te0)                            ❸
```

타깃 데이터를 원-핫 인코딩해 봅니다. ❶ 원-핫 인코딩을 위해 필요한 라이브러리를 불러옵니다. ❷ 트레이닝 타깃 데이터를 원-핫 인코딩합니다. ❸ 테스트 타깃 데이터를 원-핫 인코딩합니다.

> 합성곱 신경망 생성

```
from tensorflow.keras.models import Sequential         ❶
from tensorflow.keras.layers import Dense, Conv2D      ❷
from tensorflow.keras.layers import MaxPool2D, Flatten ❸
from tensorflow.keras.layers import Dropout            ❹

n_class = len(set(y_tn0))                               ❺

model = Sequential()                                    ❻
model.add(Conv2D(32, kernel_size=(5,5),                 ❼
                 input_shape=(28,28,1),
                 padding='valid',
                 activation='relu'))
model.add(MaxPool2D(pool_size=(2,2)))                   ❽
model.add(Dropout(0.25))                                ❾
model.add(Conv2D(32, kernel_size=(3,3),                 ❿
                 padding='valid',
                 activation='relu'))
model.add(MaxPool2D(pool_size=(2,2)))                   ⓫
model.add(Dropout(0.25))                                ⓬
model.add(Flatten())                                    ⓭
model.add(Dense(1024, activation='relu'))               ⓮
model.add(Dropout(0.5))                                 ⓯
model.add(Dense(n_class, activation='softmax'))         ⓰
model.summary()                                         ⓱
```

```
Model: "sequential_7"

_____
Layer (type)                 Output Shape              Param #
================================================================
conv2d_12 (Conv2D)           (None, 24, 24, 32)        832

max_pooling2d_14 (MaxPooling (None, 12, 12, 32)        0

dropout_17 (Dropout)         (None, 12, 12, 32)        0

conv2d_13 (Conv2D)           (None, 10, 10, 32)        9248

max_pooling2d_15 (MaxPooling (None, 5, 5, 32)          0

dropout_18 (Dropout)         (None, 5, 5, 32)          0

flatten_7 (Flatten)          (None, 800)               0

dense_14 (Dense)             (None, 1024)              820224

dropout_19 (Dropout)         (None, 1024)              0

dense_15 (Dense)             (None, 10)                10250
================================================================
Total params: 840,554
Trainable params: 840,554
Non-trainable params: 0
_____
```

그림 12-68 합성곱 신경망 구조

합성곱 신경망을 생성할 차례입니다. ❶ 신경망 모형 생성에 필요한 함수를 불러옵니다. ❷, ❸, ❹ 신경망 다양한 층을 추가하기 위해 필요한 함수를 불러옵니다. ❺ 클래스의 개수를 설정합니다. 0부터 9까지 총 10가지 숫자를 구분할 것이므로 n_class=10이 됩니다. 이는 합성곱 신경망 최종 출력층에 사용됩니다. ❻ Sequential( )을 이용해 모형을 생성합니다. ❼ 다음으로 Conv2D를 이용해 합성층을 추가합니다. 가장 처음에 나오는 32는 아웃풋 데이터의 차원인데, 32개의 이미지 데이터가 출력된다는 뜻입니다. kernel_size는 커널 사이즈를 의미합니다. input_shape는 인풋 데이터의 차원을 의미합니다. Mnist 데이터의 각 이미지는 28행, 28열, 1채널이므로 (28, 28, 1)을 입력해 줍니다. 다음 층에서는 padding은 패딩에 관한 설정 값인데 'valid', 'same' 중 선택해 입력할 수 있습니다. 'valid'는 패딩을 하지 않겠다는 뜻이며, 'same'은 패딩을 함으로써 입력 데이터의 크기와 동일하게 조정되는 것을 의미합니다. 활성화 함수 activation은 렐루 함수 'relu'로 설정합니다. ❽ 다음 층에서는 MaxPool2D를 이용해 맥스 풀링을 합니다. pool_size를 이용해 풀링 사이즈를 설정할 수 있습니다. ❾ 드롭 아웃을 합니다. Dropout에 입력되는 숫자는 사용하지 않을 노드의 비율을 의미합니다. ❿, ⓫, ⓬ 위와 비슷한 방법으로 합성층을 추가하고 맥스 풀링 이후 드롭아웃을 진행합니다. ⓭ 최종 아웃풋 형태를 고려해 행렬 형태로 이루어진 데이터를 Flatten()을 이용해 벡터 형태로 펼쳐 줍니다. ⓮ 신경망 층을 추가합니다. ⓯ 드롭 아웃을 합니다. ⓰ 활성화 함수를 소프트맥스로 설정한 후 최종 출력층을 구성해 줍니다. ⓱ 지금까지 만든 합성곱 신경망 층을 확인해 봅니다.

> 모형 컴파일

```
model.compile(loss='categorical_crossentropy',
              optimizer='adam',
              metrics=['accuracy'])
```

생성된 합성곱 신경망을 컴파일합니다. 다중 분류 작업이므로 손실 함수 loss는 categorical_crossentropy를 이용하고 옵티마이저는 adam, 모형의 성능 평가는 accuracy로 설정합니다.

> 학습

```
hist = model.fit(X_tn, y_tn, epochs=3, batch_size=100)
```

```
Train on 60000 samples
Epoch 1/3
60000/60000 [==============================] - 39s 650us/sample - loss: 0.2272 - accuracy: 0.9296
Epoch 2/3
60000/60000 [==============================] - 49s 811us/sample - loss: 0.0722 - accuracy: 0.9771
Epoch 3/3
60000/60000 [==============================] - 52s 874us/sample - loss: 0.0535 - accuracy: 0.9832
```

그림 12-69 합성곱 신경망 학습

합성곱 신경망을 학습시켜 봅니다. 트레이닝 데이터 X_tn을 넣어 줍니다. 데이터가 비교적 커서 에포크는 3단계만 적용해 봅니다. 물론 이는 변경할 수 있습니다. 에포크가 클수록 정확도가 오르는 경향이 있으니 직접 조정한 후 비교해 보는 것을 추천합니다. 미니 배치 사이즈는 100으로 설정합니다.

> 모형 평가

```
>>> print(model.evaluate(X_tn, y_tn)[1])                    ❶
0.99163336
>>> print(model.evaluate(X_te, y_te)[1])                    ❷
0.9898
```

모형 평가 순서입니다. 트레이닝 데이터를 이용한 학습 정확도는 약 99.2%로 나타납니다. 그리고 테스트 데이터를 이용한 정확도는 약 99%로 나타납니다.

> 오답 데이터 확인

```
>>> y_pred_hot = model.predict(X_te)                          ❶
>>> print(y_pred_hot[0])                                      ❷
[2.8616305e-09 2.2157255e-07 6.7915976e-06 5.2452224e-06
 3.1265754e-09 4.7209565e-09 3.5228289e-12 9.9998546e-01
 1.7088766e-07 2.1197991e-06]
>>> import numpy as np                                        ❸
>>> y_pred = np.argmax(y_pred_hot, axis=1)                    ❹
>>> print(y_pred)                                             ❺
[7 2 1 ... 4 5 6]
>>> diff = y_te0 - y_pred                                     ❻
>>> diff_idx = []                                             ❼
>>> y_len = len(y_te0)                                        ❽
>>> for i in range(0, y_len):                                 ❾
        if(diff[i]!=0):                                       ❿
            diff_idx.append(i)                                ⓫
```

합성곱 신경망 모형을 이용해 구분하지 못한 데이터를 확인해 봅니다. ❶ 테스트 피처 데이터를 이용해 예측값을 구합니다. ❷ 예측값의 형태를 확인해 보면 원-핫 인코딩 형태인 것을 확인할 수 있습니다. ❸ 실젯값과 예측값의 동일 유무를 확인하기 위해 넘파이 라이브러리를 부른 후 예측값을 원-핫 인코딩 형태가 아닌 원본 숫자 형태로 바꿉니다. ❹ np.argmax를 사용하면 원-핫 인코딩을 원래 숫자로 쉽게 바꿀 수 있습니다. ❺ 결과를 확인해 보면 숫자 형태로 돌아온 것을 알 수 있습니다. ❻ 실젯값과 예측값의 차이를 구합니다. 이를 diff라고 저장하는데, 만약 실젯값과 예측값이 같다면 0일 것이고, 다르다면 0이 아닐 것입니다. ❼ 몇 번째 테스트 피처 데이터가 다른지 저장하기 위해, 인덱스를 저장할 리스트를 하나 생성합니다. ❽ 반복문 수행을 위해 테스트 타깃 데이터의 길이를 저장합니다. ❾ 테스트 데이터를 순서대로 확인해 봅니다. ❿ 실젯값과 예측값의 차이가 0이 아닐 수 있습니다. ⓫ 해당 인덱스를 diff_idx 리스트에 추가합니다.

> 오답 데이터 시각화

```
import matplotlib.pyplot as plt                               ❶
plt.figure(figsize=(10, 5))                                   ❷
for i in range(2*5):                                          ❸
    plt.subplot(2, 5, i+1)                                    ❹
    raw_idx = diff_idx[i]                                     ❺
```

```
    plt.imshow(X_te0[raw_idx].reshape((28, 28)),          ❻
            cmap='Greys')
plt.show()                                                ❼
```

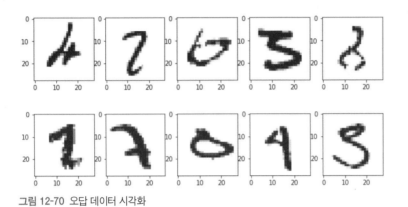

그림 12-70 오답 데이터 시각화

오답 데이터 이미지를 시각화를 통해 확인해 봅니다. ❶ 시각화에 필요한 함수를 불러옵니다. ❷ 아웃풋 크기를 설정합니다. ❸ 이미지는 총 10개만 그려 봅니다. ❹ 서브 플롯을 설정합니다. ❺ 테스트 타깃 데이터 중 오답 데이터의 인덱스를 저장합니다. ❻ 해당 인덱스에 해당하는, 즉, 오답 데이터를 시각화합니다. ❼ 결과를 확인해 봅니다. 육안으로도 숫자를 구분하기 어려운 데이터임을 확인할 수 있습니다.

> 전체 코드

```
from tensorflow.keras import datasets
import matplotlib.pyplot as plt
from tensorflow.keras.utils import to_categorical

import numpy as np
import tensorflow as tf

from tensorflow.keras.models import Sequential
from tensorflow.keras.layers import Dense, Conv2D
from tensorflow.keras.layers import MaxPool2D, Flatten
from tensorflow.keras.layers import Dropout

# 랜덤 시드 설정
np.random.seed(0)
```

```python
tf.random.set_seed(0)

# 데이터 불러오기
(X_tn0,y_tn0),(X_te0,y_te0)=datasets.mnist.load_data()

# 원본 데이터 차원 확인
print(X_tn0.shape)
print(y_tn0.shape)
print(X_te0.shape)
print(y_te0.shape)

# 원본 데이터 시각화
import matplotlib.pyplot as plt
plt.figure(figsize=(10, 5))
for i in range(2*5):
    plt.subplot(2, 5, i+1)
    plt.imshow(X_tn0[i].reshape((28, 28)),
               cmap='Greys')
plt.show()

# 타깃 클래스 확인
print(set(y_tn0))

# 피처 데이터 스케일 조정
X_tn_re = X_tn0.reshape(60000, 28, 28, 1)
X_tn = X_tn_re/255
print(X_tn.shape)

X_te_re = X_te0.reshape(10000, 28, 28, 1)
X_te = X_te_re/255
print(X_te.shape)

# 타깃 데이터 원-핫 인코딩
from tensorflow.keras.utils import to_categorical
y_tn = to_categorical(y_tn0)
y_te = to_categorical(y_te0)

# 합성곱 신경망 생성
n_class = len(set(y_tn0))

model = Sequential()
model.add(Conv2D(32, kernel_size=(5,5),
```

```
                    input_shape=(28,28,1),
                    padding='valid',
                    activation='relu'))
model.add(MaxPool2D(pool_size=(2,2)))
model.add(Dropout(0.25))
model.add(Conv2D(32, kernel_size=(3,3),
                    padding='valid',
                    activation='relu'))
model.add(MaxPool2D(pool_size=(2,2)))
model.add(Dropout(0.25))
model.add(Flatten())
model.add(Dense(1024, activation='relu'))
model.add(Dropout(0.5))
model.add(Dense(n_class, activation='softmax'))
model.summary()

# 모형 컴파일
model.compile(loss='categorical_crossentropy',
              optimizer='adam',
              metrics=['accuracy'])
# 학습
hist = model.fit(X_tn, y_tn, epochs=3, batch_size=100)

# 트레이닝 데이터 평가
print(model.evaluate(X_tn, y_tn)[1])

# 테스트 데이터 평가
print(model.evaluate(X_te, y_te)[1])

# 예측값 저장
y_pred_hot = model.predict(X_te)
y_pred = np.argmax(y_pred_hot, axis=1)

# 오답 데이터 인덱스 저장
diff = y_te0 - y_pred
diff_idx = []
y_len = len(y_te0)
for i in range(0, y_len):
    if(diff[i]!=0):
        diff_idx.append(i)
```

```
# 오답 데이터 시각화
plt.figure(figsize=(10, 5))
for i in range(2*5):
    plt.subplot(2, 5, i+1)
    raw_idx = diff_idx[i]
    plt.imshow(X_te0[raw_idx].reshape((28, 28)),
               cmap='Greys')
plt.show()
```

12.5 순환 신경망(RNN)

12.5.1 순환 신경망의 개념

순환 신경망(Recurrent Neural Network)은 시퀀스(sequence) 데이터를 사용합니다. 시퀀스 데이터란 흔히 시계열(time series) 데이터라고도 말하며, 시점에 따라 데이터가 달라지는 것을 의미합니다. 즉, 특정 시점의 데이터를 한 번에 수집하는 것이 아닌 시간의 흐름에 따라 데이터도 점차 수집하는 것을 의미합니다. 전체 데이터 셋을 구성하는 각 데이터 포인트의 수집 시점이 서로 다릅니다.

우리가 지금까지 다룬 신경망은 입력 데이터를 사용한 후 그 결과가 다시 입력층으로 돌아가지는 않았습니다. 즉, 한 번 출력된 결과는 다시 사용되지 않았습니다. 이를 피드포워드(feedforward) 신경망이라고 합니다. 반면에 순환 신경망(Recurrent Neural Network)은 출력된 결과가 다음 시점에서 사용됩니다. 즉, 출력 결과를 다음 시점까지 기억했다가 사용하는 방법입니다. 순환 신경망의 구조는 [그림 12-71]과 같습니다.

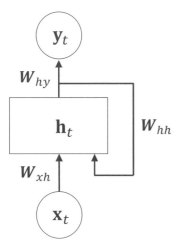

그림 12-71 순환 신경망 구조

[그림 12-71]에서 h_t는 t 시점에서의 은닉층(hidden layer)을 의미합니다. 화살표의 진행 방향을 보면 알 수 있듯, 은닉층으로부터 나온 값은 출력값으로 이어질 뿐만 아니라 다시 입력층으로 되돌아가는 방향도 존재합니다. 즉, h_t가 재사용된다는 의미입니다. [그림 12-71]을 보기 쉽게 펼쳐서 표현하면 [그림 12-72]와 같이 표현할 수 있습니다.

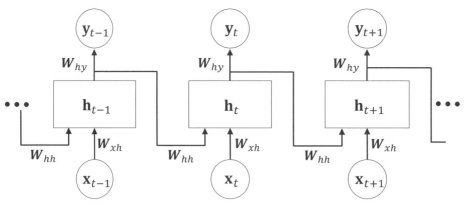

그림 12-72 순환 신경망 구조(펼침)

[그림 12-72]는 순환 신경망을 펼친 구조입니다. 각 시점에서 데이터 $\mathbf{x}_t$가 각 은닉층을 통과한 후 각 시점에 대한 결괏값 $\mathbf{y}_t$가 출력됩니다. 은닉층 내부를 좀 더 자세히 그리면 [그림 12-73]과 같습니다.

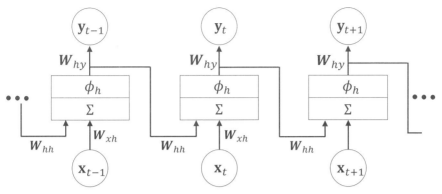

그림 12-73 순환 신경망 내부

그렇다면 은닉층 내부에서는 어떤 연산이 이루어지는 걸까요? 은닉층을 한번 계산해 봅니다. 은닉층은 아래와 같이 표현할 수 있습니다.

$$\mathbf{h}_t = \phi_h(W_{xh}\mathbf{x}_t + W_{hh}\mathbf{h}_{t-1} + \mathbf{b}_h)$$

위 수식에서 $\mathbf{b}_h$는 은닉층에서의 편향 벡터(bias vector)이고, ϕ_h는 은닉층에서의 활성화 함수입니다. 즉, 하단 첨자 h는 은닉층(hidden layer)을 나타냅니다. 위 수식을 이해하기 편하도록 그림으로 표현하면 [그림 12-74]와 같습니다.

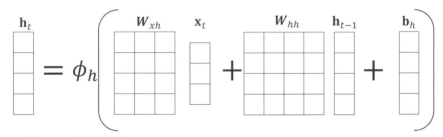

그림 12-74 은닉층 계산 (1)

[그림 12-74]에서 사용한 데이터는 계산 과정의 이해를 돕기 위해 임의의 작은 크기로 정했습니다. 한편, 은닉층 값을 구하는 수식은 다음과 같이 행렬로 표시할 수도 있습니다.

$$\mathbf{h}_t = \phi_h\left([W_{xh} \quad W_{hh}]\begin{bmatrix}\mathbf{x}_t \\ \mathbf{h}_{t-1}\end{bmatrix} + \mathbf{b}_h\right)$$

위 수식을 그림으로 나타내면 [그림 12-75]와 같습니다.

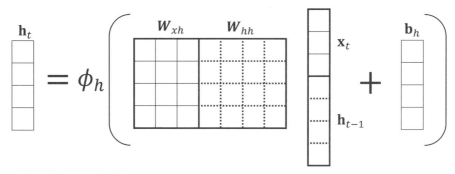

그림 12-75 은닉층 계산 (2)

위 두 가지 수식 중 $\boldsymbol{h}_t$를 구하기 위해 어떤 방법을 사용해도 상관없습니다. $\boldsymbol{h}_t$를 구했다면 출력값 $\boldsymbol{y}_t$는 아래와 같이 구할 수 있습니다.

$$\mathbf{y}_t = \phi_y\big(W_{hy}\mathbf{h}_t + \mathbf{b}_y\big)$$

위 식에서 ϕ_y는 출력값을 구하기 위한 활성화 함수이며, 이는 은닉층에서의 활성화 함수 ϕ_h 와는 다릅니다. 또한 $\mathbf{b}_y$는 출력값을 구하기 위한 편향 벡터입니다.

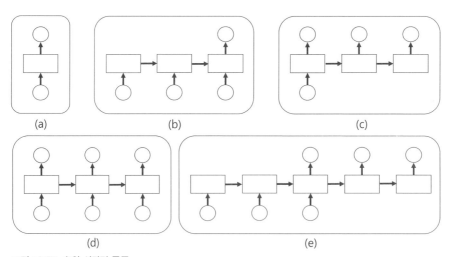

그림 12-76 순환 신경망 종류

[그림 12-76]과 같이 순환 신경망에는 다양한 형태가 존재합니다. 순환 신경망은 입력값과 출력값의 개수에 따라 다음과 같이 나눌 수 있습니다.

(a) 일대일 형태(one-to-one): 입력값과 출력값이 하나입니다.

(b) 다대일 형태(many-to-one): 입력값은 여러 개인 반면에 출력값은 하나입니다.

(c) 일대다 형태(one-to-many): 입력값은 하나이지만 출력값은 여러 개입니다.

(d) 다대다 형태(many-to-many): 입력값과 출력값 모두 여러 개입니다.

(e) 다대다 형태(many-to-many): 입력값과 출력값 모두 여러 개이지만 입력값과 출력값의 시점 차이가 존재합니다.

12.5.2 LSTM

순환 신경망은 은닉층을 거친 결괏값을 재사용한다는 특징이 있습니다. 그러나 그로 인해 그래디언트 소실 문제(vanishing gradient problem)나 그래디언트 폭주 문제(exploding gradient problem)가 발생할 수 있습니다. **LSTM(Long Short Term Memory)**은 그래디언트 폭주나 소실 문제를 해결하기 위해 만든 방법입니다. LSTM에서는 결괏값이 다음 시점으로 넘어갈 때 결괏값을 넘길지 말지 결정하는 단계가 추가됩니다.

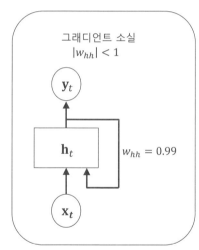 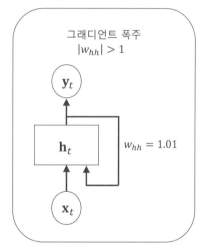

그림 12-77 그래디언트 소실, 폭주

[그림 12-77]은 그래디언트 소실(왼쪽), 그래디언트 폭주(오른쪽)를 나타내는 그림입니다. 그래디언트 소실 문제는 학습이 진행되는 과정에서 그래디언트가 점점 줄어들어 사라지는 현상을 의미합니다. 반대로 그래디언트 폭주 문제는 학습 과정에서 그래디언트가 점점 커져서 폭주하는 현상을 말합니다.

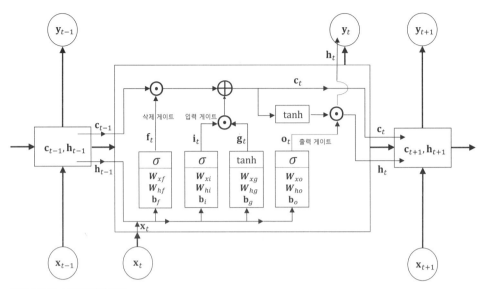

그림 12-78 LSTM 전체 구조

[그림 12-78]은 LSTM의 전체 구조를 나타냅니다. 이때, ⊙은 행렬 원소끼리의 곱을 의미하고, ⊕는 행렬 원소끼리의 합을 의미합니다. 그림이 다소 복잡해 보일 수 있는데, 입력 게이트 (input gate), 삭제 게이트(forget gate), 셀 상태(cell state), 은닉 유닛으로 나누어 살펴봅니다.

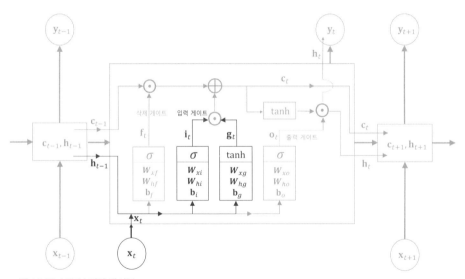

그림 12-79 LSTM 입력 게이트

[그림 12-79]와 같이 입력 게이트(input gate)는 셀 상태를 업데이트하는 역할을 담당하며 입력 게이트를 수식으로 나타내면 다음과 같이 표현할 수 있습니다.

$$\mathbf{i}_t = \sigma(\boldsymbol{W}_{xi}\mathbf{x}_t + \boldsymbol{W}_{hi}\mathbf{h}_{t-1} + \mathbf{b}_i)$$

$$\mathbf{g}_t = \tanh(\boldsymbol{W}_{xg}\mathbf{x}_t + \boldsymbol{W}_{hg}\mathbf{h}_{t-1} + \mathbf{b}_g)$$

위 수식의 의미는 다음과 같습니다. 입력 게이트에서는 $\mathbf{i}_t$와 $\mathbf{g}_t$를 생성합니다. 이를 위해 먼저 $\mathbf{i}_t$는 입력층 데이터 벡터 $\mathbf{x}_t$에 가중치 $\boldsymbol{W}_{xi}$를 곱한 값과 은닉 유닛인 $\mathbf{h}_{t-1}$에 가중치 $\boldsymbol{W}_{hi}$를 곱한 값을 더합니다. 그리고 이 값에 편향 $\mathbf{b}_i$를 더한 후 시그모이드 함수를 적용하면 $\mathbf{i}_t$를 구할 수 있습니다. 이와 비슷한 방법으로 $\mathbf{g}_t$도 구할 수 있습니다. 먼저 입력층 데이터 벡터 $\mathbf{x}_t$에 가중치 $\boldsymbol{W}_{xg}$를 곱한 값에 은닉 유닛인 $\mathbf{h}_{t-1}$에는 가중치 $\boldsymbol{W}_{hg}$를 곱한 후 더합니다. 이 값에 $\mathbf{b}_g$를 더한 후 하이퍼볼릭 탄젠트를 취하면 $\mathbf{g}_t$ 값을 구할 수 있습니다.

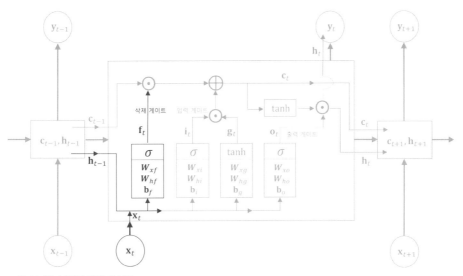

그림 12-80 LSTM 삭제 게이트

[그림 12-80]은 삭제 게이트를 나타냅니다. 삭제 게이트(forget gate)는 통과할 정보와 억제할 정보를 결정합니다. 아래 식에서 σ는 시그모이드 함수를 의미합니다.

$$\mathbf{f}_t = \sigma(\boldsymbol{W}_{xf}\mathbf{x}_t + \boldsymbol{W}_{hf}\mathbf{h}_{t-1} + \mathbf{b}_f)$$

삭제 게이트를 거친 $\mathbf{f}_t$를 구하는 방법을 알아봅니다. 먼저 입력 데이터 벡터 $\mathbf{x}_t$에 가중치 행렬 $\boldsymbol{W}_{xf}$를 곱한 값에 은닉 유닛 $\mathbf{h}_{t-1}$에는 가중치 행렬 $\boldsymbol{W}_{hf}$를 곱한 값을 더하고, 마지막으로 편향 $\mathbf{b}_f$를 더한 후 시그모이드 함수를 취하면 $\mathbf{f}_t$를 구할 수 있습니다.

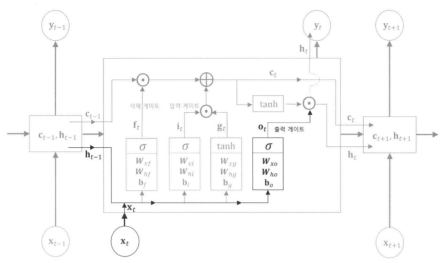

그림 12-81 LSTM 출력 게이트

[그림 12-81]은 출력 게이트(output gate)를 나타냅니다. 출력 게이트는 은닉 유닛의 출력값을 생성합니다.

$$\mathbf{o}_t = \sigma(\boldsymbol{W}_{xo}\mathbf{x}_t + \boldsymbol{W}_{ho}\mathbf{h}_{t-1} + \mathbf{b}_o)$$

출력 게이트를 구하기 위해서는 먼저 입력 데이터 벡터 $\mathbf{x}_t$에 가중치 행렬 $\boldsymbol{W}_{xo}$를 곱한 값에 은닉 유닛 $\mathbf{h}_{t-1}$에는 가중치 행렬 $\boldsymbol{W}_{ho}$를 곱한 값을 더하고 편향 $\mathbf{b}_o$를 더합니다. 이렇게 더한 값에 시그모이드 함수를 취하면 출력 게이트를 거친 $\mathbf{o}_t$를 구할 수 있습니다.

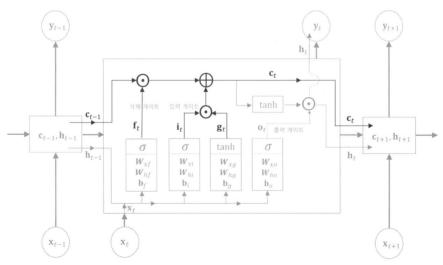

그림 12-82 LSTM 셀 상태

[그림 12-82]는 t 시점에서의 셀 상태(cell state)를 나타내며, 이를 수식으로 표현하면 아래와 같습니다.

$$\mathbf{c}_t = (\mathbf{c}_{t-1} \odot \mathbf{f}_t) \oplus (\mathbf{i}_t \odot \mathbf{g}_t)$$

LSTM에서는 셀 상태라는 값을 사용합니다. 셀 상태 $\mathbf{c}_t$는 위 수식과 같이 구할 수 있습니다. 먼저 이전 시점의 셀 상태 $\mathbf{c}_{t-1}$과 삭제 게이트 출력값 $\mathbf{f}_t$를 원소곱합니다. $\odot$는 원소끼리의 곱셈을 의미합니다. 입력 게이트를 통해 생성된 $\mathbf{i}_t$와 $\mathbf{g}_t$를 원소곱합니다. 마지막으로 지금까지 구한 벡터를 원소합하면 최종 셀 상태 $\mathbf{c}_t$를 구할 수 있습니다.

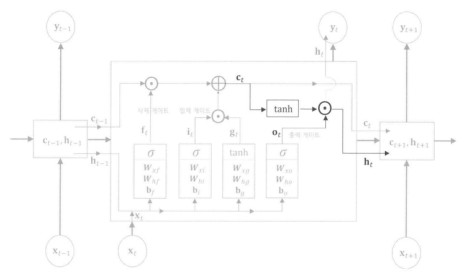

그림 12-83 LSTM 은닉 유닛

[그림 12-83]은 마지막으로 현재 타임 스텝에서의 은닉 유닛을 출력합니다.

$$\mathbf{h}_t = \mathbf{o}_t \odot \tanh(\mathbf{c}_t)$$

은닉 유닛 $\mathbf{h}_t$는 출력 게이트 값 $\mathbf{o}_t$와 해당 시점의 셀 상태 $\mathbf{c}_t$의 하이퍼볼릭 탄젠트 값을 원소곱한 값입니다.

▌12.5.3 GRU

GRU(Gated Recurrent Unit)에 대해 알아봅니다. GRU는 LSTM과 비슷한 원리로 작동하지만 좀 더 간소화된 방식으로 계산이 간편하다는 장점이 있습니다. 반면에, 학습 능력은 LSTM보다 다소 낮은 면을 보입니다. LSTM과 다르게 GRU에서는 이전 시점에서 받는 벡터가 $\mathbf{h}_t$로 하나입니다. 또한 하나의 벡터 $\mathbf{z}_t$가 삭제 게이트와 입력 게이트를 모두 제어합니다. 게이트 제어기가 1을 출력하면 삭제 게이트가 열리고, 입력 게이트가 닫힙니다. 반면에 게이트 제어기가 0을 출력하면 삭제 게이트가 닫히고, 입력 게이트가 열립니다. GRU에는 출력 게이트가 없습니다. 즉, 전체 상태 벡터가 매 시점 출력됩니다. 그러나 이전 상태의 어느 부분이 $\mathbf{g}_t$에 노출될지 제어하는 새로운 값 $\mathbf{r}_t$가 있습니다.

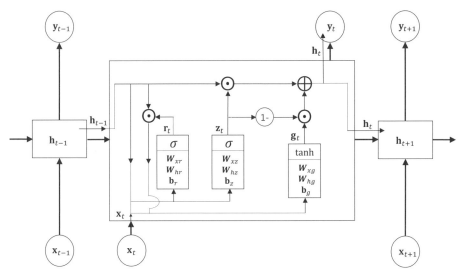

그림 12-84 GRU 구조

GRU 구조는 [그림 12-84]와 같이 나타낼 수 있고 GRU에서 쓰이는 식은 아래와 같습니다.

$$\mathbf{z}_t = \sigma(\boldsymbol{W}_{xz}\mathbf{x}_t + \boldsymbol{W}_{hz}\mathbf{h}_{t-1} + \mathbf{b}_z)$$

$$\mathbf{r}_t = \sigma(\boldsymbol{W}_{xr}\mathbf{x}_t + \boldsymbol{W}_{hr}\mathbf{h}_{t-1} + \mathbf{b}_r)$$

$$\mathbf{g}_t = \tanh\big(\boldsymbol{W}_{xg}\mathbf{x}_t + \boldsymbol{W}_{hg}(\mathbf{r}_t\odot\mathbf{h}_{t-1}) + \mathbf{b}_g\big)$$

$$\mathbf{h}_t = \mathbf{z}_t\odot\mathbf{h}_{t-1} + (1 - \mathbf{z}_t)\odot\mathbf{g}_t$$

12.5.4 순환 신경망 실습

순환 신경망을 이용해 영화 리뷰 감성 분석을 해 봅니다.

> 랜덤 시드 설정

```
import numpy as np
import tensorflow as tf
np.random.seed(0)
tf.random.set_seed(0)
```

랜덤 시드를 정해 줍니다. 넘파이와 텐서플로 라이브러리에서 랜덤 시드값을 정하는 함수를
이용해 시드값을 지정해 줍니다.

> 데이터 불러오기

```
from tensorflow.keras import datasets                    ❶
(X_tn0,y_tn0),(X_te0,y_test)=imdb.load_data(num_words=2000)  ❷
```

imdb 데이터를 이용해 영화 리뷰 감성 분석을 해 봅니다. ❶ 텐서플로에서 제공하는 데이터
셋을 불러오기 위한 함수를 불러옵니다. ❷ imdb 데이터를 불러옵니다. num_words=2,000은
모든 단어를 사용하는 것이 아니라 자주 사용되는 2,000개만 사용하겠다는 뜻입니다. 결괏값
은 0 또는 1이며, 0은 부정적인 리뷰, 1은 긍정적인 리뷰를 의미합니다.

> 오리지널 데이터 차원 확인

```
>>> print(X_tn0.shape)
(25000,)
>>> print(y_tn0.shape)
(25000,)
>>> print(X_te0.shape)
(25000,)
>>> print(y_test.shape)
(25000,)
```

데이터의 차원을 확인해 봅니다. 트레이닝 데이터와 테스트 데이터 모두 25,000개의 데이터
로 구성되어 있음을 알 수 있습니다.

> 트레이닝/밸리데이션 셋 분리

```
>>> X_train = X_tn0[0:20000]                    ❶
>>> print(X_train.shape)                         ❷
(20000,)
>>> y_train = y_tn0[0:20000]                     ❸
>>> print(y_train.shape)                         ❹
(20000,)
>>> X_valid = X_tn0[20000:25000]                 ❺
>>> print(X_valid.shape)                         ❻
(5000,)
>>> y_valid = y_tn0[20000:25000]                 ❼
>>> print(y_valid.shape)                         ❽
(5000,)
```

이번 실습에서는 밸리데이션 셋 또한 사용해 봅니다. 밸리데이션 셋은 트레이닝 셋의 일부로 구성됩니다. ❶, ❷ 총 25,000개의 트레이닝 피처 데이터 중 20,000개의 데이터를 트레이닝 피처 데이터로 지정합니다. ❸, ❹ 총 25,000개의 트레이닝 타깃 데이터 중 20,000개의 데이터를 트레이닝 타깃 데이터로 지정합니다. ❺, ❻ 트레이닝 피처 데이터 20,000개를 제외하고 남은 5,000개의 피처 데이터를 밸리데이션 피처 데이터로 지정합니다. ❼, ❽ 타깃 데이터에 대해서도 같은 방법으로 남은 5,000개의 타깃 데이터를 밸리데이션 데이터로 지정합니다.

> 피처 데이터 형태 확인

```
>>> print(X_train[0])
[1, 14, 22, 16, 43, 530, 973, 1622, … (중략)
```

피처 데이터가 어떻게 생겼는지 확인해 봅니다. 트레이닝 피처 데이터의 첫 번째 값을 확인해 보면 숫자로 이루어진 리스트라는 것을 볼 수 있습니다. 이는 오리지널 데이터에서 이미 단어를 숫자로 매핑해 놓아 영어 단어가 해당하는 숫자로 변환된 것임을 알 수 있습니다.

> 개별 피처 크기 확인

```
>>> print(len(X_train[0]))
218
>>> print(len(X_train[1]))
189
```

각 피처값은 몇 개의 단어로 이루어져 있을까요? 피처 데이터의 가장 처음 나오는 두 개의 피처값을 확인해 본 결과 첫 번째 피처값은 길이가 218인 것인 반면에 두 번째 피처값의 길이는 189입니다. 이는 문장 길이가 다르다는 것을 의미하며 나중에 같은 크기로 조정이 필요함을 의미합니다.

> 타깃 클래스 확인

```
>>> print(set(y_test))                                    ❶
0,1
>>> print(len(set(y_test)))                               ❷
2
```

타깃 클래스를 확인해 봅니다. ❶ 타깃 클래스는 0과 1로 이루어진 이진 분류 문제임을 알 수 있습니다. ❷ 당연하게도 클래스 구분은 2개로 구분되는 것을 알 수 있습니다.

> 피처 데이터 변형

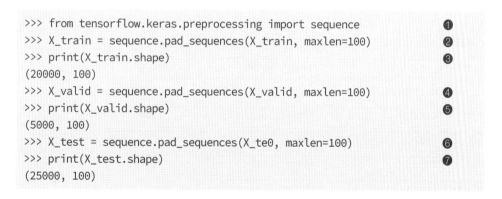

```
>>> from tensorflow.keras.preprocessing import sequence              ❶
>>> X_train = sequence.pad_sequences(X_train, maxlen=100)            ❷
>>> print(X_train.shape)                                             ❸
(20000, 100)
>>> X_valid = sequence.pad_sequences(X_valid, maxlen=100)            ❹
>>> print(X_valid.shape)                                             ❺
(5000, 100)
>>> X_test = sequence.pad_sequences(X_te0, maxlen=100)               ❻
>>> print(X_test.shape)                                              ❼
(25000, 100)
```

제각기 다른 피처 데이터값의 길이를 일치시킵니다. ❶ 데이터값의 길이를 맞출 때는 sequence를 이용합니다. ❷ 트레이닝 피처 데이터에 대해 pad_sequences 함수를 이용해 길이를 100으로 맞춥니다. 길이는 maxlen 값을 조정함으로써 바꿀 수 있습니다. 길이가 100을 넘는 데이터는 100까지만 저장되고 나머지는 삭제됩니다. 100이 되지 않는 데이터는 모자란 부분을 0으로 채웁니다. ❸ 차원을 확인해 보면 길이가 100임을 알 수 있습니다. ❹, ❺, ❻, ❼ 같은 방법으로 밸리데이션 피처 데이터와 테스트 피처 데이터에도 적용해 줍니다.

> ## LSTM 모형 생성

```
from tensorflow.keras.models import Sequential          ❶
from tensorflow.keras.layers import Dense, LSTM         ❷
from tensorflow.keras.layers import Embedding           ❸
from tensorflow.keras.layers import Dropout             ❹
from tensorflow.keras.layers import Conv1D              ❺
from tensorflow.keras.layers import MaxPooling1D        ❻


model = Sequential()                                    ❼
model.add(Embedding(input_dim=2000, output_dim=100))    ❽
model.add(Conv1D(50, kernel_size=3,                     ❾
                 padding='valid',
                 activation='relu'))
model.add(MaxPooling1D(pool_size=3))                    ❿
model.add(LSTM(100, activation='tanh'))                 ⓫
model.add(Dropout(0.25))                                ⓬
model.add(Dense(1, activation='sigmoid'))               ⓭
model.summary()                                         ⓮
```

```
Model: "sequential"
```

Layer (type)	Output Shape	Param #
embedding (Embedding)	(None, None, 100)	200000
conv1d (Conv1D)	(None, None, 50)	15050
max_pooling1d (MaxPooling1D)	(None, None, 50)	0
lstm (LSTM)	(None, 100)	60400
dropout (Dropout)	(None, 100)	0
dense (Dense)	(None, 1)	101

```
Total params: 275,551
Trainable params: 275,551
Non-trainable params: 0
```

그림 12-85 신경망 구조

LSTM 모형을 생성해 봅니다. ❶ 모형 생성에 필요한 Sequential을 불러옵니다. ❷, ❸, ❹, ❺, ❻ 각종 층을 쌓기 위해 필요한 함수들을 불러옵니다. ❼ 가장 먼저 Sequential( )을 이용해 모형을 생성합니다. ❽ Embedding을 이용해 단어 임베딩 층을 추가해 줍니다. Embedding에서

input_dim은 총 단어의 개수입니다. 필자는 총 2,000개의 단어를 사용해 input_dim=2,000으로 설정합니다. output_dim은 각 데이터값의 길이입니다. 필자는 데이터값을 100으로 고정해 output_dim=100으로 설정합니다. ❾ Conv1D를 이용해 합성곱 층을 추가합니다. 합성곱 신경망에서는 2차원 데이터를 이용해 Conv2D를 사용했지만, 이번 실습에서 사용되는 데이터는 1차원이므로 Conv1D를 사용합니다. 커널 사이즈 kernel_size 역시 1차원 숫자로 구성됩니다. ❿ 맥스풀링 층을 추가해 줍니다. ⓫, ⓬ LSTM 층 및 드롭 아웃 층을 추가해 줍니다. ⓭ 최종 출력층을 추가해 주면 신경망이 완성됩니다. ⓮ 생성된 모형의 구조를 확인해 봅니다.

> 모형 컴파일

```
model.compile(loss='binary_crossentropy',
              optimizer='adam',
              metrics=['accuracy'])
```

모형을 생성했으니 컴파일을 진행합니다. 이진 분류 문제이므로 loss='binary_crossentropy'로 정하고, 옵티마이저는 adam, 모형 평가는 accuracy로 합니다.

> 학습

```
hist = model.fit(X_train, y_train,
                 batch_size=100,
                 epochs=10,
                 validation_data=(X_valid, y_valid))
```

```
Train on 20000 samples, validate on 5000 samples
Epoch 1/10
20000/20000 [==============================] - 19s 972us/sample - loss: 0.4885 - accuracy: 0.7469 - val_loss: 0.3
965 - val_accuracy: 0.8232
Epoch 2/10
20000/20000 [==============================] - 20s 997us/sample - loss: 0.3383 - accuracy: 0.8527 - val_loss: 0.3
717 - val_accuracy: 0.8316
                                      ●
                                      ●
                                      ●
Epoch 9/10
20000/20000 [==============================] - 24s 1ms/sample - loss: 0.0335 - accuracy: 0.9895 - val_loss: 0.842
1 - val_accuracy: 0.8064
Epoch 10/10
20000/20000 [==============================] - 25s 1ms/sample - loss: 0.0249 - accuracy: 0.9923 - val_loss: 0.714
4 - val_accuracy: 0.8114
```

그림 12-86 LSTM 학습

모형 학습입니다. 트레이닝 데이터를 넣고, 미니 배치 사이즈(batch_size)는 100, 학습은 10단계로 진행합니다(epochs=10). 이번에는 밸리데이션 데이터를 사용할 것이므로 validation_ data=(X_valid, y_valid)를 추가해 줍니다.

> 모형 평가

```
>>> print(model.evaluate(X_train, y_train)[1])        ❶
0.99795
>>> print(model.evaluate(X_valid, y_valid)[1])        ❷
0.8114
>>> print(model.evaluate(X_test, y_test)[1])          ❸
0.82064
```

학습된 모형을 평가해 봅니다. 트레이닝 데이터를 이용한 정확도는 약 99.7%입니다. 밸리데 이션 데이터를 이용한 정확도는 81.1%, 테스트 데이터의 정확도는 82%입니다.

> 정확도 & 손실 그래프

```
import numpy as np                                     ❶
epoch = np.arange(1,11)                                ❷
acc_train = hist.history['accuracy']                  ❸
acc_valid = hist.history['val_accuracy']              ❹
loss_train = hist.history['loss']                     ❺
loss_valid = hist.history['val_loss']                 ❻

import matplotlib.pyplot as plt                        ❼
plt.figure(figsize=(15,5))                             ❽
plt.subplot(121)                                       ❾
plt.plot(epoch, acc_train,'b',                         ❿
        marker='.',
        label='train_acc')
plt.plot(epoch, acc_valid,'r--',                       ⓫
        marker='.',
        label='valid_acc')
plt.title('Accuracy')                                  ⓬
plt.xlabel('epoch')                                    ⓭
plt.ylabel('accuracy')                                 ⓮
plt.legend()                                           ⓯
plt.subplot(122)                                       ⓰
plt.plot(epoch,loss_train,'b',
        marker='.',
        label='train_loss')
```

```
plt.plot(epoch,loss_valid,'r--',
        marker='.',
        label='valid_loss')
plt.title('Loss')
plt.xlabel('epoch')
plt.ylabel('loss')
plt.legend()
plt.show()
```

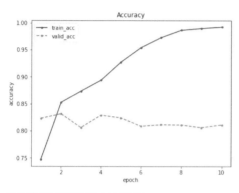
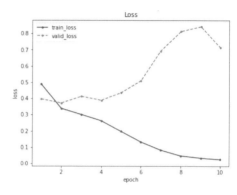

그림 12-87 정확도 및 손실 그래프

학습 정확도 및 손실 그래프를 그려 봅니다. ❶ 넘파이 라이브러리를 불러옵니다. ❷ 플롯에서 x축이 될 epoch를 설정해 줍니다. 학습 시 10단계에 걸쳐 학습시켜 1부터 10까지의 숫자가 필요합니다. ❸ 트레이닝 데이터의 정확도를 저장합니다. ❹ 밸리데이션 데이터의 정확도를 저장해 줍니다. ❺ loss 또한 마찬가지로 트레이닝 데이터의 손실 정도를 저장합니다. ❻ 밸리데이션의 손실 정도를 저장합니다. ❼ 플롯을 그리기 위해 필요한 라이브러리를 불러옵니다. ❽ 플롯의 사이즈를 설정해 줍니다. ❾ 정확도 그래프와 손실 그래프를 한꺼번에 그릴 것이므로 서브 플롯을 설정해 줍니다. ❿ 가로축을 학습 단계인 epoch로 설정하고, 세로축을 트레이닝 데이터 정확도로 지정해서 플롯을 그립니다. 색깔은 'b'로 파란색으로 설정하고, 표식은 marker='.'로 도트 표식이 있는 선으로 설정합니다. ⓫ 같은 방법으로 밸리데이션 정확도 플롯을 추가합니다. 밸리데이션은 'r--'로 빨간색 점선이라는 뜻입니다. ⓬ 플롯 타이틀을 설정합니다. ⓭, ⓮ x축, y축 이름을 설정합니다. ⓯ 범례를 추가합니다. ⓰ 같은 방법으로 손실 서브 플롯을 그려 줍니다.

> 전체 코드

```python
import numpy as np
import tensorflow as tf
from tensorflow.keras.datasets import imdb
from tensorflow.keras.preprocessing import sequence

from tensorflow.keras.models import Sequential
from tensorflow.keras.layers import Dense, LSTM
from tensorflow.keras.layers import Embedding
from tensorflow.keras.layers import Dropout
from tensorflow.keras.layers import Conv1D
from tensorflow.keras.layers import MaxPooling1D

import matplotlib.pyplot as plt

# 랜덤 시드 설정
np.random.seed(0)
tf.random.set_seed(0)

# 데이터 불러오기
(X_tn0,y_tn0),(X_te0,y_test)=imdb.load_data(num_words=2000)

# 원본 데이터 차원 확인
print(X_tn0.shape)
print(y_tn0.shape)
print(X_te0.shape)
print(y_test.shape)

# 트레이닝/밸리데이션 셋 분리
X_train = X_tn0[0:20000]
y_train = y_tn0[0:20000]
X_valid = X_tn0[20000:25000]
y_valid = y_tn0[20000:25000]

# 피처 데이터 형태 확인
print(X_train[0])

# 개별 피처 크기 확인
print(len(X_train[0]))
print(len(X_train[1]))
```

```
# 타깃 클래스 확인
print(set(y_test))
print(len(set(y_test)))

# 피처 데이터 변형
X_train = sequence.pad_sequences(X_train, maxlen=100)
X_valid = sequence.pad_sequences(X_valid, maxlen=100)
X_test = sequence.pad_sequences(X_te0, maxlen=100)


# LSTM 모형 생성
model = Sequential()
model.add(Embedding(input_dim=2000, output_dim=100))
model.add(Conv1D(50, kernel_size=3,
                 padding='valid',
                 activation='relu'))
model.add(MaxPooling1D(pool_size=3))
model.add(LSTM(100, activation='tanh'))
model.add(Dropout(0.25))
model.add(Dense(1, activation='sigmoid'))
model.summary()

# 모형 컴파일
model.compile(loss='binary_crossentropy',
              optimizer='adam',
              metrics=['accuracy'])

# 학습
hist = model.fit(X_train, y_train,
                 batch_size=100,
                 epochs=10,
                 validation_data=(X_valid, y_valid))

# 트레이닝 데이터 평가
print(model.evaluate(X_train, y_train)[1])
print(model.evaluate(X_valid, y_valid)[1])

# 테스트 데이터 평가
print(model.evaluate(X_test, y_test)[1])

# 정확도 학습 그래프
epoch = np.arange(1,11)
```

```
acc_train = hist.history['accuracy']
acc_valid = hist.history['val_accuracy']
loss_train = hist.history['loss']
loss_valid = hist.history['val_loss']

plt.figure(figsize=(15,5))
plt.subplot(121)
plt.plot(epoch, acc_train,'b',
        marker='.',
        label='train_acc')
plt.plot(epoch, acc_valid,'r--',
        marker='.',
        label='valid_acc')
plt.title('Accuracy')
plt.xlabel('epoch')
plt.ylabel('accuracy')
plt.legend()
plt.subplot(122)
plt.plot(epoch,loss_train,'b',
        marker='.',
        label='train_loss')
plt.plot(epoch,loss_valid,'r--',
        marker='.',
        label='valid_loss')
plt.title('Loss')
plt.xlabel('epoch')
plt.ylabel('loss')
plt.legend()
plt.show()
```

12.6 오토 인코더(Auto-Encoder)

12.6.1 오토 인코더 개념

오토 인코더(Auto-Encoder)는 신경망의 한 종류로서 입력 데이터를 코드(code)라고 부르는 은닉층으로 인코딩하는 인코더(encoder) 부분과 인코딩된 code를 다시 디코딩하는 디코더(decoder)로 구성되어 있습니다. 이때, 인코딩은 원래 데이터를 차원 축소하는 것을 의미하고, 디코딩은 차원 축소된 데이터를 다시 원래 데이터로 복원하는 것을 의미합니다. 오토 인코더의 시작은 차원 축소와 관련이 있는데 초기 오토 인코더는 주성분 분석과 같은 차원 축소를 위해 오토 인코더를 사용했지만, 현재는 데이터 생성 모형으로도 쓰입니다.

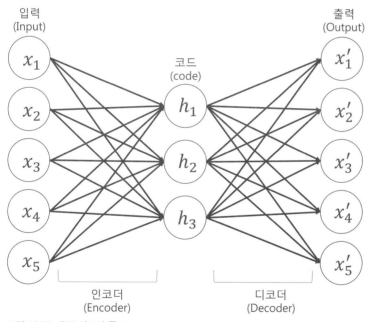

그림 12-88 오토 인코더 구조

[그림 12-88]은 오토 인코더의 구조를 나타냅니다. 오토 인코더는 입력층보다 적은 수의 노드로 구성된 은닉층을 중간에 넣어 차원을 줄입니다. 이때, 은닉층을 code라고 부릅니다. 디코더는 code를 다시 원래 입력층과 같은 크기의 결과물로 출력합니다. 오토 인코더는 기존의 학습 방법처럼 피처 데이터 X를 넣고 타깃 데이터 Y를 예측하는 것과는 다릅니다. 오토 인코더는 비지도 학습에 해당합니다.

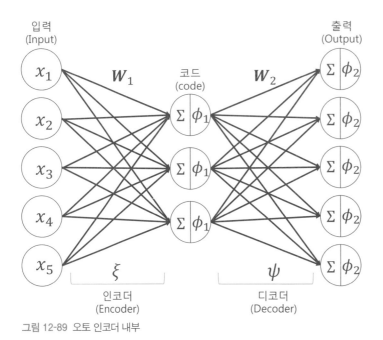

그림 12-89 오토 인코더 내부

[그림 12-89]는 오토 인코더의 내부 구조를 나타냅니다. 먼저 입력층에 해당하는 입력 데이터 벡터를 $\mathbf{x}$라고 합니다. 은닉층에 해당하는 code 벡터는 $\mathbf{h}$라고 합니다. 마지막 출력층의 출력 데이터 벡터는 $\mathbf{x}'$라고 합니다. 그리고 인코더(encoder)를 ξ, 디코더(decoder)를 ψ라고 합니다. 이를 정리하면 아래와 같습니다.

$$\xi : \mathbf{x} \longrightarrow \mathbf{h}$$

$$\psi : \mathbf{h} \longrightarrow \mathbf{x}'$$

$$\xi, \psi = \operatorname*{argmin}_{\xi, \psi} \| \mathbf{x} - (\psi \circ \xi)(\mathbf{x}) \|^2$$

위 식에서 ∘는 합성 함수를 의미합니다. 입력 데이터 벡터 $\mathbf{x}$를 인코딩해서 code $\mathbf{h}$로 변환하는 과정부터 알아봅니다. 입력 데이터에서 은닉층으로 변환할 때 사용하는 가중치 행렬을 W_1, 편향 벡터를 $\mathbf{b}_1$이라고 하면, 은닉층에 해당하는 code는 아래와 같이 나타낼 수 있습니다.

$$\mathbf{h} = \phi_1(W_1 \mathbf{x} + \mathbf{b}_1)$$

위 식에서 ϕ_1은 은닉층에서의 활성화 함수를 나타냅니다. 가중치 행렬 W_1, 편향 벡터 $\mathbf{b}_1$은 랜덤하게 초기화하고 역전파법으로 학습됩니다. code로 인코딩한 노드는 인코딩한 과정과 비슷한 과정을 통해 디코딩합니다. code 데이터에서 출력층으로 변환할 때 사용하는 가중치 행렬 W_2, 편향 벡터를 $\mathbf{b}_2$라고 하면, 출력 데이터 벡터는 아래와 같이 나타낼 수 있습니다.

$$\mathbf{x}' = \phi_2(W_2\mathbf{h} + \mathbf{b}_2)$$

오토 인코더는 입력 데이터 벡터 $\mathbf{x}$와 출력층으로 복원된 데이터 벡터 $\mathbf{x}'$ 간의 복원 에러를 줄이는 방향으로 학습하는데, 오토 인코더의 손실(loss)은 아래와 같이 표현합니다.

$$\mathcal{L}(\mathbf{x}, \mathbf{x}') = \|\mathbf{x} - \mathbf{x}'\|^2$$
$$= \left\|\mathbf{x} - \phi_2\big(W_2\big(\phi_1(W_1\mathbf{x} + \mathbf{b}_1)\big) + \mathbf{b}_2\big)\right\|^2$$

오토 인코더는 [그림 12-89]와 같이 은닉층의 깊이가 주로 1인 형태를 많이 사용하지만, 은닉층의 깊이를 더 깊게 구성할 수도 있습니다. [그림 12-90]은 앞의 오토 인코더보다 깊이 (depth)가 더 깊은 오토 인코더에 해당합니다.

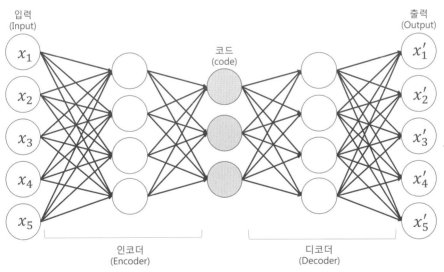

그림 12-90 은닉층의 깊이가 더 깊은 오토 인코더

오토 인코더 또한 데이터를 생성하는 알고리즘이라는 면에서 이후에 배울 적대적 생성 신경 망(GAN)과 비슷한 점이 있습니다. 그러나 오토 인코더는 GAN과는 조금 다릅니다. GAN은 오리지널 데이터와는 상관없는 결과물을 생성하지만, 오토 인코더는 오리지널 데이터의 특 징을 잘 살린 이미지를 만들어 냅니다. 예를 들어, 사람 얼굴을 생성하는 모형을 만든다고 가정합니다. 이때, GAN으로 생성한 사람 얼굴은 실제 같아 보이지만 세상에 존재하지 않는 사람의 얼굴 이미지를 생성합니다. 반면에, 오토 인코더로 생성한 얼굴 이미지는 기존 데이터에 존재하는 사람의 특징을 잘 살린 이미지를 생성합니다.

12.6.2 오토 인코더 실습

이번 실습에서는 오토 인코더를 이용해 이미지 데이터의 노이즈를 없애 봅니다.

> 랜덤 시드 설정

```
import numpy as np
import tensorflow as tf
np.random.seed(0)
tf.random.set_seed(0)
```

랜덤 시드를 설정합니다. 넘파이와 텐서플로 라이브러리에서 랜덤 시드값을 정하는 함수를 불러와 랜덤 시드값을 지정합니다.

> 데이터 불러오기

```
from tensorflow.keras import datasets                              ❶
(X_tn0,y_tn0),(X_te0,y_te0)=datasets.mnist.load_data()            ❷
```

데이터를 불러옵니다. 데이터는 합성 신경망 실습 때 사용했던 손글씨 데이터를 사용합니다. ❶ 데이터 셋 함수를 불러옵니다. ❷ mnist 데이터를 불러옵니다.

> 오리지널 데이터 차원 확인

```
>>> print(X_tn0.shape)
(60000, 28, 28)
>>> print(y_tn0.shape)
(60000,)
>>> print(X_te0.shape)
(10000, 28, 28)
>>> print(y_te0.shape)
(10000,)
```

불러온 데이터의 차원을 확인합니다. 손글씨 데이터의 트레이닝 데이터는 가로 28, 세로 28, 이미지 60,000장으로 구성되어 있고, 테스트 데이터는 가로 28, 세로 28, 이미지 10,000장으로 구성되어 있습니다.

> 오리지널 데이터 시각화

```
import matplotlib.pyplot as plt                              ❶
plt.figure(figsize=(10, 5))                                  ❷
for i in range(2*5):                                         ❸
    plt.subplot(2, 5, i+1)                                   ❹
    plt.imshow(X_tn0[i].reshape((28, 28)),                   ❺
                cmap='Greys')
plt.show()                                                   ❻
```

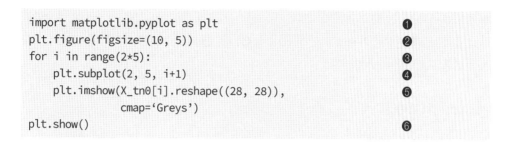

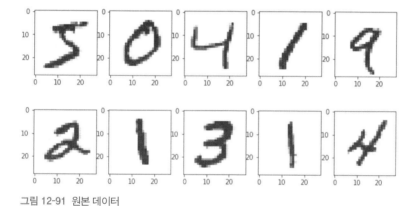

그림 12-91 원본 데이터

오리지널 트레이닝 데이터 10장을 시각화해 봅니다. ❶ 라이브러리를 불러옵니다. ❷ 플롯 사이즈를 정합니다. ❸ 반복문을 수행합니다. 10장을 그릴 것이므로 10번 반복합니다. ❹ 서브 플롯을 설정합니다. ❺ 해당 이미지를 그립니다. ❻ 결과를 확인해 봅니다.

> 피처 데이터 스케일 조정

```
>>> X_tn_re = X_tn0.reshape(60000, 28, 28, 1)               ❶
>>> X_tn = X_tn_re/255                                      ❷
>>> print(X_tn.shape)                                       ❸
(60000, 28, 28, 1)
>>> X_te_re = X_te0.reshape(10000, 28, 28, 1)               ❹
```

```
>>> X_te = X_te_re/255                                              ❺
>>> print(X_te.shape)                                               ❻
(10000, 28, 28, 1)
```

오토 인코더의 합성곱 층을 추가하기 위해서는 이미지 데이터의 차원이 4개로 표현되어야 합니다. ❶ 트레이닝 피처 데이터를 reshape 함수를 이용해 (이미지 개수, 가로, 세로, 채널 수) 형태로 바꿔 줍니다. ❷ 기존에 0~255까지 표현하는 픽셀값을 0~1 값을 가지기 위해 255로 나눠 줍니다. ❸ 변형된 차원을 확인해 봅니다. ❹, ❺, ❻ 테스트 피처 데이터에 대해서도 같은 방법으로 차원을 바꿔 줍니다.

> 노이즈 피처 데이터

```
import numpy as np                                                  ❶
X_tn_noise = X_tn + np.random.uniform(-1,1,size=X_tn.shape)         ❷
X_te_noise = X_te + np.random.uniform(-1,1,size=X_te.shape)         ❸
```

데이터 셋에서 노이즈 데이터를 따로 제공하지 않으므로, 직접 노이즈 데이터를 생성해 봅니다. ❶ 넘파이 라이브러리를 불러옵니다. ❷ 오리지널 트레이닝 데이터에 랜덤값을 더해 줍니다. 랜덤값은 np.random.uniform 함수로 균일 분포에서 추출합니다. 랜덤값은 -1부터 1 사잇값을 가지며, 배열 사이즈를 트레이닝 데이터의 차원과 일치시켜 생성합니다. ❸ 테스트 피처 데이터에 대해서도 같은 방법으로 랜덤값을 더해 줍니다.

> 노이즈 데이터 스케일링

```
X_tn_ns = np.clip(X_tn_noise, a_min=0, a_max=1)                    ❶
X_te_ns = np.clip(X_te_noise, a_min=0, a_max=1)                    ❷
```

노이즈 데이터를 생성하는 과정에서 픽셀값이 0 이하 혹은 1 이상이 되었을 가능성이 있어 스케일을 조정합니다. ❶, ❷ 넘파이 라이브러리에서 clip 함수를 사용하면 값의 범위 조정을 할 수 있습니다. a_min=0, a_max=1로 설정하면 0 이하 숫자는 0이 되고, 1 이상 숫자는 1로 변환됩니다.

> 노이즈 데이터 시각화

```
import matplotlib.pyplot as plt
plt.figure(figsize=(10, 5))
for i in range(2*5):
    plt.subplot(2, 5, i+1)
    plt.imshow(X_tn_ns[i].reshape((28, 28)),
              cmap='Greys')
plt.show()
```

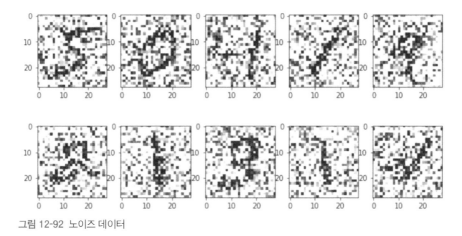

그림 12-92 노이즈 데이터

생성한 노이즈 데이터를 시각화해 봅니다. 오리지널 데이터를 그릴 때의 코드와 동일하고, 플롯을 그릴 때 쓰이는 데이터만 X_train_ns로 바꿔 주면 노이즈 데이터를 확인할 수 있습니다. 노이즈가 추가되어 글씨가 잘 안 보이는 것을 확인할 수 있습니다.

> 인코더 모형 생성

```
from tensorflow.keras.layers import Input          ❶
from tensorflow.keras.models import Model          ❷
from tensorflow.keras.layers import Dense          ❸
from tensorflow.keras.layers import Conv2D         ❹
from tensorflow.keras.layers import MaxPool2D      ❺
from tensorflow.keras.layers import UpSampling2D   ❻
from tensorflow.keras.layers import Activation     ❼
```

```
# 인코더
input_layer1 = Input(shape=(28,28,1))                    ⑧
x1 = Conv2D(20, kernel_size=(5,5),                       ⑨
            padding='same')(input_layer1)
x1 = Activation(activation='relu')(x1)                   ⑩
output_layer1 = MaxPool2D(pool_size=2,                   ⑪
                          padding='same')(x1)
encoder = Model(input_layer1, output_layer1)             ⑫
encoder.summary()                                        ⑬
```

```
Model: "model"

Layer (type)                   Output Shape            Param #
=================================================================
input_1 (InputLayer)           [(None, 28, 28, 1)]     0

conv2d (Conv2D)                (None, 28, 28, 20)      520

activation (Activation)        (None, 28, 28, 20)      0

max_pooling2d (MaxPooling2D)   (None, 14, 14, 20)      0
=================================================================
```

그림 12-93 인코더 모형 생성

오토 인코더 모형을 생성합니다. 오토 인코더 모형은 인코더 모형과 디코더 모형이 합쳐진 형태입니다. 이번 실습에서는 함수형 API를 사용해 모형을 생성해 봅니다. 인코더 모형부터 생성합니다. ❶, ❷, ❸, ❹, ❺, ❻, ❼ 모형 생성에 필요한 라이브러리를 불러옵니다. ❽ 인코더 모형의 입력층을 설정합니다. 입력층은 Input 함수를 사용하며, 하나의 손글씨 그림은 (28, 28, 1) 차원이므로 해당 차원을 입력 shape로 설정합니다. ❾ Conv2D를 이용해 합성층을 추가합니다. 아웃풋 개수는 20이며, 커널 사이즈는 (5,5)입니다. 패딩도 설정해 줍니다. ❿ 렐루 함수를 통해 합성층 연산 결과를 출력합니다. ⓫ MaxPool2D를 적용해 풀링을 적용한 후 인코더 모형의 출력층을 생성합니다. ⓬ 설정한 입력층과 출력층을 이용해 인코더 모형을 만듭니다. ⓭ 생성된 인코더 모형 구조를 확인해 봅니다.

> 인코더 아웃풋 차원 확인

```
>>> print(output_layer1.shape)
(None, 14, 14, 20)
>>> print(output_layer1.shape[0])
None
```

```
>>> print(output_layer1.shape[1])
14
>>> print(output_layer1.shape[2])
14
>>> print(output_layer1.shape[3])
20
```

인코더 모형으로 출력된 아웃풋의 차원을 확인해 봅니다. 이는 디코더 모형의 인풋 사이즈로 적용됩니다.

> 디코더 모형 생성

```
input_layer2 = Input(shape=output_layer1.shape[1:4])      ❶
x2 = Conv2D(10, kernel_size=(5,5),                         ❷
            padding='same')(input_layer2)
x2 = Activation(activation='relu')(x2)                     ❸
x2 = UpSampling2D()(x2)                                    ❹
x2 = Conv2D(1, kernel_size=(5,5),                          ❺
            padding='same')(x2)
output_layer2 = Activation(activation='relu')(x2)          ❻
decoder = Model(input_layer2, output_layer2)              ❼
decoder.summary()                                          ❽
```

```
Model: "model_1"

Layer (type)                    Output Shape           Param #
=================================================================
input_2 (InputLayer)            [(None, 14, 14, 20)]   0
_____
conv2d_1 (Conv2D)               (None, 14, 14, 10)     5010
_____
activation_1 (Activation)       (None, 14, 14, 10)     0
_____
up_sampling2d (UpSampling2D)    (None, 28, 28, 10)     0
_____
conv2d_2 (Conv2D)               (None, 28, 28, 1)      251
_____
activation_2 (Activation)       (None, 28, 28, 1)      0
=================================================================
```

그림 12-94 디코더 모형 생성

디코더 모형을 생성합니다. ❶ 입력층을 설정합니다. 입력층 데이터의 차원은 앞서 생성했던 인코더 모형의 아웃풋 출력 차원과 동일합니다. ❷ Conv2D를 이용해 합성층을 추가합니다. 출력 개수는 10개이며, 커널 사이즈는 5×5입니다. padding=same을 적용해 입력 이미지와 출력 이미지를 같게 합니다. ❸ 합성층의 결과는 렐루 함수를 이용해 출력합니다. ❹ UpSampling2D를 실행합니다. UpSampling2D를 실행하면 줄어들었던 차원을 높여 줄 수 있습니다. ❺ 합성곱 층을 추가합니다. ❻ 활성화 함수를 렐루 함수로 설정해 아웃풋을 출력합니다. 이때 아웃풋은 인풋 이미지의 채널 수와 같아야 하므로 1이어야 합니다. ❼ 인풋 층과 아웃풋 층을 이용해 디코더 모형을 생성합니다. ❽ 생성된 모형 구조를 확인해 봅니다.

> 오토 인코더 모형 생성

```
input_auto = Input(shape=(28, 28, 1))          ❶
output_auto = decoder(encoder(input_auto))      ❷
auto_encoder = Model(input_auto, output_auto)   ❸
auto_encoder.summary()                          ❹
```

Model: "model_2"

Layer (type)	Output Shape	Param #
input_3 (InputLayer)	[(None, 28, 28, 1)]	0
model (Model)	(None, 14, 14, 20)	520
model_1 (Model)	(None, 28, 28, 1)	5261

그림 12-95 오토 인코더 모형 생성

앞서 생성한 인코더와 디코더 모형을 이용해 오토 인코더 모형을 생성합니다. ❶ 오토 인코더 모형의 입력층을 설정합니다. 이는 인코더에 입력되는 입력층의 크기와 동일합니다. ❷ 오토 인코더의 최종 아웃풋 층입니다. ❸ 오토 인코더는 최초의 입력값을 인코더에 먼저 넣고, 그 결과로 나온 아웃풋을 다시 디코더에 넣은 결과입니다. 오토 인코더는 오토 인코더의 입력층과 출력층을 넣고 생성합니다. ❹ 생성된 오토 인코더 모형을 확인해 봅니다.

> 모형 컴파일

```
auto_encoder.compile(loss='mean_squared_error',
                     optimizer='adam',
                     metrics=['mean_squared_error'])
```

생성된 모형을 컴파일하는 단계입니다.

> 학습

```
hist = model.fit(X_tn_ns, X_tn,
                 epochs=1,
                 batch_size=100)
```

```
Train on 60000 samples
60000/60000 [==============================] - 106s 2ms/sample - loss: 0.0275 - mean_squared_error: 0.0275
```

그림 12-96 모형 학습

모형 학습 단계입니다. 적합시킬 데이터 중 피처 데이터는 노이즈가 추가된 피처 데이터인 X_train_ns를 입력하고, 타깃 데이터는 노이즈가 없는 오리지널 트레이닝 데이터 X_tn을 추가하면 됩니다.

> 예측값

```
X_pred = model.predict(X_tn_ns)
```

학습된 모형을 이용해 노이즈 데이터를 넣고 예측값을 구해 봅니다. Predict 함수를 이용해 예측값을 구합니다.

> 오토 인코딩 데이터 시각화

```
import matplotlib.pyplot as plt
plt.figure(figsize=(10, 5))
for i in range(2*5):
    plt.subplot(2, 5, i+1)
    plt.imshow(X_pred[i].reshape((28, 28)),
               cmap='Greys')
plt.show()
```

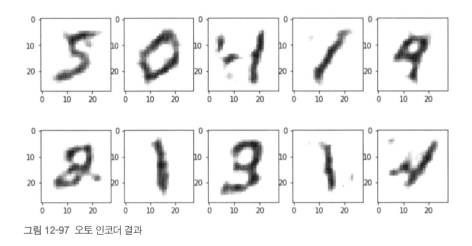

그림 12-97 오토 인코더 결과

바로 위에서 구한 예측값으로 시각화를 해 봅니다. 오리지널 데이터, 노이즈 데이터를 그릴 때와 동일한 코드를 사용하고 플롯을 그리는 대상만 오토 인코더 모형으로 구한 예측값인 X_pred 값을 넣어 주면 됩니다. 플롯을 확인한 결과 노이즈를 제거하기 전보다 훨씬 보기 좋아졌음을 확인할 수 있습니다.

> 전체 코드

```python
import numpy as np
import tensorflow as tf
from tensorflow.keras import datasets

import matplotlib.pyplot as plt

from tensorflow.keras.layers import Input
from tensorflow.keras.models import Model
from tensorflow.keras.layers import Dense
from tensorflow.keras.layers import Conv2D
from tensorflow.keras.layers import MaxPool2D
from tensorflow.keras.layers import UpSampling2D
from tensorflow.keras.layers import Activation


# 랜덤 시드 설정
np.random.seed(0)
tf.random.set_seed(0)
```

```python
# 데이터 불러오기
(X_tn0,y_tn0),(X_te0,y_te0)=datasets.mnist.load_data()

# 원본 데이터 차원 확인
print(X_tn0.shape)
print(y_tn0.shape)
print(X_te0.shape)
print(y_te0.shape)

# 원본 데이터 시각화
plt.figure(figsize=(10, 5))
for i in range(2*5):
    plt.subplot(2, 5, i+1)
    plt.imshow(X_tn0[i].reshape((28, 28)),
               cmap='Greys')
plt.show()

# 피처 데이터 스케일 조정
X_tn_re = X_tn0.reshape(60000,28,28,1)
X_tn = X_tn_re/255
print(X_tn.shape)

X_te_re = X_te0.reshape(10000, 28, 28, 1)
X_te = X_te_re/255
print(X_te.shape)

# 노이즈 피처 데이터
import numpy as np
X_tn_noise = X_tn + np.random.uniform(-1,1,size=X_tn.shape)
X_te_noise = X_te + np.random.uniform(-1,1,size=X_te.shape)

# 노이즈 데이터 스케일링
X_tn_ns = np.clip(X_tn_noise, a_min=0, a_max=1)
X_te_ns = np.clip(X_te_noise, a_min=0, a_max=1)

# 노이즈 데이터 시각화
plt.figure(figsize=(10, 5))
for i in range(2*5):
    plt.subplot(2, 5, i+1)
    plt.imshow(X_tn_ns[i].reshape((28, 28)),
               cmap='Greys')
plt.show()
```

```
# 오토 인코더
# 인코더
input_layer1 = Input(shape=(28, 28, 1))
x1 = Conv2D(20, kernel_size=(5, 5),
            padding='same')(input_layer1)
x1 = Activation(activation='relu')(x1)
output_layer1 = MaxPool2D(pool_size=2,
                          padding='same')(x1)
encoder = Model(input_layer1, output_layer1)
encoder.summary()

# 인코더 아웃풋 차원 확인
print(output_layer1.shape)
print(output_layer1.shape[0])
print(output_layer1.shape[1])
print(output_layer1.shape[2])
print(output_layer1.shape[3])

# 디코더
input_layer2 = Input(shape=output_layer1.shape[1:4])
x2 = Conv2D(10, kernel_size=(5, 5),
            padding='same')(input_layer2)
x2 = Activation(activation='relu')(x2)
x2 = UpSampling2D()(x2)
x2 = Conv2D(1, kernel_size=(5, 5),
            padding='same')(x2)
output_layer2 = Activation(activation='relu')(x2)
decoder = Model(input_layer2, output_layer2)
decoder.summary()

# 오토 인코더
input_auto = Input(shape=(28, 28, 1))
output_auto = decoder(encoder(input_auto))
auto_encoder = Model(input_auto, output_auto)
auto_encoder.summary()

# 모형 컴파일
auto_encoder.compile(loss='mean_squared_error',
                     optimizer='adam',
                     metrics=['mean_squared_error'])
```

```
# 학습
hist = auto_encoder.fit(X_tn_ns, X_tn,
                        epochs=1,
                        batch_size=100)

# 예측값
X_pred = auto_encoder.predict(X_tn_ns)

# 예측값 차원
print(X_pred.shape)

# 오토 인코더 데이터 시각화
plt.figure(figsize=(10, 5))
for i in range(2*5):
    plt.subplot(2, 5, i+1)
    plt.imshow(X_pred[i].reshape((28, 28)),
               cmap='Greys')
plt.show()
```

12.7 자연어 처리

▌12.7.1 단어의 토큰화

우리 주변에서 흔히 말하는 프로그래밍 언어(programming language)는 소위 컴퓨터 언어를 말합니다. 반면에, 자연어 처리(Natural Language Processing, NLP)는 컴퓨터의 언어가 아닌 인간이 사용하는 언어를 처리하는 분야입니다. 자연어 처리는 인공지능에서 중요한 분야이며 현재까지도 꾸준히 발전하고 있으며 응용 가능성도 높은 분야입니다. 이번 단원에서는 자연어 처리에 대해서 알아봅니다. 간단한 예로 아래와 같은 문장을 자연어 처리한다고 합니다.

'많은 것을 바꾸고 싶다면 많은 것을 받아들여라.'

글은 문장의 집합이며, 문장은 단어의 집합이라고 할 수 있습니다. 단어는 전체 글 내부에서 의미 있는 부분 중 가장 작은 단위라고 할 수 있습니다. 문법적으로 가장 작은 단위를 토큰 (token)이라고 하며, 전체 글을 토큰으로 나누는 것을 토큰화(tokenization)한다고 합니다. 위문장을 띄어쓰기 기준으로 토큰화하면 다음과 같이 나타낼 수 있습니다.

'많은', '것을', '바꾸고', '싶다면', '많은', '것을', '받아들여라.'

토큰화를 이용하면 기본적인 분석이 가능합니다. 예를 들어, 어떤 토큰이 자주 사용되었는지 알 수 있는데 이를 워드 카운트(word count)라고 합니다. 아래 코드는 위 문장을 토큰화한 후 워드 카운트하는 코드입니다.

```
>>> from tensorflow.keras.preprocessing.text import Tokenizer        ❶
>>> paper = ['많은 것을 바꾸고 싶다면 많은 것을 받아들여라.']              ❷
>>> tknz = Tokenizer()                                               ❸
>>> tknz.fit_on_texts(paper)                                         ❹
>>> print(tknz.word_index)                                          ❺
'많은': 1, '것을': 2, '바꾸고': 3, '싶다면': 4, '받아들여라.': 5
>>> print(tknz.word_counts)                                         ❻
OrderedDict([('많은', 2), ('것을', 2), ('바꾸고', 1), ('싶다면', 1), ('받아들여
라', 1)])
```

텐서플로를 이용해 위 문장을 토큰화해 봅니다. ❶ 텐서플로 라이브러리에서 토큰화에 필요한 함수를 불러옵니다. ❷ 토큰화를 하고 싶은 글을 설정합니다. ❸ 토크나이저(tokenizer)를 설정합니다. ❹ 토큰화 대상인 문장을 인자로 넣고 적합시킵니다. ❺ 토큰화 결과를 확인해 봅니다. word_index를 사용하면 토큰별 인덱스를 확인할 수 있습니다. 결과를 출력해 확인해 봅니다. ❻ word_counts를 실행하면 토큰별 언급 횟수를 확인 가능합니다. 위 문장에서 가장 많이 사용된 토큰은 '많은', '것을'로 각 2회씩 사용되었음을 볼 수 있습니다.

12.7.2 단어를 벡터로 변환

자연어 처리에서는 토큰을 벡터로 변환할 수 있는데, 토큰을 벡터로 표현하는 방법의 하나는 데이터 전처리 단원에서 배웠던 원-핫 인코딩입니다. 아래 코드는 위 문장을 원-핫 인코딩하는 코드입니다.

```
>>> from tensorflow.keras.utils import to_categorical               ❶
>>> from tensorflow.keras.preprocessing.text import Tokenizer        ❷
>>> paper = ['많은 것을 바꾸고 싶다면 많은 것을 받아들여라.']              ❸
>>> tknz = Tokenizer()                                               ❹
>>> tknz.fit_on_texts(paper)                                         ❺

>>> idx_paper = tknz.texts_to_sequences(paper)                      ❻
```

```
>>> print(idx_paper)
[[1, 2, 3, 4, 1, 2, 5]]
>>> n = len(tknz.word_index)+1                                          ❼
>>> print(n)
6
>>> idx_onehot = to_categorical(idx_paper, num_classes=n)               ❽
>>> print(idx_onehot)
[[[0. 1. 0. 0. 0. 0.]
  [0. 0. 1. 0. 0. 0.]
  [0. 0. 0. 1. 0. 0.]
  [0. 0. 0. 0. 1. 0.]
  [0. 1. 0. 0. 0. 0.]
  [0. 1. 0. 0. 0. 0.]
  [0. 0. 0. 0. 0. 1.]]]
```

❶ 원-핫 인코딩에 필요한 to_categorical 함수를 불러옵니다. ❷ 토큰화를 위해 필요한 Tokenizer 함수도 불러옵니다. ❸ 원-핫 인코딩 대상이 되는 문장입니다. ❹ 토크나이저를 설정합니다. ❺ 해당 텍스트 문장을 적합시킵니다. ❻ texts_to_sequences를 이용하면 문장 내 토큰의 인덱스를 이용해 문장을 표기합니다. 결과를 살펴보면 해당 문장이 토큰의 인덱스를 이용해 표현된 것을 볼 수 있습니다. ❼ 인덱스 최댓값+1 값을 구합니다. 이는 원-핫 인코딩에서 클래스 구분 개수로 적용됩니다. 1을 더하는 이유는 인덱스가 0부터 시작하는 것이 아닌 1부터 시작하기 때문입니다. ❽ to_categorical 함수를 사용하면 각 토큰을 원-핫 인코딩으로 표현할 수 있습니다.

12.7.3 단어 임베딩

단어를 벡터로 변환하는 방법으로 앞서 배운 원-핫 인코딩은 좋은 방법이지만 한계점이 존재합니다. 글이 길어질수록 벡터의 길이도 길어집니다. 만약 인덱스가 100까지 존재한다면 벡터의 길이는 101이 되고, 단어 인덱스가 100,000개 존재한다면 하나의 단어를 표현하기 위해 100,001 길이의 벡터가 필요하다는 뜻입니다. 이러한 문제점을 해결하기 위해 이번 단원에서는 단어 임베딩(Embedding)이라는 방법을 사용합니다. 단어 임베딩은 단어 벡터의 길이를 사용자가 직접 지정할 수 있다는 장점이 있습니다. 즉, 인덱스 길이에 상관없이 사용자가 지정한 벡터의 길이로 모든 단어를 표현합니다.

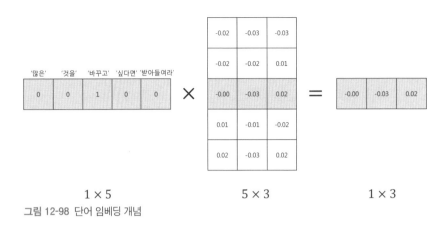

$$1 \times 5 \qquad\qquad 5 \times 3 \qquad\qquad 1 \times 3$$

그림 12-98 단어 임베딩 개념

[그림 12-98]은 임베딩의 원리를 나타냅니다. 임베딩하려는 단어 벡터를 준비하고, 임베딩을 위한 행렬을 준비합니다. 이때 행렬의 각 원소는 랜덤 값으로 정하며, 행(row)의 크기는 임베딩할 단어의 개수에 해당하며, 열(column)의 크기는 임베딩 벡터의 크기만큼 정합니다. 그리고 인풋 벡터와 임베딩 행렬을 곱하면 임베딩 결과를 얻을 수 있습니다. [그림 12-98]은 '바꾸고'라는 단어를 임베딩하는 과정을 나타냅니다. [그림 12-98]을 보면 인풋 벡터의 원소는 0 또는 1이므로 인풋 벡터와 임베딩 행렬을 곱한 결과는 인풋 벡터에서 1인 원소에 해당하는 위치에 해당하는 임베딩 행렬의 행이라는 사실을 알 수 있습니다. 예를 들어, [그림 12-98]에서 원소가 1인 위치는 3입니다. 임베딩 결과는 임베딩 행렬의 3번째 행에 해당합니다.

실습을 해 봅니다. 앞서 '많은 것을 바꾸고 싶다면 많은 것을 받아들여라.'라는 문장을 원-핫 인코딩으로 표현했을 때는 벡터의 길이가 6이었습니다. 아래는 해당 문장을 벡터의 길이를 3으로 지정해 임베딩하는 코드입니다.

```
>>> from tensorflow.keras.models import Sequential          ❶
>>> from tensorflow.keras.layers import Embedding            ❷

>>> model = Sequential()                                     ❸
>>> model.add(Embedding(input_dim=n, output_dim=3))          ❹
>>> model.compile(optimizer='rmsprop', loss='mse')           ❺
>>> embedding = model.predict(idx_paper)                     ❻
>>> print(embedding)
[[[-0.02796837 -0.03958071 -0.03936887]
  [-0.02087821 -0.02005102  0.0131931 ]
  [-0.00142742 -0.03759698  0.02437944]
  [ 0.01546348 -0.00769221 -0.01694027]
```

```
[-0.02796837 -0.03958071 -0.03936887]
[-0.02087821 -0.02005102  0.0131931 ]
[ 0.024049   -0.03488786  0.02603838]]]
```

❶ 딥러닝 모델을 만들기 위해 Sequential 함수를 불러옵니다. ❷ 임베딩을 위해 Embedding 함수도 불러옵니다. ❸ Sequential로 모형을 만듭니다. ❹ Embedding을 사용해 층을 추가합니다. 임베딩에 들어가는 input_dim은 전체 index 개수+1을 의미하며 이번 코드에서는 n=6에 해당합니다. output_dim은 임베딩 후 벡터의 길이입니다. 벡터 길이를 3으로 설정해 봅니다. ❺ 모형을 컴파일합니다. ❻ 인덱스로 표현된 대상 데이터를 넣고 실행하면 길이가 3인 벡터로 총 7개의 토큰이 벡터화된 것을 볼 수 있습니다.

▌12.7.4 seq2seq 모형

딥러닝은 음성, 이미지 인식과 같은 여러 분야에서 좋은 성능을 보여 줍니다. 하지만 기존의 딥러닝은 인풋과 타깃 데이터의 차원이 고정된 벡터인 경우에만 사용할 수 있다는 한계점이 존재했습니다. 이 한계점은 실제로 여러 문제를 푸는 데 큰 장벽이 되었는데, 왜냐하면 실제 문제들은 사전에 벡터의 길이가 알려지지 않은 시퀀스로 표현되는 경우가 많기 때문입니다. 예를 들어, 음성 인식, 기계 번역과 같은 분야는 인풋, 아웃풋이 시퀀스인 문제입니다. 이들은 시퀀스의 길이가 정해져 있지 않은 경우가 많아 기존 딥러닝을 적용하기 어려운 점이 있었습니다. 시퀀스 to 시퀀스(이하 seq2seq)는 입력값으로 시퀀스를 받고, 출력값도 시퀀스를 출력하는 모형입니다.

이번 단원에서는 seq2seq 모형에 대해 알아봅니다. seq2seq 학습에는 크게 두 가지 케이스가 존재합니다. 첫 번째 케이스는 인풋 시퀀스와 아웃풋 시퀀스가 같은 경우로 이 케이스에는 인풋 시퀀스의 길이 정보가 필수적입니다. 두 번째 케이스는 인풋 시퀀스와 아웃풋 시퀀스의 길이가 다른 케이스입니다. 두 번째 케이스에서는 타깃을 예측하기 위해 인풋 시퀀스 전체가 요구됩니다.

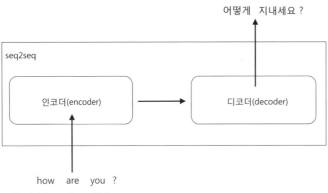

그림 12-99 seq2seq 개념

[그림 12-99]는 seq2seq 모형의 개념을 간단히 나타낸 그림으로 "how are you?"라는 시퀀스를 입력받아 "어떻게 지내세요?"라는 결괏값을 출력하는 기계 번역 모형입니다. seq2seq 모형은 인풋으로 시퀀스 데이터를 입력받아 출력값으로 다른 시퀀스를 출력합니다. seq2seq 모형을 입력 시퀀스와 출력 시퀀스를 매핑하는 모형이라고 생각할 수 있습니다. seq2seq 모형은 개념적으로는 RNN과 오토 인코더를 합친 형태이고, 구조적으로는 두 개의 RNN 모형을 합친 형태입니다. RNN 중에서도 특히 LSTM이나 GRU를 자주 사용합니다. [그림 12-99]와 같이 seq2seq 모형은 전체적으로 오토 인코더의 형태를 띠고 있고, 세부적으로는 인코더 RNN 모형과 디코더 RNN 모형으로 구성됩니다. 각각의 인코더와 디코더를 자세히 살펴보면 RNN(LSTM, GRU) 모형인데, 설명의 편의상 LSTM 모형이 사용된다고 가정합니다.

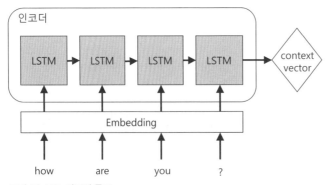

그림 12-100 인코더 구조

[그림 12-100]은 인코더의 내부 구조를 나타냅니다. 인코더는 입력 시퀀스를 읽는 역할을 합니다. 인코더 내부에는 1개의 타임 스텝마다 한 개의 LSTM 모형이 존재함으로써 결과적으로 인코더에는 여러 개의 LSTM 모형이 존재하고, 큰 차원의 벡터를 입력받을 수 있습니다. 인코더(encoder)는 입력 시퀀스를 처리하고 은닉 상태(state)를 return합니다. 여기서 주목해야 할

내용은 인코더의 아웃풋(output)은 버리고 오직 상태를 전달시킨다는 것입니다. 이 상태는 context 역할을 하며 디코더(decoder) 단계로 전달됩니다. 인코더는 인코딩 과정에서 입력 데이터를 하나의 벡터로 압축하게 되는데 이를 컨텍스트 벡터(context vector)라고 합니다.

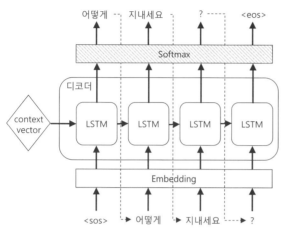

그림 12-101 디코더 구조

[그림 12-101]은 디코더의 내부 구조를 나타냅니다. 디코더는 인코딩 과정을 거친 은닉 벡터를 입력받아 출력 시퀀스를 출력합니다. 디코더(decoder)는 타깃 시퀀스의 한 시점 이전 문자가 주어질 때, 타깃 시퀀스의 바로 다음 문자를 예측하도록 학습됩니다. 디코더는 타깃 시퀀스를 같은 시퀀스로 변하게 학습되지만 1 시점 미래로 offset하고, 이러한 학습 과정을 교사 강요(teacher forcing)라고 부릅니다. 이때, 중요한 것은 디코더는 인코더의 출력 벡터인 컨텍스트 벡터(context vector)를 초기 벡터로 사용합니다. 이를 통해 디코더는 어떤 문자를 생성할 것인지에 대한 정보를 구할 수 있습니다. 인풋 시퀀스가 주어질 때 디코더는 타깃값 […t]가 주어질 때 타깃값 [t+1…]을 예측하도록 학습됩니다.

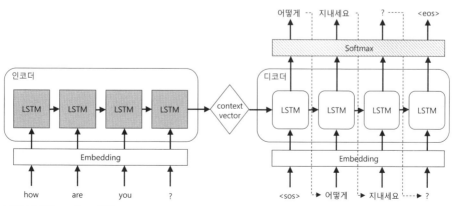

그림 12-102 seq2seq 구조

seq2seq 모형을 이용해 번역기를 만든다고 가정합니다. [그림 12-102]는 전체적인 seq2seq의 개념을 나타내는 그림입니다. "How are you?"라는 인풋을 받고 "어떻게 지내세요?"라는 아웃풋을 출력합니다. 인풋과 아웃풋 모두 시퀀스라는 것을 알 수 있습니다. 인코더는 인풋 데이터를 입력받고 컨텍스트 벡터를 출력하며, 디코더는 인코더가 출력한 컨텍스트 벡터를 입력벡터로 받아 처리합니다. 디코더 모형에서 〈sos〉는 start-of-string의 약자로 문장의 시작을 의미하며, 〈eos〉는 end-of-string의 약자로 문장의 끝을 의미합니다.

■ seq2seq 알고리즘

(1) 인풋 시퀀스를 컨텍스트 벡터로 인코딩해 출력합니다.

(2) 사이즈 1의 타깃 시퀀스로 시작합니다. 이때 타깃 시퀀스는 단지 start-of-string 문자입니다.

(3) 다음 문자를 예측하기 위해 디코더에 상태 벡터와 1-char 타깃 시퀀스를 넣습니다.

(4) 이러한 예측법으로 다음 문자를 샘플링합니다.

(5) 뽑힌 문자를 타깃 시퀀스에 추가합니다.

(6) 이러한 과정을 〈eos〉가 나오거나 문자 한계치에 도달할 때까지 반복합니다.

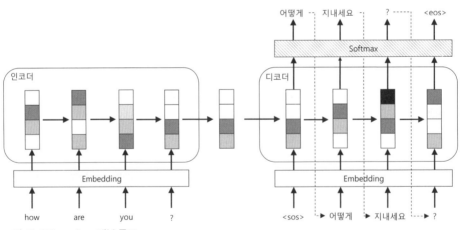

그림 12-103 seq2seq 내부 구조

[그림 12-103]은 seq2seq 모형을 더 자세히 그린 그림입니다. LSTM 내부에는 은닉 벡터가 존재하고 모형이 진행될수록 벡터를 오른쪽으로 넘겨주며 은닉 벡터가 변하는 형태를 띕니다.

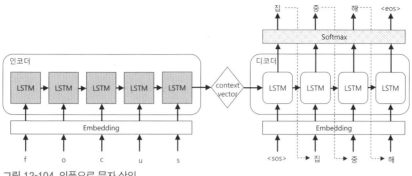

그림 12-104 인풋으로 문자 삽입

앞서 seq2seq에서는 최소 인풋 단위가 단어였습니다. seq2seq에서는 단어를 기반으로 분석하는 방법과 [그림 12-104]와 같이 문자(characteristic) 단위로 분석하는 방법이 있습니다. 문자 기반 seq2seq에서는 전체 문장에서 모든 문자를 분리해 각 문자 하나하나를 인풋값으로 설정합니다.

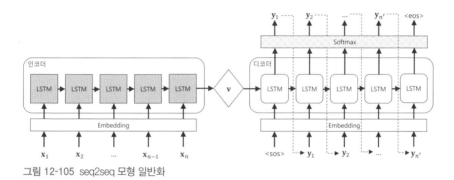

그림 12-105 seq2seq 모형 일반화

[그림 12-105]는 seq2seq 모형을 일반화한 모습입니다. seq2seq 모형은 입력 시퀀스 $(\mathbf{x}_1, ..., \mathbf{x}_n)$을 입력받았을 때 출력 시퀀스 $(\mathbf{y}_1, ..., \mathbf{y}_{n'})$를 출력하는 모형입니다. 다른 말로 하면 주어진 입력 시퀀스에 대한 출력 시퀀스의 조건부 확률 $p(\mathbf{y}_1, ..., \mathbf{y}_{n'} \mid \mathbf{x}_1, ..., \mathbf{x}_n)$를 추정하는 것입니다. 입력 시퀀스의 차원과 출력 시퀀스의 차원이 다르므로 n과 n'는 다를 수도 있습니다. $p(\mathbf{y}_1, ..., \mathbf{y}_{n'} \mid \mathbf{x}_1, ..., \mathbf{x}_n)$는 아래와 같은 식을 사용해 구할 수 있습니다.

$$p(\mathbf{y}_1, ..., \mathbf{y}_{n'} \mid \mathbf{x}_1, ..., \mathbf{x}_n) = \prod_{t=1}^{n'} p(\mathbf{y}_t \mid \mathbf{v}, \mathbf{y}_1, ..., \mathbf{y}_{t-1})$$

위 식에서 $\mathbf{v}$는 입력 시퀀스 데이터 $(\mathbf{x}_1, ..., \mathbf{x}_n)$이 인코더를 거친 후 출력되는 컨텍스트 벡터를 의미합니다. $p(\mathbf{y}_t \mid \mathbf{v}, \mathbf{y}_1, ..., \mathbf{y}_{t-1})$는 모든 가능한 출력 후보에 대해 softmax 함수를 적용한 값을 의미합니다.

12.7.5 어텐션

어텐션(attention)은 그 이름처럼 주위에 신경을 기울인다는 뜻입니다. 어텐션은 출력 단어를 예측하는 매 시점 인코더에서 전체 입력 문장을 참고하는 방식을 이용합니다. 앞서 배운 seq2seq 모형은 가장 간단한 형태의 seq2seq 모형인데, 이를 바닐라 seq2seq라고 부릅니다. 바닐라 seq2seq 모형은 직전 벡터에 가장 큰 영향을 받아 시간이 지남에 따라 정보를 잃어버리는 한계점이 존재합니다. 반면에, 어텐션은 모든 디코딩 과정마다 인코더 내부의 모든 은닉층을 참고합니다. 단, 모든 인코더의 은닉 상태를 동등하게 참고하는 것은 아니고 출력 단어와 연관이 있는 부분을 좀 더 집중(attention)해서 참고합니다.

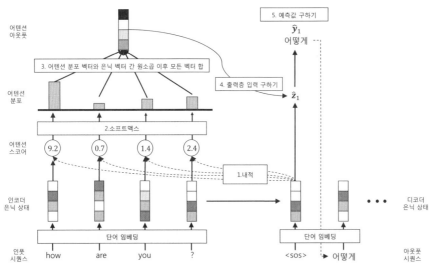

그림 12-106 어텐션 개념

[그림 12-106]은 어텐션의 개념을 나타낸 그림입니다. 그림에서는 어텐션에 필요한 각 단계를 나타냅니다. 어텐션은 총 5단계를 거칩니다. 지금부터 각 단계를 자세히 살펴볼 텐데 [그림 12-107]에서 첫 번째 단계인 내적부터 알아봅니다.

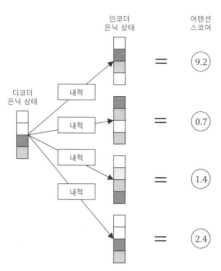

그림 12-107 어텐션 세부 단계 (1): 내적

첫 번째 단계는 내적입니다. [그림 12-107]과 같이 결괏값을 얻으려는 디코더의 은닉 상태와 각 인코더의 은닉 상태 벡터를 내적하면 각각의 은닉 상태 벡터에 대한 어텐션 스코어를 구할 수 있습니다. 당연하게도 벡터와 벡터 간의 내적이므로 값은 스칼라값이 된다는 것을 쉽게 알 수 있습니다.

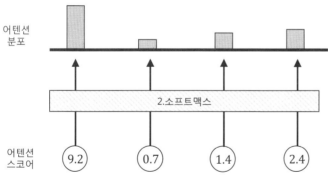

그림 12-108 어텐션 세부 단계 (2): 어텐션 분포 구하기

두 번째 단계는 소프트맥스 함수를 통한 어텐션 분포를 구하는 과정입니다. [그림 12-108]과 같이 어텐션 스코어에 소프트맥스 함수를 입력하면 어텐션 분포를 구할 수 있습니다. 어텐션 분포는 확률 분포이므로 모두 합하면 1이 됩니다. [그림 12-108]에서 막대기의 크기가 가장 큰 것은 How에 해당하는 어텐션 스코어이므로 How와 연관이 크다는 것을 알 수 있습니다.

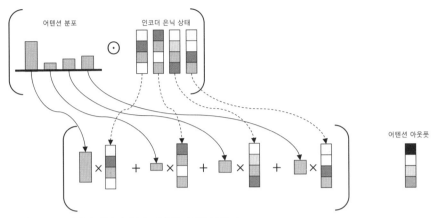

그림 12-109 어텐션 세부 단계 (3): 어텐션 아웃풋 구하기

세 번째 단계는 어텐션 아웃풋을 구하는 단계입니다. [그림 12-109]와 같이 어텐션 분포와 각
인코더 은닉 상태를 원소곱합니다. $\odot$ 기호는 원소곱을 의미합니다. 원소곱을 하면 어텐션
아웃풋을 구할 수 있습니다.

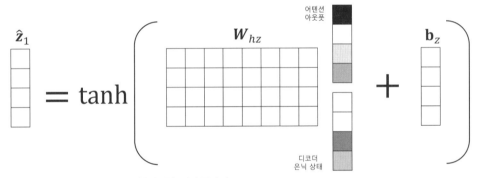

그림 12-110 어텐션 세부 단계 (4) 출력층 입력 구하기

[그림 12-110]은 네 번째 단계로 출력층의 입력을 구하는 단계입니다. 앞서 구한 어텐션 아웃
풋과 해당 단계의 디코더 은닉 상태를 이어붙인 후 가중치 행렬을 곱하고 편향을 더한 후 활
성화 함수를 취하면 출력층 입력을 구할 수 있습니다. 여기서는 활성화 함수로 하이퍼볼릭 탄
젠트를 사용합니다.

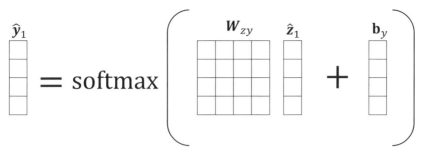

그림 12-111 어텐션 세부 단계 (5) 예측값 구하기

[그림 12-111]은 마지막 다섯 번째 단계로 예측값을 구하는 단계입니다. 네 번째 단계에서 구한 출력층 입력 벡터에 가중치 행렬을 곱하고 편향을 더한 후 소프트맥스 함수를 사용해 최종 예측값을 구합니다.

12.7.6 자연어 처리 실습

seq2seq 모형 학습을 이용해 문장을 생성하는 실습을 해 봅니다. 이번 실습에 쓰이는 코드는 keras에서 제공하는 코드를 참고합니다. 실습에 사용하는 파일은 비제이퍼블릭 깃허브(https://github.com/bjpublic/MachineLearning)를 참고해 주세요. 실습을 통해 영어를 프랑스어로 자동 번역하는 모형을 만들어 봅니다. 실습 모형은 문자(characteristic) 단위 모형으로 설정합니다.

> 랜덤 시드 설정

```
import numpy as np
import tensorflow as tf
np.random.seed(0)
tf.random.set_seed(0)
```

먼저 랜덤 시드를 설정합니다.

> 모형 변수 설정

```
n_batch = 64                              ❶
epochs = 100                              ❷
latent_dim = 256                          ❸
n_max_sample = 10000                      ❹
data_path = './data/eng-fra/fra.txt'      ❺
```

모형 학습에 필요한 변수를 설정합니다. ❶ n_batch는 배치 사이즈입니다. ❷ epochs는 epoch 수를 의미합니다. ❸ latent_dim은 주어진 데이터 행렬이 LSTM을 거쳐 출력되는 아웃 풋의 크기입니다. ❹ n_max_sample은 최대 데이터 샘플 크기입니다. 데이터가 지나치게 큰 경우 학습시키는 데 시간이 오래 걸리므로 학습에 쓰이는 최대 데이터 샘플 크기는 10,000으로 설정합니다. ❺ data_path는 학습에 쓰일 텍스트 데이터가 존재하는 경로입니다.

> 전체 데이터 불러오기

```
with open(data_path, 'r', encoding='utf-8') as f:        ❶
    lines = f.read().split('\n')                         ❷
```

학습에 쓰일 텍스트 데이터를 불러옵니다. ❶ with open을 통해 텍스트 데이터를 불러옵니다. 'r'은 파일을 읽기 모드로 열겠다는 뜻이고 인코딩 형식은 utf-8로 설정합니다. ❷ 각 데이터 행 구분은 \n으로 구분합니다. \n은 줄 바꿈을 의미합니다.

> 데이터 확인

```
lines[:10]
```

```
['Go.\tVa !\tCC-BY 2.0 (France) Attribution: tatoeba.org #2877272 (CM) & #1158250 (Wittydev)',
 'Hi.\tSalut !\tCC-BY 2.0 (France) Attribution: tatoeba.org #538123 (CM) & #509819 (Aiji)',
 'Hi.\tSalut.\tCC-BY 2.0 (France) Attribution: tatoeba.org #538123 (CM) & #4320462 (gillux)',
 'Run!\tCours\u202f!\tCC-BY 2.0 (France) Attribution: tatoeba.org #906328 (papabear) & #906331 (sacredceltic)',
 'Run!\tCourez\u202f!\tCC-BY 2.0 (France) Attribution: tatoeba.org #906328 (papabear) & #906332 (sacredceltic)',
 'Who?\tQui ?\tCC-BY 2.0 (France) Attribution: tatoeba.org #2083030 (CK) & #4366796 (gillux)',
 'Wow!\tÇa alors\u202f!\tCC-BY 2.0 (France) Attribution: tatoeba.org #52027 (Zifre) & #374631 (zmoo)',
 'Fire!\tAu feu !\tCC-BY 2.0 (France) Attribution: tatoeba.org #1829639 (Spamster) & #4627939 (sacredceltic)',
 "Help!\tÀ l'aide\u202f!\tCC-BY 2.0 (France) Attribution: tatoeba.org #435084 (lukaszpp) & #128430 (sysko)",
 'Jump.\tSaute.\tCC-BY 2.0 (France) Attribution: tatoeba.org #631038 (Shishir) & #2416938 (Micsmithel)']
```

그림 12-112 데이터 확인

[그림 12-112]는 데이터의 형태를 나타냅니다. 데이터의 각 행은 영어-프랑스어-속성 순으로 나타나 있는데, 우리가 학습에 쓸 부분은 오직 영어-프랑스어 부분입니다. 속성 파트는 사용하지 않습니다. 각 파트는 탭(\t)으로 구분되어 있다는 것을 볼 수 있습니다.

> 인풋, 타깃 텍스트 데이터 정리

```
x_txts = []                                              ❶
y_txts = []                                              ❷
x_chars_uni = set()                                      ❸
y_chars_uni = set()                                      ❹
n_sample = min(n_max_sample, len(lines) - 1)             ❺

for line in lines[:n_sample]:                            ❻
    x_txt, y_txt, _ = line.split('\t')                   ❼
    y_txt = '\t' + y_txt + '\n'                          ❽
    x_txts.append(x_txt)                                 ❾
    y_txts.append(y_txt)                                 ❿

    for char in x_txt:                                   ⓫
        if char not in x_chars_uni:                      ⓬
            x_chars_uni.add(char)                        ⓭
    for char in y_txt:                                   ⓮
        if char not in y_chars_uni:                      ⓯
            y_chars_uni.add(char)                        ⓰
```

전체 데이터를 입력 데이터, 타깃 데이터로 구분하고, 토큰을 정리해 봅니다. ❶ x_txts는 입력 텍스트인 영어 문장 모음입니다. ❷ y_txts는 타깃 텍스트인 프랑스어 문장 모음입니다. ❸ x_chars_uni는 영어 문장에 쓰이는 토큰 모음입니다. 여기서 말하는 토큰은 분석 기준을 의미하는데, 이번 실습에서는 글자 단위로 분석할 것이므로 영어 알파벳을 의미합니다. ❹ y_chars_uni는 프랑스어 문장에 쓰이는 토큰으로 프랑스어 알파벳을 의미합니다. ❺ n_sample은 샘플 개수로 최대 샘플 수(n_max_sample)와 실제 데이터 행(row) 중에서 작은 수를 선택합니다. ❻ 전체 데이터 lines에 속하는 각 행을 line이라고 하고 샘플 개수만큼 반복문을 실행합니다. 입력 데이터와 타깃 데이터도 정리합니다. ❼ 영어 문장 x_txt와 프랑스어 문장 y_txt를 탭 문자()로 구분합니다. ❽ 프랑스어 문장 y_txt에는 문장 시작에 〈sos〉에 해당하는 \t를 붙이고, 문장 끝에는 〈eos〉에 해당하는 \n을 붙입니다. ❾, ❿ 각 영어 문장과 프랑스어 문장을 각각 입력 데이터, 타깃 데이터에 추가합니다. 토큰도 정리합니다. ⓫, ⓬, ⓭ 해당 영어 문장에 속하는 문자에 대해 해당 문자가 영어 토큰 모음에 속하지 않는다면 추가시켜 줍니다. ⓮, ⓯, ⓰ 해당 프랑스어 문장에 속하는 문자에 대해 해당 문자가 프랑스어 토큰 모음에 속하지 않는다면 추가시켜 줍니다.

> **인풋 데이터, 타깃 데이터 및 토큰 확인**

```
>>> x_txts[:5]
['Go.', 'Hi.', 'Hi.', 'Run!', 'Run!']
>>> y_txts[:3]
['!', '!', '.']
>>> x_chars_uni
 ..., 'A', 'B', 'C', 'D', 'E',...중략
>>> y_chars_uni
..., 'à', 'â', 'ç', 'è', 'é', ... 중략
```

위 단계를 실행해 만든 입력 데이터 x_txts와 타깃 데이터 y_txts, 입력 데이터의 토큰 x_chars_uni와 타깃 데이터의 토큰 y_chars_uni를 확인할 수 있습니다.

> **토큰 단위 정리**

```
x_chars_uni = sorted(list(x_chars_uni))                    ❶
y_chars_uni = sorted(list(y_chars_uni))                    ❷
n_encoder_tokens = len(x_chars_uni)                        ❸
n_decoder_tokens = len(y_chars_uni)                        ❹

max_encoder_seq_len = 0                                     ❺
for txt in x_txts:                                         ❻
    txt_len = len(txt)                                     ❼
    max_encoder_seq_len = max(txt_len,                     ❽
                        max_encoder_seq_len)

max_decoder_seq_len = 0                                     ❾
for txt in y_txts:                                         ❿
    txt_len = len(txt)                                     ⓫
    max_decoder_seq_len = max(txt_len,                     ⓬
                        max_decoder_seq_len)
```

위에서 생성한 토큰을 정리하고 한 문장에서 사용되는 최대 토큰 수를 계산해 봅니다. ❶, ❷ 위에서는 토큰을 set 형태로 저장했는데 이를 리스트(list) 형태로 바꾸고 정렬합니다. ❸, ❹ 영어, 프랑스어에 쓰이는 토큰의 개수를 각각 n_encoder_tokens, n_decoder_tokens라고 설정합니다. ❺ 데이터 셋에서 사용할 영어 문장 중 가장 긴 문장의 길이를 max_encoder_seq_len이라고 설정합니다. ❻, ❼ 영어 문장 데이터 셋에서 각 문장에 대해 해당 문장의 길이를

구합니다. ❽ 해당 문장의 길이와 미리 설정된 max_encoder_seq_len과 비교해 더 큰 값으로 설정해 줍니다. ❾, ❿, ⓫, ⓬ 비슷한 방법으로 프랑스어에 대해서도 같은 과정을 거칩니다.

```
>>> print("유니크 인코더 토큰 글자 수: ", n_encoder_tokens)
유니크 인코더 토큰 글자 수:  71
>>> print("유니크 디코더 토큰 글자 수: ", n_decoder_tokens)
유니크 디코더 토큰 글자 수:  93
>>> print("인코더 문장 내 최대 문자 수: ", max_encoder_seq_len)
인코더 문장 내 최대 문자 수:  15
>>> print("디코더 문장 내 최대 문자 수: ", max_decoder_seq_len)
디코더 문장 내 최대 문자 수:  59
```

앞서 계산한 값들을 확인한 결과는 위와 같습니다.

> 단어 토큰별 인덱스

```
x_token_idx = {}                                    ❶
for idx, char in enumerate(x_chars_uni):            ❷
    x_token_idx[char] = idx                         ❸

y_token_idx = {}                                    ❹
for idx, char in enumerate(y_chars_uni):            ❺
    y_token_idx[char] = idx                         ❻
```

앞서 만든 토큰을 딕셔너리 형태로 인덱스를 설정해 봅니다. ❶ 인풋 데이터인 영어 토큰부터 시작합니다. 영어 토큰 인덱스를 x_token_idx라고 설정합니다. ❷ 영어 토큰에 해당하는 문자에 인덱스를 붙입니다. ❸ 딕셔너리 형태로 저장합니다. ❹, ❺, ❻ 비슷한 방법으로 프랑스어 토큰에 대해서도 적용합니다.

```
>>> x_token_idx
…'A': 20, 'B': 21, 'C': 22,…중략
>>>y_token_idx
…'À': 73,'Ç': 74, 'É': 75,…중략
```

앞서 만든 토큰 인덱스를 확인하면 위와 같습니다.

> 데이터 영 행렬 만들기

```
encoder_x_data = np.zeros(                                    ❶
                              (len(x_txts),
                               max_encoder_seq_len,
                               n_encoder_tokens),
                          dtype='float32')
decoder_x_data = np.zeros(                                    ❷
                              (len(x_txts),
                               max_decoder_seq_len,
                               n_decoder_tokens),
                          dtype='float32')
decoder_y_data = np.zeros(
                              (len(x_txts),
                               max_decoder_seq_len,
                               n_decoder_tokens),
                          dtype='float32')
```

본격적으로 기존 인풋, 타깃 데이터를 데이터 학습 모형에 넣을 수 있는 형태인 텐서로 변환해 봅니다. 이번 단계에서는 영 행렬을 만들고 다음 단계에서 영 행렬에 숫자를 채워 넣습니다. ❶ 인풋 데이터 영 행렬입니다. 넘파이 라이브러리의 zeros 함수를 이용해 영 행렬을 만들 수 있습니다. 이 행렬은 3차원 행렬에 해당하며 각 차원의 의미는 (총 문장 개수, 가장 긴 문장 글자(토큰) 수, 토큰 개수)입니다. ❷ 프랑스어 데이터에 대한 영 행렬을 생성합니다. decoder_x_data는 디코더의 인풋 데이터에 해당하며, decoder_y_data는 디코더의 타깃 데이터에 해당합니다.

> 인풋 데이터 행렬

```
for i, x_txt in enumerate(x_txts):                              ❶
    for t, char in enumerate(x_txt):                            ❷
        encoder_x_data[i, t, x_token_idx[char]] = 1.            ❸
    encoder_x_data[i, t + 1:, x_token_idx[' ']] = 1.           ❹
```

앞서 만든 인풋 데이터 영 행렬에 숫자를 넣어 봅니다. ❶ 영어 데이터의 각 문장과 인덱스를 체크합니다. 이때 i는 몇 번째 문장에 해당하는지를 의미합니다. ❷ 해당 문장의 토큰(글자)과 해당 인덱스를 체크합니다. 이때 t는 몇 번째 문자에 해당하는지를 의미합니다. ❸ 해당 문장에 대해 인코더에 넣을 인풋 데이터 영 행렬의 (i, t, x_token_idx)에 해당하는 원소를 기존 0에서 1로 변환합니다. ❹ 해당 문장에 대한 반복문이 종료되면 문장이 종료되어 공백에 해당하는 행렬 위치에 1을 넣습니다.

> 타깃 데이터 행렬

```
for i, y_txt in enumerate(y_txts):                              ❶
    for t, char in enumerate(y_txt):                            ❷
        decoder_x_data[i, t, y_token_idx[char]] = 1.            ❸
        if t > 0:                                               ❹
            decoder_y_data[i, t - 1, y_token_idx[char]] = 1.    ❺
    decoder_x_data[i, t + 1:, y_token_idx[' ']] = 1.            ❻
    decoder_y_data[i, t:, y_token_idx[' ']] = 1.                ❼
```

타깃 데이터 영 행렬에 숫자를 넣어 봅니다. ❶ 타깃 데이터인 프랑스어 데이터에서 각 문장, 순서별로 반복문을 수행합니다. ❷ 해당 문장에 대해 각 토큰 문자에 대해서도 반복문을 수행합니다. ❸ 디코더에 해당하는 데이터는 decoder_x_data와 decoder_y_data로 총 두 개가 존재하므로 두 가지 데이터 모두에 대해서 생성합니다. 먼저 decoder_x_data의 (i, t, y_token_idx[char])에 해당하는 칸에 1을 넣습니다. ❹, ❺ t가 0보다 큰 경우 decoder_y_data를 설정하는데, decoder_y_data는 decoder_x_data를 1 시점 offset시킨 데이터입니다. 왜냐하면 decoder_x_data를 디코더 모형에 넣을 때 예측하려는 타깃 데이터는 1 시점 미래의 값이기 때문입니다. decoder_x_data와 decoder_y_data의 유일한 차이는 1 시점 차이라는 것을 알 수 있습니다. ❻, ❼ 문장이 종료되면 공백값을 추가합니다.

> 인코더 모형 생성

```
from tensorflow.keras.models import Model                       ❶
from tensorflow.keras.layers import Embedding
from tensorflow.keras.layers import Input
from tensorflow.keras.layers import LSTM
from tensorflow.keras.layers import Dense
from tensorflow.keras.layers import TimeDistributed

encoder_inputs = Input(shape=(None, n_encoder_tokens))          ❷
encoder = LSTM(latent_dim, return_state=True)                   ❸
encoder_outs, state_h, state_c = encoder(encoder_inputs)        ❹
encoder_states = [state_h, state_c]                             ❺
```

학습에 쓰일 인코더 모형을 생성합니다. ❶ 모형 생성에 필요한 라이브러리 함수를 불러옵니다. ❷ 인코더의 인풋을 설정합니다. 인풋 데이터의 차원은 데이터 행렬 차원 (총 문장 개수, 가장 긴 문장 글자 수, 토큰 개수) 중 가장 마지막에 해당하는 토큰 개수를 의미합니다. ❸ 인코더 모형으로 LSTM 모형을 생성합니다. LSTM의 결괏값의 차원은 latent_dim에 해당하며 return_state=True로 설정합니다. return_state=True로 설정하는 이유는 인코더의 최종 아웃풋은 상태(state) 벡터이기 때문입니다. ❹ 앞서 만든 모형을 이용해 인풋 데이터를 인코더에 넣은 후 인코더 아웃풋은 encoder_outs에 해당하고, state_h는 은닉 상태, state_c는 셀 상태를 의미합니다. ❺ 결과로 출력된 은닉 상태와 셀 상태를 모아 encoder_states로 정의합니다. 인코더 모형에서는 인코더 결괏값인 encoder_outs는 사용하지 않습니다.

> 디코더 모형 생성

```
decoder_inputs = Input(shape=(None, n_decoder_tokens))          ❶
decoder = LSTM(latent_dim,                                      ❷
               return_sequences=True,
               return_state=True)
decoder_outs, _, _ = decoder(decoder_inputs,                    ❸
                             initial_state=encoder_states)
decoder_dense = TimeDistributed(Dense(n_decoder_tokens,         ❹
                                activation='softmax'))
decoder_outputs = decoder_dense(decoder_outs)                   ❺
```

디코더 모형을 생성해 봅니다. ❶ 디코더 모형에 넣을 인풋을 설정합니다. ❷ LSTM으로 디코더를 설정합니다. 앞선 인코더 LSTM 모형과 차이점은 return_sequences=True라는 옵션이 추가된다는 것입니다. return_sequences=True 옵션의 의미는 매 단계 아웃풋을 생성한다는 뜻입니다. 앞선 인코더 모형과는 다르게 디코더 모형에서는 아웃풋을 사용할 것이고, 매 단계별 인풋 토큰에 대해서 아웃풋 데이터가 필요하므로 해당 옵션을 추가합니다. ❸ 디코더 모형과 앞의 인코더 모형의 결과인 encoder_states를 초기 상태로 설정한 후 디코더를 실행합니다. 디코더 결과도 decoder_outs라고 설정합니다. ❹ 해당 결과에 대해 활성화 함수로 소프트맥스 함수를 사용한 결과 모형을 decoder_dense라고 설정합니다. 이때 TimeDistributed가 사용된 것을 볼 수 있는데, TimeDistributed를 사용하면 각 시점별로 독립적으로 Dense 모형을 적용한다는 뜻입니다. ❺ 위에서 만든 모형을 조합해 최종 결과를 decoder_outputs라고 설정합니다.

> 인코더-디코더

```
model = Model([encoder_inputs, decoder_inputs],
              decoder_outputs)
model.summary()
```

```
Model: "model"

Layer (type)                    Output Shape         Param #     Connected to
==================================================================================
input_1 (InputLayer)            [(None, None, 71)]   0

input_2 (InputLayer)            [(None, None, 93)]   0

lstm (LSTM)                     [(None, 256), (None, 335872     input_1[0][0]

lstm_1 (LSTM)                   [(None, None, 256),  358400      input_2[0][0]
                                                                 lstm[0][1]
                                                                 lstm[0][2]

time_distributed (TimeDistribut (None, None, 93)     23901       lstm_1[0][0]
==================================================================================
```

그림 12-113 seq2seq 모형

앞서 만든 인코더 모형과 디코더 모형을 합쳐 인코더-디코더 모형을 생성합니다. 인코더-디코더 모형의 인풋은 encoder_inputs, decoder_inputs에 해당하며, 아웃풋은 decoder_outputs에 해당합니다.

> 모형 컴파일

```
model.compile(optimizer='rmsprop',
              loss='categorical_crossentropy',
              metrics=['accuracy'])
```

만든 모형을 컴파일합니다.

> 학습

```
model.fit([encoder_x_data, decoder_x_data], decoder_y_data,
          batch_size=n_batch,
          epochs=epochs,
          validation_split=0.2)
```

```
Train on 8000 samples, validate on 2000 samples
Epoch 1/100
8000/8000 [==============================] - 32s 4ms/sample - loss: 1.1878 - accuracy: 0.7248 - val_loss: 1.0634
- val_accuracy: 0.7013
Epoch 2/100
8000/8000 [==============================] - 28s 3ms/sample - loss: 0.8539 - accuracy: 0.7689 - val_loss: 0.8334
- val_accuracy: 0.7693
Epoch 3/100
8000/8000 [==============================] - 27s 3ms/sample - loss: 0.6810 - accuracy: 0.8086 - val_loss: 0.7144
- val_accuracy: 0.7937

                                        ·
                                        ·
                                        ·

Epoch 98/100
8000/8000 [==============================] - 29s 4ms/sample - loss: 0.0448 - accuracy: 0.9844 - val_loss: 0.7176
- val_accuracy: 0.8721
Epoch 99/100
8000/8000 [==============================] - 28s 4ms/sample - loss: 0.0445 - accuracy: 0.9846 - val_loss: 0.7159
- val_accuracy: 0.8722
Epoch 100/100
8000/8000 [==============================] - 28s 3ms/sample - loss: 0.0436 - accuracy: 0.9848 - val_loss: 0.7284
- val_accuracy: 0.8713
```

그림 12-114 seq2seq 모형 학습

만든 모형을 학습시킵니다. 앞서 만든 데이터 행렬을 인풋과 아웃풋 데이터로 넣습니다. 초기에 설정한 배치 사이즈, epoch, 밸리데이션 데이터 비율도 설정합니다.

> 추론 모형 생성

```
encoder_model = Model(encoder_inputs, encoder_states)          ❶
decoder_state_input_h = Input(shape=(latent_dim,))            ❷
decoder_state_input_c = Input(shape=(latent_dim,))            ❸
decoder_states_inputs = [decoder_state_input_h,              ❹
                         decoder_state_input_c]
decoder_outputs, state_h, state_c = decoder(                ❺
    decoder_inputs, initial_state=decoder_states_inputs)
decoder_states = [state_h, state_c]                          ❻
decoder_outputs = decoder_dense(decoder_outputs)            ❼
decoder_model = Model(                                      ❽
    [decoder_inputs] + decoder_states_inputs,
    [decoder_outputs] + decoder_states)
```

학습된 모형을 바탕으로 추론 모형을 생성해 봅니다. ❶ 인코더 모형을 생성합니다. 인코더 모형의 인풋 데이터는 encoder_inputs이고, 아웃풋 상태 벡터는 state_h, state_c를 합한 encoder_states에 해당합니다. ❷ 디코더의 인풋 은닉 벡터를 decoder_state_input_h라고 설정합니다. ❸ 디코더의 인풋 상태 벡터를 decoder_states_input_c라고 설정합니다. ❹ 두 디코더 인풋 상태 벡터를 합쳐 decoder_states_inputs라고 설정합니다. ❺ 디코더 모형에 인풋 데이터인 decoder_inputs를 넣고 초기 상태를 decoder_states_inputs를 넣은 후 실행합니다. ❻ 디코더 모형의 결과 상태 벡터를 각각 state_h, state_c라고 하면 두 상태 벡터를 합쳐 docoder_states라고 합니다. ❼ 앞선 디코더 모형의 아웃풋인 decoder_outputs를 넣고 dense 모형을 거친 최종 결과를 decoder_outputs라고 합니다. ❽ 디코더 추론 모형은 decoder_inputs와 상태 벡터를 합친 형태가 인풋 데이터가 되고, 아웃풋은 decoder_outputs와 디코더를 거친 상태 벡터를 합친 형태가 됩니다.

> 토큰 리버스 인덱스

```
reverse_x_char_idx = {}                          ❶
for char, idx in x_token_idx.items():            ❷
    reverse_x_char_idx[idx] = char               ❸

reverse_y_char_idx = {}                          ❹
for char, idx in y_token_idx.items():            ❺
    reverse_y_char_idx[idx] = char               ❻
```

결과 벡터를 디코딩하기 위해 필요한 토큰 리버스 인덱스 설정을 해 봅니다. 영어 토큰부터 설정합니다. ❶ 리버스 영어 토큰 인덱스를 딕셔너리 형태로 설정합니다. ❷, ❸ 영어 토큰 인덱스의 각 항목에 대해 key, value 순서를 바꿔 줍니다. 즉, 기존 토큰 인덱스 딕셔너리에서 key는 리버스 인덱스에서는 value가 됩니다. 같은 방법으로 프랑스어 인덱스에 대해서도 리버스 인덱스를 설정해 줍니다.

```
>>> reverse_x_char_idx
 … 20: 'A', 21: 'B', 22: 'C', … 중략
>>> reverse_y_char_idx
 … 73: 'À', 74: 'Ç', 75: 'É', … 중략
```

리버스 인덱스의 결과를 보면 위와 같습니다.

> 결괏값 디코딩

```
def decode_sequence(input_seq):                          ❶
    states_value = encoder_model.predict(input_seq)      ❷
    y_seq = np.zeros((1, 1, n_decoder_tokens))           ❸
    y_seq[0, 0, y_token_idx['₩t']] = 1.                  ❹
```

```
        stop_condition = False                              ⑤
        decoded_sentence = ' '                              ⑥
        while not stop_condition:                           ⑦
            output_tokens, h, c = decoder_model.predict(    ⑧
                [y_seq] + states_value)


            # Sample a token
            sampled_token_index = np.argmax(output_tokens[0, -1, :])   ⑨
            sampled_char = reverse_y_char_idx[sampled_token_index]     ⑩
            decoded_sentence += sampled_char                ⑪


            if (sampled_char == '₩n' or                     ⑫
                len(decoded_sentence) > max_decoder_seq_len):
                stop_condition = True


            y_seq = np.zeros((1, 1, n_decoder_tokens))      ⑬
            y_seq[0, 0, sampled_token_index] = 1.           ⑭


            states_value = [h, c]                           ⑮
        return decoded_sentence
```

seq2seq 모형의 결괏값을 다시 문자 형태로 바꾸는 함수를 만들어 봅니다. ❶ 함수 이름은 decode_sequence라고 정합니다. ❷ 학습된 인코더 모형에 인풋 데이터를 넣고, 그 결괏값인 상태 벡터를 state_value라고 합니다. ❸ 디코더 모형에 넣을 인풋 데이터를 담을 영 행렬을 설정합니다. 이때 만드는 영 행렬은 오직 하나의 토큰을 담을 것이므로 (1, 1, 디코더 토큰 수)로 설정합니다. ❹ seq2seq 모형에서 첫 인풋 데이터인 <sos>에 해당하는 문자를 탭 문자()로 설정해 y_seq에 탭 문자에 해당하는 위치에 존재하는 0 값을 1로 바꿉니다. ❺ 이 부분은 아래 사용할 while문의 종료 조건입니다. ❻ decoded_sentence는 학습된 모형이 생성하는 최종 문자를 담을 곳입니다. ❼ 문장 생성이 종료될 때까지 반복문을 실행합니다. ❽ 학습된 디코더 모형에 첫 탭 문자( )와 인코더 모형의 결과인 상태 벡터를 넣은 결과를 구합니다. ❾ 디코더 모형의 결괏값에 대해 가장 큰 값을 예측값으로 샘플링합니다. ❿ 해당 인덱스에 해당하는 문자값을 구합니다. ⑪ 결과 문장에 추가해 줍니다. ⑫ 만약 추출된 문자가 ₩n이거나 최대 문장 길이를 초과한다면 반복문을 종료합니다. ⑬ 만약 반복문이 종료되지 않았다면 다시 타깃 문장 벡터를 영 행렬로 설정합니다. ⑭ 샘플 추출된 문자에 대해 1 값을 추가해 줍니다. ⑮ 상태 벡터를 업데이트합니다.

> 결과 확인

```
for seq_idx in range(100):                                    ❶
    x_seq = encoder_x_data[seq_idx: seq_idx + 1]              ❷
    decoded_sentence = decode_sequence(x_seq)                 ❸
    print('-')
    print('Input sentence:', x_txts[seq_idx])                 ❹
    print('Decoded sentence:', decoded_sentence)              ❺
```

실제로 문장을 넣고 번역해 봅니다. ❶ 총 100개의 문장에 대해 실행해 봅니다. ❷ 인코더 모형의 인풋 데이터를 설정합니다. ❸ 결괏값을 디코딩하는 함수에 넣고 결과 문장을 생성합니다. ❹, ❺ 인풋 영어 문장과 아웃풋 프랑스어 문장을 비교해 봅니다.

```
Input sentence: Go.
Decoded sentence: Va !
-
Input sentence: Hi.
Decoded sentence: Salut !
-
Input sentence: Hi.
Decoded sentence: Salut !
-
```

> 전체 코드

```
# 랜덤 시드 설정
import numpy as np
import tensorflow as tf

from tensorflow.keras.models import Model
from tensorflow.keras.layers import Embedding
from tensorflow.keras.layers import Input
from tensorflow.keras.layers import LSTM
from tensorflow.keras.layers import Dense
from tensorflow.keras.layers import TimeDistributed

np.random.seed(0)
tf.random.set_seed(0)
```

```python
n_batch = 64                              # 배치 크기
epochs = 100                              # 학습 epochs
latent_dim = 256                          # 단어 인코딩 축소 차원
n_max_sample = 10000                      # 학습시킬 최대 샘플 수
data_path = './data/eng-fra/fra.txt'      # 데이터 텍스트 파일 경로

# 데이터 불러오기
with open(data_path, 'r', encoding='utf-8') as f:
    lines = f.read().split('\n')

# 인풋, 타깃 데이터 정리
x_txts = []
y_txts = []
x_chars_uni = set()
y_chars_uni = set()
n_sample = min(n_max_sample, len(lines) - 1)

for line in lines[:n_sample]:
    x_txt, y_txt, _ = line.split('\t')
    y_txt = '\t' + y_txt + '\n'
    x_txts.append(x_txt)
    y_txts.append(y_txt)

    for char in x_txt:
        if char not in x_chars_uni:
            x_chars_uni.add(char)
    for char in y_txt:
        if char not in y_chars_uni:
            y_chars_uni.add(char)

# 토큰 정리
x_chars_uni = sorted(list(x_chars_uni))
y_chars_uni = sorted(list(y_chars_uni))
n_encoder_tokens = len(x_chars_uni)
n_decoder_tokens = len(y_chars_uni)
print("유니크 인코더 토큰 글자 수: ", n_encoder_tokens)
print("유니크 디코더 토큰 글자 수: ", n_decoder_tokens)

max_encoder_seq_len = 0
for txt in x_txts:
    txt_len = len(txt)
    max_encoder_seq_len = max(txt_len,
```

```
                            max_encoder_seq_len)
print("인코더 문장 내 최대 문자 수: ", max_encoder_seq_len)


max_decoder_seq_len = 0
for txt in y_txts:
    txt_len = len(txt)
    max_decoder_seq_len = max(txt_len,
                              max_decoder_seq_len)
print("디코더 문장 내 최대 문자 수: ", max_decoder_seq_len)

# 토큰 인덱스
x_token_idx = {}
for idx, char in enumerate(x_chars_uni):
    x_token_idx[char] = idx


y_token_idx = {}
for idx, char in enumerate(y_chars_uni):
    y_token_idx[char] = idx


# 영 행렬 만들기
encoder_x_data = np.zeros(
                          (len(x_txts),
                           max_encoder_seq_len,
                           n_encoder_tokens),
                          dtype='float32')
decoder_x_data = np.zeros(
                          (len(x_txts),
                           max_decoder_seq_len,
                           n_decoder_tokens),
                          dtype='float32')
decoder_y_data = np.zeros(
                          (len(x_txts),
                           max_decoder_seq_len,
                           n_decoder_tokens),
                          dtype='float32')
# 인풋 데이터 행렬
for i, x_txt in enumerate(x_txts):

    for t, char in enumerate(x_txt):
        encoder_x_data[i, t, x_token_idx[char]] = 1.
    encoder_x_data[i, t + 1:, x_token_idx[' ']] = 1.
```

```python
# 타깃 데이터 행렬
for i, y_txt in enumerate(y_txts):

    for t, char in enumerate(y_txt):
        decoder_x_data[i, t, y_token_idx[char]] = 1.
        if t > 0:
            decoder_y_data[i, t - 1, y_token_idx[char]] = 1.

    decoder_x_data[i, t + 1:, y_token_idx[' ']] = 1.
    decoder_y_data[i, t:, y_token_idx[' ']] = 1.

# 인코더
encoder_inputs = Input(shape=(None, n_encoder_tokens))
encoder = LSTM(latent_dim, return_state=True)
encoder_outs, state_h, state_c = encoder(encoder_inputs)
encoder_states = [state_h, state_c]

# 디코더
decoder_inputs = Input(shape=(None, n_decoder_tokens))
decoder = LSTM(latent_dim,
               return_sequences=True,
               return_state=True)
decoder_outs, _, _ = decoder(decoder_inputs,
                             initial_state=encoder_states)
decoder_dense = TimeDistributed(Dense(n_decoder_tokens,
                                      activation='softmax'))
decoder_outputs = decoder_dense(decoder_outs)

# 인코더 디코더
model = Model([encoder_inputs, decoder_inputs],
              decoder_outputs)
model.summary()

# 모형 컴파일
model.compile(optimizer='rmsprop',
              loss='categorical_crossentropy',
              metrics=['accuracy'])

# 학습
model.fit([encoder_x_data, decoder_x_data], decoder_y_data,
          batch_size=n_batch,
          epochs=epochs,
```

```
            validation_split=0.2)

# 추론 모형 생성
encoder_model = Model(encoder_inputs, encoder_states)

decoder_state_input_h = Input(shape=(latent_dim,))
decoder_state_input_c = Input(shape=(latent_dim,))
decoder_states_inputs = [decoder_state_input_h,
                         decoder_state_input_c]
decoder_outputs, state_h, state_c = decoder(
    decoder_inputs, initial_state=decoder_states_inputs)
decoder_states = [state_h, state_c]
decoder_outputs = decoder_dense(decoder_outputs)
decoder_model = Model(
    [decoder_inputs] + decoder_states_inputs,
    [decoder_outputs] + decoder_states)

# 리버스 인덱스
reverse_x_char_idx = {}
for char, idx in x_token_idx.items():
    reverse_x_char_idx[idx] = char

reverse_y_char_idx = {}
for char, idx in y_token_idx.items():
    reverse_y_char_idx[idx] = char

# 결괏값 디코딩
def decode_sequence(input_seq):
    states_value = encoder_model.predict(input_seq)
    y_seq = np.zeros((1, 1, n_decoder_tokens))
    y_seq[0, 0, y_token_idx['₩t']] = 1.

    stop_condition = False
    decoded_sentence = ''
    while not stop_condition:
        output_tokens, h, c = decoder_model.predict(
            [y_seq] + states_value)

        # Sample a token
        sampled_token_index = np.argmax(output_tokens[0, -1, :])
        sampled_char = reverse_y_char_idx[sampled_token_index]
        decoded_sentence += sampled_char
```

```
        if (sampled_char == 'Wn' or
            len(decoded_sentence) > max_decoder_seq_len):
             stop_condition = True

        y_seq = np.zeros((1, 1, n_decoder_tokens))
        y_seq[0, 0, sampled_token_index] = 1.

        states_value = [h, c]

    return decoded_sentence

# 최종 결과 확인
for seq_idx in range(100):
    x_seq = encoder_x_data[seq_idx: seq_idx + 1]
    decoded_sentence = decode_sequence(x_seq)
    print('-')
    print('Input sentence:', x_txts[seq_idx])
    print('Decoded sentence:', decoded_sentence)
```

12.8 적대적 생성 신경망(GAN)

▌12.8.1 적대적 생성 신경망의 개념

초기 딥러닝은 드롭 아웃과 오차 역전파법을 기반으로 하는 판별 모형(discriminative model)을 사용했는데, 이는 데이터 판별에 좋은 성능을 발휘했습니다. 반면에 생성 모형(generative model)의 경우 복잡한 확률 계산으로 인해 어려움을 겪었습니다. **GAN(Generative Adversarial Network)**은 생성 모형(generator)과 판별 모형(discriminator)이라는 두 신경망이 서로 간의 경쟁을 통해 학습하는 신경망입니다. 판별 모형의 목적은 주어진 데이터가 데이터셋의 오리지널 데이터로부터 추출되었는지, 아니면 생성기가 만들어 낸 가짜 데이터인지를 구분하는 것입니다. 반면에, 생성 모형의 목적은 판별 모형이 구분할 수 없도록 진짜 같은 가짜 데이터를 생성하는 것입니다. 만약 생성 모형이 진짜 같은 가짜 데이터를 만든다면 판별 모형은 가짜 데이터를 진짜라고 판별할 확률이 높아질 것입니다. GAN에서 A는 adversarial 이라는 단어인데, 이는 적대적이라는 뜻입니다. 여기서 적대적이라는 말은 생성기와 판별기가 서로 적대적으로 경쟁하는 것을 의미합니다.

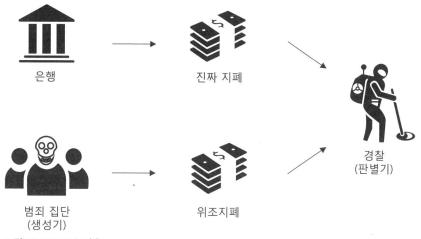

그림 12-115 GAN 비유

[그림 12-115]는 GAN을 비유적으로 설명한 예시입니다. 예를 들어, 생성 모형을 위조지폐 만드는 범죄 집단이라고 할 때, 판별 모형은 위조지폐와 진짜 지폐를 구분하는 경찰이라고 할 수 있습니다. GAN은 생성 모형과 판별 모형의 대결이라고 할 수 있는데, 이들의 대결은 위조지폐와 진짜 지폐를 구분할 수 없을 때까지 발전합니다. 즉, 경찰에 해당하는 판별 모형은 아무리 정밀한 위조지폐라도 구분할 수 있도록 판별 모형 성능을 발전시키고, 위조지폐 범죄 집단에 해당하는 생성 모형은 경찰의 수사를 벗어날 수 있도록 진짜 같은 가짜를 만드는 것이 목적입니다.

그림 12-116 생성 모형 구조

이미지 데이터를 사용해 GAN에 적용한다고 가정합니다. [그림 12-116]은 생성 모형 구조를 나타냅니다. 최초의 생성 모형은 오리지널 데이터와 상관없이 랜덤 데이터를 생성하고, 생성된 랜덤 데이터를 생성 모형을 통해 이미지 데이터 크기로 변환합니다. 데이터 크기 변환 시 입력 크기와 출력 크기를 맞추기 위한 패딩(padding) 과정을 포함합니다.

이미지 데이터 입력

판별 모형

실제 데이터일 확률 출력
0.85

그림 12-117 판별 모형 구조

[그림 12-117]은 판별기 모형 구조를 나타냅니다. 판별 모형은 판별 대상 데이터를 입력값으로 받고 출력값으로 입력 데이터가 실제 데이터일 확률을 출력함으로써 해당 데이터가 실제 데이터인지, 가짜 데이터인지 판별하는 역할을 합니다.

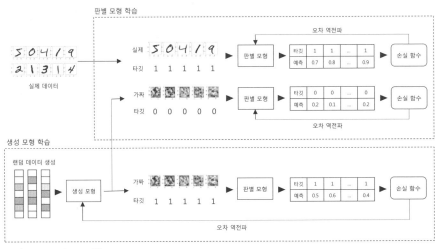

그림 12-118 GAN 모형

[그림 12-118]은 전체 GAN 모형을 나타냅니다. GAN은 생성 모형과 판별 모형으로 구성되어 있습니다. 생성 모형은 랜덤 데이터를 입력받아 가짜 데이터를 생성하는 역할을 수행하며, 생성된 가짜 데이터는 판별 모형 학습 단계에서 타깃 데이터 0을 라벨링해 판별 모형의 학습 대상이 됩니다. 타깃 데이터 0을 라벨링하는 이유는 해당 데이터가 실제로 모두 가짜이기 때문입니다. 생성 모형 학습 단계에서는 가짜 데이터의 타깃 데이터를 1로 설정한 후 가짜 데이터를 진짜 데이터로 판별하는 확률을 구합니다. 생성 모형 학습 단계에서 가짜 데이터의 타깃을 1로 설정하는 이유는 가짜 데이터의 타깃을 1로 설정함으로써 판별 모형을 속이기 위함입니다. 이때, 경쟁의 대상이 되는 실제 데이터는 판별 모형 학습 단계에서 타깃 데이터를 1로 받아 판별 모형을 거칩니다. 판별 모형도 처음에는 오리지널 데이터와 가짜 데이터를 제대로 구분하지 못합니다. 하지만 시간이 흐름에 따라 생성 모형과 판별 모형 모두 성능이 향상됩니다. 이때 중요한 점은 생성기는 오리지널 데이터를 이용하지 않고 학습한다는 것입니다. 생성 모형은 오

직 판별기를 속였는지 여부만으로 학습합니다. 즉, 판별 모형을 속였을 때 얻은 정보는 오리지 널 데이터의 특성과 간접적으로 비슷해집니다. 지금까지의 머신러닝은 데이터가 주어질 때의 판별, 예측과 관련된 문제였지만, GAN은 데이터를 생성하는 데 중점을 둡니다.

▌12.8.2 적대적 생성 신경망 알고리즘

앞에서 적대적 생성 신경망의 기본적인 개념을 알아보았다면, 이번 단원에서는 적대적 생성 신경망 알고리즘을 알아봅니다. 먼저 생성 모형에 입력할 입력값 랜덤 데이터를 z라고 합니 다. 랜덤 데이터를 생성하는 확률 분포 $P_z(z)$를 정의할 수 있습니다. 랜덤 데이터를 입력받 아 생성 모형이 생성할 가짜 데이터의 확률 분포는 P_g라고 합니다. 생성 모형의 목적은 P_g를 학습시키는 것입니다. 생성 모형을 간단히 $G(z; \theta_g)$라고 씁니다. G는 생성 모형(gererator)의 약자이며, 랜덤 데이터를 입력받아 가짜 출력물을 생성하는 신경망을 의미합니다. z를 쓴 것 은 랜덤 데이터를 입력값으로 받는다는 의미입니다. 파라미터 θ_g는 신경망에 사용되는 가중 치나 편향과 같은 파라미터를 의미합니다.

생성 모형을 정의했으니 이번에는 판별 모형을 정의해 봅니다. 판별 모형은 간단히 $D(x; \theta_d)$ 라고 씁니다. D는 discriminator의 약자입니다. 판별 모형은 입력 벡터 x를 입력받은 후 출력 하는 출력값은 데이터 x가 진짜 데이터일 확률을 나타내는 스칼라값입니다. 판별 모형은 학 습 데이터로부터 나온 진짜 데이터와 생성 모형 G로부터 생성된 가짜 데이터를 모두 올바르 게 라벨링할 수 있도록 학습시킵니다.

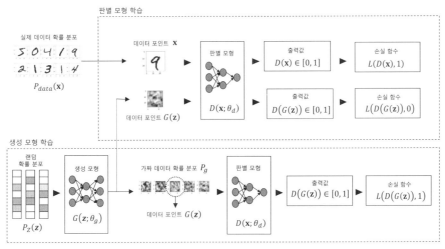

그림 12-119 GAN 확률 모형

생성 모형과 판별 모형은 경쟁을 통해 학습합니다. 생성 모형과 판별 모형의 학습에 사용되는 손실 함수를 알아봅니다. 우리는 진짜 혹은 가짜를 분류하는 이진 분류 모형을 사용하므로 다음과 같은 이진 크로스 엔트로피 함수를 손실 함수로 사용합니다. 다음 식에서 y는 실제 라벨링 값을 의미하며 $\hat{y}$는 추정 라벨링 값을 의미합니다.

$$L(y, \hat{y}) = y \log \hat{y} + (1 - y) \log(1 - \hat{y})$$

위와 같은 손실 함수 L을 이용해 실제 데이터 셋에서 추출된 데이터를 판별하는 경우를 먼저 생각해 보겠습니다. 실제 데이터 셋에서 데이터를 추출한 데이터 포인트 $\mathbf{x}$를 판별 모형에 넣고 판별한 결괏값을 $D(\mathbf{x})$라고 하겠습니다. 이때, 데이터 포인트는 실제 데이터 셋에서 추출되었으므로 라벨링은 1로 되어 있습니다. 따라서 판별 모형의 손실 함수는 다음과 같습니다.

$$L(D(\mathbf{x}), 1) = 1 \times \log D(\mathbf{x}) + (1 - 1) \log(1 - D(\mathbf{x}))$$

$$= \log D(\mathbf{x})$$

위와 같이 실제 데이터 셋에서 추출한 데이터 포인트의 손실 함수는 $\log D(\mathbf{x})$라는 것을 알 수 있습니다. 그리고 비용 함수는 손실 함수의 기댓값으로 $E_{\mathbf{x} \sim P_{data}(\mathbf{x})}[\log D(\mathbf{x})]$라고 쓸 수 있습니다.

다음으로 생성 모형으로부터 추출한 데이터 포인트를 판별하는 경우를 생각해 보겠습니다. 생성 모형으로부터 추출한 데이터 포인트 $G(\mathbf{z})$를 판별 모형에 넣고 판별한 결괏값을 $D(G(\mathbf{z}))$라고 하겠습니다. 이때, 데이터 포인트는 가짜 데이터 셋에서 추출되었으므로 라벨링은 0으로 되어 있습니다. 따라서 판별 모형의 손실 함수는 다음과 같습니다.

$$L(D(G(\mathbf{z})), 0) = 0 \times \log D(G(\mathbf{z})) + (1 - 0) \log\left(1 - D(G(\mathbf{z}))\right)$$

$$= \log\left(1 - D(G(\mathbf{z}))\right)$$

위와 같이 가짜 데이터 셋에서 추출한 데이터 포인트의 손실 함수는 $\log\left(1 - D(G(\mathbf{z}))\right)$라는 것을 알 수 있습니다. 그리고 비용 함수는 손실 함수의 기댓값으로 $E_{\mathbf{z} \sim P_z(\mathbf{z})}\left[\log\left(1 - D(G(\mathbf{z}))\right)\right]$ 입니다. 이와 같은 사실을 종합하면 전체 적대적 생성 신경망의 비용 함수를 구할 수 있습니다. 이를 가치 함수(value function)라고 하겠습니다.

$$V(D, G) = E_{\mathbf{x} \sim P_{data}(\mathbf{x})}[\log D(\mathbf{x})] + E_{\mathbf{z} \sim P_z(\mathbf{z})}\left[\log\left(1 - D\left(G(\mathbf{z})\right)\right)\right]$$

$$\min_G \max_D V(D, G)$$

적대적 생성 신경망은 위와 같은 가치 함수(value function) $V(D,G)$를 대상으로 하는 생성 모형과 판별 모형의 미니맥스 게임이라고 할 수 있습니다. 즉, 진짜 같은 가짜 데이터를 생성함으로써 위와 같은 가치 함수를 최대화시키는 판별 모형 $D(\mathbf{x};\theta_d)$를 찾음과 동시에 가치 함수를 최소화시키는 생성 모형 $G(\mathbf{z};\theta_g)$를 찾는 문제인 것입니다.

위 식에서 P_{data}는 실제 데이터 셋의 확률 분포입니다. 적대적 생성 신경망의 글로벌 최적값은 $P_g = P_{data}$입니다. 이 말의 뜻은 생성기에서 생성한 데이터의 확률 분포와 실제 데이터 셋에서 추출한 데이터의 확률 분포가 동일하다는 의미입니다. 또한 $D(G(\mathbf{z}))$는 랜덤 데이터를 입력받은 생성기가 생성한 데이터를 다시 판별기에 넣어 해당 데이터가 진짜인 확률을 출력한다는 뜻입니다. 위 식을 좀 더 쉽게 이해하기 위해 각각 판별 모형 파트와 생성 모형 파트로 나누어 알아봅니다. 먼저 판별 모형 파트부터 알아봅니다.

$$\max_D \left[E_{\mathbf{x} \sim P_{data}(\mathbf{x})}[\log D(\mathbf{x})] + E_{\mathbf{z} \sim P_z(\mathbf{z})}\left[\log\left(1 - D\left(G(\mathbf{z})\right)\right)\right] \right]$$

판별 모형은 위 식을 최대화하는 것이 목적입니다. 위 식을 살펴보면 주어진 데이터가 실제 데이터 셋에서 추출된 경우, 즉, $\mathbf{x} \sim P_{data}(\mathbf{x})$일 때, 판별기가 해당 데이터를 실제 데이터라고 판별할 확률은 1이 되어야 합니다. 즉, $E_{\mathbf{x} \sim Pdata(\mathbf{x})}[\log D(\mathbf{x})]$에서 $D(\mathbf{x})=1$이 되어야 한다는 의미로 이는 판별 모형의 출력값이 1이라는 뜻입니다. 반대로 데이터가 생성 모형으로부터 생성된 가짜 데이터일 경우, 즉, $\mathbf{z} \sim P_z(\mathbf{z})$일 때, 해당 데이터를 판별 모형에 넣었을 때 출력값은 0이 되어야 합니다. 즉, $E_{\mathbf{z} \sim Pz(\mathbf{z})}[\log(1-D(G(\mathbf{z})))]$에서 $D(G(\mathbf{z}))=0$이라는 뜻입니다.

생성 모형에 대해 알아봅니다. 생성 모형은 아래와 같은 식을 만족시켜야 합니다.

$$\min_G \left[E_{\mathbf{x} \sim P_{data}(\mathbf{x})}[\log D(\mathbf{x})] + E_{\mathbf{z} \sim P_z(\mathbf{z})}\left[\log\left(1 - D\left(G(\mathbf{z})\right)\right)\right] \right]$$

그런데, 위 식에서 $E_{\mathbf{x} \sim Pdata(\mathbf{x})}[\log D(\mathbf{x})]$ 부분은 생성 모형과 관련이 없습니다. 따라서 생성

모형의 비용 함수는 아래와 같이 나타낼 수 있습니다.

$$\min_G \left[E_{\mathbf{z} \sim P_z(\mathbf{z})} \left[\log \left(1 - D(G(\mathbf{z})) \right) \right] \right]$$

생성 모형의 목적은 진짜 같은 가짜 데이터를 생성해 판별 모형을 속이는 것이므로 생성 모형을 통해 만든 가짜 데이터를 판별기에 넣으면 판별값이 1이 되어야 합니다. 즉, $D(G(\mathbf{z})) = 1$을 만족해야 합니다. 위 과정을 정리한 적대적 생성 신경망 알고리즘을 요약하면 다음과 같습니다.

■ 적대적 생성 신경망 알고리즘

(1) 랜덤 데이터 분포 P_z로부터 랜덤 데이터 $\mathbf{z}$를 추출합니다.

(2) (1)에서 추출한 랜덤 데이터를 생성 모형에 넣고 생성 모형을 통해 가짜 데이터를 생성합니다.

(3) (2)에서 얻은 가짜 데이터 중 m개를 추출해 미니 배치 $\{\mathbf{z}^{(1)}, ..., \mathbf{z}^{(m)}\}$으로 설정합니다.

(4) 이번에는 진짜 데이터인 학습 데이터 셋 분포 $P_{data}(\mathbf{x})$에서 m개를 추출해 미니 배치 $\{\mathbf{x}^{(1)}, ..., \mathbf{x}^{(m)}\}$으로 설정합니다.

(5) 아래와 같은 그래디언트를 이용해 판별 모형을 업데이트합니다. 판별 모형은 가치 함수를 최소화하는 것이 아닌 최대화하는 것이 목적이므로 그래디언트 어센트(gradient ascent) 방법을 사용합니다.

$$D_{n+1} = D_n + \nabla_{\theta_d} \frac{1}{m} \sum_{i=1}^{m} \left[\log D_n(\mathbf{x}^{(i)}) + \log \left(1 - D_n \left(G_n(\mathbf{z}^{(i)}) \right) \right) \right]$$

이전에 배운 그래디언트 디센트에서는 그래디언트의 반대 방향으로 이동하므로 그래디언트에 마이너스(-) 부호를 붙였지만, 그래디언트 어센트 방법에서는 그래디언트와 같은 방향으로 이동하므로 그래디언트에 플러스(+) 부호를 붙입니다.

(6) (1)~(5)단계를 k번 반복합니다. k는 판별기 학습 단계를 의미하며, 하이퍼파라미터로 사용자가 직접 설정할 수 있습니다. 기본은 $k = 1$입니다.

(7) 랜덤 데이터 분포 P_z로부터 랜덤 데이터 $\boldsymbol{z}$를 추출합니다.

(8) (7)에서 추출한 랜덤 데이터를 생성 모형에 넣고 생성 모형을 통해 가짜 데이터를 생성합니다.

(9) (8)에서 얻은 가짜 데이터 중 m개를 추출해 미니 배치 $\{\boldsymbol{z}^{(1)}, ..., \boldsymbol{z}^{(m)}\}$으로 설정합니다.

(10) 아래와 같은 그래디언트를 이용해 생성기를 업데이트합니다. 생성기는 가치 함수를 최소화하는 것이 목적이므로 그래디언트 디센트(gradient descent) 방법을 사용합니다.

$$G_{n+1} = G_n - \nabla_{\theta_g} \frac{1}{m} \sum_{i=1}^{m} \log\left(1 - D_{n+1}\left(G_n\left(\boldsymbol{z}^{(i)}\right)\right)\right)$$

앞서 사용한 그래디언트 어센트와는 다르게 그래디언트 디센트는 그래디언트에 마이너스(-) 부호를 붙입니다.

(11) (1)~(10)단계를 반복합니다.

12.8.3 적대적 생성 신경망 실습

적대적 생성 신경망을 이용해 실습을 해 봅니다.

> 랜덤 시드 설정

```
import numpy as np
import tensorflow as tf
np.random.seed(0)
tf.random.set_seed(0)
```

랜덤 시드를 설정합니다.

> **데이터 불러오기**

```
from tensorflow.keras.datasets import mnist        ❶
(X_raw, _), (_, _) = mnist.load_data()              ❷
```

데이터를 불러옵니다. 이번 실습에서 사용할 데이터는 손글씨 데이터입니다. ❶ 데이터 셋을 불러오기 위한 함수를 불러옵니다. ❷ load_data()를 이용해 손글씨 데이터를 불러옵니다. 이전 실습에서는 트레이닝 데이터와 테스트 데이터 모두 사용했지만, 이번 실습에서 사용할 데이터는 오직 트레이닝 피처 데이터뿐입니다. 이를 X_raw라고 지정합니다.

> **학습을 위한 변수 설정**

```
>>> n_img = X_raw.shape[0]        ❶
>>> n_img                         ❷
60,000
>>> epoch = 3000                  ❸
>>> n_batch = 100                 ❹
```

학습을 위한 변수 설정 단계입니다. ❶ 이미지 데이터 개수를 n_img라고 저장합니다. ❷ 손글씨 데이터는 총 6만 장으로 구성되어 있습니다. ❸ 학습 단계, 즉, 에포크는 3,000단계로 설정합니다. 이전 실습에서는 적은 에포크만으로도 어느 정도 학습이 되었지만, 적대적 생성 신경망은 비교적 높은 에포크를 요구합니다. 에포크를 3,000으로 설정할 경우, 학습 시간이 약 2시간 정도 걸립니다. 처음에는 낮은 수의 에포크를 설정해 코드 작동 여부를 확인해 보기를 추천합니다. ❹ 배치는 100개씩 진행되도록 설정합니다.

> **데이터 전처리**

```
import numpy as np                          ❶
X_re = X_raw.reshape(n_img, 28, 28, 1)      ❷
scale_c = 255/2                             ❸
X = (X_re - scale_c) / scale_c              ❹
real_1 = np.ones((n_batch, 1))              ❺
fake_0 = np.zeros((n_batch, 1))             ❻
```

데이터 전처리 단계입니다. ❶ 전처리에 필요한 넘파이 라이브러리를 불러옵니다. ❷ 기존 데이터의 차원을 변경합니다. 기존에는 (60,000, 28, 28) 차원이었지만 reshape를 이용한 차원 변경으로 (60,000, 28, 28, 1)로 변경합니다. 차원을 변경하는 이유는 합성곱 신경망 Conv2D를 사용하기 위함입니다. Conv2D를 사용하기 위해서는 인풋 데이터가 4개의 차원을 가지고 있어야 합니다. 기존 데이터는 0~255까지의 범위를 가지고 있는데, 이를 -1부터 1까지 범위의 데이터로 변경합니다. ❸ scale_c를 데이터 포인트 최댓값의 절반으로 설정합니다. ❹ 기존 데이터에서 scale_c를 뺀 후 scale_c로 나누면 -1부터 1까지의 값을 가집니다. ❺ real_1은 원소값이 1인 100x1 벡터입니다. 이는 원본 손글씨 데이터의 타깃 데이터가 됩니다. 다시 말하면, 원본 데이터가 실제 손글씨 데이터면 1, 가짜 데이터면 0을 가지게 되는데, real_1은 실제 손글씨 데이터에 대한 타깃 데이터이므로 모두 1을 가집니다. ❻ 반대로 fake_0은 가짜 손글씨 데이터에 대한 타깃 데이터입니다. 가짜 데이터이므로 모두 0 값을 가집니다.

> 딥러닝 라이브러리 불러오기

```
from tensorflow.keras.models import Sequential, Model
from tensorflow.keras.layers import Input, Reshape
from tensorflow.keras.layers import Flatten
from tensorflow.keras.layers import Dense, Dropout
from tensorflow.keras.layers import BatchNormalization
from tensorflow.keras.layers import UpSampling2D
from tensorflow.keras.layers import Conv2D, MaxPool2D
from tensorflow.keras.layers import Activation
from tensorflow.keras.layers import LeakyReLU
```

딥러닝 라이브러리를 불러옵니다.

> 생성자 모형 생성

```
input_layer1 = Input(shape=(100,))                              ❶
x1 = Dense(64*7*7)(input_layer1)                                ❷
x1 = BatchNormalization()(x1)                                   ❸
x1 = Activation(LeakyReLU(0.3))(x1)                             ❹
x1 = Reshape((7,7,64))(x1)                                      ❺
x1 = UpSampling2D()(x1)                                         ❻
x1 = Conv2D(32, kernel_size=(3,3), padding='same')(x1)         ❼
x1 = BatchNormalization()(x1)                                   ❽
x1 = Activation(LeakyReLU(0.3))(x1)                             ❾
x1 = UpSampling2D()(x1)                                         ❿
output_layer1 = Conv2D(1, kernel_size=(3,3),                    ⓫
```

```
                        padding='same',
                        activation='tanh')(x1)
generator = Model(input_layer1, output_layer1)                    ⑫
generator.summary()                                               ⑬
```

```
Model: "model"

Layer (type)                    Output Shape          Param #
=================================================================
input_1 (InputLayer)            [(None, 100)]         0

dense (Dense)                   (None, 3136)          316736

batch_normalization (BatchNo    (None, 3136)          12544

activation (Activation)         (None, 3136)          0

reshape (Reshape)               (None, 7, 7, 64)      0

up_sampling2d (UpSampling2D)    (None, 14, 14, 64)    0

conv2d (Conv2D)                 (None, 14, 14, 32)    18464

batch_normalization_1 (Batch    (None, 14, 14, 32)    128

activation_1 (Activation)       (None, 14, 14, 32)    0

up_sampling2d_1 (UpSampling2    (None, 28, 28, 32)    0

conv2d_1 (Conv2D)               (None, 28, 28, 1)     289
=================================================================
```

그림 12-120 생성자 모형 구조

생성 모형을 만들어 봅니다. 생성 모형은 랜덤 데이터를 인풋 데이터로 받아 이미지 데이터를 출력하는 모형입니다. 이번 실습에서는 딥러닝 모형을 만들 때 Sequential( ) 모형이 아닌 함수형 API를 사용해서 만들어 봅니다. ❶ 인풋 레이어를 만듭니다. 인풋 데이터는 총 100개의 데이터를 가집니다. ❷ Dense를 이용해 총 64*7*7개의 아웃풋 값을 만들어 줍니다. ❸ 출력된 데이터를 다시 표준화시킵니다. ❹ 활성화 함수는 LeakyReLU를 사용합니다. LeakyReLU를 사용하는 이유는 데이터에 음수값이 존재하기 때문입니다. 만약 LeakyReLU 대신 ReLU를 사용한다면 음수값은 모두 0으로 출력됩니다. LeakyReLU는 기본값으로 0.3을 가집니다. ❺ 출력된 데이터를 7x7x64 텐서로 형태를 바꿉니다. 위에서 64*7*7개의 아웃풋을 만든 이유는 이처럼 자신이 만들려는 텐서의 차원과 일치시키기 위해서입니다. ❻ UpSampling을 이용해 이미지의 크기를 키웁니다. ❼ Conv2D를 이용해 합성곱을 수행합니다. 아웃풋은 32개이며, 커널 사이즈는 3x3, padding을 적용해 입력과 출력 데이터의 크기를 그대로 보존합니다. ❽ 그 결과를 표준화시킵니다. ❾ 활성화 함수를 적용합니다. ❿ 한 번 더 크기를 키웁니다. ⓫ 출력층을 설정합니다. Conv2D를 이용해 한 번 더 합성곱을 진행하는데, 이미지 하나가 출력되어야 하므로 출력 이미지 개수를 1로 설정하고 커널 사이즈와 패딩 여부, 활성화 함수를 설정합니다. ⑫ 인풋 층과 아웃풋 층을 매개 변수로 모형을 만듭니다. 모형 이름은 생성자이므로 generator로 설정합니다. ⑬ 생성된 생성자 모형의 구조를 확인해 봅니다.

> 판별자 모형 생성

```
input_layer2 = Input(shape=(28, 28, 1))                          ❶
x2 = Conv2D(64, kernel_size=(5,5),                               ❷
            padding='same')(input_layer2)
x2 = Activation(LeakyReLU(0.3))(x2)                              ❸
x2 = Dropout(0.25)(x2)                                           ❹
x2 = Conv2D(128, kernel_size=(3,3), padding='same')(x2)         ❺
x2 = Activation(LeakyReLU(0.3))(x2)                              ❻
x2 = Dropout(0.25)(x2)                                           ❼
x2 = Flatten()(x2)                                              ❽
output_layer2 = Dense(1, activation='sigmoid')(x2)              ❾
discriminator = Model(input_layer2, output_layer2)             ❿
discriminator.compile(loss='binary_crossentropy',             ⓫
                optimizer='adam',
                metrics=['accuracy'])
discriminator.trainable = False                                 ⓬
discriminator.summary()                                         ⓭
```

```
Model: "model_1"

Layer (type)                Output Shape              Param #
=================================================================
input_2 (InputLayer)        [(None, 28, 28, 1)]       0

conv2d_2 (Conv2D)           (None, 28, 28, 64)        1664

activation_2 (Activation)   (None, 28, 28, 64)        0

dropout (Dropout)           (None, 28, 28, 64)        0

conv2d_3 (Conv2D)           (None, 28, 28, 128)       73856

activation_3 (Activation)   (None, 28, 28, 128)       0

dropout_1 (Dropout)         (None, 28, 28, 128)       0

flatten (Flatten)           (None, 100352)            0

dense_1 (Dense)             (None, 1)                 100353
=================================================================
```

그림 12-121 판별자 모형 구조

판별자 모형을 생성합니다. 판별자 모형은 이미지 데이터를 인풋으로 받아 실제 데이터인지 가짜 데이터인지를 판별하는 모형입니다. 판별 모형이므로 0 또는 1 값을 가지며, 이진 분류에 해당합니다. ❶ 인풋 데이터를 설정합니다. 손글씨 데이터는 28x28x1 데이터이므로 이에 해당하는 값을 입력해 줍니다. ❷ Conv2D를 이용해 합성곱을 수행합니다. 커널 사이즈는 5x5이며, padding='same'을 통해 입력 차원과 출력 차원을 동일하게 만들어 줍니다. ❸ 활성화 함수 LeakyReLU를 이용해 출력합니다. ❹ Dropout(0.25)를 이용해 드롭 아웃을 설정합니다. 25%의 데이터는 사용하지 않는다는 뜻입니다. ❺ Conv2D로 합성곱을 설정합니다. ❻ Activation으로 활성화 함수를 설정합니다. ❼ Dropout으로 드롭 아웃을 설정합니다. ❽ Flatten을 이용해 데이터를 일렬로 펼칩니다. ❾ 아웃풋 층으로 시그모이드 함수를 이용해 출력값을 저장합니다. ❿ 인풋 층과 아웃풋 층을 이용해 판별 모형을 설정합니다. 판별 모형이므로 discriminator라는 이름으로 정합니다. ⓫ 모형을 컴파일합니다. 이진 분류 문제이므로 손실 함수는 binary_crossentropy로 설정합니다. 옵티마이저는 adam으로 설정하고, 판별 기준은 정확도로 설정합니다. ⓬ discriminator.trainable=False라는 옵션을 추가하는데, 이는 오차 역전법으로 가중치 업데이트를 통해 학습하지 않는다는 뜻입니다. 딥러닝에서는 입력 데이터를 이용해 딥러닝을 진행하면서 오차 역전법으로 가중치를 갱신합니다. 한 에포크에서도 미니 배치 데이터를 이용해 학습이 진행될수록 정확도가 상승합니다. 이 옵션은 이를 금지한다는 뜻입니다. 왜냐하면 우리의 목적은 하나의 데이터 셋을 이용해 학습 정확도를 향상하는 것이 아니기 때문입니다. ⓭ 생성된 모형을 확인해 봅니다.

> GAN 모형 생성

```
input_gan = Input(shape=(100,))                        ❶
output_dis = discriminator(generator(input_gan))       ❷
gan = Model(input_gan, output_dis)                     ❸
gan.compile(loss='binary_crossentropy',                ❹
            optimizer='adam',
            metrics=['accuracy'])
gan.summary()                                          ❺
```

Model: "model_2"

Layer (type)	Output Shape	Param #
input_3 (InputLayer)	[(None, 100)]	0
model (Model)	(None, 28, 28, 1)	348161
model_1 (Model)	(None, 1)	175873

그림 12-122 GAN 모형 구조

생성자 모형과 판별자 모형을 만들었다면 두 모형을 연결시킬 차례입니다. ❶ 인풋 층부터 설정합니다. 인풋은 100개의 데이터로 구성됩니다. ❷ 다음은 아웃풋을 설정하는데, 아웃풋은 생성자를 통해 이미지를 생성한 후 판별하는 형태입니다. ❸ 그리고 GAN 모형을 설정하고 ❹ 컴파일합니다. ❺ GAN 모형의 구조를 확인해 봅니다.

> 학습

```
loss_disc_real = [0]*epoch                                              ❶
loss_disc_fake = [0]*epoch
loss_disc_avg = [0]*epoch
loss_gan = [0]*epoch
acc_disc_real = [0]*epoch
acc_disc_fake = [0]*epoch
acc_disc_avg = [0]*epoch
acc_gan = [0]*epoch


for i in range(0, epoch):                                              ❷
    # 실제 데이터 판별
    idx = np.random.randint(0, n_img, n_batch)                        ❸
    imgs = X[idx]                                                      ❹
    res_real = discriminator.train_on_batch(imgs, real_1)             ❺

    # 가짜 데이터 생성 및 판별
    fake = np.random.normal(0, 1, size=(n_batch, 100))                ❻
    gen_imgs = generator.predict(fake)                                ❼
    res_fake = discriminator.train_on_batch(gen_imgs, fake_0)         ❽

    # 판별 손실 평균 & 정확도 평균
    loss_disc_avg_ith = np.add(res_real[0],res_fake[0])*0.5           ❾
    acc_disc_avg_ith = np.add(res_real[1],res_fake[1])*0.5            ❿

    # GAN 결과
    res_gan = gan.train_on_batch(fake, real_1)                        ⓫

    # 정확도 및 손실
    loss_disc_real[i] = res_real[0]                                   ⓬
    loss_disc_fake[i] = res_fake[0]                                   ⓭
    loss_disc_avg[i] = loss_disc_avg_ith                             ⓮
    loss_gan[i] = res_gan[0]                                          ⓯

    acc_disc_real[i] = res_real[1]                                    ⓰
```

```
    acc_disc_fake[i] = res_fake[1]                              ⑰
    acc_disc_avg[i] = acc_disc_avg_ith                          ⑱
    acc_gan[i] = res_gan[1]                                     ⑲

    print('epoch:%d'%i,                                         ⑳
          '판별손실평균:%.4f'%loss_disc_avg_ith,
          '판별정확도평균:%.4f'%acc_disc_avg_ith,
          '생성손실:%.4f'%res_gan[0],
          '생성정확도:%.4f'%res_gan[1])
```

```
epoch:0    판별손실평균:0.8662   판별정확도평균:0.4850   생성손실:0.0530   생성정확도:1.0000
epoch:1    판별손실평균:0.5895   판별정확도평균:0.5000   생성손실:0.2794   생성정확도:1.0000
epoch:2    판별손실평균:0.2591   판별정확도평균:1.0000   생성손실:2.8511   생성정확도:0.0000
                                    ●
                                    ●
                                    ●
epoch:2997 판별손실평균:0.5084   판별정확도평균:0.7450   생성손실:1.7103   생성정확도:0.2200
epoch:2998 판별손실평균:0.4796   판별정확도평균:0.7950   생성손실:1.8270   생성정확도:0.1600
epoch:2999 판별손실평균:0.4982   판별정확도평균:0.7500   생성손실:2.2972   생성정확도:0.0300
```

그림 12-123 GAN 학습

학습 단계입니다. ❶ 에포크별 손실 및 정확도를 담을 변수를 설정합니다. 변수별 설명은 아래 표와 같습니다.

변수명	의미
loss_disc_real	실제 데이터를 이용해 판별했을 때 손실
loss_disc_fake	가짜 데이터를 이용해 판별했을 때 손실
loss_disc_avg	loss_disc_real, loss_disc_fake의 손실 평균
loss_gan	GAN 모형 손실
acc_disc_real	실제 데이터를 이용해 판별했을 때 정확도
acc_disc_fake	가짜 데이터를 이용해 판별했을 때 정확도
acc_disc_avg	acc_disc_real, acc_disc_fake의 정확도 평균
acc_gan	GAN 모형 정확도

❷ 설정한 에포크만큼 반복문을 수행합니다. ❸ 실제 데이터를 판별하는 부분입니다. 실제 데이터 중 일부를 선택하기 위해 np.random.randint를 이용해 선택할 실제 데이터의 인덱스를 정합니다. 0과 n_img 사이의 숫자 중 n_batch 개의 정수를 선택합니다. ❹ 앞서 정한 인덱스에 해당하는 이미지 데이터를 선택합니다. ❺ 판별 모형을 이용해 진짜 데이터를 판별합니다. 실제 이미지 데이터를 입력하고, 이들은 모두 실제 데이터이므로 타깃 데이터는 모두 1이 됩니다. ❻ 가짜 데이터를 생성하고 판별하는 단계입니다. np.random.normal을 이용해 가짜

데이터를 생성하기 위해 평균 0, 표준 편차 1인 정규 분포에서 size 개수만큼 랜덤 데이터를 생성합니다. ❼ 랜덤 데이터를 생성 모형에 넣고 새로운 가짜 이미지 데이터를 만듭니다. ❽ 만들어진 가짜 데이터를 판별기를 이용해 판별합니다. 가짜 데이터는 가짜이므로 타깃 데이터는 모두 0입니다. 판별기를 통해 실제 데이터 판별과 가짜 데이터 판별의 손실 평균을 구합니다. ❾ loss_disc_avg_ith는 i번째 반복문에서의 손실 평균을 의미합니다. ❿ acc_disc_avg_ith는 i번째 반복문에서의 정확도 평균을 의미합니다. 이들은 모두 실제 데이터 판별 손실, 정확도 값과 가짜 데이터의 손실, 정확도의 평균을 의미합니다. ⓫ GAN 모형을 이용해 생성 모형을 이용해 만든 가짜 데이터를 실제 데이터로 판별할 확률을 구합니다. 지금까지 진행한 모형들의 손실값을 구합니다. ⓬ loss_disc_real은 실제 데이터와 타깃 데이터 1을 이용해 판별할 때의 손실을 의미합니다. ⓭ loss_disc_fake는 가짜 데이터와 타깃 데이터 0을 이용해 판별할 때의 손실을 의미합니다. ⓮ loss_disc_avg는 앞서 구한 loss_disc_real과 loss_disc_face의 평균입니다. ⓯ loss_gan은 GAN 모형의 손실을 의미합니다. 지금까지 진행한 모형들의 정확도 값을 구합니다. ⓰ acc_disc_real은 실제 데이터와 타깃 데이터 1을 이용해 판별할 때의 정확도를 의미합니다. ⓱ acc_disc_fake는 가짜 데이터와 타깃 데이터 0을 이용해 판별할 때의 정확도를 의미합니다. ⓲ acc_disc_avg는 앞서 구한 acc_disc_real과 acc_disc_face의 평균입니다. ⓳ acc_gan은 GAN 모형의 정확도를 의미합니다. ⓴ 해당 에포코의 학습 결과를 출력합니다.

> 손실 그래프

```
import numpy as np                                            ❶
import matplotlib.pyplot as plt                               ❷
epo = np.arange(0, epoch)                                     ❸
plt.figure()                                                  ❹
plt.plot(epo, loss_disc_real,'y:',label='disc_real')         ❺
plt.plot(epo, loss_disc_fake,'g-.',label='disc_fake')        ❻
plt.plot(epo, loss_disc_avg,'b--',label='disc_avg')          ❼
plt.plot(epo, loss_gan,'r',label='generator')               ❽
plt.title('LOSS')                                             ❾
plt.xlabel('epoch')                                           ❿
plt.ylabel('loss')                                            ⓫
plt.legend()                                                  ⓬
plt.show()                                                    ⓭
```

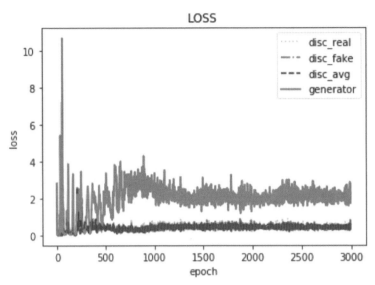

그림 12-124 손실 그래프

손실 그래프를 통해 학습 결과를 시각화해 봅니다. ❶ x축 설정을 위해 넘파이 라이브러리를 불러옵니다. ❷ 시각화를 위한 matplotlib 라이브러리를 불러옵니다. ❸ x축을 설정합니다. 에포크가 3,000 단계까지 존재하므로 np.arange를 이용해 0부터 2,999까지의 배열을 생성합니다. ❹ 플롯을 설정합니다. ❺, ❻, ❼, ❽ 손실에 해당하는 그래프를 그립니다. ❾ 플롯의 제목을 설정합니다. ❿, ⓫ x축, y축 이름을 설정합니다. ⓬ 범례를 추가합니다. ⓭ 결과를 확인해 봅니다.

> 정확도 그래프

```
plt.figure()
plt.plot(epo, acc_disc_real,'y:',label='disc_real')
plt.plot(epo, acc_disc_fake,'g-.',label='disc_fake')
plt.plot(epo, acc_disc_avg,'b--',label='disc_avg')
plt.plot(epo, acc_gan,'r',label='generator')
plt.title('ACCURACY')
plt.xlabel('epoch')
plt.ylabel('accuracy')
plt.legend()
plt.show()
```

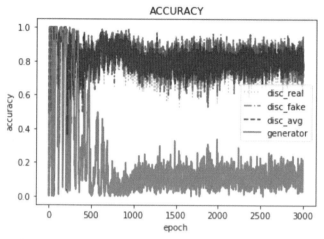

그림 12-125 정확도 그래프

손실 그래프와 마찬가지로 정확도 그래프를 그립니다. 손실 그래프와 거의 동일한 코드이므로 자세한 설명은 생략합니다.

> GAN으로 생성된 가짜 손글씨 데이터 확인

```
import matplotlib.pyplot as plt                                          ❶
gen_imgs = 0.5 * gen_imgs + 0.5                                          ❷
plt.figure(figsize=(10, 5))                                             ❸
for i in range(3*5):                                                    ❹
    plt.subplot(3, 5, i+1)                                             ❺
    plt.imshow(gen_imgs[i].reshape((28, 28)), cmap='Greys')           ❻
plt.show()                                                              ❼
```

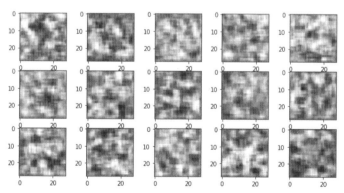

그림 12-126 에포크 1 가짜 데이터

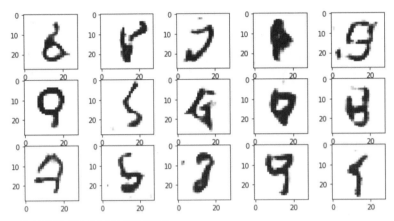

그림 12-127 에포크 3,000 가짜 데이터

GAN으로 생성된 가짜 손글씨 데이터를 확인해 봅니다. ❶ 시각화에 필요한 라이브러리를 불러옵니다. ❷ 우리가 만든 최종 아웃풋 데이터는 음수값을 가지므로 0부터 1 사이의 값을 가지도록 다시 리스케일링해 줍니다. ❸ 리스케일된 데이터를 이용해 시각화합니다. ❹ 15개의 손글씨 데이터를 확인해 봅니다. 반복문은 15회 반복됩니다. ❺ 서브 플롯을 설정해 줍니다. ❻ imshow를 이용해 손글씨 데이터를 시각화합니다. ❼ 결과를 확인해 봅니다. 비교를 위해 에포크 1일 때와 3,000일 때를 첨부합니다. [그림 12-126]의 에포크 1일 때보다 [그림 12-127]과 같이 에포크 30일 때 훨씬 실제 손글씨와 가까운 형태임을 확인할 수 있습니다.

> 전체 코드

```
import numpy as np
import tensorflow as tf
from tensorflow.keras.datasets import mnist

from tensorflow.keras.models import Sequential, Model
from tensorflow.keras.layers import Input, Reshape
from tensorflow.keras.layers import Flatten
from tensorflow.keras.layers import Dense, Dropout
from tensorflow.keras.layers import BatchNormalization
from tensorflow.keras.layers import UpSampling2D
from tensorflow.keras.layers import Conv2D, MaxPool2D
from tensorflow.keras.layers import Activation
from tensorflow.keras.layers import LeakyReLU

import matplotlib.pyplot as plt
```

```
# 랜덤 시드 설정
np.random.seed(0)
tf.random.set_seed(0)

# 데이터 불러오기
(X_raw, _), (_, _) = mnist.load_data()

# 변수 설정
n_img = X_raw.shape[0]
epoch = 3000
n_batch = 100

# 데이터 전처리
X_re = X_raw.reshape(n_img, 28, 28, 1)
scale_c = 255/2
X = (X_re - scale_c) / scale_c
real_1 = np.ones((n_batch, 1))
fake_0 = np.zeros((n_batch, 1))

# 생성자
input_layer1 = Input(shape=(100,))
x1 = Dense(64*7*7)(input_layer1)
x1 = BatchNormalization()(x1)
x1 = Activation(LeakyReLU(0.3))(x1)
x1 = Reshape((7,7,64))(x1)
x1 = UpSampling2D()(x1)
x1 = Conv2D(32, kernel_size=(3,3), padding='same')(x1)
x1 = BatchNormalization()(x1)
x1 = Activation(LeakyReLU(0.3))(x1)
x1 = UpSampling2D()(x1)
output_layer1 = Conv2D(1, kernel_size=(3,3),
                       padding='same', activation='tanh')(x1)
generator = Model(input_layer1, output_layer1)
generator.summary()

# 판별자
input_layer2 = Input(shape=(28, 28, 1))
x2 = Conv2D(64, kernel_size=(5,5), padding='same')(input_layer2)
x2 = Activation(LeakyReLU(0.3))(x2)
x2 = Dropout(0.25)(x2)
x2 = Conv2D(128, kernel_size=(3, 3), padding='same')(x2)
```

```
x2 = Activation(LeakyReLU(0.3))(x2)
x2 = Dropout(0.25)(x2)
x2 = Flatten()(x2)
output_layer2 = Dense(1, activation='sigmoid')(x2)
discriminator = Model(input_layer2, output_layer2)
discriminator.compile(loss='binary_crossentropy',
                      optimizer='adam',
                      metrics=['accuracy'])
discriminator.trainable = False
discriminator.summary()

# GAN
input_gan = Input(shape=(100,))
output_dis = discriminator(generator(input_gan))
gan = Model(input_gan, output_dis)
gan.compile(loss='binary_crossentropy',
            optimizer='adam',
            metrics=['accuracy'])
gan.summary()

# 학습
loss_disc_real = [0]*epoch
loss_disc_fake = [0]*epoch
loss_disc_avg = [0]*epoch
loss_gan = [0]*epoch
acc_disc_real = [0]*epoch
acc_disc_fake = [0]*epoch
acc_disc_avg = [0]*epoch
acc_gan = [0]*epoch

for i in range(0, epoch):
    # 실제 데이터 판별
    idx = np.random.randint(0, n_img, n_batch)
    imgs = X[idx]
    res_real = discriminator.train_on_batch(imgs, real_1)

    # 가짜 데이터 생성 및 판별
    fake = np.random.normal(0, 1, size=(n_batch, 100))
    gen_imgs = generator.predict(fake)
    res_fake = discriminator.train_on_batch(gen_imgs, fake_0)
```

```python
    # 판별 손실 평균
    loss_disc_avg_ith = np.add(res_real[0],res_fake[0])*0.5
    acc_disc_avg_ith = np.add(res_real[1],res_fake[1])*0.5

    # GAN 결과
    res_gan = gan.train_on_batch(fake, real_1)

    # 정확도 및 손실
    loss_disc_real[i] = res_real[0]
    loss_disc_fake[i] = res_fake[0]
    loss_disc_avg[i] = loss_disc_avg_ith
    loss_gan[i] = res_gan[0]

    acc_disc_real[i] = res_real[1]
    acc_disc_fake[i] = res_fake[1]
    acc_disc_avg[i] = acc_disc_avg_ith
    acc_gan[i] = res_gan[1]

    print('epoch:%d'%i,
          ' 판별손실평균:%.4f'%loss_disc_avg_ith,
          ' 판별정확도평균:%.4f'%acc_disc_avg_ith,
          ' 생성손실:%.4f'%res_gan[0],
          ' 생성정확도:%.4f'%res_gan[1])

# 손실 그래프
epo = np.arange(0, epoch)
plt.figure()
plt.plot(epo, loss_disc_real,'y:',label='disc_real')
plt.plot(epo, loss_disc_fake,'g-.',label='disc_fake')
plt.plot(epo, loss_disc_avg,'b--',label='disc_avg')
plt.plot(epo, loss_gan,'r',label='generator')
plt.title('LOSS')
plt.xlabel('epoch')
plt.ylabel('loss')
plt.legend()
plt.show()

# 정확도 그래프
plt.figure()
plt.plot(epo, acc_disc_real,'y:',label='disc_real')
plt.plot(epo, acc_disc_fake,'g-.',label='disc_fake')
plt.plot(epo, acc_disc_avg,'b--',label='disc_avg')
```

```python
plt.plot(epo, acc_gan,'r',label='generator')
plt.title('ACCURACY')
plt.xlabel('epoch')
plt.ylabel('accuracy')
plt.legend()
plt.show()

# epoch=3000
gen_imgs = 0.5 * gen_imgs + 0.5
plt.figure(figsize=(10, 5))
for i in range(3*5):
    plt.subplot(3, 5, i+1)
    plt.imshow(gen_imgs[i].reshape((28, 28)),
               cmap='Greys')
plt.show()
```

Mark A. Kramer(1991), Nonlinear Principal Component Analysis Using Autoassociative Neural Networks

Corinna Cortes(1995), Support Vector Network

Martin Ester(1996), A Density-Based Algorithm for Discovering Clusters in Large Spatial Databases with Noise

Bernhard, Alexander, Klaus(1997), Kernel Principal Component Analysis

Harris Drucker(1997), Support Vector Regression Machines

Casella(1998), Statistical Inference, Cengage Learning

Jerome H. Friedman(1999), Stochastic Gradient Boosting

Sam T. Roweis, Lawrence K. Saul(2000), Nonlinear Dimensionality Reduction by Locally Linear Embedding

Alex J. Smola(2004), A tutorial on support vector regression

Stephen Boyd(2004), Convex Optimization, Cambridge University Press

Hastie, Trevor, Tibshirani(2008), The Elements of Statistical Learning, Springer

Lior Rokach(2010), Ensemble-based classifiers

Matthew D. Zeiler(2012), Adadelta: an adaptive learning rate method

Robert E. Schapire(2012), Boosting: Foundations and Algorithms, MIT Press

Robert E. Schapire(2013), Explaining AdaBoost

N. Srivastava(2014), Dropout: A Simple Way to Prevent Neural Networks for Overfitting

Ian J. Goodfellow(2014), Generative Adversarial Nets

Kyunghyun Cho, Dzmitry Bahdanau, Fethi Bougares, Yoshua Bengio(2014), Learning Phrase Representations using RNN Encoder-Decoder for Statistical Machine Translation

Sergey Ioffe(2015), Batch Normalization: Accelerating Deep Network Training by Reducing Internal Covariate Shift

Timothy Dozat(2016), Incorporating Nesterov Momentum Into Adam

Sebastian Ruder(2017), An overview of gradient descent optimization algorithms

Alaa Tharwat(2017), Linear Discriminant Analysis: A Detailed Tutorial

Daniel D. Lee, H. Sebastian, Seung, Algorithms for Non-negative Matrix Factorization,

C. Nwankpa(2018), Activation Functions: Comparison of Trends in Practice and Research for Deep Learning

https://blog.keras.io/a-ten-minute-introduction-to-sequence-to-sequence-learning-in-keras.html

한 글

찾아보기

찾아보기

찾아보기

찾아보기

선형대수와 통계학으로 배우는 머신러닝 with 파이썬

최적화 개념부터 텐서플로를 활용한 딥러닝까지

초판 1쇄 발행 | 2021년 1월 26일
2쇄 발행 | 2021년 5월 31일

지은이 | 장철원
펴낸이 | 김범준
기획 · 책임편집 | 김수민
교정교열 | 이혜원
편집디자인 | 김옥자
표지디자인 | 정지연

발행처 | 비제이퍼블릭
출판신고 | 2009년 05월 01일 제300-2009-38호
주 소 | 서울시 중구 청계천로 100 시그니처타워 서관 10층 1011호
주문 · 문의 | 02-739-0739　　　　　**팩스** | 02-6442-0739
홈페이지 | http://bjpublic.co.kr　　　　**이메일** | bjpublic@bjpublic.co.kr

가 격 | 37,500원
ISBN | 979-11-6592-039-5
한국어판 © 2021 비제이퍼블릭

소스 코드 다운로드 https://github.com/bjpublic/MachineLearning